杨德昌 笔名梦飞,江苏东台三仓人。中国作家协会会员,曾任《光明日报》驻海军记者、海军博览馆馆长,海军大校军衔。创作出版有长篇小说《冷海》《热海》《又见沧海》,长篇纪实文学《炮殇》《大洋握手》《梦醒时分》《卢浮宫》《阳光征程》《静待花开》,中短篇小说集《司令与海》,散文集《橹声樯影》,戏剧集《上弦》,新闻作品集《绿水蓝水》,国防教育读本《蓝盾》,以及《杨德昌文集》六卷。主编出版《图说中国古代海军》《图说中国近代海军》《图说中国人民解放军海军》。

海权!
中华海权!

SEA
POWER!
CHINA
SEA POWER!

杨德昌 ◎ 著

生活·讀書·新知 三联书店

Copyright © 2022 by SDX Joint Publishing Company.
All Rights Reserved.
本作品版权由生活·读书·新知三联书店所有。
未经许可,不得翻印。

图书在版编目(CIP)数据

海权!中华海权!/杨德昌著. —北京:生活·
读书·新知三联书店,2022.10(2024.7重印)
ISBN 978-7-108-07318-1

Ⅰ.①海… Ⅱ.①杨… Ⅲ.①制海权-研究-中国
Ⅳ.①E815

中国版本图书馆 CIP 数据核字(2021)第 227501 号

责任编辑	麻俊生
封面设计	储 平
出版发行	生活·讀書·新知 三联书店
	(北京市东城区美术馆东街22号)
邮 编	100010
印 刷	江苏苏中印刷有限公司
排 版	南京前锦排版服务有限公司
版 次	2022年10月第1版
	2024年7月第2次印刷
开 本	650毫米×900毫米 1/16 印张 36.75
字 数	528千字
定 价	108.00元

序

笔走波涛 文含大义

老战友杨德昌的新书《海权！中华海权！》已获有关部门审阅通过，即将由生活·读书·新知三联书店出版。他邀我为他的新书作序。我阅读书稿后，欣然同意。

20世纪80年代中期，我和德昌在海军东海舰队宣传部新闻科共事，朝夕相处。虽然共事的时间不长，但他给我留下了很深的印象。到新闻科工作前，他在舰队文工团创作室任创作员，创作了不少诗歌、小说、剧本，有比较厚实的文字功力。到新闻科后，很快适应新的工作环境，采写了不少有影响的新闻报道，因能力突出被《光明日报》聘为特约记者。德昌勤奋好学，涉猎广泛，多才多艺。在做好本职工作的同时，笔耕不辍，利用业余时间先后创作出版了《冷海》《又见沧海》《炮殇》《绿水蓝水》《大洋握手》等长篇小说和长篇纪实文学作品。这些作品有一个鲜明的特点，都与"海"紧紧关联，寄托着他深深的海洋和海军情怀。德昌不仅在文学创作领域建树颇多，而且在研究海洋、海军等方面也有独到贡献。他是人民海军第一座专题博览馆——海军上海博览馆的设计、布展的总负责人，并担任第一任馆长。后又受命改扩建海军青岛博物馆，是这方面名副其实的专家。在长期建馆、办馆的实践中，他查阅了大量海军的有关史料，采访了许多人民海军创建时期的领导和相关人员，并做了深入系统的研究。这些都为《海权！中华海权！》的写作创造了重要的前提和基础。由于德昌在各个工作岗位上成绩突出，先后荣立二等功一次，三等功十次。

我感到《海权！中华海权！》这部新作，是德昌数十年对海洋、海权、海军研究和思考的成果，是长期积淀、系统梳理基础上思想认识的一次升华。作者站在实现中华民族伟大复兴、建设强大的人民海军和海洋强国的历史高度，对数千年来中华民族向海图强的悲壮历程作了系统、全面的回顾和介绍；对一定历史时段特别是近代以来中华民族因有海无防而遭受西方列强侵略蒙受的屈辱，作了深入的阐述和剖析；对中华人民共和国成立后结束有海无防的历史，在加快人民海军建设、巩固海防、发展海洋经济方面取得的成就进行了热情讴歌和赞颂；对新时代维护海洋主权和权益，建设强大的世界一流的海军和建设海洋强国目标和愿景，表达了热切期盼和坚定信心。这部新作不仅有很强的历史纵深感，而且有鲜明的时代感；既是一部紧紧把握中华民族发展史、振兴史主脉，研究海洋、海权和海军问题的专著，又是一部面向广大群众尤其是青少年，介绍海洋、海权、海军相关知识的普及性读物。此书的出版具有很强的社会意义和社会价值，一定能产生很好的社会效益。

我们伟大的祖国——中华人民共和国，是一个拥有九百六十万平方千米陆地疆域的大陆国家，又是一个拥有长达一万八千千米大陆海岸线和广阔海洋国土的濒海国家。如同黄河、长江这些母亲河一样，海洋也为滋养、推动中华民族发展和孕育、延续中华文明做出过独特的贡献。在中华民族历史发展的进程中，不乏富有远见和睿智的统治者和有识之士，意识到海洋对民族生存发展的重要，鼓励人们向海图强，开辟海上丝绸之路，发展海运工具和技术，为推动人类的海洋文明贡献了中华民族的智慧和力量。伟大的航海家郑和就是古代中华民族蹈海者的杰出代表。但也毋庸讳言，自明代中期以后，统治者逆历史潮流而动，关闭国门，实施海禁，不许片帆出海。禁海锁国政策的实行，隔断了通过海洋进行中外经济、文化、技术的交流，阻碍了自身社会的发展进步，也为后来西方列强用坚船利炮打破国门，使中国陷入有国无门、有海无防的境地埋下了祸根。从1840年第一次鸦片战争开始,中国的海上国门洞开,中国的海权荡然无存,中国的近代海军屡屡战败,使中华民族蒙受前所未有的屈辱。历史的教训深刻说明了一个道理:对一个国家、一个民族来说,忽视海洋作用、放弃海权,必然损害国家、民族的利益。不能制海者,必为海所制。

中华人民共和国的成立,标志着饱受苦难屈辱的中国人民从此站起来了,标志着近代以来有国无门、有海无防的历史结束了,为中华民族走向伟大复兴创造了根本前提,奠定了坚实基础。1953年,毛泽东为新生的人民海军写下了字字千钧的题词:"为了反对帝国主义的侵略,我们一定要建立强大的海军!"1958年,毛泽东一语定乾坤,将中国的领海宽度确定为十二海里。从此由毛泽东等老一辈无产阶级革命家创立的人民海军从无到有,从小到大,筚路蓝缕,劈波斩浪,逐步发展成为一支由水面舰艇、潜艇、航空兵、岸防部队和陆战队等五大兵种组成的具有现代综合作战能力的海上武装力量。改革开放使我国的综合国力大大提升,为人民海军的建设提供了重要的物质技术支撑。以航空母舰和新型核潜艇为代表的主战装备的建成入列,展现了人民海军新的风貌。今天,人民海军战舰频频犁开万顷波涛,走向深蓝,挺进大洋,成为捍卫国家主权统一、维护国家海洋权益、支撑海洋强国建设的海上钢铁长城,成为生动展示我国发展成就和改革开放成果、推动国际交流的重要平台;成为展现人民解放军威武之师、文明之师、和平之师形象的重要窗口。

党的十八大以来,在推进我军实现"四个"重塑、加快现代化建设的实践中,形成了习近平新时代强军思想。习主席提出了建设世界一流军队的目标,为新时代人民海军建设发展指明了方向,提供了强大动力。同时,习近平总书记又着眼实现中华民族伟大复兴,提出了建设海洋强国的战略目标和战略任务。人民海军作为建设海洋强国的战略支撑,在维护我国海洋主权和权益方面,将面临更加艰巨而繁重的任务。当今世界正面临百年未有之大变局,而维护海洋主权和海洋权益的斗争正是这个大变局中的十分重要的方面。随着海洋经济价值、资源价值、战略价值的进一步显现,海洋已成为濒海国家谋求发展的新的战略空间,成为霸权主义争夺获取利益的新的聚焦点,也成为各种国际政治势力支配的军事力量集结的敏感区。海洋热点问题呈现出越来越多的趋势。在这种情况下,我国经略海洋、维护海权,必然会面临长期复杂严峻的挑战,对此必须有清醒的认识和足够的准备。

在中国特色社会主义新时代,维护海洋主权和权益要做的工作很多,其中一项重要而紧迫的任务,就是要在广大群众尤其是青少年中广泛、深入地开展捍卫我国海洋主权和权益的教育,讲中华民族数千年来向海图强,为人类海洋文明发展做出的历史贡献;讲近代以来有海无防,中华民族蒙受屈辱苦难的深刻教训;讲我国遇到西方列强从海上入侵时,无数中华优秀儿女和爱国志士英勇反抗、视死如归的悲壮功绩;讲中华人民共和国成立后,我国在巩固海防、维护海洋权益,建设强大的人民海军方面取得的辉煌成就;讲当前和今后一个时期我国在维护海洋主权和权益方面将面临的严峻形势和挑战;讲新时代建设世界一流海军和海洋强国的宏伟目标。只有全民族国防意识和海洋、海权意识的增强,才能为维护我国的海洋主权和权益提供最强大的力量和最有力的支撑。正是从这样的角度看,德昌的新著《海权!中华海权!》顺应了形势和现实的需要,出版发行正合其时。我坚信,广大读者在阅读这本书后,一定会受到教育、感染和启迪,激发爱国主义激情,增强捍卫我国海洋主权、维护我国海洋权益的意识和定力。

中国人民解放军原总政治部副主任、海军上将

目录

001	序	笔走波涛　文含大义/童世平
001	第一章	先秦人文历史与海洋文明的萌生
027	第二章	秦始皇巡海望洋与徐福驾舟东渡
043	第三章	汉武大帝的文治武功和开疆拓土
066	第四章	三国至隋朝海洋开发与海上征伐
081	第五章	唐宋向海高歌与文天祥过零丁洋
108	第六章	成吉思汗的箭镞与元代驰骋远海
132	第七章	郑和远航扬起中华民族灿烂云帆
164	第八章	"戚家军"平倭患与"露梁海战"
191	第九章	郑成功驱逐荷虏与康熙统一中国
215	第十章	西方海洋争霸与清政府闭关锁国
242	第十一章	林则徐虎门销烟与鸦片战争爆发
362	第十二章	泱泱中华有海无防任凭列强宰割
419	第十三章	孙中山叩问海权与日寇大肆入侵
444	第十四章	抗战胜利台湾南海诸岛恢复主权

页码	章节	标题
456	第十五章	弃暗投明中国近代海军再获新生
461	第十六章	人民海军建设脚步从"零"开始
468	第十七章	解放军炮击入侵英舰"紫石英"
474	第十八章	毛泽东高瞻远瞩创立海权新思想
498	第十九章	西沙和南沙自卫反击战勇护海权
520	第二十章	中国海军走出国门迎接五洲宾客
565	第二十一章	越过黄水绿水中国海军驶向深蓝
569	结束语	中华民族需要海权
575	跋	一部唤起全民族"海权"意识的书/方 敏
579	参考文献	

第一章 先秦人文历史与海洋文明的萌生

一

中国历史悠久,源远流长。几千年来,在幅员辽阔的中华大地上,中华民族繁衍生息,创造了光辉灿烂的中华文明。

中国不仅是一个陆地大国,又是一个海洋大国,海洋文明和大陆文明都让我们引以为自豪。中华民族是世界上较早认识海、了解海、向海图强的民族。

记载中国上古时代文献史料的传世经典《尚书》中"四海会同""环九州为四海""江、汉朝宗于海"等表述文字,反映了我们祖先对大海的深刻认识。战国时期韩非子提出"历心于山海而国家富",将海洋与国家利益紧紧地联系在一起。在科学技术不发达、生产力水平很低的条件下,我国古代人民就开始在海洋"兴渔盐之利,行舟楫之便"。《尔雅》中关于"物产富饶为陆海"的论断,表明我们的祖先在古时候就准确而实际地认识到海洋与陆地是一个相辅相成的统一体,海洋环绕滋润着中华大地,而中华大地的江河又都奔流汇聚于海洋。正是海洋与陆地不息的交融,为中华民族的生存发展提供了海陆融合的共享空间。

泛舟沧海,立马昆仑。作为中华儿女,我们不可数典忘祖。我们继承祖先的血脉,黄色皮肤的潜质里镌刻着"中华"。而要阐述中华海权的发展历程,就要先从源头认识我们的祖先。

二

中华民族的始祖是"三皇五帝"。三皇:燧皇、羲皇、炎皇。五帝:黄帝、颛顼、帝喾、唐尧、虞舜。

燧皇,古称燧人氏,中华民族的首席发明家。混沌初开之时,大地森林密布,遮天蔽日,幽深漆黑。燧人氏从鸟儿啄击枯树闪出火星、燧石摩擦产生火花中得到启发,发明"钻木取火"。从此,人们从黑暗走向光明,从寒冷走向温暖。尤其是原始人不会用火,只能生吃禽兽,茹毛饮血。有了火,熟食就普遍化了。食物的范围进一步扩大以后,生活相对安定了,按母系血缘组成的社会集团也相对稳定下来。这时,人类社会进入传说中的燧人氏时代。

由于自然的淘汰,同一血缘集团内的兄弟姐妹间的通婚,逐渐被族外群婚所替代,原本比较松散的血缘集团,也就逐渐演变成一个个比较稳固的以血缘为纽带的血缘氏族。而通婚联姻和对外争夺使得几个邻近的氏族组成部落,几个部落又进一步结成部落联盟,逐渐形成较大的部落集团。

中华古代文献,通常把东部的部落集团称为夷,南部的部落集团称为蛮,西部的部落集团称为戎或羌,北部的部落集团称为狄。东夷中有一个氏族部落,叫太昊。古书记载:"太昊师蜘蛛而结网。"网与渔相关,意思是这个生活在襟江带海东方泽国的氏族部落,在原始农业的基础上最早发展了渔猎业。部落的酋长,叫伏羲。

羲皇,即伏羲,传说是女娲的兄弟兼配偶。

伏羲和女娲,是远古神话中的两位英雄。女娲,传说是人类的创造者,曾经"抟黄土做人";又是人类的保护神,"炼五色石以补苍天""断鳌足支撑四极"。伏羲功德无量,他造书契,以符号来代替先民的结绳记事;他"定婚姻,制嫁娶",倡导改革古代婚姻制度;他发明陶埙、琴瑟,将音乐融入礼仪、占卜、巫术等活动。而论其伟大的功绩,最主要的有两大项:一是"始作八卦,以通神明";二是"作结绳而为网罟,以佃以渔"。

《易经·系辞传》记述:"古者包牺氏之王天下也,仰则观象于天,俯则观法于地,观鸟兽之文与地之宜,近取诸身,远取诸物,于是始作八卦,以通神明之德,以类万物之情。"所谓包牺氏者,就是伏羲,身为天下之王,始作八卦。

伏羲所画八卦是用八个图形分别代表天、地、水、火、风、雷、山、泽。他利用八卦进行占卜吉凶,希望得到神意的显示,使人类更好地认识自然,克服自然带来的灾害。正是这种对自然的初步认识和把握方式,孕育了中国古代哲学的萌芽。

传说中的女娲是"人头蛇身",伏羲是"蛇身人首"。考证这种形象的历史遗存,最早出现在东汉的画像石上。两人都是蛇身,形象地描述了生命的起源和水乃至海洋有着与生俱来的不解之缘。

民以食为天,海洋为祖先的生存敞开胸怀。最有说服力的是,伏羲教民捕鱼畜牧,充实庖厨,所以他又名庖牺(包牺)、宓牺(宓,即古"伏"字)。族人获得温饱,氏族得以繁衍。

在伏羲的带领下,太昊氏族发展成一个大氏族,氏族也就统称为"伏羲氏"。

与伏羲氏同一时代,大大小小的原始氏族部落数不胜数,像"燧人氏""少典氏""有蟜氏""有巢氏""有熊氏"这样有名有氏的还有很多。不论大小,每一个原始氏族部落都曾有过对某种动植物和自然现象的朴素信仰,认定它是本氏族的精髓根源,并且相信它具有一种神奇的力量,能够给本氏族消灾降福,因而制成图腾顶礼膜拜。

上古为万物有灵的时代,人类文明处于拓荒阶段,天赋本能存在于上古人心里,意识以无意识的形式存在于精神光谱中。在充满危难的未知世界上,人的卑微性被放大,而自然的神奇性同样被放大。因未知而产生恐惧,希望得到某种神秘力量的饶恕和庇护而对某种神灵感恩,对于上古先民来说,再正常不过了。彼时,图腾崇拜是自然的,标志着人与某种动物或某种神秘力量在生命和精神上的血缘关系。对于原始部落来说,图腾是这个部落中所有人共有共尊的事物,是明确其在天地中的归属最为深刻的生命认证,也是大部族之间形成有效统摄的一种精神契约。因此,各氏族部落都凭自己的精神依托和想象制作图腾。

曾经创造了"八卦"图形的伏羲,想象力更加超凡,他以蛇的形体与鱼鳞、猪头、马鬣结合的"龙"作为太昊氏族部落的图腾。这臆造的龙,变幻莫测,有黄龙、青龙、黑龙,更有长翅的应龙,带鳞的蛟龙,有角的虬龙,无角的螭龙。龙腾天下,法力无边。吐气即为风雨,辗转化作雷电,翻江倒海,神通广大。

龙的图腾,保佑伏羲氏这支氏族部落充满生机。

为了生存,氏族部落之间常常产生残酷的杀戮与火并。在这种杀戮与火并中,伏羲氏之后,中华大地上形成了两个强大的氏族部落。

一个氏族部落的首领是神农氏炎帝。

一个氏族部落的首领是轩辕氏黄帝。

黄帝族生活在姬水,以姬为姓;炎帝族生活在姜水,便姓姜。

姜姓的炎帝率领他的部族,从最早生活的姜水一带沿渭水、黄河向东迁徙,经今天的河北中部、河南东部和湖北北部,到达濒临黄海的山东曲阜安顿定居下来。

炎帝又称神农氏,他的一生充满传奇色彩。《水经注》中说:"神农既诞,九井自穿,汲一井则众水动。"此说虽然夸张,但炎帝被族人誉为神农,又口口相传"九井自穿"的神话,说明炎帝时代十分重视农耕。炎帝之前,原始先民的生活都是依靠狩猎。到了炎帝时代,人口逐渐增多起来。禽兽有限,一旦捕尽,民将食不果腹无以为生。于是,炎帝带上随从踏遍三山五岳,尝遍千叶百草,终于选出可以食用的稻、黍、稷、麦、菽等"五谷",又教给人们用耒耜耕地播种,用石镰进行收割。收割采摘的五谷,经陶器烘烤成为食物,这就是沿袭至今的粮食。

神农氏在"尝百草、定五谷"的过程中,发现有些草木吃了浑身乏力,上吐下泻;有的草木吃下却神清气爽,吐泻即止。他联想到人们平时受尽疾病的折磨,甚至死亡,便下定决心对世间草木一一品尝,确定它们的药性,制成方剂,以抗天疾。可以说,是神农氏开创了中华文明防病治病的先河。他不仅是传说中主掌稼穑的土神,还是发现"四气"(寒、热、温、凉)和"五味"(辛、甘、酸、苦、咸)的药神。

神农氏炎帝的业绩声名远播,一些小部族纷纷前来归附。不料,正当炎帝氏族日益兴盛之时,却受到一个比炎帝氏族更加强大的黄帝氏族的威胁。

黄帝的先祖生活在今天陕西省的北部,古称有熊国。因为国中有熊,所以也称有熊氏。有熊氏的首领少典娶有蟜氏的女儿附宝,生了一个儿子。那时,人们认为帝是万物的主宰,金木水火土是万物之本,称作"五德"。有熊氏族崇尚土德,土为黄色,因此有熊氏首领少典就给儿子起名叫黄帝。又因长在姬水,居住在轩辕之丘,便以姬为姓,以轩辕为号,所以后世也把黄帝称为轩辕黄帝。

黄帝"生而神灵,弱而能言,幼而徇齐,长而敦敏,成而登天"(《黄帝内经》)。因为他生性灵敏,豁达大度,又骁勇善战,自然而然被推举为有熊氏的首领。不几年,黄帝族就强盛起来,并且联合炎帝打败由蚩尤率领的南方九黎族的入侵。黄帝的企望随着威望与日俱升,他觉得姬水一带黄土高坡难以发展,便率领本氏族辗转来到平原广阔的涿鹿(今河北省北部)。

涿鹿一带本属炎帝氏族的势力范围,岂能容忍黄帝氏族染指?于是,炎帝氏族与黄帝氏族在阪泉发生三次大战。这是黄帝和炎帝之间争夺最高领导权的斗争。起初,炎帝依靠兵多,又善火攻,打得黄帝难以招架。明智的黄帝赶紧改变策略,派出使者联络各部族首领,许以打败炎帝共享天下。于是,以龙、蛇、虎、豹、熊、罴、貔、貅等为图腾的氏族纷纷参战。阪泉之野,烟尘滚滚,杀声震地。恰逢天降大雨,炎帝的火攻失去威力,被黄帝的联军团团围困,神农氏炎帝也束手就擒。

黄帝不愧为一位英明的统帅。在战败炎帝之后,并没有将他处死,而是依旧按部族首领宽仁对待。黄帝实现了自己的抱负,"诸侯咸尊轩辕为天子"。这不仅提升了黄帝的领袖地位,使他的权力获得普遍认可,也是以后中国古代王权的萌芽,同时还巩固了炎黄联盟。

黄帝名扬天下。东至大海，西至崆峒，南至长江的各氏族部落，莫不归顺。成为天子的黄帝开始治理天下。为了便于管理，黄帝下令对所辖之民进行编组：八家为一井，三井为一朋，三朋为一里，五里为一邑，十邑为一都，十都为一师，十二师为一州。各州疆界划明，由归顺的部族首领分管一方事务。每一方都有黄帝派出的特使辅佐，黄帝自己则为统管四方的中央大帝。

天下安定了，黄帝让妻子嫘祖教民养蚕缫丝，染五色衣裳；命宁封为陶正，烧制釜、甑、盆、罐、碗、盘，供民使用；命雍父制臼做杵，将五谷捣碎煮熟再食；命共鼓和货狄刳木为舟、剡木为楫，供水中航行；命挥做弓，命牟做矢，提高射猎和攻伐能力；命容成制定干支历法，以利农耕；命隶首制定算数，以计时日；命伶伦和荣将制定音律，发明乐器，以伴歌舞……又封仓颉为史官，归纳整理原始图形、符号，创造文字。

在仓颉造字之前，人们主要靠结绳、结珠、契刻或画图来记事。结绳，就是在绳子上打结，大事一大结，小事一小结，所谓"上古结绳而治"。结珠，就是在绳子上拴上不同的东西，以表示不同的事情。契刻，就是在木板木棒上刻记号。画图记事，就是把要表达的意思用图形表示出来。

中国文字就是从画图记事演变而来。最初出现的文字都是象形符号，仓颉将它们一一收集起来，再以"羊马蹄印"为灵感，观察日月星辰、河流山川、鸟兽鱼虫、草木器具，描摹绘写，造出更多更广的符号，并且规定下每个符号代表的含义。他按这些符号拼凑成几段，经他解说，倒也说得清楚，看得明白。黄帝知道后，大加赞赏，命令仓颉到各个部落去传授这种记事方法。渐渐地，这种符号的使用全面推广，形成了汉字的雏形。

仓颉造字的故事，出自《荀子》《吕氏春秋》《韩非子》《淮南子》等著作。《淮南子·本经训》："昔者仓颉作书，而天雨粟，鬼夜哭。"说他创造文字时，天上降下粟米，鬼在夜间哭泣。因为上天觉得，人间有了文字，重商轻农，不事稼穑，将会饿殍遍野，所以降下粟米以救苍生。鬼更认为，人间有了文字，民智日开，民德渐离，欺瞒狡辩、口诛笔伐由此而生，连鬼也不得安宁，甚至作文弹劾它们，因此在夜间哭泣。真是惊天地泣鬼神！

鬼斧神工，叹为观止。仓颉为"海"造字：海，一边是三点水，一边是个每字；每字拆开，上面是人，下面是母。笔意形象，寓意深刻——水是人之母!

这一个"海"字,出现在公元前约 26 世纪初,据今已有近五千年的历史。这大概是世界拥有文字以来,人类对海洋认知最精辟最质朴的阐释。

仓颉为中华文明包括中华海洋文明创立的是何等的业绩,而仓颉的业绩更证明了黄帝的伟大!

黄帝的子孙众多,史书记载:"黄帝之子二十五宗,其得姓者十四人,为十二姓。"黄帝后代与炎帝氏族等其他部落长期融合,开枝散叶,绿荫遍地,形成枝繁叶茂蓬蓬勃勃的中华民族。历史上,尧、舜、夏、商、周,都是黄帝的后裔,故称"轩辕后裔"。

中华先民以龙为尊。龙腾大海,魅力无穷。自远古起,龙便成为中华民族的象征。上古传说,开天辟地的造物主盘古就是龙首蛇身。而人首蛇身的女娲有个女儿叫女登,她感神龙而怀孕,生了炎帝,炎帝就是龙的后代。黄帝也是龙神。传说,黄帝与蚩尤作战,派出一条长翅的应龙攻击蚩尤,最终将蚩尤杀死。黄帝借助于龙打了胜仗,于是就在荆山脚下铸宝鼎庆功。庆功会结束,一条神龙自天而降,黄帝跨上神龙腾飞而去……

炎帝和黄帝都是龙,所以中国人多称"炎黄子孙""龙的传人"。

三

在仓颉造字之后,中国先秦古籍中有了一部想象力非凡的惊世之作《山海经》。

《山海经》堪称先秦人文历史的一部大百科全书。记述远古神话,涉猎远古地理、物产、巫术、祭祀、农耕、医药、风土、民俗、民族、山川鸟兽,江河湖海,邦国夷狄,林林总总,蔚为大观。

书中的神话传说不仅仅是神话传说,在一定程度上又是历史。尽管由于浓郁的神话色彩和强烈的夸张笔调,事物本身的真实性要大打折扣,但是,它们毕竟最早留下了历史的身影,彪炳中华的远古历史人物,如女娲、伏羲、炎帝、黄帝、蚩尤、颛顼、大禹、后羿、后稷、仓颉、刑天、夸父、帝舜,都在其中相继出现。中国古代一直把它当作史书看待,成为历代史家的必备参考书。由于该书成书年代久远,连司马迁编纂《史记》时也推崇备至,他说:"至《禹本纪》《山海经》所有怪物,余不敢言之也。"

剔除神怪色彩,《山海经》并非荒诞不经。著述者的视野是奇特的,目力穿越遥远的海外大荒,记载了一百多个邦国的奇风异俗,并说"不死民在其东,其为人黑色",甚至形象化地点明"西南隅,有人如炭"。西南边陲有人长得像黑炭一样,而中国的西南就是非洲,那里果真全是"人如炭"!如果,著述者没有到过非洲见过黑人,全凭胡思乱想,那他的想象力也就更令今人瞠目结舌望尘莫及了。

《山海经》涉山涉海,在描述"山"的同时,更侧重写"海"。

全书十八卷,有九卷是"海经"——《海外南经》《海外西经》《海外北经》《海外东经》《海内南经》《海内西经》《海内北经》《海内东经》《海内经》。书中从《南山经》开始第十八个字就是"海",全书八十五次提到"海"字。而"四海""东海""北海""渤海""南海""东北海""西北海""西南海"等中国海洋的关键词,也是最早定格在《山海经》中。不仅如此,《山海经》还在"女娲补天""夸父逐日""大禹治水"等寓言故事之间,收录了一篇悲天悯人而浩气长存的《精卫填海》——

> 又北二百里,曰发鸠之山。其上多柘木。有鸟焉,其状如乌,文首、白喙、赤足,名曰精卫,其鸣自詨。是炎帝之少女,名曰女娃,女娃游于东海,溺而不返,故为精卫。常衔西山之木石,以堙于东海。漳水出焉,东流注于河。

这篇神话讲的是,炎帝有个特别钟爱的小女儿叫女娃。一天,女娃到东海中游泳,不慎被海浪所吞没,夭折身亡。为报溺死之仇,女娃的灵魂化作一只头上羽毛带着花纹、白喙、红爪、身形像乌鸦的不死鸟,取名精卫。精卫栖息于布满柘木林的发鸠山上,它天天从山上衔着树枝和石块,展翅腾飞直奔东海,把树枝石块投入海中。日复一日,年复一年,不管是赤日炎炎还是雨雪霏霏,不死鸟精卫飞翔在波涛汹涌的大海上空,不间断地鸣叫

"精卫、精卫",以激励自己的斗志,它要以锲而不舍的精神,造福他人而填平东海,不达目的,誓不罢休!

"精卫填海"从《山海经》流传至今,成为中华民族不屈精神的象征。敢于抗争、不惧牺牲,是中国人的信仰。

信仰不灭,精神不死!

四

从轩辕黄帝到颛顼、帝喾、尧、舜,"五帝"都不愧为中华民族的精神领袖。

颛顼是黄帝的孙子,二十岁时,黄帝将帝位传给了他。他即位后进行政治改革,禁绝巫教,强令顺从黄帝的教化,促进族与族之间的融合。帝喾是黄帝的曾孙,在位七十年,人才济济,天下太平。尧帝因封于唐,又称"唐尧",为人淳朴,德高望重,受到人民爱戴。到老年时,尧推举继承人,大家拥戴舜。舜帝知人善任,选用能人。命弃作后稷,主农耕;命契作司徒,主五教;命禹作司空,平水土。

大禹治水,在民族危难的时刻,散发出令人温暖的人性光芒并给出令人钦佩的智慧方案。为民造福的领袖都是伟大的!但是,中国原始社会最后一个由民众推举产生的部落联盟首领大禹死后,其子启成为天子,即夏后帝,从此开始了中国的家天下。

夏朝建立后,历经十七位君主近五百年(约公元前2070年—公元前1600年)的奴隶制统治,传到夏桀时,由于夏桀骄奢淫逸,挥霍无度,诸侯叛离,怨声载道。对于这种"不务德而武伤百姓",百姓痛恨已极的暴君,其灭亡命运不可避免。于是,商汤灭夏,代夏而起,建立了商朝。

商朝建立后,经过休养生息,仓廪充实,物质财富日益增加。到商朝第十九位君主盘庚迁都北蒙(今河南安阳),改北蒙为"殷"。盘庚十五年开始营建殷都,俗称殷墟。所以商朝又称为殷商,商军亦称为殷军。

商朝前后三十位君主。自盘庚迁殷,经历八代十二位君主,到了殷纣王（帝辛）年代，殷都冠名"朝歌"。朝歌声中，殷纣王荒淫无道，罪恶的程度比起夏朝的夏桀有过之而无不及。

殷纣王好色纵欲，唯妲己之言是从，和宠妃佞臣群居在琼宫瑶台，听着颓靡的宫乐，"以酒为池，县（悬）肉为林，使男女裸相逐其间，为长夜之饮"（《史记·殷本纪》）。与此同时，穷兵黩武，亲率大军征伐东夷。连年战争消耗了大量人力、物力、财力，仓廪空虚，民不聊生。

"百姓怨望而诸侯有畔者，于是纣乃重刑辟，有炮烙之法。"（《史记·殷本纪》）他拒绝一切谏诤之言，王子比干对他提出忠告，被他"剖腹观心"。最终，殷纣王成为独夫民贼，众叛亲离。

正当殷纣王暴虐至极，殷商王朝内外交困之时，商的属国周，在西部兴起。《史记·周本纪》记载，周文王姬昌倡导"笃仁，敬老，慈少，礼下贤者"的社会风气，使经济发展，国力强大，引起商王朝的不安，于是纣王将姬昌拘禁于羑里。"文王拘而演《周易》"，其意是：伏羲氏创造先天易（先天八卦），神农氏创造连山易（连山八卦），轩辕氏创造归藏易（归藏八卦）。周文王在被拘禁期间悉心钻研，将它们规范化、条理化，演绎成六十四卦和三百八十四爻，人称《周易》。《周易》对中国古代传统文化的影响深刻而巨大。文王归周后，开疆拓土，势力不断扩大，天下诸侯多转而归服于周。文王死后，武王继续积聚力量。经过十年准备，公元前1046年春天，乘殷军远征东南之机，武王"遂率戎（兵）车三百乘，虎贲（武王的近卫军）三千人，甲士四万五千人，以东伐纣"（《史纪·周本纪》）。为了壮大军力，武王又联合受殷商王朝压迫的庸、蜀、羌、髳、微、彭、卢、濮等部落，组成联军，对殷商王朝发动总攻。但是，殷商都城朝歌的前面是牧野（今河南省淇县南、卫河以北），而牧野的外围毗连的就是黄河，这是一道天然的屏障。要进攻朝歌，必须北渡黄河。

渡河有船吗？有！

在上古年代，我们的祖先通过同洪水做斗争的经验，明白了"木在水上"的道理，《易经·系辞传》中就阐述过水能浮起木头和"利涉大川，乘木有功"，骑着木头可以渡河，道理简明而朴素。据《物原》"伏羲氏始乘桴"的传说，伏羲氏发现几根木头捆扎在一道，比单根木头浮力大而且稳定性好，制作了木筏并首先学会了驾驭木筏。从此,木筏成了上古先民的水上交通工具。但是,伏羲氏的木筏没有舷板,还不算舟。于是,我们的祖先从水面能浮动漂流树木的自然现象中得到启示,开始用石器造船。他们用火烤和石斧砍挖,把整段的圆木挖空,制造出独木舟。同时用火烧斧削,制成木桨。这就是《易经·系辞传》中所记载的"刳木为舟,剡木为楫"。

这一史实,已为出土文物所确认。1978年,在浙江余姚河姆渡新石器时代遗址出土了一支长五十一厘米、宽十五厘米、厚零点九厘米的船桨,经碳-14测定,其年代为公元前5005年—公元前4790年,距今已有近七千年。这是世界上有关船的最早物证。

到了商代(公元前1600年—公元前1046),由于青铜冶炼和铸造技术的兴起,产生了剖削木材的铜质斧凿,从而给制作木板船创造了条件。商代甲骨文的"舟"字,与木板船形状很相似。上海博物馆展示的商代饕餮铜鼎上的"荡"字,描绘着一个肩挑贝类的人站在舟上,后面还有一个划桨的人,动感十足的姿态跃然纸上,形象地说明当时人们已用木板船进行水上运输。不仅运输,船舶还成为一种暴力执法的工具。据郭沫若主编的《中国史稿》:"殷商甲骨卜辞记载,商代后期,商王武丁(商朝第二十二位君主)曾派人乘船追捕逃亡海上的奴隶,用了十五天时间把这批奴隶捕捉回来。"可见当时早就有船!

随着船舶质量的提高和数量的增加,船舶便大规模地用于战争了。虽然,那时船只还没有专门用于水战的兵器和兵员,称不上舟师,但运兵不成问题。

周武王的联军浩浩荡荡出了潼关,到达黄河南岸的孟津,乘坐临时征集的四十七艘大船顺利抵达黄河北岸。大军渡过孟津向殷商王朝的都城朝歌进发,摧枯拉朽,势如破竹,很快抵达距朝歌七十里地的牧野。此时,殷纣王才从轻歌曼舞中惊醒过来,想把远在东南作战的殷军主力调来抵抗,但远水不解近渴,只得把大批奴隶和从东夷捉来的战俘武装起来加入近卫军,仓促应战。

在牧野战场上,联军在军师姜太公(姜尚,字子牙,商末周初军事家)的指挥下,所向披靡,一战而胜。而殷商王朝的十七万大军,却在一个早晨就

"瓦解而走,遂土崩而下。纣有南面之名,而无一人之德,此失天下也"(《淮南子·泰族训》)。束手无策走投无路的纣王爬上鹿台,引火自焚。

商朝灭亡,周朝建立。

1983年在中国宝鸡出土的青铜器"何尊"铭文中,发现"唯武王既克大邑商,则廷告于天,曰:余其宅兹中或"。专家考证,"中或"就是中国。这是中国的国名最早的记载。

周武王一战成名,史称"武王伐纣渡孟津"。而牧野之战后,殷纣王下属在外征战的十万精锐部队却去向不明。

有说这十余万部队连同家眷以及奴隶共二十五万余人,历经九死一生,漂洋过海来到美洲。而确有考古学家在新墨西哥州、加州和亚利桑那州的多个岩壁上,发现了中国商朝的甲骨文。

这是被历史湮没又被挖掘的历史。

一位名叫布·德·布尔的学者在西班牙马德里皇家历史学院陆军档案馆里,发现了16世纪的兰达主教所记载的玛雅人的许多传说。在中美洲尤卡坦半岛上居住的玛雅人,他们自称是"三千年前由天国乘涕竹舟经天之浮桥诸岛,到科潘河畔种豆麦黍粟的农民"。

这里的"天之浮桥"暗示着殷人的东渡路线吗?三千多年前,殷人的造船技术与航海知识是否足以使他们跨越迢迢万里的大洋呢?可能性是有的。《神异经·南荒经》记载:"南方荒中有涕竹,长数百丈,围三丈六尺,厚八九寸,可以为船。"

"武王伐纣渡孟津"的史实,更证明殷军"飞虎族"南征东夷时,有船。并且,殷人在当时已经具备了航行的技术和物质条件。而北太平洋黑潮暖流的存在,又将这一设想的可能性大大推进一步。学者们认为,在东北太平洋航行的木船一旦进入这股长年海浪稳定的漂流带,是可能到达美洲的。

诚然,勇敢蹈海的殷军将士面临的是难以想象的巨大挑战,即使到达彼岸,肯定也是九死一生!

五

  历史的真相,尤其是上古的历史,每一重破译之门都是迷津,几乎从未留下任何路标。玛雅人或印第安人是不是殷人的后裔,姑且不论,我们研究的目光还是集中到航海。

  当年,殷纣王派遣十余万殷军南征,企图征服的地方称东夷。

  何谓"东夷"?"东"字表示方位,自然是指东方。《说文》释之:"東,动也,从木。官溥说,从日在木中。"仓颉造字,画出这个"東"时,一定是经历了深思熟虑,要使字形直观而富于启示。阳光赐给万物以生机,东方有生万物之德,于是就在万物及其本源力量之间产生了灵感。看到"日在木中"这一本相,就造出了"東"字。同样,看到"日出东方",东夷人就开始航海,朝着永恒的东方探寻太阳的诞生地,这是上古航海的原动力。而"夷"字,在殷商甲骨文中就更加常见,《说文》释之:"夷,平也。从大,从弓。东方之人也。""从大"言其高,"从弓"则言其善射。在忽明忽灭的历史视野中,似乎"东方之人"亦是高大威猛、盘弓射箭的狩猎部落。只是这箭镞不是射向陆上的虎豹,而是像中国古代一部唯一未经秦火的编年通史《竹书纪年》中记载的:"夏帝芒即位,命九夷狩于海,获大鱼。"

  再则,望文生义,"夷"以平安为文字底蕴,托化险为夷之思。所以,东夷氏族以凤凰为图腾。古书上说,凤凰"生于东方君子之国,翱翔四海之外,过昆仑,饮砥柱,濯羽弱水,莫宿风穴,见则天下安宁"。并说,凤凰涅槃,浴火重生,在火中毁灭,又在火中复生。可见这是一个倔强的氏族,不屈不挠是东夷人的基脉!

  云飞火奔的历史长空平静了下来,不妨,让我们聆听来自上古地层的语言和来自海洋亘古不息的涛声。

  上古之时,今天叫作胶州湾的这片海域非常活跃,曾经是重要的出海口,是航海者的圣地,无数勇敢的东夷水手从这里出海,从东方向更远的东方漂渡。

  漂渡,离不开船。考古指证,在山东长岛发现了四千年前的木板船。

四千年前，恰恰是商周交替的上古时代。商代的东夷有船，已是铁定的事实。

穿越历史，当殷纣王沉溺于酒池肉林，东夷人正在造船。南下东夷的殷军主力，没有征服东夷却征用了东夷人所造的船。

据考古发现，山东大汶口的龙山文化遗址，经发掘发现了兽牙做的鱼钩，兽骨和兽角制成的鱼鳔，陶质或石质的渔网坠，蚌壳磨成的箭镞和镰刀。考古学家还发现五千年前山东沿海的人们出海捕鱼的遗迹。这一切说明生活在山东地区的上古先民已开始海洋渔业活动。

古籍中的"兴渔盐之利"，即是说到海里捕鱼，煮海水制盐。石刻文字更清晰地确认，炎帝时代，我们的祖先就已经懂得"煮海为盐"。

如果说，在此之前，我们的祖先对海洋的认识，还处于朴素简单的"自在"阶段，造船就是从"自在"走向"自为"。那是中华海洋文明的萌生阶段。为了征服和利用海洋，必须造船。船，是走向海洋的最突出最鲜明的标志。而海上作战，关键靠船。

六

历史翻到春秋战国一页。

春秋战国，其实是武王建立的周朝，从西周进入东周出现的两个时期。春秋三百年，东周的国土碎片化似的分成大大小小一百四十多个诸侯国，出名的是秦、楚、燕、齐、鲁、蔡、虢、卫、陈、吴、越。连年战争，五霸兴起，春秋舞台上粉墨登场的是齐桓公、晋文公、楚庄王、吴王阖闾和越王勾践。诸侯兼并的结果导致一些大夫乘时夺取诸侯手中的权力，形成强硬的亲属势力，于是大夫间的鲸吞替代了诸侯兼并。魏、赵、韩三家分晋标志着战国的开始，尔后，战国二百年的舞台上，就剩下秦、楚、燕、韩、赵、魏、齐。

春秋五霸、战国七雄，群雄逐鹿，目不暇接，那段历史是纷乱的。但也涌现出许多杰出人物，其中，一个是道家的开山祖师，中国古代伟大的思想家、哲学家、政治家、史学家老子；一个是儒家创始人，中国古代伟大的思想家、哲学家、政治家、教育家孔子;一个是中国古代杰出的工匠鲁班。

一说老子。老子姓李名耳,字聃。其代表作《老子》,是当今除《圣经》外,在全世界出版发行数量最多的一本书,思想丰富幽深,连西方人也望而生叹。

老子原在周朝任守藏室史,管理国家藏书。受权贵排挤,去职游历鲁国五年多,与小他三十多岁的孔子结下师生之谊。鲁国古之东夷,濒临大海。《老子》中的语言,尤其是治国修身的箴言警句,不少都以水和鱼借代比兴:"上善若水。""水善利万物而不争。""鱼不可脱于渊,国之利器不可以示人。""澹兮其若海,飂兮若无止。""譬道之在天下,犹川谷之于江海。""江海所以能为百谷之王者,以其善下之。"

《老子》说:"天下莫柔弱于水,而攻坚强者莫之能胜。"也就是说,世界上没有什么东西比水更柔弱了,然而在攻坚克强方面,却没有什么东西能赛过它。老子由此断言:"弱之胜强,柔之克刚。"

《老子》又说:"治大国,若烹小鲜。"小鲜即小鱼。烹饪小鱼不能随意折腾翻动,否则破碎销形。治理大国和烹小鱼一样要平心静气顺时顺势,不能朝令夕改又操之过急,一旦人民不堪其扰,国家就要一片混乱了。

二说孔子。孔子名丘,字仲尼,鲁国陬邑(曲阜)人。孔子倡导仁义,仁义之师实质与军事与战争甚至与今天的海洋霸权有关。孔子一生以教育为业,弟子三千,有身通"六艺"的七十二贤人。不要以为孔子自谦"军旅之事,未之学也",而"仲尼之徒,无道桓、文之事",就断定儒家不言兵,无军事思想可言。其实,孔子及儒家,不仅言兵,而且重兵。孔子认为,军事应当以政治为本,离开政治取信于民和遵守国与国之间的信义,单凭武力侵略别国的暴政、淫政,最终必然失败。当然,仅靠政治信义,缺少实力地位,没有以军事武力为后盾、以强大军队为柱石,国家也不能抵御外寇、长治久安。所以,军事与政治相辅为用,两者缺一不可。孔子治国当政,既重"文事"又重"武备"。司马迁说:

> 孔子摄相事,曰:"臣闻有文事者必有武备,有武事者必有文备。古者诸侯出疆,必具官以从。请具左右司马。"定公曰:"诺。"(《史记·

孔子世家》)

　　孔子的这一思想十分鲜明。孔子主张国与国之间，都要以"礼"相处，以"和"为贵。但是，对于那些无礼之事，不义之举，则要理直气壮地做好武备保障，必要时毫不手软地采取果断手段，打击敌人，保卫国家。在孔子看来，穷兵黩武，玩战争之火者，终将自取灭亡。因此，孔子极力反对侵略战争。孔子的兵以政治为先，以国家为重，以爱民为旨，文武兼备，见义勇为，为义而战的军事思想，与他的整个思想体系一样，都具有大国思维的战略性。

　　再说鲁班。姬姓，公输氏，名班，人称公输盘，尊称公输子，因他是鲁国人，俗称鲁班。生于春秋战国初期，工匠世家。从小就跟随家人建舍造船，积累了丰富的手工操作经验。《事物绀珠》《物原》《古史考》等不少古籍记载，木工使用的许多工具器械，如曲尺、墨斗、钻子、刨子、凿子、锯子等都是鲁班发明的，所以人们称他为中国木工工匠的始祖，无所不通无所不精的"百工圣祖"。

　　锯子。考古学家发现，居住在中国地区的人类早在新石器时代就会加工和使用带齿的石镰和蚌镰，这是锯子的雏形。鲁班出生前数百年的周朝已有人使用铜锯，而仓颉造字，也有这个锯字。但是不可否认，带"交错锯齿并绷于角弓"的铁质木工锯当属鲁班首创。

　　曲尺，最早的名称是"矩"，又名鲁班尺。《墨子·天志（上）》说："轮人之有规，匠人之有矩。轮、匠执其规、矩，以度天下之方圆。"规、矩，即圆规及曲尺。鲁班和墨子是同时代人，两人多有交集。

　　《述异记》记述鲁班曾在石头上刻制出"九州图"，这大概是最早的石刻地图。此外，传说鲁班还刻制了一只石头凤凰，精美绝伦。又说，鲁班制作了一只木鹊，可以连飞三天而不落地。这些传说，未免过于神化。有籍可查的是，《物原·器原》说他制作了砻、磨、碾，这些粮食加工器械在当时是很先进的。《世本》详细记述，鲁班发明石磨。说他用两块坚硬的圆石，各凿出密布的线槽，合在一起，用人力或畜力使它转动，就把谷子磨成粉了，这就是磨。说到打井，出于对"尧天舜日"的崇敬，至今传诵"舜井"的人多，留心"鲁班井"的人少。确实,第一个在地下掘出水来的人是舜帝,但是第一个在山区打出深水井的人是"百工圣祖"鲁班。上古先民以水解渴都是靠江"喝"江、靠河"喝"河,不靠江河就只能"穿地取水"。初始的水井都是"临渴掘井"的应急水坑,是鲁班发明了打井的技法,才出现了井壁以石块砌垒的石井、以木材构架的木井。拉水的滑轮也是鲁班发明的。滑轮转成了辘轳,辘轳又转成了风车,风车又转成了水车,转呀转,就这样从春秋战国转过了两千多个春秋!

"百工圣祖"的鲁班,不仅是民用物品的发明家,而且是军用器械的创造者。梯是春秋时期常用的兵器。鲁班则将梯改制成可以凌空架设的云梯,用以攻城。《墨子·公输》记载:"公输盘为楚造云梯之械,成,将以攻宋。"《淮南子》曰:"公输,天下之巧士,作云梯之械。"

春秋战国时期的水战兵器钩强(也称钩拒、钩巨),可以钩住或阻碍敌方战船,它也是鲁班所发明。鲁班与墨子齐名。墨子也是工匠出身,经过学习而进入"士"的行列,并自成一家,提倡"兼爱""非攻"。墨家尚辩。墨子说:"能谈辩者谈辩,能说书者说书,能从事者从事,然后义事成也。"墨子与鲁班在军事应用上也有争辩,但辩中多赏识,因为在墨子的眼中,鲁班是实践家,从事者。《墨子·鲁问》:

> 昔者楚人与越人舟战于江,楚人顺流而进,迎流而退,见利而进,见不利则其退难。越人迎流而进,顺流而退,见利而进,见不利则其退速。越人因此若势,亟败楚人。公输子自鲁南游楚,焉始为舟战之器,作为钩强之备,退者钩之,进者强之,量其钩强之长,而制为之兵,楚之兵节,越之兵不节,楚人因此若势,亟败越人。

依照墨子的描绘,"钩强"这一水战兵器,很像一根带金属钩刀的长钩矛。古代水战主要是接舷战和撞击战,敌船进攻时,用钩强拒之,使之无法接近;敌船退却时,则用钩强钩住,不让其逃脱。这一水战兵器的发明堪称匠心独运。

但是,业有专攻。鲁班的家传祖业,还是建舍造船。

由于青铜工具的进步，尤其是冶铁业的发展和铁质木工用具的广泛应用，更主要的是战争的需求，造船技术和造船能力迅猛提高。而在鲁班的手上，木工技术达到了新的高度，能将曲木压直、直木压弯，他又发明了测定垂直的悬锤和简单的水平仪，这一切都对建造船舶至关重要。为了普及推广，鲁班广收门生，口传手教。严师出高徒，在鲁班门前，谁也不敢"班门弄斧"。

当时，民间有出行方便的轻舟、扁舟；有短途接送商旅的舱船；有长途运输粮食的漕船，还出现了专门用于水上作战的战船。

战船之多，尚数吴国。据《吴越春秋》记载，吴国的舟师按陆军车战方式设置，战船分为大翼、中翼、小翼、突冒、楼船、桥船、馀艎。大翼像陆军的重车，小翼像轻车，突冒像冲车，楼船像楼车，桥船就是轻装骠骑，而君王乘坐的馀艎则是水战中的指挥舰。这些不同类型的战船组成的舟师，俨然是中国古代海军的一支特混舰队。

这就是中国古代海军的萌芽。

春秋战国时期，国家间战争频仍。军队是争斗的工具，舟师当然也不例外。由于造船、航海、兵器制造技术的进步，加上诸侯争霸的需要，舟师便应运而生。

据《文献通考·兵考一》记载："楚用舟师，自康王始。"楚康王元年，正当鲁襄公十四年，即公元前559年。可见中国古代舟师在鲁襄公十四年至二十四年，即公元前559年—公元前549年就已诞生，距今已有二千五百五十多年的历史了。

《左传·襄公二十四年》有相应记载："夏，楚子为舟师以伐吴，不为军政（赏罚不明），无功而还。"这是中国古籍有明确记载的第一次水战。

到了春秋末期，诸侯的争霸战争由中原转移到了毗邻大海、江河交错的东南地区，舟师大有用武之地。海上行动也有两次：一次是吴国舟师从海上进军，在战略上配合陆师攻齐；另一次是越国舟师从海上实施战略迂回，保障陆师攻占吴国都城姑苏（今江苏苏州）。

齐国、吴国、越国的地理位置，相当今天山东、江苏、浙江毗连黄海和东海的地区。这里重点说一说"春秋五霸"中的吴王阖闾、越王勾践和军事战略家孙子。

吴王阖闾(约公元前537年—公元前496年),春秋末期吴国君主。在位十八年,十分重视舟师建设。吴王僚二年(公元前525年),阖闾奉命率舟师溯江攻楚,与楚王战于长岸(今安徽当涂西南),以夜袭之计大败楚军,夺回所失王舟"艅艎"。吴王僚八年(公元前519年),辅佐吴王僚率军攻楚战略要地州来(今安徽凤台),当楚以七国联军救援,又借吴军令尹病故的突然事件,出计示弱,诱敌深入而反戈一击,大败楚军于鸡父(今河南固始)。吴王僚十二年(公元前515年),阖闾派人刺杀吴王僚,夺取吴国王位。吴王阖闾执政时期,确立了先破强楚、再服越国的争霸方略。战争造就了一批卓越的军事统帅和将领,舟师的训练和作战指挥也随着军事家的出现,逐步走向严格、正规。其中,辅助吴国治军练兵使吴军威震四方的孙武就是军事战略家的杰出代表。

孙武,又名孙子。《史记·孙子列传》载:"孙子武者,齐人也。以兵法见于吴王阖庐(闾)。"

孙子的军事思想非常深邃。他认为"兵"是关系到民众生死、国家存亡的大事,要从战争全局上思考分析战争。孙子的战略策略原则和军事谋略思想是:以我为主,因敌制胜;趋利避害,通于九变;奇正相生,以奇用兵;以虚击实,出其不意;任势造势,乘势取胜;兵贵先知,未战而庙算;知彼知己,百战不殆。

吴王阖闾对孙武心悦诚服。

吴军包括舟师日益强大了,吴王阖闾便采纳孙子分兵轮番击楚之策,频频攻楚于江淮之间大别山以东地区,使楚军疲于奔命。

吴王阖闾九年(公元前506年),吴军在孙武、伍子胥率领下,大军乘战船从水路进发,渡过淮水,停船登陆,奔袭汉阳。五战五胜,攻克楚国都城郢都,迫使楚王出逃。

吴军攻克楚国之后,吴王阖闾及文武官员就驻扎在郢都,成天酗酒寻欢,沉浸在胜利的欢庆之中。

楚臣申包胥入秦乞求援军,在秦庭哭了七天七夜,终使秦国出兵助楚复国。吴王阖闾的弟弟吴国大将夫概被援助楚国的秦军打败后逃回吴地,当他得知吴王阖闾醉梦楚都,乐而忘返,便乘机自立为王。这时,吴国南边的越国也乘吴王阖闾鞭长莫及而发兵进攻吴都。阖闾闻讯,赶紧回师平乱,夫概逃到楚国。越国见吴王很快稳定局势,只好按兵不动并迅速撤军。翌年,抱着一解心头之恨的楚国调集大批战船沿长江而下,袭击吴国。双方在长江上激烈交战,楚国舟师虽然规模不小却准备不足,终被训练有素的吴国舟师击退。吴王阖闾觉得威风不减,一切仍在掌控之中。然而,天公不作美,公元前496年,吴王阖闾在与越国的槜李之战中,被越军斩断脚趾气绝身亡。其子夫差继承王位,他年轻好胜,刚愎自用,在先攻破越国为其父报仇之后,又北上伐齐,与齐国争雄。

齐国原为中原霸主,与鲁国同在今山东半岛及其以西地区。鲁在泰山之南,齐在泰山之北。

公元前485年,齐国发生内乱。机不可失,吴王夫差随即与鲁、邾、郯三个小国组成联军,水陆并进,攻打齐国。吴王夫差统率陆路,同时派将军徐承率领舟师,配合陆上进攻。

徐承的舟师从长江口北上,乘风破浪,长驱奔袭,誓与齐国舟师鏖战黄海。齐军获悉,急遣大批战船从山东半岛一带的港口起航南下,在海上迎战吴国舟师。

吴齐舟师在黄海海面遭遇,迅即短兵相接。双方兵勇使用的都是陆战冷兵器,接舷跳帮,搏斗厮杀,血染波涛。结果,戒备森严以逸待劳的齐国舟师,击溃了吴国舟师的海上进攻,损兵断帆的徐承舟师铩羽而归。

吴齐海战,是中国有史记载的第一次海战。这次海战,比古希腊与波斯之间进行的萨拉米斯海战(公元前480年)要早五年;更比罗马和迦太基在地中海进行的第一次布匿海战(公元前264年)要早二百多年。

海战表明,濒临海洋的吴、齐等诸侯国,在春秋后期已经拥有相当规模的水上兵力,并能驶出江河湖泊进入大海作战。同时也证明,当时中国的造船技术和航海技能,均处于世界领先地位。

话说回头。在"吴齐海战"中失利的吴国,腹背受敌,前面是齐国,身后是越国。

吴越两国陆地相连,水道相通,海岸相接,而且两国境内河川纵横交错,所以舟师在这两个诸侯国的军队中占据十分重要的地位。

吴越两国都在加紧制造战船,装备舟师。

吴国的战船有大翼、中翼、小翼,合称"三翼"。大翼,"广丈六尺,长十二丈,容战士二十六人,棹(桨手)五十人,舳舻三人,操长钩矛斧者四吏,仆射长各一人,凡九十一人"(《越绝书》)。战船上配备有长钩矛、长斧、弩、箭等冷兵器。这种战船船身狭长,桨手多,因此速度快。而且大翼是双层结构,下层载桨手和操船水手,上层载接舷作战的士兵。

越国舟师不亚于吴国。战船的种类不少,还有一种吴国没有的战船,叫戈船。公元前468年,越王勾践自会稽(今浙江绍兴)迁都至琅琊时,曾用"死士八千人,戈船三百艘"(《越绝书》)。"以载干戈,因谓之戈船。"(《文献通考·兵志》)显然,戈船是一种乘载执戈之士的战船,用于与敌短兵格斗。

格斗讲战术,争霸讲战略。

公元前494年,越王勾践获悉吴国即将伐越,于是决定先发制人,出兵攻打吴国。大夫范蠡素有谋略,认为越国出兵的时机还不成熟,越国军力薄弱,不可能取胜吴国,因此力劝:"夫国家之事,有持盈,有定倾,有节事……持盈者与天,定倾者与人,节事者与地。王不同,蠡不敢言。天道盈而不溢,盛而不骄,劳而不矜其功。夫圣人随时以行,是谓守时。天时不作,弗为人客;人事不起,弗为之始。今君王未盈而溢,未盛而骄……此逆于天而不和于人。王若行之,将妨于国家,靡王躬身。"(《国语·越语》)。但是,越王勾践盲目轻敌一意孤行,亲率舟师直闯震泽(今太湖)。

吴王夫差得知越国舟师涉水来犯,觉得要为父亲阖闾报仇在此一役,于是在战前召集大臣精心谋划周密组织,然后亲率拥有十万兵勇的强大舟师破浪迎击。很快,双方舟师在夫椒山(今江苏苏州市西南)水面相遇。霎时,一场激烈水战,打得波涛冲天,天昏地暗。

吴国大臣伍子胥不仅指挥若定,而且身先士卒,挥舞令旗激励将士奋勇杀敌。

鸣镝飞矢,浪卷帆摇,战场态势瞬间倾斜。

吴国战船桨手多速度快,船舷装有坚硬冲角的"突冒"战船,横冲直撞如入无人之境,加上兵勇训练有素,快刀斩乱麻一般,不等太阳落入太湖,就迅速打败了越军。

勾践眼看寡不敌众,慌忙跳上一艘残存的戈船,突出重围。吴军奋起直追,很快攻陷会稽城(今绍兴)。越王勾践惊魂甫定,带着残兵败将退至会稽山。

山林肃穆。此山,大禹治水封禅之地,大禹陵所在,吴、越两国都奉为神山。两国都称自己为大禹的后人。勾践的先祖是夏后帝少康的庶子,"封于会稽,以奉守禹之祀"。而今勾践困守禹陵,方懊悔没听范蠡的劝告,真是愧对祖宗社稷。

穷途末路之时,勾践问计于大臣。范蠡说:"君子报仇,十年不晚。"建议投降求和,生存下来再寻找机会复仇立国。老臣文种又献上"美色""离间"等计。冷静下来的越王勾践,采纳范蠡、文种的计谋,派大夫文种到吴国递交投降书,并暗地里用重金美女贿赂吴国大臣,从中斡旋让吴王撤兵。

吴王夫差听信谗言,同意越国求和。吴军撤出越国国境,但是,越王勾践与大夫范蠡却作为人质,为仆三年。

勾践被掳到吴国后,在吴王夫差面前真像卑贱的奴仆。他不想报仇吗?不,睚眦必报,只是时机不到。寄人篱下,看人脸色,只有忍耐。不仅低头做人,而且更会伪装。装聋作哑,装疯卖傻。到后来,蓬头垢面,不成人形,只要大老远看见颐指气使的吴王夫差,勾践就像一条病猫死狗蜷缩在墙壁角落。三年期满,吴王夫差见勾践再无锐气,更无斗志,完完全全废人一个,再没有任何本事与其单打独斗了,便意欲释放勾践。

深谋远虑的吴国大臣伍子胥极力阻挠,说:"越十年生聚而十年教训,二十年之外,吴其为沼乎?"他担心这样做后果不堪设想,一再死谏绝对不可放虎归山。吴王夫差不听劝阻,还是放勾践回了越国。由于过于自信,更缺乏战略头脑,他视越国为附属,认定疯癫的勾践再不能翻天。殊不知,越王勾践回到越国,在会稽山大禹陵梵香祭祖之后,就像一条暴晒沙滩濒临死亡的大鱼回归大海,渐渐恢复了周身的活力。他,不是一条普通的游鱼,而是一个在绝望中醍醐灌顶大彻大悟的大活人,更是众人拥戴的一国之君!从此,卧薪尝胆,苦身勠力,并依托范蠡、文种等重臣,励精图治,埋头备战,千方百计寻衅复仇。

与越王勾践相比,吴王夫差反被胜利冲昏头脑,妄想称霸中原,心里唯有"霸主"二字,便放松了对越国的戒备。

为了彰显吴国实力,公元前482年,吴王夫差乘坐"艅艎"战船,率领浩荡舟师和精锐部队经邗沟北上,会合多路诸侯于黄池(今河南封丘一带),百鸟朝凤,盛况空前,史称"黄池会盟"。

越王勾践窥伺吴国后方空虚,起兵伐吴。

此前的战争准备,屈指一数,整整十年。十年雪藏,不泯复仇,一朝爆发,锐不可当。越军兵分水陆两路进军。陆路由越王勾践亲率主力(陆战士兵四万人,卫队六千人)直逼吴国都城。水路由范蠡率舟师载水兵二千人从海路北上,再溯淮河前进,以阻挡吴王夫差的舟师回撤。

由于吴国国内防御薄弱,越军主力所向披靡,势如破竹,一举攻下吴国都城,捣毁姑苏台,俘获吴太子及王孙。范蠡获悉越王已经攻下吴都,立即率舟师部队经邗沟驶往吴都与越王勾践会师。

越军上下士气高涨,吴王夫差却不知所措。得知都城陷落并殃及子孙,吴王夫差急忙从黄池回师,并向越王求和。

这时的越王勾践羽翼已丰,头脑也成熟了。虽然雪耻之战大获全胜,但是他清醒地知道吴军曾经破袭楚国、打败越国、战胜齐国、压服晋国,吴王夫差手中还有一支不可小觑的近卫军,越国军队未必能把它彻底消灭,于是答应签订和约。

越军班师回国,修缮舟师,整军备战,为大决战打下伏笔。

隔了四年,公元前478年,吴国大旱,灾情严重。越王勾践采纳老臣文种的进策,乘此天时,发兵攻吴,与大夫范蠡率领舟师载五万兵勇,长驱直入。

吴王夫差见越军来犯,也点兵五万,在笠泽(今江苏吴江一带)迎战越军。

两军隔江对阵。驻足南岸的越军分成左右两队,左翼在上游,右翼在下游,半夜里左右两翼战船驶到江心击鼓呐喊,发起佯攻。吴军忽闻上游和下游江面擂鼓,以为越军分两路渡江,便将军队分成两路迎战,中军留作接应。吴军正在分兵移动之际,越王令中军卫队六千人改为先锋,利用夜色隐蔽渡江抵达江北吴军大营,然后突然发起猛攻。吴军遭遇夜袭,被打得晕头转向,只得撤退。

越国大夫范蠡所率舟师在震泽(太湖)经横山(今苏州西南)对吴军形成包围。吴军一退再退,吴王夫差狼狈逃回吴都姑苏城。

越军接连夺占吴国大批城池,最后将吴都重重包围。

吴王夫差与吴军万余人被困城中整整两年,断粮断水,求战无能,求生不得。真是一手好牌被打得稀烂,吴王夫差不禁仰天长叹!

公元前475年,越军对姑苏城发起总攻。吴军早已是强弩之末,城门的禁军都像田头驱鸟的草人,日晒夜露已经颓废不堪,再也顶不住疾风暴雨。

胸有成竹的越王勾践,总攻只发三千精甲。越军如入无人之地,败局已定的吴王夫差黑夜突围逃上姑苏山,急派身边近臣下山求和。越王不允。

公元前473年,吴王夫差不愿忍受越王勾践逼他流亡舟山的耻辱,在姑苏山自刎身亡。

至此,这段春秋战事,引来后人铿锵撰联——苦心人,天不负,卧薪尝胆,三千越甲可吞吴。

七

春秋过了是战国。

顾名思义,战国就是国与国的争战。七国争雄,谁都想当霸主,谁都不服谁,谁都征服不了谁。这场长达二百多年的胶着战,金戈铁马,逐鹿中原,大家似乎都忽视了海洋,舟师的战例寥寥无几。

这种落差,是社会发展进程的客观实际所限定的。春秋战国处于奴隶社会向封建社会过渡时期,争霸之战多在陆地,随着战争的需要和战场的转移才逐步形成古代海军即舟师。

虽然，舟师偃旗息鼓，但春秋战国时期的海上交通却开始起步。据学者考证，中国通往日本的航线这时已有两条：一条为春秋时期所开辟，是借日本左旋环流的单向航线；另一条则是战国时期开辟的，经由对马岛直驶日本北九州。

只是，这些海洋活动在眼花缭乱的历史舆图中不过是几朵浪花而已，引人注目的是各国诸侯的战场角逐和学士们的百家争鸣。从春秋到战国，儒家、法家、道家、墨家、兵家、杂家、阴阳家、纵横家，各陈己见；从老子、孔子、墨子、韩非子，再到鬼谷子门下的苏秦和张仪，无不可圈可点。

战国时代，韩、赵、魏三家分晋，齐、楚、燕、韩、赵、魏、秦"七雄"争霸。七国之中，秦国独霸一方，与其他六国形成对峙的局面。六国联合起来抗秦，则为"合纵"；秦国拉拢某国，打击另国，则为"连横"。苏秦主张"合纵"，张仪主张"连横"，二人东奔西走，南下北上，凭三寸不烂之舌，游说于七国之中。

公元前247年，秦庄襄王去世，十三岁的嬴政被立为秦王。由于年少，嬴政尊吕不韦为仲父。吕不韦原是商人，信奉的是"无商不奸"，联络的死党多是奸诈之人，他和伺候太后的宦官嫪毐勾结在一起，为非作歹，肆无忌惮。所幸，嬴政天性聪慧，喜读书，对军事、政治、经济都很留心。嬴政二十三岁举行加冕礼，吕不韦和嫪毐暗中策划借加冕典礼发动宫廷政变。嬴政果断平定叛乱，处死嫪毐，并剥夺了吕不韦的一切权力。

嬴政王位巩固了，便大刀阔斧治水兴农，派人访寻水利专家，修建水利工程。李冰负责的自动分流、排沙泄洪、灌溉蜀地四十余县的"都江堰"就是当时的重大工程之一。从韩国引进的水利专家郑国修建的"大引水渠"，俗称"郑国渠"，西引泾水注入洛水，长达三百余里，改造了盐碱地四万余顷，使土地贫瘠的关中地区迅速富庶起来。农业发展了，仓廪充实了，军队实力增强了，统一六国的准备就绪，嬴政便开始有计划地向东方各国用兵了。

公元前234年，嬴政二十六岁，血气方刚，踌躇满志，他跃上战车，手上的定秦剑直指苍穹，挑开了攻灭六国的大幕。自公元前230年至公元前221年，秦国先后灭韩、赵、魏、楚、燕、齐六国。

齐国灭亡后变为两个郡：一为齐鲁大地的"齐郡"，二为东临大海的"琅琊郡"。

　　琅琊,东夷文化的发祥地。周朝姜太公封齐时作"八神",其中四时主祠就立在琅琊山上。越王勾践在琅琊山筑观台会盟诸侯,是时,东南风起,琅琊台下龙湾里的波浪如龙头高昂、龙须飘荡、龙身矫健、龙尾舒展。整个龙湾里,龙跃龙飞,气势万千。

　　龙是我们祖先对自由的渴望。到了初秦,龙的崇拜发生嬗变,君主就是真龙天子,皇帝就是龙在人间的化身。

　　首先以龙自居的就是秦王嬴政。他将自己名号改为"祖龙",祖,始也;龙,王气之形,祥瑞之极。

第二章 秦始皇巡海望洋与徐福驾舟东渡

一

嬴政兼并六国用了整整十年。

十年的刀光剑影,十年的征战厮杀,秦国"一统天下"的愿望终于实现了。至此,七雄纷争的战国,全部归并秦国。中原诸侯从东周开始,经过五百多年的争夺,最后完成了统一。

统一了中国,嬴政首先改变帝王称号,认为自己的功绩高过三皇和五帝,于是将"皇"和"帝"并称为"皇帝"。他是中国第一个皇帝,便自称"始皇帝",史称秦始皇。

秦始皇建立了中国第一个中央集权的封建王朝,中央设置三公九卿,地方废分封,立郡县,书同文,车同轨,道同距,统一货币和度量衡,北击匈奴,南征百越,修筑万里长城,把中国推向了大一统时代,为建立专制主义中央集权开创了新局面,奠定了中国之后二千多年的历史走向,对中国和世界历史产生了深远的影响。明代思想家李贽称誉秦始皇为"千古一帝"。确实,秦始皇志存高远,而胆识与气概又非同一般。

　　登上咸阳宫的大殿，秦始皇头戴冕旒，身穿衮龙袍，稳坐于雕刻着龙头扶手的大椅之上，影壁上是一条盘旋的巨龙，这是大秦帝国的图腾。分列在大殿前的是三公九卿和文武百官。山呼朝拜，气象威严。

　　开宗明义，秦始皇自称为"朕"。现在这个朕是简化字，在秦篆里"朕"字拆开，一边是"舟"，另一边是"弅"。舟，寓意水，水是中华之源，依水而生，靠舟通行，先秦百姓常以舟的数量判定氏族的财富。而弅，则寓意火，在部落时期，拥有火种的人就是最高首领，带领族人走向光明，因此弅也代表着权力。朕的话即圣旨，皇帝诏曰，令行禁止。以朕自称的秦始皇，第一天上朝理事，便果断颁发一道道诏命。

　　首当其冲，诏令各地十二万户豪门大户迁居咸阳，不得迟缓；令将原六国的城防要塞统统拆毁；紧接着，收缴民间兵器，铸成十二铜人，每尊重达二十四万斤，陈列于咸阳宫的门前，以彰显威震天下的皇权。此前，秦始皇就预先让李斯召集臣属、博士绘制了大秦帝国疆域图，依据山川走势、地理方位，把全国分为三十六郡。

　　疾风迅雨，快马策鞭。秦始皇只要想到，百官就要做到。秦始皇每天都要审批公文，那竹简上的文字花式不同，阅览甚为不便，他便下令统一文字写法。很快创造出一种小篆，也称秦篆，从此书写在竹简上的字迹十分整齐精美。秦篆立即成为法定的标准文字，用秦篆编写的识字课本（李斯编撰《仓颉篇》、胡毋敬编撰《博学篇》、赵高编撰《爰历篇》），在全国推广。这就是"书同文"。从文字又联想到货币。统一前，各国货币形状不一，轻重不同。当今四海一家，关卡开放，为便利商贾货物周流天下，遂诏令全国通用两种货币：黄金为上币，铜钱为下币，并将铜钱铸成圆形，中间有一小方孔便于穿结携带。这种外圆内方的钱币大大方便了商品流通，使当时的秦王朝出现了一片繁荣景象。再由货币而延伸到度量衡。度，就是尺；量，就是斗；衡，就是秤。秦始皇下诏令，废除六国度量衡，一律改用当年商鞅为秦国所定的制度，进行"平斗桶、权衡、丈尺"的改革，颁发标准量器，量器上镌刻秦始皇统一度量衡的诏书，由丞相领衔督办。为了方便出巡，秦始皇再次颁发诏令，规定天下车轨一律为六尺。这就是"车同轨，道同距"。

而为了有效控制辽阔的国土,他诏令修筑名为"驰道"的战略大道。驰道宽五十步,土填石垒,用铁锥夯实,路边每一丈植一棵青松。这样的驰道先修了两条,一条由咸阳往东,直达燕、齐(今河北、山东一带);另一条由咸阳往南,直达吴、楚(今江苏、湖北一带)。后来又继续修筑"直道""新道"和"五尺道",分别从咸阳通向北方、西南和岭南。一旦发生变乱,兵马将快速驰骋。其中的"五尺道",是四川和云南到中原的一条通道,道路只有五尺宽,因而得名。常言,蜀道难,难于上青天。它是蜀郡太守李冰率领兵民开山凿岭,用积薪烧岩的原始办法开凿而来的。留存在山岩的火烧遗迹,让后人遥想当年,那撼山动地的场面多么热火朝天。

大秦帝国不用闲人,当从始皇开始。据《史记·秦始皇本纪》记载:"皇帝明德,经理宇内,视听不怠。作立大义,昭设备器,咸有章旗。职臣遵分,各知所行,事无嫌疑。黔首改化,远迩同度,临古绝尤。常职既定,后嗣循业,长承圣治。"意思是,秦始皇明智,治理国家,处理政务,毫不懈怠。创立管理制度,明确标准规则。有职之臣忠于职守,办事不多猜疑,无论百姓发生什么变化,远近都能做到制度统一,弘扬正气,树立新风,这是自古至大秦帝国最好的时代。《史记·秦始皇本纪》又说:"天下之事无小大皆决于上,上至以衡石量书,日夜有呈,不中呈不得休息。"意思是,天下之事无论大小都取决于皇帝,皇帝甚至用秤来称量文书,一天有一定的额数,不达额数不能休息。由此可以看出,秦始皇亲政勤政,真正是宵衣旰食,身体力行。

天下统一后的第二年,秦始皇便在渭南(即咸阳南边)大兴土木,建造一座"极庙",象征天极。从极庙到骊山又修建一座殿堂,叫甘泉前殿,殿通咸阳宫,中间筑甬道,他乘舆从中间经过,如同穿街过巷,十分隐蔽。但是,秦始皇不愿在这深宫大殿中坐等各地的信报,等到驰道竣工,他便开始外出巡游,领略他统治下的原野平川、高山大海。

据当代史学家推算,从建立帝国到死于巡游途中前后十一年的时间里,秦始皇除了日夜处理帝国浩繁的政务以外,还进行了五次全国性的大巡游。五次巡游的行程,合计约三万千米,时间约占统一后的一多半。

首先,下诏西巡。《史记·秦始皇本纪》记载:"二十七年(公元前220

年),始皇巡陇西、北地,出鸡头山,过回中。"这是甘泉前殿落成后不久,他就在深宫坐不住了。仪仗恢宏,车舆雍容,旌旗旒穗,猎猎飞舞。这是秦始皇的首巡,引得城外直道两旁的民众一片惊羡。只是时值深秋,一路向前,越往西北越是萧瑟,草木凋零。到达北部边区,当地官吏启奏,匈奴单于屡屡南侵。始皇不禁沉思。单于是匈奴的首领,论说也是夏王朝后裔。但他们并未开化,既无城郭,又无文字,食肉衣皮,随水草迁徙,骑马游猎,生性悍勇。中原人称其为胡人。胡人是不听秦帝国管束的。秦始皇听奏,当下传诏,任蒙恬为大将,率领三十万大军,抗击匈奴!

蒙恬堪称大秦帝国一员骁将,忠心耿耿,而且奉行秦朝律法坚定不移。秦军在蒙恬的指挥下,大败匈奴,迫使他们向黄河北岸逃窜。蒙恬收复了河套地区,设置九原郡(今内蒙古包头西),将中原民众迁入居住,并新增三十四个县的建制,使这一大片战略要地纳入大秦帝国的版图。

匈奴人被打跑了,可是,顽强好斗的匈奴人并不服输,动不动就前来骚扰。为防止他们大规模卷土重来,秦始皇下诏修筑长城。除了加固和增高拓宽并连接旧有的燕、赵、秦长城外,还要增修新的长城。

为完成如此浩大的工程,秦始皇下令从全国强征几十万工匠徭役,由蒙恬任工程总指挥,酷暑严冬,风雨无阻,胼手胝足,日夜兼程。沿线各地唯此为大,真是举全国之力。

历经数载的艰难困苦,一条崭新的长城西起临洮(今甘肃岷县)、经河套地区过黄河,沿着阴山、燕山向东而去,直达辽东。它就像一条横空出世的巨龙,高低起伏,蜿蜒盘旋,屹立在崇山峻岭之上。这就是万里长城!

在修长城的同时,蒙恬又遵照秦始皇的诏命,堑山,堙谷,穿峰,凿岭,修筑了一条从九原到咸阳长达一千八百里的"直道"——世界上第一条"高速公路"。其目的很明确,就是加强中央与北部边区的联防,便于战时用兵。

秦始皇稳定塞北的同时,又要征服东、南一带。东南沿海广大地区,历来为越族的繁衍生息之地,旧称"南蛮",其实也是夏王朝后裔,与周王朝曾有联系,属中国一个古老民族。越族人大都从事渔猎采集,兼有农耕种植,部落十分分散。居住在今浙江境内和江西东部的为"瓯越",在今福建境内的为"闽越",在今广东和广西东部、湖南南部的为"南越",在今广西西部、南部和云南东南部的为"雒越"。各地属族,统称"百越"。春秋末年,越王勾践异军突起,报复强吴,百越一带归属越国。到了战国时代,又被楚国并吞。秦灭楚后,降服了越族的一些首领,曾先后置会稽郡和闽中郡,今秦始皇经略南越,其声势之大,前所未有。但是,这百越之地,山高林深,炎热潮湿,毒虫野兽加上瘴气弥漫,自然环境异常恶劣。秦始皇便将在押人犯全部释放,又补充赘婿(被视为贱人的上门女婿)和商贩徭役,编成军队,派屠睢为大将进兵岭南。几十万的兵众,越山逾岭,长途跋涉,抵达南越。越人没有经过战阵,更不懂攻守,猛见大军压境,刀戈闪耀,战鼓雷鸣,顿时魂飞魄散。很快,秦军就将岭南平定。始皇三十三年,设置桂林(今广西桂平)、南海(今广东广州)、象郡(今广西崇左)三郡,把这一带广阔地区纳入大秦帝国统治之下。

南征人马全部留下驻守。除此之外,又从中原动迁民众,先后达五十万人与越族人杂居。为保障岭南兵民的给养,秦始皇下诏监禄(郡监御史)负责转运粮饷。凭借皇帝的诏命,征调运输的人畜不在话下,但要将粮饷送达遥远的岭南,一路上横着大庾岭、骑田岭、萌渚岭、越城岭、都庞岭,处处是大山丛林,不仅难行,而且费时。负责后勤保障的监禄脑筋一转,要解决运输,用车就要先修路,修路困难太多,而最好的办法是漕运——用船。

蒙恬大将北击匈奴,收复黄河以南地区四十四个县后,驻兵扼守北河(今内蒙古磴口以下黄河地段)。为了保障供应,秦始皇下诏调集大型运输船,组成船队,从山东沿海港口出发,渡勃海(今渤海),入黄河,向北河防地运送粮食。由此可见,船不成问题。能造长城的帝国,造船已是小巫见大巫。但是,海上漕运,船行海路,而陆上漕运,没有水流如何通航?三思而后,茅塞顿开,借助于秦国兴修水利的经验,监禄上书朝廷建议修筑一条大渠。

秦始皇准奏,并派精通修渠的工匠勘察规划,在长江水系和珠江水系的关键地段,即湘水(今湘江)和漓水(今漓江)源头的分水岭上,修建了一条巧夺天工的兴安灵渠。

灵渠的设计极为精湛,先在北流的湘水上游修筑人字形大坝,分出三分之一的水量，向西流入二十里长的人工渠道。再用那灵渠四十里水道，汇入南流的漓水。前头二十里渠道在分水岭上开凿，水位落差竟有五丈之多，为此又创建了三十六座"斗门"。所谓斗门，就是今天的船闸。于是，便控制住了水位，使几十里灵渠之水变成了阶梯式的"梯水"，往来船只可以沿着梯水，逐级上下，颇为便利。这就把中原和岭南联结起来，解决了岭南兵民的粮饷运输难题。

灵渠历经五年终于竣工。凭借灵渠优势，秦始皇迅速统一岭南各地。而今，在史学家、建筑学家的心目中，灵渠是世界上现存最古老的运河之一，连通长江和珠江两大水系，堪称中国古代水利史上的一项杰作，和都江堰一样，都是中华文明的瑰宝，被誉为"世界古代水利建筑的明珠"。

二

秦始皇并不在乎后人的评说。他心游八荒，思接千里，北修长城，南修灵渠，紧锣密鼓，铺天盖地。统筹这一切国家大事的间隙，秦始皇依然风尘仆仆地坚持他的出巡。

《史记·秦始皇本纪》载："二十八年（公元前219年），始皇东行郡县，上邹峄山。立石，与鲁诸儒生议，刻石颂秦德，议封禅望祭山川之事。"

这是秦始皇的第二次出巡。东巡齐鲁大地，要仿照古代帝王去祭泰山。

这泰山号称东岳，坐落在今山东省中部，自古以来，被誉为天下第一名山。海拔一千五百多米，山势雄伟，景象极为壮丽。相传古代帝王即位之后，都要来泰山举行封禅大典。在泰山顶上筑一高台，祭天，叫作"封"；再到泰山脚下一处名为"梁父"的山坡，祭地，叫作"禅"。举行过封禅仪式，就算是正式承受了天命。

秦始皇东游泰山，正是春光明媚的季节。站在泰山之巅，可以一览无余地观赏东方日出，领略春暖花开。抬头，就是深邃的晨空；转眸，倚天悬壁，苍崖万仞，叠嶂西驰，飞鸟绝尘——江山如画，英雄无觅，一种壮岁旌旗唯我独尊的气概油然而生。然而兴奋之余却有遗憾。虽说万顷云海,霞光宝气,秦始皇的心里惦念着的却是真实的大海。

封禅偶遇风雨,在恪守古礼的儒生心中留下了阴影。然而顶天立地的秦始皇却不以为然。与鲁地儒生复议,何以见海?

回奏:成山、之罘、琅琊。

"于是乃并勃(渤)海以东,过黄、腄,穷成山,登之罘,立石颂秦德焉而去。"(《史记·秦始皇本纪》)

先巡成山。成山(今属山东威海荣成市)位于中国海岸线的东端,是最早看到海上日出的地方,春秋时称"朝舞"。姜太公助周武王平商定天下,曾在此迎候日出,拜谒日神,修日主祠。

秦始皇登临成山头,只见此山三面环海,一面衔接群峰,峭壁巍峨,屏障屹立,俨然一道天然的长城,而面前的大海辽远广阔,巨浪飞雪,气势恢宏万千。

这是秦始皇生平第一次见到大海,心旷神怡,仿佛到了"天之尽头"。俯瞰脚下,满目是黛绿如漆的千重波涛。排浪拍岸,不息的涛声如雷霆万钧响彻云霄,引得秦始皇喟然感叹,这成山头就是大秦帝国的第一门户!于是下诏,由李斯手书"天尽头秦东门"六个秦篆大字,刻石立碑。接着,乘船南下。前面有一小岛,春秋时名"转附",战国时改"之罘"(今芝罘)。"之"是"到"的意思,"罘"则指猎鸟捕鱼的网具。岛很小,但大秦帝国历史的改写,许多大事因它而起。

秦始皇在这里遇见了什么?他登上之罘,见到了海市蜃楼。

初始,海风习习,浪花轻舞,海面就像一幅巨大的锦缎飘拂摇曳,与蓝天白云合为一体。忽然间,浩瀚的大海中间,隐隐约约有楼阁耸起,还有人影往来。

秦始皇十分惊诧,连说"天生怪事"!他想到正在新建的都城。因为咸阳人口众多,先王的宫殿狭小。想当年,周文王建都于丰,周武王建都于镐,丰镐之间,是帝王的都城所在。于是仿效周朝,在渭水南岸的上林苑中兴建朝宫。先建前殿阿房宫,东西五百步,南北五十丈,殿堂可坐万余人,大殿之上竖立五丈高的旗帜。周围环绕着设置阁道,从殿而下可直达南山。在南山之顶修建标志,作为门阙。又在空中架设道路,从阿房宫渡过渭水,与咸阳宫相连接,以此象征天下阁道越过天河直至大秦宫廷。阿房宫建成之后,将会是举世无双。可是,眼前的景象,与阿房宫相比,有过之而无不及。亭台、楼阁、轩廊、飞檐,层层叠叠,难道这是天堂不成?!

正狐疑,那海市蜃楼半明半灭起来,转瞬就云飞霞散了。众人不解。这时一个方士跪拜在秦始皇的面前。

大秦帝国的历史就这样拉开了一道荒诞的序幕。

三

司马迁在《史记》中对这出荒诞剧的开场这样记述:

> 齐人徐市等上书,言海中有三神山,名曰蓬莱、方丈、瀛洲,仙人居之。请得斋戒,与童男女求之。

求什么?求神仙。这个徐市,又名徐福,是一个既会占卜炼丹,又懂航海技术的方术之士,也是鬼谷子先生的关门子弟,甚能游说,更会揣度人心,投其所好。他觉得秦始皇貌似雄伟但毕竟年事渐高,要让大秦帝国的江山永固,秦始皇肯定不愿放弃他的权力,离开他的基业。于是,徐福编造了一个天大的谎言,说海中神山上住着众多神仙,整天炼制仙丹,谁要是吃上这种仙丹,可葆长生不老。

正中下怀!秦始皇盼望的就是长生不老。

按说,叱咤风云的秦始皇从战国的烽火中走来,生死早已置之度外。而且,他早知道人必有一死。《史记·秦始皇本纪》记载:"始皇初即位,穿治郦山,及并天下,天下徒送诣七十余万人,穿三泉,下铜而致椁,宫观百官奇器珍怪徙臧满之。令匠作机弩矢,有所穿近者辄射之。以水银为百川江河大海,机相灌输,上具天文,下具地理。以人鱼膏为烛,度不灭者久之。"说的就是,秦始皇刚做皇帝,就调集七十多万刑徒历时十多年为他穿山凿穴造了一座装有弓弩机关的铜棺陵墓。陵墓之大，俨如地下都城，筑有内城和外城。内城为方形，周围五里多，东、西、北三面，各置城门。建陵同时，烧制兵马陶俑，预埋在城周。武士陶俑身穿铠甲，手执戈戟，陶马四匹一组，拖曳战车一辆。人高八尺，马长一丈。人马排成整齐的方阵，再现秦军横扫六国雷霆万钧之势。总之，秦始皇已经将身后之事安排得妥妥当当了，证明他对死，早有思想准备。

只是，现在被徐福的花言巧语一蛊惑，既然有仙丹可葆长生不老，何乐而不为？杀伐果断、虎视天下的一代雄主，居然在这种荒唐事上也来了个当机立断，允准徐福等人的请求，并赐给大量黄金珠宝，入海求仙。

秦始皇就带着这样的一股膨胀的欲望，转舵南下，直驶琅琊港。

《史记·秦始皇本纪》载："南登琅琊，大乐之，留三月。"

三个月，秦始皇在琅琊做了什么，这么开心？

重修琅琊台。公元前468年，越国剿灭吴国之后，越王勾践将都城从会稽北迁琅琊，率"死士八千人，戈船三百艘"，看中的就是琅琊港，口小腹大，不淤不冻，可以停泊大型战船。为了操练水师，特在琅琊山上修筑瞭望台。秦始皇来到这里，见台基坍塌，便问鲁地儒生："此台何人所筑？"儒生回奏："筑者越王勾践。"秦始皇闻奏变色道："春秋勾践，僻处偏隅，尚筑高台，争霸中原。朕如今并有天下，岂不及勾践耶？"于是传谕左右，急速削平旧台，另筑新台，且要更高大！左右禀奏，工程浩大，难以速成。秦始皇正色道："岂能难过长城？朕留此数旬，亲自督造，何患不成？"

有志者事竟成。两个月工夫，一座崭新的琅琊台完美竣工。秦始皇谕令刻石记功，颂扬秦德，并下诏举行"祭海"。

祭海场面，盛况空前。秦始皇登上新建的琅琊台，携山、揽海，别有一番风光。这才是秦始皇心中的巡游。此游，远胜过荡舟太湖、扬帆洞庭，亦不雷同于车驰直道、策马平川。瞭望大海，海面平静无波，一片湛蓝，蓝得比翠鸟的翅膀还要令人赏心悦目，如此等等，正象征着大秦帝国的吉瑞安宁！

秦始皇心满意足。

琅琊台修好，海也祭了，秦始皇还不走。他在等，等徐福出海求仙的消息。翘首以待,却等来徐福等人空手而归。秦始皇大失所望。他怒视着徐福,目光如剑。

想当年燕国派荆轲前来行刺,图穷匕首现,身为秦王的他,手持定秦剑,一旦凝聚全部精神,他的世界就只有目标,目标也就像站在他瞳孔之中。气势如虹,伟岸如山,手起刀落,一剑封喉!

当秦始皇手里的定秦剑滴着浓稠鲜血,荆轲早已扑通倒地,眼里有着不甘、愤恨、憋屈,但也有一抹死在强手剑下的快慰。而大殿之上,一个个投鼠忌器不敢上前的文官武官,盯着秦始皇手上滴血的定秦剑,更是像悬停在自己头顶一般,噤若寒蝉。

这一幕,犹在眼前。随行官员看着徐福,却不敢直视秦始皇。荆轲是杀手,徐福是骗子,殊途同归。只要搪塞皇上,就是欺君之罪!

徐福的脸上平静无波,成竹在胸,他摇唇鼓舌,将出海求仙的凶险经历描述得惊心动魄,谎称海中有大鲛鱼为患,他们是死里逃生。接着,他将面见海中大神的情景说得绘声绘色、活灵活现。

秦始皇脸上波澜不惊,只是徐福的话似乎拨响了他的某根心弦。

随行官员包括丞相李斯都在揣摩皇上的心思,但谁也不知道徐福的话是否可信,皇上心里又有什么打算?片刻,云罅初开,皇上露出一丝笑意。

《史记·淮南衡山列传》中这样记述:

> 臣见海中大神。言曰:"汝西皇之使邪?"
> 臣答曰:"然。"
> "汝何求?"
> 曰:"愿请延年益寿药。"
> 神曰:"汝秦王之礼薄,得观而不得取。"
> 即从臣(引导臣)东南至蓬莱山,见芝成宫阙,有使者铜色而龙形,光上照天。于是臣再拜曰:"宜何资以献?"
> 海神曰:"以令召男子若振女(童男童女)与百工之事,即得之矣!"
> 秦皇帝大说(悦),遣振男女三千人,资之五谷种种百工而行。

李斯的心里一声哀叹,高踞皇位但唯恐生死无常的秦始皇,真是聪明一世糊涂一时,不仅被骗子骗了,还要帮骗子数钱。而原本一文不名的徐福顷刻之间腰缠万贯,率领三千人众,分乘十余艘装备弓弩手的海船起锚离港,浩浩荡荡,开始了他与大秦帝国生离死别的远航。从此一别,将是永不回头!

秦始皇的巡游却仍在向前。

四

一场由徐福导演的荒诞剧关停并止,另一场大悲剧悄然拉开了帷幕。司马迁在《史记·秦始皇本纪》中这样记载:

> 侯生、卢生与谋曰:"始皇为人,天性刚戾自用,起诸侯,并天下,意得欲从,以为自古莫及己。专任狱吏,狱吏得亲幸。博士虽七十人,特备员弗用。丞相诸大臣皆受成事,倚辨于上。上乐以刑杀为威,天下畏罪持禄,莫敢尽忠。上不闻过而日骄,下慑伏谩欺以取容。秦法,不得兼方不验,辄死。然候星气者至三百人,皆良士,畏忌讳谀,不敢端言其过。天下之事无小大皆决于上,上至以衡石量书,日夜有呈,不中呈不得休息。贪于权势至如此,未可为求仙药。"于是乃亡去。
>
> 始皇闻亡,乃大怒曰:"吾前收天下书不中用者尽去之。悉召文学方术士甚众,欲以兴太平,方士欲练以求奇药。今闻韩众去不报,徐市等费以巨万计,终不得药,徒奸利相告日闻。卢生等吾尊赐之甚厚,今乃诽谤我,以重吾不德也。诸生在咸阳者,吾使人廉问,或为妖言以乱黔首。"
>
> 于是使御使悉案问诸生,诸生传相告引,乃自除犯禁者四百六十余人,皆坑之咸阳,使天下知,以惩后。

这就是大秦帝国的"焚书坑儒"事件。

史学界亦有评论,说秦始皇是"历史的伟人,道德的罪人",而违背人性的罪名就是"焚书坑儒",秦始皇也就被这一事件戴上了"暴君"的帽子。

且慢!1975年,湖北省云梦县一座名为睡虎地的墓葬群被意外发现,其中一座墓的主人叫喜。他的身份是秦代官吏,职守方面多与刑法有关,最关键的是,喜生活的时代正处于战国剧变,经历了秦王嬴政统一六国的整个过程,可谓是六国覆灭的见证人。在喜的墓中考古者发掘出一批竹简,写于战国晚期到秦始皇时期,被称为"睡虎地秦简"或"云梦秦简"。这些竹简因年久腐蚀而损坏不少,但据不完全统计其上仍幸存二十余万字,内容颠覆了我们已知的历史。竹简记载了秦朝的法律制度、行政文书、医药著作以及吉凶占卜,是研究大秦帝国政治经济文化法律医学等方面的重要资料,具有极高的学术价值,内容却与已知的史料不符,尤其是《史记》。譬如,令秦始皇为人诟病的"焚书坑儒",竹简文字点明坑的并非儒生,而是妖言惑众的巫师术士和兜售"长生不老药"的江湖骗子。

循着秦简的指证,不妨重新审视大秦的这段历史。其实,一开始秦始皇并没有准备对文化思想领域采取极端的残酷手段。从始皇二十六年(公元前221年)建立统一政权开始,到实施焚书的始皇三十四年(公元前213年),八年之间,秦始皇下令从六国的宫廷和民间搜集了大量的古典文籍,同时征聘七十位学者,授予博士之官。又召集二千余学生置于博士官之下,称为诸生。指令博士官和诸生对古典文籍进行清理甄别,去其糟粕,存其精华。因此,秦始皇不仅对七十位博士优礼尊赐,而且对于出类拔萃的学生也奖掖甚厚。

但是,事情的发展并不按秦始皇的本意进行。不少博士官和诸生来自旧时代,满脑子都是复古思想。他们认为复古周礼的儒家学说是最好的,所以,他们不仅对加强专制统治没有帮助,反而对秦始皇推行的政令指手画脚、说三道四。

从徐福瞒天过海,扬帆远遁,秦始皇的心里就长了一根刺。

而今,方士和儒生没有了原则,立刻刺痛了秦始皇的心。

公元前213年,咸阳宫设宴,有博士官淳于越参加,他公然在大庭广众之下批评秦始皇的政体制度,提出废郡县,立分封,认为只有效法古人,才能长治久安。丞相李斯认为淳于越一派胡言,极力反驳,并上书秦始皇焚书。

李斯是典型的法家,认为仁义只适用于古代,而今必须用法治,法、术、势三者并重,实行专制。

于是,秦始皇允准李斯提出的焚书建议,下令除秦国的史书和农书、医书以外,其他史书以及《诗》《书》百家语之类全部烧毁。勒令各地民间三十天内不烧者,判刑劳役。

一年之后,一些方士和儒生背后议论秦始皇滥施刑罚,于是秦始皇严加追查,最后活埋了四百六十多人。

人死不可复活,焚书并不彻底。如果彻底,那么现存的先秦典籍,如《诗经》《周易》《山海经》《论语》《左传》《孟子》《老子》《庄子》《墨子》《韩非子》《孙子兵法》《吕氏春秋》等,又是怎么幸存下来的?

可见,秦始皇还不算一个昏君,"焚书",烧掉的是对他攻讦的文章,或是他眼里的异端邪说,而与世人有益的典章文献,起码他是"睁一只眼闭一只眼",还是给后人留了一手!

至于"坑儒",也许其中不乏妖言惑众的方士和张扬复辟的儒生。顺我者昌,逆我者亡。千秋功过,过去了的都是历史。

五

话说回来,秦始皇到底是为了什么,出于什么动机,派徐福"率三千童男童女五谷百工"出海求仙?这是哪路神仙,贪恋人间少男少女?神仙要五谷干吗?神仙也食人间烟火?百工又去干吗?神仙缺少人间的能工巧匠?需要人间百工去填海、筑路、建宫殿、美化神山?

这绝不是真实的历史。真实的历史也不该给我们留下这么多问号。为了臧否秦始皇,我们不妨将史料再捋一遍。

司马迁在《史记·秦始皇本纪》中说:"齐人徐市等上书,言海中有三神山,名曰蓬莱、方丈、瀛洲,仙人居之。请得斋戒,与童男女求之。于是遣徐市发童男女数千人,入海求仙人。"在《史记·淮南衡山列传》中,又准确地说"遣振男女三千人,资之五谷种种百工"。

渡海远航离不开船,三千人并携带五谷等物资乘船,需要多少船?按当时船舶的装载能力,每船乘载二三百人,大概也需要十几艘。浩荡的船队起航出海,确实壮观。秦始皇傻吗?

秦始皇不傻!是读史人傻。读史人,读的是《史记》,上了司马迁驾驶的马车,循着徐福为秦始皇寻求"长生不老药"的胡同,一直往下走,走了二千多年,走不出来,原来是条死胡同!

现在人常说,"摆事实,讲道理"。也许,秦始皇派徐福出海寻求仙药是事实,但肯定不是事实的全部。单凭这一条事实,道理讲不清。因为三千人,实在声势浩大,还带着五谷、百工,绝不是"长生不老"一味药、一句话所能解释得了。

众人潮涌般出海,不仅带着五谷、百工,而且据《日本国史略》上说,徐福还带着《三坟》《五典》。这就不是一次简单的"寻药求仙"之旅了!

《三坟》《五典》和《八索》《九丘》,皆是中国先秦的典籍。孔子作《尚书·序》中称:"伏羲、神农、黄帝之书,谓之《三坟》,言大道也;少昊、颛顼、高辛、唐(尧)、虞(舜)之书,谓之《五典》。"

徐福东渡,带着三皇五帝圣贤之书,神仙自然不需要人去教化,那么莫不是"教化于人"?再说,雄才大略的秦始皇在建立大秦帝国之后,业绩可谓辉煌,只是,长城、灵渠以及直道和驰道都是陆地事物,海上呢?从秦始皇二十六年(公元前221年)统一中国起,到秦始皇三十七年(公元前210年)去世,前后十一年,秦始皇曾五次出巡,而其中就有四次是巡海。

始皇三十七年(公元前210年),秦始皇第四次巡海,规模最大,行程最远。先南巡到九嶷(今湖南宁远),然后沿长江而下,过丹阳,到会稽(今绍兴)、钱塘(今杭州),由此再沿海北上,抵达琅琊港(今青岛胶南一带)。

到了琅琊,"始皇梦与海神战","乃令入海者赍捕巨鱼具,而自以连弩候大鱼出射之。自琅琊北至荣成山,弗见。至之罘,见巨鱼,射杀一鱼,遂并海西"。

秦始皇魂牵梦萦的是渔猎,是大海。

从一次次巡海,再到派徐福率船出海,"海之事"在秦始皇执政的最后十年,已经是议事日程的紧要大事。

有无可能秦始皇是谋求向海发展的机遇呢?

秦始皇的对手是鬼谷子的学生,但秦始皇比鬼谷子还鬼。

徐福设计利用秦始皇,秦始皇也抛下圈套引诱徐福。求药并不假,但还只是引子。也许,真正的目的,秦始皇想要弄清楚那"海市蜃楼"还在不在?海上到底有没有"蓬莱、方丈、瀛洲"三座神山?大海叵测,风高浪险,徐福船队正是他精心布局百里挑一的探险队!

秦始皇的雄心是,不仅吞并天下,还要囊括四海。在他眼里,大秦帝国的疆域就像一只攥紧的拳头,而在他心目中却要让这只拳头张开它的五指!

因此,大秦帝国的版图不断向东南拓展,设会稽郡(今浙江)、闽中郡(今福建)、南海郡(今广东)、桂林郡(今广西)、象郡(今海南及越南北部),"五指张开",每一次都使大秦帝国的陆地疆域以迅猛之势向前推进。而徐福等人以寻找"长生不老药"的名义,要求组织武装船队(携带弓弩手随行)东渡出海,这就更进一步激发了秦始皇海上扩张的雄心。

只要海上有山,山上不管是神仙还是凡人,尽数带上五谷百工和《三坟》《五典》,前去开发。而三千童男童女,就是传宗接代的种子,不久将来那三座神山就是大秦帝国的海上福地!

六

历史没有也许,但在秦始皇却有可能!

将这种可能变成永远的不可能,是因为秦始皇在最后一次出巡也是第四次巡海结束(始皇三十七年,公元前 210 年),返回咸阳途中到达沙丘平台时,感染疾病,不治身亡。由于秦始皇死在外地,丞相李斯害怕秦始皇的儿子们以及国内百姓闻讯造反,于是封锁消息,在回咸阳的路上,把棺材装在辒凉车中,所到之处,照旧送上饭食,百官和往常一样上奏国事。只有秦始皇的儿子胡亥和五六个亲近的宦官知道内情。车到九原，正赶上酷暑，秦始皇的丧车发臭，就命令随同官员每车装载一石鲍鱼，用来掩盖秦始皇尸体的臭味。九月，秦始皇被安葬在骊山秦始皇陵。太子胡亥继位，为秦二世皇帝。

胡亥是秦始皇的小儿子，他杀死兄弟姐妹二十余人，并逼死大哥扶苏。当上皇帝后，轻信赵高，实行残暴统治，终于激起陈胜、吴广起义，而六国的旧贵族趁势掀起复国运动。

秦始皇梦想大秦帝国的皇位从他的始皇帝传至二世、三世，直至后世万代。岂料，秦二世只在盘龙椅上摇摇晃晃坐了不到三年，就被那个曾把自己扶上帝位，并在朝廷上指鹿为马的宠臣赵高逼迫自尽。

苦心经营十五年的帝国大厦，轰然倒塌。

第三章
汉武大帝的文治武功和开疆拓土

一

公元前207年，秋冬时节。项羽统领由六国旧贵族汇集的四十万大军，破关而入，屠咸阳，毁秦宫，一把大火烧了整整三个月。

"楚虽三户，亡秦必楚"，灭了秦帝国的项羽自立为西楚霸王。接着，瓜分天下，项羽册封各路反秦诸将为王。其中，刘邦封于巴蜀汉中，为汉王。然而，卧榻之侧岂容他人鼾睡！本质上，项羽和刘邦信奉的都是"丛林法则"。一山不容二虎，一国不容二主。楚汉相争的尾声是"垓下之战"。刘邦的将领韩信用"十面埋伏""四面楚歌"大败项羽，项羽单骑突围来到乌江江畔（今安徽和县乌江镇旁边的长江支流），乌江亭长苦劝项羽渡江，以图东山再起。可是，项羽却"无颜面再见江东父老"，力拔山兮气盖世的一代战将，就这样仰天长啸在乌江边拔剑自刎。

公元前202年，刘邦称帝，建立大汉帝国。从此，"汉"字走上了中国的政治舞台，成为首屈一指用途最广的第一文字。中国的语言叫"汉语",中国的文字叫"汉字",研究中国历史文化的学问都是"汉学",还有"大汉""好汉""老汉""男子汉"。而投靠侵略者,充当走狗,出卖国家民族利益、背叛祖宗的败类,就被骂成"汉奸"!

其实,这个"汉"字很有意义,繁体作"漢"。中华人民共和国文字改革,保留了一边的三点水,将另一边的繁体简化成"又",又是一片水。笔画减少,含义不减,还是《说文解字》中说的"漢(汉),漾也。泉始出山为漾,漾言其微,漢(汉)言其盛也"。

汉言其盛——这正是汉高祖刘邦的心愿。

刘邦兴汉,建都长安,史称西汉。公元 25 年,刘秀重建汉朝,迁都洛阳,史称东汉。前后两汉经历四百余年,最值得大书特书的,是开创鼎盛时代的汉武大帝刘彻。

能与秦始皇齐名的也只有汉武大帝,史称"秦皇汉武"!

二

汉武帝前面是祖父文帝和父亲景帝。史家把文、景两帝并提,称为"文景之治"。《汉书·武帝纪》称赞"文、景务在养民"。而景帝堪称西汉时期一位比较开明的政治家。刘彻从小耳濡目染,获益匪浅。公元前 140 年,四十五岁的景帝逝世,十六岁的刘彻继位,即汉武帝。

汉武帝和秦始皇一样雄心勃勃,都想龙行天下,威达四海,但他们走的是两条不同的路线。尽管"汉承秦制",不过秦始皇推行李斯的严刑酷法,采取高压政策,箍紧必裂。西汉初年贾谊的《过秦论》议论的就是秦朝的过错。汉武帝则接受教训,另辟蹊径。

汉武帝即位时,汉朝的社会经济已经得到很大的恢复和发展,文、景两代为武帝积累了大量财富,他现在所面临的迫切任务已不再是普通的与民休养生息,而是进一步强化专制主义中央集权,展现文治武功和开疆拓土。但是,阻力不少,最大的阻力来自祖母窦太后,她贵为太皇太后,一生崇信"黄老学说",主张无为而治,安于现状。出于孝道,汉武帝按捺住躁动之心。所谓行到水穷处,坐看云起时。来日方长,他有的是时间。

汉建元六年(公元前135年),窦太皇太后寿终正寝,二十一岁的汉武帝开始亲政。第一件大事,就是把窦太皇太后亲信的丞相、御史大夫等都给罢免了。皇亲国戚不再得势,诸侯王也变成了"王子侯"。第二件大事,就是改变对匈奴屈辱的和亲政策,决定用武力回击这个侵扰边境、掳掠边民的北方顽敌。第三件大事,在董仲舒"罢黜百家,独尊儒术"的基础上,采纳董仲舒"天人三策"的建议,设置"五经博士",专门对"弟子员"讲授儒家经典《诗经》《尚书》《礼记》《易经》《春秋》。弟子员只要学通一经,经过考试便可做官。从此,诸子百家的学说被冷落、排斥,儒家学说成了中国封建社会的圭臬,儒家思想也就成了中国封建社会的正统思想。

紧接着,汉武帝诏令各郡县举荐孝廉和贤良文学之士。学优登仕,授职从政。新晋为官的人中,既有被后人誉为"赋圣词宗"、风流倜傥的川蜀才子司马相如,也有年过四十贫苦书生出身但满腹经纶的朱买臣。英雄无种,唯才是举。汉武帝又诏:"古之立教,乡里以齿,朝廷以爵,扶世导民,莫善于德。"(《汉书·武帝纪》)意思是,确立教育标准,社会上尊老爱幼,朝廷上设置爵位,扶正社会风气引导百姓行为,最好的办法在于注重道德。一时间,人心向善,求学进取,蔚然成风。所谓学好文武艺,货与帝王家。真是千家瑞气,万里春光。

当时,京城的府库装得满满的,钱库里串钱的绳子年久朽断,铜钱散落遍地,无法清点。太仓的旧粮还未用完,新粮又要储进,装不下只好堆在仓外。百姓家家养马,田野遍布马群,乡绅集会,都骑健壮的牡马(公马),有谁乘骑牝马(母马),甚至不得与会。农牧业繁荣了,冶铁业也不落后。不仅有了低温锻制的块炼铁,也有了高温铸造的生铁。当时,对多种生铁已能冶炼和恰当利用。制造耐磨的犁铧多采用白口铁和麻口铁,制造锄、铲等多采用韧性铁,而制造车轴则采用灰口铁。更为可贵的是,还出现了球状石墨铸铁。那炼铁炉也大得惊人,出铁量越来越大。有了铁,不仅能制造农具,而且能大量制造刀、矛、剑、戟,制造马嚼、脚镫,至于造船用的船钉、船锚等,也都离不开铁。

大汉帝国,一片兴旺。

三

明犯强汉者,虽远必诛。

元朔三年(公元前126年),匈奴单于出动数万骑兵攻袭代郡,杀掳汉民千余人。汉武帝恰逢母亲王太后去世,母丧期间,未及点将还击。匈奴单于自谓有机可乘,第二年又三路发兵直攻代郡、定襄、上郡,气焰十分嚣张。汉武帝再也压不住怒火,于元朔五年(公元前124年)诏令车骑将军卫青统率诸将,共领十余万精兵,分三路讨伐匈奴。

卫青有个外甥叫霍去病,自愿随征。霍去病亲率八百轻骑兵,深入敌腹,杀虏二千余人,其中有单于两个长辈。卫青大喜,引军还朝。汉武帝见霍去病军功卓著又骁勇善战,加封他为冠军侯。这时霍去病刚满十八岁。汉武帝慧眼识珠,觉得年轻的霍去病与他舅舅卫青一样,是一位不可多得的将才,于是破格提拔,封霍去病为骠骑将军,命他率一万骑兵,孤军深入沙漠,寻找匈奴主力作战。霍去病声东击西,迂回奔袭,所向披靡,频频告捷。霍去病声威日盛。汉武帝爱才心切,要为霍去病营建府第,霍去病叩谢道:"匈奴未灭,何以家为?"一句话尽显满腔忠勇。

是时,伏击匈奴三战皆捷,郡国无事,城民安稳,平定西南一事便提上议事日程。军马未动,道路在先。从巴蜀往南,正由中郎将唐蒙监修道路。沿途山高林深,艰险无比。筑路士卒死伤、逃亡者甚多。唐蒙以战时军法处死违令的士卒,巴、蜀二郡民众大为惊恐。汉武帝了解到筑路士卒对唐蒙的苛令严刑多有怨声,便考虑另派一人南下宣抚。

晨曦辉映着未央宫,汉武帝临朝。他扫视朝堂,从文武百官一个个看过去,目光停留在司马相如身上。心想司马相如是蜀地人,一定熟悉蜀地民情,虽然文弱,但是名播天下,具有号召力,言辞有方,节制有度,正是理想首选之人。于是下诏司马相如赴蜀。

司马相如到达蜀郡,果然不同凡响。此前,坊间盛传司马相如与卓文君的爱情故事百般缠绵,他的《子虚赋》和《上林赋》文章锦绣脍炙人口。在老百姓的心目中司马相如的形象,就是剑胆琴心重情重义浪迹天涯快意恩仇的风流才子。司马相如一到,万人空巷,民众都想一睹风流才子的风采。然而,出现在人们面前的却是一位亲民使者。春风化雨,实事实办,传布檄文,晓喻周详。他的做法,不是弹压百姓,而是一针见血直面官府。同时,抒发民众的无畏精神,"夫边郡之士,每闻烽举燧燔,皆摄弓而驰,荷兵而走,流汗相属,唯恐居后;触白刃,冒流矢,义不反顾,计不旋踵,人怀怒心,如报私仇"。其意是,边境郡县的士卒,听说烽火举起,积薪燃烧,都拿着弓箭驰马进击,扛着武器奔向战场,累得汗水直流仍然奋勇当先唯恐落在人后。撞击利刃,冒着飞箭,为了道义勇往直前,不向后退,人人怀着愤怒之心,简直如报私仇一样。说到此处,不禁发问:他们难道喜死厌生?不!他们也是普普通通的臣民,只是在个人尊严面前,分明一个个都是满身铠甲的战士。又问:难道他们与巴郡、蜀郡不是一个君主吗?不!他们是把国家的困难放在前面,乐意履行臣民的义务啊!

一篇檄文慷慨激昂,说得上至太守下至士卒心服口服,士卒没了怨气,官府如释重负。

紧接着,汉武帝下诏任命司马相如为中郎将,持节出使西夷。司马相如斡旋西夷,地近蜀地的邛、莋、冉、駹各部也纷纷归顺汉朝。

平定西夷之后,汉武帝便开始向南发展,向海图强。

四

向海图强,必须建设一支楼船军。

建设楼船军,首先需要大量造船。

史载,汉代是我国古代造船和航海技术发展的第一高峰。当时,我国的船舶建造技术已达到世界先进水平,并在此后长达一千多年的时间里,一直保持着领先地位。船的属具锚、舵、橹、碇、帆,在汉代就已出现。当我国船舶已经用铁钉代替竹钉和木钉,并用油灰捻缝以提高船舶结构强度的时候,阿拉伯人还只知用平镶法造船,西欧人造船则仍采用皮条和绳索捆扎的方法。为了提高船速,橹是汉代船舶推进工具中一个带有突破性的大发明,它的效率比桨高,所谓"一橹十桨"。舵的出现和普遍使用也比外国早一千多年。尤其是帆的使用,虽比埃及要晚,但发展迅速,汉代已采用多桅多帆,以木叶织成帆面,并能根据风向风力调节帆的位置、角度和受风面积。这种技术比欧洲的软帆更便于操纵。

有了风帆,可以自由地控制方向,但是在茫茫大海中,若非沿岸航行很容易晕头转向。西汉时代,随着造船技术的进步,天文学也得到了发展,《汉书·艺文志》中《海中二十八宿臣分》等篇目对当时的天文技术、航海技术作了详尽的解说。天文学的发展使得船在大海上航行时可以"观星定海",海上航行更加安全便捷。

这一切,都与汉武帝开疆拓土、向海图强的战略决策有关。

《汉书·朱买臣传》:"上拜买臣会稽太守。……诏买臣到郡,治楼船,备粮食、水战具,须诏书到,军与俱进。"此记,说的是汉武帝封朱买臣为会稽太守,又密嘱一番,让他抓紧造船,以备海上用兵。

朱买臣到任后,便紧锣密鼓进行战前准备。

早在越王勾践年代,因为吴越战事的需要,越国大量制造用于水战的戈船,所以会稽的造船业非常红火,已使用船台来造船,船通过滑道下水。只是后来秦灭六国和楚汉相争基本上采用陆战车骑,战船需求不大,船台日渐废旧。朱买臣带着皇上的密旨,马不停蹄进行一番考察,很快恢复造船,并负责筹备粮草,准备水战之具,以便海上征战使用。只要诏书一到,立刻舟船齐发。

朱买臣督造的船具,桅、帆、橹、锚、舵,样样齐全。战船辏集,帆樯毗连,远望犹如一片森林。

消息传到长安,汉武帝心情大悦。于是下诏设置"楼船官",批量建造楼船、戈船。

豫章、浔阳、庐江、枞阳、安庆等地造船工场,焕发生机,一片繁忙。造船业的发展,有了可为水师提供更多更好战船的条件。此时,西汉战船有楼船、蒙冲、先登、赤马、桥船、斗舰、走舸等新建和改进的船型,种类繁多,分工明确,数量达到千余艘。其中最大楼船,"其上屋曰庐,象庐舍也;其上重室曰飞庐,在上故曰飞也;又在其上曰爵室,于中候望,若鸟雀之警示也"(刘熙《释名·释船》)。可见当时的楼船已有三层结构,这种"高十余丈,旗帜加其上,甚壮"(《史记·平准书》)的楼船载重量极大,《太平御览》上说汉武帝在长安所造的豫章大船可载万人,后经《酉阳杂俎》纠正为"千人"。即便如此,也是当时世界上最大的船舶了。

在北方建车骑陆军之后,汉武帝即在东南大规模建立水军,将这支水军正式命名为楼船军,并诏封杨仆为"楼船将军",另外还诏封了十多名戈船(战船)将军、横海(战船)将军和下濑(战船)将军。

五

建元三年(公元前138年),东南地区发生闽越王无诸从福建闽侯发兵北上进攻东瓯的事件。东瓯位于瓯江流域(今浙江东南部),公元前192年,东瓯首领附属汉朝,被封为东瓯王,建都于永嘉(今温州)。弱小的东瓯无力抵抗闽越的进攻,便向汉朝廷求救。汉武帝接到东瓯王的告急文书,觉得正是解决东南统一问题的最好时机。"小国以穷困来告急,天子不救,尚安所愬(诉),又何以子万国乎?"(《资治通鉴·汉纪》)于是立派严助持节发会稽水军"浮海救东瓯"。

严助奔赴会稽,立即调集楼船军,拔锚升帆,逶迤出海。

楼船军兵临永嘉,云帆蔽日,龙旗飞舞,气势上就压倒来犯之敌。闽越军得悉汉朝水军驰援,自知实力不足,不敢贸然交战便掉头撤回福州。

汉军乘机进驻东瓯,严助按汉武帝诏令将东瓯居民北迁到淮河流域的庐江郡。会稽与永嘉连成一片,至此,不仅东瓯的割据状态结束,而且在永嘉建立了南进的水军基地。

其实,西汉时,会稽郡为现在的苏南和浙江一带,与东瓯接壤,按道理从陆路发兵十分方便,而汉武帝却派严助浮海南下,可见其真实用意是对新建楼船军实战能力的一次检验。

严助指挥的闽越之战,只是楼船军小试牛刀,初露锋芒。

汉武帝并不满足，在继续造船的基础上，先后在杭州湾钱塘江口外的句章（今浙江慈溪）、山东莱州湾小清河入海口的博昌（今山东博兴）等地，扩建楼船军驻泊、补给、训练基地，又在长安西南挖了方圆四十里的"昆明池"，中有戈船楼船各数百艘，终日进行操演，准备讨伐南越。

万事俱备，蓄势待发。

六

元狩三年（公元前120年），匈奴连遭挫败，伊稚斜单于为避开汉军锋芒，将主力转移到大漠以北，企图利用沙漠阻挡劳师疲惫的汉军，然后伺机取胜。汉武帝洞若观火，为永绝后患，决定发大军越过沙漠，寻歼匈奴主力。于是调集十万精骑，命卫青、霍去病各领五万骑，从代郡和定襄分东西两路深入漠北。卫青一路前出一千余里，越过茫茫沙漠，找到了伊稚斜单于的匈奴主力，追至单于城堡，烧毁匈奴储粮，捕获一万九千余人回师。霍去病一路，从代郡出塞两千多里，与匈奴左贤王接战，穷追至翰海（今呼伦贝尔湖），俘匈奴王三人、将军等官佐八十三人，捕获七万多人，班师回朝。匈奴单于经此重创，迁徙漠北，远离了汉区。自此漠南无王庭，也就是沙漠以南不再出现匈奴的政权中心。匈奴不敢再冒犯大汉，北方的安全有保障，但南越割据势力却与朝廷分庭抗礼。这是汉武帝的一大心结。

南越，包括南海郡、桂林郡、象郡，早在秦始皇时代就已开拓，但到了秦末战乱时，原本是秦朝将领的赵佗割据岭南，吞并象郡、桂林，建立南越国。刘邦改朝换代，即册封赵佗为南越王，借以维持对东南地区的联系。因汉朝廷无力南顾，赵佗便自尊为南越武帝，称雄一方。

汉武帝即位四年后，南越王赵佗去世，他的孙子赵胡嗣立。

建元四年秋，"闽越王郢攻南越。（武帝）遣大行王恢将兵出豫章，大司农韩安国出会稽击之，未至，越人杀郢降，兵还"（《汉书·武帝纪》）。说的是，闽越进攻南越，赵胡向汉朝求救，汉武帝派两路人马驰援南越，兵未抵达，闽越军就被南越军打败了。但汉武帝"扶危扶倾，举义用兵"，使南越王

第三章 汉武大帝的文治武功和开疆拓土

赵胡万分感激,为求长远保护并表示诚意,赵胡将儿子赵婴齐送到长安,侍奉汉武帝。

赵婴齐在长安一住多年并娶妻生子,妻为樛氏,子叫赵兴,直到父王病危,上书汉武帝得到允准,才携妻带子回到南越。赵胡病故,赵婴齐即位。成了新王的赵婴齐觉得天高皇帝远,朝廷鞭长莫及,心中再无"尊礼奉上"一词,连虚与委蛇的一点点敷衍客套也没有了。他在汉长安当人质,只是畏惧汉武帝,但听了许多匈奴的故事,狼行千里吃肉,马行千里吃草,他不愿再做马牛,而要效仿匈奴单于做一匹狼。像老祖宗赵佗吞并邻郡一样,物色对象,然后把它吃得骨头不剩。于是渐渐目空一切,我行我素,独霸南越,恣意横行。

汉武帝要集中精力征伐匈奴,只能把闹腾的南越暂且搁置一边。再说,威达四方,先礼后兵,征服南越,不能师出无名。他在等待契机。匈奴退隐漠北,帝国处于休战状态,时间有了,他还在等,一直等到痴人说梦自我膨胀的赵婴齐病故,赵兴继立,王后樛氏被尊为太后,汉武帝这才感到机会来了。

南越国正处于新旧交替之际,无论攻战还是攻心都是一个最佳的时机。但是,汉武帝不想用对付匈奴的办法对付南越,给史家留下欺压弱小的口实,于是尝试先用和平的方式解决南越问题。

元鼎四年(公元前113年),汉武帝派出一个以大臣安国少季为主使、谏大夫终军和将军魏臣为副使的钦差使团,出使南越。虽然是"文事",但也做好了"武备"。汉武帝的运筹是,在钦差使团南下的同时,派出一支由卫尉路博德率领的精锐部队,屯兵于南越北部边界的桂阳,充任礼仪之师,在那里等待南越樛太后和南越王赵兴。这样安排,恩威并至,既给了南越新主人高规格的面子,又摆开兵临城下架势,震慑南越非分之心。

樛太后和年幼的南越王赵兴,驱车边界,迎接朝廷钦差使团。

时间在这里定格了,一个比虚构的故事还离奇的情节出现了。

樛太后一见大臣安国少季,蓦然怔住。即使海枯石烂,她也认得出眼前的钦差大臣,就是她十多年前的情人!

安国少季,姓安国,名少季,霸陵(今陕西西安东北)人。樛氏邯郸(今河北邯郸)人。两人的出生地相隔遥远,他们不可能是青梅竹马。安国少季是怎么结识樛氏的?樛氏是在出嫁前早有恋情,还是成了太子妃红杏出墙?若是婚后,她又是怎样瞒天过海,将在长安当人质的赵婴齐十多年都蒙在了鼓里?史无明述。

但是,《史记·南越列传》中说,樛氏"中国人也,尝与安国少季通"。《汉书·两粤传》中说,"安国少季往,复与私通,国人颇知之,多不附太后"。铁板钉钉的两段文字坐实了他们之间的男女私情。

政局掺和了绯闻,绯闻一旦发酵,政局就变得复杂起来了。

事情的开端一片祥和。钦差使团从边界一路风光地进入南越富丽的王庭,当谏大夫终军代表使团宣读完诏旨,垂帘听政的樛太后就让南越王赵兴当即表示南越属汉。

哪知,南越的天,小孩的脸,说变就变。很快,纸就包不住火了。一是涉政未深的樛太后不知水深水浅,以为背靠强大的汉朝又有她的老情人撑腰,她就稳坐王庭。二是不甘寂寞的樛太后旧情复燃,认定自己是太后,谁人敢管?殊不知,越人对这个来自汉地的女人早就心存芥蒂,转眼又看见一个汉族男人偷偷摸摸出入后宫,糗事风传朝野,几乎是顷刻之间,这团包在纸里的火,便腾地燃烧开来。

坐在火上的樛太后,心急火燎。她怕夜长梦多,她要趁热打铁,她想快刀斩乱麻,便强令儿子赵兴立即上书归附汉统。赵兴年幼不敢违抗母命,大臣们也畏惧钦差使团随行的武装阵容,尤其是那位将军魏臣,据传力能扛鼎,双目圆瞪的他往王庭上一站,腰间的剑鞘簌簌作响,更有边界上虎视眈眈的数不清的汉军……

奏报的文书到达长安,汉武帝展牍,迅即下诏南越国,从丞相到内史原班转制,并特地赐予南越国丞相吕嘉一枚银印,以示嘉勉。

银印颁发南越,吕嘉拒收。吕嘉何许人也,何以抗旨?

原来,吕嘉并非等闲之辈。他是三世老臣,又是王室的亲家,女儿嫁给王子,儿子是王室驸马,他身为丞相,双手紧握南越国军政大权。一人之下,万人之上,他根本就不把什么樛太后放在眼里。尤其重要的是,他在国人的心目中威望超过王室。他是一面反汉的大旗,只要他揭竿而起,肯定一呼百应。

樛太后一心归顺汉朝，吕嘉就暗中与大臣密谋造反。他是绝对不会眼睁睁看着南越国被樛氏阉割，然后成为北方政权的一条看门鹰犬。归汉，就是仰人鼻息，与虎谋皮。不愿跪着生，宁肯站着死。成王败寇，破釜沉舟，在他的面前只有一条道走到底——逼宫谋反。而谋反，归根到底就是反汉！

消息又传长安，汉武帝对沉迷情色贻误大事的安国少季，恨得咬牙切齿，对公然反汉的吕嘉更是恨不得剥皮抽筋点了天灯。

朝廷上，攻战攻心，各执一词。难定方寸之时，一人奋勇向前："区区南越，何足挂齿？臣愿得勇士两百，必斩吕嘉以报！"

说这大话的人，叫韩千秋，颍川壮士，曾做过济北相。汉武帝闻言大喜，心里揣摩，如果韩千秋带二百人去，杀得吕嘉，当是快事。倘若失手，韩千秋被吕嘉杀了，兴师问罪也就名正言顺了。于是发令韩千秋持节前往，不过不是二百人随行，而是拨给二千人马，即日南下。

南越国这边，吕嘉闻讯立刻张榜檄文，历数樛氏淫恶，并添薪加火："尽持先王宝器入献天子以自媚，多从人，行至长安，虏卖以为僮仆。"（《史记·南越列传》）意思是，樛氏卖国求荣，不仅出卖先王宝器，而且欲将越人卖到长安，逼迫为奴。这样的煽风点火，顿时引起举国愤慨，不杀樛氏，难平民愤。

舆论造足了，吕嘉顺理成章高举"正义之剑"发兵攻进王宫。一场大清洗和灭伦残酷至极。先杀了樛太后和安国少季，终军、魏臣等所有汉使寡不敌众，也全部被杀。接着，又杀了南越王赵兴，另立赵建德为王。

韩千秋率二千人前来镇压，兵马未到，心计缜密的吕嘉业已预先布下了"口袋阵"。人生地不熟的韩千秋一进番禺，两眼一抹黑就掉进了包围圈，被狡猾的吕嘉一举全歼！

汉武帝车船齐备整装待发多年，只愁找不到南征的借口，现在南越人竟然围歼大汉官兵，犯上作乱，正好出师有名，机不可失。于是在元鼎五年（公元前112年）调集十万大军并楼船军，兵分五路，剑锋直指南越。

一路，由伏波将军路博德率领一支楼船军，出桂阳（郡治在今湖南郴州),下湟水,自鄱阳湖沿赣江南下,进军番禺。二路,由楼船将军杨仆率领一支楼船军,从豫章(郡治在今江西南昌),经横浦(今广东南雄西),自洞庭湖沿湘江南下,进军番禺。三路与四路,由越人降汉的义侯、越侯分别封为戈船、下濑将军,主力出零陵(郡治在今湖南零陵),与路博德军会合,余部下漓水,与从夜郎(今贵州西北)发兵的五路驰义侯军在苍梧会合,沿江南下。

五路齐发,声势浩大!

元鼎六年(公元前111年)秋,伏波将军路博德让主力殿后,自己率先带领千余人与楼船将军杨仆会师。

暖冬,南方的三角梅开得如火如荼,从海上远眺山岸一线,犹如旌旗招展。天遂人愿,楼船将军杨仆统率十万大军,水陆相济,攻下寻陕(今广东曲江);然后,乘胜进击,一鼓作气攻破距番禺仅二十余里的石门要塞,俘获南越的船只和粮食。雄师呼啸般向南推进,只一回合,便挫败了仓促应战的南越军前锋。赵建德和吕嘉见势不妙,就采取据城坚守之策,收兵退回番禺。

杨仆大军兵临番禺,一面备战,一面等待伏波将军路博德与其他三路人马会师,合力攻城。

吕嘉加固城防壁垒,誓与汉军背水一战。

当路博德大军与杨仆大军会师后,第一路、第二路后续部队也陆续到达。兵力规模庞大,声威远播,一座孤城被汉军围得水泄不通。但是,番禺城池较大,两军商定:由楼船将军杨仆从东南方向进发,伏波将军路博德从西北方向进发,黄昏时刻发起联合总攻。激战一整夜,打得南越军抱头鼠窜,番禺城被楼船军攻陷,城内大火四起。

汉军一面围捕,一面招降。惯于算计的吕嘉,此时一筹莫展,三十六计走为上,赶紧率数百人趁着夜色乘船逃亡,其余数千南越军丢盔卸甲投降了汉军。根据降兵提供的线索,楼船将军杨仆掌握了吕嘉逃跑的去路,就派楼船兵奋力追逐。

南越郎官都稽引领汉军在海上生擒吕嘉,被封为临蔡侯。南越司马苏弘引领伏波将军的前卫兵在宫闱活捉南越王赵建德,被封为海常侯。两路汉军联合作战,一举平定番禺。

南越国灭亡后,汉武帝在南越属地设置儋耳、珠崖、南海、苍梧、九真、郁林、日南、合浦、交趾九郡,大汉帝国的疆域拓展至今天的广东、广西及越南的河内、清化、义安一带。

七

南越收归大汉帝国版图,汉武帝终于腾出手来解决闽越这块"痼疾"。说它是"痼疾",是因为它反复发作。

闽越,其属地在今天的福建闽江流域一带。闽,门中一个虫,这"虫"通"虺"。虺就是蛇,有"虺化成龙"之说,在上古年代蛇是蛮族部落的图腾。蛮族人为保佑自己,都在家中悬挂一条蛇,这就是门中虫"闽"字的由来。"闽在海中",出自《山海经·海内南经》,原文是:"瓯居海中。闽在海中,其西北有山,一曰闽中,山在海中。"这是闽海、闽山最早的文字记述。闽海,岛屿星罗棋布。闽山,西北部都是高山峻岭。通往闽地,必须越山跨海。

春秋战国时期,越王勾践一支迁徙于闽地,便有了"闽越"的地域名称。秦始皇统一天下后,闽越属大秦帝国管辖。到秦末动乱时,闽越部落首领无诸归顺鄱阳令吴芮,与诸侯一起参加了灭秦的战争。项羽分封诸侯,无诸因未被封王,便率领越人辅佐刘邦与项羽争夺天下。公元前202年,无诸被刘邦封为闽越王,统辖"闽中故地",建都东冶(今福建福州)。其后,闽越虽然名义上作为大汉帝国的属国,但实际上一直割据东南,并不时北犯南侵,骚扰东南沿海。公元前138年,闽越曾出兵攻击东瓯,后见形势不对,又自动撤回。三年后(公元前135年),闽越王郢攻击南越,汉朝兴师问罪,闽越王的弟弟余善杀郢自立,汉武帝为保持东南地区稳定,就做顺水人情诏立余善为闽越王。

余善,并非善类。其实,汉武帝早就断定,只是引而不发。汉武帝出兵征伐南越,幸灾乐祸的余善自请发兵八千人,跟随楼船将军杨仆参加南征。

自愿出征的闽越军随汉军到达揭阳后,却借口风浪太大,迟迟不愿前进,而背地里却与南越通风报信。

当汉军攻克番禺时,楼船将军杨仆主张来个搂草打兔子顺便引兵进击闽越。汉武帝却洞若观火,认为时机未到,诏令楼船军按兵不动,而在豫章、梅岭休整待命。

余善得知汉军在豫章、梅岭集结,便料定汉军将要收拾闽越,于是公开反叛,自立为闽越武帝。黄袍加身,余善就野心勃勃,封驺力为"吞汉将军",歃血盟誓,企图吞灭汉朝。前三脚,确实力度颇大,连占白沙、武林,进逼梅岭,杀死三名汉军校尉,气焰嚣张。

事实上,平定闽越是汉武帝开疆拓土战略决策中的重要一页,像一本压着书签的大书,只是没有掀开罢了。为了这一天,汉武帝早已做了充分准备,他诏命朱买臣升任会稽太守,建设楼船军,就是等待时机,随时南下进剿。

元鼎五年(公元前112年),汉武帝召集文武大臣献计讨伐。朱买臣禀奏:"以前闽越王居守泉山之上,地势险要,一人守隘,千人难攻。如今,闽越王南迁换了地方,距泉山五百里,在大泽之中。若我派兵过海,先直取泉山,再陈设舟船,排列士兵围剿,席卷南行,便可一举消灭闽越。"

汉武帝采纳朱买臣的建议,制定了"发兵浮海,直指泉山,陈舟列兵,席卷南行"(《汉书·朱买臣传》)的平定闽越的战略方针,以剿灭叛军的名义正式诏令进攻闽越。汉朝大军兵分四路:横海将军韩说率领水军出句章,从海上进攻闽越,并截断其海上退路;楼船将军杨仆率楼船军出武林;中尉王温舒出梅岭迎接北犯之敌;越侯(闽越降将)为戈船下濑将军,出若邪、白沙,四路大军分道向闽越进发。

冬汛高涨之际,各路汉军向闽越发起总攻。余善自恃境内山多水急,决心凭险据守,负隅顽抗。他下令由洵北将军在武林筑起最后一道屏障,自己则退守泉山。岂料,洵北将军以血肉之躯筑起的屏障不堪一击,兵败如山倒,堂堂一位洵北将军竟被楼船军一名士卒所斩杀。

汉军经过几场战斗,就取得了决定性胜利。汉武帝网开一面,继续采取怀柔政策,派使臣到泉山劝说余善自首。明知在劫难逃的余善,宁死不降。闽越将领见大势已去，于是群起造反，杀死余善，向汉朝横海将军韩说献上余善的首级。

平定闽越的一场恶战，息鼓偃旗，风停帆落。从此，延续了九十三年的闽越国不复存在。

平定闽越后，汉朝成为包括东瓯、南越、闽越在内的幅员辽阔、统一强大的国家。

八

国内稳定了，外邦又腾起狼烟烽火。这个外邦，就是朝鲜。

朝鲜与中国交往的历史悠远。早在东周时期，周武王就曾封箕子于朝鲜。战国时期，朝鲜属于燕国，秦灭燕后，划归辽东管辖。汉惠帝元年（公元前194年），燕人卫满率千余人渡过浿水（今鸭绿江）进入朝鲜，据王险（今平壤）称王。汉朝承认卫满为外臣，受辽东太守节制。

卫氏王朝传至第三代右渠时，独断专行的新王爷马上与汉朝断绝关系，并封锁了中国经朝鲜至日本的海上交通线。右渠是个狠角色，他的霸道与蛮横是天生刻在骨子里的，让他看不顺眼了，就会义无反顾，毫不留情。不管汉朝如何宽仁相待，再好听的辞令，也是充耳不闻，他不爽了，直接撕破脸皮。

尽管这样不讲道理，汉武帝仍然"王道居之，以德服人"。

元封二年（公元前109年），汉武帝派涉何为特使，劝说右渠归顺。右渠置若罔闻，阳奉阴违，并派其裨王长遣送涉何回国。行至浿水南岸，涉何见裨王长神色有异，便心生疑虑，指使亲随杀死裨王长。汉武帝接报后，见朝鲜去意已定，便不再忍让，因此对涉何的极端做法不仅不予追究，反而任命涉何为辽东郡都尉。这就越发激怒了朝鲜。右渠愤怒得像头疯牛，牛气冲天地出兵袭击辽东郡，杀死涉何。战争遂起。

这年秋天，汉武帝发兵进攻朝鲜。一路由楼船将军杨仆率楼船军五万人，自胶东之罘渡渤海，一路由左将军荀彘率陆军出辽东渡浿水，合击王险城。

　　楼船将军杨仆的先头部队七千人，首先渡海在列口（今朝鲜南浦）登陆，快速抵近王险城的城郊。由于轻敌，求胜心切，未等楼船军主力赶到，也未与荀彘的陆上军力会合，就抢先攻城。朝鲜王右渠见楼船军兵力不多，即出城向楼船军反击。

　　杨仆前军大败，后续部队亦被击破，乃退入山中收拾残部，待荀彘率陆军到达后再战。

　　荀彘的前军，多为辽东兵，兵锋刚指浿水，也犯了同样的毛病，不等主力集结即单独攻击，结果也被朝鲜军战败。后来，荀彘领军抵达浿水北岸渡江作战，因地形不熟，又一次遭受挫折。

　　水陆两军相继失利，汉武帝急忙诏令卫山率军增援，利用大军压境之势，劝降右渠。

　　右渠施以缓兵之计，即派太子随卫山赴汉谢罪，献马五千匹，以及大批军粮，由朝鲜军万人护送。左将军荀彘怀疑朝方持兵渡水，恐怕有诈，要求朝鲜太子不带军队来汉。而朝鲜太子也对荀彘和卫山产生了猜疑，行至浿水，掉头折转，回到王险城。卫山没有完成劝降任务，无功而返，汉武帝听奏后勃然大怒，立斩卫山。

　　攻心不成，只有攻战。陆军首当其冲。左将军荀彘不敢懈怠，于是集中兵力，击败浿水以南的朝鲜军，从西北方向迅速推进，直逼王险城。

　　杨仆率楼船军赶到王险城外与荀彘军会师，驻扎城南。水陆两军互不相属，又各怀异志。荀彘所率陆军战斗力强，主张以力破城。杨仆所率楼船军不善陆战，曾攻城失败，士气不高。因此，荀彘多次相约与杨仆一齐攻城，杨仆都没有同心协力，以致数月久攻不下。

　　朝鲜王右渠获知汉军两将既无隶属关系，又不团结，就先用离间计暗中约降杨仆，但反复遣使往来，故意拖延时间。而荀彘派人要右渠投降，右渠不仅一口回绝，还声言即使归降也只降杨仆。

　　荀彘不能不怀疑杨仆有反计，于是向汉武帝密报。

　　汉武帝得知水陆两将在前线不和，攻城不力，考虑到上次派卫山赴朝无专决之权，便决定派济南太守公孙遂前往朝鲜，统帅两军，并可以"便宜行事"。

公孙遂到达汉军前线,并没有识破朝鲜王的离间之计,只听荀彘说,多次相约与杨仆一齐攻城而杨仆畏缩不前,便信以为真,完全站在荀彘一边,根本不听杨仆解释,更不采纳杨仆的意见,还用计将杨仆抓了起来,又将楼船军并入荀彘军。

汉武帝原想让公孙遂协调两将,同心协力加速攻城,结果杨仆被囚,楼船军解散,一局棋被下得支离破碎,汉武帝更恼火了,立斩公孙遂。

荀彘自感没有退路,号令全军冲锋陷阵,殊死一战。退却者,斩!

攻城的兵力达到十万之众,气势压倒一切,王险城变成一座危城。

元封三年(公元前108年)夏,朝鲜宰相尼谿和将军们看到汉军大军压境,力量悬殊,王险城危在旦夕,几经密议,下了狠心杀死朝鲜王右渠,投诚降汉。

朝鲜至此平定。汉武帝以朝鲜地域设置真番、临屯、乐浪、玄菟四郡,归属大汉帝国版图。

此次平定朝鲜,虽然由于水陆两军互不协调,在相当长的时间里战争没有进展,贻误了不少战机,但是,楼船将军杨仆率五万楼船军,从山东半岛起航跨越黄海,直接抵达列口登陆作战,开创了中国古代水军大规模渡海作战的先例,不失为中国海军史上引人注目的一页。

九

平定朝鲜后的第二年,元封五年(公元前106年)夏四月,汉武帝下诏:"朕巡荆、扬,辑江、淮物,会大海气。"(《汉书·武帝纪》)

会大海气! 海,是汉武帝脑海中的一股朝气!

初冬,乘船巡海,先从浔阳登船,顺流而下,到达安庆,视察了造船工场,又增添战船数艘,"舳舻千里,薄枞阳而出","遂北至琅琊,并海"(《汉书·武帝纪》)。

豫章大船出了海口,汉武帝伫立于三层楼台,任凭海风拂面,他的脸在帆樯的光影之中，闪烁着一抹金属雕像般的坚毅。随行众人的心目中，汉武帝如同高高在上神的存在，唯有仰望，才能看得见，有一种大气凛然不怒自威让人不得不臣服的魅力。

汉武帝避开大臣们的视线，回眸他的船队，旌旗招展，破浪向前，蓝鸟，红云，沧海横流远胜漠北烟尘起伏的沙洲，不禁感慨万端。

他不断下诏造船。船，越造越大，越造越多，为了什么？为了开疆拓土。这还不够，有了船，尤其是船舶形制的改进和船舶属具的完备，为水上交通的发展创造了条件。

首先是内河漕运四通八达，继而开通了北起辽宁丹东，南至广西北仑河口的南北沿海航线。在派遣张骞开辟了"陆上丝绸之路"之后，又建立了两条"海上丝绸之路"：一条是沿山东海岸经黄海通向朝鲜、日本的北航线；一条是南航线，从广东番禺、徐闻、合浦经南海通向印度和斯里兰卡。

建立"海上丝绸之路"，是观光旅游，饱览大海风情？不！

汉武帝"外攘夷狄""威达四海"的强力举措，都是要用财力做支撑的。他需要积累更多的财力，就必须奋发图强。一方面，"轻徭薄赋"，让百姓休养生息；另一方面，鼓励农耕，发展生产。

农耕中最普遍的就是种桑养蚕。早在远古，嫘祖就"教民育蚕，治丝茧，以供衣服"，传承至汉，朝廷为此设立了"东、西两织室"，到了汉武帝时，又下诏在山东淄博设立了"三服官"。官营丝织品推动了民间纺织业的兴起，缫丝织锦，人数之多，规模之大，前所未有。据史载，每年官方从各地征收的丝帛"杂缯"达五百多万匹，数量如此之多，可见当时纺织业的繁荣。

丝绸积压，就须远销。这就是中国古代"丝绸之路"的由来。

汉武帝派遣张骞通西域，开辟"陆上丝绸之路"，振奋朝野。可是，陆路的自然条件恶劣，必须穿过崇山峻岭和茫茫戈壁，要想更加便捷地把中国的丝绸运出去，再把从外邦换回的财物运回来，必须另寻出路——打开海上通道，建一条"海上丝绸之路"。

史书为证——《诸蕃志》："武帝平南粤，遣使自徐闻渡海略地。"这个徐闻，即今广东湛江徐闻县，位于中国大陆最南端。徐闻县二桥村的三墩岛，就是西汉时期海上丝绸之路的始发港。近年来，徐闻一带出土了大量的秦砖汉瓦、万岁瓦当和汉代私印,证明了汉朝时代对外贸易的兴盛。《汉书·地理志》:"自日南障塞,徐闻、合浦船行可五月,有都元国;又船行可四月,有邑卢没国;又船行可二十余日,有谌离国;步行可十余日,有夫甘都卢国;自夫甘都卢国船行可二月余,有黄支国,民俗与珠崖相类……有译长,属黄门,与应募者俱入海,市明珠、璧流离、奇石异物,赍黄金杂缯而往。……黄支之南有已程不国,汉之译使自此还矣。"这是我国史书对海上丝绸之路的最早记载。

这条航线,是汉武帝于元鼎六年(公元前 111 年)统一南越之后开辟的一条通向西方的"海上丝绸之路",史称"徐闻·合浦南海道"。

航线的走向,用今天的地名准确表述:从徐闻、合浦出航,沿北部湾西岸和越南沿岸航行,绕过越南最南端,沿泰国湾沿岸,顺着马来半岛海岸南下,进入马六甲海峡,到达都元国(今印尼苏门答腊西北巴赛河附近);再从都元国绕航,沿马来半岛西海岸北上,到达邑卢没国(今缅甸南部萨尔温江入海口附近);从这里沿缅甸西海岸向西北方向航行到谌离国(都城在今缅甸蒲甘城附近);然后沿印度东岸向西航行到达黄支国(今印度南部),最后向南航行到达已程不国(今斯里兰卡)。往返一次需要两年半时间,总航程达数万千米。

郭沫若在《中国史稿》中写道:"从中国高州合浦郡徐闻县乘船去缅甸的海路交通也早在西汉时期已开辟。""那时海路交通的重要都会是番禺(今广州),船舶的出发点则是合浦郡徐闻县。"

以徐闻为始发港,经南海抵达印度和斯里兰卡的海上丝绸之路,给远在西方的罗马人带来了奢望。印度和斯里兰卡人将中国的丝绸织品带到罗马,美丽的丝绸让罗马人为之倾倒,罗马贵族的妇女都以能穿上中国丝绸轻柔的裙服为荣,中国丝绸成了古代罗马帝国最紧俏的奢侈品,一件三尺长裙挼成一团如拳头大小,重不足一两,但其价格几乎与黄金相等。越贵越有人求。很快,中国丝绸风靡西方世界,西方便称东方的中国为"赛里斯"(Seres,希腊语"丝绸")。

普林尼是研究古罗马的科学家,在《自然史》中说,恺撒时代的罗马贵族"远赴赛里斯(中国)以换取衣料(丝绸)","据最低计算,吾国(罗马)之金钱每年流入印度、赛里斯（中国）及阿拉伯半岛者不下一万万赛司透司（Sesterces）"。

罗马人赶到印度和斯里兰卡，从那里搭乘中国船来到中国。

罗马帝国正在崛起，国力强盛，两个东西方大国需要彼此间经济文化的交流，东西方的贸易潮流就这样经"海上丝绸之路"而掀起了。

当时的罗马，中国人称它为"大秦"。大秦作为当时重要的贸易伙伴，常常来到汉朝进贡。史载："元封三年（公元前108年），大秦国贡花蹄，其色骏，高六尺，尾环绕其身，角端有肉，蹄如莲花，善走多力。"

《汉书·地理志》还记载，当时南海航线很兴旺，往来于这条航线的商人将中国的丝绸、药材、珍珠等商品运到东南亚、非洲、欧洲，同时将非洲的象牙、犀角、香料，罗马的玛瑙、琥珀等商品带回中国。海上丝绸之路的繁荣，促进了中外交往，而贸易繁荣，带来的是经济振兴。

这一连串都是向海图强的硕果。如果说，汉代以前人们对大海的认识是自在的，那么由汉武帝开头，就是逐步走向自为。从依海生存，到向海图强，是一个质的飞跃。而汉武帝的造船入海、海上征战和开辟"海上丝绸之路"，做的都是海的大文章，大手笔，大视野。

汉武帝的"会大海气"，从楼船军到开疆拓土，就是中国古代海权意识的开蒙和发轫！

山海呼啸，功成名就，达到辉煌顶峰。汉武帝是伟大的！

《汉书·武帝纪》："赞曰：汉承百王之弊，高祖拨乱反正，文、景务在养民，至于稽古礼文之事，犹多阙焉。孝武初立，卓然罢黜百家，表彰《六经》。遂畴咨海内，举俊茂，与之立功。兴太学，修郊祀，改正朔，定历数；协音律，作诗乐；建封禅，礼百神；绍周后，号令文章，焕焉可述。后嗣得遵洪业，而有三代之风。如武帝之雄才大略，不改文、景之恭俭，以济斯民，虽《诗》《书》所称，何有加焉！"

大意为：汉朝承接了历代弊端，高祖拨乱反正，文帝、景帝注重养民，对于考究古代礼乐制之事还很欠缺。汉武帝刚刚继位，卓有远见地罢黜百家，突出《六经》的地位。于是能为天下谋事，推举优秀人才，让他建功立业。兴办太学，修建祭祀庙祠，改正月为一年中第一个月，确定历法，协调音律,作诗赋乐曲,建造祭天禅台,祭祀百神,恢复周朝传统,号令制度,光彩值得称述。后继者得以继承宏伟大业,而具备夏、商、周三代的风气。像汉武帝这样的雄才大略,又不改变文、景时恭俭以救助百姓的政策,就是《诗》《书》所赞美的制度又能超过多少呀!

只有秦始皇能与汉武帝相提并论。"秦皇汉武",相隔一百多年,其伟力何其相似。后世称他们"欲达九州而方(航)瀛海,牧胡而朝万国"(《盐铁论·论邹》),瀛海,牧胡,达九州,朝万国——就是对建立历史功勋的两位伟人最大的颂扬!

十

强大的西汉延续了两百多年,直到王莽篡权。

王莽是个野心家,也是一个空想主义者。凭着空想,实行"托古改制"。历史是不能开倒车的。西汉王朝二百余年积累的社会矛盾非但没有解决,反而更加尖锐。王莽折腾了十多年,苛政逼得百姓没有活路,服徭役,抓壮丁,民不聊生。战争频仍,又逢大旱,土地龟裂,夏日冰雹如拳,冬日雪深盈尺,更有蔽天蝗灾,所过之境禾苗无存。于是,群起造反。京城长安也起了义兵,乘着大火冲进未央宫,王莽逃到湖水中的渐台,被义兵活捉,杀戮分尸。

汉室传人刘玄是义军的一块招牌,"王莽新朝"倒塌了,刘玄迁都洛阳,史称更始帝。但他只会饮酒作乐,不醉不止,纪纲败乱,难继汉统,大臣们便拥戴剿灭王莽、战功显赫的刘秀称帝。

汉朝恢复,史称"东汉"。

东汉的刘秀帝号光武帝,与西汉的汉武帝刘彻都称"武帝",容易被后人混淆,但两个武帝不可同日而语。

光武帝政绩卓然,无须赘述,只是有三件大事与海权有关。

一是大力发展造船业。在光武帝年代,为了增强海船的适航性,创造了平衡纵帆,懂得与舵配合利用八面风甚至逆风。而直到7世纪,地中海才出现转动的三角纵帆,14世纪才有二桅三角帆的建造和使用,15世纪才采用多桅多帆。

二是推进"海上丝绸之路"。在光武帝年代,西汉汉武帝开通的南航线,从斯里兰卡经印度洋一直延伸到罗马。这是世界上第一条来往于太平洋与印度洋的海上航线。中国的三桅帆大船连同穿着汉服的中国水手出现在西方的港口,可谓风光无限。

三是巩固大汉帝国的版图。建武十八年(公元42年),东汉光武帝刘秀拜马援为伏波将军,以扶乐侯刘隆为副将,督楼船将军段志,率军南下征讨叛乱的交趾(今越南)。

交趾在秦代属象郡。西汉元鼎六年(公元前111年),汉武帝发兵平定南越叛乱之后,设置交趾郡。到了东汉,交趾仍是中国的一个郡。东汉建武十六年(公元40年),交趾郡雒越贵族征侧、征贰姊妹俩,因痛恨交趾太守苏定,乃发动民众反抗汉朝政府,占领岭外六十余城,征侧自立为交趾王。

消息传到洛阳,光武帝便派马援挂帅南征。

马援,是东汉大将,祖先是战国时期赵国名将赵奢。马援自幼熟读兵书,像他的祖先一样骁勇善战,为东汉王朝立下赫赫战功。

当马援领军南下兵至合浦时,楼船将军段志病故,光武帝诏令马援兼统水陆两军。有了直接指挥水军的权力,马援便决定采取海路进军的策略,率领部队从合浦下海,由海路入红河口。平叛的兵勇逆水而上,遇山开道,长驱直入千余里,于当年四月到达浪泊(今越南河内仙山地区),与据险扼守的征侧叛军展开激战,一举攻下叛军的要塞,"斩首数千级,降者万余人"。接着,马援领兵乘胜追击叛军至禁谿(今越南永富安乐)。叛军利用水网交错、椰林密布的地形,与汉军周旋,马援则审察叛军的窝点和流窜路径,与叛军连续展开迂回战术,将叛军大截几段,各个击破。叛军溃不成军,落荒而逃。征侧、征贰战败被杀。

马援铠甲不解,继续进击。当年十月,马援率领大小战船两千多艘,乘载兵勇两万多人,进击征侧余党都羊等部,楼船殿后,戈船运兵,小翼战船打穿插,从无功一直打到居风(今越南清化一带),歼灭叛军五千多人,很快平定了峤南地区。威势阵阵,咄咄逼人,其他小股叛军纷纷向汉军缴械投降。

南下平叛取得了彻底胜利,交趾回归东汉。

平叛交趾之后,马援严明律法,宣教修德,禁暴安民,并整治水利,发展渔猎,受到当地百姓的爱戴。光武帝对马援大加封赏,于建武二十一年(公元45年)"封援为新息侯,食邑三千户"。

"伏波将军"再加封"新息侯",就有了"伏波息涛"之义,百姓为表感激,为马援建立寺庙,把马援当作海神来祭祀。

东汉光武帝派伏波将军马援率楼船军征伐交趾,势如破竹打到今天越南清化一带,很大程度上依靠汉代水军实力庞大,输送兵员快速便捷。可以说,平叛交趾之战,是中国古代海军登陆作战一次成功的范例。

第四章 三国至隋朝海洋开发与海上征伐

一

东汉末年,天下三分。北魏曹操,西蜀刘备,东吴孙权。

曹操统一北方后,为进攻江南而建立了水军。但由于北方人善骑而不熟舟楫,曹魏水军与孙吴相比,始终处于劣势。

刘备在荆州也建有一支水军。蜀国建立后,因为占据长江上游,具备扩建水军的条件,曾努力发展造船业,但所造船只的数量、质量都不及东吴。

东吴滨江临海,依靠发达的造船业,建立了强大的水军。战船数量大种类多。据记载,东吴战船有五千余艘。船型除继承汉代的楼船、蒙冲、斗舰、赤马、先登之外,还出现"往来如飞鸥"的走舸、用于潜渡的"油船"和双船并连"履波涛如平地"的"舫船"。更有一种火攻利器叫"枪筏",即木筏四周安装锋利的铁矛,冲击中矛头牢牢扎住敌船,再引燃筏上油浸过的蒹草干柴与敌船同归于尽,士兵则泅水而还。

建安十三年(公元208年),东吴孙权联合刘备共同抵抗北方的曹操,两军集结五万水师,以少胜多,大败曹军二十三万于赤壁,这就是历史上著名的,又被小说家罗贯中渲染铺陈的"草船借箭""火烧赤壁"的赤壁之战。这次水战决定了魏、蜀、吴三国鼎立局面,其中周瑜、诸葛亮的水战指挥艺术已达到顶级水平。

水战失败的曹操,并不气馁,逐鹿中原一统天下的雄心不灭。有人说"时将乱矣,天下英雄无过曹操",也有人说他是"清平之奸贼,乱世之英雄",其实,被戴上"奸雄"帽子的曹操,独具诗人的情结。赤壁之战前一年,在东征乌桓、挥兵荡北之后,作《步出夏门行》:

> 东临碣石,以观沧海。
> 水何澹澹,山岛竦峙。
> 树木丛生,百草丰茂。
> 秋风萧瑟,洪波涌起。
> 日月之行,若出其中。
> 星汉灿烂,若出其里。
> 幸甚至哉,歌以咏志。

其诗,气势磅礴,韵味沉雄,海阔天空,慷慨悲歌。从秋风萧瑟洪波涌起,到借喻大海包孕星辰、吞吐宇宙的博大精深以自勉,敞开胸襟,动人心弦。就在同一年,五十三岁的曹操又写下一首《龟虽寿》:

> 神龟虽寿,犹有竟时。
> 腾蛇乘雾,终为土灰。
> 老骥伏枥,志在千里。
> 烈士暮年,壮心不已。
> 盈缩之期,不但在天。
> 养怡之福,可得永年。
> 幸甚至哉,歌以咏志。

其诗,笔挟风雷,时露霸气。《庄子·秋水篇》:"吾闻楚有神龟,死已三千岁矣。"曹操反其意而用之,说神龟纵然活到三千岁,可还是难免一死!《韩非子·难势篇》:"飞龙乘云,腾蛇游雾,云罢雾霁,而龙蛇与螾蟥同矣。"腾蛇和龙一样能够腾云驾雾,本领可谓大呀,然而云消雾散,终究如同蝼蚁沦为尘土!"老骥伏枥,志在千里。烈士暮年,壮心不已。"他就不信天命,何等的壮志豪情!

以大海盟誓,以神龟鞭策,磨砺意志,攻战不止。

《三国志·吴志·吴主传》:"十八年正月,曹公攻濡须,权与相拒月余。曹公望权军,叹其齐肃,乃退。"裴松之《吴历》注:"权行五六里,回还作鼓吹。公见舟船器仗军伍整肃,喟然叹曰:'生子当如孙仲谋,刘景升(刘表)儿子,若豚犬耳。'"

说的是,建安十七年(公元212年)隆冬,曹操起兵四十万,亲自南征孙权。次年正月,曹军进至濡须口(今安徽无为市北),孙权亲率水军七万,前至濡须口抵御曹军。两军相持月余,曹操攻而不破,而孙权几度挑战,曹操坚守不出。于是,孙权亲自率船从濡须口进入曹营。曹操命令严整军容,弓弩不得妄发。远望东吴舟船,仪仗兵械威风雄壮。军鼓声中,气宇轩昂的孙权端坐在高高的船楼,鹅黄的战袍泛着耀眼的金光,英武异常。曹操不禁心生羡慕,脱口而出:"生子当如孙仲谋,刘景升儿子,若豚犬耳。"

两军对垒,算不上朋友,但也英雄相惜。生死战场,愿披肝沥胆。孙权给曹操送去一封信:"春水方生,公宜速去。"八个字,尽显孙权豁达大度性格。曹操一见,豪爽幽默地回复,也是八个字:"君若不死,孤不得安。"

春雨瓢泼,江水上涨,曹操见难以取胜,遂撤军北还。

建安二十二年(公元217年)春,曹操再次南征,率军猛攻濡须口,击败孙权。三年后,六十六岁的曹操走完了他轰轰烈烈的壮志人生。建安二十五年(公元220年),曹操的儿子曹丕继为魏王。

永不言败的东吴孙权年方四十,正是人生的巅峰岁月,紧锣密鼓发展自己的水军,以其水军优势继续与魏蜀战略对峙。

只是曹操死了,加上北魏在连年争战中元气大伤,再也无力南下,曹丕决定先养精蓄锐,等以后有机会再图进取。而刘备挥戈东征又损兵折将,最终于蜀章武三年(公元223年)病逝于白帝城(今重庆市奉节),享年六十三岁。诸葛亮辅佐刘禅,重新实行联吴抗魏方针,偏安巴蜀。对垒的强手一个个走了,孙权开始施展拳脚,单打独斗。

孙权从做孩子起就底气十足,运气连连。他是噙着金勺子来到这个世界的,先天的条件给了他一种与生俱来的底气。大哥孙策扫荡江东打下一片天地时不幸中了门下刺客的毒箭,死前没有传位给儿子,却传位于弟弟,孙权可谓"得来全不费功夫"。孙策留下那么好的基业,在当时东吴的地位算是最稳固的了,防御设施也做得非常好。西边驻扎的军队兵力强悍,北面有长江当屏障,所以根本就不需要怕什么。

和其他人比起来,孙权真的是霸主中的富豪了。曹操占据的地方虽然大,但是在北方,水土条件并不是很好。刘备虽然霸占了蜀地,但是毕竟地盘太小,资源哪怕是再丰富,也是弥补不了面积狭小的缺陷。只有他孙权的东吴,地方又大,资源又多。纵然如此,他称帝的时间却是最晚的,比曹、刘二人晚了将近十年。现在曹、刘二人都不在了,他的目光变得坚定不移起来。

孙权,孙权,为权而生。他不仅要争霸于陆地夺取陆上大权,而且觊觎北方的辽东,盯着东方海上的夷洲和南方与海毗邻的珠崖、儋耳,企图取得海上的霸权。

二

在古人的头脑中,海是可敬而又可怖的。它,就在人的身边和眼前,自自在在,人们"靠海吃海"也是自在的,但要真正征服大海,从大海过去再征服大海中或是大海对面的人和事,就要有一种果敢——敢为天下先的自为行动。

在孙权的心目中,秦始皇一生四次巡海,在成山头立碑,在琅琊台刻石,派徐福东渡,海在秦始皇的眼里,就像一块自自在在飘浮不定的云彩可望而不可即。汉武帝比秦始皇向前走了一大步,但汉武帝也只能说是一个好的开端。作为一国之君,君临天下,下诏"走出去"并不费事,但要真正

"走出去",并将这种"走出去"变成常态,则必须具备实力。所以,在一个较长的时期里,孙权休养生息,发展经济,为逐步走向海洋和经营岛屿整军备战。

孙权"水军立国"的战略思想不变,没有仗打,就练兵。

孙权水军的精良,客观上是因为它具有得天独厚的优越条件。

一是有一条从黄海到南海漫长的海岸线,如果说漫长的海岸线像一把硬弓,东吴的水军就是硬弓上的利箭。拉弓射箭,锤炼水军,是东吴的看家本领。"泛舟举帆,朝发夕到,士风劲勇,所向无敌。"(《三国志·吴志》)水军是东吴的常备正规军。

二是有长江、钱塘江、赣江、闽江、湘江、东江、北江以及太湖、洞庭湖、鄱阳湖等大江大湖,开门见水,潮涨潮落,吴人善舟,习于航海。

三是东吴有比较发达的炼铜、铸铁、纺织、造船等工业,为发展水军提供了雄厚的物质基础和技术力量,东吴的"地利"之长,正是北魏、西蜀之短,孙权发展水军驾轻就熟,手到擒来,根本不需要孙权过多操心。

让孙权在北拒魏军西御蜀军外,真正操心的是两件大事:一是通过海路扩张地盘,二是造船远航扩大海外贸易。

吴国本是造船强国,有"舟楫为舆马,巨海为夷庚"(《太平御览》)之说。造船工场遍布全国,如沿江的秣陵(今南京)、京口(今镇江)、豫章(今南昌),沿海的永宁(今温州)、横阳(今浙江平阳)、温麻(今福建连江)等地都设有造船工场,称为"船屯"。在建安(今福州),还设置了典船都尉的官职,以统管造船事务。

江海之滨,满目帆影。船越造越多,越造越大。主要是战船,其次为运粮的漕船、运货载客的商船。航行在南海上的商船,"长二十余丈,高出水二三丈,望之如阁楼,载六七百人,物出万斛"。载马八十匹的海船称小船。大的楼船"可载坐直之士三千人"(《三国会要》),上下五层,雕镂彩画,非常壮丽。这样的大船,孙权命名为"长安""飞云""盖海"。飞云盖海,蔚为壮观。

1955年在广州出土了东吴的陶制船模,从船艏到船艉有八根横梁,说明有八副舱板,它们把船体分成九个严密的分隔舱,采用这种分隔舱结构

第四章　三国至隋朝海洋开发与海上征伐

技术所造的船,航行中即使有一两个船舱受损进水,水也不会流入其他舱室,船就不会马上沉没;而进水的船舱如能紧急堵漏抢修,并不影响继续航行。

东吴的海船,已经具备很强的适航力,龙骨结构的坚固又加大了海船的抗沉性。

随着造船业的发展,孙权很自然地把目光从内河投向海洋。

海上航行,风大浪险。但江东的先民(远古称东夷人,秦汉称东吴人)多是行船人,积累了相当丰富的航海知识和技术,这可从先民们的探索实践得到印证。

一是季风(又称信风,三国东吴人称舶风)与海流为出海远航提供了必不可少的条件。按照现代海洋科学家的分析,中国是典型季风气候的国家,沿海岸风向主要表现为季风特征。每年冬季当东北风起时,海流随风向由东北朝西南流动;夏季西南风起时,海流又随风向朝东北流动。日本海有来自南北两个方向的暖流和寒流。发源于鞑靼海峡的里曼海流,在冲刷俄罗斯海岸以后,沿着朝鲜半岛的东岸南下,当碰到来自西南的对马海流时,它的一部分转向东流,而它的大部分则形成潜流南下,抵达济州岛再度上浮,成为中国海洋寒流的源头;另一方面由南来的暖流,经台湾海峡沿琉球群岛北上,穿过朝鲜海峡,形成对马海流,沿着日本列岛的西岸向东北流动,直到津轻海峡和宗谷海峡后,分支流逐渐减弱,所以日本海上由于里曼海流和对马海流便出现了大体上沿着周围陆地向左旋的环流。江东先民虽然在两千年前科学不发达的时代,不可能有以上理性的认识,但感性上早就摸索出这些自然规律,并熟能生巧加以利用,使之成为长距离远洋航行的驱动力。

二是冲淡水性质的沿岸流给先民们出海创造了条件。在中国近岸海域,由江水和海水混合形成了一股冲淡水性质的沿岸流,东海沿岸流(又称长江冲淡水),其路线随季节不同而变化。夏季,在西南风季风盛行时期,浙江沿岸水北移,在长江口外与长江水和钱塘江冲淡水汇合,形成一股强大的冲淡水流,向东北直指济州岛方向与对马暖流相接,其他一部分汇入对马暖流进入日本海。冬季,长江流量大减,东海沿岸流也随之减弱,在偏北季风吹送下,长江冲淡水与钱塘江冲淡水汇合,沿浙闽海岸南下,并穿过台湾海峡直接入南海。以上所述,看似高深,但是,海深也有操船手,浪高岂无弄潮儿?

三是天文航海术和地文航海术,成为先民们远航时判别时间与方向的依凭。日出而作,日落而息,先民们早就根据太阳、月亮、星辰的运行规律来判别方向和时间了。既然在陆地能够这样,那么,也完全可能将这种方法应用到海上活动中去。

四是船舶操纵技术提供了比以前更为可靠的保证。三国东吴的海船采用前所未有的多帆技术,在多桅多帆的海船上,斜移的帆面各自迎风,后帆不会挡住前帆受风,大大加快了航速。东吴的康泰在《吴时外国传》中称,这种海船自南海乘风航行至大秦(罗马)只需一月。同是东吴人的万震(曾任丹阳太守)在《南州异物志》中也说,多帆海船上通过斜移帆面到合适角度,充分利用风力,"斜张相取风气,而无高危之虑,故行不避风激波,所以能疾"。

有了造船技术和航海技术的保证,孙权跨越大海大洋的脚步就愈加坚定,越发踏实了。孙权多次派使者出海远航,成为创举。

史学家称东吴的航海活动为"军事航海"。

三

吴黄武五年(公元226年),孙权派宣化从事朱应、中郎将康泰远航南洋。《梁书·海南诸国传序》记载:"海南诸国,大抵在交州(今广东、广西及越南境)南及西南大海洲上,相去近者三五千里,远者二三万里,其西与西域诸国接。……吴孙权时,遣宣化从事朱应、中郎(将)康泰通焉,其所经及传闻,则有百数十国,因立记传。"

又据《三国志·吴书》记载:"岱既定交州,复进讨九真,斩获以万数。又遣从事南宣国化,暨徼外扶南(柬埔寨)、林邑(安南)、堂明诸王各遣使奉贡。"

第四章 三国至隋朝海洋开发与海上征伐

综上所述,可见孙权出使南洋,是在吕岱平定吴交趾太守士燮之子士徽的叛乱之后紧接着进行的,其目的是"宣国化"。所谓"宣国化",就是向海外国家施加政治影响和军事压力,使其臣服,"遣使奉贡"。朱应、康泰南洋之行,也不例外。

吴黄龙二年(公元 230 年),孙权派遣将军卫温、诸葛直率领万人船队渡海抵达夷洲,也就是今日的台湾。

三万多年前冰河时期,台湾与大陆连成一体。一万多年前,气候变暖,冰川融化,海面上升,形成一道海峡,台湾由此与大陆隔开,成为汪洋中的一座岛屿。大约在五千年前,一群善于航海的远古先民,靠木筏、竹筏、独木舟,东渡来到台湾,那时的台湾被称作"夷洲"。东吴进军夷洲,并未发生战斗,但"军行经岁","士众疾疫死者十有八九",非战斗减员十分严重,最后仅"得夷洲数千人还"。

东吴大军在夷洲开拓经营一年之久,后将夷洲数千人带回大陆。这是一次重要的海上行动。

公元 264 年,吴国丹阳太守沈莹在《临海水土志》中记述:"夷洲在临海郡东南,去郡两千里。土地无霜雪,草木不死。四面是山(溪)。众山夷所居。"又记,"土地饶沃,既生五谷,又多鱼肉","女人不穿耳。作室居,种荆为藩部"。这是关于夷洲风土及高山族(古闽越族)的最早记述。

距今二千年,东吴派遣卫温、诸葛直将军赴夷洲开拓经营的事实表明,夷洲早在古代就已与大陆发生直接联系。正是夷洲的先民和早期的大陆移居夷洲的民众,共同创造了具有台湾地区特色的长滨文化、圆山文化和凤鼻头文化等新石器时代的古老文明。

公元 233 年,孙权派贺达率万人船队沿海北上,抵达辽东直至鸭绿江口。这次运兵远航,目的是争夺辽东。

三国鼎立之后,魏、蜀、吴三方表面上按兵不动,骨子里是蠢蠢欲动,谁都图谋争霸天下。如前所述,孙刘联合抗曹,取得赤壁之战的重大胜利,后来为争夺荆州,东吴与西蜀交兵,结果北魏坐收渔人之利。战后不久刘备病故,孙权为巩固荆州之战的成果,企图扩大自己的势力范围,对曹魏背后的辽东发生了浓厚的兴趣。

东汉末年，公孙度自立为辽东侯，经三代的苦心经营，已具有相当实力，地辖辽东、带方、乐浪、玄菟诸郡，成为三国以外一支不可小觑的地方割据势力。公元228年，魏明帝曹叡封公孙度之孙公孙渊为辽东太守，公孙渊一面受封于魏国，一面又联络孙权，以便依靠东吴的力量牵制曹魏。而孙权也有意借辽东拖住曹魏，于是与辽东通过海路开始了大规模的交往。

吴嘉禾元年（公元232）三月，孙权"遣将军周贺、校尉裴潜乘海之辽东"（《三国志·吴书》），"浮舟百艘"，军威浩荡，至辽东半岛南端的沓津（今辽宁大连）登岸。公孙渊"既不疑拒"，又"赉以名马"，与东吴示好（《三国志·魏书》）。魏明帝曹叡对孙权明目张胆越过自己通好辽东极为愤慨，想派兵讨伐，又觉得东吴水军强大，恐难取胜。这时，熟悉海事的田豫预料东吴舰队返航途中，"岁晚风急，必畏漂浪，东随无岸，当赴成山"，于是请命率领一支精干水军在成山头"徼截险要，列兵屯守"，专等东吴舰队前来送死。果然，不出所料，东吴舰队在当年九月从辽东返航，途中遇到狂风恶浪，行至成山水域，"船皆触山沉没，波荡著岸，无所逃窜"，田豫以逸待劳，奇兵突出，"斩贺于成山"（《三国志·吴书》）。

东吴损兵折将，公孙渊玩起了花招，当年十月派遣校尉宿舒、阆中令孙综前往东吴，"称藩于权，并献貂马"，孙权十分高兴。公元233年正月，孙权下诏封公孙渊为持节督幽州领青州牧辽东太守燕王，给了公孙渊一大堆头衔，并表示要和公孙渊"将与勠力，共定海内"（《三国志·吴书》）。这年3月，孙权在宿舒、孙综回辽东之时，派张弥、许晏、贺达领兵万人，携带大量"金宝珍货，九锡备物，乘海授渊"（《三国志·吴书》）。孙权再次派出兵力雄厚的舰队前往辽东，本想恩威并重使公孙氏政权彻底臣服于东吴，不料公孙渊"称藩于权"是假，抗击东吴是真。当东吴部队在沓津登陆，先将其分散，然后突然包围，逐个歼灭。公孙渊不仅贪婪东吴的财物，而且心毒手狠，将张弥、许晏等东吴将领的首级送往魏国。

公孙渊突然变卦，致使东吴水军第二次北渡辽东又遭失败。孙权闻讯大怒，打算亲征辽东，后被劝止。

曹魏其实并不相信公孙渊，也从未停止对辽东的兼并。魏景初元年（公元237年），魏国发兵征辽东，未遂。于是，公孙渊自立为燕王。为了对付魏军，以解燃眉之急,脸老皮厚的公孙渊再次派人赴东吴称臣,请求东吴北伐救援。

公元238年,魏军再征辽东。困守孤城的公孙渊弹尽粮绝,将领反叛,主要将领杨祚也投降魏国。公孙渊率领数百亲随拼死突围,魏军狠狠追击。最后,公孙渊父子被团团围住,双双被杀。辽东、带方、乐浪、玄菟诸郡相继被魏军收复。

3月初春,孙权派遣的东吴水军第三次向北航行到达辽东,一上岸便击败了魏军守将张持、高虑等部,但为时已晚,公孙渊早为魏军所破。

孙权觊觎辽东,三次派将军率领由百艘战船、万人兵力组成的舰队,出东海,经黄海北上,到达辽东半岛登陆,可见吴国水军实力雄厚。同时,通过这三次军事航海,开辟了由长江口至辽东半岛的航线,在航海史上具有重要的意义和深远的影响。

公元242年,吴国又派出一支三万人的远航船队,由聂友指挥南下珠崖、儋耳,也就是今日的海南岛,再向南,通过琼州海峡航行到越南南部地区。

距今一千七百多年前的吴国堪称东方的海上强国,那时的战船高过三四丈,设有女墙、战格、碇、篙、桨、橹一应俱全,船体宽大得可运载千余将士,更重要的是,战船已经高挂风帆,而且装备了东汉时代发明的船舵,操舵扬帆已经完全自如。这支庞大的海洋舰队,千帆竞发,浩浩荡荡,渤海、黄海、东海与南海,万里波涛无不镌刻着吴国战船的航迹。

四

孙权与汉武帝一样,走出去的目的,一是开疆拓土,二是发展海上贸易。可以说,汉武帝开辟的"海上丝绸之路",到了孙权时代更加兴盛了。为了充分利用所在地域便利的海上交通,与南洋建立联系,他将交州分为交、广二州,自此才有了广州之名。而广州也不负众望,广开海路,成为海上丝绸之路的重要港口。与朝鲜、日本的往来,则通过山东半岛的登州。

而三国时期,作为海上贸易之大宗者,首推丝绸。

东吴的丝织业已远超两汉水平。首先,东吴十分重视农桑。孙权雄踞江东,更主张"国以民为本,民以食为天","不更通伐,妨损农桑",竭力发展经济。东吴大将陆逊在海昌屯田时,"督劝农桑"。诸暨等地也在造船的同时,生产"御丝"。永嘉还贡"八蚕之锦"。可见丝绸生产区域在不断扩大。

近年,在安徽南陵麻桥乡发现东吴墓葬,随葬有梭子、纺锭等纺织工具和记有练、绢、绣、锦、缯、纻、布的遗册,考古学家认为极有可能是一位丝绸业主的墓葬,这为东吴丝绸生产业提供了物证。

孙权夫人潘氏,"父为吏,坐法死,夫人与姊具输织室。权见而异之,召充后宫"(《三国志·吴书》)。

潘氏,叫潘淑,东吴一个小官的二女儿。父亲犯法被处死,她与姐姐一同失去自由而被抓进宫中的织室(御用织布的工房)做奴婢。一天,孙权视察织室,从上机房到下机房,一直到最苦最累的浆洗坊,正准备止步回转,却见一个妙龄女子。其见国君到来急忙跪拜,神态静美丰韵,气质雅致纤素,圣洁如玉雕。孙权让她抬起头来,这一抬头不要紧,要紧的是一个堂堂的国君看惯了宫中姹紫嫣红的牡丹玫瑰,冷不丁看到一株田野的菖蒲花,蓝色的,散着一股幽香,顿时惊讶起来。想不到他的江东还有如此容色婉约、美若天仙的神女,一身淡蓝的素衣纤尘不染,虽然眼中流露出一股忧愁,但那张被晾挂在身后的蓝绸映衬的脸庞吹弹得破,不得不引起男人怜香惜玉。孙权迫不及待将小他二十岁的潘淑召入后宫。她就是为孙权生了皇子孙亮的潘皇后。

一见钟情,不失为一段佳话。可这一段佳话,却是因孙权热心于织锦而起。并且,孙权又曾"敕御府为母作锦被,改易帷帐,妻妾衣服悉皆锦绣"。由此看来,从王宫到郡治御府,都在生产锦绣等丝绸产品,具体作坊就是王宫御府下属的织室。这官营丝织自汉代传至三国,在东吴不仅没有中断,而且更有创新和发展。

丝绸屯集多了,海上贸易就更迫切、更频繁了。

东吴的海上"丝绸之路",北至韩国、日本,南至印度、马来西亚,最远到达罗马。

孙权虽然称不上伟大,但是非常成功。成功的孙权令后人仰慕。唐代大诗人杜甫有首名诗:"两个黄鹂鸣翠柳,一行白鹭上青天。窗含西岭千秋雪,门泊东吴万里船。"东吴的万里船,在杜甫的心目中就是纵横天下的代名词啊!而"生子当如孙仲谋"——这句曹操留下的名言,更成了后人希望晚辈脱颖贤达的警句。到了宋代,一腔忠愤寄于词的辛弃疾在他的《南乡子·登京口北固亭有怀》中豪迈地高吟:"何处望神州?满眼风光北固楼。千古兴亡多少事?悠悠。不尽长江滚滚流。年少万兜鍪,坐断东南战未休。天下英雄谁敌手?曹刘。生子当如孙仲谋。"

据《三国志·蜀书》记载,曹操曾对刘备说:"今天下英雄,唯使君(刘备)与操耳。"辛弃疾借用这一典故,把曹操和刘备请来当配角,说天下英雄只有曹操、刘备才堪与孙权争胜。今人通晓,三国曹、刘、孙,论智勇才略,孙权未必比曹、刘强。然而,辛弃疾却把孙权作为三国时代叱咤风云的第一流英雄来颂扬,孙权地下有知,也该笑慰九泉了!

拂去战争烟尘,著名历史学家范文澜在《中国通史》中,称赞孙权不愧为一位"大规模航海的倡导者"——这应是对孙权的历史贡献最佳的肯定!

五

历史,是一面多棱镜。

东汉蔡伦发明的"造纸术",掀起了一场人类文字载体革命,纸张出现之后,书法家就应运而生了。孙权亦善书,唐代张怀瓘在《书估》中将其书法列为第三等。这就很不简单,很了不得了,因为,孙权练字的时候,晋代书法大家王羲之还没有出生呢。只是,字写得好的孙权,却没能把自己人生的最后一笔写好。孙权在位二十四年,死时七十一岁。他有七位夫人,七个儿子。临死前,将帝位传给幼子,就是"织女潘淑"潘皇后的儿子孙亮。这是孙权政治生涯的一大败笔。孙亮继位,引起党争,很快被权臣所废,立其兄孙休为帝。孙休死后,儿子十分年幼,群臣认为主少国危,所以作为孙权时代废太子孙和的长子孙皓便被拥立继位。孙皓继位之后也曾有所作为,但很快就纵情声色,残暴刚愎,最终被西晋所灭。

那时的历史,就像摩天轮,旋转得令人头晕眼花。

公元263年,魏灭蜀后,曹魏政权落入司马昭父子之手。两年后司马昭病死,其子司马炎废了魏帝,自立为帝,改国号为晋,史称西晋。

西晋要吞灭吴国,必须突破长江,歼灭吴国水军。因此,这场战争,像七十年前的赤壁之战一样,也是一场水战。长江天堑是一道难以逾越的障碍,而吴国以舟楫为舆马,水军历来强大。曹魏败于赤壁,曹丕攻吴临江而退,皆因受制于长江。司马炎接受教训,编练了一支精锐的水军,这支水军由龙骧将军王濬率领,从巴蜀起航,沿江东下,破铁锁,除铁锥,斩关夺隘,所向披靡,只用四十天就驶达吴都建业(今南京),发起总攻。最终迫使吴王孙皓投降,灭亡了吴国。

唐朝诗人刘禹锡七律《西塞山怀古》这样写道:"王濬楼船下益州,金陵王气黯然收。千寻铁锁沉江底,一片降幡出石头。人世几回伤往事,山形依旧枕寒流。今逢四海为家日,故垒萧萧芦荻秋。"就是这次战争的艺术写照。

诗情悠悠,怀古抚今。吴国消失了,造船业没有消失。史载,西晋灭吴时,在四川造"大船连舫,方百二十步,受二千余人,以木为城,起楼橹,开四门,其上皆得驰马往来",被称为"舟楫之盛,自古未有"。此外,还有飞云船、苍隼船、金舡、飞鸟舡等。

东晋地处江南,造船业发达,水军也很强大。桓玄据守荆州,与刘毅战于峥嵘洲水域,曾一次出动战船二百艘。

东晋末年,孙恩、卢循起义军在海上起义,拥有战船千艘,其中"八槽舰九枚,起四层,高十余丈"。东晋王朝为镇压孙恩、卢循起义军,"大治水军,皆大舰重楼,高者十余丈"。

西晋、东晋之后的一百七十年间,中国南北对峙,史称南北朝。北朝自公元386年至公元581年,经历北魏、东魏、北齐、西魏、北周五朝;南朝从公元420年宋伐晋到公元589年陈朝灭亡,经历宋、齐、梁、陈四朝。

刘氏宋朝继承东晋,据有长江,十分重视水军建设。《初学记》上说,"宋孝武度六合,龙舟翔凤以下,三千四十五艘,舟航之盛,三代二京无比"。由此可见刘宋水军实力不弱。

萧齐水军的规模也不小。永元三年(公元501年),雍州刺史萧衍率军东征,有戈船兵七万人。萧齐与北魏对抗,"战舰塞川"。萧齐末年,萧衍为夺取政权,砍伐大量竹木,沉于檀溪,以备造船。时机一到,萧衍即"出檀溪竹木装舸舰",进攻建康,建立了梁王朝。

梁朝末年,降将侯景举兵反叛。梁朝将军陈霸先率甲士三万、强弩五千、舟舰二千,由广州入援建康,侯景千艘阻击,陈霸先击败侯景后废了梁敬帝,即位称帝,建立了陈朝。

陈朝水军的数量相当可观,有舟师八万人。为抵御新起的隋军进攻,陈朝"出金翅二百,缘江上下,以为防备"(《资治通鉴·陈纪》)。陈朝水军守江夏,与东进的十余万隋军相持月余。

特别值得一提的是,南北朝时期我国著名的科学家、第一个将圆周率精确到小数点后七位的祖冲之,曾研制出以机械驱动能够日行百里的"千里船",船上安装了按三国马钧的发明又重新改进的指南车,"圆转不穷,而司方如一"。

隋文帝杨坚为消灭南方陈朝、统一中国而编练水军,并命杨素在永安等地大造舰船,可载士兵百人的"黄龙"战船就造了千余艘。最大的战船名曰"五牙",可载士兵八百人。

公元589年,隋军五十万人分八路攻陈。其中水军三路,在长江上游和下游同时进攻,配合主力渡江,从正面夺取建康(今南京)。陈后主被俘,陈朝灭亡。自东晋、十六国以来的二百七十余年的南北分裂局面结束,隋朝统一了中国。

公元604年,隋文帝重病,杨广弑父,自立为帝。

人们不愿宽恕杨广,他的负面形象就是荒淫无道。但是,人们却不能抹杀隋炀帝的历史作为。隋炀帝于公元605年、608年、609年,三次派人东赴流求(今台湾地区,三国时称夷洲,隋朝称流求,不是今天的琉球群岛),建立流求与大陆的联系,影响甚广。又于公元610年、612年、614年,三征高丽,虽然失利,但水陆并进,长途远征,仍青史留声。声名远播的还有,隋炀帝役使民众开凿南起余杭(今杭州),北达涿都(今北京),全长二千余千米的巨大军事、水利工程——南北大运河。

这条大运河,堪称南北交通的大动脉,平时漕运,战时运兵,对政治、经济和军事的发展都起到不可或缺的重要作用。

像万里长城一样,大运河为中国人民争得了殊荣。

中国的大国工匠,自古具有令世界瞩目的创造性。

公元6世纪,宇文恺根据祖冲之创建的"千里船"和南陈徐世谱发明的车船,改建制造出了使用轮轴转动的大型战船。公元8世纪,李皋将军又建造成车轮船。这种战船两舷装配人力踏动的车轮,以轮击水,行驶比普通的车船更加快捷,一时令人叹为观止。类似这样的明轮船,欧洲直到15世纪才相继出现。可以说,中国隋唐五代发明的车船、车轮船是当今世界轮船的始祖。

历史的车轮船,鼓浪扬帆,驶向盛唐!

第五章 唐宋向海高歌与文天祥过零丁洋

一

唐朝是一个强盛的朝代。尤其是唐朝前期经济发达、政局稳定、国力雄厚，先后出现了"贞观之治"和"开元之治"，不仅是中国封建社会空前的繁荣时期，而且在当时世界上处于文明发达的领先地位。史称"大唐盛世"。

唐太宗李世民是一位比较开明的君主。《贞观政要》称其为"有道明君"，任贤，纳谏。除了节日和祭拜天地等隆重的礼仪需要下跪，平常上朝，大臣与皇帝都是"平起平坐"。贞观初年，唐太宗就总结"自古以来穷兵极武，未有不亡者也"的经验教训，主张"不劳而定，胜于十万之师"。然而，树欲静而风不止，边境并不太平。对此，他认为"以戈止武"，"武"字从"止"、从"戈"，平定暴乱，止息兵戈，才是真正的武功。于是在唐朝初期，西征突厥、吐蕃，东征高丽、百济，还与日本（倭国）水军在白江口发生了首次海上交锋。

这一切，都要依靠国力。而国力的象征，就是造船，这是多江临海国家的需要。

唐初，造船业已经形成一定的规模。建造的海船，长二十余丈，能载六七百人的已很普遍。据《唐国史补》记载，最大的是一种"万石船"，以形体高大、性能良好著称于世。阿拉伯人苏莱曼在他的《苏莱曼东游记》中说："中国唐代的海船特别巨大，抗风浪的能力强，能够在波涛险恶的波斯湾畅行无阻。"但是，"唐代中国帆船由于体积过大，吃水太深，不能直接进入幼发拉底河口"。唐代海船之大，可见一斑。

公元644年，唐太宗李世民为了东征作战的需要，在洪、饶、江三州（今江西省南昌、鄱阳、九江）大造战船，在很短时间内就赶造出战船四百多艘，后来又在江南十二州造船几百艘。战船分工精细，有楼船、蒙冲、斗舰、走舸、游艇、海鹘等多种。

楼船、蒙冲、斗舰、走舸，在前代基础上又有改建。据《武经总要》《太白阴经》等古籍记载，楼船上"建楼三重，列女墙、战格，竖幡帜，开弩窗、矛穴，外施毡革御火；置炮车、檑石、铁汁，状如小垒"。蒙冲"以犀革蒙覆其背，两相开掣棹孔，前后左右开弩窗矛穴，敌不能近，矢石不能败"，"乘人之不备，以冲突敌船"。斗舰"船舷上设女墙，可蔽半身，墙下开掣棹空；船内五尺。又建棚，与女墙齐，棚上又建女墙，重列战士，上无覆背，前后左右竖牙旗、金鼓"。走舸"船舷上立女墙，棹夫多，战卒皆选勇力精锐者充。往返如飞鸥，乘人之所不及。金鼓旌旗在上"。

除此，新增加游艇和海鹘。游艇是一种用于侦察的小船，"回军转阵，其疾如飞"。海鹘"头低尾高，前大后小，如鹘之状，舷下左右置浮板，形如鹘翅，其船虽风浪涨天，无有倾侧，背上左右张生牛皮为城，牙旗、金鼓如战船之制"，"可载战士一百零八人，需船工四十二人"。这种战船形如海鹘，头低尾高，前大后小便于越浪，"浮板"能在风浪中增加水的阻力，起到减轻摇摆的作用，避免倾覆。显而易见，这是一种适应风浪的海洋战船。

当时冶铁业已经很发达了，造船普遍采用铁钉连接，保证船只强度和水密性能，船的吃水也深，抗风力强，适用于远航。

造船业的发展，最终为水师发展创造了有利条件；同时也为东征高丽、百济以及战胜日本奠定了物质基础。

第五章 唐宋向海高歌与文天祥过零丁洋

二

龙朔三年（公元663年）八月，朝鲜半岛的白江口海域，唐朝和新罗联军与日本水军展开了一场实力悬殊的大规模海战。

战争起因：朝鲜半岛上有高丽、百济、新罗三个小国，关系微妙，时友时敌。其中，高丽名声最大，军力最强，总想吞并新罗，对唐中央王朝也一直是时降时叛，反复无常。公元619年，高丽国王高建武派使节进贡唐朝。三年后，唐高祖李渊册封高建武为高丽王。唐高祖李渊对高丽称臣并不感兴趣，但隋炀帝北征高丽时一部分中国士卒留在高丽，他命人去辽东的旧战场收埋战死的隋军将士尸骨，同时与高丽交换各自俘获的士卒和平民，并平毁高丽人耀武显摆的京观（万人坑）。

贞观十六年（公元642年），高丽大将渊盖苏文弑其王高建武，立建武之侄高藏为王，自己则擅权攘国。贞观十七年（公元643年），唐太宗李世民欲封高藏为辽东郡王、高丽王，目的是打消他进攻新罗的念头，结果被渊盖苏文断然拒绝。于是，唐太宗李世民决定举兵讨伐。

贞观十八年（公元644年），唐太宗李世民下诏派营州都督张俭，率领幽、燕以及契丹、奚、靺鞨兵马攻击辽东，敲山震虎；又任命太子詹事李世勣为辽东道行军大总管，指挥步骑军六万人，以及兰州、河州投降的胡人赶往辽东，投石问路；同时任命刑部尚书张亮为平壤道（汉代称王险城）行军大总管，率领江淮岭硖兵四万和长安洛阳招募的三千兵士，乘五百艘战船，自山东莱州从海路直驱平壤。唐太宗李世民则在京师长安、东都洛阳部署大军。

翌年，唐太宗李世民自洛阳发兵亲征辽东，并到了定州、幽州、北平（今河北卢龙）一线。唐军水师一支抵鸭绿江，高丽军见状，忙增加四万兵力驰援辽东，却遭到唐军迎头拦截，高丽军败退，唐太宗李世民挥师一直杀到辽东城下，但久攻不下，而辽东地区已是天寒地冻，兵马难以久留，加上粮草不继，于是唐太宗李世民决定班师回朝。

高丽权臣渊盖苏文见唐军劳师兴众不胜而返，于是气焰嚣张起来，认定唐军进攻高丽是新罗造成的，便在唐军撤退后变本加厉对新罗侵犯不息。

贞观二十一年（公元647年），唐太宗李世民再议东征。群臣献策，攻城不在兵广，高丽人依山守城，但连年遭灾，缺衣少食，只需派遣部分精锐部队穿梭于各城之间，使其疲于奔命，坚持数载，高丽必然千里萧条，人心涣散，到那时高丽不攻自破。唐太宗李世民采纳这一战法，他派左武卫大将军牛进达为青丘道行军大总管，率领水军万余人，乘楼船自山东莱州渡海（黄海、渤海），进入高丽，声东击西，接连打赢百余场战斗，破石城（鸭绿江南），进逼积利城，歼灭高丽军二千人后撤回。另一路，太子詹事李世勣仍任辽东道行军大总管，率领陆军三千人，自新城道而进，破南苏（今辽东海城），击溃高丽军迅速撤回。唐军不停地袭扰，使高丽国筋疲力尽。无奈之下，高丽王高藏一面派其子为使节到唐朝谢罪，一面加强与百济的联盟。

谢罪不等于臣服，唐太宗李世民识破高藏的缓兵之计。于是在江南十二州，即宣州（今安徽宣城）、润州（今镇江）、常州、苏州、湖州、杭州、越州（今绍兴）、台州、婺州（今金华）、括州（今丽水）、江州（今九江）、洪州（今南昌）造战船数百艘，扩充水军。贞观二十二年（公元648年），又在越、婺、洪州伐木造船一千一百艘，以备东征。不料第二年唐太宗李世民病故，东征计划搁浅。

永徽元年（公元650年），李治继位，称为唐高宗。他继续推行收复辽东、东征高丽的战略方针。永徽六年（公元655年），高丽联合百济攻破新罗三十多城。唐高宗李治派中郎将苏定方领兵出其不意攻打高丽，只一战就打败高丽军，歼灭千余人。显庆三年（公元658年），唐高宗李治派东夷都护程名振、右威卫大将军薛仁贵领兵再征高丽，在赤岁镇（今辽东海城境内）又歼高丽军二千余人。显庆四年（公元659年），薛仁贵三破横山高丽军营（今辽阳境内），大获全胜。

唐军连续不断年年追着高丽军轮番讨伐，把百济先搁在一边。可是，百济并不接受高丽挨打的教训，反而蹬鼻子上脸，背着唐朝接二连三地袭扰新罗。

显庆五年（公元660年），新罗国王金春秋上书向唐朝求救。唐高宗下决心先攻下百济,然后再进攻百济的后台高丽。于是封苏定方为神丘道行军大总管,率水陆军十万讨伐百济。大军从成山渡过黄海,与百济军在熊津江口展开激烈水战,从海上打到陆地,大败百济军,并直接追杀到百济的国都俱拔城(今全州),歼灭万余人。百济王扶余丰逃往高丽,百济王之子只得乖乖投降。

苏定方一举歼灭高丽的帮凶百济,振旅而还,留水军名将刘仁轨率数千唐兵镇守。百济余孽福信贼心不死,集结旧部,死灰复燃,并向兴起的日本借兵以求复国。日本齐明女皇同意了福信的请求。显庆八年(公元663年),日本以援助百济为名,发兵二万七千人渡海到百济,向唐朝军队和新罗军队宣战。于是,唐朝和新罗联军与日军在白江口(今锦江口,在朝鲜半岛西南部)展开恶战。

日军依仗船多兵猛,像一群黄蜂冲进唐军水阵。可是,唐军船高舷坚宜于防守,日军船小不利于攻坚,双方战船一接触,日军即处劣势。唐军统帅刘仁轨见日军军旅不整,便指挥船队变换阵形,分为左右两队,像矗立起两道铁壁,将日军围在阵中。被围的日军小战船犹如一锅沸水中的饺子,互相碰撞无法回旋,军心顿时大乱。

对于日本来说,白江口战役的胜败,不单是颜面问题,还关系到国运,所以派出的全是精锐部队。被围的日军狗急跳墙,他们组成敢死队贴着唐军战船的舷墙如魅影般攀登上船,但刚一露头,迎来的就是一阵阵闪电般的箭雨,不等白刃战开始,便纷纷中箭落水,命丧大海。

消灭了日军敢死队,船大、航速快的唐朝水军,采用火攻战术,抛石机抛出的都是点燃的火蒺藜,数不清的火球飞向对面,日军几百艘战船无论大小统统陷入一片火海。

烈火无情。海面上浓烟滚滚,惨叫声不绝于耳。快速撤退的唐军将士却毫发无损。

"烟焰涨天,海水皆赤。"(《旧唐书·刘仁轨传》)刘仁轨四战四胜,烧毁日军战船四百艘。那个挑动战火的福信,咎由自取,被百济王扶余丰所杀。扶余丰只身潜逃,两个王子率领余众和日军残部向唐军投降。百济勾结日本对抗唐朝的企图被彻底粉碎,百济由此被平定。

白江口海战以唐朝、新罗联军的胜利而终结。日本功亏一篑。天智天皇深恐唐军进攻日本本土,自公元664年开始,向唐朝妥协,以中国为师,谋求自强。此后九百年内,日本未敢再对中国开战。

三

没有了战乱的大唐帝国,经济发展,文化繁荣,物质富庶,百姓安居乐业。而安居乐业的标志,用今天的流行语,那就是——诗和远方。

唐诗多有对海的赞美。"海内存知己,天涯若比邻。""君不见,黄河之水天上来,奔流到海不复回。""长风破浪会有时,直挂云帆济沧海。""春江潮水连海平,海上明月共潮生。""海上生明月,天涯共此时。""白日依山尽,黄河入海流。欲穷千里目,更上一层楼。"……这些千秋传诵经久不衰的唐诗,都与海洋有关。

向海而歌,诗为心志。在一千三百多年前的唐朝,海洋已经走进诗人的视野。无论是诗仙李白、诗圣杜甫、诗佛王维、与元稹和刘禹锡并称"元白"和"刘白"的白居易,还是与杨炯、卢照邻、骆宾王共称"初唐四杰"的王勃,或是慷慨有大略,倜傥有异才的王之涣,抑或是和杜牧合称"小李杜"的李商隐,一个个精于文章,善于写诗,可是面对浩瀚的大海,他们的旋律全都变成了蓝色的格调。

语不惊人死不休的杜甫,大声疾呼向海求诗:"诗尽人间兴,兼须入海求!"两句警言,道尽了唐代诗人创作的秘诀。在浪花飞溅的情思中放飞心灵,直抒胸臆。于是,直接以海之景、海之事、海之情入诗的名篇佳作,不胜枚举。

不仅写海、叙海,唐诗也是记录唐代海洋文明的真实史籍。钱起《送僧归日本》:"上国随缘住,来途若梦行。浮天沧海远,去世法舟轻。水月通禅寂,鱼龙听梵音。唯怜一灯影,万里眼中明。"只要有机会,随时都可到中国来。这是诗人对外国友人的临别赠言。

王维也有《送秘书晁监还日本国》。天宝十二年,晁监乘船回国时,王

第五章　唐宋向海高歌与文天祥过零丁洋

维与其赠诗作别："积水不可极,安知沧海东。九州何处远,万里若乘空。向国唯看日,归帆但信风。鳌身映天黑,鱼眼射波红。乡树扶桑外,主人孤岛中。别离方异域,音信若为通。"

这首送别诗还有一段序文,其中对海洋的描绘,与诗句承前启后,十分精湛:"琅琊台上,回望龙门;碣石馆前,复然鸟逝。鲸鱼喷浪,则万里倒回;鹢首乘云,则八风却走。扶桑若荠,郁岛如萍。沃白日而簸三山,浮苍天而吞九域。黄雀之风动地,黑蜃之气成云。森不知其所之,何相思之可寄!"字字珠玑,既抒发了对海洋的敬畏景仰,又表达了对异域友人的一腔深情。

一首唐诗,引出一段中日交往的历史。王维诗中说的晁监,就是阿倍仲麻吕,日本遣唐留学生,被唐朝授予左散骑常侍安南都护的官职。他和王维是知心朋友,同时也是李白的学生。阿倍仲麻吕学有所成,后成为日本著名的遣唐使。

白江口之战的第二年,为了修复与日本的关系,高宗李治派使者郭务悰、刘德高相继赴日,日本的第五次遣唐使就是为了护送刘德高返回大唐而派遣的,接着日本又第六次派出遣唐使,同样是为了修补白江口之战造成的唐日关系裂痕。

战时万团火,战后满天星。阿倍仲麻吕便是带着通好、求学的使命来到中国。李白教他写诗,王维与他诗书往来,留下的是一段流芳千载的外交佳话。

"故人西辞黄鹤楼,烟花三月下扬州。孤帆远影碧空尽,唯见长江天际流。"这是李白的名诗。诗中提及的扬州,是唐朝一座文化气息浓郁的古城,古称广陵、江都,人杰地灵,繁华秀美。杜甫也有"商胡离别下扬州"的诗句。这"商胡",就是当时的外国商人。

除了朝鲜、日本的东方商人,还有印度人、埃及人,而来自波斯和大食的人数最多,即今天的伊朗和阿拉伯人。近年,扬州出土了一批唐俑,这些唐俑造型别开生面,特点十分鲜明,深眼窝、高鼻梁,一看就是"胡人"。由此可见当时中国的临海城市,外商云集,涌现一派"市井十州人"的盛况。

家有梧桐树,引得凤凰来。因为"海上丝绸之路"的兴旺,高鼻子蓝眼睛大胡子的外商涌来大唐,也就司空见惯了。据9世纪中叶阿拉伯地理学家伊本·胡尔达兹比赫撰写的《道里邦国志》记述,广州、泉州、扬州、明州(今宁波)被称为唐朝四大贸易港。另一位阿拉伯商人苏莱曼·丹吉尔在他的《苏莱曼东游记》中则说,当时广州的外国侨民有十二万之多。为此唐朝在开放的港口城市设立专门机构"市舶司"管理海外交通贸易。对海上贸易实施的许多优惠政策,主要以保障外商利益为主,鼓励外商来华贸易。为了兴利除弊,朝廷发布敕令,禁止对外商滥征杂税,给予来华的外邦人一个礼仪而友善的环境。

唐文宗大和八年(公元834年),上谕:"南海番舶,本以慕化而来,固在接以仁恩,使其感悦。深虑远人未安,率税犹重,思有矜恤,以示绥怀。其岭南、福建及扬州番客,宜委节度、观察使常加存问。除舶脚、收市、进奉外,任其来往通流,自为交易,不得重加率税。"

这项政策和今天的免除关税政策类似。同时,还在法律上对外商加以保护,规定"诸化外人,同类自相犯,各依本俗法,异类相犯者,以法律论"。就是说,来华贸易的外商,如果是来自同一国的,依其本国法律解决;异国纠纷,则依中国法律论处。可见唐朝的涉外法制,有理有度,公平公正。

外商来唐朝采购,除了薄如蝉翼的丝绸,更青睐晶莹剔透的瓷器。

精美的瓷器制品,既可实用,更可观赏,历经万里波涛运到西方,达官显贵趋之若鹜,象征高贵的青瓷花瓶更是一瓶难求。

在英文中"瓷器(China)"与"中国(China)"同为一个词。所以,被古代罗马人称为"赛里斯"(Seres,希腊语"丝绸")的中国,到了唐代就被叫作"China","瓷器"成为中国的符号,"China"也就成了中国的代称。

1998年,在印尼勿里洞岛附近的海底发现一艘"黑石"号沉船,打捞出水的物品中,有中国陶瓷器六万余件。据鉴定,这些陶瓷烧制于9世纪,为中国浙江越窑、河北邢窑、湖南长沙窑等窑口所产。其中三件唐代青花瓷最为珍贵,是迄今为止发现的中国最早期、最完整的青花瓷。与此同时,在今东亚、西亚、东南亚一带发现了大量唐三彩。

大宗的陶瓷器出口,使得海上丝绸之路又多了一个美称——"陶瓷之路"。而携带中国陶瓷、中国丝绸和中国珍珠的中国人,就被西方人改称为"唐人",以至今天,美国纽约、英国伦敦、法国巴黎、意大利米兰等世界上的许多大都市都有一条"唐人街"。

四

从礼仪之邦的大唐帝国走出去的唐人,受到世界的欢迎和尊敬。其中,有关大唐高僧鉴真东渡传经的故事,并非虚构。

当时,日本佛教没有受戒制度,而唐朝的佛教体系已日臻完善,为此,日本僧人荣睿与普照于公元733年(日本天平五年,中国唐开元二十一年)开始到唐朝研习佛教,一待十年。到了公元742年(日本天平十四年,中国唐天宝元年),二人为搭乘商船回日本一路辗转到了广州。在广州,二人拜会了鉴真大师,被鉴真大师渊博的佛教学识所折服,盛情邀请鉴真赴日本讲学,于是开启了鉴真东渡的航程。

既然应允了邀请,鉴真便率领弟子二十一人为远行做准备。可到了第二年出发之际,荣睿与同行僧侣产生矛盾,同行僧侣将鉴真等人告发,诬陷他们是海贼同伙,朝廷对海贼向来严防,因此将鉴真一行逮捕。虽然后来核查澄清,但耽误了航程。第一次东渡失败。

同年12月,鉴真再次出发,这次没人举报,可是天公不作美,海上狂风不止,鉴真只好滞留明州阿育王寺。第二次东渡失败。

公元744年,鉴真第三次东渡。但是明州僧侣不愿鉴真远行他国,又告发荣睿劫持鉴真,荣睿被捕,东渡再次受挫。等到荣睿释放,鉴真尝试第四次东渡,自明州经天台山国清寺到福州,正登船出航,又被弟子告密,鉴真被官府扣留,遣送回扬州。

四次失败,并没有打消鉴真东渡传学的决心。公元748年,鉴真率领弟子十四人出海。一开始一帆风顺,哪知后来风向不对,沿海南下一直被吹到了海南岛。鉴真在海南岛传授佛法,教化世人。当地氏族被鉴真五次东渡的毅力所折服,但从海南岛重新出发是舍近求远,鉴真决定重返扬州。海南岛到扬州路途遥远,荣睿和大弟子祥彦相继去世,鉴真本人也双目失明,日本僧人普照无奈之下只得与鉴真辞别,独自踏上归途。

鉴真回到扬州，仍旧不忘前诺，决定第六次东渡。公元753年，朝廷派人出使日本，路过扬州，闻听鉴真事迹便请鉴真一同前往。于是，鉴真率弟子等二十四人搭上了通往日本的使船。

鉴真历经千难万阻后，于公元754年（日本天平胜宝六年）2月1日到达日本。

鉴真东渡，前后六次历时十二年，第六次才获成功。而最后一次是在双目失明的情况下进行的，可见其意志之坚强。

鉴真到达奈良后，受到日本举国上下的欢迎。他在日本十年，开创了日本的律宗（也称"南山宗"，中国佛教宗派之一），传播中国盛唐文明，使中国的建寺、造塔、塑像技术在日本得以流传，同时，鉴真东渡时带去大量的药材、药方、医药典籍，促进了日本医学的发展。现在，日本奈良有唐招提寺，寺内东北角建有鉴真陵墓，墓碑向着中国的方向。而在中国扬州，曾由鉴真担任住持的扬州大明寺中，仿照日本奈良唐招提寺建有一座鉴真纪念堂，供今人参观。

通往日本的航线，因遣唐使波光灿烂，因鉴真东渡增添了人文情怀，这条从汉武帝时代开辟的北航线到了唐代方兴未艾，而南航线同样蓬蓬勃勃，一派生机。

唐代通向南洋、西亚和东非的航线，史称"广州通海夷道"。从广州出海，经越南，过马六甲海峡，至马来半岛、爪哇、苏门答腊岛、不罗华尔群岛、尼科巴群岛，到达斯里兰卡，向前航至印度，过印度河入阿拉伯海，至阿巴丹，经幼发拉底河入波斯湾，最南到达坦桑尼亚的达累斯萨拉姆……"广州通海夷道"将东亚、南亚、波斯湾连接起来，其航程之长、海域之广，在当时绝无仅有。

所以，唐朝既是一个统一的多民族的国家，又是一个向世界张开双臂的开放国度。身着各式各样服饰的外邦人士会聚唐都长安，使长安成为国际交往的中心。

昔日长安城，就是现在的陕西省西安市。当时的朱雀大街，两侧有东市和西市两大贸易市场，东市为社会上层人士购物之地；来自中亚、波斯（伊朗）、大食（阿拉伯）等西域胡商多云集于西市，有绢行、药行，还有供外

第五章　唐宋向海高歌与文天祥过零丁洋

国商人存放货物的货栈,外国香料、药材等从这里运往中国各地,中国的丝绸、珍珠、陶瓷、茶叶也从这里通过陆上和海上丝绸之路运到西方。所以,西市为聚钱之地,有"金市"之称。

"诗"和"远方"讲到这里,大唐盛世的航船也走过了大半历程。

"安史之乱"后,连年干旱,内忧外患,中央力量越来越弱,各路军阀蜂起,藩镇割据,大唐帝国四分五裂。

曾经灿烂的唐朝一片灰烬,虽有余温,却不再复燃,唯有唐诗留存后世……

五

公元960年,赵匡胤发动陈桥兵变,建立宋朝。当了皇帝的赵匡胤,做了两件"头等大事"。

一是迁都。围绕国都选址,朝臣们有说长安、洛阳,有建议改定金陵(南京)。赵匡胤上下揣摩,水能载舟,水运即国运,决定将国都定在汴州(今河南开封)。汴州位于大运河中段,南北交通方便,既可照顾北方,又可充分利用南方的优越条件发展经济。连年战乱,国家几乎成了一个空壳。百废待兴的北宋王朝,竭尽全力疏浚运河,全国的漕运很快兴旺起来。这是一步好棋。接着,宋太祖的下一步棋便是开放沿海通商港口,让商人把生意做大。因此,北宋年代的航海,通往朝鲜、日本的北航线,不仅与唐代的北航线完全相同,而且因指南针、磁罗经的出现,全程航期缩短到七天左右。南航线又有更大的发展。据《诸蕃志》记载,宋代远洋海船从泉州、广州两港出发,循着唐代"通海夷道"的走向到达波斯湾各地,但向西却比唐代的范围更广:沿阿拉伯半岛航行,向西远到红海和非洲东岸。北宋年代,与波斯、大食的贸易关系也得到了强化。为了便于与外商交流,朝廷专门在泉州、明州修建了相应的公馆,派官员专门接待。不仅如此,随着伊斯兰教信徒的增多,朝廷还为他们建造了清真寺。

就像一个人,长期营养不良,萎靡不振,遇上良医良药对症调理,周身血脉贯通了,就会重新焕发出勃勃生机。国家也一样,由于运河的修复和海上航线的开通,经济日益繁荣起来。

二是"杯酒释兵权",将手握重兵的将军与地方官吏中武将的军事指挥权予以剥夺,委以虚职,并改由文官管军,所有兵权归于中央,目的就是避免重蹈唐朝后期藩镇割据和宦官干政的覆辙,杜绝类似陈桥兵变的历史重演,篡夺自己的政权。

宋太祖赵匡胤终于高枕无忧了。从此,采取崇文抑武的国策。这一国策有利有弊:一方面导致武备积弱,频频不敌北方外患;另一方面也鲜有权臣豪强乱政。人心归一,社会稳定了,科技日渐发达,文化走向繁荣。

先说科技。指南针用于航海,始于宋朝。

指南针是中国古代四大发明之一,世界上最先将指南针应用于航海的,也是中国。朱彧在其著作《萍洲可谈》中记述:"舟师识地理,夜则观星,昼则观日,阴晦观指南针。"北宋出使高丽的徐兢,在他的《宣和奉使高丽图经》中提到,在航行途中"若晦冥,则用指南浮针,以揆南北"。《萍洲可谈》成书于北宋宣和年间,记述的是1099—1102年的事,徐兢出使高丽是宣和五年(1123年)。可见中国在11世纪末至12世纪初的宋朝,就已经在海洋船只上普遍使用指南针了。接着,宋朝的航海科技又出现了磁罗经——航海罗盘,用这种航海罗盘在海上导航,使海船无论气象怎样变化都能准确地辨别方向,安全地航行。

指南针在航海中的实际应用,是世界航海史上一件划时代的大事。12世纪末,中国的航海指南针经阿拉伯传到欧洲,才促使了新航线的不断发现,促成了世界大航海时代的到来。

造船技术,宋承唐制,但创新诸多。宋代造船,首创船模技术,即在施工前先造一个小船模,然后加以分解,按一定比例制成部件,再组装成一艘整船,这同现代造船中"放样"原理是一致的;反过来说,现代放样技术就是从宋代延续下来的,宋代船模放样技术是现代造船技术的先驱。现代造船有船台和船坞,宋代采用的是船渠修船,其滑道下水法处于当时世界领先地位。在船的属具方面,也有许多发明,出现了舵杆旁边装有支杆的平衡舵,使转舵时相对省力。还有一种升降舵,深水航行时将船舵降下,浅水航行时将船舵提起,从而保证船舵不被浅底沙石碰坏。宋代的船锚也有创新改进,宋代以前铁锚的锚齿排列在同一侧,是一只单面抓手,投放后不一定能够抓住水底泥土,往往起不到稳妥碇泊的作用。到了北宋,锚齿改为按圆周均匀排列,这种铁锚,无论怎样抛掷,总有锚齿抓到地面。宋代的这些科技发明,真是匠心独运。

宋朝的造船业采用了众多的先进工艺和技术,所造船舶有三个特点:一是体态雄伟,载重量大;二是船体坚固,结构精良;三是器材先进,设计完美。

一种专供外交使臣乘坐的官船,称为"神舟",其随员乘坐的船,叫"客舟"。据徐兢《宣和奉使高丽图经》记载,客舟"长十余丈,深三丈,阔二丈五尺,可载二千斛粟,以整木巨枋制成。甲板宽平,底尖如刃……每船十橹,大樯高十丈,头樯高八丈。后有正舵,大小二等。碇石用绞车升降……每船有水手六十人左右"。

最大的船名为"木兰舟",是一种不怕巨浪的远洋船舶。宋朝周去非在《岭外代答》中这样介绍木兰舟:"浮南海而南,舟如巨室,帆若垂天之云,舵长数丈,一舟数百人,中积一年粮,豢豕酿酒其中,置死生于度外。"

宋代词人张元干有一首《水调歌头·同徐师川泛太湖舟中作》:"落景下青嶂,高浪卷沧洲。平生颇惯,江海掀舞木兰舟。"此词,堪与史籍互为佐证。而按照专家的考证,木兰舟的舵杆长达十五点六米,以此推断,木兰舟的长度当在百米以上,可与现代的万吨巨轮的长度相匹敌。

宋代是一个了不起的时代。

船行四海。宋太祖赵匡胤调整国策,提出"开洋裕国"。据《宋会要辑稿》记载,朝廷派出内侍官员携带诏书和金帛,分四路去南海诸国招徕贡市贸易,吸引更多的海外番商来华。当时进口货物达四百多种,出口以丝绸和瓷器为大宗项目。宋代陶瓷中的清白瓷器驰誉全球,通过海洋商路,行销五十多个国家和地区。

广开门户。北宋开宝四年(公元971年)于广州设置市舶司;北宋元祐二年(1087年)在泉州等地设置市舶司;崇宁元年(1102年)七月,宋徽宗诏令又在杭州设置市舶司。广州、泉州、明州、杭州、扬州五大贸易并立的格局逐渐形成。对外开放口岸，总是帆樯云集、货积如山，侨居广州的外商最多时达十万人。道接以礼，悦远者来。来到宋朝的外国人，都把汴州当成"天堂"，车水马龙，笙歌达旦。难怪有人说，宋朝，它曾经代表那个时候全世界最高水平的文明。

文明的宋代人也特别会享受，点茶、焚香、插花、挂画，被宋代人称为生活四事。一句话，宋代人的生活是个"慢节奏"。民生安乐，说明国家富足。但国家富足了，也不能忘记门面的尊严。

国家尊严的门面是军队。

因为造船能力的强大，宋朝水军的战船配套发展，在保持传统船种（如楼船、斗舰）的同时，注意研制新的船种（如铁壁铧嘴战船等）；在制造内河战船的同时，努力发展海洋战船；在生产帆桨船的同时，发展以轮代桨的车船。

武备方面，随着火药的发明，火器开始出现。

北宋是水战兵器发展的新时期，其主要标志是火药的应用和火器的创制。由于火器的问世，宋代的海军兵器进入冷兵器和火器并用的阶段。

战船普遍装备了火器。这一时期，水战兵器也从陆战兵器刀矛弩矢演变来的长钩矛、长柄斧等向前发展，一种名为"拍竿"的新式水战兵器开始用于装备战船。这种拍竿，在一根长杆顶端系缚重石，战斗中利用杠杆作用隔水拍击敌船，使长钩矛望尘莫及。

咸平五年（1002年），神卫水师队长唐福向宋真宗展示火箭、火球、火蒺藜。《武经总要》说，到宋仁宗（1023—1063年）时，北宋的火器已有弓射火箭、火毯、霹雳炮、突火枪、火药鞭箭、铁嘴火鸡、霹雳火球、毒药烟球等十余种。这对水军的发展和水战方法的变革，产生了相互推进的效应。

军事实力是给予皇帝稳坐龙椅的一股底气，但是，北宋自赵匡胤之后八位皇帝，每一位都没有把"居安思危"四个字放进脑海，养尊处优，心安理得，而治国方针依然遵循"崇文抑武"。

六

不可否认,宋代的文化繁荣是中华文化史上一座令人仰止的高山。

先说理学。宋初"三先生"(周敦颐、张载、邵雍)是宋代理学的奠基人。宋代理学强调义理,提倡佛、儒、道兼收并蓄,将《周易》《孟子》《中庸》中关于"性"与"天"的哲学观点归于理性思辨。其中,周敦颐贡献最大。他著有《太极图易说》和《易通》,伏羲、姬昌传承下来的八卦图到他手上便演变成八卦太极图。太极生两仪,两仪生四象,四象生八卦。八卦环绕的圆心是一对阴阳鱼。鱼是祥瑞之物,具有强大的繁殖能力;鱼眼不能闭合,这种"不死"现象,是"再生"的象征,恰好符合阴阳转换、生生不息的理学定义。

八卦太极图堪称世界图文设计的巅峰之作,均衡对垒,构思精致。注目凝望,图形中黑白分明的阴阳鱼,玲珑剔透,美轮美奂。这是中华文明对海洋生命最形象、最生动的表述!

再说文学。"唐宋散文八大家",其中只有韩愈、柳宗元两位是唐朝人,欧阳修、苏洵、苏轼、苏辙、王安石和曾巩六位都来自宋朝。而标志着宋代文学最高成就的,当推宋词。它与唐诗连成一体——"唐诗宋词"成为中华文明史上的一个流光溢彩的文化符号。

创作宋词的名家,分为两派,一是豪放派,一是婉约派。这是两个风格迥异的审美范畴。豪放派,呈阳刚之美,崇高,粗犷;婉约派,呈阴柔之美,幽静,含蓄。

宋朝,风云际会,烈火交织。这是豪放派的视觉空间,因此豪放派的词,境界深远,张力弥漫。它所描绘的抒情世界,时空辽阔,深广无垠。常以悠悠苍穹、无尽旷野、万里长河、千里铁骑作背景,"登山则情满于山,观海则意溢于海"(《文心雕龙·神思》)。所以,某种意义上说,豪放派的文人都像将士,冲锋陷阵,忧国忧民。

宋朝,又是个悠闲的社会。面对纷扰的外部世界,婉约派的词人多存野逸之心,寄情山水,退隐江湖,目及的是风花雪月乍暖还寒,眷恋的是卿卿我我儿女情长。为什么宋朝三百年间出现这么多婉约派的词人,因为他们沉浸在自我之中，寻寻觅觅，冷冷清清，凄凄惨惨戚戚，写的是《声声慢》。他们是真正"慢生活"的老祖先。

豪放词像"关西大汉，执铁绰板，唱'大江东去'"；婉约词像"十七八女子，执红牙拍板，唱'杨柳岸，晓风残月'"。

豪放派和婉约派各有两位领军人物。豪放派的是苏轼和辛弃疾，婉约派的是柳永和李清照。

李清照是宋代婉约词风的女词家，但她也有悲壮的诗句："生当作人杰，死亦为鬼雄。至今思项羽，不肯过江东。"尤其是她的《渔家傲》一词，写得酣畅淋漓，极其豪放："天接云涛连晓雾，星河欲转千帆舞。仿佛梦魂归帝所。闻天语，殷勤问我归何处？我报路长嗟日暮，学诗谩有惊人句。九万里风鹏正举。风休住，蓬舟吹取三山去。"

李清照有"千古第一才女"之称，她的一生颠沛流离，孤寂清苦。因此，词多哀婉。然而一曲《渔家傲》，借助于梦海，精骛八极，心游万仞，幻想着一条精神上可以寄托的道路，显示出豪迈健举的气概。这首意境高远的梦海词，将海景与梦幻、人间与仙境、大海的梦与"我"的梦，浑然一体，水乳交融，达到艺术中难得的境界，低吟浅唱，简直让人拍案叫绝。在李清照之前，还没有一个人在词中写过大海，所以，《渔家傲》是宋词中首屈一指极富浪漫主义色彩的海洋文学大作。

柳永是婉约派的首席。命运坎坷，流寓江淮，因迷恋湖山美景和都市繁华，沉醉于听歌卖笑的浪漫生活，空有才情，终不得志。直到暮年，才做了几任小官。任浙江舟山定海晓峰的盐监时，看到海边盐民劳动的艰苦，深表同情，于是一改缠绵的文风，写下一首《煮海歌》：

煮海之民何所营，妇无蚕织夫无耕。衣食之源太寥落，牢盆煮就汝输征。年年春夏潮盈浦，潮退刮泥成岛屿。风干日曝盐味加，始灌潮波增成卤。卤浓咸淡未得闲，采樵深入无穷山。豹踪虎迹不敢避，朝阳出去夕阳还。船载肩擎未遑歇，投入巨灶炎炎蒸。晨烧暮烁堆积高，才得波涛变成雪。自从潴卤至飞霜，无非假货充糇粮。秤入官中得微值，一缗往往十缗偿。周而复始无休息，官租未了私租逼。驱妻

第五章　唐宋向海高歌与文天祥过零丁洋

逐子课工程,虽作人形俱菜色。煮海之民何苦辛,安得母富子不贫。本朝一物不失所,愿广皇仁到海滨。甲兵净洗征输辍,君有余财罢盐铁。太平相业尔唯盐,化作夏商周时节。

是大海的熏陶,给了柳永改弦更张的勇气;而"年年春夏潮盈浦,潮退刮泥成岛屿。风干日曝盐味加,始灌潮波增成卤"饱含泪水的诗句,也让"今宵酒醒何处"醉生梦死的柳永,从人们心目中的负面形象走向了正面。

唐朝,以诗绝冠;宋朝,以词著称。宋朝的诗,相比唐诗显然逊色,但有一首《月夜舟中》却是佳作:"满船明月浸虚空,绿水无痕夜气冲。诗思浮沉樯影里,梦魂摇曳橹声中。星辰冷落碧潭水,鸿雁悲鸣红蓼风。数点渔灯依古岸,断桥垂露滴梧桐。"这是一首以橹声、樯影为意象的抒情诗。绿水无痕,但流溢着一股海洋旋律,所以在宋诗中留下了别开生面的一页。诗的作者戴复古,陆游的学生,和他老师陆游一样,也是宋诗和宋词的高手。

然而,无论是宋词,还是宋诗,都绕不开一个人——苏轼。

苏轼,北宋中期文坛领袖,号东坡居士,所以又称苏东坡。散文、诗、词、书法、绘画,无所不通,成就斐然。散文,纵横恣肆,著述宏富,为"唐宋八大家"之一,与欧阳修并称"欧苏";诗,题材广阔,清新绝唱,善用夸张比喻,风格独具,与黄庭坚并称"苏黄";词,开豪放一派,与辛弃疾同是豪放派代表,并称"苏辛"。苏轼善书,"宋四家"之一,有"东坡体"传世;擅长文人画,墨竹、怪石、枯木,得心应手,皆为上品。

苏轼,进可安天下,退能怡山水,一生大起大落演绎着超旷豁达的人生传奇。他是豪放词的开创者,同样是宋诗的开拓者。他的"乱石穿空,惊涛拍岸,卷起千堆雪"的词句墨浓气酣,令人心驰神往;而他的"垂天雌霓云端下,快意雄风海上来"的诗句,同样令人胸襟顿开,扬眉吐气!

苏轼在词中,"有情风、万里卷潮来,无情送潮归",写潮;"旌旆满江湖,诏发楼船万舳舻",写船;"我梦扁舟浮震泽,雪浪摇空千顷白",写船和浪。如此种种,都因为他与大海有缘,没有对大海和船的体验,是写不出词中的意境的。

而苏轼题名《舶趠风》的诗,更令人折服他对船舶借风航行的观察入微:"三旬已过黄梅雨,万里初来舶趠风。几处萦回度山曲,一时清驶满江东。惊飘蔌蔌先秋叶,唤醒昏昏嗜睡翁。欲作兰台快哉赋,却嫌分别问雌雄。"此诗还有一则序言:"吴中梅雨既过,飒然清风弥旬,岁岁如此,湖人谓之舶趠风。是时海舶初回,云此风自海上与舶俱至云尔。"诗中写得很明白,海舶初回,带来一股海上的舶趠风。

舶趠风,就是夏季从东南洋面吹至我国的东南季风。季风现象,常出现在中国、印度及阿拉伯海沿岸一带。我国古代称它为信风、黄雀风、落梅风,在沿海地区又称它为船风。这种来自海洋的专门知识,只有关心海洋与船舶航行的人才会懂得。

苏轼的诗词,从不凭空发挥,无病呻吟。什么叫作"源于生活",这就是!

苏轼,生来卓尔不群。迈入仕途数十年浮沉不定,几经出入朝廷。苏轼的器识、谠论、政事、文章,都为常人所不及,然却不得大用。其原因在于小人妒贤嫉能,加上苏轼忠言敢谏,正道直行,以天下为公,以万民为务,故被阿谀小人所诬而仕途困厄,坎坷不断。元丰三年(1080年),苏轼贬官谪居黄州,受此打击,宦海浮沉的苏轼对政治、名利场上的角逐已无兴趣,"小舟从此逝,江海寄余生"。然而,苏轼并不消极厌世。他的心胸没有戾气,没有任何力量能把他击垮。屡遭贬谪的苏轼淡然处之,将那些忧伤都化作超然旷达的诗情。在黄州,他开荒种地,地名取为"东坡",自称"东坡居士",并亲自动手烹饪红烧肉,又写一首《猪肉颂》,这就是"东坡肉"的由来。在杭州,疏浚西湖,利用淤泥葑草堆筑起一条南北三十多里、六桥连接的堤岸,人们称它为"苏堤"。他在诗中写道:"我来钱塘拓湖绿,大堤士女争昌丰。六桥横绝天汉上,北山始与南屏通。"流放海南儋耳,那时的海南没有开化,天气卑湿,地气蒸溽,一片蛮荒。当时犯罪判重刑,除了砍头就是放逐海南了。他说,"此间食无肉,病无药,居无室,出无友,冬无炭,夏无寒泉",于是,山野采药,种田制墨,修桥修路,移风易俗,当地至今留有东坡井、东坡桥、东坡书院,连人们习惯戴的都是东坡帽。他把自己当成土生土长的海南人,三年后离开海南,依依不舍地写道:"我本海南民,寄生西蜀州。忽然跨海去,譬如事远游。""他年谁作舆地志,海南万里真吾乡。"

第五章 唐宋向海高歌与文天祥过零丁洋

能屈能伸,亦庄亦谐。苏轼自嘲,他上可以陪玉皇大帝,下可以陪卑田院乞儿。在他眼中天下没有一个不是好人。

苏轼不是完人,但却有一个光明磊落的人生。元丰八年(1085年),神宗去世,哲宗即位。皇帝年幼,高太后同处军国大事。老人家一贯反对新法,故启用反对新法之人。苏轼恢复职务,出任登州(蓬莱)知州,四个月后,以礼部郎中被召还朝。

在登州,苏轼徘徊于蓬莱阁,与千载难逢的"海市蜃楼"不期而遇,激动万分,写下了一首脍炙人口的名诗《登州海市》:

东方云海空复空,群仙出没空明中。荡摇浮世生万象,岂有贝阙藏珠宫。心知所见皆幻影,敢以耳目烦神工。岁寒水冷天地闭,为我起蛰鞭鱼龙。重楼翠阜出霜晓,异事惊倒百岁翁。人间所得容力取,世外无物谁为雄。率然有请不我拒,信我人厄非天穷。潮阳太守南迁归,喜见石廪堆祝融。自言正直动山鬼,岂知造物哀龙钟。伸眉一笑岂易得,神之报汝亦已丰。斜阳万里孤鸟没,但见碧海磨青铜。新诗绮语亦安用,相与变灭随东风。

诗中,苏轼把丹崖沧海、雾霭云烟的海市蜃楼,烘托得神秘莫测,带给人们的是一派诡谲瑰丽的海洋风情。无疑,根植于诗人心灵中的是一股"荡摇浮世生万象"的海洋情结。

苏轼不仅是一位杰出的文学家,而且是一位杰出的思想家和军事家。苏轼的思想,以儒家忠君爱国、仁民爱物为主导,兼采佛、道的清静达观、慈俭不争的箴言,构筑自己的思想体系。在军事思想上,苏轼从忠于赵宋王朝的立场出发,反对辽、夏的入侵,阐发了自己的"认识边患,治兵振旅""军国异容,文武并用""安而知危,教民习武""料事判人,智谋者胜"等军事主张。可惜的是,苏轼陪伴了仁宗、英宗、神宗、哲宗等四位皇帝,却始终"英雄无用武之地",六十六岁那年,苏轼带着满腔遗憾卒于常州。

苏轼死前一年,哲宗去世,徽宗即位。

七

宋徽宗赵佶是北宋末期的皇帝。宋哲宗死后，后继无人，本应由宋哲宗亲弟即位，但皇太后以"端王（宋徽宗即位前被封为端王）有福寿，且仁孝，不同诸王"为由力保宋徽宗当政。掌权后，并不是特别名正言顺又无治国经验的宋徽宗，当然要显示出众多的吉祥瑞兆，以表明自己乃上天注定的真命天子。

在宋徽宗统治期间，外族频繁入侵，大厦将倾，岌岌可危。为了维护王朝皇权的尊严，宋徽宗颁布了许多公众节日以营造欢愉祥和、国泰民安的盛世气象，特别着眼于绘事，成立了翰林图画院，上千幅"瑞应图"创造出一番政通人和、天下太平的幻境。

翰林书画院著名画家张择端创作的《清明上河图》，巧夺天工般描绘了北宋都城汴梁（今河南开封）清明节这天汴河两岸从城郊到城内繁华热闹的"世态美景"。一共画了五百八十七个不同身份的人物，达官贵人、工匠商贩、老少百姓，个个惟妙惟肖、神形兼备，还有官船商船漕船以及穿行其间的各式舢板，不下二十艘，简直就是一个大型船舶博览会。

《清明上河图》是我国绘画史上罕见的风俗画长卷，不但是一件优秀的现实主义艺术品，而且具有重要的历史文献价值。

这就不能不说说宋徽宗的艺术天赋了。

宋徽宗赵佶素来享有"千古画帝"的美誉。在中国两千多年封建历史三四百位皇帝中，宋徽宗是最富艺术气质的皇帝，能与其一较高低的只有南唐后主李煜。他工书善画，能诗擅词，精通音律，金石制瓷都有涉猎。他画的《瑞鹤图》《听琴图》《文会图》和《五色鹦鹉图》等都是传世精品，其书法"瘦金体"在书法史上更是独树一帜：骨骼纤瘦，顿挫有节，在秀丽的笔姿中透出刚劲，如刀似剑，堪称书苑奇葩。

因为书画之缘，宋徽宗起用三次被罢相的蔡京。蔡京为了投其所好，也做了《爱莫助之图》献给宋徽宗。

蔡京同样是一位书法大家，就连狂放的米芾都曾经表示，自己的书法

第五章 唐宋向海高歌与文天祥过零丁洋

不如蔡京。然而,蔡京其人,史称"六贼之首"。其为官阴险狡诈,打击政敌,心狠手辣,结党营私,致使官风败坏,民不聊生。北宋虽然没有直接断送在他手里,他却是北宋覆灭的千古罪人。

北宋的衰变气数,就被这种种文化繁荣的假象所掩盖。宋徽宗赵佶又是一个享乐主义者,不事朝政,因而祸从天降。

从北方女真族兴起的金兵大举南侵。在辽国(契丹)被金吞灭后,1126年11月,北宋汴京(今开封)也被金兵攻破。第二年3月,已经退位的宋徽宗赵佶和继位不久的宋钦宗赵桓被金兵掳到大漠中的"五国城"。这就是史书所述的"靖康之耻"。

面对冷月黄沙,宋徽宗这才大梦初醒,写下一首《眼儿媚》:"玉京曾忆昔繁华,万里帝王家。琼林玉殿,朝喧弦管,暮列笙琶。花城人去今萧索,春梦绕胡沙,家山何处,忍听羌笛,吹彻梅花。"

孟子说:"生于忧患,死于安乐。"琴棋书画,燕尔笙歌,可以装点朝堂,欢愉身心,却挡不住金兵的铁蹄。从宋太祖赵匡胤重文轻武,到宋徽宗刀枪入库、马放南山,就埋下了隐患,别看表面上风平浪静,其实背地里已经是波涛汹涌。

历史的兴衰总是来得突然。

到了南宋,政治依旧腐败。北方的金兵南下,硝烟四起,战火不断,南宋被迫迁都临安(今杭州),偏安江南。那是一个躬身求存的时代。由于皇上奉行不抵抗主义,大臣失望的失望,变节的变节,而堕落无能的统治集团,依然安于"直把杭州当汴州",过着灯红酒绿、纸醉金迷的小朝廷生活。其实,早已油尽灯暗,风光不再。

抗金名将岳飞在《满江红》中写道:"靖康耻,犹未雪。臣子恨,何时灭!驾长车,踏破贺兰山缺。壮志饥餐胡虏肉,笑谈渴饮匈奴血。待从头,收拾旧山河,朝天阙。"身陷痛恨和痛苦中的陆游在《诉衷情》中写道:"胡未灭,鬓先秋,泪空流。此生谁料,心在天山,身老沧洲。"与苏轼并称"苏辛"的辛弃疾在《贺新郎》写道:"夜半狂歌悲风起,听铮铮、阵马檐间铁。南共北,正分裂。"

宋代的文人忧国忧民,和武将一样充满血性!

可悲可恨，掌握民族命脉的宋代皇帝，一个比一个软弱可欺。先有北方的契丹，后有女真族的金兵，再后来的蒙古铁蹄军，连年不断地侵扰中原大地，昔日繁华的大宋王朝变得危如累卵，弱不禁风。

1127年（靖康二年），靖康之变后，宋徽宗第九子、宋钦宗的弟弟赵构，原为康王，在南京（今河南商丘）即位，称宋高宗，开启了南宋落败扭曲的历史。

赵构本是一文弱之人，得宋徽宗真传，写一手好字，擅真、行、草书，其手迹《洛神赋》洒脱婉丽，自然流畅。可作为一国之君，光凭"一支笔"不行，还得是国家危难之时的"主心骨"。哪知，他实行的是逃跑主义，惹不起，躲得起，将国都迁到扬州，又迁临安（今杭州）。

苟且偷生的南宋王朝，喘息甫定，北方金朝要的却是"赶尽杀绝"，闻听赵构一路南迁，于1129年（宋建炎三年、金天会七年）10月，派猛将完颜宗弼（金兀术）率金军侵占了长江以北的大片领土，势在乘胜直捣临安。

宋高宗赵构，胆比兔子还小，一遇风吹草动逃得比兔子还快。他一路南逃，先到明州（今宁波），风传金兵即到，紧急乘船入海逃向温州。南宋王朝命悬一线。陆上战役败绩累累。然而，一部分抗战官兵在水战中却创造了青史留名的出色战例。

南宋建炎四年（1130年）正月，金军攻陷明州，逃到温州的赵构被金军穷追紧逼。多亏南宋水军将领张公裕率部在台州附近海面奋勇阻击金军，宋高宗才幸免于难。岳飞的盟将韩世忠预见金军不能久据江南，便调集大量战船，准备截击金军于归途。获悉金军已由临安经吴江、平江向镇江撤退，韩世忠急率水军八千人，先期赶至镇江，截击金军于焦山、金山之间。

1130年3月，韩世忠和被誉为"巾帼英雄"的韩氏夫人梁红玉，各率一支水军在长江镇江焦山的黄天荡，对渡江的金军打了一次漂亮的伏击战，以八千水军把十万金军打得落花流水，大获全胜。金将完颜宗弼的女婿龙虎大王也乖乖地做了俘虏。完颜宗弼气得捶胸顿足，狼狈北撤。

南宋王朝逃过一劫。

迫于形势，宋高宗赵构起用岳飞、韩世忠等将领抗金，但朝政上实际重用投降派秦桧。以割地、纳贡、称臣等丧权辱国条件向金人求和。甚至后来,赵构听信秦桧的诬告,杀了抗金名将岳飞。

简直是屠龙抽筋!扫清了障碍,金军的气焰愈加嚣张起来。

1161年9月,金军又从海陆两路大举南侵。海上兵力由苏保衡率领,共有战船六百多艘,载水军七万多人,南下途中停泊在山东灵山卫附近的陈家岛。宋将李宝奉命率水军三千人,一百二十艘战船从平江(今苏州)出发,沿东海北上,拦截金军舰队。金军仓促应战,来不及张帆起碇,阵脚一片混乱。李宝下令向金军战船发射火箭(箭上附有燃烧物的火器),使金军几百艘战船陷入一片火海之中。一些未中火箭的金军战船仍想顽抗,李宝即指挥战船直插敌阵,令水兵跃上金军战船,与金兵展开白刃战。激战结果,全歼金舰队。金军副将完颜郑家奴等六个将领丧命,仅苏保衡只身逃脱。

英勇的南宋水军创造了海上长途奔袭、以少胜多的光辉战例。这次黄海奔袭战,粉碎了金军从海上攻占宋都临安的战略计划,对完颜亮的武装力量是一次极为沉重的打击。

与此同时,金军陆上部队在完颜亮的率领下已经渡过淮河,11月初抵采石(今安徽马鞍山西南),企图强渡长江。

如果完颜亮主力渡江,临安的南宋王朝就难以保全。当时,南宋部队的虞允文立即率部阻击金军。刚刚部署完毕,完颜亮的数百艘战船就疾驶而来,为首的七十艘已抵近南岸。

虞允文决心背水一战,他一边命令部署在中流的海鳅舰(车船)猛冲金战船,一边调集弓箭手沿江向金战船齐射。水陆配合,激战一整天,从日出杀到日落,终于大败金军,毙敌四千多人。

第二天清晨,金舰队进行反扑,虞允文部署的战船上下夹击,并发射霹雳炮(这种炮其声如雷,炸开时的石灰散如烟雾,周天混沌,使敌军顿时分不清你我,类似现在的烟幕弹。这是中国水军最早使用的火炮,它要比欧洲的早二百至三百年)。激战结果,金军战船被焚毁三百多艘,死伤无数。这就是历史上著名的"采石大捷"。

完颜亮惨败后移兵到瓜洲(今扬州市南),妄想夺取镇江。虞允文洞察贼心,当即分兵驰援镇江,令水兵踏车船在大江中往来巡逻,船行如飞,吓得金军始终不敢妄动。

虞允文以逸待劳,于金军惊骇狐疑之际,直扑金军,一万八千人将四十万的金军打得丢盔弃甲,溃不成军,这才使南宋王朝转危为安。

此后,出现了宋、金南北相峙百余年,南宋长期偏安的局面。

八

南宋时期,北方草原上的蒙古诸部落受金朝统辖,然而由于金朝与西夏均走向衰落,成吉思汗(铁木真)先后率兵攻打西夏与金朝,并于1227年8月攻灭西夏,1234年攻灭金朝,取得中国华北地区和黄土高原地区统治权。接着,在西征的同时,箭镞指向偏安江南的南宋。

蒙古族新首领忽必烈吸取了当年金军败于水战的血的教训,在宣誓灭宋之前就着手建造战船,大练水军,使自己既有"北马"之优,又有"南船"之长。在大规模发展水军的同时,努力改进武器,战船装备了铁或铜铸造的火铳和滑膛炮,这是世界上最早使用的管形火器。

在盘马弯弓的同时,忽必烈为了统治全国,决心采用"汉法",并重用汉族中地主阶级的文人士大夫。忽必烈年轻的时候,曾和先王成吉思汗身边杰出的政治家耶律楚材接近,聆听了许多治国的教诲。当听到唐太宗青年时曾"广延四方文学之士讲论治道,终致太平"的故事,心生羡慕。耶律楚材死后,忽必烈派人到保州(今河北清苑)聘请博学多才的王鹗,与王鹗"朝夕相见,问对非一",求取"修身、齐家、治国、平天下之道"。

至元八年(1271年),在汉人地主阶级的支持下,忽必烈迁都燕京(后称大都,今北京)。忽必烈不再称汗,而自立为皇帝,取《易经》"大哉乾元"之义,建国号为大元。

元朝,是以蒙古贵族为主体的蒙、汉各族地主阶级的联合政府。从此,汉族封建统治制度被一个新的王朝延续了下来。但是,战火并未熄灭,南宋的残存部队还没有完全解除武装。

1273年,襄樊水战大捷之后,忽必烈立即挥师南下,以战船万艘、精骑

第五章 唐宋向海高歌与文天祥过零丁洋

数万的强大阵容，水陆并进，顺长江势如破竹般夺取建康（今南京），兵临临安。

这时，宋度宗赵禥病故，南宋权臣贾似道拥立四岁的赵㬎做皇帝，并奏请朝廷迁都。谢太后（太皇太后）不准，下诏各地起兵勤王。

各地官员都在准备投降元朝，根本不响应。只有张世杰和文天祥决定起兵。文天祥状元出身，此时任赣州知州。接到诏书，立即募兵万人，准备援救临安。友人力劝："以乌合之众迎战，岂非驱赶羊群去斗猛虎？"文天祥说："国家危亡时刻，向天下征兵，竟无一人一骑前往，实乃伤悲。我深知不自量力，拼命上前，或许天下的忠义之士闻风而起！"

文天祥领兵到吉州（今吉安），投降派官员耻笑他蚍蜉撼树。元军东下，南宋守将相继投降。张世杰所领各军也遭失败。

文天祥请求保卫京都，得到朝廷允准。文天祥来到临安，与张世杰商议，勤王兵尚有数万，可与元军决一死战，万一得胜，淮东出兵截住元军后路，国家或许还有转机。于是上奏朝廷。谢太后立即加封文天祥右丞相兼枢密使，命文天祥和吴坚等先去与元军议和。

文天祥见了元军统帅伯颜，正气凛然地说："若是北朝想依附宋朝，请全师而退。此为上策。若是毁掉临安，恐淮、浙、闽、广，必难攻取。兵连祸结，胜负难料，请大帅详察。"

元军统帅恨不得将临安变成一座空城。对于伯颜而言，敌我之间，只有你死我活，斩草除根，其余妥协议和都是脑子进水。二话不说，即将文天祥扣在军营，只放吴坚回临安报信。

德祐二年（1276年）二月，伯颜领兵进入临安，将太皇太后、皇太后和小皇帝赵㬎等俘虏北去，赵宋王朝偏安的局面宣告结束。

元军继续南下，扫荡南宋的残余势力。一路以骑兵出江西；另一路以水军出明州，沿海向南，海陆配合，直指闽广。其间，文天祥在被押解途中，经过镇江，他与同时被押的十二人，趁夜间元兵不备，一起逃走。辗转真州、福州，并在剑州建立督府，号召各地起兵，夺回江西。原来跟随文天祥在江西起兵勤王的队伍，这时多已失散，文天祥召回部分来到福建，移兵汀州（今龙岩长汀）。

以文天祥、张世杰、陆秀夫为首的抵抗派,先是在福建拥立赵昰为帝,继续抗元。后张世杰、陆秀夫兵败逃入广东,不久,赵昰病死,又立赵昺为帝。祥兴元年(1278年)正月,赵昺移居崖山(今广东新会崖门附近海岛),作为南宋小朝廷的最后基地。

这时的文天祥仍坚持在抗元一线,率师进入会昌。在于都大败元军,进而攻下兴国,收复赣州和吉州的属县,大有复兴之势。

文天祥见士气高涨,率军追歼。不料元军反攻。铁蹄卷起的烟尘中,文天祥的部队反被包围。元兵的刀芒,横越云天,撕裂生机。文天祥毕竟势单力薄,终被元军打败。

文天祥被迫北上到达吉州,又遭元兵追击。这支残存的部队在后撤的途中,撤离的速度始终不及对手的追击,更不及刀光倾泻下来的杀意。

文天祥部下老将巩信率兵数十人,把守山口,掩护文天祥撤退。元兵越聚越多,张弓射箭,巩信中箭血流如注,但他至死端坐山石岿然不动。他身边的士兵同他一样英勇,全部中箭牺牲,血染山岩。

祥兴二年(1279年)初春,元朝水军乘势南下,兵临崖山。

张世杰在崖山海面将战船千艘用大索联结,一字排开,背水一战。

元将张弘范首先切断宋军水源,又以船载薪草,涂上油脂,乘风纵火,焚烧宋船。由于宋船用铁索缚住横木,元军的火船难以接近,并且宋军船体早已抹上厚厚一层污泥,元军纵火无效。但宋军水源一断,只能以干粮充饥,渴了也只有饮用海水,因此疲惫不堪,战斗力锐减。而元军增援部队源源涌现,嗷嗷呼喊,等着撒网捕捞,瓮中捉鳖!

二月六日清晨,元水军兵分四路围攻宋军海上堡垒。一路由李恒率领,向北角楼和西北角楼佯攻,另两路分别从东、南方向主攻。元将张弘范亲率一批战船作为突击队,伺机出击。

元军李恒趁早潮退潮之机,从北面顺流而进,遭到宋军拼命抵抗。但李恒只是牵制宋军的兵力,给主攻的元军创造战机。率领突击队的元将张弘范则事先在所率战船的舳舻搭建了战楼,用篷布遮盖,令士兵持盾俯卧掩蔽,闻鼓乐方可显身进攻。两军激战至中午,未见胜负。午后,海潮上涨,元将张弘范率战船从南面进发,并令鼓乐齐鸣。宋军堡垒中,张世杰等闻听鼓乐声,以为元军开席用餐而戒备松弛。就在此时,几乎是零距离接近的元军战船突然掀开围幛,以密集的火箭和滑膛火炮发起猛攻,迅速突破宋军海上堡垒。从接舷战打到跳帮战,元兵跳上宋船,与宋兵短兵格斗。霎时,宋船旗倒樯断,一片狼藉。混战到日落,宋军海上堡垒一片废墟。夜幕降临,海雾弥漫,咫尺之内,分不清东南西北。身负重伤的陆秀夫摸索到小皇帝的船舱,说:"国家到此地步,当为国死,免皇上再受其辱。"说着背起赵昺冲出船舱,投海自尽。张世杰见大势已去,召集残兵乘小船突围,后遭飓风袭击,小船倾覆,全部落水而死。

至此,统治中国达三百年的赵宋王朝彻底灭亡。

文天祥还在。他躲过了追兵,整顿残部,图谋再举。此时,元朝水军和骑兵大肆围剿,文天祥被迫退出潮阳,转到海丰以北的五坡岭,进山固守。景炎三年(1278年)冬,士兵们在山上造饭,文天祥与大家共餐,被追踪而来的元兵抓获。

元军舰队回师北上,经过珠江口外的零丁洋,被押在船上的文天祥,不禁想起当年在赣州起兵时的惶恐滩,而今面对零丁洋不息的波浪,感慨万千,提笔写下《过零丁洋》一诗:

辛苦遭逢起一经,干戈寥落四周星。山河破碎风飘絮,身世浮沉雨打萍。惶恐滩头说惶恐,零丁洋里叹零丁。人生自古谁无死,留取丹心照汗青。

慷慨激昂,掷地有声!

文天祥被关押三年,元世祖忽必烈亲自劝降,他宁死不屈。

文天祥死了,精神永存。他留给后人的绝笔——"人生自古谁无死,留取丹心照汗青",俨然就是中华民族气节的写照!

第六章 成吉思汗的箭镞与元代驰骋远海

一

西方文明肇始于古希腊，绮丽的爱琴海和地中海是古希腊、古罗马文明的摇篮。东方文明发源于埃及、印度和中国。富庶的尼罗河、恒河和黄河孕育了灿烂的东方文化——埃及大沙漠中那些巨型三角金字塔、印度泰姬·玛哈尔陵和中国巍峨连绵的万里长城，相比西方奥林匹亚的罗马主神像、索马斯王陵、罗德岛的赫利俄斯巨像，同样与世长存光耀星汉。而拥有造纸术、印刷术、火药、指南针"四大发明"连同罗盘、浑天仪、圆周率等创造的中华文明，更将它对人类的不朽贡献永载于世界文明的辉煌史册！然而，由于人类生存的原始环境主要依赖于陆地，浩瀚的汪洋大海迫使东西方文明的交融阻隔了数千年。

这中间，东西方在陆地上的大碰撞有两次。

第一次，是基督教对伊斯兰教宣战的"十字军东征"。从1096至1291年长达近二百年中，东征的十字军给东方世界带来了巨大的灾难，拜占庭帝国一蹶不振，包括耶路撒冷和

第六章　成吉思汗的箭镞与元代驰骋远海

君士坦丁堡等大城市在内的许多繁华城镇均遭毁灭性的抢劫。但是,十字军东征并没有使罗马教廷如日中天,适得其反的是其声望与威力日薄西山;信徒也没有上升到天堂,而是戴上了一副沾满血渍的"罪孽之枷",他们没有在世界末日到来之前获得拯救,反而把自己推向了末日。这是人类历史上一段罕见的充满血腥的悲怆历程。

第二次东西方的争战,是被蒙古族部落酋长尊为"成吉思汗"的铁木真的西征。1219 年,铁木真亲率二十万铁骑奔突于觊觎欧洲的征途。首先,所向披靡摧枯拉朽般攻占花剌子模的新都撒麻耳干(今乌兹别克斯坦的撒马尔罕)、都城玉龙杰赤(今土库曼斯坦的乌尔根奇),灭花剌子模;在喀勒喀河(今顿河)击溃斡罗思(俄罗斯)和钦察联军,占领中亚地区和今俄罗斯南部;紧接着所向披靡地打到了欧洲……铁木真的坐骑驰骋亚欧,他的箭镞一直射向黑海。

东起太平洋,西至欧洲,北临北冰洋地带,南接现在的印度、缅甸和泰国的庞大领域——世界上的大部分土地及一半以上人口,连同庄严华丽的哥特式宫殿、拜占庭式神庙都转向朝拜着铁木真的帐篷,罗马教皇和法王路易九世也被他甩在脑后。从此,蒙古中部的哈勒和林成了东方世界的第一首府,构成了吞并整个基督教世界的一大威胁。

纵横天下的"一代天骄"成吉思汗,是一只穿越时空的雄鹰。他征服了东起大海、西抵多瑙河的大片土地,也彻底打通了东西方的陆上通道。从此,商人们将东方的香料——胡椒、丁香、桂皮、姜、肉豆蔻,加上檀香木和染料,这些在气候阴湿的欧洲所不能生产的东方特产,源源不断地运往西方。除了香料这种用来保存和腌制食物的生活必需品外,中国的一些奢侈品——丝绸和瓷器也通过波斯中间商经陆路销往欧洲,受到欧洲人的喜爱。

成吉思汗的威名就像绿色草原上空的太阳一样火红,但太阳总有落山的时候,六十五岁时铁木真走完了他的壮丽人生,将蒙古大汗的位子传给三儿子窝阔台,四儿子拖雷为监国。

1251 年,在攻灭西夏回军途中窝阔台去世,拖雷的长子蒙哥即位蒙古大汗。七年后,蒙哥发动三路铁骑军,进攻南宋。蒙哥自己率军过六盘山,侵入四川。他派弟弟忽必烈,率军从甘肃经青海、四川到云南,消灭了大理地方武装,吐蕃各部也一一降服。

忽必烈节节取胜,蒙哥军却在合州(今重庆合川区)遭遇南宋守军的顽强阻击。

南宋守军在合州筑钓鱼城,设防坚守。蒙哥军三个月间连续攻打钓鱼城周围的各个城堡,都被南宋守军打退。蒙哥火爆如雷,亲率大军攻到城下,不料中了南宋守军的流箭。这时,忽必烈正准备攻打鄂州,接到噩耗,外柔内刚的忽必烈没有北返:"我奉命进军,岂能半途而废!"

忽必烈血管里流淌的是和祖父成吉思汗一样的热血,他的志向是夺取宋朝江山,建功立业,做一个中国皇帝。

忽必烈的愿望实现了,在他的手上建立了元朝。它的陆地边界,西边到达中亚、西亚和东欧;东边和南边征服了高丽、越南、缅甸。但是,如此庞大的元朝疆土,并没有让开国皇帝忽必烈的胃口得到满足。更为重要的是,在祖父成吉思汗临终时那一双迟迟不能闭合的眼睛中,看到了一种遗憾——成吉思汗,"汗"是部落首领的尊称;而"成吉思",在蒙语中是"海洋四方",代表着"大海"和"强大"。强大的成吉思汗横跨欧亚大陆,但海洋呢?

当高丽国向元朝称臣后,忽必烈决定驰骋远海,要把所有周边海上国家纳入他大元帝国的版图。

二

忽必烈选定的第一目标是隔海相望的日本。

中国元朝军队对日本进行的第一次远征,在日本史书上被称为"文水之役"。

元朝初建,忽必烈派国信史赵良弼出使日本,以示通好。至元十年(1273年),赵良弼回国,禀报与日本通好的努力失败。因为日本羽翼已丰,再也不是唐朝年代的日本了,镰仓幕府的执政者认为南宋王朝尚在,与元

第六章　成吉思汗的箭镞与元代驰骋远海

朝交往弊多利少。忽必烈非常恼怒，刚当皇帝正是施展恩威的时候，岂容一个"弹丸小国"推三阻四。于是决定武力征服日本。

同年四月，忽必烈派元军驻高丽统帅忻都、洪茶丘和高丽将军金方庆，率军攻入耽罗岛（今济州岛），并在该岛设立"招讨司"，驻扎边军一千七百人，从而控制了日本与南宋之间的海上通道。

有了这一步，忽必烈的第二步就不是通好了，而是派兵部侍郎黑的到高丽，给高丽王下达硬任务，让其负责日本纳降事宜，并以得到结果为限期。高丽王王植觉得"通好"升级为"纳降"，而且让他负责，岂不是拿他当枪使？于是借口海路险阻，一直敷衍了事。后来实在推脱不了，才勉为其难派一个叫潘阜的下官拿着"天朝"的诏书，东渡日本。镰仓幕府得悉内情，干脆"通好"不通，"纳降"不降，把高丽国的使者晾在一边，拒不接见。潘阜被弄得灰头土脸，垂头丧气返回高丽。

几番诏书，如同废纸。忽必烈见日本国软硬不吃，毫不妥协，实在咽不下这口气。横下心来，非拿下日本不可，否则帝国的征帆还怎么驰骋远海？于是，立即在高丽国设置了"屯田经略司"，筹措兵马、船舰、资粮，大张旗鼓，高调宣称发兵征伐日本。

至元十一年（1274 年）正月，忽必烈命高丽王王植筹措粮草物资，同时建造战船九百艘，包括载重量一千至四千石的大战船三百艘、轻疾舟和汲水小船各三百艘。六月，所造舟船全部竣工。八月，忽必烈任命忻都为征东都元帅，洪茶丘为右副帅，刘复亨为左副帅，统率蒙汉军二万人，高丽军五千六百人，加上高丽水手六千七百人，共三万二千余人，准备东征日本。

十月三日，东征的元军从高丽合浦出航，驶向对马岛。六日，元军在对马岛登陆，几乎无须猛烈攻击，便全歼日本守护军，占领对马岛。十四日，过对马海峡，占领壹岐岛。十六日，元军逼近肥前沿海岛屿及其西北沿海一带，在这里遭遇到日本守军的顽强抵抗。元军没有在肥前登陆，转向博多湾。

日本朝廷和镰仓幕府对元军向其发动的东征毫无察觉，对马岛失陷十六天后方知早已烟消云散的战事。日本朝野非常震惊，相当多的人担心日本是个小国，而元军的背景是一个横跨欧亚的蒙古帝国，罗马人都被打败了,何况一个小小的岛国?所以,主张称臣,归顺忽必烈。这时,镰仓幕府的北条时宗反对投降求和,并紧急进行全国动员,誓与元军抗争到底。

获悉元军的战船抵近博多湾,日本大宰府西守护所少贰景资立即组织抗登陆作战。他一边上报幕府,一边部署防御,传令九州各地武士向博多集结,参加战斗。

十月十九日,元军的战船上架设一种新的火炮,并采用多艘战船集中火力攻击的战术。在火力的掩护下,轻疾舟源源不断地运送元兵,换乘汲水小船抢滩登陆,很快占领今津地带。

但是,上岛后才发现,这一地带的地形不利于大部队展开,而且距离大宰府太远,于是当晚撤回船上,准备翌日直取大宰府。

十月二十日晨,元军分两路在博多湾西部的百道原和东部的箱崎登陆。

西路登陆部队上岸后,日军被逼退到鹿原、赤坂一线。日军抵挡不住元军的进攻,开始向东南方向撤退。元军紧追不舍。

东路登陆部队在博多湾东部的箱崎方向登陆,占领岸边松林,从背后夹击同百道原元军作战的日本武士。

袒胸露背的日本武士个个挥舞倭刀,凶神恶煞一般,但他们在久经沙场的元军心目中毕竟属于散兵游勇,犹如草原上猎手驱赶羊群一样,根本不把他们放在眼里。元军副帅刘复亨身先士卒,带头向前冲杀,哪知,日本武士倒下一片,后面就像从地底下冒出似的又涌现一群,不是羊群,是狼群!

被逼急了的日本武士一个个都成了嗜血成性的饿狼,他们号叫着,围着元军副帅刘复亨轮番撕斗。

混战之中,元军副帅刘复亨中箭受伤。

元军被迫停止追杀,加上天色渐暗,遂鸣金收兵。

元军统帅忻都召集将领讨论战情。经过一天的苦战,元军虽然成功登陆并占领某些地域,但离日本大宰府尚有一日路程,而且兵疲矢尽,副帅受伤,整个态势对元军不利。尤其是,日本虽是小小岛国,却是以举国之力抵抗元军,仿佛日本民众都是高举倭刀的武士,向前线汹涌而来,势不可当。

只有高丽军将领金方庆认为战役形势对元军有利，主张出击，攻取大宰府，保住阵地，以待援军。

失去必胜信心的忻都否定了金方庆的建议，坚持"小敌之坚，大敌之擒，策疲兵入境，非完计也"（《高丽史·金方庆传》），遂下令全军撤回船上，翌日班师。

当夜，偏偏天公发怒。朝鲜海峡飓风大作，狂涛像发疯的野马撞击着礁石，空谷间回荡着的是那种令人战栗的嘶鸣。阴风呼号，浊浪排空，在波峰涛山之中仿佛攒动着撕扭着数不清的幽灵。紧接着，闪电如同万道霹雳，伴随闪电的就是滚滚雷声，那雷声更像一枚枚爆炸的飞沙神炮在元军面前响成一片。元军水师哪见过这等阵势，千船相拥，桅倾樯倒。

元兵慌作一团，统帅忻都也是束手无策。只见许多的战船触礁沉没，轻疾舟腾空撞向峭壁，数不清的汲水小船倾伏一片。海面上，漂浮的满是元军的头盔、断橹残帆……

风暴过后，忻都收拾剩余船只仓皇撤退。据史料记载，此次征战，元军损失兵力一万三千余人，主要死于风暴。

忽必烈的第一次对日渡海东征就这样惨烈地失败了。

三

至元十八年（1281年），元朝军队对日本进行第二次远征，在日本史书中，被称为"弘安之役"。

元军在第一次渡海东征中，主动撤兵时受到风暴袭击，损失惨重。日本朝野认为这是天降神风，保佑日本。一场"祈神公祭"活动在全国范围内有声有色地展开，一是酬报神灵庇护，二是企盼神灵阻止元军再次东渡。与此同时，日本镰仓幕府执政北条时宗大力加强备战，在面对元军东渡航线的日本西部增加防御兵力，并费时五年在博多湾沿岸，西起今津，东至箱崎，修筑了一道高六尺、厚一丈、长达十余千米像城墙一样坚固的石坝。

镰仓幕府下达"异国征伐令"，命大宰府西守护所少贰景资募集船只和舵工、水手，准备入侵高丽。这个征伐令虽未执行，但日本部分武士还是经常侵扰高丽南部沿海。高丽王不得不敦请中国皇帝忽必烈进攻日本，以保边境安全。

元世祖忽必烈第一次发兵东征，本意是以武力胁迫日本"通问结好，以相亲睦"，并不想占领日本。元军统帅忻都摸准了忽必烈的心理底线，为逃避罪责，回国后便以"入其国，败之"（《元史·日本传》）的战绩，掩饰了元军遭风暴袭击而败退的实情。因此，忽必烈误以为日本已经受到惩罚，可能改弦更张，与元通好。于是，派礼部侍郎杜世忠、兵部侍郎何文著等携国书出使日本，以建立正常隶属关系。妄自尊大的北条时宗认为通好是假，征服是真，下令于至元十二年（1275年）九月七日，将元朝使臣一行三十人，在镰仓的龙口处以斩刑。

至元十六年（1279年），元灭南宋，统一了中国。忽必烈有了更多的时间考虑日本通好一事。屈指一数，杜世忠等人出使日本已经四年，音信全无。这时，南宋降将范文虎原与日本有交往，奏请以自己的名义，再派使者赴日，结果使者又遭杀害。消息经证实后，忽必烈觉得一切与日本通好的努力统统化为泡影，于是，下定决心重兵征服日本。

元军第二次远征日本的作战部署是兵分两路。

一路是东路军，其中包括蒙族军、汉族军和高丽军，共四万人，战船九百艘，由忻都、洪茶丘和高方庆率领，取道高丽，过对马海峡，进攻日本。另一路是江南军，兵力十万人，战船三千五百艘，由范文虎率领从庆元（今宁波）起航，渡海直驶日本。

两路元军由忽必烈的著名宿将阿剌罕任总指挥，预定于至元十八年（1281年）六月十五日在壹岐岛会师。

五月三日，东路军从合浦出航，开往巨济岛。五月二十一日，直驶对马岛登陆，守岛日军坚决抵抗，全部战死。二十六日，东路军攻入壹岐岛。根据原定作战部署，应在此处等候江南军会师。但是，忻都自恃有上次战争的经验，又想争夺头功，因此无视两军会师的规定，在对日本海防缺乏侦察和研判的情况下，贸然单独行动，率军从壹岐出发，驶向博多湾。

日本九州镇西守护所所辖部队得知元军来袭对马、壹岐后，立即进入沿海石坝阵地,严阵以待。

六月六日,元军舰队驶入博多湾后,发现沿海滩头筑有高高的石坝,难以登陆。忻都派出侦察分队,侦知志贺岛与能古岛防御薄弱,未筑石坝,遂令战船靠近志贺岛的海面锚泊。当夜,日军一支小部队乘小船偷袭元军,引火烧船,给元军造成不小的损失。

七日晨,洪茶丘率军登陆,占领志贺岛。

志贺岛是一个狭长的岛屿,像一条巨大的蜥蜴俯卧在海面,退潮时,露出的滩涂可直通腹地。元军力图抢占海滩,以便从侧后进攻博多守军;而日军扼守的就是海滩,海滩一旦失控,等于向敌敞开大门。因此,双方对海滩的争夺十分激烈。元军擅长集团进攻,但狭长地带很难发挥这一特长,而日军惯于一人一骑的战斗方式,又长年在此狭长地带摸爬滚打,来回穿插,得心应手,致使元军损失很大。据日本史书记载,元军被杀千余人。

由于日军的顽强抵抗,战斗持续到六月十三日,整整五天,元军始终未能推进一步。

时值盛夏,蔬菜、淡水供应困难,元军士兵疲惫不堪,造成疾病流行,病死者已达三千余人。在这种情况下,抢占博多湾的计划显然难以实现。忻都只好放弃进攻志贺岛,于六月十五日撤退,驶向壹岐岛,与江南军会师。

江南军迟迟未到,原因有二:一是根据侦察,得知日本平户岛守军均调到大宰府,于是阿刺罕改变计划,决定两军在平户岛会师;二是阿刺罕在节骨眼上突然病死,接替职务的阿塔海尚未到职,无人指挥。

六月初,江南军先遣船队前往壹岐岛,与东路军联系。日军向元军先遣船队发起进攻。元军的战船都装有滑膛火炮,加上元军战船大于日军战船,激战两日,日军败北。

江南军统帅范文虎鉴于先遣船队早已出发两日,不宜久留,便在阿塔海尚未到职的情况下,令江南军于六月八日分批开航。七月,两路大军会师后,于二十七日开往鹰岛。途中,先头战船与日军在海上遭遇,受到日军袭扰,战斗一昼夜,日军终因船速不快,只好撤退。江南军甩开日军的围堵,与东路军海上会师,两军士气大振。

本应一鼓作气,趁热打铁进攻日本大宰府,但两路统帅均迟疑不决,在海上停滞一天，以致又遇上了台风。

这次的台风，与第一次东征遇上的飓风相比，面貌不同。那一次飓风说到就到，电闪雷击，狂涛翻卷，令人措手不及。而这次的台风，开始时却是景色祥和，远处的博多湾在瑰丽的阳光下，白茫茫的一片，洁净得如同一块巨大的印染着海贝花饰的床单。所有的元兵，无论是来自北方草原，还是来自江南泽国，都一扫远航的疲倦，心情豁然开朗起来。

海水就在这时急骤跌落，平时连落潮都难以露头的暗礁，一个个重见天日。罕见的大潮让元兵们更加开眼。可是来不及观赏，一堵高如屏障的巨浪，像成吉思汗横扫千军的骑兵，挟着山摇地动的响声呼啸着越过岛上的石坝、帐篷、箭垛瞬间腾空而起，而元兵身处的轻疾舟和汲水小船就像纸盒一样不堪一击，四分五裂，惊愕的元兵和哀叫的战马一齐被卷进海中。

紧接着第二波巨浪、第三波巨浪冲击着元军将领范文虎的战船，仿佛整个海峡都在晃动。一声巨响，元军大战船像被一把斧头从中劈开，舷墙轰然塌陷，而下面就是一个无底的溺谷……

据史书记载，此前海上已经出现台风先兆，由于缺少防台知识，元军战船都没有采取避风措施。八月一日，台风强袭，元军船毁人溺，损失过半。江南军张禧所部和也速答儿所部见天气突变，紧急将战船分散疏远锚泊，避免了战船在台风中互相碰撞，所以损失不大。台风过后，张禧和也速答儿命令部属立即展开海上救援，落水的范文虎也有幸被救起。

张禧向得救的范文虎建议，江南军士卒未溺死者尚有半数，且都年轻力壮，将大家组织起来，强行登陆，殊死一战，或可获胜。贪生怕死的范文虎充耳不闻，只顾收拾几艘好船准备逃离出事海区。这时，平户岛上尚有落水生还的四千士卒无船可乘，范文虎却弃之不顾。

张禧不忍，将几艘战船上的七十五匹战马放逐岛上，载四千落水生还的士卒回国。这四千人，只是落水元军的幸运儿，还有三万多人被遗留在周围各个海礁、海滩，不是战死，就是被俘后惨遭杀害。

元军第二次东征日本，由于缺乏统一指挥和严格的协同作战意识，两路部队各行其是，先是东路军轻敌妄动，两路军会师后又犹犹豫豫，踌躇不前，既不了解敌情，又不熟悉海况，结果以惨败而告终。

第六章　成吉思汗的箭镞与元代驰骋远海

四

元朝时期,在今天越南中南部的归仁有一个国家,叫占城。宋以前,曾被称为林邑、占婆,或称环王国。从汉、唐以来,即为我国友好邻邦。居住在这里的人民,都与中国通好,双方唇齿相依,少有口角。

在忽必烈当了元朝皇帝后,很长一段时间内,占城国王"岁遣使来朝,称臣内属"(《元史·占城传》)。但是,老国王去世,新国王名叫补的,桀骜不驯,好大喜功,觉得占城与中国相距遥远,元朝再强大也是鞭长莫及,于是他立意不再向远方的元朝称臣。一次,元朝派往马八儿国的使臣途中经停占城国,占城新国王得知元朝使臣路过,便将其扣押,同时宣布与元朝断交。

消息传至元大都,忽必烈对占城新国王的卑劣手段深恶痛绝,决定要让这位新国王为自己的狂妄行为付出代价,于是立即调兵遣将准备进攻占城。

占城与元朝边境接壤,不像与日本大海隔断,加上两次东征都遭遇风暴,所以忽必烈进攻占城的作战方案是陆战,蒙古铁骑军雄风不减,定能马到成功。然而,谋臣进策:南方边境虽与占城接壤,但是道路崎岖,兴师动众又必惊动其他邻邦,容易暴露作战意图。所以,与其陆上劳顿,倒不如仍旧海上出兵。若采用"声东击西"之计,即在陆上方向虚张声势,而从海上方向长驱直入,以迅雷不及掩耳之势平定占城,将会事半功倍。

至元十九年(1282年),忽必烈采纳谋臣的建议,号令从江苏、浙江、福建、广东以及两湖,抽调水军五万人,战船两千五百艘、海船一百艘,并任命唆都为水军主帅,循海道南航线,进攻占城。

当年十一月,唆都率水军自广州出海,至占城港外,依水驻泊。如此神速之兵,本该给占城新国王一个强大的震慑,岂料,占城新国王既然与元朝割袍断义,就已经做好了应急的准备。占城沿海一线用铁链和硬木建筑起一道栅栏,长达二十余里;栅栏角楼上设置炮台,装备大小铜炮一百余门。

新国王补的又在城西十余里设一行宫,率重兵屯守。

元军主帅唆都考虑到强攻定有损失,于是决定先礼后兵。可是,唆都七次遣使呈递诏谕,都被补的国王坚拒。

人的耐心是有限度的,一次,两次,三次,事不过三,七次被拒,不能不让唆都主帅恼羞成怒,恨不得马上登陆,将占城夷为平地。

至元二十年(1283年)正月十五日午夜,唆都发船攻城,以一千六百人攻打城北,三百人攻打城东沙咀,另派三千人分三路攻打城南。

攻打城北的水军,在进军途中忽然遇到惊涛骇浪,大量战船严重受损。等到天明,这支船队才得以在近岸锚泊,准备实施登陆。

占城补的国王不甘示弱,打开木城,以大象组成的战队为前锋,出动万余兵力,抵抗元军的进攻。

元军登陆上岸的是蒙古铁骑军,战马嘶鸣,长刀闪烁,一发发带着铁蒺藜的火球抛向象群,惊恐的大象四处逃窜,占城军顿时一盘散沙,城北、城东、城南一一被元军攻破。血战中,占城军数千人伤亡,数万人溃散,占城国王补的赶紧烧毁仓库,舍弃行宫,率领残部逃到大州西北的鸦侯山。

两天之后,元军乘胜攻下大州。此时,占城国王补的才尝到苦头,知道了蒙古铁骑军的厉害。他掂量,与元军单独对抗,很难取胜,必须联合邻国共同抵抗才有生机。因此,一面多次遣使求和,以为缓兵之计;一面派人去交趾、真腊、阇婆等国借兵,并收集旧部残余兵马,准备与元军决战。但是,交趾等国慑于元朝声威,为求自保,拒绝了占城的请求。

占城国王见其他国家按兵不动,只好依靠自己仅有的兵马殊死搏斗。

二十六日,元军开始进攻占城国王所在地境。

占城国王动用所有能够动用的兵马,包括老弱残兵,孤注一掷。同时,悄悄地派出一支人马抄了元军的后路,让本来占据优势的元军猝不及防,吃了大亏。双方相持数月。元军主帅唆都改变策略,以已之长攻彼之短,在大朗湖大败占城水军。逃脱的占城国王,避居深山老林,继续反击,仍不屈从。

次年二月,忽必烈再派江淮兵一万五千人,乘二百艘战船循海路至占城增援。

援兵一到，元军加大了进攻占城的力度。

但是，百足之虫，死而不僵。何况，占城军是头"穿山甲"，掘地打洞，神出鬼没，不时地发起偷袭。占城军在暗处，元军在明处。元军战斗力虽强，却有劲使不上，因而作战效果很差。

最后，元军主帅唆都觉得久拖不决，终难取胜，只好率军回国。元朝水军攻打占城的海上行动，就这样虎头蛇尾草草地收兵了。

幸亏，后来占城国王补的觉得再这样苦斗下去得不偿失。毕竟是一国之君，凛冽的战场总让人感受到血淋淋的惨痛，而杀气背后隐匿的是天地苍生，他幡然醒悟了。于是改头换面，重新开始向元朝进贡。

忽必烈见挽回了自己的面子，再也不提进攻占城国一事。从此，两国又恢复了正常的睦邻关系和频繁的贸易往来。

五

安南国与元朝，素有仇怨。

早在宪宗三年（1253年），忽必烈的哥哥蒙哥大汗派元军将领兀良合台率领蒙古大军平定云南后，又于宪宗七年（1257年）出兵安南，攻破王都，吓得安南国王逃亡海岛。兀良合台本想继续追击，但因天气燠热，瘟疫流行，蒙古兵不能久留，只好撤军。

忽必烈建立元朝，安南国王陈光昺慑于元朝的强大威力，随机应变向元朝皇帝忽必烈称臣纳贡，接受忽必烈的册封。

对于安南国的存在，忽必烈总觉得是一只南方的"山鬼"，时时提防着它会闹事。为了控制安南，先派讷剌丁充任安南国的达鲁花赤（这是从成吉思汗时代就设立的一种官职，蒙语达鲁花赤，意为"掌印者"），接着，在至元四年（1267年），忽必烈又宣诏，以"君长亲朝""子弟入贡""编民教""出军役""输纳税赋""置达鲁花赤"等六项条款对安南国国王进一步予以约束。

安南国王陈光昺不愿接受这些苛刻条款，一再上书请求减免。至元十四年（1277年）陈光昺去世，他的儿子陈日烜接替王位，忽必烈曾多次下诏陈日烜入朝受命,陈日烜总是托故不至。至元十九年(1282年),元军攻打占城向安南借道,再次遭到拒绝。忽必烈得到传报,对安南愈加忌恨,由此订下了一项剿灭安南的计划。

安南国王陈日烜洞悉忽必烈的手段,知道拒绝忽必烈肯定会招致元军入侵,于是就联合他的堂兄兴道王陈峻,屯兵边境进行防守。

忽必烈将元军一部分布置在边境附近,发现安南备战,便决定暂缓行动,引而不发。

这一缓,就是两三年,安南军队在边境屯守,渐渐变得松懈起来。

至元二十二年(1285年),元军在主帅脱欢的率领下,分兵六路发起进攻。一群睡眼惺忪的安南兵见了奔涌而来的元军,犹如看到天兵下降,纷纷丢刀弃械,落荒而逃。

元军大败安南军,并在万劫江破袭陈峻的大本营。接着,元军就地砍竹伐木建造竹筏木筏,准备横渡富良江。陈日烜深知富良江是安南国的天然屏障,元军一旦过江,安南国再也无险可守,整个国家将难以存在。事不宜迟,陈日烜亲自率领十万人马赶来支援,同时,沿江布设战船建筑铁木栅栏,严防死守。

然而,兵贵神速,元军没等安南军扎牢营寨,就发起猛攻。毫无训练的安南军如一群乌合之众,刚刚交手,就败下阵来。

正在此时,唆都率领攻打占城的元军北撤,与脱欢军合兵一处,两位主帅形成共识,要尽歼安南军,唯有采取水路与陆路两路夹击的战术。于是,在元军水陆联合打击下,安南军连吃败仗,最后一直退到安邦海口。再后来,实在没有退路,只好抛弃舟楫甲仗,上山躲进原始森林。

这时,曾被元军捣毁了大本营的兴道王陈峻,重新集结兵力,聚拢了一千艘战船,报仇气盛,再次与元军摆开决战的架势。

征战多年的元军已经精疲力竭,加上南国阴雨连绵,瘟疫蔓延,士兵染疾,死伤者越来越多,不愿交战的消极情绪就像上涨的潮水,吞噬着主帅的信心,脱欢与唆都只好决定撤军。谁知命令一下,各路人马就像开闸放水再也顾不得彼此掩护与照应,争先恐后地向后撤退。山上的安南军一见有机可乘,立即封锁山道,密集的毒箭射向元军。结果,元军将领李恒中毒箭阵亡,唆都率领的元军在乾满江被安南军全歼,只有脱欢逃回广西。

至元二十三年(1286年),忽必烈下诏罢征日本,集中力量进攻安南。委任镇南王脱欢为主帅,调集江淮、江西、湖广、四川、云南等地九万余士兵,战船五百艘,将战船、兵马先集结在广西思明州。

接受上次失败的教训,脱欢此次派兵布阵极其谨慎。他命万户贺祉统领二千五百人镇守元军的后方明州,守住辎重。陆上,命程鹏飞、孛罗合答尔为西路主帅,统领万人,由永平出击;他亲自率领万人由东路女儿关出击。海上,由乌马儿、樊楫率领水军从玉山、双门、安邦口等处进攻。

先说海上。元军水军在前往安南的途中,与安南四百余艘战船相遇,立即展开一场激烈的厮杀。先是撞击战,再是接舷战,元军的战船都带有火器,硝烟中安南战船上的兵士一片接着一片倒下。在强悍的元军水师面前,安南水军很快败下阵来。元军共歼灭安南水兵四千余人,生擒一百余人,缴获战船一百艘,其余战船均狼狈逃窜。战后,元军水师直逼安南海岸。

陆上,程鹏飞、孛罗合达尔经老鼠、陷沙、茨竹三关,一连进行了十七次战斗,连连告捷。与此同时,镇南王脱欢的东路大军也取得了显赫的战绩,他率军一路攻关破隘,进抵茅罗港,挥师攻破安南军的据点浮山寨。在安南城方向,乌马儿率领的水军与阿八赤率领的陆军,水陆并进,两相夹击,迅速夺下安南城。

安南王陈日烜眼见地盘几乎全部丢尽,便连夜弃城逃往敢喃堡。

至元二十五年(1288年)二月,安南王陈日烜感到敢喃堡终非长久安身之地,便隐匿躲藏于几个海岛。

擒贼须擒王,没有抓获陈日烜,说明还不能打扫战场。脱欢是给忽必烈立了军令状的,只要一听到有安南王的消息,脱欢立即派兵追击,但每次都是捕风捉影,人去寨空。元军水师只能每次砸了他的水寨,烧了他的辎重,以泄心头之恨。

摧毁了海上所有水寨,也不见陈日烜的踪迹,脱欢不想相持太久,遂引军而还。

元军此次讨伐安南,攻城拔寨,战果不少。但由于劳师远征,士卒疲惫不堪，又不服水土，多染疾疫，加之安南民众的英勇反抗，已经夺取的险隘关卡纷纷失守，元军只得撤退。在撤退的途中，连遭安南军民围堵，损兵折将，多次突破重围，才终于兵退云南。

行百里半九十，前功尽弃，最终以失败二字而画上句号。

忽必烈面对这样的结局，大失所望。

至元二十七年（1290年），安南王陈日烜病死，他的儿子陈日燇继位。忽必烈于至元三十年（1293年）七月再次命令刘国杰率兵第三次讨伐安南。

次年三月，忽必烈病死，他的孙子铁穆耳继位，即元成宗，下诏罢征安南。

六

爪哇国，即今天印度尼西亚的爪哇岛，古称阇婆国。该国火山众多，又处于地震频发地带，但在周边三千多个岛屿中，占有非常重要的战略地位。

元朝建立后，与爪哇国经常互派使节，彼此之间一直平等相待，保持着和睦的友好关系。至元十七年（1280年）和二十三年（1286年），爪哇国王哈只葛达那加剌先后两次派遣使节到元大都觐见忽必烈。元朝的疆土日益扩大，国富兵强，年事已高的忽必烈变得愈加骄横不可一世。他再也看不起小小的爪哇国，而爪哇国恰恰又降低了规格，不仅国王不来入朝，连亲王之类的王室成员也不见一个，忽必烈深为不满。

再等了五年，连普通的礼节也没有了。于是，至元二十九年（1292年）二月，忽必烈派他的右丞相孟琪带着他的亲笔信出使爪哇国。

这位丞相大人，自恃是天朝特使，下车伊始便兴师问罪，顿时惹恼了爪哇国王，被当庭黥面，在脸上刺字泼墨，并被驱走。

忽必烈闻报后，认为这是对"抚有四夷"（《元史·爪哇传》）的大元帝国的莫大侮辱，遂决定出征爪哇。

当月，忽必烈任命邓州旧军万户史弼为统帅，泉州太卿伊克穆苏和福建行省左丞高兴为副帅，率兵二万人，战船千艘，渡海远征。十一月，由福建、江西和湖广行省调来的兵力在泉州集结。十二月,战船编队由后渚港起航,向遥远的爪哇国进发。

战船编队进入南海。该海域,每逢冬季海况极为恶劣,风猛浪涌,再大的战船到了万顷波涛之中都如弹丸。那海浪层层叠叠,一会儿高耸成一座山峰,一会儿塌陷成一道峡谷。战船没日没夜地颠簸,连久经风浪的水手都翻肠倒肚呕吐不止,那些来自内陆的士兵更是生不如死。但是,皇帝远征的命令不可违抗,再苦再难,也要破浪航行。

一路向南,经七洲洋(南海北部),过千里长沙(今西沙群岛),靠泊越南占城,休整补给,备足淡水。

翌年正月,战船编队继续航行,经东董山、西董山(今纳土纳群岛),入混沌大洋(今南海南部水域),过万里石塘(今南沙群岛),再经橄榄屿(今加里曼丹岛坤甸西部海中)、假里马答(今加里曼丹),到达勾栏山(今加里曼丹岛西南端)。

元军主帅史弼根据三国年代流传的海舆图,对照元朝使臣绘制的南海水域图,判断勾栏山离爪哇国已经很近,便将勾栏山定为前哨基地,驻泊休整;下令砍伐树木,建造大量简易舟船,用于爪哇岛的登陆。

大兵压境,对爪哇国来说,必定会形成强大的威胁。史弼觉得必须借势,规劝爪哇国王"识时务者为俊杰"。因此,他派宣慰史带领五百人,战船十艘,前往爪哇国下达天朝的诏谕。

形势虽然严峻,爪哇国王却不愿低头。他出身土著,一腔血性,不战而降,有愧于岛民。于是,摆出同仇敌忾决一死战的强硬姿态。

史弼见文攻不行,便改变主意,要让这些土著岛国俯首帖耳,循规蹈矩,唯有使用武力。

是年二月,元军的登陆舟船已经备齐,史弼下达攻击命令。只见大批的登陆舟船经马威安岛,直抵爪哇岛北岸杜并足(今爪哇锦石附近)登陆成功。随后,元军兵分水陆两路:副帅伊克穆苏和高兴率领马步军,从杜并足出发,沿陆路赶往八节涧;主帅史弼率领水军自杜并足出发,由戎牙路(今苏腊巴亚)港口沿近岸水域航行,前往八节涧。两路会师后,再发起最后的总攻。

军情就在此时突变。

当元军刚刚登陆上岛，爪哇国与邻国葛朗关系恶化，爪哇国王哈只葛达那加剌被葛朗国王哈只葛当杀害。爪哇国王的女婿土罕必阇耶率兵攻打葛朗国，结果兵败。而这时，元军又兵临爪哇，爪哇国腹背受敌，形势万分危急。谋士献计：先降元军，借元军打败葛朗国，等为父王报了仇，再图后事。于是，爪哇国王女婿派使臣带着爪哇国的户籍、地图，迎降求救。

史弼与部将商议后，接受爪哇国投降，并承诺攻打葛朗国，认为天赐良机，一举两得。既不费军力轻取爪哇国，又搂草打兔子顺手打败葛朗国，而且高举的是为弱小国家伸张正义的旗帜，这将为元朝在周边国家赢得更大的声誉，何乐而不为？

三月十五日，史弼分三路进军，直逼葛朗国首都答哈。其中一路为水军，溯流而上，另两路走陆路，分别由伊克穆苏和高兴指挥。爪哇国王女婿土罕必阇耶则率领爪哇军殿后。四天后，元军到达答哈。葛朗国王哈只葛当出动了十万葛朗军迎战。人数虽多，战斗力不强，双方鏖战整整一天，葛朗军大败，仅淹死河中的就有数万人，被杀死者五千余人。哈只葛当带着残兵败将退至城内据守。元军一边围攻，一边招降。眼看城池难保，走投无路的葛朗国王哈只葛当只好出城投降。

葛朗国兵败城陷，爪哇国王女婿土罕必阇耶便以更换正式降表和准备向元朝进贡的珍宝为由，请求回国。元军的主副帅已经被双重胜利冲昏了头脑，毫无警惕地放行。岂知，土罕必阇耶早已秘密地调遣军队，准备驱逐元军。

蒙在鼓里的史弼还派出一支两百人的队伍，护送土罕必阇耶。这支人马刚走到一半，就被设伏的爪哇军全部围歼。接着，爪哇军又调集大量兵马突袭元军主营。

元军将士正在弹冠相庆，开怀畅饮。沉浸在胜利喜悦中的元军将士压根儿想不到，为爪哇国的复仇冲锋陷阵，爪哇人却恩将仇报。元军将士获知真相无比愤怒，欢庆的激情全部像潮水一样退去。

但是，思想松懈又饮酒过量的元军被打得措手不及，在爪哇军的突袭中很快溃败下来。幸亏元军久经沙场，警醒过后便奋起反击，且战且退，退却三百里,于二十四日到达海边。

拔锚起碇,无功而返。船队在海上漂泊六十八天,抵达泉州。

此次远征爪哇国,元军付出巨大的代价,共有官兵三千余人战死在海域疆场。

南海向南,天外有天,天风海涛泯没不了为忽必烈的海上争霸屈死的英魂……

七

今天的台湾,元代称其为瑠求,或者琉求(但不是今天的琉球群岛)。

远古时代,台湾与大陆相连,后来因地壳运动,相连部分沉入海中,形成海峡,出现岛屿。它是中国第一大岛,历来是兵家必争的战略要地。

《元史·瑠求传》:瑠求"在南海之东,漳、泉、兴、福四州界内,澎湖诸岛与瑠求相对","天气清明时,望之隐约,若烟若雾"。

至元二十八年(1291年),海船副万户杨祥上书请求率军六千人经略瑠求,声明"不听之,则伐之",忽必烈从其所请。

杨祥进一步阐述,所谓经略,语出《左传·昭公七年》:"天子经略,诸侯正封,古之制也。""经营天下,略有四海,故曰经略。"

此请求正合忽必烈的心意。

接着,福建书生吴志斗上书,说他"熟知海道利病,以为若欲收附,且就澎湖发船往谕,相水势地利,然后兴兵,未为晚也"(《元史·瑠求传》)。

十月,忽必烈任命杨祥为宣抚史,吴志斗为礼部员外郎,阮鉴为兵部员外郎,持皇帝诏书前往瑠求。诏书上说:"(朕)收抚江南已十七年,海外诸番罔不臣属。唯瑠求迩闽境,未曾归附。议者请即加兵。朕唯祖宗立法,凡不庭之国,先遣使招谕。来则按堵如故,否则必致征讨,今止其兵,命杨祥、阮鉴往谕汝国。果能慕义来朝,存尔国祀,保尔黎庶。若不效顺,自恃险阻,舟师奄至,恐贻后悔,尔其慎择之。"(《元史·瑠求传》)

至元二十九年(1292年)三月二十九日,元军自汀路尾出航至低山下。

军官刘润率二百人,在三屿人陈登引导下,首先在瑠求登陆。但因语言不通,被杀三人,无功而返。

大德元年(1297年),福建平章政事高兴上书,称泉州距离瑠求不远,随时可派人前往招抚,或派兵征讨。九月,高兴即派省都镇抚张浩、福建新军万户张进再去瑠求,俘虏一百三十人而归。

以上,是两次经略瑠求的记载。

在此期间,澎湖已纳入元朝版图。元顺帝时,元朝在澎湖正式设置巡检司,为进一步经略瑠求揭开了序幕。

八

忽必烈接连派遣水军,东征日本,南击爪哇,讨伐占城,进军安南,经略瑠求……除了经略瑠求稍有收获,其余都以失败而告终。

忽必烈就是忽必烈,他永远不可能替代成吉思汗。

然而,成吉思汗没有实现的海洋梦想,在忽必烈时代尽管也是折楫沉舸,半途夭折,但是,他却是继承了中国汉代、三国时代以来的航海雄风。尤其是,他的战船编队驶向南海,一直抵达印度尼西亚的远海大洋。不得不承认,忽必烈是将中国古代军事航海向前推进的重要推手。

由于穷兵黩武,大力扩充水军,元朝的造船业比宋代更为发达。据史籍记载,忽必烈时代,仅1274—1292年,就建造战船一万七千八百多艘,其中海船九千八百艘,大的海船三帆至十二帆,可载士兵一千人。

海上征战烟消云散,忽必烈就把目光转向航海贸易。

在国内,元朝漕运的规模超过以往任何一个朝代,最高年运量达到三百五十万石。为此,开辟了刘家港(今江苏太仓)至直沽(今天津)的直通航线。这条航线离岸航行,航路直,航期短,奠定了近代北洋航线的基本走向。《大元海运记·漕运水程》记述:"当舟行风信有(时),自浙至京师,不过旬日而已。"

在海外,元代的远洋航海活动,其范围比宋代更为扩大。其通往日本的东航线，走向与宋代大体相同。西航线所到地区，元代以前统称为"海外诸国"或"海南诸国"。到了元代，随着航海贸易往来地区的增多，形成了新的地理概念，把航行区域分为西洋和东洋。东西洋大致以马六甲海峡的南巫里（亚齐）为分界。这一概念一直沿用到近代。

从至元十六年（1279年）十二月，忽必烈派广东招讨司达鲁花赤和杨庭璧出使俱蓝（宋代称故临，今印度尼西亚西海岸的奎隆），恢复了同俱蓝的海上贸易关系。以后，杨庭璧又两次出使俱蓝。经过积极出使西洋的活动，到至元二十三年（1286年），与元朝建立航海贸易关系的，已有马八儿（今斯里兰卡与印度半岛之间的番班岛）、须门那（今印度卡堤阿瓦半岛南部的松纳特）、僧急里（今印度西岸科钦西北克兰加努儿港）、南无力（今苏门答腊岛北端班达亚齐）、马兰丹（今苏门答腊岛上的一个古国）、那旺（今尼科巴群岛中的一个岛）、同登牙侬（今马来半岛东海岸瓜拉丁加奴）、来来（今印度卡堤阿瓦半岛）、同吉兰丹（今马来半岛东南吉兰丹河下游哥打巴鲁）、苏木都剌（今苏门答腊岛北部）等国。此时元代近则与南洋，远则与印度及阿拉伯半岛已经通航。

在遣使沟通西洋航线的同时，元朝廷还加强了同邻国真腊（今柬埔寨）和占城（今越南中部）的海上贸易往来。周达观出使真腊三十多年后，又有汪大渊两下西洋。据汪大渊《岛夷志略》一书记载，他所到海外之处就有两百多个地方。

综上可见，元代航运事业之发达已超过以前各个朝代，也为以后明代航海的发展奠定了基础。

海路通，一通百通。最早积极开通的是东洋。即使忽必烈东征日本，受战争影响，两国一直处于僵持状态，但是两国的民间贸易往来还是十分频繁。对此，忽必烈不仅不制止，还大力鼓励。至元十五年（1278年），忽必烈"诏谕沿海官司通日本国人市舶"，允许日本人来元朝贸易。

中日贸易中，日本向中国输出的有刀剑、水银、硫黄、鹿茸等，中国输出的货物为丝绸、瓷器、金银器皿、香药、文房四宝。

与高丽国的贸易往来一样兴盛。

20世纪70年代，在韩国新安水域发现了一艘元代沉船。从船上打捞出大量的药材、香料和八万枚铜钱,瓷器也有一万六千件,其中有一万零四百多件青瓷。极为贵重的是卵白釉瓷器,属元朝宫廷御用瓷器。

当时的"元青花",已经是东洋和西洋炙手可热的"紧俏品"。

贸易往来,不仅是货物交流,文化交流也十分频繁。文化交流,又以儒学、书法、绘画、茶道、诗、文学为主。

说到诗、文学,唐朝有唐诗,宋朝有宋词,元朝则有元曲。别看忽必烈浓眉阔脸,体形彪悍,殊不知,他从小受汉学熏陶,精于词曲。他写的《陟玩春山纪兴》值得一读:"时膺韶景陟兰峰,不惮跻攀谒粹容。花色映霞祥彩混,垆烟拂雾瑞光重。雨沾琼干岩边竹,风袭琴声岭际松。净刹玉毫瞻礼罢,回程仙驾驭苍龙。"

此诗为《全元诗》开卷第一。行云流水,颇得唐人山水诗之真谛,平淡处见功夫。写过韶景、花色、垆烟、琴声之后,这位将燕京打造成"黄金之都"令全世界艳羡向往的一代君主,笔锋一转,"净刹玉毫瞻礼罢,回程仙驾驭苍龙",尽显王者之气。

气势逼人,文如其人。由诗可见,忽必烈并非一介武夫。不可否认,作为一个征服者曾给被征服的地区、国家的人民带去了浩劫,但他在历史上仍能获得不差的评价。忽必烈虽比不上成吉思汗,却是一个比较成功的新秩序建立者。他是少数能够信奉汉文化、推崇儒术的蒙古统治者之一。虽然来自游牧民族,但十分重视中原农业的恢复和发展,诏令专门管理农耕的司农司,编写《农桑辑要》,刊行四方。对海洋又有着迫切的渴求,造舟建船,推广航运。后来的明朝官修正史《元史》说:"世祖度量弘广,知人善任使,信用儒术,用能以夏变夷,立经陈纪,所以为一代之制者,规模宏远矣。"评价极高!

确实,忽必烈度量弘广,出征将领打了败仗,不管他如何失望、如何窝火,但基本上一个不杀,最多是"异地录用",以观后效。这一条就能买尽人心,甘愿为他赴汤蹈火,在所不辞。

他懂得"富国强兵",也懂得"藏富于民"。在很长一段时期,他不打人家,人家也不敢打他。搞活贸易,振兴经济,人民安居乐业,文化也有了繁荣。除了元曲,还诞生了元杂剧。《窦娥冤》《汉秋宫》《梧桐雨》和《赵氏孤儿》,其艺术魅力绵延至今。

唐诗宋词元曲,是中国文学的三座里程碑。一个能产生史诗的民族肯定是伟大的民族,一个能让诗人纵情吟诵的时代也肯定是个好时代!

九

就在忽必烈时代,因为"陆上丝绸之路"和"海上丝绸之路"的兴盛,中外友好交往史上增添了一段传奇佳话——一个叫马可·波罗的意大利旅行家,出现在中国人的面前。

马可·波罗,1254年生于威尼斯。少年时期与其父亲和叔叔历经春寒秋凉,用了三年半时间完成了他一生中最神奇的旅行——先陆地后水路,从西方到东方,于1275年来到中国。在元大都,他曾受到忽必烈的隆重接见,当时忽必烈五十九岁。

此后,忽必烈就将马可·波罗三人留在宫中。年轻的马可·波罗擅长辞令,聪明谨慎,很快掌握了蒙古语言及其礼仪,能够随意用蒙文读书和写作。马可·波罗的机智赢得了忽必烈的宠信,把马可·波罗这个蓝眼睛高鼻梁的西方青年,当作"万国来仪"的代表,经常带着他到各地巡游。每到一地,马可·波罗都尽量采撷风土人情、奇闻逸事向忽必烈汇报。他曾向忽必烈献计,制造攻城用的射石机,为攻取襄阳城立了大功,使得忽必烈更加喜欢他。而在马可·波罗的眼中,忽必烈"是一个中等身材,修短适中,四肢匀称,整个体态配合得很和谐"的人,"他眉清目秀,英气照人,有时红光满面,色如玫瑰,更增加了他的仪容丰采。他的眼睛乌黑俊秀,鼻梁高直而端正"。马可·波罗还在公开场合极尽溢美之词歌颂忽必烈:"即使把世界上的一切基督教的皇帝和君主都集中起来——再加上撒拉逊人——也没有这样宏伟的国力,或者也不能完成像忽必烈那样多的功业,他是世界上一切鞑靼人的共主。"这席话让忽必烈对马可·波罗愈加厚爱。

时间一晃就是十七年,马可·波罗三人积蓄了一大笔财富,他们希望衣锦还乡。可是,忽必烈对他们恩宠日盛,一点放行的意思都没有。终于有一天,三人见忽必烈心情特别好,便立即抓住机会,跪下请求恩准回国探亲。忽必烈听罢马上拂手,并劝阻说:"如果你们回去的目的是为了求利,那么我可以加倍赏赐给你们现有的俸禄。"三人无话可说,事情只得搁了下来。

正在这时,伊儿汗国国王阿鲁浑的蒙古族妻子卜鲁罕去世,王后留下遗嘱,只有她的族人才能继承王妃之位。遵照王后的意愿,阿鲁浑派了三名使者到中国求婚。忽必烈欣然应允,在王后亲族中选出一位才貌双全的姑娘阔阔真远嫁伊儿汗国。不料,前往西方的陆路被战争所阻隔,八个月后,伊儿汗国使者和阔阔真又返回了元大都。送亲不顺,王室都很焦急。

正巧奉命出使东南亚的马可·波罗回到都城,向忽必烈报告了出使经过,说海上航行很安全。消息不胫而走,传到伊儿汗国使者耳中,马上找到马可·波罗,请求陪同他们一起从海道回国,马可·波罗当然求之不得,一口应承。伊儿汗国使者便向忽必烈表达了这个想法,忽必烈本不愿马可·波罗离去,但有马可·波罗陪同,送亲队伍将会一帆风顺,只好勉强答应。

忽必烈召见马可·波罗三人,对他们的离去表示惋惜和眷恋,真诚盼望他们同家人团聚一段时间后再回中国。

1291年冬,马可·波罗三人随同伊儿汗国使者、阔阔真公主等六百多人从泉州乘船出航。完成护送阔阔真公主的任务后,马可·波罗三人回到阔别二十五年的家乡威尼斯。

1298年,马可·波罗参加了威尼斯与热那亚的战争,不幸被俘。狱中,由他口述,请狱友鲁斯蒂谦记录,用奇幻绚丽的文字,绘声绘色地介绍了美丽广饶的蒙古草原和威仪显赫的大元王朝,城堡、驿站、宝塔、庙宇、湖泊、桥梁、街市、驼铃与海上奇观如现眼前……终于,写成一本世界奇书——《马可·波罗游记》。

由于马可·波罗在这本东方游记中"遍地黄金,香料盈野"的恣意渲染,欧洲各国的王公贵族和商人都魂牵梦萦着中国这块沃土。人们对东方的向往之情越来越浓……

猎奇和梦想,是人类的共性。对勇敢者而言,前进的旅程无论怎样风高浪险,都会化作胜利的坦途。

　　半个多世纪之后,一个比马可·波罗更为响亮的名字,永载于世界航海史册。

　　他就是中国人——郑和!

第七章 郑和远航扬起中华民族灿烂云帆

一

郑和的史籍隶属明史。

明朝的历史,是一部风波变幻跌宕起伏的多幕剧。在前半场,郑和远航虽然是一场重头戏,但现在还轮不到他以主角的身份出场。

先看序幕。前溯,元朝是中国封建社会寿命最短的朝代,只存续了九十八年。元至正二十八年(1368年),农民出身的朱元璋在南京称帝,建立明朝,结束了曾经强大无比的蒙古帝国的统治。朱元璋当了三十一年的皇帝后离开人世,本应继承皇位的嫡长子朱标却早逝,所以朱元璋遗诏里钦定朱标的儿子朱允炆继位,史称建文帝。

年轻的建文帝忧心忡忡。当时国家的兵权主要控制在朱元璋的十九个儿子手里,这对于刚刚继位的朱允炆来说是一个潜在的巨大威胁。朱允炆为皇太孙时,"诸王以叔父之尊,多不逊",视其为黄口小儿,骄横之情溢于言表。朱允炆当时就很害怕。他问侍读的太常卿黄子澄:"我几个叔叔各拥兵权,何以制之?"黄子澄深谙历史典故,便把汉景帝实行削藩平定七国之乱的史实讲给当时的皇太孙听。这席话,点亮了朱允炆心里的一盏灯,登基称帝后便毫不犹豫地"削藩"。

远在北平(今北京)的朱元璋的四儿子燕王朱棣,得知朱允炆继位才一个月就对藩王拔刀相向,以各种莫须有的罪名不是把几个叔叔贬为庶人就是逼其自焚,甚为不满。燕王朱棣早就觊觎皇位,对侄子当皇帝本来就心存不甘,此时不反,更待何时?

燕王朱棣下定了夺权的决心。仗着手中拥有强大的兵权,朱棣不仅不认同建文年号,还协同幕僚李挺、道衍、徐元和贴身侍卫马三保(后赐名郑和)等共同策划,蓄谋造反。

南京。建文帝拉开了削藩的大幕,刚打完开场锣鼓,剧情直接跳到第三幕:制造恐怖。新皇上紧急下诏,命宋忠以备边为名,率三万兵力屯守居庸关,其实是监视燕王。

1399 年 7 月,燕王朱棣在北平正式发布告示:"我是太祖洪武之嫡子,现今天子年幼,听信奸臣,谋害骨肉兄弟。依循太祖之遗训,如朝无忠臣,奸佞为患,可举兵讨伐,以消君侧之难。若奸臣清除,即可效仿周公辅佐成王,予以辅弼新帝,望全军以国之大体为重,共同奋斗。"

燕王朱棣把所率领的军队命名为"靖难军",而实际的用意却是借清除黄子澄、齐泰等人的名义,夺取政权。自此,历时四年的"靖难之役"便开始了。

建文帝朱允炆得知此事,即刻派遣大军北上平叛。河北、山东一带骤然间硝烟滚滚。在最初的拉锯战中,朱棣的势力范围仅限于燕赵几座孤城。

安危在是非,不在强弱;存亡在虚实,不在众寡。站在"靖难军"面前的朱棣,一袭黑色披挂,手中无剑,却有着直透人心的威严。眼神中暗含锋芒,既不剑拔弩张,又不咄咄逼人,但谁都不敢轻视,牢牢掌控着局势。

建文帝在位的第三年(1401 年),局势出现了逆转。马三保通过策略联络到南京宫廷内的太监做内应,一有消息随时通报,里应外合。

马三保立下大功。朱棣获知了宫廷内部现状和军队布防的虚实,立即调集兵马,避开朱允炆数十万大军的正面防线,以一支孤军突袭扬州、仪征,直插南京。这时的朱棣眼神骤然凌厉,一股强大力量直接笼罩全军,而且,几乎都是神来之笔,运筹帷幄,出神入化,指到哪打到哪,打到哪胜到哪。前线遍传朱棣不可战胜的神话,战旗呼啸,所向披靡,简直比传说中的天兵天将还要威武。

由于长江南岸朝廷守将的叛变,朱棣前军不费一兵一卒,便顺利渡过长江,直逼都城。

朝廷就要重新洗牌,城内官员见大势已去,谁也不愿为朱允炆陪葬,于是打开城门投降。就在此时,宫中突起大火,查遍各处,建文帝却下落不明。

二

明朝这部多幕剧,还是一个旋转的舞台。高潮逼近,渐渐与海洋关联。

朱元璋建立的大明帝国,吸取了元朝灭亡的经验教训,对内采取一系列"安养生息"政策,发展农业、扶植工商、繁荣社会经济。经过三十年的苦心经营,已经"仓廪充实,天下安居",甚至出现了像唐朝贞观之治时"路不拾遗,夜不闭户"的太平景象。但由于明朝初期的政治形势比较复杂,所以在对外发展上采取"海禁"政策。对外贸易基本上处于停顿状态。严厉的"海禁"政策,"片帆不得下海",不仅禁止中国人私自出海,而且也禁止海外番人与中国人接触。

明成祖朱棣堪称一位雄才大略的君主。他执政后,除了对朱元璋的既定方针大体不变外,颇多新的建树,而且都是大手笔。

一是修建明长城。朱元璋虽然统一了中国,却并没有完全肃清蒙古势力,北方蒙古的残余军事力量始终是明朝的一个心腹大患。朱棣统治时期曾先后五次率领大军远征,但也没能彻底击溃蒙古的军事力量,而明军长途跋涉,加上大漠地区干旱燥热的气候消耗了大量军力,此后便再没有远征过大漠。为了巩固大明江山,审时度势之后,朱棣在北方原秦长城的基础上重修了一道坚固的明长城以对付北方外族的入侵。有了长城的护卫，明成祖朱棣就逐步将其战略重心转向对海防御，并建立了严密的对海防御体系——由海上巡逻警戒、港岸观察报警和陆上防御系统组成。沿海卫所设立水寨，配备战船；港岸设巡检司、烽堠、墩台、塘铺；陆上的卫、所、寨、堡均有城池和防御设施，连成一个防御整体，且具有一定的纵深。如遇敌从海上来犯，先御之于海，继击之于岸，海陆配合，歼灭入侵之敌。

二是疏浚大运河。长达四年的"靖难之役"给国家造成了严重破坏，尤其在战区，破坏性更严重。为了让百姓安居乐业，朱棣作了很多努力。他遵循朱元璋"重农务本"的政策，首先疏浚大运河，建立起庞大而细密的粮食供应体系和漕运系统，南粮北运确保北方地区的巩固与发展。

三是建造紫禁城。北平原是元朝的首都。1267年，忽必烈决定在被他祖父成吉思汗夷为平地的金中都城的东北郊修建新城。这座被称为元大都的新城，是当时世界上规模最大的都市。洪武元年（1368年）八月初二日，元朝的最后一位君主元顺帝妥懽帖睦尔放弃了都城燕京，逃往漠北。明朝军队兵不血刃地占领了元大都。朱元璋出于一种迷信，下令毁弃旧朝的皇城，以使旧朝的王气彻底灰飞烟灭，再无复辟的可能，并把元大都燕京改名北平，以为从此北方太平。

朱元璋选址在具有龙盘虎踞之象的南京钟山脚下新建皇宫，而将北平府分封给四儿朱棣作为燕王府邸。朱棣发动"靖难之役"，夺取了皇位。次年，即永乐元年，诏令将他的"龙兴之地"北平与南京遥相呼应，定名为北京。

当时的首都在南京，明成祖不想再待在南京了。原因，一是他的根本之地在北京；二是南京皇宫的一砖一瓦总让他联想到生死不明的朱允炆而睹物伤神。永乐四年（1406年）起，明成祖朱棣正式兴建北京皇宫，即北京紫禁城。当年修建南京紫禁城的工匠们聚集北京，从结构到名称，全都拷贝于南京紫禁城。永乐十八年（1420年），耗时十六载，一座巍峨的紫禁城终于竣工。正史上记载："北京宫殿、门阙、规制悉如南京，而高敞壮丽过之。"

这座蕴涵着丰富的中国古代文化的无价之城，已被列入世界文化遗产。虽然，在中国古代皇宫建造史上，北京紫禁城还是小巫见大巫，它比秦朝、汉朝、唐朝的皇宫都小,也略小于明太祖朱元璋建造于南京的紫禁城,宫中的太和殿,相比于唐朝的麒麟殿,只有三分之一大。然而,历经六百年风雨的北京紫禁城,是至今保存完好的世界上最大的古代皇宫,足以令来自世界八方的宾客叹赏,令中国人自豪。

四是编纂《永乐大典》。为了强调皇帝受命的合法性,朱棣继续秉承和信奉以程朱理学为主的儒家经典,着力在百姓心目中树立起一个圣君、明主和庇护人的形象。所以,明成祖朱棣在即位之后,就雄心勃勃地下决心编纂一部巨著,彰显国威。编纂宗旨:"凡书契以来经史子集百家之书,至于天文、地志、阴阳、医卜、僧道、技艺之言,备辑为一书,毋厌浩繁。"任务交给大学士解缙,召集一百四十七人,于永乐二年(1404年)首次成书,初名《文献大成》。永乐三年(1405年),朱棣再命太子少师姚广孝、刑部尚书郑赐和解缙一起重修,这次上下共动用近三千人,参录南京文渊阁全部藏书与民间遗存,永乐五年(1407年),成书一万一千零九十五册,定稿进呈。明成祖看了十分满意,亲撰其序,并冠名为《永乐大典》。

这部从经史、文学、科技、医药、工技、农艺、兵法,到诗词、戏曲、释藏道经,包罗万象地将明朝以前数千年中国文化书籍全部囊括其中的巨制大典,堪称中华民族历史长河的珍贵索引,它比18世纪才问世的《不列颠百科全书》要早三百多年,所以《不列颠百科全书》认为《永乐大典》是"世界有史以来最大的百科全书"。

五是建造海船,耀兵异域。文化和军队是明成祖朱棣的左膀右臂。他将年号定为"永乐",目的性很强,很直观,就是要让天下黎民百姓永享安乐。为此,在他的运筹下,形成了一个极为有力的文官体制和一个权位极高的军队贵族群体。前者使国家机器在全国能够顺利地运转,而总人数近二百万的军队都是由朱棣直接掌握。

永乐皇帝的诏令,通行天下,从来不会阻塞。这时候的朱棣杀伐决断,咳嗽一声也会地震。

公正地说,朱棣是中国历史上为数不多的大手笔皇帝之一。他既奉行朱元璋的战略性防御政策,又不满足于闭关自守的状态。作为"天朝大国"的皇帝,他需要加强同海外各国的政治经济联系和军事交往,以展现大国的形象。于是,这一时期的明代水军便在国家雄厚经济实力的基础上发展和壮大起来了。

与此同时,朱棣在登基不久就逐步解除了海禁,对外交往活动也日益频繁。东到高丽、日本,西到波斯湾、红海一带,北到大漠,南到南洋诸岛,中国的丰饶富足、强盛的国力对这些地区都产生了巨大影响。而当时明朝在对外访问的人选上,多是由军人、宦官为首的使团,其中成就最高、影响最广的,就是郑和下西洋。

三

下西洋,是明成祖的重大决策。

长期以来,关于下西洋的目的,历来史家聚讼纷纭,至今并无定论。

正面的说法,朱棣所要追求的政治军事目的有二:

一是肃清逃往海外的反明势力,巩固永乐政权。元朝灭亡后,一些反明势力,如元朝驸马帖木儿等在中亚崛起,建立帖木儿帝国,对明宣战。洪武年间,元将陈祖义逃亡海外,"聚众三佛齐国"(《明史·三佛齐国》),张汝厚、林福等"自称元帅,劫掠海上"(《明太祖实录》卷八十四),与明为敌。还有一些建文帝的遗臣在海外活动,伺机复辟。明成祖派兵西洋,诏谕在逃的中国人,迷途知返,即"咸赦前过,俾复本业,永为良民",如若"执迷不悛",则"悉行剿戮"(《明成祖实录》卷十二)。郑和第一次下西洋时,全歼陈祖义部五千余人,就是明证。

二是重振国威,君临天下。明太初朱元璋实行海禁政策,大明帝国的国际威望受到严重损害。明成祖朱棣要"御临天下","居中夏而治四方"(《明成祖实录》卷三十),当然不能容忍大明帝国的国际威望下降。因此,派出强大舟师,促使原来就有朝贡关系的国家恢复朝贡,"诸番国远者","翕然而归拱"(黄省曾《西洋朝贡典录·序》),恩威并用,先礼后兵,从而达到明朝"天之所覆,地之所载,莫不贡献臣服"的宗主国地位。及临外邦,先是开读诏书,敦请顺从明朝,称臣纳贡,"如有蛮王之梗化不恭者,生擒之,其寇兵之肆暴掠者,殄灭之"(福建长乐《天妃灵应之记》碑)。从表面上看,近似后来西方殖民主义者的"炮舰政策",但本质完全不同。明朝不仅不掠夺别国的领土和财富,反而"厚往薄来",以大量赏赐,换取形式上的藩属关系,满足"天朝上国"的殊荣。

除了上述两条,明史专家王春瑜说,为了不把问题复杂化,我们倒不如相信《明史·郑和传》的说法:"成祖疑惠帝(建文帝后来的庙号)亡海外,欲踪迹之,且欲耀兵异域,示中国富强。"可以这样推理,明成祖朱棣借"清君侧"之名,经四年"靖难之役"终于攻陷南京,他肯定要将建文帝朱允炆置于死地,活要见人,死要见尸。岂料宫中大火,建文帝下落不明,这不能不是朱棣的一块心病。建文帝究竟是死是活?自全国陆上统一后,各地始终没有搜查到朱允炆的蛛丝马迹,他会不会跑到海上,在海外建立一个新的国家?但"欲踪迹之"却如大海捞针,难乎其难。于是,君临天下的朱棣采取"耀兵异域,示中国富强"的策略,给海外异域形成强大的威慑,警示"四夷"臣服于"中华正朝",近君子而远小人。正如朱棣兴兵夺权须打出"消君侧之难,以辅弼新帝"的旗帜一样,寻找朱允炆的下落也必须"师出有名",巧立一个堂堂正正的名目,那就是"宣德化而柔远人"。

这样一种"秘而不宣"的机密大事,只有托付于心腹。

郑和是朱棣的贴身太监,在"靖难之役"中又屡建奇功,扬帆海外远征异域,显然非郑和莫属。

而郑和不负所望,"声教洋溢乎四海,仁化溥洽于万方",引来"西方万国,奔走臣服,充凑于廷"。

由此看来,不管下西洋的初衷如何,这种"礼治"构建的以"天朝"为中心的"封贡"与"柔远"的外交格局,确实扩大了明朝的政治影响,提高了大明王朝在国外的地位和威望。

四

换场置景,细说郑和。郑和的传奇人生与他的经历有着极大的关系。

第七章 郑和远航扬起中华民族灿烂云帆

郑和原来姓马,叫马三保,出生在云南昆阳州。苍莽、雄奇的红土地,造就了诡谲瑰丽的自然画卷,孕育着五色斑斓的民族文化。烟波浩渺的滇池,被视为滇文化的灵感之源。郑和就诞生在滇池西岸一户回族人家。

回族在我国的唐宋时期多居住在遥远的西北地区。成吉思汗横空出世之后,在短短的时间内,占据了从长白山脉到黑海之滨的广袤土地,势力也延伸到西北的回族集散地。

忽必烈继承汗位后,决定对偏安于长江以南的南宋政权大举进攻。按照部署,一支部队攻占云南,从侧翼包抄南宋政权的后路,与从北往南的主力相策应,形成合围之势。西北的回族,随军入滇,从此定居。渐渐,回族人在云南的势力逐渐强大了起来。郑和家族所在这支,便是昆阳的世族大姓。马三保就在这里度过了他的童年时代。

由于家族的原因,马三保从小就开始学习伊斯兰教的教义与教规。他的祖父与父亲都曾跋山涉水前往麦加朝圣,因此熟悉海外各国的情况,而父辈这种不畏艰险、富有探险精神的胆识,潜移默化传承给年幼的马三保。

马三保在家乡昆阳生活了十年。十年的时间,外面的世界已发生了翻天覆地的变化。元朝在中国的统治已不复存在,1368 年称帝的朱元璋有计划地统一着全国。云南,不可避免地遭到战火的侵扰。也正是如此,马三保的命运开始改写。十岁的马三保被掳进明军。明朝军队素有把掳获来的儿童阉割的陋习,马三保便是其中之一。

人生除了生死,其他都是擦伤。马三保认命。从此,踏入军队,并开始了自己另一页人生。

洪武十八年(1385 年)八月,云南完全平定后,朱元璋命令云南的明军调往北平归朱棣燕王节制。马三保也由此转入燕王府邸中服役。当时,马三保出云南进北平,转战塞北,参加了几次重大战役,小小年纪已经崭露头角,表现出与他年龄不相符的超人定力,因而被朱棣选在身边,作为贴身侍卫使用。

在长达四年的"靖难之役"中,马三保跟随朱棣出生入死,屡立战功,成为朱棣称帝的主要功臣之一。朱棣登基当上了皇帝,随同参加"靖难之役"的许多武将文臣都得到了提升,其中自然也包括身为宦官的马三保。

朱棣以赐姓的方式表达了对马三保的封赏与恩宠。

中国的赐姓之说，由来已久，从汉朝以后，日渐兴盛。具体而论，赐姓的缘由则各不相同。明代吴沉在《进千家姓表》中说："历汉、唐、宋、元，生齿之盛，华夷之混，又有以部落为姓者，有因功赐姓者，有因过因事因刑改姓者，有避讳避仇避难避嫌改姓者，有慕前贤名字冒姓者，有音讹及音同文异或文同音异转姓者，有省文省言转姓者，其区分类别，不可胜记。"

马三保属于"因功赐姓"，从此，他便更名——郑和。

郑和既赐姓又升迁，为内宫监太监，相当于正四品官员。

从十二岁进入燕王府，到"靖难之役"时，郑和二十九岁，一晃就是十七个年头。

作为燕王的亲信与贴身护卫，郑和有机会广泛接触统治阶级上层人物，开阔视野，增长见识，并随时向燕王朱棣学习处理军政事务的谋略。而郑和不仅头脑灵活，应对机敏，并且为人坦荡，刚直不阿，宠辱不惊。出入内庭，更是无心花开花落，漫随云卷云舒，从不介入宫闱争斗。燕王朱棣也就对他特别信任，从器重到倚重。

郑和在朱棣身边待久了，耳濡目染，气质禀性都向朱棣靠拢。一样的身材伟岸，一样的气宇不凡，连长相也渐渐酷似。微服出行，郑和稍加装扮就变换模样，往朱棣身边一站，两人简直标配，犹如双影重形，真的分不清谁是替身。

其时，郑和三十岁出头，风华正茂。那张温润如玉的脸庞，有一对明亮的眼睛，举止随和，仪表儒雅，看上去就是一个风度翩翩的斯文书生。殊不知，剑荡天下，从不后退，而且骨子里武功厉害，一旦格斗，十个人都不是他的对手。因此，朱棣在物色下西洋的领队时，首先想到的是郑和。

为了慎重，朱棣专门征求了擅长看面相的袁忠彻的意见。袁忠彻认为，郑和身长九尺，腰大十围，四岳峻而鼻小，是极贵的面相，而且眉目分明，齿如编贝，行如虎步，声音洪亮。用他的话说"三保（郑和）姿貌才智，在内侍当中无人可出其右，我看他的气质，是领队的最佳人选"。朱棣于是下定了派遣郑和出使西洋的决心。

五

郑和接受诏命后，加紧统筹，采用了舟师的军事组织形式。

郑和本人一身二任，既是"正使太监"，代表大明帝国出使番邦各国，"以广招徕"；又是"钦差总兵太监"，奉命统帅舟师，耀兵异域。除了正副使外，下设都指挥、指挥、千户、百户等将士和阴阳官、阴阳生、医官医士、旗校、勇士、力士、军力、民梢、余丁、买办、通事、书手、算手、水手、舵手等共计二万七千四百一十一人。

人员众多，编制严谨。其中，副使太监王景弘（宏），著名航海家；侯显，杰出的外交家。王景弘和侯显两人都是郑和的得力助手。舟师中，还有两位专职武将，都指挥朱真和王衡。马欢、费信、哈三等人，担任"译诸夷之言"的通事。在下属指挥人员中，史书中姓名和职务可考的，有都指挥佥事唐敬，指挥使林子宣、张文，指挥同知哈只，指挥佥事李实、何义宗、胡俊、汪海，正千户王复亨、李明道、彭以盛、林全、陆通、张通、刘海、徐政，副千户李满、杨真、沙班，总旗刘海，小旗马贵等。总之，舟师各级指挥职务，都由熟知航海、久经锻炼、英勇善战、屡建功业的军官来担任。组成舟师的下级军官，主要由南京及直隶卫所运粮官军和水军右卫抽调。士兵大多选自出航地点附近卫所的运粮官军和水军，来自福建长乐的最多。

人员配置完备，便在南京龙江船厂、福建长乐船厂大造远航海船。共赶制大中小各型船只二百余艘，其中大型船只六十二艘，名为"宝船"。

宝船又称"取宝之船"。大明王朝赏赐给各个番国的珍品和从西洋取来的宝物，均由宝船运载，故得名。最大的宝船船艏镶嵌着鎏金的盘龙，船长四十四丈（约合一百三十七米），宽十八丈（约合五十六米），最大排水量一万四千八百吨，载重七千吨，九桅十二帆，一只铁锚重数千斤。驾驶这种宝船，单操纵篷、帆、锚、舵，就要三百多人，加上兵勇弁卒，全船达一千人。宝船为舟师的指挥舰，多系南京龙江船厂建造，据《龙江船厂志》记载："唯龙江则肇自洪武初年，专为战舰而设也。"可见，宝船是一种大型战舰。因为它是舟师中的中枢和要害，所以配备有足够数量的武器和战斗人员，以提高其防御能力。

除了宝船,另外一百五十多艘是战船、坐船、马船、水船、粮船。船型多种,各司其职。

战船。"底尖上阔,首昂尾高。舵楼三重,数桅多帆。傍护舷板,上设女墙炮床。中为四层,最下实土石;次寝息所;左右六门,中置水柜。最上如露台,穴梯而登,傍设翼板,可凭以战,矢石火器皆俯发。下侧如刃,破浪航行。"

据《西洋记》记述:"每战船一只,捕盗十名,舵工十名,缭手二十名,扳招十名,上斗十名,碇手二十名,甲长五十名。每甲长一名管兵十名。"合计每船六百三十名。

《洴澼百金方·水战》对上述编制人员做了说明:"捕盗专管一船之务,凡入船官兵,俱听管束,第一当重其事权,俾有专力,无掣肘可也。舵工专管舵,兼管舵门下攻守。碇手专管碇正头前攻守。缭手专管帆樯绳索,主持调戗(帆船逆风行驶,把船转到另一侧受风,叫作调戗)。斗手遇贼即上斗,用犁头标下射贼舟。扳招手观察联络。火长,主管航海事宜。"

《西洋记》还记述了战船以上单位的编制序列:

总兵太监设中军帐。中军帐下设仪仗队、两栖船队(马船、粮船、水船)和战船队。战船队分前营、左营、中营、右营、后营。五营下设左前哨和右前哨。

"每五船为一哨,每二哨为一营,每四营设一指挥官,统领指挥以上旧有职掌。"

战船的任务是歼灭海上敌对势力,保障宝船的安全。《西洋记》记载,每战船器械,大发熕十门,大佛郎机四十座,碗口铳五十个,鸟嘴铳一百把,喷筒六百个,烟罐一千个,灰罐一千个,弩箭五千支,药弩一百张,粗火药四千斤,鸟铳火药一千斤,弩药十瓶,大小铅弹三千斤,火箭五千支,火砖五千块,火炮三百个,钩镰一百把,砍刀一百张,过船钉枪二百根,标枪一千支,藤牌二百面,铁箭三千支,火绳六千根,铁蒺藜五千个。

《西洋记》所列郑和舟师战船配备的兵器,反映了明代军队装备冷热器比例的重大变化:火器比重不断上升,大发熕、碗口铳、鸟嘴铳、火箭、火炮等已在明初普遍装备于水军,并广泛用于水战。至于接舷战中的冷兵器,那就更不待言了。

坐船。是"将领官军乘驾"的一千五百料或两千料海船和八橹船,以搭载人员为主,同时,搭载两栖部队。由于两栖部队在海上也要作战,因此坐船也称为战坐船。

马船。由快船改建而成,又称马快船、风快船。马船,既能用于战斗,又能运送物资。修船器材、武器备品、被装等,均靠马船补给运输。两栖部队的马匹,各个番国进贡的狮子、金钱豹、大西马、麒麟、骆驼等动物,也需要马船运输。

水船。舟师配备专用水船。《西洋番国志》记述水船运水:"海水卤咸,不可入口,皆于附近川泽及浜海港汊汲取淡水,水船运载,积贮仓船,以备用度,斯乃至急之务,不可暂弛。"

粮船。《西洋记》记载,粮船有七桅,长二十八丈,宽十二丈,类似今天的补给船。在航行途中,及时为舟师补充主副食品。

仪仗队。这是郑和下西洋不可或缺的一支队伍。

《明史·职官志》记述:"校尉、力士,佥民间壮丁为之,校尉专职擎执卤薄、仪仗及驾前宣召官员,差遣干办,隶锦衣卫。力士专领金鼓、旗帜,随驾出入,及守卫四门,隶旗手卫。"

仪仗队的任务是担任近卫和壮声威。郑和是以天朝特使的身份访问西洋各国的,为了显示大明帝国的威严,每到一国登陆,必以仪仗队随行,銮舆擎盖,旌节幡幢。前呼后拥,服饰灿烂。乐师如云,彩旗飘扬。阳光下,斧钺戈戟,弓矢驯马,一片刀光剑影,给人以心理上的威慑,使之望而生畏。跟随郑和下西洋的巩珍,在《西洋番国志》中有身临其境的描述,称之为"当代之盛典"。

综上所述,郑和统筹的舟师,包括一支海上战斗部队,一支既能海上运输又能海上作战的两栖部队,一支保卫使团安全和炫耀大明帝国威严的仪仗队。三支部队形成一个组织严密、战斗力强的有机整体,俨然就是一支配制精良、实力雄厚的武装特混舰队。

六

永乐三年(1405年)七月十一日,苏州城外刘家港(今江苏太仓浏河),高樯重桅、旌旗猎猎。

郑和这位跟随主子南征北战,为明成祖朱棣登基立下赫赫战功的宦官,雄姿英发。他的麾下是二百零八艘战船载着二万七千四百一十一名壮士。在鼓乐喧天、炮声轰鸣的隆盛威仪中,"云帆高涨,昼夜星驰",开始了七下西洋史诗般的航程。

郑和一下西洋——

江苏刘家港是郑和的出发港,福建长乐是远航船队的驻泊基地。永乐三年冬,东北季风降临,郑和舟师从长乐五虎门港启程,到永乐五年(1407年)九月回国,历时近两年。

这次远航,到达占城(今越南中南部)、暹罗(今泰国)、爪哇(今印度尼西亚爪哇岛上)、旧港、苏门答剌、南渤里(以上三地均在今苏门答腊岛上)、满剌加(今马来西亚马六甲)、锡兰山(今斯里兰卡)、古里(今印度科泽科德)等地。这是郑和舟师首次远航。郑和除对诸国宣诏、赏赐封王之外,完成三件大事。

一是从战略上配合陆军讨伐安南。在郑和下西洋以前,安南黎氏政权对邻国奉行侵略扩张政策,明成祖朱棣曾多次遣使劝告安南王胡奎休兵息战,与邻国修好。胡奎不听劝导,反而变本加厉,对占城大举进攻,并占领我国广西思明府一些地界。

明成祖不得已于永乐四年(1406年)四月二十三日,派大军从陆路讨伐安南,而以郑和舟师在安南近岸海域游弋,作战略配合。郑和舟师,到达安南占城沿海,正是明军进攻安南之日,因为郑和舟师的海上封锁和牵制,保障了陆上作战的胜利进行。

二是以武力慑服爪哇西王。在明朝建立之前,爪哇已分为东西两部,分别由东王和西王管辖。两王都与明朝保持朝贡关系。郑和舟师到达爪哇,正逢东王与西王互相攻战,东王战败被杀,西王占领其地。郑和舟师

"经过东王治所,官军登岸易市,为西王兵所杀者一百七十人"。郑和闻报,"方将兴师致讨",要求"输黄金六万两,赎死者之命"(《明成祖实录》卷五)。面对郑和强大的舟师,爪哇西王表示服输。

三是生擒海盗陈祖义。永乐五年(1407年),郑和舟师返航途经旧港(今印度尼西亚的巨港,原名三佛齐)。元末明初,许多中国人来此定居,洪武年间,广东潮州人陈祖义因犯事举家逃到旧港,投靠渤淋邦国王那者巫里手下为将。国王死后,自封为酋长。据《瀛涯胜览·旧港国》记载,陈祖义为人"甚是豪横,凡有经过客人船只,辄便劫夺财物"。郑和与王景弘商议,认为旧港一带虽然不是中国之海,但海盗横行,危害商旅,中国舟师有义务肃清海盗,保障海上航行安全。于是,郑和先派人招抚陈祖义。

陈祖义诡计多端,玩弄诈降手段,欺骗郑和,暗中阴谋偷袭郑和舟师,劫掠"宝船"。旧港的另一头目施进卿将此情况密报郑和,郑和立即作了反偷袭的准备和战斗部署。

不久,陈祖义果然派海盗船趁着夜色前来偷袭。郑和早已严阵以待,一面命令五艘前哨战船出击,一面又派出十五艘五桅战船和两艘八桅马船,每一艘船上都有两名当地人做向导,黑夜起锚,悄悄地向海盗的老巢黑石礁进发。

明军战船缓缓包围住黑石礁,首先缴获了沿岛岸畔所有海盗船,断绝了海盗的退路。接着马船靠岸,百余名骑兵横冲直撞,如入无人之境,频发的火箭和长矛大戈,杀得挥舞弯刀的海盗前伏后倒。这一战,剿灭海盗五千余人,烧毁海盗战船十艘,生擒海盗首领陈祖义等三人,"既至京师,并悉斩之"(《明成祖实录》卷五十二)。

施进卿因揭露陈祖义阴谋袭击舟师有功,受到朝廷的嘉奖,被朱棣封为旧港宣慰使。旧港之战之后,"海道由是而清宁,番人赖之以安业"(《刘家港天妃宫石刻通番事迹碑》)。

郑和二下西洋——

永乐五年(1407年)九月十三日,郑和奉使出航,永乐七年(1409年)夏,回国。

这次远航,到达爪哇、古里、柯枝(今印度柯钦)、暹罗、占城、满剌加、渤泥（今加里曼丹岛的文莱）、锡兰和加异勒（今印度半岛南端东岸）等国。

郑和第二次下西洋期间，除调解了暹罗与占城、苏门答剌和满剌加的纠纷，布施锡兰山佛寺外，彻底征服了爪哇西王。原来，郑和第一次远航返国之后，爪哇王认为风头已过，便对赔偿一事置之不理。明成祖见爪哇西王并未服罪，于是命郑和第二次再到爪哇交涉。爪哇西王都马板慑于大军压境，才表示臣服，并于永乐六年（1408年）十二月，遣使献黄金万两谢罪。礼部官员认为赎金尚欠五万两，奏请治使者罪。明成祖朱棣回复："朕与远人，欲其畏罪而已，岂利其金耶？今既能知过，所负金悉免之。"由于明朝的宽仁，爪哇"自后比年一贡，或间岁一贡，或一岁数贡"（《明史·爪哇传》），对中国心悦诚服。这一事件，很大程度提高了中国在南洋国家中的声望。

郑和三下西洋——

永乐六年（1408年）九月奉诏，永乐七年（1409年）十二月，郑和舟师起航，永乐九年（1411年）六月十六日回国。

这次远航，到达占城、爪哇、满剌加、苏门答剌、锡兰山、小葛兰（今印度奎隆）、柯枝、古里、阿鲁（今苏门答腊岛上）、南渤里、加异勒（今印度半岛南端东岸）、榜葛剌（今印度东部）、木骨都束（今索马里摩加迪沙）等国。

这次远航，收获有二。

一是在满剌加建立补给基地。满剌加（今马来西亚的马六甲）是个半岛，前面有道海峡，地势险要，扼住东南西北各条海道的通路，是郑和舟师西行的必经之地。

满剌加的酋长叫拜里迷苏剌，听说中国船队来到，便在港口迎接。郑和让船队进港，宝船停稳后，他与副使王景弘下船登岸。

岸上，椰林婆娑，一派热带海岸的风光，十分迷人。岛上居民身披锦衣，敲着皮鼓，载歌载舞，当郑和与王景弘一行出现，号角齐鸣，拜里迷苏剌用当地最隆重的礼节欢迎中国使者。

满剌加以前曾臣服于暹罗（今泰国）。为了争取独立，永乐元年，拜里迷苏剌派使者到中国求见明朝皇帝，希望明朝封他为满剌加国王。永乐元年十月，朱棣派中官（即太监）尹庆出使满剌加，"宣示威德及招徕之意，其酋拜里迷苏剌大喜，遣使随庆入朝贡方物，三年九月至京师。帝嘉之，封为满剌加国王,赐浩印",又封满剌加西山为镇国之山(《明史·满剌加传》)。

这次郑和率舟师下西洋,明成祖朱棣特地题写了"镇国之山"的碑文,制成大理石碑,让郑和带来。

郑和向拜里迷苏剌宣读了永乐皇帝朱棣的诏书,将皇帝给满剌加国王的金印颁发给拜里迷苏剌,又将大理石碑从船上抬下,迎奉于半岛西山的主峰。

郑和与满剌加国王一起培土奠基。碑的正面镌刻皇帝的诏书,背面是一首颂诗:

> 西南巨海中国通,输天灌地亿载同。
> 洗日浴月光景融,雨崖露石草木浓。
> 金花宝钿生青红,有国与此民俗雍。
> 王好善义思朝宗,愿比内郡依华风。
> 出入导从张盖重,仪文祷袭礼虔恭。
> 大书贞石表尔忠,尔国西山永镇封。
> 山君海伯翕扈从,皇考陟降在彼穹。
> 后天监视久弥隆,尔众子孙万福崇。

拜里迷苏剌宣布,这一天便是满剌加的国庆日。全岛狂欢,夜以继日。簇簇篝火,映照着郑和舟师的船队。将士们舞起狮子,耍起龙灯,他们从马船、水船、粮船下到港湾滩涂,一直热闹到第二天黎明。

天一亮,满剌加国王就带着给明朝皇帝的贡品,来到宝船,拜会郑和。宾主尽兴之时,拜里迷苏剌向郑和提出一个要求。他说:"上国的船队里有许多粮船,能不能卖些粮食给我们?"

原来,满剌加半岛岛民只以捕鱼为生,尽管岛上适宜种植的土地很多,但谁也不会耕种,只靠用海产品去和暹罗交换粮食。现在满剌加独立了,拜里迷苏剌不愿再求暹罗王,所以向郑和提出买粮。

郑和一想,说:"我船队的粮食可以分出一部分留下,但只是杯水车薪,权宜之计。再说,全靠买粮度日,终是受制于人。从长计议,不如自己动手,开荒种地!"

拜里迷苏剌说,满剌加人祖祖辈辈以捕鱼为生,不会农作。

郑和便给满剌加国王出主意:粮船的军粮中可以筛选种子,舟师的木工和铁匠可以打造农具,再从舟师官兵中选出几十名会种地的留下,手把手地教岛民种地。

拜里迷苏剌高兴得手舞足蹈。

说干就干。当天,粮船筛选种子,木工铁匠打造农具,负责教农活的官兵也很快选调配齐。郑和又发动整个舟师,除少数人看守船只外,其余全部上岛开荒三天。

三天的开荒结束,满剌加半岛开出一片一片阡陌平展的农田。拜里迷苏剌总觉得应该报答一下,于是对郑和说:"你的船队以后还来吗?""常来!"郑和说,"我既然下西洋,贵国就是必经之路。今后,少不了要麻烦于你。"于是,拜里迷苏剌也给郑和出了一个主意:由满剌加拨出一个小岛,让郑和舟师建造仓库,将物资储存于此,省得舟师载重跑来跑去。

一拍即合!郑和与国王拜里迷苏剌达成租用协议,在小岛上建排栅木垣,设四门更鼓楼,其内盖造仓库,下西洋所需物资皆储存于此,以便使用。郑和舟师驶往各国的船只,回航时都在此憩息,等候南风,扬帆回国。而留守官兵平时就指导岛民农耕。

仓库修好了。转眼到了中国农历春节。一年复始,万象更新。远离家乡的舟师官兵心里都有一种情思,"爆竹声中一岁除,春风送暖入屠苏。千门万户瞳瞳日,总把新桃换旧符"。

郑和看在眼里,想在心里,便传令舟师大小船只全都悬灯结彩,贴上大红春联,吩咐在六十二艘"宝船"上大摆宴席,邀请国王和岛民乡绅登船,与舟师官兵共贺新年。

一时,"宝船"上分不清谁是"主人",谁是"客人",开怀畅饮,举杯尽欢。舟师官兵的思乡情绪也抛到了九霄云外。

席间,国王拜里迷苏剌决定,将郑和舟师租用的小岛定名为"三保岛",因为他已经从副使王景弘那里打听到郑和原叫马三保。郑和不同意。满剌加一位长老,建言改叫"三宝岛",一宝是友好,二宝是生产,三宝是贸易。

国家不分大小，有这三宝，长久兴旺。郑和无话可说，只好默许。从此，郑和又称"三宝太监"。

郑和这次下西洋的第二件大事，是擒获锡兰山国王。

锡兰山国，即今天的斯里兰卡。郑和第一次下西洋时，曾访问过锡兰山国。该国国王亚烈苦奈儿傲慢无礼，企图加害郑和。郑和觉察后，迅速离去。

此次，舟师船队越过锡兰山海域，继续西行。正走着，后面的船只用旗语报告，有锡兰派来的使船求见。郑和命令船队停航。只见一艘三帆快船驶近，靠上主船。

锡兰山使者登船拜见郑和，让通事翻译："敝国国王亚烈苦奈儿，拜上天朝郑和大帅率领商船队，来与我西洋各国通商，敝国王十分盼望。不料郑大帅瞧不起敝邦小国，竟不顾而去，敝国王十分失望，特派我前来询问，是何缘故？"

郑和沉吟片刻，说："因行程紧迫，故未敢打扰贵国。请转达亚烈苦奈儿国王，我等船队马上回航，只是要给贵国增添麻烦。"接着，郑和下令船队转舵换向，随锡兰使者的快船，驶向锡兰山。

远远看见海中三座大山，形成一个巨大的港湾。使者的快船径直从山中间一条水道驶了进去。郑和发现有诈，忙令船队变成四列纵队，鱼贯驶入。穿过水道一看，里面是平坦的海滩。通事费信以前来过，禀报郑和，这儿名叫翠蓝屿，离王城别罗里约三十里。

郑和又令船队以战备阵形停泊，宝船、粮船、水船在内，马船和战船四面围绕。然后，郑和没用更多的仪仗，只率领警卫部队的一支骑兵，在通事费信的陪同下带着礼品，随锡兰使者去王城面见亚烈苦奈儿。

据史书记载，亚烈苦奈儿经常欺侮邻国，不断劫掠来往使节，在该地区横行霸道，邻近各国深受其害。郑和此次下西洋回国途中，折返船队再访锡兰山国，宣读明成祖朱棣敕谕海外诸国的诏书，劝告亚烈苦奈儿改弦更张，对明朝和各邻国奉行友好睦邻政策。亚烈苦奈儿不仅置若罔闻，而且引诱郑和进入国中，指使其子纳颜勒索金银财物。遭到拒绝后，就暗中发兵五万，去郑和舟师泊地抢劫郑和"宝船"，同时切断了郑和的归路。

郑和发觉后，立即带领随行人员和警卫部队回船，但道路已被切断。面对危急形势，郑和十分冷静。

他对部下说："贼大众既出，国中必定空虚，且谓我客军孤怯，不能有为，我出其不意攻之，可以得志。"（《明实录》卷一百一十六）于是，给王景弘写了一封密函，派人改道至海上，通知舟师坚决抵抗来犯的锡兰军，同时调遣三千精骑，乘夜攻打王城。前往劫掠郑和"宝船"的锡兰军惊闻王城即将被破，立即回师会同其他零散部队对王城的郑和精骑进行围攻。

锡兰军中大多是土著的半裸壮汉，身上挂着各色羽毛，舞着弯刀、梭镖，"嗷嗷"的吼叫声好像潮水激岸，此起彼伏。但进攻没有秩序，攻攻退退。

突然，就在通往王城的来路上，传来铺天盖地的轰鸣，像几百面大鼓在紧敲，又似一连串滚动的惊雷，震得王城也在颤抖。土著兵定睛一看，一群高头战马飞奔而至，马上是盔甲耀眼的骑士，挥舞的军刀在月光映射下，犹如一道道闪电。

原来这都是郑和密函中的部署。王景弘按照郑和的交代，派都指挥丁峰协助户部郎中到城外大张旗鼓地设摊贸易，亚烈苦奈儿不来骚扰，那就把生意做下去；如果敢来抢劫，那就布成车阵与其周旋。只要等到亚烈苦奈儿出来了，便去抄他的后路。

果然不出所料，亚烈苦奈儿带着城内所有精壮兵勇跑出来抢劫。郑和随即指挥五百骑兵，从间道直袭王城别罗里。守卫城门的土著兵猝不及防，郑和冲进王宫，把亚烈苦奈儿的妻子、儿女全部俘获。

接着，郑和亲率一支精骑，杀向亚烈苦奈儿。土著兵勇早已一哄而散，偌大的海湾滩涂上，只剩亚烈苦奈儿孤零零一人。不用费力，便将这位曾经企图诱捕郑和的国王活捉了。

锡兰山之战，一举两得。

郑和出其不意地攻占锡兰王城，俘获国王全家，又以此牵动锡兰劫船的兵勇回援，保障了舟师安然无恙。

而且，郑和亲率骑兵抄后路彻底打败五万余兵勇的锡兰军，郑和卓越的军事才能可见一斑。

永乐九年(1411年)六月,郑和回国,将被俘的锡兰山国王献于朝廷,"群臣请诛之,上悯其愚无知,命姑释之,给与衣食。命礼部议择其属之贤者立为王,以承国祀"(《明实录》卷一百一十六)。

郑和四下西洋——

永乐十年(1412年)十一月二十五日,郑和奉诏。因此次航程远,要去阿拉伯国家,准备时间稍长,舟师于第二年冬才起航。两年后,永乐十三年(1415年)七月八日回国。

这次远航,到达占城、爪哇、满剌加、苏门答剌、阿鲁、锡兰、柯枝、古里、吉兰丹(今马来西亚半岛)、溜山(今马尔代夫群岛)、忽鲁谟斯(今伊朗东南部)、剌撒(今也门境内)、加异勒、麻林(今肯尼亚境内)。

郑和这次远航,有一个特别任务,即要执行明成祖的命令,"统领官军剿捕"苏门答剌伪王。

苏门答剌即现在的印度尼西亚苏门答腊省府棉兰,毗邻马六甲海峡北口,扼守印度洋和太平洋的海上交通要冲,战略地位十分重要。明成祖朱棣即位以后,多次与苏门答剌互派使节,建立和保持着友好关系。

永乐五年(1407年)以后,苏门答剌国政局动荡,王位数易其主。据《瀛涯胜览》记载:"苏门答剌国王宰奴里阿比丁先被邻国孤儿花面王侵掠,战斗时身中药箭而死。王之幼子锁丹罕难阿必镇尚小,不能与父报仇。王之妻与众誓曰:'有能报夫之仇,复全其地者,吾愿妻之,共主国事。'言讫,本处有一渔翁,奋志而言,我能报之。遂领兵众当先杀败花面王,复雪其仇。花面王被杀,其众退伏,不敢侵扰。王妻于是不负前盟,即与渔翁配合,称为老王。家室地赋之类,皆由老王裁制。"

永乐十年(1412年),原国王之子锁丹罕难阿必镇弑杀继父(渔翁)夺回王位。老王(渔翁)儿子苏干剌逃至山中,立寨为王,不时率兵攻打锁丹罕难阿必镇。

永乐十一年(1413年),锁丹罕难阿必镇"遣使赴阙(明朝廷)陈诉请救,上命正使太监郑和等统率官兵剿捕"(费信《星槎胜览》),生擒伪王。

永乐十三年(1415年),郑和率军在苏门答剌登陆,在该国军队的配合下,进攻苏干剌军。苏干剌战败,逃至南渤利国,郑和军穷追不舍,将苏干剌抓获交苏门答剌国处决。

旧港之战、锡兰山之战和苏门答剌之战,都是"立威之战"。远离本土的海上作战,诸多不利,但郑和摸清敌情,准备充分,诱敌就歼,出奇制胜,大涨了郑和舟师的军威,威名远播。

更为重要的是,实现了明朝与阿拉伯和东非国家的交往。这些远方国家仰慕明朝的富强,纷纷随郑和舟师前来中国朝贡。"际天极地,罔不臣妾。"(《天妃灵应之记》碑)一个强盛的四夷宾服的大明帝国,在东方崛起了。

郑和五下西洋——

永乐十四年(1416年)十二月十日,郑和奉诏。舟师于次年东北季风来临出航,于永乐十七年(1419年)七月十七日回国。

这次远航,到达古里、爪哇、占城、锡兰山、木骨都束、溜山、南渤里、卜剌哇(今索马里境内)、阿丹(今也门亚丁)、苏门答剌、麻林、剌撒、忽鲁谟斯、柯枝、南巫里、沙里湾尼(今印度半岛南端东海岸)、彭亨(今马来亚半岛)等地。

此次下西洋,主要是护送各国来华使节回国,并对各国进行回访。同时,对各国国王、酋长等颁发大明朝廷的诏书、敕命,并接受各国的文书、表章,加强了大明帝国同海外诸国的友好关系,也满足了永乐大帝君临天下、四方来朝的虚荣心。

郑和六下西洋——

永乐十九年(1421年)一月三十日,郑和奉诏。同年秋天出航,次年八月十八日回国。

这次远航,主要是护送忽鲁谟斯、阿丹、祖法儿(今阿曼的佐法儿)、剌撒、卜剌哇、木骨都束、古里、柯枝、加异勒、锡兰山、溜山、南渤里、苏门答剌、阿鲁、满剌加和甘巴里(今印度西南部)等十六国前来朝贡的使臣回国,并对沿途所经国家和地区进行访问。

郑和七下西洋——

郑和第六次下西洋之后,于永乐二十二年(1424年),应旧港酋长施济孙（施进卿之子）邀请，并代表明朝廷前往旧港颁发施济孙继承宣慰使印鉴，参加庆贺典礼。

在旧港期间，明成祖朱棣于永乐二十二年（1424年）七月十八日去世。明仁宗朱高炽于八月十五日即位，即位当天就下令停止下西洋。郑和从旧港回国后，奉旨率领下西洋官兵守备南京。

明仁宗朱高炽即位不满一年就死去了，明宣宗朱瞻基即位。五年之间，没有一个海外国家来朝进贡，明宣宗朱瞻基遂命郑和再下西洋。

宣旨时为宣德五年（1430年）六月，因舟师停航多年，准备时间较长，从长乐五虎门开航已是一年半之后的宣德六年（1431年）闰十二月初九了。回国时间是宣德八年（1433年）七月六日。

这次远航，目的只有一个，就是向海外诸国通告明宣宗朱瞻基"君临万邦""祗嗣大统"，继续奉行明成祖朱棣所制定的外交政策，号召外邦同明朝一如既往保持友好关系。访问的国家，依《明实录》记载，主要有忽鲁谟斯、锡兰山、古里、满剌加、柯枝、卜剌哇、木骨都束、南渤里、苏门答剌、剌撒、溜山、阿鲁、阿丹、甘巴里、祖法儿、竹步（今索马里境内）、加异勒等国及旧港宣慰司。

在返航回国途中，七下西洋的统帅郑和于宣德八年（1433年）三月初旬在古里逝世，享年六十二岁。

七

郑和一死，明朝走向海洋的脚步戛然而止。

声势浩大的远航活动虽然沉寂了，但距今六百余年的这支文明礼仪之师的影响是深远的，中国史学界给予"民族征帆"的高度评价。

一个中国人的名字，像航标灯一样闪耀在茫茫夜海六百余年，这个犹如启明星般的名字，曾点燃15世纪的文明曙光，辉映和引领了一个时代的航路。

这位航海先行者以智慧为舵、意志作桨，扬起和平的风帆，饮风餐浪二十八载,犁波耕澜数十万里,创造了世界航海史上的壮举。

截至1433年,郑和的船队远涉太平洋、印度洋、大西洋,最远到达红海和非洲东海岸,航迹遍及三十多个国家和地区。

郑和首航八十七年之后,意大利人哥伦布于1492年横渡大西洋,到达被他误认为是亚洲岛屿的美洲新大陆;郑和首航九十二年之后,葡萄牙人达·伽马于1497年绕过非洲南端的好望角,沿着郑和当年开辟的航线抵达印度西海岸;一百一十六年之后,葡萄牙人麦哲伦穿越大西洋与太平洋之间的后来以自己名字命名的"麦哲伦海峡"。郑和以率先近一个世纪的脚步,领跑了世界航海探险运动。

拂却六百余年的烟云,让我们重新审视那段久远的历史,再次端详郑和这位伟大的政治家、军事家、外交家、航海家,重新遥望在中华民族史、乃至世界文明史上曾经骄傲驶过的郑和船队那一片片高挂的风帆。

思想有多远,步伐才能走多远;目光有多宽广,胸怀才能有多博大。郑和每次远航,都是万人出征、百舸齐发,帆阵如云、旌旗蔽天,其规模之庞大、组织之严密、装备之精良、气势之旺盛,让亚洲任何一个国家乃至所有欧洲国家的海军联合起来都无以匹敌。而后来哥伦布、达·伽马和麦哲伦航海的船队只有几条船,最多不过二十条船。

场面之壮观固然令人称叹,但郑和之帆所绽放的智慧之光更令人称奇。造船技术和航海技术涉及结构力学、流体力学、磁力学、工程学、数学、天文学、地理学、地质学、海洋学、气象学,生物学、医学等多门学科,代表了科技领域的最高成就。郑和宝船从结构到机巧无一不体现着中国人的聪明才智,令欧洲造船业只能望其项背。

当年这支庞大的木船编队,能够在洪涛接天、巨浪如山的大海上,"云帆高张、昼夜星驰",不能不说是航海史上的奇迹,他们运用中国人自己发明的指南针,通过星辰定位,精确引航;他们采用昼行认旗、夜行认灯等方式,实现船舶间的联络、调度。郑和留下的四幅《过洋牵星图》证明"过洋牵星"就是天文导航。船只航行中通过牵星板观察天体高度从而确定航向和位置。郑和的"过洋牵星"技术非常准确有效,所测得的北极星高度、地理纬度以及方向、航线都和现在的数据大致相同。

此外,郑和舟师在航行中,还以"更"来记录航海里程,以"托"作为测量海水深度的单位,以判明航行的位置。郑和使用的罗盘,以地支和部分干支、八卦合用,构成二十四个方位。实用时,不仅使用单针(即一个方位),又有缝针(即并用二向),还能三向并用,可以指示四十八个方向,非常缜密。配合天文、地文定位和导航技术,浩瀚的大洋才变为通途。

《郑和航海图》,原名为《自宝船厂开船从龙江关出水直抵外国诸番图》。图上,绘制出五百三十多个城市、岛屿、航海标志、滩、礁、山脉和航路名称,准确、形象、丰富、完整,是世界上现存最早的航海图集,成为包括哥伦布、麦哲伦、达·伽马等航海家竞相秘密寻找的资料……智慧之光,照亮了沉沉夜空。

海路迢迢,水天茫茫,荒岛暗礁、冰川海沟、漩流风暴无数,可谓危机四伏、险象环生。

云谲波诡中不会没有桅断桨裂之苦,风蚀浪损中不会没有折戟沉沙之灾。但郑和带棺出海,不畏艰险、百折不挠,表现出非凡的胸怀与气魄、超人的胆识与勇气、卓越的才能和智慧,他用勤劳、勇敢和聪明,完成了一个人对国家的贡献、一个民族对人类历史的贡献。征帆如碑,浓缩了中华民族的精华,伫立在五千年历史的长风中,雄峙瀚海六百余年。

八

走出国门,需要自信,更需要实力。

15世纪以前,中国、印度等东方文明古国的经济文化发展走在世界前列。

1405年,法国尚处在英法百年战争的中期,兵燹频仍,生灵涂炭;英国正在废除农奴制和劳役制,发展自耕农占多数的经济社会,逐步形成英国民族国家;东南亚、南亚、非洲一些国家和地区处在奴隶制社会和部落纷争之中,生产力水平低下;大洋洲、太平洋和印度洋诸岛仍然处在原始公社制社会阶段。而此刻的明朝处在"永乐盛世",国家一统,社会安定,经济繁荣,国力强大。

朱棣不愧是中国历史上为数不多的大手笔皇帝。他继承明朝开国皇帝朱元璋的诸多英明政策,战而不乱,开而不禁,保持了经济社会的发展稳定。

这位把国都从南京迁到北京、修复秦长城、扩建大运河、建造紫禁城、编纂《永乐大典》、爱好天文的皇帝,登高望远,受到了蔚蓝色波光的诱惑,遂出台了一系列发展造船工业、海上运输和对外贸易的政策。由此,中华文明的脚步迅速从陆路向海上拓展。

郑和把大明王朝的铁锚抛扎在诸洋沿岸的港湾,也把中华古代文明种在了风情万种的异域。他忠实地执行"以德睦邻""厚往薄来"的"宣德化而柔远人"的外交政策,致力于弘扬中华礼教和儒家思想、历法和度量衡制度、农业技术、制造技术、手工艺、建筑雕刻技术、医术、航海造船技术等,肩负起"宣教化于海外诸番国,导以礼仪,变其夷习","与天下共享太平之福"的重任。

郑和以舟楫之便,促进了部落间的融洽。

所到之处,一些宣扬文化、宗教的使者,一些弃水登陆的水手,一些传播水稻种植技术、渔猎技术、织造技术的工匠,一些经不住海上颠簸的老弱病残和在风暴中弃船求生者,被留在异域孤岛,渐渐融入当地的生活,客观上起到了提升土著文明的作用。日复一日、年复一年,几十年几百年地,他们眼巴巴地眺望东方,等候祖国的宝船来接他们回家。濡湿的目光一次次地被连天洪涛挡住,凝成行行苦泪,最终风干成荒冢青碑上斑驳难辨的汉字。

花里莲心苦,根底藕丝长。

长空远海,不复相聚。只是有人依稀听说自己的祖先是从东方来的一条大船上下来的,有青瓷花瓶瓦罐碎片为证。

两位秘鲁专家甚至发现美洲土著人的 DNA 与中国广东人相似。这一医学发现的背后,该有多少动人而又酸楚的故事!

九

　　人心易昧，公理难欺。郑和前后，世界各国林林总总的征帆风樯中，唯一堪称"和平之帆"的，是郑和的船队。

　　大明王朝表现出泱泱大国的风范和博爱仁慈的胸怀，以和为贵，广施博予，照顾各方利益，协调多边关系，既树立中国权威，又不伤及各国利益，远近岛屿一样亲近，大小国家一律平等，各种宗教和平共处，多个民族相互依存。他们以和合文化安抚各邦，以儒家礼仪教化四邻，以强大的海上武力震慑兴风作浪者，文宣武备，恩威并重，纵横捭阖，游刃有余，维持国际秩序、维护诸国稳定、保障海上安全，促进了世界和平与稳定。

　　郑和宝船上满载的是精美的金银、丝绸、瓷器、漆器、铁器、香炉、香油、中药、茶叶、食物、家畜、植物等礼物，以及操有各种手艺的能工巧匠，精通各种语言的翻译，佛教、伊斯兰教人士，沿途各国人民惊奇而热烈地迎接着这些来自昌明隆盛之邦、诗礼簪缨之族，穿着长衫彬彬有礼的使臣。郑和船队走到哪里，就把哪里变成海洋的节日和节日的海洋。

　　沿着郑和开辟的友谊之路，诸国君主使臣纷至沓来，进贡礼拜，形成"万邦来朝"的盛景。朱棣在位二十二年，亚非国家使节来华三百一十八次，平均每年十五次。文莱、满剌加、苏禄、古麻剌朗等四个国家先后有七位国王亲自率团前来，最多一次有十八个国家朝贡使团同时来华，还有三位国王访华期间病逝，留下遗嘱要托葬于中国，明朝都按照君王的待遇一一厚葬。

　　传播浩荡皇恩，普洒文明雨露，也使郑和赢得了声望和爱戴。东南亚一些国家的人民到处为这位中国的"和平之神"、形象大使建庙竖碑，冠以"三宝"之名的庙宇、山城、街道、港口、宫殿、水井、石碑、禅寺，遍布各岛。在中国南海，至今铭刻着郑和那不朽的名字。南沙群岛中的"郑和群礁"同"景宏岛""马欢岛""费信岛"一起，仍然似当年出航那样亲密地相伴相随。

　　人们不会为强盗树碑立传，只有和平的使者才能享此殊荣！

　　航路漫漫，游历无数，但郑和船队没有建立任何自己的城、据点和殖民地,没有贩卖黑奴,没有强迫推广自己的语言。他的船队数次穿过马六甲海峡,却从未对当地有过一寸土地的要求。与此形成鲜明反差的是,几百年来葡萄牙人、荷兰人、英国人、日本人无数次地把战刀插在这个沟通东西方的咽喉上。一些航海家、探险者同时也是双手沾满鲜血的侵略者、殖民者。西班牙、葡萄牙为争霸海上,把地球"咬"成两半:西班牙独占美洲,葡萄牙抢占亚洲与非洲。哥伦布这位深受《马可·波罗游记》影响的热那亚水手,毫不隐讳地宣称自己要去"遍地黄金,香料盈野"的中国和印度,就像当年十字军东征的士兵坚信"东方遍地流着奶和蜜"的蛊惑一样。葡萄牙海上远征队公开声称其在非洲西海岸的主要目标,是贩卖奴隶,寻找黄金和象牙。利益使航海家变成殖民强盗。在欧洲伸向亚洲的魔爪中数葡萄牙最凶狠,这个小国也因香料贸易一跃而成为富庶强国,中国澳门正是在这种背景下落入葡萄牙殖民者之手。航海家达·伽马率领坚船利炮前往印度,一路烧杀抢劫,把砍下的土著居民的手足、割下的嘴唇耳鼻、敲掉的牙齿,竟以船装舟载,恶行令人发指!他们曾在印度洋遇到一艘从麦加返回的没有武装的船,一次烧死船上的摩尔人700多人!还用大炮摧毁了印度城市科泽科德。西班牙人坚称自己为攫取食物、香料和黄金而航海。勇敢的麦哲伦没有想到他会葬身于比他更勇猛的菲律宾群岛部落居民愤怒的刀下。他的船队出发时二百六十五人,三年后回到西班牙时仅生还十八人。

恩格斯一针见血地指出:"葡萄牙人在非洲海岸、印度和整个远东寻找的是黄金;黄金一词是驱使西班牙人横渡大西洋到美洲去的咒语;黄金是白人刚踏上一个新发现的海岸时所要的第一件东西。"葡萄牙、西班牙等国家早期的航海史是扩张、侵略、殖民的历史,翻开的每一页都沾满血迹,不忍卒读。

今天非洲一些国家的博物馆里,欧洲人登陆时使用的火炮和中国人馈赠的陶瓷瓦罐排列在一起。这种鲜明对比是对郑和的和平之旅与欧洲航海家的扩张之旅、殖民之旅最好的评判。

十

写到这里,我们不能不提及英国前海军军官、作家、历史学家加文·孟席斯。2002年3月,孟席斯在英国伦敦宣布了一个震惊国际航海界、历史学界和考古界的消息。

最早绘制世界航海图的是中国人!第一个到达美洲大陆的不是哥伦布而是中国明代的郑和!先于麦哲伦穿越"麦哲伦海峡",开辟世界环球航程的第一人是中国人郑和!第一个绕过好望角的不是达·伽马而是中国的船队!

孟席斯是在研究威尼斯制图家匹兹加诺绘制于1424年的一幅海图时获得这一发现的,因为他发现了另一幅标记有中国舢板、地名与航线标识比匹兹加诺海图更丰富、更具体、更完美的海图——表明曾有更高文明的航海家做过环球航行。要完成如此宏伟之旅的航海家,必须来自一个具有相当政治威力、经济实力、科技能力和航海经验的国度。就当时世界范围来看,非中国莫属。

孟席斯沿着这条思路和航线"按图索骥",经过十四年的研究,对一百二十个国家和地区的纪念物、古城堡、珊瑚礁、荒滩孤岛的实地踏勘,对九百多家图书馆、档案馆和博物馆史料的查证,以及沿途发现的大量诸如中国瓷器、丝绸、贡品、石雕、帆船遗骸、汉字,甚至中国式耳环等实物的考察,把自己的成果写成《1421:中国发现世界》一书。

孟席斯之所以截取并放大1421年,是因为这一年郑和第六次下西洋,创造了许多辉煌的经典。

我们对孟席斯的探索精神肃然起敬,为我们先人的骄人业绩而自豪,也为郑和的命运而感叹。尽管国内专家学者从史料分析,郑和并没有完成环球航行。

然而不管怎样分析,郑和都是一位勇敢而伟大的蹈海者。他的前头,只有几位摸索着海岸线前行的航海家,他的身后近一个世纪才有哥伦布、迪亚斯、达·伽马、麦哲伦、库克船队的帆影。但真正让英雄孤独的,是高处的寒意。郑和与风浪搏斗得筋疲力尽时,并不清楚万里之外的大明朝廷正酝酿着一场轩然大波。郑和船队六下西洋返航后,朱棣皇帝驾崩于北征途中,便有人开始责难朱棣的外交政策。加之明朝后期,灾害连连,国库空虚、民生凋敝,有人便指责郑和出海是劳民伤财,所以朱高炽即位当天即颁诏停止造船、召回人马。但禁航令不但没有从根本上扭转时局的尴尬和经济上的窘境,反而阻滞了日益兴旺的海上贸易。更为严重的是,这种保守观点直接滋生和助长了闭关锁国的政治主张。在朝野舆论的压力下,郑和近十年风帆未启。

1431年,经历了国门无人叩问的落寞之后,新登基皇帝朱瞻基派遣年已六旬的郑和第七次出航。此时,这位斗得过刀风剑雨却躲不开唇枪舌剑的老航海家,知道这次很可能是他一生中最后的远航了。作为一位虔诚的穆斯林,亲自到麦加朝觐是他终生的愿望。然而就在这一次,郑和却犹豫再三,最终决定放弃一己之愿。他派出穆斯林水手去圣地,自己却悲怆地留守在他七下西洋七次驻足的印度古里,凄楚地遥望阿拉伯海对面,那里是他景仰的圣地。郑和此举是想向世人表明,他不畏艰辛远涉重洋,是为了大明王朝,绝不是为了实现一己私愿。因为最终,也就是在这一次,印度古里永远地留住了这位世界上最伟大的航海家最后的足迹。

十一

一切在意料之外,也在意料之中。

迎接这位伟大航海家疲惫风帆的是一堆熊熊大火——为防止再有人出海,兵部官员甚至焚烧了郑和浩浩荡荡满挂荣耀的船帆、苦心经营多年的造船厂和耗尽心智的造船图纸、航海日志、航海资料。一代先行者开辟的航路就这样葬送在火海。明人一炬,遗恨千古!随后,明朝陷入了彻底的禁海政策——外贸商人被处死,外语教学被严令禁止。及至清朝政府,甚至严令——"片帆寸板不许出海,界外不许闭行,出界以违旨立杀!"

一个民族的航船就此搁浅了几百年!

第七章　郑和远航扬起中华民族灿烂云帆

几百年来,我们想祭奠我们的航海先辈,竟很难找到一片帆布或者船板。我们只能在外国博物馆里借阅一眼流落他乡的海图复印件,只能从外国考古发现的只言片语中解读一二,只能从外国人打捞的中国帆船遗骸中遥祭我们先人的风骨和英灵。中国孩子知道哥伦布、麦哲伦和凡尔纳《八十天环游地球》的多,详知郑和的少,这是何等的遗憾!与东南亚一些国家和地区的三宝公庙一到春节就香烟缭绕、摩肩接踵的场面相比,中国的郑和纪念馆显得落寞孤独,这是多么的不可思议!我国史书中关于郑和缺乏应有的篇章,寥寥几笔,差谬多多。美国《国家地理》杂志曾盘点上一个一千年里世界上最负盛名的探险家,三十多位探险家名列其中,唯一的亚洲人郑和赫然在列。外国人尚且如此,我们不应轻薄了自己!

几百年来,郑和似乎并没有受到民族功臣应享的礼遇。郑和下西洋,是实现个人精神追求和道德价值的一大步,更是中华民族迈向文明的一大步,他为此付出了自己的后半生,甚至贡献了自己的生命。令人遗憾的是桨声帆影之后,中国经过了几百年不应有的平静和缄默。

不错,郑和是一名太监,但是他并没有像李莲英、安德海等那样在深宫高墙内结党弄权满手血污,而是肩负民族大义、高扬和平风帆踏波远行,他是真正的男人!我们不应忌言郑和的太监身份,那是中国古代封建制度下的痼疾,郑和本人也是一位受害者!他把一个被人鄙视的封建肌体的恶瘤——宦官,做到了如此辉煌,这在中国历史上是绝无仅有的,我们应该公允地评判这位中华民族的英雄。

几百年来,郑和的历史贡献和深刻意义似乎没有被世界全部认识。海面上从来就没有风平浪静,制海权一直是争夺的焦点,炮火连天,海浪如沸,各国都在为资源、为疆域而战。回望六百余年前的征帆远影,假如没有郑和船队游弋海上,调停纷争、震慑强梁、安抚弱小,中国周边不可能有和平安定的环境,沿途诸国不可能刀枪入库、铸剑为犁、发展生产,不同民族、不同种族、不同宗教信仰部落之间,不知道还要厮杀多久,世界文明的脚步还要滞行多久;假如没有郑和的探险之旅,人类的脚步还哆哆嗦嗦地离不开海岸线,跨洋贸易、洲际交流还要经过漫长的摸索,中国也不可能有造船工业、纺织工业、陶瓷业、医药业等的繁荣和发展。

和平利用海洋，推进文明进步，是郑和下西洋的初衷，是中国对世界的贡献，是全人类共同的精神财富。

在评定郑和的诸多的历史贡献之后，更为重要的是，郑和的伟大之处还在于他最早提出了与近代"海权"思想相近似的重要思想。七下西洋，使他目睹了蓝色海洋的通达、富饶，深切感受到控制海洋与建设强大舟师对一个主权国家的不可或缺。他向踟躇不前的仁宗进言："欲国家强富，不可置海洋于不顾。财富取自于海，危险亦来自海上。""一旦他国之君夺得海洋，华夏危矣。"同时，他还指出："目前中国舟师战无不胜，可用之扩大经商，制服异域，使其不敢觊觎南洋。"仔细推敲，郑和"不可置海洋于不顾"的思想，与闻名世界的美国"海权之父"马汉的"海权论"大同小异，而且还早于马汉四百六十多年。

郑和之后，中国的历史反复证明了一个道理——落后就会挨打。如果没有一支强大的海上武装力量，就很难保证国家安全和领土完整。想想伟大的郑和六百余年前的铮铮预言，感慨弥深！

郑和是伟大的。他的精神之帆应该永远飘扬在中华的天空！不幸的是，郑和远航"前无古人"，在他身后五百多年也是"后无来者"！

一百年前，梁启超先生长叹："哥伦布以后，有无量数之哥伦布，达·伽马以后，有无量数之达·伽马，而我则郑和以后，竟无第二之郑和。"

郑和的征帆落下，开放的帷幕也黯然降落，明朝中叶到鸦片战争，中华民族上演了闭关锁国三百多年的荒诞剧，也上演了割地赔款、屈膝求和、丧权辱国的悲剧。

假如，当年威震海陆的郑和船队余威仍在，就不会有后来面对列强战舰的惊恐万状与束手无策，就不会有八国联军长驱直入紫禁城，就不会有大清帝国的园林在强盗的大火中痛苦呻吟，就不会在朱棣为奖掖郑和而赐建的南京静海寺内签下第一个丧权辱国的《南京条约》，就不会有甲午海战令人悲愤的滴滴血泪！

舟停桨歇无奈何，万马齐暗究可哀。先行者成为挨打者，探险家的家园沦为冒险者的乐园，这酸楚的历史，腥风依然，帆痕犹在！

历史不会因忘却而驻足，也不会因假设而改写，更不会因觉醒而重演。

洞开的国门不会再关起,哪怕是门外电闪雷鸣、虎豹四伏。

郑和是维护和平的勇士,是倒在征途的英雄。

他的生命之帆塑成一座丰碑,耸起一个民族的精神高度。

郑和下西洋不是个人的行为,而是一个民族的行为、一个国家的行为,是中华民族的一次跨越。我们应该以民族的名义、以国家的名义给予他英雄的荣耀。让我们面对滚滚不息的历史长河,面向波涛汹涌的蔚蓝色的大海,酹祭郑和七下西洋那斑斓绚丽的云帆。

第八章 "戚家军"平倭患与"露梁海战"

一

明朝的海禁,贻害无穷。

从明初开始,朱元璋就不准商民浮海通贸海外。嘉靖元年(1522年)罢黜市舶司,彻底堵塞了宁波、泉州和广州的通商窗口。但是,"官市不开,私市不止",从事海上贸易的商人,先与葡萄牙人及荷兰人私通贸易,又很快与其分道扬镳,转向东洋,同日本人建立密切的海上贸易关系。

从日本方面看,同中国通商维系着国计民生,"倭日服饰、器用,多资中国,有不容一日缺者"(郑若曾《筹海图编·经略》)。日本人需从中国获得丝绵、锦绸、织绣、布、铁锅、铁链、漆器、水银、药材(甘草、川芎等)和古钱、书画等物。随着日本国"资用日广",从明王朝"贡市"所获货物不足"供一国之用",以致日本国内货价飞涨。而富足的中国,就像热气腾腾的鱼羊火锅,只要是日本人谁都想赶来分上一杯羹。

与明朝初年相对应,日本后醍醐天皇时,国家分裂成南北朝,南北朝统一后,足利义满当权,但仍处于各小国争战时期,出现"六十六国互相争长"局势,足利将军家族不能独霸中国"贡市",于是大小诸侯争相组织"萨摩岛津船""丰后大有船""周防大内船",还有濑户、九州的海盗船载着武士、商贾和浪人航海到中国侵扰沿海各地。这些日本人,一手持方物,一手持戎器,拦截海道,抢劫财物。不得手,则陈其方物而称朝贡。"番人泊近岛,遣人坐索,竟不肯偿。番人乏食,出没海上为盗。"(谢杰《虔台倭纂·倭原》)倭患由此而发。

日本人为"倭",出自汉代。大汉开辟辽东四郡,如雷贯耳。当时日本岛处于战乱时期,一位封建领主为了宣示自己的主权和争取大汉的支持,遂派遣使者向大汉朝请求赐封。东汉光武帝刘秀没有犹豫,于中元二年(公元57年)册封该领主为"汉委奴国王",并与诸侯王和番王同等形制赐予一枚金印。古"委"通"倭",从此中国称日本岛上的政权为"委奴国",或称"倭国"。然而,对于"委奴"这个称呼,日本人认为有失体面,从隋朝开始就遣使要求中国更改国名,隋炀帝予以拒绝,直到唐朝武则天即位,才恩准将倭国改为日本。但是,到了明代,中国人痛恨劫掠中国的日本人,所以就将日本海盗仍称为倭寇。

倭寇确实猖獗,到了明宣宗时代,倭寇从海上来中国已是熟门熟路,尤其是明世宗嘉靖年间,由于海防废弛,致使倭寇的侵袭愈演愈烈。而蹂躏东南沿海的倭寇不同于普通的海盗。海盗大多是乌合之众,只要抢掠财物的目的一经达到,随即呼啸而去,而倭寇则不然。他们登陆后通常要建立根据地,有时还围攻城池。

倭寇的成员并非全部来自日本,也常常混杂不少中国人。有的是被强迫剃发胁从,为倭驱使;有的则是黠吏游僧、凶徒逸囚、奸商劣绅,自行髡发椎髻,身着倭服,成了奸细,为倭向导。在日本方面,充当倭寇的武士浪人,来自山口、丰后、大隅、萨摩、博多湾、对马和五岛列岛。这些倭寇乘坐可以装载百人左右的船只登陆。大举入侵时,常常集结三十至五十艘船只,人数多达几千。在他们的凶焰最为高炽之际,可以有两万人据守占领区内的军事要地。在入侵的初期,他们几乎战无不胜,主要原因在于战术的诡异和武器的锋利。

倭寇的身材不算魁梧,甚至矮小,但很结实很灵活,能极其娴熟地使用双刀，并且和近旁的伙伴互为呼应，协同作战。颇为特异的是，他们的指挥信号乃是班长排长手中的折扇。当双方开始接触，班长排长把折扇往上一挥，他们的部下就以刀锋向上。当对方的注意力为这种动作所吸引，他们就突然倒转刀锋迎头砍下。这种双刀的长度不过五尺，但挥舞起来，一片刀光，使"上下四方尽白，不见其人"，可以在一丈八尺的方圆之内杀伤对方。其他常见的武器还有弓箭和标枪。

据记载，"倭竹弓长八尺，以弓蹈其鞘，立而发矢。镞宽二寸，近身而发，无不中者"，所掷的标枪"不露竿，突忽而掷，故不测"。至于火器，似乎并不为他们所重视。

倭寇的基本战术，总是派遣三十人以下的小部队进入村落，协同的信号是海螺声。倭寇在和大部队官军遭遇时，还采取另一种战术，即先取守势以减杀官军的锐气，或者制造恐怖气氛使官军陷入心理上的劣势，其盔上饰以金银牛角之状，五色长丝，类如神鬼，以骇士气。手执明镜，善磨刀枪，日中闪闪，炫人眼目。因而，我兵士往往为其所怯。

倭寇所到之处，男丁妇女被劫掠，金银财物被抢光，城镇房屋被烧毁。这伙强盗杀人不眨眼，连婴儿孕妇也不放过。抓住婴儿，割其心肝，饮酒作乐，或将婴儿捆绑在竹竿上，用沸水浇灌，听其惨叫，拍手言欢。更有甚者，将孕妇抓获，猜怀孕是男是女，然后剖腹，以验输赢。倭寇的暴行，令人发指，不仅给中国沿海地区人民带来极大的灾难，而且直接威胁到明王朝的统治。

在16世纪中叶，日本这一岛国能够严重威胁大明王朝东南沿海各省的安全，这种现象确实令人匪夷所思。合乎逻辑的倒是明朝的士兵应该越海进攻日本。因为当时的日本不仅地狭人稀，而且几十年来没有形成一个统一的政权，内战频仍，法律和纪纲可谓一片空白。明朝是一个高度中央集权的国家，被一个极有组织的文官集团所把持，中央指挥地方如身之使臂，极少发生抗命的事情。同时我们这个帝国在名义上拥有当时世界上最大的常备军，人数多达二百万。

然而，中国古代统治阶级一旦夺取政权，新皇帝登基之后就对将军们严防死守，既要他们保家卫国，又怕他们反过来夺权。到了明朝，自朱元璋

第八章 "戚家军"平倭患与"露梁海战"

统治起也一样。鉴于唐朝藩镇的跋扈,从洪武年代开始,就具有这种重文轻武的趋向。大约经过一百年,文官集团进入鼎盛阶段,将领们即使出生入死,屡建奇功,其影响也未必抵得上一篇精彩的文章。

这种制度和风气造成的危害是深远的。

万历年间,一股五六十人的倭寇竟创造出一个奇迹。他们登陆后深入腹地,到处杀人越货,如入无人之境,越过杭州,经淳安入安徽,迫近芜湖,围绕南京兜了一个大圈子,然后经宜兴退回武进。

后来这股人马不多的倭寇虽然被歼,但是被他们杀伤的竟有四千人之多。而南京实为陪都,驻军十二万人,倭寇畅行无阻,这样的军事行动,在世界战争史上也极为罕见。

在军政方面,人事的任免以及补给、交通各项也统统由文官主持。尤其是明朝的皇帝奇葩事很多,到了嘉靖朝和万历朝,朱厚熜、朱翊钧两个皇帝都是"甩手掌柜",一个二十年不上朝,一个三十年不上朝。朝政都由内阁首辅全权负责。这是一个文官说了算的时代。

武官的任命多数"世袭",荫及子孙。

从万历朝开始,推行乡试。这种武举的录用重在刀枪弓马是否娴熟,由文官主持笔试,其要求只是粗通文字。因此,培养出来的高级将领,几乎很少有人具备运筹帷幄的谋略。

所以,不论朝廷如何调遣官军围剿倭寇,实际上都是纸上谈兵的外行对付妖魔化的日本军团。

倭寇肆无忌惮的活动迫使明朝政府不得不采取强硬的对策。然而冲突一开,军事上的虚弱即暴露无遗。高级指挥官无法确知部下的实际数额,也弄不清究竟有多少战船可以调配使用。下级军官在部队出发之前先要向地方富户勒索兵饷给养。而一旦发生战斗,有的部队干脆闻风而逃,有的部队虽然敢于迎战,但由于墨守密集队形的战术,往往造成一人失利,万人溃散。

一直到16世纪中叶,倭寇的势力大张,不仅屡次攻破被视为固若金汤的东南海防,而且长驱直入,视守军为无物,这才使中枢的文官惊醒。

难道,守军无将才?"兵备使""海防道"全都形同虚设?

否！就在朝廷焦急之时,戚继光临危受命!

二

戚继光,山东登州(今山东蓬莱)人,出身将门。

戚继光的六世祖戚祥曾随朱元璋起义,后战死在云南。于是,朱元璋册封戚祥的后代世袭登州卫指挥佥事。

戚继光的父亲戚景通,袭职后不仅忠于职守,而且教子有方。

戚继光七岁入学,天资聪慧,十五岁已经通读兵书,写得一手好诗文。十七岁,参加山东乡试,成为武举。

嘉靖二十三年(1544年),戚继光承袭父职担任登州卫指挥佥事。当时,山东沿海一带遭受到倭寇的烧杀抢劫,戚继光有心杀贼,便立下了"封侯非我意,但愿海波平"的豪迈誓言。

嘉靖三十二年(1553年),戚继光晋级为署都指挥佥事,管理登州、文登、即墨三营及其所辖的二十五卫所,负责山东沿海的御倭重任。任内,他大修沿海防御工事,整饬军队,巩固海防。

嘉靖三十四年(1555年),戚继光调任浙江都司佥事,次年,由浙闽总督胡宗宪推荐,戚继光擢升参将一职,负责防守宁波、绍兴、台州三府的军务,抗击倭寇入侵。

当时,倭寇在这一地区的沿海、岛屿建立许多据点,大肆掳掠。戚继光刚升参将,倭寇就入侵慈溪县,进攻龙山所。

龙山所是戚继光的辖地。

戚继光接警,立即率军前往。殊不知,比倭寇多十余倍的明军,"望贼奔溃,闻风丧胆",戚继光独木难支,终究未能打败倭寇。

接着,岑港战役,明军在雁门岭遭倭寇伏击,兵无斗志,再次败逃。因而,戚继光被朝廷"坐免官,戴罪办贼"(《明史·戚继光传》)。

戚继光深知明军的弊端,决心着手组建他的新军。由于朝廷已深刻理解事态的严重性,所以不得不批准他组建新军的计划,并且加征新税作为招募和训练的费用。

兵源不是来自军户和卫所,而是另行在浙江金华、义乌一带招募。募兵原则只收农民和矿工,而不收城市游民。他认为来自市井的人都属于狡猾无赖之徒。这种观点,虽然有它的片面性,但实际上,在城市中有固定职业的人是极少自愿从军的。即使应募,绝大多数只是把兵营当作解决食宿的救济所,一有机会就想另谋高就。这样的士兵如何能指望其奋勇杀敌效死疆场?所以戚继光订立了一条甄别应募者的奇特标准,凡属脸色白皙、眼神水灵、举止轻快的人一概拒之门外。因为这种人几乎全是来自城市的无业游民,实属害群之马,一旦交锋,不仅自己会临阵脱逃,还会唆使周围的人一起逃跑,以便一旦受到审判又会嫁祸于那些言辞钝拙的伙伴。在这个标准下招收来的兵员,都属于淳朴可靠的青年农民和满掌老茧的矿工。

戚继光直白地说:"两个手持狼筅的士兵不需要特别的技术,膂力过人就足以胜任。"

新兵入伍之后,首先是道德教育。

戚继光认为,军队的任务是"保障生民,捍御地方"。他以通俗的语言向士兵说明来自人民、保卫人民的深刻道理。他对士兵说:"兵是杀贼(倭寇)的东西。设使你们果肯杀贼,守军法,不扰害,他(人民)如何不奉承你们?"又在训话中告诫他的士兵应该有感恩之心:"你们当兵之日,虽刮风下雨,袖手高坐,也少不得你一日三分。这银分毫都是官府征派你地方百姓缴纳来的。你在家哪个不是种田、开矿的百姓?你思量在家种田、开矿缴纳赋税的苦楚艰难,即当思想今日食银容易。又不用你耕种、下矿担作,养了一年,不过望你一二阵杀贼。你不肯杀贼保障百姓,养你何用?就是军法漏网,天也假手于人杀你!"

道德教育,使戚继光得以在所招募的新兵中建立铁一般的纪律。他推行"连坐法",其杀一儆百足以使部队在强敌之前不易击溃。

严明纪律的同时,戚继光对新军进行强化训练,严格要求他的新军和水军所有兵员,学会符合实战要求的真本领,杜绝"徒支虚架,以图人前美观"(戚继光《纪效新书·比较武艺赏罚篇》)。

他的话,设身处地鞭挞人心:"凡武艺不是答应(应付)官府的公事,是你来当兵防身立功,杀贼救命,本身上贴骨的勾当。你武艺高,决杀了贼,贼如何又会杀你?你武艺不如他,他决杀了你。若不学武艺,是不要命的呆子!"

在戚继光以前,在军队中受到重视的是个人的武艺,能把武器挥舞如飞的士兵是大众心目中的英雄好汉。各地的拳师、打手、盐枭以至和尚和苗人都被招聘入伍。等到他们被有组织的倭寇屡屡击溃以后,当局者才觉悟到一次战斗的成败并非完全取决于个人武艺。戚继光在训练新军的时候,除了要求士兵技术娴熟以外,就充分注意到了小部队中各种武器的协同配合,每一个步兵班同时配置长兵器和短兵器。戚继光对一个步兵班作了如下的配置:队长一名,伙夫一名,战士十名。这十名战士有四名手操长枪作为攻击的主力,其前面又有四名士兵:右方的士兵持大型的长方五角形藤牌,左方的士兵持小型的圆形藤牌;之后则有两名士兵手执"狼筅",即连枝带叶的大毛竹,长一丈三尺左右;长枪手之后,则有两名士兵携带"镗钯"。"镗钯"为山字形,铁质,长七八尺,顶端的凹处放置火箭,系有爆炸火药的箭,点燃后可以直冲敌阵。

这种的配置由于左右对称而名为"鸳鸯阵"。

"鸳鸯阵"的技术,也是针对来自农民和矿工的特点而设计的。右边持方形藤牌的士兵,其主要的任务在于稳定本队的阵脚。左边持圆形藤牌的士兵,则要匍匐前进,并在藤牌后掷出标枪,引诱敌兵离开有利的防御位置。引诱如果成功,后面的两个士兵则以"狼筅"把敌人扫倒于地,然后让手持长枪的伙伴一跃而上把敌人戳伤刺死。最后两个手持"镗钯"的士兵则负责保护本队的后方,警戒侧翼,必要时还可以支援前面的伙伴,组成第二线的攻击力量。这些宝贵的经验过去由于不为人所重视而没有见诸文字,戚继光则不,他把所有的细节写成了一部操典式的书本,人手一册。而军官,则要熟读、精读他九卷本的《练兵实纪》。

新军奔赴战场之前,戚继光总是号召士兵英勇杀贼。士兵日常的军饷,大体和充当短工的收入相等,但另设重赏以鼓励士气,一个倭寇领队的头颅,赏额高达白银三十两。他深信重赏之下必有勇夫。

除了部队的素质以外,主帅戚继光卓越的指挥才能是决定胜利的关键因素。在他指挥部队投入战斗以前,他习惯于把各种条件以及可能发生的情况反复斟酌。一些事情看来细小,却都在他的多方思考之内。例如士兵在遇到敌人之前以小便为名企图脱队,或是情绪紧张而神色异变。他认为一个士兵如果在作战时把平日所学的武艺用上百分之十,可以在格斗中取胜;用上百分之二十,可以以一敌五;要是用上百分之五十,就可以纵横无敌。战场上白刃交加的残酷现实,迫使这位高级将领决不能姑息部下,也决不能姑息自己。在平日,他要求士兵一丝不苟地训练,哪怕伤筋断骨也在所不惜;在临战前,他就要求自己绞尽脑汁,以期准确地判断形势。在临阵前的两三天,戚继光就要求侦察兵每隔两小时报告一次敌情。

戚继光发挥了孙武的"庙算"和"知战"思想,强调先战先算,多算而战。

他的"庙算"也不仅仅是庙堂之算。凡是未出兵之前,都要运筹预算。他使用的地图用红黑两色绘制,一目了然;如果有可能他还让人用泥土塑成地形的模型。他的部队中备有每月每日日出和日没的时间表,当时虽然还没有钟表,但他用一串七百四十个珠子的念珠作为代用品,按标准步伐的时间一步移动一珠,作为计算时间的根据。能够作这样精密的考虑,就几乎没有任何因素不在他的掌握之中。

在作战中,戚继光不惜初期接战的损失。经验告诉他,如果以雷霆万钧之力,加于敌方组织重点之上,则枢纽既被消灭,其全局必定迅速瓦解。而对付倭寇这样的敌人,只要日本人被击败,中国方面的胁从者大多就会放下武器投降。

这支经戚继光亲手训练而成的精锐新军,就是历史上有名的使倭寇闻风丧胆的"戚家军"。

组建戚家军的同时,戚继光根据作战海区的水文气象情况,选造了福船、海苍船、艟船、开浪船和网梭船等五种战船,在台州就地督造四十四艘。

各型船只混合编组。五艘战船福船两艘、海苍船一艘、艟船两艘,以及负责联络、探察的开浪船和网梭船组成一哨,设哨官一名。左右两哨为一营,设领兵官一名。共设五营,即中营、左营、右营、前营、后营,由指挥一名统领。

战船编制的职责:捕盗是一船之长,负责全船的指挥。舵工专管掌舵,兼管舵门下的攻守。缭手专管帆樯绳索,主持调戗。扳招负责观察通信。上斗负责在望斗瞭望,并用犁头镖枪下射贼船。碇手专管锚碇,并负责船头的攻守。兵夫十名为一甲,由甲长一名率领。

有了人,还要有武器。戚继光深知人和武器的关系,精兵离不开精器。既要练兵,又要精器。精兵利器对敌,才是真正的强者、胜者。所以,战船的武器装备要精良。

戚继光认为"水战火(器)为第一"(戚继光《纪效新书·舟师篇》)。因此,战船配置了当时最先进的火器,而且数量多。每艘大福船装备的火炮多达十门,较小的网梭船也有五门。火器的种类,既有大发熕、大佛郎机、碗口铳、鸟嘴铳等管形发射式火器,又有火箭、火砖等燃烧性火器和"震天雷"这样的爆破性火器,还有使敌致盲的烟罐和灰罐。至于冷兵器,从传统的水战兵器钩镰,到刀、枪、箭、弩,一应俱全。

战船上装备三甲至五甲,明确分工。第一甲是佛郎机甲,专管使用佛郎机,当敌船接近时,负责投掷火砖、烟罐等火器;第二甲是鸟铳甲,专放鸟铳;第三、四甲是标枪杂艺甲,敌船离远时,照管船只、摇橹扯帆,敌船接近时,则用刀枪、打石、施放火药;第五甲是火弩甲,以一半人员使用弩,一半人员投射火箭。

战船与武器装备都到位了,戚继光又以岳飞"岳家军"的"冻死不拆屋,饿死不掳掠"的军纪为榜样鞭策部队,禁止砍伐树木、毁坏田地、奸淫民女和杀害战俘。

而戚家军水师的战场纪律更为严厉,战船有"退缩后到者,斩其捕盗(船长);船行迟曲而后到者,斩其捕盗、舵工;遇浅者,斩其扳招手;船虽先到而不直射贼船,傍边擦过者,斩其舵工、缭手;使风不正者,斩其舵工、缭手;如已使逼贼船,相并不能成功,致贼船复走者,斩其捕盗、甲长"(戚继光《纪效新书·治水兵篇》)。遇警时,不听中军船号令,官兵解衣而卧的,停泊时无故上岸的,都要治以军法。

执法中,赏罚分明,当奖者虽仇亦奖,该罚者虽亲不免。还以浅显易懂的文字将各种号令刊出,并要求军官"件件苦处要当身先,与士兵同滋味","兵民相体,万众一心"。

水师训练分为陆上操练、水寨操练和海上操练。戚继光十分重视陆上操练。陆上操练是基础,海上风大浪高,如果不在陆上练好基本功,贸然出海操练,等于白练。同时,他要把水师锤炼成一支既能海战又能陆战的两栖部队。他说:"逼贼登山,将不舍舟步战乎哉?"(戚继光《纪效新书·治水兵篇》)意思就是,贼被逼上山了,难道不要离开战船从水战转为陆战吗?

临阵作战,先求稳当,次求变化;强手对弈,既要老到,又要精明。戚继光如是说。

嘉靖四十年(1561年)三月二十八日,台州城厢彩旗飘扬,海港码头人头攒动,热闹非凡。这一天,戚继光督造的四十四艘战船,举行出海仪式。

戚继光登上检阅台,眺望着那一艘艘高桅厚橹的福船,一艘艘行驶快捷的海苍船,还有一艘艘用于侦察敌情、负责联络的开浪船和网梭船,近可以卫海,远可以巡洋,心情无比激动。回想,他到浙江已经五年,亲自训练了一支三千人的新军,又建造了这批战船,建立了一支新型水师,真是时不我待,事在人为!

常言道,国事急如星火,民心重于泰山。丈夫闻鸡起舞,英雄快马加鞭。戚继光立刻决定将新建水师战船,分别部署于松门和海门。这样布防,剿灭浙江倭寇就有了十成的把握,百倍的信心。

三

戚家军建成不久,戚继光调任台州、金华、严州(今浙江省西部)参将。

台州辖宁海、临海、黄岩、天台、仙居、太平,三面隔山,一面濒海,是倭寇经常骚扰的地区。

戚继光到任后,深入沿海勘察,鉴于海岸线长,声援不及,戚继光向总督胡宗宪建议,设置备兵台金佥事。

胡宗宪不仅是浙闽总督,同时也是抗倭名将,文韬武略兼备,另一名抗倭名将俞大猷曾是胡宗宪的麾下。胡宗宪推荐戚继光擢升参将,从支持戚继光组建新军到每一次抗倭,总是采纳其建议。于是,胡宗宪同意,以唐尧臣为分巡台金佥事,监海防军务。

嘉靖四十年(1561年)春,倭寇五十余艘贼船,游弋于宁波、绍兴外海,刺探虚实,伺机入侵。

戚继光获悉情报,于四月十二日督水师出巡。倭寇听到了风声,离开台州地区,四月十九日停泊于象山。接着,倭寇从奉化东南方向登岸,快速窜至宁海以北,大肆抢掠,妄想吸引"戚家军"在台州、松门和海门的兵力,等"戚家军"出动,乘虚窜犯台州。

洞察形势的戚继光,判断出倭寇的企图,便投其所好,设了一个更大的局。

他向总督胡宗宪力陈,不打舍命战,不打糊涂战,要打一场算定战。而所谓算定战,就是知彼知己的全算全胜之战。得到总督胡宗宪"贼虽分侵,不可坠其中,辄便分兵应策,当合力并势,先讨其重大者,然后依次剿除"的指示,先虚晃一枪,分兵一部守台州,一部守海门,自己率领主力赶赴宁海,迎击一支最大的倭寇。

其实,戚继光给倭寇这群野兽,丢下一块难啃的骨头。

倭寇不知是计,只探知戚家军主力去了宁海,台州肯定空虚,遂分三路进犯浙江台州。一路倭船五艘载五百余人,由桃渚东北里浦登岸,入侵桃渚;一路倭船八艘六百余人,由同洋登岸,入侵新河;另一路倭船七艘二千余人,龟缩于健跳圻头(今三门湾一带),休整待机。

四月二十四日,倭寇开始抢掠新河郊外。城内留守的虽然都是老弱病残,但戚家军主力撤出之前,在城头遍插旗帜,布下疑兵,喊声、鞭炮声和施放的鸟铳声连成一片。倭寇从城外远远望去,以为城内早有准备,不敢贸然逼近。

四月二十五日,戚继光在宁海白峤收到唐尧臣战报,复信:宁海倭寇众多,新河倭寇少,宜先打宁海之寇,令戚家军胡守仁、楼楠二部支援新河。

当日,宁海方向旗开得胜,百炼成钢的戚家军终于英雄有了用武之地,一举全歼袭扰宁海的倭寇。

四月二十六日拂晓,进攻新河的倭寇发觉中了戚继光声东击西的圈套,转头逼近唱"空城计"的新河城下,但晚了一步。

戚家军援军及时赶到,与倭寇展开血肉拼搏。

倭寇不敌戚家军的"鸳鸯阵",慌忙退守城南寺前桥鲍家大院。

戚家军在新河城南严阵以待,等着"关门打狗"。

倭寇终于鱼贯出巢,刚一露头就被戚家军打了回去。来不及退回的倭寇,被胡守仁、楼楠二部左右夹击,百余人死在戚家军鸟铳的枪下。

入夜。戚家军乘势撤到新河城内,新河城俨然铜墙铁壁。胡、楼二部的戚家军不打舍命战,就地休憩。而故意给倭寇松开袋口,让倭寇像捡了便宜似的乘着月黑风高朝温岭方向逃跑。

四月二十七日,等在温岭的一支戚家军将飞蛾扑火般的倭寇逮个正着,戚家军的狼筅、标枪命中的全是倭寇的前胸和咽喉。

晕头转向的倭寇头目收拾残兵,慌不择路,乘着大雾跌跌撞撞地向乐清方向逃遁。

戚家军此战歼敌二百人,保住了新河。

新河战斗结束,唐尧臣向戚继光报告,新河之寇已破,但进犯桃渚之寇,焚舟南逃,现已到达精进寺(今临海东二十里)。戚继光并不糊涂,算定倭寇不犯桃渚,而进入精进寺,其目的是想乘虚侵犯台州府城。于是,当机立断,于次日凌晨挥师南下,急行军赶向府城。

窜到精进寺的倭寇从奸细处得知,台州府的城南只有一支二十人的卫队,守备薄弱,便大喜过望地向府城急进。戚家军中午到达府城外围,见倭寇已在离城两里的花街耀武扬威,戚继光顿时下令先打花街之寇。将士们齐声呐喊:"杀尽倭贼,方可进食!"

倭寇自恃骁勇无敌,在花街前摆开一字长蛇阵,拦截戚家军。戚继光冷冷一笑,打蛇就打七寸!趁敌立足未稳,亲自点燃号炮,指挥将士发碗口铳射击。一霎时,火光四起,硝烟弥漫。戚家军在金鼓声中挺进花街。前锋手中的火器轮番横扫,勇士朱珏奋勇当先,一刀砍下倭寇头目的脑袋,接着螺旋般一个又一个转身,将七个倭寇像切瓜一样纷纷斩首。

倭寇首领被杀,阵脚大乱。长蛇阵头尾断开,分成两股逃跑。

戚继光立即分两路追击,将一股碾压于瓜邻江中,另一股围堵在新桥之下,双双剿灭。从战斗打响到结束,戚家军只用了不到一顿饭的时间。

此战,戚家军两路精锐部队共斩杀贼首三百零八人,生擒倭寇头目两人,落水淹死者无数,夺回被掳民众五千余人。

花街大捷之后,戚家军威名大震。原本反对戚继光组建新军的官员也献媚般笑脸相迎,以劳军名义提醒戚继光养精蓄锐,见好就收。戚继光一如既往地像一把钢刀,刀锋磨得更亮。因为,倭寇的实力并未彻底清除,台州城仍面临着潜在危险。

果然,休整龟缩于健跳海面的倭寇开始登陆。

五月初,倭寇像一群群的黄蜂,密密麻麻聚集在大田镇。西南不远就是台州府城。这时,戚继光身边只有五百名将士。

兵力悬殊。戚继光对他的部下说:"用兵之法,无非奇正。众兵用正,寡兵用奇。敌众我寡,我当以一当十。你等面前是一群野兽,野兽不长脑子,只要进我伏击圈中,我当首战必胜!"

于是,戚继光令将士们在大田岭埋伏,准备出其不意突袭倭寇。

野兽不长脑子,倭寇却绝路逢生,临时改变路线,折向仙居。

戚继光思维不乱,计策不变,算定窜犯仙居的倭寇必经上峰岭,出白水洋。于是,先将两支令箭交给传令兵,快马传令:一支调集援军,一支令水师在白水洋等候。而对于这一带的山形地貌,全在他的模型图中,图上推演,烂熟于心。上峰岭南面是一狭长的山谷,两侧松林更便于部队埋伏。

戚继光先敌到达上峰岭,令将士以松枝隐蔽,要打就打它个攻其不备措手不及。

真是料事如神!倭寇冒雨向仙居进犯,到了上峰岭下,走进长长的山谷,自然而然变成一路纵队,队伍逶迤二十多里。

前头的倭寇首领,远望满山松林,不见有兵,便毫无戒备。等倭寇进了伏击圈,戚家军的将士甩开松枝,鸟铳、火炮齐发,接着居高临下,犹如猛虎下山杀向敌阵。

倭寇仓皇应战,只有招架之功,哪有还手之力。迫不得已,后队变前锋,向来路撤退。

可就在这时,戚继光伏击战前传令的一支援军赶到,堵住山口,倭寇顿时无路可退。

戚继光在山岭高处竖起一面白旗,振臂高呼:"旗下投降,不杀头,不问罪!"

戚家军重复高呼:"投降!不杀!"

声音如雷,响彻山谷。当即,数百人到旗下缴械。但顽抗的倭寇首领仗着人多势众,驱赶倭兵抢登上峰岭。

戚家军集中兵力猛打猛冲,迫使倭寇最后逃往白水洋。

白水洋上,戚家军水师早已架好了碗口炮。倭寇上天无路,入地无门,被戚家军全歼。

上峰岭战斗,共斩杀倭寇三百四十四人,生擒首领五人,缴获兵器一百五十件,夺回被掳男女一千多人。

戚家军取得以少胜多的战果,胜利班师台州城。当地民众夹道数十里相迎,欢声震天。

唯有戚继光不苟言笑,他觉得"台州大捷"首先归功于总督胡宗宪"并力合势,先讨其重大者,然后依次剿除"的正确作战方针,而在这一场连续的战斗中,戚家军的新军和水师只是初露锋芒,剿灭倭寇,任重而道远!

上峰岭战斗后,自宁海逃跑的倭寇聚集二千人,分乘十八艘战船,于五月十七日在长沙(浙江温岭东南海滨)登陆。

军情火急!戚继光连夜制订了全歼倭寇残匪部署:

第一步采用水陆夹击倭寇的战法,其中陆路从北(正面)、东、西三面联合围攻长沙,另以一千骑兵迂回到长沙东南,焚烧倭寇战船,切断倭寇通往海上的退路。

海上方向,则由百户陈濩率领水师在隘顽(浙江温岭东南部)以东海面邀击倭寇,由指挥胡震率领水师在松门西南海面待机,与陈濩构成犄角之势,以歼灭从海上脱逃之敌。

二十日晨,戚家军突然发起进攻,睡梦中的倭寇惊恐万状,迎战不利,纷纷夺船遁逃。但船只早被戚家军焚毁,倭寇只得投海泅渡,全被淹死。困顿于海滩之敌,悉数被歼。

戚家军发起攻击之前,倭寇曾分兵三百人出外抢劫,当这批倭寇听到大本营失守,便企图趁着夜色驾船出逃。共有十艘满载着倭寇的战船颠颠簸簸逃向外海,可是这帮倭寇哪里知道,早有戚继光安排的水师等着他们。

倭寇没跑多远,就被胡震率领的水师全部歼灭。

这次水陆配合的战斗,陆上围攻,海上截击,打得倭寇"只樯不返,而贼部中枭雄悉绝"(戚祚国《戚少保年谱》)。

四

浙江的倭寇被肃清之后,侵扰福建的倭寇日渐猖獗。

倭寇先后攻陷福清、福安、福宁、宁德、永宁。整个福建,"北自福宁,南及漳泉,沿海千里,尽为贼窟",其中宁德的横屿和福清的峰头,则是倭寇安营扎寨的老巢。

倭患不绝,而抗倭名将俞大猷被调往江西镇压农民起义军,海防卫所再也无能为力。在此情势下,福建巡抚游震得于嘉靖四十一年(1562年)上疏朝廷,请求调浙兵支援。

明世忠朱厚熜向浙闽总督胡宗宪下旨,派戚继光领兵六千人赴闽。

戚继光到达福建之后,向巡抚游震得进陈防务之策,针对福建海防卫所的现实情况,提出御敌制胜的有效措施:"定庙算,专责成,设监军,置将领,用部兵,复舟师,议军储,议赏格,正体统。"而对于当务之急的倭患,提议集中兵力先打横屿。

横屿,位于宁德东北二十里的三都澳,是一个四面环水的海岛,东北南三面背对三都澳,只有西面像一只巨大的簸箕朝向大陆。涨潮时一片汪洋,落潮时淤泥一片。

这巨大簸箕形的淤泥滩,前后左右各一千步,俗称"千步淤泥滩,鬼神腿吓弯",淤泥滩就是一道天然屏障。因此,倭寇将这里当作他们的根据地,岛上筑巢垒堡,滩头架设木栅。倭寇一旦出动,便是狼烟四起,三千倭寇把宁德一带搅得鸡犬不宁,数百余里望不见人烟,宁德县城早已是一座空城。可见,百姓躲避倭寇如同躲避魔鬼。

第八章 "戚家军"平倭患与"露梁海战"

誓杀敌虏,刻不容缓。

据岛固守的倭寇认为"陆兵不能过港",过港也迈不过千步淤泥滩。

戚继光根据横屿的地貌和潮汐,认为如用水师,战船易遭搁浅;如用陆兵,千步淤泥滩寸步难行。即使涉渡上岸,精疲力竭的登陆将士就是倭寇利箭前的活靶。

戚继光召开"诸葛亮会",戚家军中农民和矿工出身的士兵,个个献策,想出一个土办法——"负草填泥"。在淤泥滩铺上茅草,层层推进,抢滩登陆,消灭敌人。

戚继光觉得此法可行。

数千名农民出身的士兵个个都是割草的老把式,很快准备好足够"负草填泥"的草料。

进攻横屿的战斗打响时,正值大潮退去。戚继光亲自擂响战鼓,陆战将士涉水登滩,摆开"鸳鸯阵",锐钯、藤牌在前筑起一道围墙,陆战将士每人负草一捆,随进随铺。众将士听鼓前进,每进百步,止鼓休息,休息片刻,复鼓复进。

横屿岛上大大小小的倭寇,远望滩涂一片锐钯、藤牌,认为匍匐前进的戚家军肯定陷于淤泥不能脱身,便欣喜地狂呼乱叫起来。哪知,喘息之间,戚家军的"鸳鸯阵"变成了"龙虎阵",锐钯、藤牌让开缺口,背水一战的陆战将士从淤泥滩呼啸般跃上浅水礁石,站稳脚跟就是火砖、火箭齐发,很快突破倭寇的滩头防线。

倭寇张弓搭箭,箭头再猛也挡不住戚家军挥舞着狼筅有进无退的将士,倭寇的胸膛再硬也敌不过戚家军鸟铳的弹头。

淤泥滩头,成了倭寇的坟场。

落荒而逃的倭寇一部分涌向山顶老巢,负隅顽抗;另几部分涌向海边,企图夺船。

然而,这一切都是穷途末路。

在戚家军的多面夹击下,倭寇阵势大乱,往日凶神恶煞,今日魂不守舍,有的剖腹,有的投海。投海不是溺死,就是被戚家军水师俘获,当了俘虏仍然反抗者,格杀勿论。

戚家军占领了倭寇老巢,并将其焚毁。

此战,戚家军生擒倭寇二十九人,斩首三百四十八人,解救被掳男女八百余人,还宁德民众一片安宁。

横屿之战以后,戚继光趁热打铁,向福清挺进。八月底抵达福清城。九月二日,在牛田(今福清东南)激战一天,歼灭倭寇四百余人,救出被掳男女二千多人。

终于,福清也清了!

年关将近,戚继光考虑到浙江官兵思乡之情,同时考虑到部队因战斗减员,需要补充休整,所以,上报浙闽总督胡宗宪同意,撤军返回浙江。

五

戚家军一撤,倭寇再次猖獗起来。

原来,宁德的横屿和福清的峰头,虽然是倭寇的老巢,但两处不到四千人,还有超过上万的倭寇,潜入闽东和闽南一带,大半个福建被倭寇糟蹋得乌烟瘴气。其中一支由北路攻陷福宁、政和,另一支足有六千倭寇由中路包围兴化府城(今莆田)。

兴化告急,数千民众被掳。

福建巡抚游震得请总兵刘显率兵前往救援。

刘显先派通信官与兴化城守军联系,没料到所派之人还未进城就被倭寇捕捉并秘密杀害。

倭寇伪装成明军,带着刘显的亲笔信件,迷惑住守城官兵打开城门。倭寇大队人马不费吹灰之力就占领了兴化,三天就将兴化城洗劫一空。

兴化城的陷落,惊动了朝廷。朝廷震怒之下,一面撤销游震得、刘显两人的巡抚和总兵职务,令其戴罪立功;一面委派谭纶为福建巡抚兼提督,调新任福建总兵俞大猷和浙江总兵戚继光迅速入闽剿寇。

朝廷这次动真格,下了剿平倭患不惜代价的决心。

俞大猷得令后,率领所部从江西火速赶到福建,与刘显所部一起等候

第八章 "戚家军"平倭患与"露梁海战"

戚继光,合兵围剿倭寇。

戚继光年前回到浙江后,得到总督胡宗宪的鼎力相助,在义乌招募身强体壮的新兵万余人,正训练中,接受再次入闽的命令,便率领扩充的戚家军于三月初开始赴闽。

从浙江到闽北一路高山密林,道路崎岖,加上黄梅雨季,行军甚为艰苦。尤其困难的是,阴雨绵绵,军中不能举火烧饭。

发兵之前,戚继光便算定时节气象和闽北的地理环境,命军需官烤制一种北方人日常食用的干饼,干饼中央留一小孔,用麻绳串联挂在将士身上充当干粮。将士们称它为"光饼"。

小小"光饼"解决了行军作战就餐的大问题,节省了大量时间。就这样争分夺秒,边练兵、边行军,三月中旬戚家军到达福建兴化境界的会师地点。

倭寇首领惊闻戚家军又来了,而且是三军会合,料定凶多吉少,于是急忙派三千人护送在兴化城劫掠的大量财物回日本,留下彪悍精干的三千倭寇移驻渚林以南许家村,以平海卫为依托,迎战明军。

这是一股老牌倭寇,狂言"纵横沿海数十年,踏平福建无敌手"。他们在渚林扎营,气焰十分嚣张。这个渚林,地处长足形半岛的脚腕,而半岛就是明朝的平海卫所,只是,自从倭寇入侵,平海卫形同虚设。

嘉靖四十二年(1563年)四月十九日,戚继光率军抵渚林。当日,戚继光察看完地形,便与俞大猷和刘显交换进剿方案。接着,三人共同向巡抚谭纶和监军王道昆陈述具体作战部署。戚继光主动请缨,"身为中哨,刘、俞为犄角"。谭纶为戚继光这种勇担重任敢当先锋的担当精神所折服,当即同意以戚继光为中军,负责正面强攻;以俞大猷为右军,刘显为左军,从两翼夹击倭寇,并约定两日后行动。

四月二十一日凌晨,戚家军以胡守仁为前导,分兵三路,迫近渚林倭巢。

倭寇螺号声响,出动二千人迎击戚家军,前锋是百余骑兵。戚继光命前队施放火器,炮火震天,倭寇前锋战马受惊,人仰马翻,眼看阵形大乱,后队数千倭寇几乎是赤膊上阵,犹如神鬼附体爆发出殊死搏斗的魔力,与戚家军展开肉搏战。

整个战场,血肉横飞,其惨烈程度超出戚继光的想象。

戚继光命令部队夺取一座倭寇占领的石桥,第一次进攻失败,一哨官兵二十六人全部阵亡;第二哨继之而上,又损失了一半的人马;这时剩下的官兵企图后退,在现场督战的戚继光手刃哨长,才使攻势得以继续,最终击破敌阵。

战场是残酷的,后退就是逃兵!

这时,刘、俞二部左右两翼赶到。倭寇三面受敌,招架不住,逃回老巢。三路明军乘胜追击,将倭寇围困巢中,借风火攻,一举荡平了倭巢。

此战,从发起攻击到打扫战场只用了半天时间,歼灭倭寇二千四百五十人,解救被掳男女百姓三千多人。戚家军吃过"光饼"之后,马不停蹄继续追剿逃跑的倭寇,直至将其全部歼灭。

平海卫之战后,戚继光毛遂自荐,上疏朝廷请求由他"统一浙闽之责",赋予他调动整个浙闽部队的权力。在谭纶的大力推荐下,戚继光升任福建总兵官,负责福建全省及与福建相邻的浙江金华、温州两府水陆军务。

戚家军的胜利纪录无出其右。这支部队屡次攻坚、解围、迎战、追击,而从未在战斗中被倭寇所击溃。

六

戚继光是一个不知疲倦的将领,"一年三百六十日,多是横刀马上行"。繁忙的军务之中,戚继光还抽空撰写军事著作和诗文。

他在完成《纪效新书》《练兵实纪》《武备新书》《莅戎要略》等军事著作之后,又刊印了他的诗文集《止止堂集》。出身于武举的将领,大半生都在戎马倥偬之中,能够写出这样的作品堪称出类拔萃。

在平常的谈话中,他可以随口引用儒家的经典和史书记载的教训,因此文官们都对他刮目相看,认为他不是"鲁鱼不分"的一介武夫。

戚继光的私宅命名为"止止堂",运用《庄子》中"虚室生白,吉祥止止"

第八章 "戚家军"平倭患与"露梁海战"

的典故，表示他谦抑自持，愿意在虚静之间得到吉祥。他想过虚静的生活，也许，只能是一种奢望。

戚继光在二度入闽剿除倭寇时，曾写下一首《题武夷》："一剑横空星斗寒，甫随平北复征蛮。他年觅得封侯印，愿学幽人住此山。"然而，戚继光又留下"封侯非我意，但愿海波平"的诗句，还亲笔书写过一幅中堂，笔力遒劲，催人猛醒："叱马过幽州，横行北海头。朔风喧露鼓，飞电激蛇矛。奋臂千山振，英声百战留。天威扬万里，不必侈封侯。"

戚继光以晋将封侯激励自己，又以"封侯非我意，但愿海波平"鞭策自己，鞠躬尽瘁，死而后已。但他确实功成名就了，和戚继光同时代的武人，没有人能够建立如此辉煌的功业。

能攻善战敢打敢拼的戚家军在戚继光的正确指挥下，转战浙江、福建、广东等省，并与俞大猷等抗倭将领率领的部队协同作战，终于获得了抗倭战争的全面胜利，肃清了危害明朝统治长达二百年之久的倭患。

七

一代名将戚继光，在1588年1月5日离开了人间，时值万历十六年。

将星西陨之际，即16世纪80年代，日本政坛上出现了一个声名显赫的人物——丰臣秀吉。

丰臣秀吉以武力统一了日本全国，但国内仍有一批异己势力难以控制。为了巩固自己的统治，缓和国内冲突，他决定把复杂的国内矛盾转嫁国外。因此，制订了先占朝鲜，然后征服中国，进而再向南洋扩张的庞大的军事侵略计划。第一步，丰臣秀吉向朝鲜提出"借道入明"的狂妄要求，然而，遭到朝鲜朝廷的断然拒绝。

丰臣秀吉恼羞成怒，于万历二十年（1592年）四月十三日，发动侵朝战争，日本称为"文禄庆长之役"，中国称为"壬辰战争"。

日本侵略军计有陆军一万六千人，海军近四万人，乘大小舰船七百余艘，由对马岛渡海，翌日晨在朝鲜釜山一带登陆，然后将其陆军兵分三路，南、北、中同时并进,并令海军沿朝鲜海岸首先向西、继而向北推进,以配合陆军攻占朝鲜的全部领土。

日军只用了两个月时间,就占领了汉城(今首尔)、开城和平壤。

朝鲜面临亡国的危险,于是,朝鲜王遣使向中国明朝求援。

朝鲜是中国的友好邻邦,唇齿相依,唇亡齿寒,且日本的狼子野心昭然若揭,朝鲜只是跳板而已,"关白(指日本首相丰臣秀吉)之图朝鲜,其意实在中国;我救朝鲜,非止为属国也"(《明史·纪事本末》卷六十二)。鉴于此,明朝廷遂决定发兵援朝抗日。

万历二十年(1592年)十二月二十三日,明军入朝参战。翌年初,连克平壤、开城。四月二十日,收复汉城。

海上,朝鲜水军也取得了一系列巨大胜利。

玉浦海战。朝鲜水军在李舜臣指挥下,于1592年5月4日,集结大型板屋船十四艘、小型挟船十五艘、鲍作船四十六艘,与日军藤堂高虎率领的五十艘战船,在巨济岛东岸的玉浦港、永登浦附近海面和合浦附近海面,进行三次激战,共击沉日军战船四十四艘,朝鲜战船无一损失。

泗川海战。5月27日,李舜臣得知十余艘日船向庆尚南道南海岸的泗川进犯,立即准备应战,于29日率战船二十三艘,从全罗南道左水营出发,途中与庆尚南道水营三艘战船会合驶至泗川海湾外海,见湾内停泊十二艘日本楼船。日军怯战,弃船上岸,在山上布阵。李舜臣果断决定诱敌出海。日落时,朝鲜水军佯装撤退,日军见机登船出海,当日军战船驶出海湾,李舜臣的战船突然掉转船头接敌,用火炮、弓箭猛烈攻击,将十二艘日本战船全部击沉。

唐浦海战。6月2日,李舜臣率一支水军进至唐浦附近,发现二十一艘日船在港内停泊。朝鲜水军便以龟船为先锋,发起突然攻击。日军竟然没有丝毫觉察,指挥船受到炮火的密集射击,旋即沉没,阵脚大乱。朝鲜战船从两面包抄,并切断其退路,将二十一艘日船全部击沉。

固城海战。6月4日,李舜臣收到固城唐项浦出现数十艘日本战船的情报,次日清晨,李舜臣和李亿祺一起率领五十一艘战船向唐项浦海面搜索前进,发现湾内停泊大小日船二十六艘。朝鲜水军立即冲入湾内,发起攻击。为了全歼敌船而避免敌船抢滩，李舜臣又引蛇出洞快速后撤，日军中计开始追击。当日船全部追出海湾后，李舜臣立即掉转船头从两侧包抄围攻。这次海战，朝鲜水军将敌船二十六艘全部击沉。

栗浦海战。固城海战后，朝鲜水军在附近海面继续巡逻，搜索残敌。6月7日，发现七艘从栗浦驶向釜山的日船，便迎头痛击。敌船受到拦截后，马上向栗浦方向撤退，李舜臣派出战船追击，在栗浦附近海面将其全歼。

闲山岛海战。由于朝鲜水军多次在海上打败日军，日军则动员舰队全部力量，以陆军配合从海上发动总攻。6月下旬，日陆军进攻全罗道，企图夺占朝鲜水军的后方；日舰艇则在巨济岛一带集结，准备分三路向西发起进攻。为粉碎敌人的攻势，朝鲜水军以其全罗左右道的舰艇和庆尚右道的舰艇组成联合舰队。7月初，李舜臣率领联合舰队主动出击，7月7日，联合舰队到达唐浦时得知，在见乃梁海面出现日本舰队。李舜臣率领舰队驶至见乃梁，首先派出六艘板屋船前去诱敌。日军不知是计，由其海军指挥官胁坂安治率领舰队前来迎战。朝鲜板屋船且战且退，将敌引至闲山岛附近海面。李舜臣见日本舰队进了他的伏击圈，立即号令联合舰队进行两翼夹击，用火炮和火箭猛攻。前来追击的日军战船中，有三十五艘安宅船（大型船）、十七艘关船（中型船）和七艘小船，无一逃脱，全被击沉。

李舜臣成了战无不胜、百战百胜的"战神"。

"战神"的战绩，还在不断地向前扩展。在接下来的7月9日和8月中旬，李舜臣又在金海、花樽、仇米、多大浦和绝影岛等地，击毁一百余艘日军战船，打得丰臣秀吉简直没有脾气！

飞扬跋扈的丰臣秀吉垂头丧气，不得不于1593年开始议和，实质上是争取喘息的机会，调兵遣将，伺机再战。

果然，1597年2月，丰臣秀吉撕掉了和谈的假面具，派遣小西行长、加藤正清统帅陆军十四万人、海军数万人和战船数百艘，再次侵犯朝鲜。这时，使日军闻风丧胆的朝鲜名将李舜臣，竟因朝廷中了日本人的奸计而身陷囹圄，而让一个昏庸无能只会溜须拍马的元均接替李舜臣的职位。

1597年7月15日，日本海军突然袭击漆川岛锚地，毫无实战经验的元均猝不及防，首战即遭惨败，仅十二艘战船幸免，几乎使朝鲜舰队全军覆没。

漆川岛海战的失败,使朝鲜国王幡然醒悟,重新任命李舜臣为三道水军统制使(即海军司令)。同时,再次向中国明朝请求增援。

八

中朝联军大举反攻,连续奏捷,很快将日军压缩在朝鲜南部一隅。

万历二十六年(1598年)八月,丰臣秀吉病死,遗命从朝鲜撤军。当时,在朝鲜的日军除第一军主力已先期撤退外,尚有兵力四万六千余人,拟分三批撤退。为了防止日军逃跑,中朝联合舰队已将其附近海面封锁,严阵以待。而日本舰队也必须突破海上封锁,否则,谁也回不了日本本土。

一场大战,即将打响。

在海上作战,中朝联军无论战场指挥和兵力,还是战船数量和质量均占有明显的优势。

中国明朝水师主帅为水师提督陈璘,兵力为一万三千人,战船五百余艘。这些战船根据实战需要,又分为福船、楼船、沙船、海苍船、海舫等多种型号。武器装备除弓、弩、刀、枪、矛等冷兵器外,还配备大量火器,如佛郎机、虎蹲炮。当时明军火炮威力要比日军强得多,明军火炮的最大射程达到三千米,而日本火炮只有一百至两百米,两者之间不可同日而语,因为根本就不在一个等级。

朝鲜水师主帅为水军统制使李舜臣,兵力为四万八千人,各种战船四百八十余艘。在朝鲜水军众多的战船中,最具特色的是李舜臣研制的"龟船"。远望,形状酷似一只巨大的海龟。这种龟船长十余丈、宽丈余,整个船体舱板上面覆有形似龟背的拱形盖板,盖板上除十字通道外,插满了利刃和锥尖,使敌人难以攀登,盖内的武士、水手皆可安全行动。船艏是一个龙头,龙口是火炮发射口。船艉像龟尾,尾翼掩蔽的部位也有一个铳穴。船的左右两舷各有铳穴六个,在铳穴下方安装有八至十支摇橹。龟船不仅船体坚固,抗撞击,而且航行极其灵活,因攻击力和防护能力都比较好,所以它成为李舜臣的旗舰。多次海战,日船只要看见朝鲜龟船,都是望而生畏,不敢接近。

相比之下,日本水师的战船虽然有三千艘之多,数量可观,但构造简单,性能较差,装备的武器为火铳(原始的滑膛枪炮)、弓、矢、倭刀等,所以作战能力显然不强。

中朝联合舰队的主力共有八百余艘战船,部署在古今岛以东海域,掌握了朝鲜西南海域的制海权。

明朝水师提督陈璘最先获得日本撤退的情报。

据情报,日军撤退的部署是:东部驻西生浦、梁山、竹岛的各部在釜山集结,候船返国;中部驻居昌的各部就地上船,径返本国;西部驻顺天、泗川、南海、固城的日军,要等到东部日军撤离之后,再分头到巨济岛集结,然后乘船回国。

日军大部队撤离都在朝鲜海峡进行,所以,这是中朝联军歼灭日军的一个极佳机会。

日军撤离的主要海区为朝鲜海峡西南海区。

这一海区极为特殊,岛屿星罗棋布,水道纵横交错。地形与海情十分便于中朝联军依托岛岸,隐蔽机动地打击敌人。同时,该地区潮差较大,平均潮差可达十米,这在远东地区极为罕见。而且,这个海区还有一个特点,每当涨潮时,水势来得极其凶猛,退潮时水位又降得很快,大片浅滩顷刻之间露出水面,舰船尤其是大中型舰船很容易搁浅。

陈璘与李舜臣共同谋划,决定在海上打一场阻击战,并作出相应部署:主力由古今岛向东推进到左水营、罗老岛以东海面,在左水营建立前进基地和联合作战指挥所;以一部兵力占领猫岛,封锁光阳湾,截断小西行长所率第二军的退路;以一部兵力在露梁海峡以东海域巡逻,监视泗川、南海、固城等地日军的动向。

万历二十六年(1598年)十一月十一日晨,日军开始撤退。日本驻朝鲜西南部的第二军部队登船待发,其先遣船队驶至光阳湾口的猫岛附近海面时,立即受到中朝联合舰队的拦截,先遣船队的退路被截断。日军统帅小西行长非常担心:一旦被中朝联军水师包围,可能将遭到全军覆没的下场。

为了免遭厄运,日第二军编组了一支突击船队,连续向中朝联合舰队发起攻击。

但是,中朝水师的战船船体大、航速快,并且舷墙坚厚,日军的火铳犹如隔靴搔痒不起作用。反而日军战船在中朝水师战船的撞击下,就像陶土沙器一般四分五裂,兵员伤亡十分惨重。最后,小西行长只好向驻扎在泗川、南海的日军求援。

此时,驻守泗川、新城的日军第五军主力在岛津义弘率领下,已经登船,等待潮水上涨就起锚出航。当岛津义弘接到小西行长的求援信后,便改变原定驶往巨济岛的路线,决定驶往猫岛,为小西行长解危。

十八日夜,这支庞大的船队乘月色向露梁海峡疾驶,企图突入光阳湾,打破中朝联军水师的海上封锁。航行途中,与从南海开来的宗义智部船队会合,两支船队加起来共有兵力万余人,战船五百艘,因此胆量陡增,高升风帆,加速赶往露梁海峡。

中朝联军水师的两位主帅陈璘和李舜臣,都是久经沙场的老将。接到日本援军快速西进,即将通过露梁海峡的战报后,立刻着手调整作战部署,决心在露梁以西海面包围歼灭驰援之敌。明军老将邓子龙率一千人,驾三艘大战船为前锋,待日军船队通过海峡后,迂回到侧后,发起攻击,截断其归路;陈璘率明军水师为左军,泊于昆阳的竹岛海面,待机出击;李舜臣率领朝鲜水师为右军,进泊南海的观音浦,待机与明军水师夹击日军。

十九日凌晨二时,岛津义弘率领的日军船队大部已出海峡,驶向露梁以西海面。冷风下的夜海,像野兽的血盆大口,飕飕的风声犹如鬼笛,令人毛骨悚然,岛津义弘不由得打了一个寒战。

就在这一时间节点,受命为明军前锋的老将邓子龙到了,三艘战船出现在日军的侧后。

"月挂西山,山影倒海,半边微明,我船无数,从阴影中来,将近贼船,前锋放火炮,呐喊直驶向贼,诸船皆应之。贼知我来,一时鸟铳齐发,声震海中,飞丸落于水中者如雨。"(柳成龙《惩毖录》卷二)

日军的火铳怎能敌过明军的火炮,而且冲进敌船群中的是邓子龙!

邓子龙,威震东南。万历十一年,缅甸木邦部落侵犯云南,万历皇帝派邓子龙驻兵永昌。是时缅甸首领莽应里勾结湾甸土豪四处劫掠,并攻打姚关。邓子龙率领军队于攀枝花和缅甸军队激烈战斗,成功击退缅军,此后乘胜追击,直捣敌巢,活捉缅军一众首脑,因此升任副总兵。此次,邓子龙以副总兵之职统帅水军随主帅陈璘出征朝鲜。

出征之前,家人担心他年事已高,生怕他经不住狂风恶浪,他哈哈大笑,引用南宋辛弃疾的词句应答:"想当年,金戈铁马,气吞万里如虎。凭谁问,廉颇老矣,尚能饭否?"不等家人再问,他的声音愈甚爽朗:"我邓子龙,要学孔明麾下常山赵子龙也!"

邓子龙自幼习武,白马银枪赤胆忠心的赵子龙是他精神里的英雄意象。眼下,日军战船见邓子龙部只有三艘战船,便从四面围了上来,同时火铳齐发。由于力量悬殊,邓子龙前锋旋即被日军密集的战船所包围。

邓子龙就像当年赵子龙冲陷曹营如入无人之地一样,带着二百名战士与敌人接舷搏杀。

但是,邓子龙毕竟是七十岁的老人,虽然手刃数不清的日军头颅,却终归体力用尽。

就在这时,只见四支标枪飞射过来,还带着焦油燃烧的响声,邓子龙的身子一纵向后一弹,几乎是他刚刚远离原地,四支标枪砰砰戳在舱面,随后,数十支飞箭嗖嗖射向他高大的身影。

所乘战船被敌人火器击中,船体燃起熊熊大火。邓子龙一抬手,砍刀带着尖啸的声音飞射而出,一个日军应声倒毙。这是将军的最后一刀!邓子龙拼尽全身力气,大吼道:"常山赵子龙,我来也!"这是将军留在海峡上空的最后一声!

邓子龙张开双臂承受着迎面而来的所有箭镞,最后英勇捐躯。

朝鲜史书这样评说:

> 天朝副总兵邓子龙,以七十老将,提二百勇士,纵恣于沧海上,唾手而矢灭狡夷,其气豪胆粗,可谓大丈夫哉。
>
> 桓桓将军,躬蹈大难。姓忆南阳,名符常山。

两代子龙,一脉相传,一样的刚烈!

邓子龙的战死,不但没有动摇军心,反而激发了明朝水军官兵的勇气,同仇敌忾,为邓子龙报仇的呐喊声响彻海面。

与此同时,中朝联合舰队的左右两军分别从南北两个方向,向大岛以东海面的日军主力船队展开猛攻。

史书对这场战斗作了生动的描述:"两军突发,左右掩击,炮鼓齐鸣,矢石交下,柴火乱投,杀贼之声,山海同撼。许多倭船,大半延燃。贼兵殊死血战,势不能支,乃进入观音浦,日已明矣。"

李舜臣率领朝鲜水师跟踪追击,进入观音浦,再度与日军血战。陈璘也率领明军水师赶来增援,用虎蹲炮近距离连续轰击,日军战船纷纷中弹起火。垂死挣扎的野兽凶残至极。李舜臣不畏强暴,靠前督战,突然间,一发流弹飞来,击中了李舜臣,他当场壮烈牺牲。

一代战神,战死在卫国的海疆。李舜臣的儿子也在战船上,他强忍悲痛,秘不发丧,鸣鼓挥旗,代父指挥。中朝水师连失两位将领,陈璘的钢牙咬出血来,挥手敲响战鼓,指挥中朝联合舰队以潮水般的声势冲向敌阵,直杀得日军丢盔卸甲,海面上漂浮着战死溺死的日军。

日至正午,日军停止抵抗,大部分战船或焚毁沉没,或被联军俘获。弃船爬上礁石的日军,也在礁上被歼。整个露梁海战,日军死亡数以万计,三千艘战船全部覆灭。

露梁海战,中朝水师海上联合大败日军,从而胜利地结束了历时六年的壬辰战争。而对日本来说,丰臣秀吉如果还活着,鼻子都要被气歪。这场由他一手制造的"文禄庆长之役"以失败而告终。

中国援朝,是举义用兵。而日本呢?穷兵黩武,侵略别国,玩战争之火者,最后只能是危害自己!

第九章 郑成功驱逐荷虏与康熙统一中国

一

明崇祯十七年（1644年）三月十九日，北京城已经陷入闯王李自成大顺军的重重包围之中，大明王朝危如累卵。从明成祖朱棣迁都北京到崇祯朱由检，十四个皇帝在这紫禁城中，统治了中国二百二十多年，今天是最后一天。

按说，崇祯皇帝朱由检还是有所抱负的，只是他生在大明王朝的强弩之末，历史选择他做了这个末代皇帝。事到如今，他只有一死以谢天下。出皇宫北门狂奔至煤山（今故宫后的景山），在东边的一棵老槐树上，自缢归天。

大顺军蜂拥入城。历经劫难九死一生的李自成在承天门前百感交集，对着"承天之门"的匾额挥手射了一箭，大笑三声。

李自成出生于陕北。陕北老话："米脂的婆姨绥德的汉，清涧的石板瓦窑堡的炭。"石板和炭是物产，而米脂婆姨和绥德汉说的是人。中国历史上四大美女之一的貂蝉，据说就是"米脂婆姨"；"绥德的汉"据说就指那身骑赤兔马手舞方天戟霸气逼人的吕布。一方水土养一方人。陕北绥德米脂一带,历来就是胡汉杂居之地,女人生得妩媚,男人长得伟岸。自然,米脂的李自成也是一表人才。史称,这位祖上曾创立西夏国的明朝里役,"貌甚魁壮"。且看他攻破北京后入城的形象:"自成毡笠缥衣,乘乌骓马入承天门。"多么英姿飒爽!

这位被正史斥为流寇的李自成,坐到了紫禁城内的御座上。只可惜坐了不到两个月,就碰到了命中的煞星——吴三桂。拥有五万精兵的明朝宁远总兵吴三桂,原是明朝派到关外抗清的,当李自成逼近北京的时候,崇祯皇帝接连下旨召吴三桂带兵掉头对付起义军。吴三桂赶到山海关,京城已被李自成攻破。吴三桂权衡再三,曾有投降李自成之意,正准备卷甲入朝,岂料赴京途中,惊闻在北京城中的父亲吴襄被刑拷追赃,自己的爱妾陈圆圆亦被李自成霸占,便勃然大怒,回师重占山海关。

当时反戈混战的局面,咎在一个风情万种的女人,这种传说逐渐为人所信,主要依据当时名士吴梅村的一首诗,内有"痛哭六军俱缟素,冲冠一怒为红颜"。传说不可当真,但一个不可涂改的史实是:在山海关城以东欢喜岭上的威远台,吴三桂与大清摄政王多尔衮以白马祭天、乌牛祭地,歃血斩衣,折箭盟誓。

李自成得报吴三桂异动,亲率二十万大军至山海关讨伐。人马甫定,却听得号角频传,数万清军铁骑如风卷潮涌,猝然之间杀得大顺军丢盔弃甲,血流成河。李自成率残部仓皇撤回北京城,气恼之极,先后将吴襄和吴家三十四口全部斩杀。

吴三桂气炸了!传令吴军将士全部剃发,彻底降清,随后率满汉精锐先锋向北京追杀而来。李自成自知不敌,准备退处关西以图坚守。他先在武英殿草草举行了即位典礼,以这一年为大顺永昌元年,即令全军整肃行装,席卷宫中金银细软,又将各宫殿门堆满薪柴,再浇上桐油,放火发炮,撤出京城。

在李自成撤出北京的第三天,一场大雨浇灭了烈火。宫中除武英殿、文华殿,宫外的大明门、正阳门外,到处都是残垣断壁。但吴三桂传来消息,说在山海关大战中夺得东宫太子,明朝旧官遗老信以为真,都聚集在北京城朝阳门外焚香恭迎明太子。然而出乎意料,从辇中下来换乘肩舆的人，根本不是什么东宫太子，气宇轩昂的却是拖着长辫的大清摄政王多尔衮！

历史不以人的意志为转移，大明王朝气数已尽，努尔哈赤的八旗军作为一股新生力量崛起于白山黑水之间，一个从马背上兴起的王朝必定问鼎北京。

1644年10月，多尔衮把顺治帝从沈阳接到北京的紫禁城，从那时候起，清王朝就开始在中国建立了它的统治。

风雨如磐之时，在大明的留都南京，明福王朱由崧继位为帝，改年号为大明弘光元年。弘光帝以"联虏平寇"的名义，派出使节至北京与清朝通好，希望联手消灭"闯贼"，以雪君父之仇耻。

多尔衮很快探清了深浅，便向弘光帝发出警告："尔在南京拥号称尊，便是天有二日，勿以我大清军天堑不能飞渡、投鞭不足断流，当知情势重若泰山！"

割据江南的弘光帝六神无主，整日深居禁中，沉湎酒色，无所作为。第二年，清军饮马长江，直捣南京。弘光朝仅存一年便告覆亡。

南京失陷之后两个月，海商出身的明南安伯郑芝龙、靖虏伯郑鸿逵兄弟等人，在福州拥立明唐王朱聿键即帝位，建元隆武，统辖福建、两广、云南、贵州、湖南、四川、赣南等地。与此同时，浙东的明军拥立明鲁王朱以海在绍兴监国，隔钱塘江与清军对峙，但号令所行，不过八郡。清军乘浙江久旱不雨，钱塘江水涸流细，纵马涉水过江，大举进攻。苦心经营一年的明军钱塘江防线土崩瓦解。清军乘势进逼福建。

掌握着几十万兵马、左右着隆武朝政局的郑芝龙，已暗中接受清廷招抚，并得到南方总督军务大学士洪承畴的承诺：降清后给他浙江、福建、广东三省王爵名分和"闽粤总督"的实权。于是，郑芝龙下令"遇官兵撤官兵，遇水师撤水师"，不顾长子郑成功的苦苦规劝，倾心降清。

清军自仙霞关长驱入闽。在位仅一年的隆武帝被清兵追杀于汀州。随后，在广州建立的明绍武朝廷，不到四十天就被清军歼灭。而同年于广东肇庆建立的大明永历朝廷，辗转于两广、云贵，乃至流亡缅甸，惨淡经营了近十六年。最后，永历皇帝被吴三桂擒回云南昆明，绞杀焚尸。大明王朝至此寿终正寝。

清廷统一中国,乃大势所趋,势不可当。唯独被南明王朝封为延平郡王、招讨大将军并赐封为"国姓爷"的郑成功,高擎"反清复明"的大旗,以厦门为根据地,在东南沿海与清朝反复较量。

这是一段让郑成功内心纠结的岁月,纠结的原因在于郑成功的父亲是郑芝龙。

二

郑成功的父亲郑芝龙,福建南安石井人,从小练拳使棍,十八岁便跟随舅舅在海上做生意。明天启三年(1623年),他押运一船货物到日本平户,与平户姑娘翁氏(田川松)一见钟情。两人很快成了亲,第二年便生了一个儿子。此儿就是郑成功。

郑芝龙在平户立足,结识了一位名叫颜思齐的人,从此改变了他的一生。颜思齐家住福建漳州府海澄,体格雄健,武艺精熟。在家乡时,因为受到官宦欺凌,竟挥拳打死了官宦家的人,被迫逃到日本,以裁缝为业,经营多年,积蓄颇丰,仗义疏财,远近闻名。但颜思齐心存异向,他见中国到日本做生意的船只很多,便联络了二十八位中国人,结为金兰之盟,密谋夺取日本。郑芝龙年龄最小,排名最后。众人议定于天启四年(1624年)八月十五举事,却不料八月十三日便走漏了消息。颜思齐等得知日本王兵准备前来擒拿,急令众弟兄下船逃亡。

八月十四日夜,众人分领十三艘大船,冒着日本王兵的炮火,冲出平户港。颜思齐在海上会齐众弟兄,提议撤到舟山,众人大都附和,只有郑芝龙反对。郑芝龙虽然年轻,但胆识过人,他认为"舟山不如台湾,舟山人多眼杂,台湾尚未开发,据守台湾,生机无限。依小弟管见,将此十三船,直驶台湾安顿"。

颜思齐觉得言之有理,当即赞同。于是,第二日天明,各船鱼贯随行,向台湾开进。

八天八夜之后,众人到了台湾,在猪罗山一带安营扎寨,抚恤土著,耕猎以食。因为有船,他们常常乘风破浪出其不意地在航海要道进行劫掠,每次必有所获,日聚月累,集资甚巨。

第二年九月,颜思齐染病去世。郑芝龙以其少年练达和精明强干,被公推为首。从此,他率部在沿海东征西掠,声势大震,至天启七年,已拥有战船四百多艘,雄兵七万。

明军屡讨郑芝龙不克,就以准许开放贸易为条件,联合已在台湾占有一地的荷兰舰队共剿郑芝龙。结果荷兰舰队被郑军击败,一度不敢在沿海露面。无奈之下,明朝于崇祯元年招抚了郑芝龙,授予其守备之职。由"海寇"受抚成为大明官军之后,郑芝龙一面全力剿灭其他各路"海寇",同时将数万福建饥民运往台湾,令其开垦荒田,而后收取租赋。数年后,郑芝龙消灭了各路"海寇",又多次重创进犯沿海的荷兰舰队,屡屡得到提升,由守备到游击、参将,崇祯十三年(1640年)升任南澳副总兵,崇祯十七年正月出任福建总兵官,成为手握重兵的海疆重臣。此时的郑芝龙独占兵权官商之利:在海上,没有郑氏令旗的商船不能往来,每只商船均须抽税,加上台湾的田赋,郑芝龙岁入千万计,富可敌国。

崇祯十七年(1644年),大明王朝的京都被破,接着南京的弘光朝覆亡,浙江沦陷,清军开始向福建逼近。福建山海形势险峻,不像江浙一马平川,清军的精锐铁骑不能任意驰驱。清军的水师又十分单弱,而郑军水师多年来久经战火锻炼,雄踞海上,连号称天下无敌的荷兰舰队都望而却步。因此,南下清军统帅平南大将军多罗贝勒博洛不禁对进军福建产生忧虑。

原明朝蓟辽总督、松山之战后降清的洪承畴,现是清摄政王多尔衮前的红人,封为清招抚南方总督军务大学士。洪承畴也是福建南安人,他了解郑芝龙。于是,给博洛献策说:"朱聿键虽在福州称帝,但兵马钱粮,悉出郑芝龙之手。郑芝龙自降明以后,田园遍于闽、广,如果拥兵下海,与清军对抗,这些田产岂不毁于一旦?海盗贪财,商人图利,只要密书赂他,许愿封他王爵,他自然弃暗投明以全闽来降。"博洛大喜,催促洪承畴速速写信。清顺治三年(1646年),郑芝龙收到洪承畴的来信。洪承畴在信中说,清廷许诺郑芝龙任闽粤总督。郑芝龙扶立明隆武帝,完全出于投机心理,此时见清军一路南下,明朝残存势力难以招架,郑芝龙为保全自己,便见风使舵了。于是他给洪承畴回信,表示愿意前往福州拜见博洛,并下令从福建北部全线撤兵。这样,清军就从容通过了无人镇守的浙闽要口仙霞关,长驱入闽,占领了福州、兴化、泉州、漳州等福建大部地区。

这时,郑芝龙手中尚有楼船五百余艘,旌旗摇海,军容甚整。郑成功在安平苦劝父亲:"虎不可离山,鱼不可脱渊;虎离山则失其威,鱼脱渊则顿时困杀。父当三思而行!"

郑芝龙斥之为稚子妄谈。

郑成功急了,拉着父亲的衣袍跪哭道:"从来父教子以忠,未闻教子以贰,今我父不听儿言,后倘有不测,儿只有披麻戴孝而已。"

郑芝龙极不耐烦,拂袖而去,郑成功于是密带一旅前往金门。

郑芝龙不听郑成功劝阻,带着数名亲信和五百卫兵到福州拜见博洛,两人相谈甚欢,酒宴狂饮三日三夜。博洛知道郑成功是一位年轻将才,便派信使和郑芝龙的亲信李德带着"海澄公"的敕印前往南安招降,这三日正是等郑成功来福州。见郑成功拒绝招降,第三天夜半,博洛便拔营收兵,挟郑芝龙同上北京。清廷并未如约封以总督,郑芝龙被挟至北京后失去自由,不久又被流放宁古塔。在此期间,郑成功曾设法营救。

宁古塔地方与日本相对,所隔不远。郑成功计划以一支舰队从日本出发,突袭宁古塔,但此事被清廷预先察觉。清廷下令将郑芝龙加铁链三条,手足上镣,并严饬兵丁,谨加看守。郑成功无计可施。而此时(顺治三年十一月三十日),清兵进劫安平,郑成功生母翁氏唯恐受辱,自缢身亡。父囚母丧,更加坚定了郑成功起师海上聚义反清的决心。

然而,从当时的情况看,清军大兵压境,郑军在沿海只剩下厦门、金门、铜山、南澳四岛和湄州、南日、崇武等一批小屿。为封锁郑军,清朝已开始施行严厉的"禁海迁界",具体做法就是将江、浙、粤、闽、鲁等省沿海居民,内迁三五十里,设界防守,严禁逾越,目的是割断郑成功与大陆的联系,使其失去接济,自困而降。

在清廷"禁海迁界"的形势下,郑成功慎重审视并确立了新的战略方针:抗清是长期斗争,必须作长久立足的打算。厦门、金门是"弹丸之地",

既然粮饷来源困难,久留则没有出路。而"台湾城坚,其门户为澎湖。澎湖地势低下,海舶至此必易舟入,故险而易守。且城中红夷不过千人,余皆郑氏所迁居民",占领台湾,就可以"连金、厦而抚诸岛",在那里与外国开展贸易,训练士兵,"进则可战而收复中原,退则可守而无内顾之忧"。但是,台湾被荷兰人强行霸占着。

三

台湾自古以来就是中国领土。秦汉时,大陆人民就开始和台湾接触。南宋时,澎湖已隶属福建晋江县。元代在澎湖置巡检司,驻军设防。到明代万历年间,官府文告正式使用"台湾"名称,并设游击兵防守。但因政治腐败,军备废弛,台湾、澎湖的驻军逐渐减弱,遂为外敌入侵造成可乘之机。

17世纪初叶,荷兰政府在其亚洲殖民基地巴达维亚(今印度尼西亚雅加达)设立了专事经济和军事侵略的东印度公司。这个机构除拥有一百多艘商船外,还管辖大批战舰和万名左右的海陆军,并享有荷兰政府对外宣战与议和的特权。

从明万历二十九年(1601年)开始,荷兰殖民主义者以通商为名,对中国沿海各地进行袭扰。明天启二年(1622年)七月,荷兰侵略军侵占澎湖,后被明军驱逐。天启四年(1624年),荷兰殖民军在台南附近的台江登陆,占领了台南地区。两年后,西班牙殖民主义者也入侵台北的基隆。明崇祯十五年(1642年),荷兰殖民军在台湾北部击败西班牙殖民军,霸占了整个台湾。荷兰侵略者实行残酷的殖民统治,激起台湾人民的强烈不满和坚决反抗,抗荷的武装斗争始终没有停止。

明崇祯十六年(1643年),荷兰战船八艘偷袭厦门,明军战船三十艘几乎全部被毁,明朝廷调集闽粤水师战船一百五十艘,由郑芝龙指挥,在金门料罗湾大破荷军,击沉荷军大战船五艘和小船五十余艘,缴获荷军大战船一艘,毙伤荷军官兵千人以上,生擒荷军指挥官一人、军官数人、士兵一百一十八人。"闽粤有红夷来,数十年间,此捷创闻。"(邹维琏《达观楼集》卷十八)这是中国人民抗击荷兰殖民者的首次重大胜利,狠刹了荷兰侵略者的凶焰,使其"不敢窥内地者数年"(徐鼒《小腆纪年》卷七)。而当中国的国内政局动荡,荷兰殖民者见有机可乘,便卷土重来。

郑成功为了取得抗清的基地,决心收复台湾,驱逐荷虏。

人心所向。这时,一个为荷兰人当翻译名叫何廷斌的人,从台湾来厦门求见郑成功。他向郑成功进献了标明台湾水道及荷军设防的地图,同时表示愿为向导,这对郑成功下定攻台决心起了重要作用。

清顺治十八年(1661年)三月初一,郑成功在金门隆重举行"祭江"誓师仪式,表示收复台湾的信念毫不动摇。

三月二十三日,郑成功率领第一梯队从金门料罗湾出航,领航是澎湖游击洪暄。郑军船队浩浩荡荡,于次日清晨越过风浪险恶的黑水沟,驶抵澎湖。澎湖百姓听说是郑成功收复台湾的军队,都带着猪羊海鲜赶来慰问,并自愿做先锋船的向导。

三月二十七日,水师继续航行,行至柑橘屿海面时,遭遇狂风暴雨,船队被迫折返。在等候期间,为了不让休整的官兵松懈斗志,郑成功以身作则地激励从征将士,"勿以红毛火炮为疑畏,当遥观本藩鹢首(旗舰)所向,鱼贯而进"(江日升《台湾外纪》)。

一连数日,暴雨不止。如继续滞留澎湖,不仅部队给养困难,而且必将延误渡海登陆的时机。于是,郑成功当机立断,冒雨开船。三月三十日晚,郑成功留下陈广、林福、张在等领兵三千人,战船十二艘驻守澎湖,他亲率水师主力重新出航。

"成功座驾(旗舰)竖起帅旗,旁列五方,中悬龙纛,发炮三声,金鼓震天。令洪暄引港船,先面东而去。诸提镇照序鱼贯。"(江日升《台湾外纪》)此时,"风雨稍间,然波浪未息,惊险殊甚;迨至三更后,则云散雨收,天气明朗,顺风驾驶"(杨英《先王实录》)。

郑军水师顺利渡过海峡。

四

四月初一拂晓,台湾鹿耳门港外,船帆高涨,旌旗猎猎,郑成功率二万五千多名将士,分乘四百多艘大小战舰进攻台湾。

旗舰停妥,郑成功换乘一艘小船,由鹿耳门登上北线尾岛,踏勘地形,并派出善潜水的士兵进入台江,进行侦察。

进入台江有两条航道:一条是鲲身与北线尾岛之间的南航道,口宽水深,但有敌舰防守,又为陆炮俯视,不易通过。另一条是北线尾岛北端的鹿耳门航道。这北航道口窄水浅,水底沙石淤积,荷军还用枯树朽木堵塞,只有满潮时舰船才能通过。因此,荷军没有设防。根据此地潮汐情况,初一、十六为大潮,水位比平时增高五六尺。

郑成功之所以急于从澎湖冒着暴风雨出航,就是为了赶上初一大潮通过鹿耳门。

中午时分,大潮汹涌。郑成功命提督马信,乘平底帆船,督兵点篙,探水开道,大小战舰衔尾而渡,顺利通过台湾的门户鹿耳门港。

荷兰人以为郑军会从南航道实施正面强攻,所以只在南航道岸上架设了大炮,而鹿耳门港是"天险",水浅道窄,平时只能通行小舟,哪知郑军巧借潮水,出其不意地从鹿耳门开进台江。面对密布于江上的郑军战船,荷兰人大惊,以为郑军从天而降。惊慌失措之中,急忙从赤崁城炮台发炮拦击。

当晚,郑军突破荷军的火力,通过鹿耳门,进入海湾台江。郑军舰队舳舻相接,跨过台江,在台湾本岛的禾寮港停泊。岛上几千名汉族和高山族同胞,"男妇壶浆,迎者塞道"(杨英《先王实录》)。人们立即推来货车,帮助郑军迅速登岸扎营。

当时,荷军的兵力只有一千多人。荷兰在台湾的最高统治机构——荷兰东印度公司台湾评议会的长官揆一,率八百多人驻守于在海中沙洲上建立的热兰遮城堡,即台湾城;海面有以"赫克托"号旗舰为主的四艘战舰;在禾寮港附近,隔台江与台湾城相对的台湾本岛普罗文查堡,即赤崁城,有四百多人防守。

四月初三清晨,揆一见沙洲北线尾一带的郑军防守未备,便派遣外号"拨鬼仔"的贝德尔上尉,率二百四十人的鸟铳兵,乘船前往北线尾冲杀,企图驱逐航道入口处的郑军。揆一又命令最大的"赫克托"号旗舰率领三艘战舰,迅速越过台湾城和赤崁城之间的台江,向郑军舰队发起攻击。

"拨鬼仔"贝德尔颇为嚣张。他鼓励士兵道:"中国人受不了火药的气味和枪炮的声音,只要放上一阵排枪,打中其中几个人,他们便会吓得四散逃跑,全部瓦解。"

贝德尔的盲目乐观使得荷兵信心大增。那二百四十名士兵在北线尾登岸,作了简单的祷告后,以十二人为一排,壮胆前进。在靠近郑军时,连放三排枪,可是郑军并不像他们想象的那样闻风逃跑,相反,郑军箭如骤雨,炮如暴风,打得荷军步枪手顿时不敢贸然抬头。

正面攻击贝德尔的是郑军将领黄昭的部队。除大批弓箭手猛烈射击外,黄昭又以五百名火铳手和二百门连环炮对敌猛射狂轰,顿时,烟雾弥漫,尘沙陡起。滚滚的黑烟尚未散去,郑军另一将领杨祥率五百藤牌手横冲过去,从左翼侧击。

荷兰鸟铳兵火枪迭发,极力阻击。但贝德尔惊恐地看到,郑军士兵低头弯腰,躲在藤牌后面,前队倒毙,后队继进,毫不惧怯。

荷军士兵已被郑军炮火打得血肉横飞,有的抱头鼠窜落荒而逃,有的甚至还没有向郑军开火便把枪扔掉了。身披铁甲、手挥长柄刀的郑军士兵赤脚追杀上来。他们在沙地、滩涂上疾走如飞,刀砍、剑劈,悍勇异常。贝德尔及其部下一百八十人战死,"拨鬼仔"果真成了"鬼仔"。其余的荷兵涉过深及头颈的水面,争先恐后想爬上接应的船只,慌乱之中,船翻人仰,不少人溺水毙命,最后只有八十人逃回台湾城。

海上战况更为惨烈。荷军战舰高大,铳炮犀利。郑军采用蚂蚁啃骨头的战术,派出了各装有两门火炮的战船六十艘四面围攻。一时间,大炮互轰,打得海水陡立。

荷兰长官揆一在台湾城上,用千里镜观察战况,看见最先逼近"赫克托"号的一艘郑军战船,被荷军炮火打得横翻在海面上,心中暗喜,但接着

第九章　郑成功驱逐荷虏与康熙统一中国

又看见五六艘郑军战船,从各个方向围了上去,把"赫克托"号困在中间,不免又由喜转惊。此后炮声如雷,硝烟弥漫,揆一渐渐分辨不清双方的舰船了。

突然,在浓烟中腾起一个耀眼的巨大火球,随后传来猛烈爆炸声,将城堡上的窗户震得哗哗直响。

揆一向后趔趄了一步,定了定神,急忙又用千里镜扫视海面,只见浓烟渐渐散去,海面上漂浮着残帆断樯,"赫克托"号和靠近它的数艘中国战船一下子无影无踪同归于尽。

"赫克托"号火药舱中弹起火爆炸,舰上一百多名荷军士兵被炸得尸骨无存。

另两艘荷舰"斯·格拉弗兰"号、"白鹭"号和通信船"马利亚"号为避免被包围,开始准备越过台江海湾的另一个出海口大港,向外海退却。

大港地处鹿耳门港之南,口宽水深,大船可以自由出入。此港受台湾城上的荷军炮火控制。

郑军舰队的中军船上,立着状貌魁奇、盔甲鲜明的主将提督马信。他见敌舰逃窜,扔下令旗,亲自擂鼓,震得台江波摇浪涌。郑军战船连樯疾驰,鼓棹直前,猛追荷舰。

"斯·格拉弗兰"号将一门大炮移到后甲板,向追击的郑军战船猛烈射击。郑军战船上飞出的无数支火箭,交织成一幕巨大的火帘,将"斯·格拉弗兰"号牢牢罩住。

这一艘荷兰舰船的船舱下方三条大梁和上方的两条大梁很快腾起了熊熊烈火。一艘郑军战船紧紧咬住了"斯·格拉弗兰"号。随后,五六艘郑军战船前后对接成一座桥,郑军将领举剑一挥,郑兵冲上"斯·格拉弗兰"号。舰长安德利斯急令船舷大炮开火,最靠近的一艘郑军战船中弹崩裂,漂离开荷舰。此时,已有一批郑军士兵登上"斯·格拉弗兰"号,用刀猛砍荷舰的帆索。

荷兵轰轰几阵排枪,登上荷舰上的郑兵顿时倒在了血泊中。

小帆船"白鹭"号与通信快艇"马利亚"号都是平底小船,吃水不深,也逃得快,已经远远地跑出台江海湾,离开了战场。战舰"斯·格拉弗兰"号成了郑军水师攻击的目标。十多只八桨快哨船从郑军战阵中快速出击,直冲荷舰。安德利斯大惊失色,这是郑军水师中最为可怕的火船。这种叫"快哨"的船,用八桨击水,划行如飞,船中装满灌过油的麻棕和硫黄等引火之物。荷军的战舰一旦被火船钉上,顷刻间便会被烈火缠绕。当年的荷兰舰队就因此多次败于郑成功之父郑芝龙的手下。安德利斯命令战舰,不顾一切地迅速撤向外海!

荷军士兵伏在船舷上,居高临下射击,用火枪阻截火船上奋力划桨的郑兵。郑兵不断有中弹的,冲击的速度缓了下来。但还是有一只火船,在弓箭手的掩护下撞上了荷舰,郑兵用斧头和铁链将火船死死钉在荷舰上,然后点着了火船,荷舰后舷燃起大火。火船上的郑兵翻跳下水,这些郑兵水性极好,腰间又各挂着两个大竹筒,荡漾而去。

滚雷般的炮声和冲天的呐喊,裹挟着浓烈刺鼻的硝烟,飘扬到了赤崁城外的郑军营盘上空。赤崁城在郑军的包围之中,周围的旷野上,郑军的营盘紧紧相连,到处都是郑军的重炮、铁甲兵、弓箭手、藤牌手、刀斧手,还有精锐骑兵。在郑军的强大攻势面前,赤崁城上的荷兰公爵旗终于降了下来,取而代之的是大明的日月旗。原来,郑军切断水源后,赤崁城中荷军水粮将尽,而郑军又用柴草将赤崁城团团围住,准备放火焚烧。赤崁城荷军代司令接到郑成功的最后通牒,无奈间决定投降。

五

收复了赤崁城,大涨了士气的郑军,连夜向台湾城挺进。

在台湾的西南海岸,自凤山的打鼓山起,有相连如贯珠的七座沙丘迤逦不断,形成了一个狭长的半岛,状若一条大鱼,俗称鲲身。北面的鲲身,也叫大员,面积最广,地势亦最高,台湾城就建于此。郑成功将藩驾移至最南面的七鲲身,传谕全军将士候令进攻台湾城。

是时,郑军士气高昂。台湾城内,每一个荷兰人都强烈地感受到了处境的黯淡,往日脸上那种趾高气扬的神态统统不见了踪影。他们唯一的希

第九章　郑成功驱逐荷房与康熙统一中国

望是守住城堡,等待巴达维亚(荷兰东印度公司总部所在地,今印度尼西亚首都雅加达)的援军。可是,南贸易风才刚刚开始,要六个月之后,北贸易风起时,才能放船向巴达维亚告急。然后,还要等六个月,北贸易风过去,下一次南贸易风起,才可能得到巴达维亚来的援助。因此,至少必须坚守台湾城十二至十三个月。可是,郑军即使不进攻,就是单纯封锁几个月,城内也必然陷于饥饿绝境。

阿尔多普上尉奉命率部前往台湾街区阻击郑军。

台湾街三面临海,又没有城墙、壕沟等其他防御工事,小船随处可以靠岸。荷军见势难敌,开始在街区四处放火,全部人马退入城堡内。郑军毫不理会荷军的零星袭击,全力部署准备大规模攻城。二十天之后,郑军将二十八门重炮调进街区,趁夜幕架设在当时还没有任何防御工事的平野上。四月二十八日,雄鸡初唱,东方渐白,城堡东面的郑军炮群突然齐声怒吼,台湾城顷刻间陷于火光硝烟之中。与此同时,一支数千人的郑军沿沙堤推进,从南面逼近城堡。

郑军炮如霹雳。台湾城头,裂石碎砖激溅如雨,城上的那面荷兰公爵旗,已是杆断旗落。对郑军炮击一直默不回应的城堡,突然从上下左右各个方向对郑军开火,郑军阵地上顿时弹丸横飞,在临时仓促筑成的工事外来回走动的郑兵倒下了一大片。

郑军炮群也完全暴露在城堡火力之下,数门大炮被荷军击毁。郑军将领亲率兵丁,冒着城堡上猛烈的炮火,接替阵亡的官兵,继续向城堡轰击。无奈荷军火力太猛,郑军死伤数千人。

郑成功得报前线失利,亲自来到城堡前察看形势。一位台湾老者对郑成功道:"台湾城就像一只乌龟,从上面和四周都可以躲入甲内,不宜强攻。"郑成功深以为然,下令围困城堡,"敌人要得到援军,最起码在一年之后。我有耐心围它十年"!于是,郑军在通向城堡的各条街道上筑起防栅,挖掘壕沟,将城堡死死围住。郑军每日将书信缚在短棒上附以白旗送入城内,敦促投降。大战之前,郑成功曾派荷兰的汉布鲁克牧师带着他的信件,劝说城堡中的荷兰人及早投降,荷兰人拒绝了。

台湾城内,荷兰人度日如年。郑军面对着城堡修筑高大的胸墙瞰视城内,荷兵稍一出头都可能遭到攻击。城中的粮食、药品和各种日用品日益减少,越来越多的士兵患上血痢、坏血症、水肿等各种疾病。但是,荷军台湾评议会决定继续抵抗。

郑军面对着顽敌固垒,首要的是稳住军心。

然而,粮食的紧缺也成了郑军所面临的最大困难。官兵由于水土不服,疫病发作,加上台湾城久攻未克,官兵多有思乡厌战之意,郑成功日夜担忧官兵哗变。

原南明将领张煌言,得知郑成功久攻台湾城不下,处境艰难,派人送信前来奉劝郑成功回师厦门。

郑成功断然拒绝,他坚信夺取台湾,是自己最明智最正确的决策。

郑成功告示官兵:"本藩矢志恢复,念切中兴。前者出师北讨,恨尺土之未得;既而舳舻南还,恐孤岛之难居。故冒波涛,欲辟不服之区,暂寄军旅,养晦待时;非为贪恋海外,苟延安乐。自当竭诚祷告皇天,并达列祖,假我潮水,行我舟师。"他下令采取果断措施,派人到鹿耳门守候粮船,不论官私船,有米来者,一律征为军用。他还判断,一年之内必不至于有荷兰援军到达,官兵可以乘机加紧屯田,力争一年见效,彻底解决粮食问题。殊料,七月里情况突变,海面上出现十多艘荷兰战舰,正乘南风全速向台湾驶来!

原来,"马利亚"号通信船在四月初的战斗中失利后,冒险逆着南贸易风,先沿吕宋岛西岸航行,接着通过婆罗洲岛西侧,足足用了五十天时间,到达巴达维亚,报告了中国舰队进攻台湾的消息。于是,荷兰东印度公司拼凑出以考乌为司令官,由七百名士兵、十艘战舰组成的支援舰队,驰援台湾。

得知有支援舰队到来,又获悉郑军在围城期间已损失八千多精锐部队,于是荷军决定大举出击,水攻赤崁,陆攻鲲身。

郑成功不得不从各村社抽调大批屯田官兵,严阵以待。

但这次会战却与四月时候大为不同。郑军完全占据了有利地形,已在海湾沿岸多处设有坚固的炮垒,牢牢控制了各主要航道。荷舰为躲避郑军岸炮的火力,迂回前进,不断搁浅。仅半个时辰,郑军以密集炮火击碎荷舰

"科克伦"号,用火船烧毁"科登霍夫"号,另外缴获两艘大夹板船、三艘小艇。陆路进攻的荷军,在如江潮海浪一般推涌前来的郑军打击下,也兵败如山倒,不堪一击。

然而,有一则密报令郑成功万分焦虑,荷军正在与清军接洽,准备联合进攻沿海各岛。当时郑军在沿海的部署如同一字长蛇:陈豹镇守南澳岛,防备广东清军乘虚北上;郭义、蔡禄二将率本部兵增援铜山,与原镇守该地的张进共同守御该岛,同时策应南澳;郑泰与蔡协吉守金门;洪天佑、杨富等将督船守南日、围头、湄州一带,接连金门,以防清军南下。洪旭、黄廷等人,共同辅佐郑成功之子郑经,守厦门调度各岛。没料想铜山岛发生叛乱,郭义、蔡禄投清。虽然铜山岛很快被郑军重新控制,但沿海郑军毕竟元气大伤。清军或许由于去年进攻厦门大败,不能及时调整部署,或许因为今年正月清顺治帝驾崩,不敢轻举妄动,在郑成功率主力大举东进台湾之际,竟然一直按兵不动。而今,如果陆师强大的清军与拥有巨舰利炮的荷军联手进攻,那么郑军的根据地金门、厦门各岛的情况就万分危急了。郑军家眷都在沿海各岛,战事一起,必将动摇军心!

郑成功急令世子郑经与沿海诸将严加戒备。

十月二十五日,一位荷兰军曹汉斯逃出城堡向郑军投降。

郑成功设宴款待,亲自询问。

汉斯告知:奉命前往中国与清军联合进攻的支援舰队司令考乌,不敢攻袭厦门,中途转舵,已经率两艘战舰逃向暹罗(今泰国)。郑成功如释重负。据汉斯介绍说,城中的荷兰士兵由于伤病交加,强壮者已不足四百人,精疲力竭,斗志崩溃。他建议郑成功连续不断地猛烈进攻,城堡经不起大炮猛轰两天。汉斯还提醒郑成功,城堡附近高地上的乌特利支圆堡,只有一门大炮。拿下这个圆堡,就可居高临下进占工事,逼近台湾城的墙边,城中之敌便如处陷阱。

郑成功立即调集全部兵力,准备对城堡发动总攻。经过周密的部署,十二月初六清晨,郑军大炮开始向乌特利支圆堡猛轰,打得山崩地裂。傍晚,圆堡被轰成一片废墟。郑军攻上高地,连夜修筑战壕,建造炮垒。然后,郑军开始居高轰击城堡。飞炮流弹,在荷军头上乱滚。残夜将尽,城堡内荷军台湾评议会的议员们终于绝望了。揆一长官也最终同意了评议会几乎一致的意见,决定由评议会同郑成功谈判,在合理的条件下献出台湾城。

十二月十三日(1662年2月1日),大明招讨大将军国姓爷郑成功,与代表荷兰政府的荷兰东印度公司台湾评议会长官弗里德里克·揆一及其评议会,正式签订了停战协议。

荷兰人举起了白旗,十天后离开了台湾。

从郑成功在金门"祭江"誓师算起,横越台湾海峡,夺取澎湖群岛,然后强渡登陆台湾,击败荷军水陆反扑,围攻赤崁城、台湾城,直到荷军献城投降,到此时,已经历了十个多月的血火激荡。被荷兰人占据了三十八年的台湾,终于重新归入中国人的怀抱。郑成功祭告山川神祇,以台湾为东都明京。

六

转眼春节就要到了。郑成功命令将士迅速将刚刚攻克的台湾城清理干净,将台湾城和台湾街改称安平镇。安平,是郑成功家乡福建南安石井附近的一个港口,郑成功父亲郑芝龙在那里建有一城,开了一条水道通向城中,可用泊船通向大海。城内楼台亭榭,工巧雕琢,石洞花木,甲于泉郡;城外市井繁华,贸易丛集,不亚于省城。郑成功在台湾建安平镇,此举自然含有怀念故乡之意。郑军官兵将安平镇整葺一新,又在附近新建一批宅第,安置众将官和家眷。

正月初一,一阵号炮在安平镇上空轰鸣而过。郑成功率文臣武将遥拜永历帝座:"大明三百年来恩泽久远,国难家变,诸臣忠愤勃发,与陛下一德一心。海内共扶正气,神明鉴此血诚!"接着,郑成功即分遣诸将屯田,除了留下勇卫、侍卫二旅守卫承天府、安平镇两处以外,其余各镇,按镇分地,按地开荒。有警,则荷戈以战;无警,则负锄以耕。

忽有凶信说,父亲郑芝龙已在北京被清廷杀害。郑成功不知父亲遇害的传闻是否真实,将信将疑。数日后,监守沿海金门、厦门诸岛的世子郑经报来确信,郑芝龙已于去年十月,被清廷斩杀于北京菜市口,同时遇难的还有郑芝龙的子孙家属共十一人。

父亲的噩耗,刺激得郑成功腹部的绞痛更为加剧。他强扶起身,令文武官员全都挂孝,又走到承天府外,望北痛哭。

第二天,世子郑经又从厦门送来急报:南安康店乡柑榄山的郑氏祖坟被清军挖开,起出的骸骨凿孔相连,又将各具骸骨用铁箍箍上,外加封皮。

郑成功大怒:"生者有怨,死者何仇? 敢如此结不共戴天之仇! 倘一日治兵而西,我不报此仇,枉作人间大丈夫!"

郑成功再次严令驻守沿海各兵镇将官速将家眷迁来台湾。他要以台湾为基地与清军决战到底。

不料,又传来永历帝被吴三桂绞杀在昆明的消息,郑成功深受打击,在收复台湾后不满三个月就不幸病逝,时年三十九岁。

七

康熙元年(1662 年)五月郑成功去世后,郑氏集团遂发生分裂。在台湾的将领拥郑成功的五弟郑世袭继位,而在厦门的将领却推郑成功的长子郑经继位,双方矛盾尖锐,甚至兵戎相见。将领之间也互相猜疑,无法同心对敌,阵营内部陷入混乱。

清王朝认为有机可乘,便令福建总督李率泰、靖南王耿继茂派人前往郑经驻守的厦门进行招抚活动。郑经虽不愿和谈,但考虑到面临的内外交困形势,不得不与清廷展开周旋。于是他指示部下郑泰等人与清谈判,并上缴明朝敕命、公伯爵印及军民土地清册,以换取清廷的信任。岂料,到了第二年五月,郑经平息了台湾的内争,便拒绝招抚,要求以藩属国相待,不登岸,不剃发,不易衣冠,和谈因此中断了。

这中间的"不剃发"抵制的是清廷下达的"剃发令"。

对于男子的理发作硬性规定,原来是中国封建社会的老传统,明代规定头发挽发髻，以簪针固定在脑后；满洲人则将头发的前部及脑顶剃去。

顺治二年(1645年)清朝入关便下令全国男子一律剃发，并限令十天内办完。汉人觉得剃发为一种被奴役的处置，而满洲人执行命令的态度也越强硬，好像臣民遵命与否与帝国尊严的存亡全靠剃头刀做主宰。不少人因拒绝剃发而被镇压，不少地方也因剃发而爆发群起抗清。

郑经拒绝剃发与不登岸易衣冠，其实只是一种借口，根本目的是拒绝招抚。

清廷当然不会妥协。十月，清军攻克厦门、金门，郑经退守铜山(今福建东山)，仍拒绝招抚，但清廷招抚政策已开始对郑军产生巨大的瓦解作用，"各镇纷纷叛离"。康熙三年(1664年)三月清军攻占铜山前后，在高官厚禄的引诱下，郑军人心浮动，又有数十员镇将、总兵、都督相继率部降清。郑军损失兵力十余万人，战船九百艘，宿将精锐十去八九。面对全军即将瓦解的严重局面，郑经只得放弃沿海岛屿，率残部退往台湾。

清王朝派降将施琅为统帅，周全斌、杨富为副统帅率领原郑军水师战船追击。

施琅原为郑芝龙部下，顺治三年(1646年)随郑芝龙降清。其父施大宣及弟施显等皆因反对郑成功反清而被杀，因而一贯主张以武力围剿郑氏，攻取台湾。所以，施琅是攻台统帅的最佳人选。

康熙二年(1663年)十一月、康熙四年(1665年)三月和四月，施琅等人曾三次向台湾进发，却都因遭台风袭击而无功而返。康熙四年(1665年)五月，施琅等部再次自铜山起航至清水洋，同样遇风折返。

深层的原因并非完全由于天灾，而在人事方面：因参战官兵家人多在台湾，顾虑多端，根本就不愿奋勇向前；官兵临时拼凑在一起，难以协调；将领们新附清廷，存有疑虑，而且没有决策权，行动受约束。

康熙帝爱新觉罗·玄烨怀疑这些降将暗通郑氏集团，故意放走郑经。于是下令将所有郑军降将调到北京归八旗管辖或分散到各省屯垦，战船全部焚毁、丢弃。

由于武力攻取台湾屡遭挫折，清廷于康熙六年(1667年)五月派福建招抚部兵官孔元章，携带郑经舅舅董班舍亲笔信前往台湾招抚郑经，提出以沿海地方与台湾通商、郑氏称臣纳贡,并遣子入京为质等三项条件。郑经虽厚待孔元章,但拒绝招抚条件,坚持"须援朝鲜例,不薙(剃)发,不易服"。结果谈判未能成功。

同年十一月,被授予内大臣、编入汉军镶黄旗、留在京师的施琅,坚持主张以武力攻取台湾。施琅上疏清廷,建议"乘便进取,以杜后患"。康熙虽令其进京商议,但因清廷对投降人员不信任,加之当时沿海人民迫切要求恢复迁界,裁撤驻军,以减轻负担,所以清廷并没有采纳其建议,而是坚持推行招抚政策。

康熙八年(1669年)六月,康熙帝议处权臣鳌拜后,对台湾问题侧重关注,派刑部尚书明珠、兵部侍郎蔡毓荣前往福建,与靖南王耿继茂、总督祖泽沛商议招抚台湾的办法。随即兴化知府慕天颜等奉命携康熙诏书及明珠书信前往台湾,招抚郑经。

郑经始终坚持不剃发,不易服,要求照朝鲜例。康熙认为台湾是中国的领土,不能与藩属朝鲜相提并论。郑经等可以留住台湾,但剃发易服是原则问题,"不便允从"。于是,慕天颜等奉命再次到台湾,指出称臣而不剃发于理不通,奉劝郑经遵制而行,但郑经仍固执己见,谈判最终失败。

康熙十二年(1673年)年底,吴三桂、耿精忠相继叛乱,并约郑经夹攻清军,郑经遂乘机袭扰大陆,但郑经既没有按吴三桂的请求去攻打金陵或天津,截断清军的粮道或咽喉之地,也没有采取与耿精忠配合攻占江浙的行动,而是避开清军,侵占、蚕食耿精忠的后方,很快占有泉州、漳州等七府之地,从而与耿精忠发生冲突。吴三桂一再派人调解无效,耿精忠被迫接受了清廷的招抚,并随清军攻打郑经。

郑经退守厦门后,清、郑再次开始对话。

康熙十六年(1677年)四月,和硕康亲王杰书派佥事道朱麟等前往厦门招抚郑经。

郑经仍坚持照朝鲜例等条件。杰书无可奈何,只好在同年秋天派泉州知府张仲举、兴化知府卞永誉等再次去厦门谈判,重申康熙八年的条件,要郑经让出沿海各岛。

郑方提出须以漳、泉、潮、惠四府为交换。清廷这时为集中力量消灭吴三桂势力，宁愿对郑方做出让步以换取沿海地区的和平与安宁。所以杰书秉承康熙旨意，正式致书郑经，允许以"如朝鲜故事"代为题请，岁时纳贡，通商贸易，但不可要地请饷。郑经自然明白清廷的意图，加之势力有所增长，因此在满足以前所提不登岸、不剃发、照朝鲜例称臣纳贡等条件外，进而要求沿海诸岛由郑军占领，军队粮饷由福建供应。清廷当然不能同意。

康熙十七年（1678年）春天，郑经为给朝廷施加压力，争取和谈中的有利地位，派骁将刘国轩渡海反攻，连败清军，攻陷海澄，围困泉州。以后即以海澄、金门、厦门为据点，与清军隔海对峙，一度使福建局势为之紧张。

康熙遂将总督郎廷相、提督段应举解职。擢升布政使姚启圣为总督，调江宁巡抚杨捷为福建提督，福建按察使吴兴祚升为巡抚，从而大大增强了对郑氏斗争的力量。然而，清朝四次派员劝说郑经退回台湾，均未奏效。

为了防止郑军窜扰大陆，清朝在福建沿海重申"迁界"，强迫居民内迁三十里到四十里，遍筑界墙守望，断绝内外交通，对郑军实行全面封锁。与此同时，任命曾在洞庭湖大破吴三桂有功的万正色为福建水师提督，加紧建造战船，编练水师，准备进攻金、厦。

当时郑军水师数万人困守各小岛，粮饷又不够用，只好强征于民，造成当地人民的极大不满；同时水师官兵也早已人心动摇。至康熙十九年（1680年）二月，郑经听说清军将武力攻取金、厦，急令刘国轩返台商讨计策，留守金门、厦门等地郑军纷纷降清，金、厦遂为清军占领。同时，万正色率水师攻下海坛，并乘胜南下，海澄、丙州等守将相继投降。郑军水师著名将领朱天贵也率官员六百余名、兵士两万余人、舰船三百余艘，并献铜山降清。至此，被招降的郑军官兵已达十三万人以上。在郑军势力被大大削弱的同时，不善水战的清军却增加了有生力量，提高了水上作战的能力，与郑军力量对比也由原来的劣势转变成优势，由被动转变为主动。

清王朝平定"三藩之乱"以后，全国大陆基本统一，多民族的中央集权国家日趋稳固，康熙帝爱新觉罗·玄烨不想再让台湾问题搁浅了。既然争取用和平的方式统一中国的努力屡遭失败，便决心进兵台湾，以武力解决台湾问题。

八

康熙二十年(1681年)四月,姚启圣先后接到六年前经策反而成为内应的台湾傅为霖、廖康方密报,得知郑经已在正月病死,因内部矛盾,其长子被绞死,仅十二岁的次子郑克塽即延平王位,随即上疏康熙要求趁机攻取台湾。

康熙经过与大学士等讨论后,坚信此时用武力攻取台湾是最好的选择,于是立即发布了进攻台湾的命令,并接受姚启圣、李光地等人的推荐,力排众议,重新启用遭不少大臣怀疑的前水师提督施琅主持相关事宜。施琅十三年前提出的"因剿寓抚"政策也得到康熙的承认,并让他着手实施。施琅鉴于朝中情势复杂,为了能在征剿过程中保持与康熙帝的联系,特在出发前提请康熙派遣侍卫吴启爵"随征台湾",获得康熙的批准。

十月,施琅到达福建厦门,鉴于过去进军台湾失利的教训,为防止督、抚、提之间彼此掣肘,贻误战机,他极为重视专征大权,上疏请求授予专权。

康熙虽然同意,但坚持让姚启圣统辖全省兵力参与作战。

然而,总督和提督确实意见不合。施琅主张利用南风,一人专征,先攻打澎湖以"扼其咽喉";而姚启圣则主张利用北风,总督、提督各领一路同时进攻台湾、澎湖。由于两人意见针锋相对,根本无法调和,致使出兵日期一推再推。在康熙二十一年(1682年)七月,施琅再次上疏康熙,请求授予专征之权,令督抚催粮饷接应,让其演兵海上,不限时间,可以见机行事。康熙接奏后极为慎重,特令议政王大臣会议讨论。在议政王大臣、大学士讨论同意的基础上,康熙终于批准了施琅的要求,并授予"靖海将军"称号,"委以独任专征"的大权。

就在清军积极准备攻取澎湖的同时,郑军也在备战,拜刘国轩为总督,统率水陆诸军,许以先斩后奏之权。但郑氏集团内部矛盾极为尖锐。冯锡范拥立郑克塽后乘机篡夺大权,并与刘国轩相勾结,官民不服,将士离心;郑氏政权为生财裕饷而横征不已,为防守要口而屡征乡兵,从而使百姓极为不满；各地驻兵水土不服，又筑城疲劳，心生怨愤；土著居民不满郑氏奴役，相继造反。这种状况无疑为清军攻取澎湖、台湾提供了有利条件。

十二月，在施琅积极备战的情况下，更倾向于主抚的姚启圣，见施琅暂不出兵，便派人赴台抚招。康熙二十二年（1683年）一月，台湾派黄学、林珩回访，要求"称臣进贡，不剃发登岸"。姚启圣上报康熙后被拒绝。五月，姚启圣再次招抚失败，康熙下令施琅"速进兵"。

施琅接到康熙命令后，立即将大队水师齐集铜山，亲率官兵二万一千余人，各类战船二百三十余艘，于六月十四日向澎湖进发，十五日下午抵达澎湖海面，驻泊于地势险恶而郑军没有设防的猫屿、花屿。

施琅决定先打澎湖，因为澎湖列岛是台湾的门户，又是进攻台湾的跳板，攻下澎湖就迫近了台湾，而且可将其作为前进基地，相机进取。所以，"先取澎湖，胜势已居其半"（施琅《边患宜靖疏》）。

另外，他预料到郑军中唯一威望最高的将军刘国轩必然率主力来夺澎湖，如将其歼灭，则台湾不攻自破。

果然不出施琅所料，刘国轩亲率郑军所有精锐主力部队抵达澎湖，修筑炮台，修理战船，"缘岸筑短墙，置腰铳，环二十余里为壁垒"（《清史稿·施琅传》），严阵以待。

这时，驻守澎湖的郑军共有战船二百余艘，官兵两万余人。由于清军战船过于集中，又各欲争先，导致互相冲撞，不得前进；再加上又遇潮落，风向转变，郑军乘机进攻，清军处于劣势，施琅坐船也被包围。幸亏金门千总游观光赶到，郑军攻势始被遏制。

清军初战失利之后，为稳定军心，施琅进行了为期五天的整顿。首先传令诸将至中军船开会，查定功罪，分别赏罚。其次，针对首战失利因缺乏组织的教训，采取"以五船结一队，攻彼一船"，叫作"五梅花"；令各船将主将姓名大书帆上，上便遥观，知其进退。其三是寻找淡水，以供饮用。

六月二十二日，清、郑双方相遇澎湖。战前，施琅派总兵陈蟒等领船五十艘，东入鸡笼屿、四角屿为奇兵夹攻，总兵董义领船五十艘，至牛心湾为疑兵牵制，自率大船五十六艘居中为主攻，其余战船八十余艘分两股留为后援。

第九章 郑成功驱逐荷虏与康熙统一中国

战斗自早七时持续到下午四时，激烈异常，"炮火矢石交攻，有如雨点，烟焰蔽天，咫尺莫辨"。清军"五梅花"战术大显神威。即使有个别船只被敌船围困，亦能救出。此次战果辉煌，计焚毁、击沉郑军大炮船、大鸟船等各类船只一百五十艘，缴获鸟船、赶缯船等各类船只三十五艘，焚杀伪将国、提督、总兵、副将等高级将领四十七名，游击以下一般将领三百余员，焚杀及溺死郑兵约计一万二千余人。郑氏主力几乎全军覆没。刘国轩见力不能支，率残部乘船北向逃往台湾。防守娘妈宫（天妃宫）炮城的郑氏将军杨德等见孤岛无援，遂卸甲弃戈，出海请降。

施琅又遣人持令箭分抚诸岛，令其剃发，造报名册。共降官员一百六十五员，士兵四千八百五十三名，遂克澎湖等三十六岛。

澎湖海战全歼郑军主力，为和平解决台湾问题奠定了基础。施琅也积极推行招抚政策，厚待投诚人员，允许其亲人回台湾与之团聚，同时令其劝说台湾方面投降。由于施琅统领水陆大军逼临门庭，所到之处安抚地方，鸡犬不惊，所以台湾军民纷纷诚服。

在这种情况下，郑氏集团只有选择降清一条路可走。闰六月初八，郑氏派礼官郑平英、宾客司林惟荣等人，携降表以及给施琅、姚启圣信件来到澎湖，面见施琅，既表示请降待命，又要求留居台湾"承祀祖先，照管物业"，被施琅拒绝。

为慎重起见，施琅一面将来使及书信咨送姚启圣，请旨定夺，一面令来使曾蜚、朱绍熙回台湾通知郑克塽等：刘国轩、冯锡范必须亲来军前面降；人民土地悉入版图；所属官兵必须削发迁入内地，听候朝廷赦罪安插。

七月初五，郑克塽被迫接受施琅所提条件，重修降表，派冯锡范胞弟、总兵官冯锡圭，工官陈梦炜，刘国轩胞弟刘国昌等人，携降表赴澎湖呈缴。八月十一日，施琅率官兵前往台湾受降，郑克塽先差礼官郑斌等前往鹿耳门引导清军进港，随后率刘国轩、冯锡范等重要文武官员，齐聚海埏，列队恭迎王师，并会见于天妃宫。施琅禁止军兵骚扰百姓，并于十八日主持郑克塽等人削发仪式，当众宣布康熙赦诏：军民人等悉行登岸，赦免前罪，从优叙录。

从此，台湾回到了祖国的怀抱之中，与大陆重新统一。

台湾回归的消息传到北京后,康熙非常振奋,即以《中秋日闻海上捷音》为题赋诗志庆,"海隅父念苍生困,耕凿从今九壤同"。他将当天所穿衣服派人驰赐施琅,所赐诗中写道:"岛屿全军入,沧溟一战收。降帆来蜃市,露布彻龙楼。上将能宣力,奇功本伐谋。伏波名共美,南纪尽安流。"称赞施琅智勇双全,安定东南海疆,可与汉代伏波将军马援齐名,流芳百世。

台湾回归后,施琅上书朝廷:"台湾地方,北连吴会,南接粤峤,延袤数千里,山川峻峭,港道迂回,乃江、浙、闽、粤四省之左护。"在经济上,"台湾野沃土膏,物产利博。一切日用之需,无所不有"。荷兰若重返台湾,"必合伙窃窥边场,迫近门庭。此乃种祸后来,沿海诸省断难晏然无虞"。据此,台湾"弃之必酿成大祸,留之必永固边圉"。最后大声疾呼,台湾"断断乎不可弃"(施琅《恭陈台湾弃留疏》)。他的意见终于被康熙帝所采纳。康熙二十三年(1684年),清朝设置台湾府,隶属福建省。施琅主张早日解决台湾问题,并率兵攻取澎湖,进军台湾,以后又竭力坚持将台湾纳入大清版图,为台湾回归祖国、完成祖国统一大业,创建了不朽的功勋。

千秋伟业,英雄壮举!

从1661年郑成功打败盘踞台湾三十八年的荷兰殖民者,迫其投降,再到1683年康熙实现统一,清军进驻台湾,历经浪涛凶险,道路艰辛,雄心不泯,矢志不渝,旌旗招展,所向披靡,彰显的是民族精神,维系的是中华海权!

第十章 西方海洋争霸与清政府闭关锁国

一

让我们的目光转向地中海与古希腊。希腊半岛伸入地中海,将两侧的水域分成两个小海,东为爱琴海,西为伊奥尼亚海。从希腊本土渡海往南可通往埃及,渡海往东可抵达小亚细亚、巴比伦。得天独厚的地理位置,使古希腊充分引进了东方的文明,同时,也创造了自己的文明。

公元前 2500 年至公元前 2000 年,地处克里特岛的奴隶制国家克里特是地中海古老的商业贸易中心。克里特人从比布尔人那里买来木舟,沿地中海航行,他们从塞浦路斯运回铜,从西班牙买来锡,从尼罗河上游的努比亚换来金,建起了富丽堂皇、恢宏雄伟的诺萨斯王宫。以"克里特"命名的海洋文化,迅速传遍希腊本土,雅典、斯巴达和迈锡尼等沿海城市都紧跟着发达起来。

然而,地中海一带自然赐予它的财富并不丰厚,不像尼罗河、两河流域、印度河流域和我们的黄河流域,江河纵横,瀑布奔腾,森林茂盛,土壤肥沃,鱼米庶足,有那么多丰饶的自然资源。于是,地域狭小、土地瘦瘠的古希腊人便竭尽全力开辟新的领域——海洋,寻求新的生存空间。

从此,陆地与海洋两种文明开始并存。但是,这是两种不同性质的文明,前者以农牧为本,而后者以商贸为主,尼罗河上泛舟与地中海上扬帆,形式相同,意义却不一样,前者仍是自然经济不足的补充,后者则是生存致富的主要手段。

地中海是值得世代歌颂的,它用蓝色的肩膀,架起连接亚、非、欧的海上桥梁,将不尽的财富输送给一个个沿海国家,使沿海人民安居乐业、繁荣兴旺。这是地中海的自豪和骄傲。

可万万想不到的是,骄傲、自豪的地中海却渐渐给沿海各个国家造成了矛盾。

克里特文化产生后的几千年,地中海沿岸国家此兴彼衰,你争我夺。冲突的起因是,以海上贸易兴盛的国家都想将海上通道据为己有。当同一通道上出现两个或两个以上主人,同一市场上出现两个或两个以上的买主和卖主的时候,一种本能的控制与占领海上通道的强烈愿望便油然而生。

无可非议,这是一个国家的权力要求,权力属于政治范畴,而政治是充满着暴力的。

于是,商船开始载上军队,以保卫本国的海上贸易。此后,载有军队的船只逐渐职能化、专门化,海军由此诞生。

随同海军的出现,海洋的占有与反占有、控制与反控制的"蓝色圈地运动"也随之崛起。

在古希腊各王国的同盟条款中,开始出现"统治海洋""成为海洋主宰"的表述。然而希腊东南阿提卡半岛的雅典人则推崇"海洋自由",因为他们长于航海,自信有能力参与海洋竞争活动。他们认为与其统治一块死的海洋,不如允许自由贸易来得实际,于是着眼于保护贸易的海上军事力量的建设——发展强大的海军。

克里特岛上的米诺斯王是史学家公认的"第一个组织海军的人",他控制了大部分的希腊海,全力驱逐腓尼基等国的海盗,并将西克拉底群岛一个接一个划为自己的领地。

第十章　西方海洋争霸与清政府闭关锁国

濒海的雅典本来并不强大,但看到米诺斯王的称霸,也悟出了一个占领市场的道理,那就是制造舰船。有了舰船,海上力量逐渐发展起来,它也准备打仗。第一仗便是抵抗入侵的波斯人。

波斯本是一个内陆国家,从公元前 521 年至公元前 485 年开始扩张,成为一个囊括整个中、近东地区的庞大帝国。它原没有海军,靠征服腓尼基才收编组织了一支海军。这支海军愈建愈大,到公元前 492 年,已经拥有一千二百零七艘战舰,于是,它开始进攻雅典。

但是,波斯这次遇上的对手雅典,不是在海上小打小闹、只热衷于原始探险活动的腓尼基。雅典的海上力量虽不如波斯,但雅典人却拥有杰出的海军统帅——地米斯托克利。

公元前 480 年,地米斯托克利不畏强敌,誓与波斯海军决一死战。

地米斯托克利不愧惯于危急时刻做出英明决断的天才军事家,他审时度势,深知以自己的三百六十六艘三座桨战舰和七艘五十支桨战舰对付一千二百零七艘战舰的波斯海军,无疑是羊扑狼群。于是,他将拦截波斯海军的战场摆在航道狭窄的萨拉米斯海峡。他依托窄海中作战的优势,扬己之长,击敌之短,终于以寡胜众。

萨拉米斯一仗,成为雅典海军以弱胜强的成功战例。

从此,雅典开始了它的海上称霸。

称霸的雅典人并不能主宰自己的命运。它的强大引起另一个古希腊城邦国家斯巴达的恐慌,终于两国成为敌手。

在规模宏大的伯罗奔尼撒战争中,靠陆上称雄的斯巴达为了战胜雅典,迫不及待地建立了一支足以与之抗衡的海军,从而在战争中逐渐占了上风,取代了雅典的霸主地位。

地中海开始懊悔了。它根本没有料到,当它敞开胸怀将财富赐给人类的同时,竟然无意识地打开了另一个"潘多拉魔盒",把战争的灾难也带给了人间。

公元前 2 世纪至公元前 1 世纪,领地狭长、形似皮靴的罗马帝国兴盛起来,开始向原有的地中海霸主挑战。挑战需要理由,于是提出海洋与空气一样,为"大家公有之物"。罗马法学家、军事家马西尼波斯说,"海洋及其沿岸为所有人共有","可以自由地利用海洋"。这成为罗马的法律条文。即原始状态下的海洋为人所共有,任何国家都可以利用,"谁发现,谁控制,谁就利用",由此,海洋为"无主物"的概念被广泛认同,各个海上强国为争夺海洋控制权的斗争愈演愈烈。

强悍起来的罗马帝国,陆续打败希腊城邦各国,用铁蹄控制了整个意大利半岛,成为西地中海的强国。

威震一方的罗马人梦寐以求称霸地中海,却受到隔海相望的另一个海上强国迦太基长达百年的抵抗。

迦太基是古代腓尼基人建立的奴隶制国家,位于今天突尼斯和阿尔及利亚沿海地区。

依仗强大的海上力量,迦太基的殖民地遍布西地中海,领土向西直达西班牙、摩洛哥,控制着直布罗陀海峡。而继续占领对岸的西西里岛,完全控制西地中海的贸易,一直是迦太基人多年的夙愿,为此他们曾与西征的希腊人进行过反复的争夺。

罗马人征服意大利半岛上侨居的希腊人时,迦太基人助了罗马人一臂之力。因此,迦太基人天真地认为以农立国的罗马不会与他们争夺海上的利益。却不料罗马人在征战过程中观念改变,在夺取意大利半岛后,便染指已在迦太基人控制下的西西里岛。

经济、政治利益的冲突引发了不可避免的战争。

公元前264年至公元前146年,罗马人和迦太基人进行了三次战争,时间长达一个世纪。迦太基人是腓尼基人的后裔,腓尼基人又称布匿人,所以史称三次"布匿战争"。

开始时,在海上摸爬滚打了多年颇有海战经验的迦太基人,根本没有把刚从马背上跳下来的罗马人放在眼里。然而,罗马人发展海军,高明在于不光是重视数量,而是更重视质量,不但改进舰船,而且研究如何在海上克敌制胜。

当时,比较普遍的海军战术是希腊人在萨拉米斯海战中成功运用的舰舶撞击战术,但这需要长期的海上训练,罗马海军一时还达不到熟练运用的程度,于是决定采用萨拉米斯海战前传统的接舷即短兵相接的战术。

第十章　西方海洋争霸与清政府闭关锁国

不过,会动脑子的罗马人发明了一种"接舷桥"设施装在船头,可以在十几米处钩住敌舰,使其难以机动,然后通过接舷吊桥,罗马士兵迅速冲上敌船,发挥其单兵格斗的优势。

罗马人用这种改进了的接舷战术,扬长避短,大获全胜。而迦太基人却缺乏对付这种战术的有效手段,遭到失败后,迦太基的著名战将汉尼拔,不研究对策,相反放弃海战而选择了翻过阿尔卑斯山,绕道陆上进攻罗马,结果既失去海上优势又失去陆上优势,被罗马人一次次打得落花流水。

第一次布匿战争,罗马人得到了西西里岛。

第二次布匿战争,罗马人得到了西班牙。

第三次布匿战争,罗马人得到了北非。

罗马帝国的"大皮靴"长趋不息,向东经希腊半岛和中东到达里海和波斯湾,向北经高卢扩展到了不列颠。

罗马海军从此在海上所向披靡,肃清了地中海上的海盗,保障了罗马的海外运输,成功地应对了敢同罗马帝国争夺制海权的任何国家海军的挑战,整个地中海成了罗马帝国独占的海域,罗马帝国成为横跨欧洲最大的霸主,并将这个地位维持长达五个世纪。

罗马人统治了地中海,然而地中海以外的世界还是一个谜。

聚居地中海的人们,一直认为直布罗陀海峡是世界的尽头。

是勇敢的腓尼基人首先打破了这个神话。公元前6世纪,受埃及皇帝雇用的腓尼基人进行了环绕非洲的航行。二千五百年前,腓尼基人又从北非出发,沿海岸线北上,进入西欧。

在漫长的探索中,欧、亚、非大陆的关系逐步被人们所认定,西出地中海是一片大洋也逐渐被世人所认同。这就是"大西洋"的来历。

但是,大西洋有无彼岸?世界究竟是陆地拥抱海洋,还是海洋环绕陆地?这是谜中之谜。

在古时候,人们认为世界是方的,如"挪亚方舟"。后来荷马学派的地理学家将地球画为圆形。

公元前3世纪、公元前2世纪之交,地圆说有了进一步的发展。亚历山大的学者厄拉托斯忒尼用现代人看来"最简陋的仪器"测出地球最大的圆周长度,并指出:"假若我们不被大西洋辽阔的海域阻隔,那么,我们可以从伊比利亚(西班牙)出发沿圆周平行线航行到印度。"

在西方人眼中,印度是"金羊毛"的产地,是香料和黄金等财宝的象征。于是,寻找通向印度的捷径,成为几个世纪地中海国家不懈的奋斗目标。但由于当时的科学技术条件限制,这样的愿望一直不能实现。

13世纪,威尼斯商人马可·波罗沿着著名的丝绸之路,从陆路进入西方更加鲜为人知的亚洲腹地——中国。他横渡黄河、长江,饱览了使他惊叹不已的中华文化,然后绕过南亚,沿印度洋沿岸,穿越霍尔木兹海峡,进入波斯湾,再经伊朗回国。回国后,马可·波罗写成一本风靡西方世界的《马可·波罗游记》,以其亲身经历生动记述了亚洲各国的情况:地域、城镇、物产、民风习俗,蒙古大汗和中国皇帝忽必烈的宫廷建筑。这本游记被西方人争相传阅,成为商人们的商业指南,不少人根据马可·波罗的游记画成地图,开始了新一轮的探险热。

西方人猜想,通往印度和中国的道路除了穿过中东阿拉伯地区从陆上走之外,应该还有两条海上通道:一条是沿大西洋绕过非洲;另一条是横渡大西洋。此时,随着土耳其奥斯曼帝国的兴起及其对东地中海的控制,中东的香料和黄金之路越来越走不通了,这迫使更多的欧洲商人走出地中海,走向大西洋,去寻找新的通往东方的航道。

其实,这条被称为"丝绸之路"的海上通道,发轫者是中国的汉武大帝,只是由于那个古老的年代,东西方没有发达的信息往来,西方人一直在"瞎子摸象"。

一直到14世纪初,西方的探险热渐渐升温,事情才有了新的发展。

位于欧洲西南端的葡萄牙,首先成为大西洋的主人。这主要归功于热衷于航海探险的葡萄牙王子——亨利。

在亨利王子之前,葡萄牙探险队屡屡扬帆去寻找大西洋彼岸的"印度",但都没有成功。

1445年,亨利王子率探险队占领了与直布罗陀隔岸相对的休达城。在休达,他了解到西非有一个富有黄金和奴隶的国家,于是决定沿海岸线向南挺进。然而,他并没有找到黄金。赔了本的亨利遭到国内的尖锐批评,但他靠贩卖奴隶绝路逢生，用这笔巨额的不义之财东山再起，增加了他的海上力量，加速了向南挺进的探险活动。

1446年，亨利发现并占领了非洲的佛得角群岛，紧接着亨利使他的国家在非洲海岸拥有了大量的殖民地，在无数黑人奴隶的白骨上建立起葡萄牙的海上强国地位，并在1446—1456年，通过罗马教皇将这些殖民地的主权正式赋予葡萄牙，承认葡萄牙人占有博哈多尔角以东和以南"直到印度人居住地"的新发现的陆地，并拥有对西非奴隶的专卖权。

此时，亨利已读到马可·波罗的游记，并让他的船队搜集通往印度航道的资料，但巨大的西非利益阻滞了他的前进脚步，致使他终生未能绕过非洲，也终生未能利用大西洋的水域到达印度。

海外有黄金——成了驱使葡萄牙人横渡重洋的咒语，那种对财富的占有欲更驱使他们向海外扩张。

1487年，一支葡萄牙舰队在巴尔托洛梅乌·迪亚士率领下到达非洲南端，发现了好望角，从而为寻求直达东方大陆的航线开辟了通道。

紧跟葡萄牙之后来到海上的是西班牙人。

西班牙人，一到海上就是出手不凡。

1492年8月，西班牙国王派遣克里斯托弗·哥伦布横渡大西洋。

哥伦布祖籍西班牙，但出生于意大利，他十四岁开始海上生涯，当过海盗。十几岁参加热那亚海军，后因运送物资去英国途中遭法国海盗袭击，泅水逃至葡萄牙。

他相信地圆学说，于1484年提出一个自认为从欧洲向西航行至印度和中国的最短（只有六千三百千米）的海上航路方案，呈葡萄牙国王胡安二世遭到拒绝，一赌气就投奔了西班牙。

西班牙国王斐迪南给他资助了一支船队和无上的权力。他是"手里拿着十字架，可是心里却对黄金贪得无厌"。这是他冒险的基本动力。

哥伦布成功了。他以西班牙海军上将的身份携带国王给中国元朝大可汗皇帝的信函，乘"圣玛丽娅"号，率"平塔"号和"尼雅"号两艘风帆战船，从西班牙出发，开始了后来震惊世界的探险事业。船队经过七十天的艰苦航行，到达了巴哈马群岛的华特林岛，接着又到达古巴和海地。七个月后回到西班牙。以后他又数次到达美洲,将殖民地的触角不断南伸。虽然哥伦布并没有找到中国,但一直到死都坚持他到达的是东方的印度,并将美洲的岛屿称为"西印度群岛",将当地土著人称为印第安人,意为"印度的居民"。这不能不说是哥伦布的遗憾。

但历史的天平是公正的。哥伦布发现并命名西印度群岛,不管它是不是印度,其穿越大西洋发现新大陆的壮举给人类所带来的是一个伟大的启示:海洋是大洋两岸完全可以通行的桥梁。当然,历史也会秉笔直书,在记录哥伦布航海功绩的同时,也记录下哥伦布和他的舰队还为西班牙掠夺回了大量的黄金。

黄金的诱惑,驱使濒海各国掀起了一个世界性的走向海洋的狂潮。从这个意义上说,哥伦布开创的是一个新的时代。

哥伦布发现新大陆的消息迅速传遍整个欧洲,最震惊、最懊恼的是葡萄牙。

因为哥伦布最先是向葡萄牙提出探险计划的。

此时,气急败坏的葡萄牙搬出罗马教皇四十年前的法令:葡萄牙的势力范围"直到印度人居住地",于是强烈声明西班牙发现的西印度群岛应该归属于葡萄牙。

两国由此而剑拔弩张,战争一触即发。罗马教皇再次出面调解,1494年立了一条教皇子午线,规定西班牙的航船拥有向西航行进行地理发现的权利,新发现的陆地归西班牙;葡萄牙的航船获得了向东航行并拥有新大陆的权力。人类第一次以大西洋为界,瓜分了地球。

葡萄牙人并不解恨。由哥伦布航行引发了葡萄牙和西班牙的海上较量。葡萄牙不愿意西班牙人染指他们享有的海上权力,扬言要诉诸武力夺取哥伦布发现的新大陆。

1497年,葡萄牙国王派出了一支由瓦斯科·达·伽马率领的武装舰队,携带二十门大炮,在一位阿拉伯向导的指引下,一路乘风破浪终于绕过好望角,到达印度西南海岸的卡利库特。这才是真正的印度。

但葡萄牙人很快发现,印度并不是香料之国,于是继续渡海南寻,穿过马六甲海峡,终于找到了号称"香料王国"的摩鹿加群岛(今马鲁古群岛)。

他们把这片新发现的群岛称作"东印度群岛。"

过了不到三年,伽马舰队再次东征。

在加尔各答,葡萄牙人购买了大量中国的瓷器、丝绸和茶叶,回国后便引起王公贵族们的兴趣。薄若蝉翼的丝绸又轻柔又美丽,"素肌玉骨"的青花瓷器又薄又光泽,比水晶和大理石还要纯净典雅,而喝惯了苦咖啡的欧洲人一饮茶水,倍觉舌清喉爽,更加醒脑提神。

曼努埃尔一世问伽马这些宝贝是哪儿来的?伽马回答:"是从印度的阿拉伯商人那里换来的,据说这些东西在中国并不稀奇。不过目前我们只能从阿拉伯人那里转手获得,如果陛下派出一支舰队直接到中国去贸易,这些宝贝不但销路很广而且利润更大。"

曼努埃尔一世大喜过望,一面嘉勉伽马,一面积极准备规模更大的远征。

1509年,第乌岛一战,葡萄牙人击败了印度和埃及的联合舰队,从此控制了印度洋。

葡萄牙人的愿望实现了。他们从海上起家,逐步建立了一个从直布罗陀经好望角到马六甲海峡直至远东的庞大殖民基地网。象牙、宝石、黄金、珍珠、香料、丝绸、瓷器……大批不义之财源源不断地涌进葡萄牙人的腰包。

葡萄牙人心满意足了。这种满足使它真正丧失了一次称霸全球的机会。达·伽马之后,又一个后来举世闻名的葡萄牙人麦哲伦,向葡萄牙国王建议继续开辟新的航道,被一口回绝,并被当作白痴撵出王宫。麦哲伦恼羞成怒,再次步哥伦布的后尘投靠西班牙。

西班牙国王正求之不得,慨然给予麦哲伦一支舰队的指挥全权。

1519年9月,麦哲伦率二百六十五人的舰队从西班牙塞维利亚外港圣罗卡出发,渡过大西洋,沿巴西东海岸南下,越过南美大陆最南端与火地岛之间的海峡(后来被命名为麦哲伦海峡),进入一个新的浩瀚的大洋。在这个遥遥无边的大洋里,麦哲伦的舰队整整航行了三个月,竟然没有遇到过大风浪,"太平洋"由此而得名。

1521年,麦哲伦和他的舰队终于抵达菲律宾。

麦哲伦登上菲律宾岛,他的疯狂扫荡式的掠夺和对土著岛民的残酷镇压,引爆了岛民的反抗。终于,麦哲伦在与当地土著岛民决斗时,寡不敌众,死于土著酋长拉普拉普的刀下。

所幸,麦哲伦的同伴逃离菲律宾继续航行,经印度洋,绕过非洲好望角,于1522年回到西班牙。

舰队从什么地方出发又回到什么地方,人们这才发觉地球是圆的。

虽然,参加这次航行的二百六十五人中生还的只有十八人,但它完成了人类的首次环球航行,验证了地圆假说和世界大洋相通的推理。关于地球上陆地与海洋的关系之谜从此揭开,争论不复存在。麦哲伦环球航行地理大发现,使人类前所未有地认识到,海洋是连接全球大陆的通途!

1529年,罗马教皇再次干预西班牙和葡萄牙两国的纠纷,以新的条约形式重新划分了太平洋、印度洋及其相应陆地,作为其各自殖民的范围,由此而开分割海洋之先河。

西班牙人不管这一套。

对西班牙来说,麦哲伦的环球航行使西班牙人的海上霸主地位得到了最大效果的张扬,这不仅是口头炫耀的资本,而且收获巨大。殖民地是个取之不竭的聚宝盆,役夫的累累白骨变成了掠夺者手中灿灿的金银。仅1520—1560年,不到四十年,西班牙人就从殖民地拿走了十五万七千千克黄金和四百六十七万千克白银。为了保护这种巨额的海外利益,西班牙理所当然地要发展海军。

这支海军拥有一百多艘军舰、三千多门舰载大炮和数以万计的带滑膛枪的武装士兵,被称为"无敌舰队"。

在这支舰队的保护下,西班牙人更加有恃无恐地在世界各地横行霸道,巧取豪夺。

他们的大帆船沿着西海岸定期往返,与来自菲律宾群岛的商船衔接,交换来自东南亚中国的丝绸、珠宝和香料等珍品。西班牙的贵族们富甲天下,富得不知将金子往何处摆布。据说,他们庞大的无敌舰队中,许多船的外壳上都镶嵌着耀眼的黄金饰片。

西班牙人发了。

第十章 西方海洋争霸与清政府闭关锁国

英国人眼红了。

英国是大西洋上的一个岛国。那岛叫作不列颠岛。就整个欧洲大陆而言,它简直就是个毫不显眼的"角落"。

殊不知这个"角落"里的人却敢于雄视天下,10世纪时他们就自称为"不列颠海洋之主",后来,他们又要求别国船只在"不列颠海洋"航行必须向英国的国旗行礼,以示承认英国在这个海域的霸权。

不过,15世纪以前的英国主要在近海一带活动,从15世纪末才开始向海外扩张。

走在他们前面的是葡萄牙。

论资排辈,葡萄牙其实是英国的"女婿"。

1385年8月,葡萄牙遭受欧洲伊比利亚半岛上的卡斯提尔王国的突然袭击。

英格兰王国出兵援助使葡萄牙取得了胜利,为了答谢英王并誓与英国世代相亲,葡萄牙国王若昂一世迎娶了英格兰王族约翰的女儿菲莉帕。

这次联姻,诞生了葡萄牙的"航海王子"亨利。之后,若昂二世继承了亨利的探险事业。

英国人给葡萄牙人送去的是一棵"金橘树",开枝散叶,硕果累累。然而,蜗居在角落里的英国人一直很落后。他们的海洋活动一点不出色,出色的是优质的羊毛和呢绒。直至15世纪,在英国对外贸易中起主导作用的仍是外国人。当葡萄牙和西班牙人穿越大西洋,进行地理大发现的时候,英国人仍旧在不吭不哈地做着他们的羊毛生意。

英国人也想到海上发展,只是限于实力而不得不绕过西班牙和葡萄牙的海上霸区,去探寻通往东方的航道。直到16世纪中期葡萄牙和西班牙成了世界巨富,英国人这才明白过来,谁统治了海洋谁就能主宰世界,于是紧锣密鼓地开始了它的海洋扩张。

1548年,英国政府通过法案,规定星期五和星期六为食鱼日,全体国民只准吃鱼不准吃肉。1563年又增加星期三为食鱼日,这样加上原有的恩伯节和四月斋两个传统节日,一年便有一半以上时间为食鱼日。英国人真不愧有商业头脑,懂得利用供求关系、利用价值规律来发展渔业生产,进而驱动造船业的发展。

从此英国的海上力量与日俱增,呈现咄咄逼人之势。

1553年5月,一支一百零五人的英国探险队在礼炮的轰鸣中驶出了格林尼治海湾和泰晤士河河口,试图避开西班牙人海上霸权的锋芒,从北方穿过冰海,寻找一条新的通往东亚海上航道。不幸,第二年冬天锚泊在冰雪交加的瓦尔泽纳河河口,两艘船有六十三人冻死,其余人不知去向,无一生还。

海难吓不退被扩张野心膨胀的英国人。既然官方的海上活动成效不大,那干脆怂恿发展海盗活动。以德雷克、霍金斯为首领的海上大盗,在英国女王的默许和支持下,出没于大西洋,他们的海盗活动在英国海军史上有着特殊的地位。

1577年,德雷克的"金雌鹿"号船穿过专属于西班牙的麦哲伦海峡,沿南美西海岸到处袭击,劫掠沿岸的城市和船只。

1581年,当德雷克带着价值五十万英镑的金银财宝穿过太平洋和印度洋回到伦敦普利茅斯港时,受到官方隆重的欢迎。英国女王亲自到船的后甲板,封德雷克为骑士,鼓励这位海盗大王继续去"烧西班牙国王的胡须"。与此同时,英国官方加快了建造海军的步伐。另一位海上大盗霍金斯成为女王任命的"海军财务大臣",专门执掌海军建设。英国人后来居上,在战舰设计上敢于领先超前。亨利八世时,英国的战舰就开始装有前炮和舷侧炮。到1585年,英国海军已拥有一百九十余艘战舰、二千门舰载火炮和一万六千名武装水兵。

西班牙再也不能容忍英国的强大,加上德雷克老在西班牙沿海劫夺船舶、攻击战舰,西班牙便决心给英国以报复性的打击。

西班牙国王先借助于罗马教皇的威力,煽动英国的天主教徒行刺英国女王伊丽莎白一世,然后发动暴乱,再以西班牙的海上力量乘乱消灭英国舰队,拥立亲西班牙的伊丽莎白一世的侄女苏格兰女王玛丽·斯图亚特为国王。

不料,英国揭露了这起阴谋刺杀伊丽莎白的案件。

大幕一旦拉开,温情的面纱和假面具就显得多余。

西班牙觉得暗的不行就来明的,英西战争由此爆发。

1588年,西班牙腓力二世将他的"无敌舰队"浩浩荡荡地驶往英吉利海峡,准备与驻守尼德兰的西班牙军队汇合,然后进攻英国本土。

羽毛渐丰的英国海军根本没把西班牙的"无敌舰队"放在眼里。

"无敌舰队"的舰只虽大但不灵活,只适用于豪华排场的海上阅兵而不适合战斗,战术上又恪守传统的"钩船、接舷、跳帮和白刃战"等人对人战术,更何况劳师远征兵员疲惫不堪。

处于近海防卫的英国舰队以逸待劳,舰只虽小但速度快、机动性强,且舰上装备的是中程重炮、近程和远程火炮。明智的英国海军将领霍华德指挥他的舰队伺机出动,以热兵器代替冷兵器,以舰对舰的先进战术对付西班牙的人对人战术,使其新型的舷侧炮发挥威力。"无敌舰队"在英军猛烈的炮火突然袭击下,疲于规避,以致走投无路,大败而退。退却的路上又遇上大风暴,撞毁沉没,惨状空前。

"无敌舰队"的覆没,致使元气大伤的西班牙再也没有力量与英国抗衡。西班牙由此衰落。

英国终于在海上称王称霸了。

正当满载炮火与传教士的英国舰队跨越大西洋、印度洋,驶进太平洋的时候,却迎面碰上了一个号称"海上马车夫"的强劲敌手——荷兰。

荷兰位于西欧的中部,隔北海与英国相望,历史上曾臣属于罗马帝国,后为西班牙的附属国,它与今天的荷兰、比利时和法国东北地区联姻,统称为尼德兰。在其宗主国的心目中,尼德兰是一个充斥着"海上乞丐"和"森林乞丐"的地方。但在尼德兰的北方各省中,荷兰人脑瓜最灵活。虽然荷兰只有二点五万平方千米的土地,属于"弹丸小国",他们却以一千二百千米海岸线作本钱,谋求海洋开发,所以荷兰人自古会造船。仅阿姆斯特丹一处就有数十家造船厂。造船业全盛时期,荷兰同时开工造船多达几百艘。

到17世纪中叶,荷兰已建立了一支拥有一万六千多艘船只的商船队,总吨位相当于英、法、葡、西四国的总和。

当英国和西班牙在大西洋拼命厮杀的时候,荷兰人的目光神不知鬼不觉地射向远东,将舰队和商船队开进了印度洋。

1606年,荷兰舰队在马六甲海峡大败西、葡舰队,取得了绝对的军事优势。到17世纪中叶,荷兰已经控制了东南亚广大富庶地区,其势力伸进了印度、日本和中国的台湾。

经过几番争夺,葡萄牙人在东方的殖民地大部分落入荷兰人的手中。

荷兰神气了!

一贯觊觎东方的英国人对荷兰在东方的殖民优势和海上资易的垄断恨得咬牙切齿。

为了摧毁荷兰的海上力量,英国大力加强海军,从1649—1651年组建了一支大舰队,装备了四十艘在吨位上和武备上都超过荷兰的战舰。同时,英国议会在1650年通过了一项针对荷兰的重要法令,规定非经英国政府许可,外国商人不得与英国殖民地通商。紧接着英国议会又颁布了措辞强硬的《航海条例》,规定一切在亚洲、非洲和美洲生产的商品,只有在英国船员管理的英国船上才能运入英国本土;而在保护英国的渔业方面,不是英国船捕捞、英国船运输的鱼制品一律不容进口。这对专营海上转手贸易的荷兰不啻当头一棒,因此,它拒绝承认英国的《航海条例》。

第一次英荷海战就这样爆发了。

海战双方参加的战船有二百多艘、数万名水兵和八千门大炮。

英国海军统帅是布莱克。

荷兰由两位海军上将特罗普和赖特统帅舰队。

双方主帅都非常骁勇,决定了海战异常激烈。

1652年9月,英荷主力舰队在泰晤士河交锋,激战两天两夜,荷兰大败。两个月后,荷兰以七十八艘战舰、三百艘商船组成的联合舰队前出北大西洋,在达格尼斯海角与英国海军再次交战,荷兰报了一箭之仇,将英国海军赶入港口,控制了英吉利海峡。

1653年,两军第三次对阵,英国海军改变传统的横队密集队形为纵队疏散队形,往来穿插,充分发挥舷侧炮的威力,血战三天,将荷兰舰队彻底消灭。

荷兰从此一蹶不振。

第十章　西方海洋争霸与清政府闭关锁国

到1781年,英国海军已有四百余艘装备先进卡伦炮的战舰。一年之后,英国的发明家瓦特制成了蒸汽机,又犹如使英国人获得了一盏"阿拉丁神灯"。

这种蒸汽机很快安装在取代风帆木船的铁甲轮船和军舰上,英国的远洋实力和海军实力由此空前强大。

荷兰人开始海上防卫。从防止敌人从海上入侵的角度,荷兰法学家宾刻舒克推出《海上主权论》一书。他将海洋区分为"从陆地到权力所及的地方"和公海两大部分,前者属于沿海国家的主权管辖范围,后者则不属于任何国家的公有物。他提出了一个著名的主张:"陆地上的控制权,终止在武器力量终止之处",即岸炮能打多远,炮弹射程内的沿海海域即受该国主权管辖。

1782年,意大利法学家加利安尼根据宾刻舒克的理论,鉴于当时大炮的平均射程,正式提议沿海各国所属海域(领海)宽度以三海里为限。从此,世界的海洋分割为领海和公海两个部分。

然而,大炮的射程很快就远远超出了三海里。荷兰人提出六海里领海主权,不少国家赞成,但英国竭力反对。英国首相对荷兰驻英公使说:"这样一来,我们就不能到你们近海去捕鱼了。要知道,无论我们的领海有多宽,我们还是要到你们近海那里去捕鱼的!"

这种强硬,是英国的海上实力给了英国首相说狠话的底气。

然而,在彻底打败荷兰之后,法国人又开始向英国人发起挑战了。

法国是欧洲最强大的国家之一,领土辽阔,人口众多,陆地资源丰富。它虽然面临大西洋和地中海,海岸线远远超过荷兰、西班牙,却从来都以大陆国家自居。直到17世纪,法国在世界海洋经济大潮的席卷下,才加入了殖民竞争的行列。

17世纪60年代,英荷战争中,法国为保护自己的利益,曾与英国联盟,但也只派少量海军参加英法联合舰队,以强大的陆军在荷兰后方作战,基本上属于坐山观虎斗。

英荷战争,荷兰失败,英国也消耗了巨大财力,乘此机会,法国建立起欧洲最庞大的几乎六倍于英国的陆军,海军规模也在英国之上。利益之争,终于使英法两国反目为仇,展开了近二十年互为对手的较量。

18世纪50年代,英、法、西、荷、奥、普、俄等国都在权衡自己的利益,重新排列组合。新的政治格局,却酝酿着新的战争。

1756年,法国首先发难,揭开了七年战争的帷幕。十二艘战列舰、一百五十艘运输船载着一万五千名法国陆军士兵,以压倒一切的优势,攻克了英国人占据的梅诺卡岛。

这场战争虽以英法为主,但卷入了欧洲大多数国家,堪称第一次世界性的战争。

七年战争中,英国人先输一局。梅诺卡岛的失利,使英国丢失了地中海中一个重要的战略支点。

英国人立即改组内阁,起用皮特为陆军大臣,并赋予他指挥调动海、陆军的全权。面临法国及其盟国的强大阵势,皮特提出了一个著名的计划,史称"皮特计划"。

"皮特计划"反对英国盲目地投入大量兵力进行欧洲大陆的战争,而将此次战争的目标放在"建立并巩固一个世界帝国"上。

为此,皮特决定象征性地留一部分兵力在欧洲,牵制住法国;以主要的力量远征北美的加拿大、西印度群岛和印度,与法国争夺海外殖民地,以外线作战的胜利确保英国本土的安全。

这一跨越大西洋的"围魏救赵",其战略气魄是史无前例的。

皮特胜利了。

庞大的英国海陆联合远征军所向披靡,北美的加拿大、西印度群岛、菲律宾和非洲地区,几乎所有法属殖民地全被英国人所征服。法国人再也没有精力与英国人在欧洲打仗了,皮特以永载历史的骄傲结束了七年战争。

法国绝不会善罢甘休。

18世纪末,拿破仑历史性地成为法国的统帅,这个后来使全世界震惊的人物,改写了法国的编年史。有道是拿破仑跺一脚,整个欧洲都在发抖!

然而,陆上征战,拿破仑是个巨人,指挥海军他却是个名副其实的矮子。

尽管拿破仑凭他的陆战经验曾经夸下海口,"只要有三天的大雾,我就将是伦敦、英国议会和英格兰的主人",但他过高地估计了自己,他做梦也想不到会在他的征途上遇到一个致命克星——英国海军上将纳尔逊。

1803年,法国向英国宣战。

拿破仑是个战略家,他没有派军队直扑英伦三岛,而是指挥法国的土伦舰队从地中海出大西洋,攻占埃及的亚力山大港。

这里是英国的殖民地,拿破仑用的是调虎离山计,只要英国人敢于集结兵力劳师远征,他便乘英国本土空虚挥师渡过英吉利海峡,实施登陆作战。

哪知,富有海战经验的英国海军统帅纳尔逊不等拿破仑的军队喘一口气,便指挥英国舰队在亚力山大港以东阿布基尔海域进行了一次成功的海上阻击战,沉重打击了拿破仑的舰队,摧毁其大部分主力,连庞大的法国旗舰"东方"号也难逃厄运,近千名舰员和数百门重炮与舰桅上的法兰西国旗一起葬身海底。

接着,1805年12月,目空一切死不认输的拿破仑以近臣维勒纳夫为海上总指挥,率领法、西联合舰队,再一次在西班牙的特拉法尔加角海域与纳尔逊指挥的英国舰队交战。

纳尔逊采取新的战术,将舰队分成两列纵队,像两把剪刀将法、西联合舰队一剪四段,集中火力攻打薄弱环节,再将法、西联合舰队各个击破。

从此,拿破仑不仅失去了进攻英国本土的作战能力,在海洋上也雄风不再。

1812年,滑铁卢一仗,不可一世的拿破仑遭到彻底失败。历史像是故意嘲弄这位天才的陆战军事家似的,他被幽禁在四面蓝水的大西洋圣赫勒拿岛上,度过了他生命最后的日子。

法兰西的帝国大厦一倒塌,大英帝国的威名更加如日中天,成了世界上独一无二的海上霸主。它依靠海上优势,推行炮舰政策,建立了所谓的"日不落帝国"。在其海洋称霸的三个世纪中,侵占的殖民地相当于英国本土的一百五十倍,全世界三分之一以上的商船悬挂着"米"字旗。

英国人曾经这样得意忘形地说:"北美和俄国的平原是我们的玉米地,芝加哥和敖德萨是我们的粮仓,加拿大和波罗的海是我们的林场,澳大利亚是我们的牧羊地,阿根廷和北美的西部草原是我们的放牛场,西班牙和法国是我们的葡萄园,地中海是我们的果园,秘鲁运来它的白银,南非和澳大利亚的黄金流到伦敦,印度和中国人为我们种植茶叶,而我们的咖啡、甘蔗和香料种植园则遍及印度群岛,长期以来早就种植在美国南部的我们的棉花地,现在正在向地球所有的温暖区扩展。"

为了掠夺东方最大的市场,西方列强的目光一齐射向了中国。

二

1519—1522年,麦哲伦完成第一次环球航行开辟了通往亚洲的新航路后,西方殖民主义者便纷纷东来,寻求新的掠夺对象。葡萄牙、西班牙、荷兰、英国等国的海军舰队先后对中国进行侵犯。特别是到了18世纪中叶,英国等西欧各国日趋强大,海军装备不断更新,而大清王朝政治腐败,日趋没落,这种状况使西方列强感到侵略中国的时机已经成熟,于是,一场长达百年的历史屈辱和苦难,开始降临到中国人民的头上。

其实,早在西方开辟新航路以前,中华的祖先对海洋的敬畏远远超过西方。伏羲设计龙的家乡在海洋,只是龙的传人在走向海洋的道路上,却不像远古的黄河那样奔流到海不回还。从秦始皇到汉武帝,都是先在陆地开疆拓土,然后向海图强。这条海洋开发之路本该发扬光大,可惜到了明末清初,逐渐拘谨、短视,海洋之路越走越窄,一次次错过了历史的良机。逆水行舟,不进则退。统治者不仅不居安思危未雨绸缪,反被一片莺歌燕舞所蒙蔽。殊不知,麻木的中国已经被西方列强认定为俎上鱼肉——富饶繁华让西方列强垂涎三尺,谦恭的东方礼教和息事宁人的处世哲学更让西方列强觉得软弱好欺。

中国人,历来不去侵略别人,从秦始皇到永乐大帝造长城修长城,就说明一切。在古代,海洋既是我们与海外各民族交往的通道,也是祖国的"金城汤池"。只是,我们不该禁海。朱元璋开始"片帆不得下海",康熙更甚,颁布禁海政策,即濒海三十里到四十里不等的距离内禁止人民居住。当地居民或被迁出，或被杀，或饿死，史料记载"百姓失业，流离失所者以数百万计"。

同一时期，世界上的两个皇帝：一是路易十四，在法国实行开放政策，大力普及科学，成立了法兰西科学院，带领法国融入世界；一是康熙，禁帆出海，杜绝天文、历法，将人们带向了愚昧。

不得不承认，西方人尤其是英国人对中国的研究，做足了功课。

在西方人的心目中，中国是个文明古国，在发明方面总是跑在前头，气球、麻醉药、纺纱织布，都是中国先有的，特别是"四大发明"，使中国人世世代代骄傲不尽。可悲的是，相当多的中国人不仅墨守成规泥古不化，而且夜郎自大故步自封。

中国人发明了火药，早在宋代就被运用于军事，出现了火箭，以至火炮，从而结束了人类社会的冷兵器时代。但是经过几个世纪，到了明、清时期，中国工匠制造火药、火炮的知识，却反不如西方传教士多。丰富多彩的是中国民间五花八门的烟花爆竹。再说，中国人发明了纸和印刷术，然而，中国的史籍文书却屡遭禁毁。最搞笑的是指南针，本来它的磁针朝北，中国人却偏说它指南，连大清王朝乾隆皇帝的祖父康熙也坚信中华祖先给指南针的命名合乎天理。

在中国，天、地、君、亲、师，天为大。皇帝称为天子。天子是金口玉言，话一出口就成为金科玉律。同时，至高无上的皇帝统治的这个泱泱大国，又是忌讳百出而且极端迷信的国度。君主臣民崇拜南方，认为南方聚集力量和精气，万物繁荣，所以，民居、寺庙、衙门及紫禁城全部都坐北朝南。

更令人稀罕的是，中国的女人都要裹足，美其名为"三寸金莲"；吃饭不用简单方便的刀叉，而是从小被训练用叫作"筷"——实际运作并不快的两支小竹棒夹饭搛菜，并且不能用左手，因为右为上……仅此种种，足可以证明中国人的迂腐、刻板和循规蹈矩到了极点。

在了解到中国的国情后，对本来指北却硬说指南的事就不奇怪了。奇怪的是，中国人发明了指南针，几个世纪过后，欧洲人从中国人那里借来了指南针并依靠它出海远航发现了各大洲。更奇怪的是，早在哥伦布之前中国人就曾远航至非洲东海岸，当时绘制的《郑和航海图》是世界上最早的航海图集,郑和船队采用的"罗盘定向"和"牵星过洋"等航海技术,开天文导航之先河。可惜,就在欧洲人靠着中国人发明的指南针和罗盘来到远东登陆时,中国人却不曾再离开过自己的海域。

为什么轰轰烈烈的航海业经过宋、元、明初的盛世之后到了清朝便虎头蛇尾一蹶不振了呢?

这个问号,在1830年版的《大不列颠百科全书》和1832年版的《美国百科全书》里找到了答案:中国人是一个"具有奴性,做事勤奋,生意精明的民族",但"心智的进展,该国久已停顿"。因此他们推断中国这艘古老的航船已经腐朽了,要让它重新击楫扬帆只有等待上帝。

西方人认为他们便是上帝的使者。

之前,来华的西方人士都打着传教的圣旗,自告奋勇前往古老的东方来"解救中国",传布基督圣火,"照耀和拯救异教徒蒙昧的心灵"。早期的神父,如利玛窦和汤若望,是用天文历算几何代数来做上帝的先驱,但中国人对自己的皇历奉若神明,而那一把祖传的算盘更是拨打得珠光横飞;后来的新教牧师改用医术去接近民众,可是中国人信赖的是阴阳五行天人合一和望闻问切十二脉,西医不是动辄开刀就是脱了身子全面检查,岂不是屠夫举止和亵渎行为?想传教布道,中国人首先就不吃这一套!

一群一茬传教士失望之后,英国人来了。为了自己的东方之行,英国人几乎准备了近半个世纪。

英国人应该感谢葡萄牙航海家麦哲伦的环球航行,开辟了由欧洲通往亚洲的新航道。步葡萄牙、西班牙和荷兰的后尘,第四个来到中国的便是在海上打败了老牌海上强国葡萄牙、西班牙、荷兰的英国。

1637年(明崇祯十年)6月,由约翰·威忒尔率领的一支由四艘双桅船和一艘轻型帆船组成的英国舰队驶抵中国的虎门。这是一次不应被历史湮灭的足以证明英国人成功走向东方的胜利远征。然而,它与它的后来者——马戛尔尼一样都没有受到中国皇帝的欢迎。

早在伊丽莎白一世时代(1558—1603年),怎样打通中国的航路,就愈来愈引起女王臣民的兴趣。1573年,威廉·布尔爵士发表了《论海上霸权》一书,声称"左右商业的人左右世界的财富,控制海洋的人也就控制了世界"。并指出从英国到中国有五条通道：一、取道好望角；二、渡过大西洋，经麦哲伦海峡；三、向北航行，通过北极；四、向东北航行，绕过俄罗斯；五、向西北航行，经过北美。第一、第二条航道控制在葡萄牙和西班牙人手里，第三、第四条航道没有人敢走。最方便的航道便是第五条航道，即由西北经北美驶向中国。从此，唐宁街灯火通明，所有的英国人都高吟低诵这样的歌词：

统治吧，英国，
英国，统治那浩荡的波浪。

八百万英国人既然"统治了大海"，也就能以主人的身份对三亿中国人包括皇帝在内说话了。不过，一贯心坚如铁的伊丽莎白女王一开始的口吻是温和的，笔法是婉转的。

第一封写给中国皇帝的信以"天命英格兰诸国之女王伊丽莎白，致最伟大及不可战胜之君主陛下"——这样诚挚友好的语气开头：

呈上此信之吾国忠实臣民约翰·纽伯莱，得吾人之允许而前往贵国各地旅行。彼之能做此难事，在于完全相信陛下之宽宏与仁慈，认为在经历若干危险后，必能获得陛下之宽大接待，何况此行于贵国无任何损害，且有利于贵国人民。吾人认为：我西方诸国君王从相互贸易中所获得之利益，陛下及所有臣属陛下之人均可获得。此利益在于输出吾人富有之物及输入吾人所需之物。吾人以为：我等天生为相互需要者，必须互相帮助，希望陛下能同意此点。如陛下能促成此事，且给予安全通行之权，并给予吾人在与贵国臣民贸易中所需之其他特权，则陛下实乃尊贵仁慈之国君，而吾人将永不能忘陛下之功业。吾人极愿此请求能为陛下之洪恩所允许，而当陛下之仁慈降及吾人及吾邻居时，吾人将力图报答陛下也。

愿上天保佑陛下。

女王信中所说的约翰·纽伯莱是个商人，派遣他到中国去，实际上是一次试探性的贸易活动。不幸，这次活动一开始就夭折了。商人一出海就遭到葡萄牙人的逮捕。执拗的伊丽莎白一世与葡萄牙和西班牙人在海上打了十几年仗，一喘过气来，便决定再派使臣本杰明·伍德随同两名英商一同前往中国，并带去她致中国皇帝的第二封信。信里，除了用第一封信那样的口气，说明两位商人赴华通商的动机外，又恳切地请求：

> 今求至尊之陛下，凡我国人来贵国某处、某港、某地、某镇或某城贸易时，务请赐以自由出入之权，俾得与贵国人贸易，在陛下仁慈治下，使其享受自由特典及权利，与其他国人在贵国贸易所享受者一无等差。则吾人不独对于陛下仅具事上国之道，且为我两国国君及臣民之互爱与贸易起见，愿对于贵国人民之入境贸易者，到处予以自由，并加以保护（如陛下以为善者）。

但是，他们驾驶的三艘船，一艘失事在好望角，两艘遇上葡萄牙舰队，激战十八天，最后只剩一艘，不幸又在布通岛覆没了。那信，也如泥牛入海。一系列的失败并没有使英王放弃初衷，像接力赛似的，依然不停地努力，直到1637年约翰·威忒尔的出现。约翰·威忒尔接受英国东印度公司科腾商团的使命，率领两桅战船"飞龙"号、"凯瑟琳"号、"太阳"号、"殖民者"号及轻帆船"安妮"号组成的英国舰队驶抵澳门附近的横琴岛，葡萄牙澳门当局不许英人登陆，威忒尔决定率舰队直驶广州。广州的明朝官府又禁止他们进入内河，威忒尔火了，于两个月后武力攻陷虎门炮台。

尽管威忒尔掳走虎门炮台三十五门大炮，以此要挟，可明朝的官员个个是榆木脑袋不低头。威忒尔软硬兼施，硬的不行来软的，送交了保证书，保证"遵守中国律例，永不违反"，也不行。威忒尔垂头丧气了。他来自一个横冲直撞的海洋国家，好不容易来到中国，船就在岸边，几乎是走过跳板便可踏上陆地，却始终只能缩在船上待在水上，这多么让人厌烦！

厌烦有何用？一直等到清兵入关，明朝灭亡，威忒尔也没有能在中国插下一只脚。中国的海禁太厉害了！

第十章　西方海洋争霸与清政府闭关锁国

后来，清朝的康熙皇帝试行开放江、浙、闽、粤海关四个通商口岸。但口子一直很小。为了让英国的产品开拓出中国市场，1787 年（乾隆五十二年），英王乔治三世任命卡茨卡特为大使访华。使命是，设法改进英国在华商务，破除种种限制；消释中国对英国的疑虑，说明英国人的目的只在通商，并无领土野心，请求中国予以保护；希望获得一块地方或一个岛屿作为货栈，若这点要求达不到，则谋求英人不受中国裁判，最后一条是彼此交换使臣。但是，这位使臣却于来华途中在邦加海峡，出师未捷身先死。船队返航，使命中断。

再过了五年（1792 年），英王正式任命马戛尔尼为特使，率领使团六百余人，携带能使中国上下高兴又可炫耀英国文明的礼品——蒸汽机模型、火车模型、热气球、天文仪、地球仪、望远镜、八音匣、万花筒、自鸣钟、滚动印刷机和镀铜榴弹炮，等等——整整六百大箱，分乘"狮子"号炮舰、"印度斯坦"号货船和"豺狼"号运输船，离开英国南部的朴次茅斯港，驶向中国。理由是为大清王朝的乾隆皇帝补祝八十寿辰。

然而，马戛尔尼犯了一个错误。

在向世界上最古老、最辽阔和人口最多，而且也是最封闭又最封建的帝国航行的路上，马戛尔尼不断想着自己要先向中国的大臣再向中国的皇帝宣传这样一个真理：地球是圆的，东半球最高的是乾隆，而乔治三世则占了西半球的首位。两者显然是对等的。只是，地球上百分之七十是水，英国是名副其实的"海上君主"。

岂知，他到了中国的京城，一关一关地过，又辗转奔赴热河赶往承德避暑山庄，觐见在那里狩猎的中国皇帝，再经过一道道繁文缛节，总算获悉皇帝要真正接见他。只觉得遗憾扫兴的是，接见不在皇宫宝殿，而在热河的皇家狩猎场，皇帝要在一座毛毡搭成的帐篷中接见他。

虽然，京城以北的那个地方风景很美，素以奇山怪石和流泉飞瀑而闻名于世，那些在乾隆七十大寿时建造的猎场馆舍又颇具几分班禅喇嘛西藏宫殿的气概，风光山色确实让马戛尔尼这个"外国佬"别开生面，但接见场合的选择却反映了另外一种轻慢。在皇宫接见，那就是两个平等国家之间的礼仪会面，而临时性的帐篷不仅表明了皇帝的藐视，并且也暗示了这次见面的无足轻重。

首先,这种安排盖源出于中国的唯我独尊。

历来,中国称自己为"中央文明"和"中央帝国"——这两个词都不是就地理位置而言,它只是表明一种信念——世界的中心毋庸置疑是中国这块土地。来到这块土地上的外国访问者统称"朝贡者"。而"朝贡"一词则表明,中国人认为所有其他国家都不及中国。

1793年9月14日清晨,马戛尔尼见到了乾隆。

皇帝已经开始走向暮年,但他并没意识到他的帝国也在走向衰落。自1735年乾隆登基以来,中国已经成为世界上疆域最广、最富庶、人口最多的国家。

在中国的史书上,把这一时期与乾隆的祖父康熙皇帝连在一起称为"康乾盛世"。

再有,乾隆也是一位学者,精于诗词,工于书法,还是一位狂热的书籍收藏家和旅游专家。他六下江南,命宫廷画家将他所到之处的景色永远留存在画中,并兴建了八座耗资巨大的寺庙和堪称建筑史杰作的圆明园皇家园林。天下和畅,一片歌舞升平,乾隆当然高傲了!

然而,马戛尔尼也不是等闲人物。他出生在爱尔兰一个贫穷但有教养的家庭,凭个人奋斗,开始在英格兰担任律师,二十七岁时被封为爵士,被派往俄国担任特命大使。据传闻,他被选中担当此任,不仅因其非凡的外交技巧,而且因为外貌英俊,这点在好色的俄国凯瑟琳女皇面前非常有效。三年后,马戛尔尼带着女皇的宠爱回到英格兰,这种宠爱就是女皇赠送的一只珠宝箱。很快,马戛尔尼因其温文尔雅和谈吐得体而被上流社会所接纳,并以惊人的速度升迁。从议员到爱尔兰首席大臣,到西印度加勒比群岛总督并擢升为男爵,接着出任印度马德拉斯总督又加升为子爵。

子爵马戛尔尼此次出访中国,向乾隆皇帝补祝寿辰只是一个牵强附会的由头,其真正目的是完成乔治三世政府的使命:在北京建立英国使馆,以便英国船只获准在广州以外的港口停靠。当时,广州是中国唯一允许外国商船停靠的港口。对华贸易激增,利润可观,但是在外商人满为患的广州,他们遭遇了难以突破的瓶颈,英国人因此急于打开中国大门。

第十章　西方海洋争霸与清政府闭关锁国

马戛尔尼奉命而来，哪知，到达中国海岸的时候，按照中国皇上的旨意，他的随从和行李被换乘到中国船上，而且那船上的桅杆悬挂巨幅告示，告示用大号黑色汉字写着"红夷进贡"，然后才被允许经白河一路辗转缓缓地到达皇城北京。

当马戛尔尼费尽周折终于踏上热河的黄龙地毯，一见面，乾隆就笑了。开心？不！是觉得好笑。八十三岁高龄的乾隆帝不仅气色保养得只像六十岁，头脑也清楚得如同壮年。他觉得好笑是有由头的，因为乾隆帝已经在头一天听陪同英国使团的大臣徵瑞禀奏过马戛尔尼的那套"理论"，不由发笑了：既然地球百分之七十是水，干吗不叫地球是水球？既然英国是名副其实的"海上君主"，那就干脆叫"水球大王"。"水球大王"不待在水上，干吗上岸？

更糟糕的是，马戛尔尼还没有来得及将自己的观点面对乾隆阐述明白，却又忽视了一个常识，不，马戛尔尼根本不领会什么中国人的"入家问讳，入国问俗"，他明知中国自称是世界上的"礼仪之邦"，偏偏拒绝磕头——遵照大清的宫廷礼仪，他应在皇帝面前诚惶诚恐地跪下来匍匐在地实行"三叩九拜"。

唐宋明三朝，下跪是一种极其隆重的礼仪，只适用于节日或者祭拜天地。唐宋时期，官员上朝和皇帝一样"平起平坐"，明朝改成皇帝高坐，官员分列伫立，而大清的官员则要"三叩九拜"。

这个礼节实际上包括鞠躬、下跪，然后才是下跪者把前额磕到地上，一共要九响。马戛尔尼当然做不到。为了这次见面，他盛装前往。身着大红外套，佩戴肩带、钻石徽章，还有表明他在英国特权阶层"巴斯骑士"之列的星标。此外，随他一同前往的随从多达一百多人。由于英王乔治三世无法亲临，这位深谋远虑的子爵随身带着一幅国王等身的画像。作为地球上最骄傲的国家的使臣，马戛尔尼也要求皇帝的大臣向他的主子施以同样的礼节。清廷大臣当然不愿向一幅油画磕头。

同样，马戛尔尼也没有"三叩九拜"，更没有匍匐在地，而是带着桀骜不驯的目光，举止高傲地屈起一条腿！

对皇帝的轻蔑就是对堂堂大清王朝的侮辱！

乾隆对这种蛮夷的做派,深深反感,任凭说破嘴皮,再不理睬。

表面看上去微不足道的小事导致了马戛尔尼的失败,他在北京像被打入冷宫似的滞留了很久,什么事也没有办成,所有的要求都被乾隆帝一一回绝。

乾隆帝在给马戛尔尼的一份谕旨上说:"天朝抚有四海,唯励精图治,办理政务。奇珍异宝,并不贵重。尔国王此次赍进各物,念其诚心远献,特谕该管衙门收纳。其实天朝德威远披,万国来王,种种贵重之物,梯航毕集,无所不有,此乃尔之正使等所亲见,并无更需尔国制办物件。"

第二天,乾隆帝觉得头天的话还没有说绝,又给马戛尔尼第二道谕旨:"昨据尔使臣,以尔国贸易之事,禀请大臣转奏,皆系更张定制,不便准行。向来西洋各国及尔国夷商赴天朝贸易,悉于澳门互市,历久相沿,已非一日。天朝物产丰盛,无所不有,原不借外夷货物以通有无。特因天朝所产茶叶、瓷器、丝绸,为西洋各国必需之物,是以加恩体恤,在澳门开放洋行,俾得日用有资,并沾余润。"

乾隆帝的这两道谕旨,不仅对马戛尔尼而且对大英帝国,不啻一道闭门羹!

马戛尔尼最后只好"像小偷似的灰溜溜地离去"。

有人说,马戛尔尼的绅士风度和人格抵个零,葡萄牙教士整天叩头,清朝的大臣叫他怎么叩他就怎么叩,不是叩来一个长久的立身之地"澳门"?处在马戛尔尼的地位,为了达到贸易通商的目的,不要说叫他叩九个头,叩九十个、九百个头,也值!

大英帝国的女王不这样看,她认为马戛尔尼既然要维护大英帝国的尊严,那就连躬身弯腰也不必,不要说还跪下了一条左腿!

只是,高高在上的乾隆帝更有尊严,立即在心里关闭了那扇向西方"蕞尔小邦"的英国开放的大门。

按理说,乾隆不该目光短浅,但他的表现却是故步自封。问鼎中原的清朝,从康熙执政后,大力整顿朝政,奖励生产,惩办贪腐,使新建立的新王朝渐渐强盛起来,到了乾隆年代,清王朝的统治到达极盛时期。乾隆是继康熙之后一位卓有建树的封建帝王,被称为"十全老人"。但是,随着大清帝国的崛起与繁荣,统治思想日益封闭,既看不见西方世界的飞跃,又采取闭关锁国政策,从乾隆个人来说,自诩为文治武功古今无人可比;从国家层面来说,夜郎自大地以为中国是"天朝上国",外邦则属"夷狄蛮貊"。皇帝如此,世风趋之,讴歌唐虞盛世,高谈名物考据,致使大清帝国陶醉于自我满足直至桎梏于傲慢与偏见的茧房之中。

终于,清朝从入关走向了"闭关"。

第十一章　林则徐虎门销烟与鸦片战争爆发

一

英国人的所有要求被清政府断然拒绝以后,发现文的不行就来武的,软的不行就来硬的。

1808年(嘉庆十三年),英国驻印度总督派出舰队驰赴广东沿海,在澳门附近登岸,并侵入黄埔港。清政府下令还击,英舰被迫撤走。1816年(嘉庆二十一年),英国完全统治了印度。1824年(道光四年),英军占领了新加坡,进而侵占缅甸,中国的西部和西南边境受到威胁。而这时,早期的中英贸易,中国一直居于出超地位。英国向中国输出工业品,中国向英国输出丝、茶、陶瓷、大黄。中国的产品在西方供不应求,而英国输华商品主要是毛纺织品和金属制品,毛纺织品价格贵,又不符合中国人的穿着习惯,因此英国商品长期滞销,结果是英国要用大量的白银来弥补这中间的贸易逆差。英国为了改变这种入超状况,见软的硬的都在中国行不通,就来了一个毒的——向中国倾销鸦片,用鸦片来换取中国的丝、茶、陶瓷、大黄。

第十一章　林则徐虎门销烟与鸦片战争爆发

从嘉庆朝时，东南海疆就不太平了，祸根是鸦片。

鸦片，又名阿芙蓉，是由罂粟的蒴果中提取的乳膏。罂粟开花无比艳丽，鸦片却是麻醉神经的毒品，俗称大烟。罂粟最早出现在古代埃及，唐朝时，阿拉伯人把它带到中国，作为观赏植物。后来人们发现它的果实能够治疗某些疾病，便作为药材输入。明朝李时珍的《本草纲目》中就记述鸦片具有镇静、止痛、止咳、止泻等功效。最初服用鸦片，不是吸，而是"食"，像吃药丸一样吞服。

吸食鸦片，是在中国人学会吸食烟草以后。大约从明万历末年，西班牙人把美洲出产的烟草带到吕宋，从那里输入中国福建，中国人就开始吸食烟草了。稍后，荷兰人占据台湾，为了对付疟疾流行，把烟草、鸦片和砒霜混合起来吸食，这种吸食方法经厦门岛传入中国内地。吸食了鸦片的人顿时通体舒畅，心旌飘摇，如醉如痴，欲罢不能，越吸越上瘾。一旦不吸，精神萎靡，涕泪滂沱。年长日久，形容憔悴，骨瘦如柴，丧失体力，甚至毙命。明神宗朱翊钧三十年不上朝，"即为此物所累"。

起初输入的鸦片，数量很少，价格昂贵，一般人很难弄到手。从16世纪开始，葡萄牙人东来，以印度为基地，向中国输入鸦片，数量有限。乾隆三十八年（1773年）后，英国东印度公司垄断了鸦片专卖权，鸦片输入量迅速增加。就鸦片的输入量而言，1729年（雍正七年）之前，每年不足两百箱，1800年（嘉庆五年）为四千五百七十箱，而到了1837年（道光十七年），竟达四万零两百箱。19世纪的四十年中，鸦片输入量猛增四十倍。

鸦片的泛滥给中国造成严重的社会问题，不仅摧残了中国人的身心健康，而且造成白银大量外流，国库空虚，人民生计艰难。

1727年（雍正五年），英国商贩第一次向中国偷运进鸦片，这事很快被雍正皇帝知道了，马上发布禁令，严禁贩卖吸食鸦片，如有违犯者斩。乾隆皇帝在位时，对鸦片也明令禁止，并处决过几个违反禁令的鸦片贩子。所以，雍正、乾隆的七十多年中，鸦片未能成灾。

嘉庆年间，吏治有所涣散，黑里透红散发着特殊芳香的鸦片，像妖孽似的在中国辽阔的土地上，显示了任何其他物种都无法比拟的诱惑力量。刚刚流行时，它有个很讨人喜爱的名字，叫作"福寿膏"。东南沿海，"十室之邑,必有烟馆",官僚缙绅有此嗜好,穷苦百姓也纷纷上瘾。只要成了"瘾君子",倾家荡产,非吸不可。大量鸦片输入,无数白银外流,银价不断上涨,百姓频频造反。而大清兵勇渐染吸食鸦片恶习,终日吞云吐雾,操练荒芜,根本不能上阵。

嘉庆皇帝警醒了,责令两广总督查实。方知距广州四十里的零丁洋停泊众多趸船,犹如陆上货栈,英国商贩将鸦片从印度运来卸于趸船,再由俗称"快蟹"的小船运来白银换走鸦片。尔后,这些鸦片由暗地经营的大窑口偷偷摸摸贩运到乡镇小窑口,再销往民间。其行踪诡秘,手段隐蔽。有时假借出殡,而棺材中装满鸦片;甚至有人杀害拐骗来的幼童,剖腹取出内脏然后装满鸦片,把死孩当活孩抱在怀中,坐舟乘车,送运鸦片。

当两广总督将此等隐情上奏嘉庆,嘉庆大吃一惊。

有一首《潮州乐府》凝聚了兵民的愤怒:

> 罂粟之瘴医难治,
> 黄茅青草众避之,
> 此毒中者甘如饴。
>
> 床头荧荧一灯小,
> 竹筒呼吸连昏晓,
> 渴可代饮饥可饱。
>
> 块土之价值万钱,
> 终岁难供一口烟,
> 久之鏖黑两竿肩。
>
> 双眼垂泪鼻出涕,
> 一息奄奄死相继。
> 呜呼!
> 田中罂粟尚可拔,

第十一章 林则徐虎门销烟与鸦片战争爆发

番舶来时哪可遏!

乐府歌谣很快流传到京都。

受害兵民对鸦片的诅咒渐渐演变成朝廷对夷人的痛恨。于是嘉庆皇帝诏令:"纵观国情,鸦片非禁不可。严禁鸦片乃釜底抽薪之计,不禁则不能阻塞漏卮以培国本!"

可是嘉庆皇帝未能实施禁烟,就去世了。

道光初年,鸦片继续输入,白银继续外流。全国吸毒人数超过四百万,八十万清军中,吸食成瘾者有二十万之众。每年用于抽大烟的银子,可以与国家税收的数目一较高低。乡里城郭,到处都有竹管吸空家业的流浪乞丐,到处都有烟雾中家破人亡妻离子散的悲伤故事。"黄岩一县"竟致"白昼无人"。

这时的中国,一面是萎靡不振的烟民层出不穷,一面是流入英国人口袋里的白银源源不断。

烟毒泛滥,已严重威胁到中华民族的存亡。

道光十九年(1839年),刑部侍郎黄爵滋上奏:"以中国有用之财,填海外无穷之壑,易此害人之物,渐成病国之忧。日复一日,年复一年,臣不知伊于胡底。"

是可忍,孰不可忍!

然而,朝廷官员分成主张禁烟的严禁派和反对禁烟的弛禁派。道光皇帝犹豫不决。这时,湖广总督林则徐挺身而出,上书道光皇帝:"若犹泄泄视之,是使数十年后,中原几无可以御敌之兵,且无可以充饷之银。"

道光皇帝看了林则徐的奏折,既非陈词滥调,也没有精神层面的空洞说教,而是带着一种家国情怀和民族利益进言献策,所以深有触动,于是立即召见林则徐。

林则徐,福建侯官人。林家原本贫寒,破屋素食,父亲虽然饱读诗书,但屡试不第。庆幸母亲虽出身于官宦人家,却是贤妻良母。母亲含辛茹苦,节俭生活,成为林则徐最初的人生教科书。

道光四年(1824年),林则徐在江苏布政使任上,接到母亲去世的噩耗,昼夜兼程赶回原籍奔丧。之后,便"丁忧"在家,按例停职守孝一年。孝限未满,江苏洪泽湖高家堰十三堡决口,道光皇帝十万火急,诏令林则徐前去督修。此时林则徐心意全在母亲孝事,便欲请道光收回成命。父亲知道后,当即责备说:"不得为忠,安得为孝?国家有急,为臣子者怎么能袖手事外?"林则徐便依父命,素服赴任。

在江苏巡抚任上,江苏连年灾荒,人民生活十分艰难。道光十三年(1833年)七月,江潮暴涨,沿江各县都遭水灾,林则徐亲自坐上小舟,"漂泊洪水之中"逐县逐村察看灾情,亲见"田中之禾,一穗所结多属空壳,半熟变成焦黑,实为先前所不及料"。然而,正当他奋力筹措抗灾,准备上折请求缓收田赋的时候,却接到了皇帝亲催旧年积欠漕粮的圣旨。这时的江浙总督陶澍,也是一位政绩远播的有望之士,他曾主持清理漕运之弊和漕运改革——实行海运而闻名当世。但面对圣旨,"老成持重"的陶总督却劝阻林则徐不要强求了。林则徐忧于民命,冒着"抗旨"获罪的危险,决定单衔(个人署名)上奏,请求皇帝"圣心恤民"。洋洋三千言,婉转详尽,直述黎民疾苦,告诫皇上"多宽一分追呼,即多培一分元气",坚请缓征田赋。几乎声泪俱下的恳求,终于感动了道光皇帝,开恩收回成命。

对于鸦片以及禁烟,深悉民间疾苦的林则徐,自然有着始终一贯的坚决态度。早在任江苏巡抚时,他便有过一次显得"过火"的行动。当时,英人胡夏米等驾驶武装商船"阿美士德"号,自澳门向东直入长江口,在中国沿海进行测绘、鸦片走私等非法活动。林则徐与总督陶澍会衔上奏,请求搜查该船,将鸦片等物"传同夷兵当面焚烧,毋许稍有留剩"。不料,却遭到道光皇帝迎头痛斥:"所见大谬!"要上奏者"无得借口启衅,不顾政体"——那时的道光,还没有被鸦片逼到墙角上,一如乃祖乾隆皇上般的菩萨心肠。

在湖广总督任内,林则徐奋力禁烟,其认真用心以及效果,都是全国第一流的。单在武汉,他不到一年时间即拿获并查缴烟土一万二千余两,收缴烟枪二千余支,并全部用桐油焚烧之后弃入江中。更见林则徐为官品行的是,他还自己捐钱创制四种戒烟药方,帮助愿意戒烟瘾的瘾君子摆脱烟害。

有笔记说,"有老人、妇女每逢林公出衙,便在路旁叩头称谢,称其子、其夫久患烟癖,今服药断绝,身体渐强"。

还有材料称,林则徐弟弟林霈霖也染上烟瘾,这也刺激了林则徐对鸦片的切肤之痛和除之为快的决心。

至于为官清廉,林则徐也留下一大堆动人事迹。不论做官何处,他的居室里总挂着这样一副对联:"郊原雨足云归岫,台阁风清月在天。"光明磊落,如同清月。道光六年,他曾经拒辞"两淮盐政使"这样人人眼红的官场肥缺,令时人大叹其痴。先后历官十四省,统兵四十万,终归"一介寒儒的家当"。

到 1838 年(道光十八年)清王朝面临鸦片危机的时候,五十四岁的林则徐,道德声望、官阶资历、治国才能全都具备,只待皇帝一声令下。

11 月 23 日早晨,林则徐接到吏部"来京陛见"的紧急通知。接到此类通知,本应即刻动身,但由于三天后便是皇太后的"万寿节",这是天朝上下的"大日子",例由总督主持阅兵仪式庆典。阅兵仪式后的第二天,林则徐便风雨兼程直奔京都。之所以如此雷厉风行,一是君命不可违,二是道光皇帝的道德形象异常高大。

有人说道光皇帝生性悭吝,但是,在林则徐的心目中,当今皇上却是"躬行节俭为天下先"。照例,作为一个皇帝,可谓是天即朕,朕即天,食有一掷千金之宴,穿有纹锦皮裘之装,居有雕栏玉砌之宫,应该说是天下第一富足了。然而林则徐不止一次地拜读道光皇帝在登基前写的《节用而爱人论》,那文章中写道:"人君治国,必先以节用爱人为贵。节用者,节所当节,不可奢侈,要量入为出,凡举行祭典、修筑宫室,都须节俭在前,不致府库匮乏仓廪空虚,一旦有事而张皇失措。"

道光帝这样说了就这样去做。登基那天本该庆典,可道光帝却谕令"设乐而不作"。登基后就是天子,天子巡幸是清朝历代皇帝的嗜好。乾隆帝六下江南,铺排奢靡,花费浩大。可道光帝舍不得,谕令停止木兰秋围和江南巡幸。皇家另一大耗费是贡品,道光帝即位之初便谕令:"一切贡献,概行停止,即食品也不准进呈。"宫娥彩女大量放还出宫,后妃以下不穿绫罗绸缎,连皇子公主的婚仪也要从俭。

道光帝不仅要求子民,而且以身作则。他乘坐的玉辇是沿用父皇的,坏了就修，不许更新。他的高祖父康熙帝和祖父乾隆帝都爱好书法，书法之风由此大开，沿袭到他登基之初，内务府特制了四十方御用"龙砚"，这是惯例。可是道光帝却不以为然，认为砚能够研墨就行，不必名贵，御笔改用普通的羊毛与兔毛合制成的毛笔，笔管上也不要镌刻金字。这一改，不知省了多少银子。他的饮食也不讲究。通常御膳要上二十几道菜，道光帝一改惯例，平时御膳不得多于四样菜，有时只要一碗豆腐烧猪肝。平日如此，就是节日庆典也省俭得出奇。皇后做生日叫作"千秋节"，属于大庆典，照例要宴赏内廷诸臣，可有幸赴宴的大臣们得到的只是和皇帝皇后有福同享的一碗打卤面而已。穿呢？其他不提，只说坐朝的龙袍，绣满金龙祥云的龙袍是威仪的象征，万万节省不得，但朝臣京官都在私下传说道光皇帝的龙袍内的两个膝头都打着掌子。

　　更让林则徐心悦诚服的，是道光皇帝视为第一要事的"整饬吏治"。不仅惩处高官重臣，而且对营私舞弊的太监和违法的宗亲显贵也不姑息。

　　显而易见，道光皇帝是个好人，但算不算一代伟人呢？林则徐不敢随便歌功颂德。只明白道光帝生不逢时，大清王朝传到他这一代，腐化颓废已是不可逆转。而道光帝与林则徐一样心思沉重，他不能眼睁睁看着祖宗基业断送在自己手上，挽狂澜于既倒，扶大厦之将倾，就要用撒手锏，快刀斩乱麻！危急关头他想到了林则徐。

　　林则徐12月26日抵京，27日一大早便被召入宫。第一次召见，便持续了一个半小时。

　　林则徐当着皇上的面，将奏折中的话说得更为透彻："自古以来，官不能行令，则民乱。而今，官不能行令，则鸦片不止。鸦片不止，则百姓困苦，国库空虚。百姓困苦，则易生事端，几可酿成祸乱之源；国库空虚，则无可用之粮，无可御敌之兵；兵衰粮竭，大清江山则不能稳定。臣观洋人对我大清贸易市场垂涎欲滴，必会趁机以武力迫我开放口岸，甚至于强行割据地盘，形成国中之国。皇上，当今之世，鸦片已经成为我大清头号祸乱之源，已经到了非严禁不可的紧要关口，如果再不痛下决心，后果不堪设想。请皇上明断！"

　　林则徐的一番话，堪称推心置腹。自从夷人的鸦片走私变得肆无忌惮

第十一章　林则徐虎门销烟与鸦片战争爆发

以来,道光皇帝就一天接一天心余力绌,没有好好睡过一个觉。

在他的少壮年代,记得大清王朝同洋夷的贸易还是得多失少。单就茶叶、丝绸的出口,每年的交易额至少可以达到一千万两白银。那年头真令皇室上下舒心畅怀,那些黄毛碧眼的洋人,并没有让中国人矮到哪里去,相反,觉得洋夷到中国来是仰慕大清的物华天宝,"普天之下,莫非王土"的感觉特别好。然而,嘉庆以后,洋人成批地贩运鸦片,这情形就像鹞子翻身倒了过来,只大前年一年,洋人就捞走了三千万两白银,搞得现银短绌,银价上涨,各省铜钱不值价,要一千三百文才抵一两白银。地方上周转不力,连内务府开支也是捉襟见肘,弄得官员抱怨连天,百姓叫苦不迭。

不给这帮红毛子一点教训,任其胡作非为绝对不行!

自此,道光对林则徐日日召见,一连八次。第一次召见中,道光便在心里打定派林则徐南下厉禁鸦片的主意,只是,箭在弦上,引而不发。除了林则徐,还能有谁担当如此大任?

厉禁鸦片,非林莫属。应该说道光对林则徐还是有着特殊的了解。治河工程,历来是百弊丛生的烂摊子,偷工减料,居官肥私,各方揩油,一直是朝廷监察官员所关注的热点。林则徐出任河南布政使,事必躬亲,竟至逐滩逐垛地盘工验料,以杜贪污隙缝。道光知道后感慨:"向来河臣查验料垛,从未有如此认真者。如此勤劳,弊自绝矣;做官当如是,河工尤当如是。"灾年救灾,本是明君圣事,但在灾区,好事往往又因官员贪污中饱、欺上瞒下而成为祸事。林则徐主持湖广济灾,却重新核实户册,连同钱粮数目"遍贴晓谕"——向民众公开,以使高官胥吏"无以上下其手"。道光接此报告,大叹林则徐"为事之尽心精细"……

遍翻《道光朝实录》,受到皇上一再如此情不自禁"嘉许"的大臣,可谓只有林则徐一人。道光皇帝堪称清代各朝皇帝中有名的"小气鬼",但对林则徐却表现出前所未有的大方。第四次召见,道光宣谕林则徐"紫禁城赐骑"。皇上驻足的地方,允许臣子骑马出入,这是一份少见的恩宠。通过这些宫廷礼仪上的特殊赐予,道光将林则徐置于一人之下、万人之上的崇高地位。受赐者得到的不只是荣耀,还有权威。等到"颁给钦差大臣关防,驰驿前往广东查办海口事件,该省水师兼归节制"的敕命下达内阁的时候,满朝大臣便觉得林则徐简直红极一时如日中天！

那"钦差大臣关防"是一方金属铸造的仅次于皇上玉玺的印章，乾隆年间铸就，此后嘉庆、道光两朝还从未启用过，文官统领水师，这在军政权力严格分控的清王朝，也不曾有过这样的前例。

受宠若惊的林则徐一共在北京停留了十三天，那些大权在握的朝中重臣，他都至少一人一次地登门拜遍。虚心求教、广听众议？不！而是一位熟知官场倾轧内情的仕宦所必需的政治应酬。大官们有人劝他适可而止，有人鼓动痛加杀戮，都是虚掩故事，敷衍文章。

钦差还未启程，"京中有识者，已为林公危"。只有拜访座师沈鼎甫侍郎时，师生俩才推心置腹。

沈鼎甫曾是林则徐当年的主考官，林则徐属于他的门生，人伦世情，荣辱相依。两人相对，谈及时局玄机和使命维艰，林则徐说："死生命也，成败天也。但要有利于国家，只好竭所能不辱师门！"说罢，师生相顾涕下。

还有一个供职礼部的六品小官真正贴心林则徐，他就是林则徐在宣南诗社的好友，著名学者龚自珍。

龚自珍与魏源并为文坛两颗巨星。林则徐与龚自珍和魏源，三人相交甚深，常有诗文往来，可谓意气相投，肝胆相照。

但这一次，龚自珍获知林则徐身负大任，在京时间不多，就找到烧酒胡同林则徐下榻的关帝庙，匆匆话别。别时将自己准备好的一份书面意见交给了林则徐。文中，不仅在"内禁吸毒，外防夷人"方面提供了自己的见解和具体办法，还特地叮嘱林则徐提防身边的小人惹是生非。

林则徐领首道谢，与龚自珍抱拳一别。

1839年1月8日，林则徐离京。3月，抵达广州。第二天，林则徐就在钦差行辕门上张贴告示：不受地方任何供应，不许奸人借名扰累民众，严格限制随行人员私行活动，坚决杜绝受贿、说情、泄密等不正之风。他郑重宣布："若鸦片一日不绝，本大臣一日不回，誓与此事相始终，断无中止之理。"同时，与两广总督邓廷桢、广东水师提督关天培商定整顿水师，加强海防。

三人形成共识，马上采取雷霆手段，逮捕了六十一名勾结英国商人的重要烟贩，勒令外商将非法运入我国领海存贮于趸船上的鸦片全部缴出，限期三天,并保证今后来船不再夹带鸦片,如违令,一经查出,全部没收,人即正法。

当时,停泊在零丁洋上的二十二艘鸦片趸船,每艘都囤积鸦片一千箱以上。可是外商只答应上缴一千箱。

林则徐下令传讯烟贩首恶英国人颠地。在英国驻华商务监督义律的庇护下,颠地连夜逃跑,结果被抓了起来。

义律声称要动用武力,林则徐毫不畏惧,派兵员封锁洋人商馆,断绝了对外商的一切贸易和供应。曾经骄横跋扈的洋人躲在商馆里,连饮水和食物都发生了困难。义律住所的大门上也贴上了林则徐的告示:"不知悔改,唯利是图,非但水陆官兵军威壮盛,即号召民间丁壮,足制其命而有余。""卖鸦片者要死,吸鸦片者要死,而尔等独不该死乎?"林则徐一系列强硬的禁烟举措,得到民众的热烈拥护,造成了一种角声满天壮我山河的气势。

义律不得不低下头来,通知外商缴出全部鸦片。到5月中旬,英国、美国、港脚(印度)商人共缴出鸦片总计一万九千一百八十七箱又二千一百一十九袋,重二百三十多万斤,价值白银八百多万两。随即,鸦片贩子一个个被驱逐出境,义律也带着商馆中的英国人灰溜溜地离开了广州。

1839年6月3日,是一个令中国人民刻骨铭心的日子。天空晴朗,海水湛蓝,虎门海滩,人山人海。林则徐会同大小官员,在虎门监督销烟。

海滩高处,有两个人工挖成的十五丈见方的大池,盛着卤水。随着三声炮响,成批成批的鸦片被倾倒进池,再抛下石灰。刹那间,池水沸腾,烟雾翻卷。当大池闸门打开,已经溶解的鸦片残渣随着潮水流入大海。成千上万的围观者爆发出一阵阵震天撼地的欢呼。

虎门销烟整整持续了二十三天,林则徐天天到现场监督。开始,外国商人"断言中国人不会销毁一两鸦片",但他们终于吃惊地看到,林则徐一两不留,销毁了全部收缴的鸦片。

中国人解气了,英国人恼火了。

林则徐虎门销烟的烟雾尚未散尽,英国的鸦片利益集团立即在国内大肆鼓动,并在伦敦策划对华战争。

1840年2月,英国政府任命好望角海军司令、海军少将乔治·懿律和原在中国的商务监督查理·义律为正副全权代表,并任命懿律为侵华英军总司令,任命驻印度海军司令伯麦为舰队司令,布尔利上校统率陆军。他们率领军舰十六艘,武装轮船二十七艘,载炮五百四十门,陆军四千人,于1840年6月下旬陆续到达广东海面,开始了对中国的侵略战争。

史称"第一次鸦片战争"。

二

战争,迫在眉睫。

中英双方的军事实力,相差悬殊。

15世纪开始至18世纪中期,"展现在一切海洋国家面前的殖民事业的时代,也就是建立庞大的海军来保护刚刚开辟的殖民地以及与殖民地的贸易的时代。从此便开始了一个海战比以往任何时候更加频繁、海军武器的发展比以往任何时候更有成效的时期"(《马克思恩格斯全集》第十四卷)。

19世纪初,世界海军建设开始进入武器装备发展的转折阶段。"就技术发展而言,海军必须从木壳船体、风帆动力和火药弹丸向铁甲、蒸汽动力和炮弹过渡。这一过渡过程中的每一步骤都是一场革命。"(J. R. 希尔《英国海军》)1807年,美国人富尔敦首先设计制造成功蒸汽明轮轮船"克莱蒙特"号,1812年又建成第一艘双体明轮蒸汽军舰"德摩洛哥"号,供保卫纽约港口之用,但从未冒险出海。1820年,第一艘铁壳蒸汽明轮轮船"阿荣·曼比"号建成。1824年,英国人在缅甸使用蒸汽明轮轮船"狄安娜"号对付当地船只,这是轮船在战争中的初次使用。可以说,明轮轮船的出现,是舰船制造的一大飞跃,大大加快了航速,增强了机动性,但有限空间却缩小了,迫使人们必须改进火炮的口径,以提高杀伤力。1824年,法国炮兵将军帕克斯·汉斯制造出一种可供舰船实际使用的平射炮,并使用了爆炸弹。1830年,英国建成第一艘铁质明轮轮船。1829年,奥地利人约瑟夫·莱塞尔发明螺旋桨,后由埃立克森和帕特蒂·史密斯改进,解决了明轮机件暴露在外的缺陷,将发动机装在水下,既增强了隐蔽性,又节约了可贵空间,

第十一章　林则徐虎门销烟与鸦片战争爆发

因而可以加大火炮数量,增强攻击力。

从此,西方的"坚船利炮"出现了。

回眸东方。古代中国,唐宋元明造船和航海事业曾经蓬勃发展,舟师建设发展到了一定水平。可是,军队建设,尤其是海军建设是以经济力量和科技水平为基础的。从明末到清初,中国商品经济的发展一直受到压抑,整个社会处于谋求"稳定"的停滞状态,特别是施行海禁政策,阻碍了海上武装力量的建设。

鸦片战争前,中国工业始终没有突破传统的手工业生产方式。以冶铁为例:最好的炼铁炉仍为明末遗制的日产三千六百斤的瓶形铁炉,全年铁产量仅二万吨,不及英国的七十分之一;当时尚没有近代工业,更谈不上近代机器制造业,这一切导致海军装备无法改进和更新。

在英国蓄谋发动战争面前,中国水师的战船还停留在桨船、帆船和前膛炮时代。战船最长不足三十米,均是以棹桨为动力的无帆桨船或单桅帆船,间有少数双桅、三桅战船。火炮的形制更为落后,多为泥模铸造,炮身多蜂眼,极易炸裂。弹为实心弹,射程不远,而且装填复杂,辗转费时。这些战船,不仅不能与同时代西方金属船壳的蒸汽船相抗衡,也不能与西方的帆式战船相匹敌。

严峻的事实告诉人们,落后的中国水师和海防体系已无法适应近代海战的需要,也难以抵抗西方列强的侵犯。遥望中国水师战船,颇具森严气概,其实在英国的坚船利炮面前,它只能是一抹风景。

大战在即,林则徐深知侵略者的本性和中英海上力量的差距,但他毫不退缩,庄严宣布:中国不惧战争!

林则徐承认,英军船坚炮利,擅长海战,取胜外洋,破浪乘风,是其长技。我军"师船木料不坚,未便穷追远蹑",难以在大洋取胜。但他又看到,英军远离本土,奔波劳累,粮饷军火安能持久?而中国水师在本土作战,地形、地物熟悉,兵员、物资补给便利,处于以逸待劳的地位。因此,采取"以守为战"。

"以守为战"的立足点是守,即避敌之长,不与英军在海上交锋。为了实现有效的防守,林则徐在敌人入侵必经的海口、内河等处加强防御工事,根据海岸线绵长曲折的实际增筑炮台，购置西洋大炮装配虎门各炮台，以增强远攻火力。在虎门海口，除木排铁链外，在横档、永安炮台和对岸的巩固炮台之间的海底钉插暗桩，给闯入的英舰布一道"绊马索"。

在林则徐的号召下，广州内外秣马厉兵。

经过整顿的广东水师，战斗力已有很大加强。

1839年9月4日，义律率领由印度调来参加侵华舰队的"窝拉疑"号、"路易莎"号、"珍珠"号军舰及快艇、武装商船等多艘，突然袭击并占领九龙。当日中午，义律所率军舰与广东水师大鹏营参将赖恩爵所率的海上巡逻船队在九龙海面不期而遇。

豺狼的面目开始并不狰狞，还带着卑躬屈膝的微笑。义律假装食物短缺，派人递送要求购买粮食的信件。其实，这是义律一贯的嘴脸，以讹诈手段掩盖其偷袭的企图。果然，趁赖恩爵收信准备答复之际，英军卑鄙地"五船炮火一齐点发"。赖恩爵当机立断，旋即命令各船和炮台还击。

经过整顿的广东水师以准确的炮火，击翻英军双桅飞船一艘，英军水兵纷纷落水。义律组织更强烈的进攻。清军水师战船"奋力对击"，水师官兵"忿激之下，奋不顾身，连放大炮，轰击夷人多名"，战斗一直延续到夜晚九时，激战近十个小时，英舰伤亡较重，遂败退。

这是中英两国的首次海上冲突。英方有十艘以上舰船，清军水师仅有三艘船只，武器装备也不及英舰。而且，这次海战是在敌众我寡、敌优我劣、敌有预谋我无防备的情况下展开的，最后清军水师以少胜多、以弱胜强，击沉英双桅飞船一艘、舢板船两艘及所雇吕宋趸船一艘，毙敌十七名，而清军水师仅士兵阵亡二名、受伤四名，战船轻微损伤。

初战告捷，广东水师士气大振。

1839年11月2日，义律率英舰队又窜到穿鼻洋面，派人向关天培送去《致水师提督和钦差大臣》信件各一封，要求清军不要焚烧英舰船，并撤回对英国人的一切禁令。11月3日，关天培所率水师战船正巡逻中，英舰"窝拉疑"号率先向师船开炮，关天培当即下令还击，并令其他战船一齐配合出战。双方在海上激战二小时，关天培身先士卒，"亲身挺立桅前，自拔腰刀，执持督阵，厉声喝称敢退后者立斩。适有夷船炮子飞过桅边，剥落桅木一片,由该提督手面擦过,皮破见红,关天培奋不顾身,仍复持刀屹立"。他的指挥船首先击中"窝拉疑"号,接着将其"头鼻"打断。与此同时,清军水师提标左营游击麦廷章指挥水兵发炮,又击中该舰后楼,英军水兵多名落水而死。另一英舰"海阿新"号见势不妙,始终不敢支援。最后,"窝拉疑"号"帆斜旗落",狼狈而逃。

清军水师再次告捷。

英军失利后,英舰队撤到尖沙咀洋面停泊休整。此处群山环抱,浪静风恬,堪称天然良港。如果听任英舰在此从容修理舰船,等于养虎遗患。林则徐当即下令在尖沙咀以北的官涌高地构筑炮台和工事,居高临下,"俯攻最为得力,从而压制尖沙咀的英舰队"。

英军眼见清军在山梁上"固垒深沟",遂派出军队登陆窥探,遭到清军参将陈连升率部阻截,英军战败,"滚崖逃走"。这是官涌之战的前哨战。

1839年11月4日夜,英舰队在海面集中炮火,袭击官涌高地清军炮台。清军还击,英舰败退。

11月8日,英军以舰炮火力正面掩护,溜出小船载运登陆部队向侧后迂回,百余名英军乘潮强行登陆上岸,企图夺占官涌制高点。清军把总刘明辉等率部还击,短兵相接,毙伤敌数十名,英军"披靡而散,帽履刀鞘遗落无数"。清军第一次抗登陆战斗取得了胜利。

11月11日下午4点后,英军从船桅瞭望侦察,发现官涌清军正在安装火炮,便集中舰炮进行轰击,企图摧毁清军岸炮阵地。清军岸炮旋即协同还击,将英舰队打得"撞破船舱之声不绝于耳"。炮战数小时,英舰全部暴露在官涌炮台的火力之中,遂弃锚熄灯而逃。天明,只见英舰船逃至外海停泊,所有篷樯桅索等"大都狼狈不堪"。还有一艘双桅舢板船受到重创,半浮半沉漂流海面。

英军在十天内,六次向清军官涌防区进犯,战战败北,无法再在尖沙咀港湾集中停泊,只得分散停泊外海各处。

1840年2月29日凌晨,关天培指挥所属水师,兵分四路,乘风潮出击,利用夜幕隐蔽接近英军舰船,出其不意,一齐纵火,将喷筒、火罐乘风抛掷,焚烧英军大小战船二十三艘。

林则徐见关天培火攻取胜,便在筹备火船、训练乡勇的同时,招募善于泅水之人,"使驾火船,乘风纵放,而以舟师继之",协同配合,采用游击性的火攻破袭战法,屡屡成功。英军官兵被折磨不堪,既无淡水,又慑于夜袭火攻,"每日东漂西泊,莫定行踪,夜更游弋不停,深恐清兵复用火船,潜往烧毁"。

就在义律一筹莫展之际,英国派出的"东方远征军"于1840年6月下旬陆续抵达广东海面。

鸦片战争正式开始。

三

1840年6月30日,英国"东方远征军"按计划自广东北上。7月2日,英舰队驶抵厦门,递交照会副本遭到拒绝后,派出六艘舰船轰击,均未得逞。于是北犯浙江。

定海曾是英人贸易地,康熙三十七年(1698年)在定海城外衢头之西建立"红毛馆"。英国对定海垂涎已久,因它悬孤海中,而岛内又盛产丝茶,所以这次被列为占领对象。

7月3日,英舰队驶抵舟山定海海面。当英舰横冲直撞地驶进港口,水师总兵张朝发竟对着报告军情的巡捕一拂手,不以为然地说:"夷船避风而来,无足深讶!"直到英军发炮攻城,城头坍塌之后,麻木不仁的文官武将方才大梦初醒。晚矣!

进攻定海的英军共有炮舰五艘和武装运输船二十四艘。英舰"威里士厘"号首先开炮轰击护城的清军水师,张朝发懊悔不迭,奋勇率领战船与敌激战,不料左股中弹落水,水师船只也纷纷被英军炮火击沉,全线混乱,溃不能战。

英军乘胜登陆,占领关山,四更自东门架梯登城。守城清兵寡不敌众,县城被敌袭取。刚到职不满两个月的新任知县姚怀祥逃出北门,自知"守土之义,不可以不死",行经普慈寺,投梵宫池殉难。

第十一章 林则徐虎门销烟与鸦片战争爆发

定海,一个拥有二千六百人的绿营驻军、三十万百姓、方圆九百里的浙江第一大岛屿,眨眼之间便沦陷了。

道光接到战报,火了！立即革除浙江巡抚乌尔恭额和提督祝廷彪的花翎顶戴,谕令福建提督余步云带兵驰援,令闽浙总督邓廷桢派舟师赴浙会剿英军。同时,任命两江总督伊里布为钦差大臣巡视浙江防务,裕谦接任两江总督。

然而,只靠人事更迭,既没解决内忧,也没解决外患。

7月28日,英国"东方远征军"总司令懿律留下部分舰船据守定海,封锁甬江口和对长江口进行测量侦察,他和义律、伯麦率领八艘舰船继续北上。8月9日,驶到天津白河口,向清政府投递照会,提出赔款、割地、通商等无理要求。

朝廷恐慌一片。道光皇帝无计可施,压根儿没有料到英夷会侵占定海,并将军舰开到大沽口,倘若英夷得寸进尺,岂不是要直逼京畿？

"弛禁派"像只斗败的公鸡忽然啄食了酒酿,顿时来了精神,上蹿下跳,纷纷谴责"严禁派"首领林则徐"措置不当,轻开边衅"。直隶总督琦善在一班主和派大臣的支持下,力劝道光皇帝与英夷妥协议和。一时间,甚嚣尘上的"抚夷"之声,不绝于耳。

道光皇帝整日消沉。军机大臣穆彰阿出班启奏:"陛下容臣禀奏,定海失守,虽是张朝发、姚怀祥无能,但林则徐在广东轻开战端,不能不说是祸之起因！"

这个穆彰阿是林则徐的死对头。林则徐一到广州就重办了他的小舅子,弄得他的爱妾成天缠住他又哭又闹,后来林则徐又查抄了他在汉口的"永盛记"商行,害得他损失了大半个家当,旧恨新仇汇聚一道,恨不得借皇上的怒火一刀将林则徐斩了！然而,此时的道光帝虽心烦意乱,但还不至于偏听偏信。他一听军机大臣开口就追究林则徐的罪责,三追四究不是要追究到朕的头上？因为林则徐赴粤禁烟和严惩英夷,都是他皇上的主意。只是,在他下令禁烟的同时,心里却打着另一把如意算盘:禁须有度。禁烟不能把洋人禁跑了,所以,得有人出面表示大清王朝的宽宏大量,要把洋人诓回来,稳住,买大清的茶叶、大黄、丝绸和瓷器,让那些鼓满腰包的洋人乖乖地把银子再掏出来。这样先威后德,必能令四夷慑服,天朝之威也就远播四海了。因此,林则徐和琦善成了道光皇帝手上的两柄利剑、两张骨牌。舞剑人和庄家都是他道光皇帝。于是,分歧不断,争论不休,看不完的唇枪舌剑。

眼下是抚夷派略占上风,因为林则徐矫枉过正了。

道光心头明白,若论刚正施威,非林则徐莫属;而要怀柔斡旋,又非琦善等人不可。

几乎是掐准了火候,直隶总督琦善高调上奏,道光皇帝这时已经被洋枪洋炮吓坏了,连忙下诏革除林则徐、邓廷桢的职务,派琦善为钦差大臣去广东严查。

英国侵略者在得到惩办林则徐和到广东谈判的保证后,坚船利炮耀武扬威,南返广东。

琦善一到广州,为求妥协,一反林则徐所为,立即裁减战船,遣散水勇,拆除水上障碍,听任英军驾艇深入内河窥测航道。

南国的天空不再湛蓝,秋风萧瑟的大海像野兽的血盆大口迅速吞噬了林则徐的所有努力,议和等于抱薪救火,停战如同饮鸩止渴,厉行禁烟,前功尽弃,一片心血尽付东流……

林则徐离开任所前书赠同僚一联:"伏波铜柱无颜色,少保金牌有哭声!"

想那南宋名将岳飞少保,一腔热血,精忠报国,到头来"难泄金牌恨,血溅风波亭"。而那汉朝的伏波将军马援,誓以马革裹尸效忠朝廷,哪知就在平定叛乱之际,却被心怀异志的部将耿舒算计。耿舒串通驸马梁松联手诬告,告他一路搜刮民财,抢掠珠宝。光武帝听信谗言,下令褫夺了马援的封爵。马援的尸体被士卒偷运回家,妻子将他悄悄埋在小树林中,不敢向朝廷报丧,大臣们也不敢前往吊唁。后来,真相大白。原来,马援因长期沐雨栉风骑马作战,身患严重风湿,听人讲薏米仁(中药)可治风湿病,便买了一袋装在车上。那薏米仁晶亮如珠,有人误以为珍珠宝贝。传到耿舒耳里,他便加油添醋地告诉梁松,二人一密谋,就制造出了东汉有名的"明珠之谤"。

第十一章　林则徐虎门销烟与鸦片战争爆发

现在轮到林则徐被人陷害了,诬告之词都是"莫须有"。

尽管,林则徐那有名的座右铭——"海纳百川,有容乃大;壁立千仞,无欲则刚"——海涵,包容,容人之短也容人之长,他都能强迫自己做到,唯独容忍不下这口冤气。

然而,在天子脚下,他是臣子。道光皇帝是至高无上的圣主人君,君命难违啊!

与此同时,道光皇帝又下了一道"沿海裁防"的谕令。

新任钦差大臣琦善强行勒命关天培拆除虎门海面的木排铁链,遣散林则徐招募的五千名水勇。林则徐、关天培苦心经营的虎门海防设施毁于一旦。

四

英军驶抵广州,表面上与琦善谈判,暗地里网罗贩烟的蜈蚣船、蟹艇,组织汉奸流氓武装,以武力逼迫琦善就范。

琦善不用英国人缴械,心里已经投降了。

1841年1月,懿律因病回国,义律继任全权代表,伯麦海军少将接任总司令。1月7日早晨,英军广州舰队发出登陆信号,"威里士厘"号舰长西蒙斯海军少校任登陆总指挥,兵力约一千五百人,包括刚从马尼拉开来的第二十六团和四十九团的支队、马德拉斯本地步兵第三十七团、孟加拉志愿军和一支皇军炮兵军。这支登陆部队由汽船、战舰的附属小艇及登陆部队的巡洋帆船运送到登陆地点。舰队则分左右两支队,右支队包括"加略普"号、"海阿新"号、"拉尼"号战舰和"皇后"号、"进取"号、"马打牙士加"号、"复仇神"号四艘汽船,由荷伯特舰长指挥;左支队包括"萨马兰"号、"都鲁壹"号、"摩底士底"号和"哥伦拜恩"号战舰,由斯哥特舰长指挥。在伯麦策划下,由二十余艘英舰做掩护,英军一千五百名士兵,辅以部分流氓武装,分左右两个支队同时向沙角、大角炮台发起进攻。

英军右支队集中攻击沙角炮台。英舰"加略普"号等向岸防炮台和工事展开炮击,同时,英军及流氓武装由侧后川鼻湾登陆,形成水陆夹击的态势。

清军驻守沙角的炮台官兵六百人,在副将陈连升的指挥下,坚决抵抗。殊不知英军有汉奸做向导,用竹梯爬上后山,对沙角炮台造成严重威胁。陈连升击发掩埋于后山的地雷,毙伤数敌,但是火药已经用完,敌"复拥而进",守军"犹奋力挺战"。这时清军水师战船被焚毁十艘,英舰队控制了海面,截断清军武器弹药的补给线,炮台守军陷入弹尽援绝、前后夹击的危急境地,七十岁的老将陈连升不幸中弹牺牲。他的儿子陈鹏举随军在旁,国仇家恨,义愤填膺,挥动砍刀杀入敌群,鲜血染红战衣,最后与父亲一样英勇捐躯。沙角炮台失陷。

攻打大角炮台的四艘英舰,在离炮台二百码的地方抛锚,遭到炮台的炮击。英舰"都鲁壹"号侧舷的长炮集中齐放,火力惊人,石筑工事整片整片倒塌,炮台上的建筑物倾刻被毁。守将千总蔡志安带伤指挥,然而外无援兵,英军又纠合汉奸多人业已登陆,蔡志安长叹一声,命令炮手将大炮尽数推入大海……

狡诈的英军一边与琦善谈判,一边背信弃义突然攻下广东的大角、沙角炮台。沙角、大角炮台失陷后不久,英军于1月26日强占了香港。

道光皇帝接报,大吃一惊。当初委派琦善到广东与英军议和,以为惩办林、邓,再偿还少许烟价,缓冲一下英军的骄悍之气便可息兵。哪知,琦善奏报的《穿鼻草约》,英夷的议和条件竟是赔偿纹银六百万两和割让香港。丧失国土,等于断送祖宗基业,道光皇帝愤恨不已。

失了沙角、大角,又失香港,道光又是一个一百八十度的大转弯,立即下令从湖南、四川、贵州三省调兵四千人,星驰广东。

1月27日,朝廷正式对英宣战!

沙角、大角炮台为虎门的第一道防线。两炮台失陷后,水师提督关天培驻守的镇远炮台、总兵李廷钰驻守的威远炮台、禁烟将领马辰驻守的定远炮台,就直接暴露在英军面前。关天培向琦善请发救兵,遭到拒绝。林则徐见此,痛心疾首,激愤万分:"似此倒行逆施,懈军心,颓士气,壮贼,蔑国威,此次大败皆伊所卖!"

第十一章　林则徐虎门销烟与鸦片战争爆发

琦善充耳不闻。岂料,风云突变。1月29日,道光又下诏,特命皇侄奕山为靖逆将军,湖南提督杨芳、户部尚书隆文为参赞大臣,前往广州主持军务,收复失地。同时,革去琦善钦差大臣之职,没收家产,逮捕来京。

英军得知清政府对英宣战和调兵遣将的情报后,便抓住清军尚未到达的空隙,发动了对虎门第二重防线的大规模进攻。1841年2月20日,英军总司令伯麦下令:"前锋舰队开往虎门,去摧毁中国人在虎门的作战工事。"这支舰队包括"加略普"号、"萨马兰"号、"前锋"号、"鳄鱼"号战舰和"复仇神"号汽船,由"加略普"号舰长荷伯特指挥。

担负广州沿海防御重任的水师提督关天培,淮安府山阳县人,行伍出身,历任千总、守备、游击。1823年升川沙营参将。1826年因督办漕船运粮有功,升江苏太湖营副将。第二年,升任江南苏淞镇总兵。1834年调升为广东水师提督。上任之前,先让家中老少返乡,只身抵穗。到任后,巡视港湾炮台,确定以虎门为防守重点。虎门前有大角、沙角炮台,中有南山、横档和镇远三座炮台,此为虎门防守核心。林则徐到任后,积极支持关天培抓紧海防建设。在南山、镇远、横档海口安装木排、铁链;将原有炮台的石墙石壁,改为坚硬的"三合土"。同时,在芦湾山脚另建炮台,形成多座炮台参差对峙;又在浅水海域,安装梅花大桩,使敌舰难以扬帆疾驶,只能曲折蜿蜒而行,易为岸炮击中。此外,还添铸大炮多门,均分各炮台备用。整个防御部署细致严密,在他撰写的《筹海初集》中一一详述。这一切,都得到林则徐的褒奖,称他是一位通晓海防防务不可多得的将才。

2月26日拂晓,英军向横档、永安炮台展开炮击,英舰又控制了海面,炮台孤立无援。英军在舰炮掩护下,从侧后登陆,前后夹击,横档、永安炮台失陷。

接着,英军又向靖远、威远、镇远炮台发起攻击。关天培"住靖远台,昼夜督战"。

敌舰驶近,关天培亲率游击麦廷章登炮台指挥炮手开炮,他"大呼督励士卒,士卒呼声撼山,海水沸扬,杳冥昼晦",炮手们奋勇争先,显示出"生当扬威,死当血食"的英雄气概。鏖战中,八门大炮的炮身发红炸裂,最后守军大半阵亡,弹药告罄,关天培手执佩刀砍杀敌人,身受数十处创伤,血透衣甲。事至危急,便命仆人孙长庆携印快走。孙长庆哭道:"奴随主数十年,今有急,主死而已独生,义所不容。"拉着关天培的衣襟不走。关天培拔刀斩去衣襟说:"吾上负皇上,下负老母,死犹晚,汝不去,今斩汝!"孙长庆无奈,携印边哭边走,乃至半山回顾,只见英军在炮台侧后登陆,关天培拖着重伤的身躯,"格杀敌人",终于被敌人的排枪击中,年已花甲的老将军和游击麦廷章先后壮烈牺牲于炮台之上。镇远、靖远、定远各炮台相继陷落,大虎山炮台的清军也不战而退。

2月27日,英军溯江而上,闯入内河,攻占乌涌炮台,占领了二沙尾,直入黄埔,逼近广州城。

虎门失陷,关天培壮烈牺牲,噩耗传到广州,已被革职赋闲的林则徐挥泪写下挽联——

> 六载固金汤,问何人忽坏长城,孤注空教躬尽瘁;
> 双忠同坎壈,闻异类亦钦伟节,归魂乡关面如生!

关天培血染虎门,气壮山河,他不愧为中华民族永志不忘的英雄!

五

英国政府收到《穿鼻草约》的报告后,甚不满足,于是决定召回义律,改派璞鼎查为全权公使,进一步扩大侵华战争。

1842年初夏,黎明前的东海漆黑一片。就在这个万帆低垂、千岛归宁、渔家农户工匠商贾男女老少睡意蒙眬怡养生息的时刻,英国舰队如魔鬼撒旦一般降临了。

天籁谧寂。唯有一个人却在这片陌生的海域表现出前所未有的喜悦与倨傲。突兀的眉头下面一对蓝眼睛折射着狡黠的目光,坚韧不拔而状如尖椒的鹰钩鼻凝聚着一股异种的辛辣。这个典型的老牌绅士,就是大英帝国派来远东的全权公使——璞鼎查。

第十一章　林则徐虎门销烟与鸦片战争爆发

大海初醒，港湾里的海风带有一股刺鼻的鱼腥味，他皱了皱眉头，转过头顺着甲板向前走了两步，踮足引颈向他统率的舰队瞭望。他的座舰"皇后"号留在香港，"皋华丽"号五桅巡洋舰现在是他的旗舰。"布朗底"号巡洋舰和"哥伦拜恩"号、"摩底士底"号、"北极星"号、"克里欧"号、"阿吉林"号五艘三桅炮舰，以及快速武装汽船"复仇神"号、"弗莱吉森"号、"西索斯梯斯"号、"伯鲁多"号、"谭那萨林"号和"麦都萨"号，在他旗舰的前沿一字排开首尾相衔，酷似一道城垣。这正是璞鼎查骄傲的资本，一个由庞大的战舰、重炮和来复枪组成的攻防有序的武力资本。凭借这个资本，他要让中国皇帝低下那高贵而自命不凡的头颅，满足他大英帝国的一切条件，否则，他的炮舰便要直逼北京的皇宫天子脚下。

再没有什么比这样的决心更坚定的了。他伸出手来沿着胸腹画曲线似的一挥又紧紧一攥，提上文明棍走回住舱。他的住舱比"皇后"号大多了，但同样按他的兴趣装饰得既有西方色彩又别具东方风情。宽敞的接待室里油光锃亮的柚木家具和蓝皮沙发显示出一种英国式的皇家气派，而壁橱里摆设的与舷墙上悬挂的则是中国的陶瓷和字画。这种布置让他来说就叫"中西合璧"。

应该赐给璞鼎查一顶"博士"头衔。表面看上去，这个洋人风度儒雅，像个文人，骨子里却是个饱经战争风云的军人。因为对中国的一种神往或者说是一种走火入魔的痴迷，出身于海军世家的他，十二岁就参加了英国皇家海军。这是他从小就打定的主意，只有当上海军成为像他祖父一样的舰长，才能驶出本岛，才能远涉重洋，才能有朝一日踏上中国的"王道乐土"。

凡是到过中国的人他都景仰。他更崇拜和钦佩他的前辈——那位因游历中国而成为名门望族的马戛尔尼。是马戛尔尼将中国风情引向英伦三岛，可以说当时不仅是英国而且是整个欧洲都对中国着了迷。英国女王喜欢穿唐人服装，满汉全席的中国宴席成了上帝都眼馋的佳肴，皇室宫殿里装饰着的是中国的龙凤呈祥麒麟送子的刺绣织锦和松竹梅兰的蜡染蓝花土布，而景德镇的瓷器更成了王公侯爵的抢手货。

从那时起，幼年的璞鼎查就生活在中国的童话之中，他想象已经到过中国,穿长袍马褂戴瓜皮帽,用中国瓷盅喝中国的绿茶,在他的中国漆器的文具盒上临摹描画中国绣像小说中羽扇纶巾的传奇人物。他那富裕的少年朋友家的花园都兴中国的园林艺术,放学闲暇时他常到同学家沿着那装点着并不实用的拱形小桥的小溪散步,那时他走着走着就发誓将来要走到中国去。

1803年,他的这个愿望实现了,那年他十四岁,志愿随海军远征印度。长达四十年的殖民活动使他从一个实习生、侍卫官逐渐成为一个老谋深算的铁血政客,特别是在1840年侵略阿富汗的战争中号称"沙漠狂狐"的他又建功勋,被英国女王晋封为男爵。但他并不满足,他最终的目的地是中国,最大的欲望是当总督。小小的葡萄牙在中国的澳门扎根已有二百五十年了,英国人必须得到另一个驻地。因此,他把他人生的标枪瞄准在中国的香港,一生追求全在于此。

为了了解中国,他早在十年前就开始学习汉文,能说一口流利的中国话,甚至通晓广东的粤语方言,还练就了一手毛笔字。在通览了欧洲出版的关于中国的著作之后,他又托东印度公司搜寻许多中国的典籍史料包括明清的笔记小说,将他的心得写成文章寄回国内发表。因此,在他的上司和同僚眼中,他不仅是个称职的远征军人,而且是个优秀的资深学者,一个博古达今的"中国通"。他的英文全名是 Henry Potting,自己按音译遴选了"璞鼎查"三个汉字。他自诩:璞,是天然蕴藏的美玉,代表财富;鼎,则象征中国的王道神权;查呢,不是稽查、巡查、考查、普查就是查办。中国人对自己的名字十分看重,他觉得自己这个中国化的名字,内涵颇深,分量很重,从这个汉文名字在他眼前定格的那一刻起,他就像天神附体一般,精力勃发,周身的血管都膨胀开来。

按照璞鼎查的思路,他认为中国是上帝的一个愚钝而偏执的孩子。他们对西方人统统斥之为"夷",殊不知,那位曾经受过他们礼遇的马可·波罗,却在书中通篇称中国为"蛮"——粗野,凶恶,不通情理。传教士们说,向中国施加思想上的影响远胜于仅仅给予它商业实惠;商人们说,给它输入鸦片,就会让大清帝国成为俯首帖耳的臣民。可惜,传教士和商人都没有把路走通,只有军人的意图正确:在中国要让大清皇帝实行贸易开放,只有凭借压力,而最有效的施压手段是战争。

璞鼎查就是这种观点,对中国人,应该先惩后训。也就是说先揍一顿,打服帖了再说。他依靠的是"坚船利炮"。他要用武力打开中国的国门,而后再说其他。瞧,这位"救世主"俨然一个殖民狂人!

正因为他苦心孤诣研究中国,侵略亚洲富有疯狂的经验,所以深受英国外交大臣巴麦尊的赏识。

在英国本土,巴麦尊是一个疯狂推行种族歧视镇压人民的魔王;在远东,他积极推行殖民统治,扼杀印度民族起义,发动克里米亚战争,到处放火,是一个十足的海盗头子。在对华政策上,巴麦尊一贯采取掠夺与扩张方针,策略是"战而后商"。

为达此目的,他派出以胡夏米为首的"阿美士德"号间谍船,由澳门出发,经广州、厦门、福州、舟山、宁波、吴淞口和威海,从南向北直抵朝鲜半岛,然后折返琉球、台湾,回到澳门,将中国沿海口岸所设炮台、战船数量一一搜集,并测量和绘制了沿途航道、海湾和内河水道的地图。在做好一切作战准备之后。他于1836年6月提拔对中国主张强硬政策的义律为驻华商务总监督,紧接着又派遣东印度防区舰队司令马他伦率舰队赴华,加强义律向中国的挑衅力量并掩护英国鸦片贩子的走私活动。

1839年林则徐到广州禁烟,虎门海滩上一片冲天的白色烟雾,使英国通过鸦片贸易在中国获取暴利的途径遭到毁灭性打击。巴麦尊对此暴跳如雷,他凶相毕露地叫嚣,对付中国的唯一办法"就是先揍它一顿"。

1840年4月9日,英国议会通过对华发动战争的议案。从6月21日起,英国"东方远征军"陆续从印度到达中国。

鸦片战争就这样拉开了帷幕。

不料,1841年1月义律迫使两广总督琦善签订的所谓《穿鼻草约》于4月寄回到英国,巴麦尊逐条细读后却大动肝火。草约?草约算什么东西?简直闻所未闻。于是他立即赶往白金汉宫向维多利亚女王告了义律一状。得到女王首肯后,巴麦尊便致函义律:"我对你交涉的结果极其失望,对你进行交涉的方法,也不赞同。"接着气愤地斥责义律:"在你整个处理过程中,你似乎已经把我的命令当成可以不屑一瞥的废纸,而你却完全随心所欲按照你自己的幻想处理国家的利益。"巴麦尊气愤地宣布:"你将不可继续保持你在中国的职位。"

随即在 4 月 30 日的英国内阁会议上,巴麦尊提议并裁定将义律召回,同时向首相迈尔本保荐璞鼎查接任驻华全权公使。璞鼎查受命之后,与海军上将文森特伯爵的侄子、被任命为东方远征军总司令的海军大臣巴尔克,以六十七天的惊人速度抵达澳门。

早在璞鼎查赴华之初的 1841 年 9 月底,英国政府就决定让他统率一支强大的军队,训令印度总督奥兰克务必在四个月内把军队集结到新加坡,开往中国。加上义律交接的东方远征军,计有载炮战舰五十余艘、快速武装汽船二十余艘,连同医院船和测量船等辅助船只共一百三十多艘,总兵力两万余人,归属于璞鼎查的麾下。

璞鼎查野心勃勃,决意在未来的征途和仕途上来一番新的纵横捭阖,显示他不凡的身手。

他不愿重蹈覆辙。他洞彻,义律丢官削职并非因为冒犯或怠慢了巴麦尊,而是因为这位貌似凶狠的一介武夫实质上外强中干,关键时候手软。

无论何时何地,璞鼎查都牢牢记住了临行之际巴麦尊给他的特别训令:"交涉如果不成功,使用武力已成必要。除非你从中国政府适当授权的一个官员处,得到中国皇帝对你以英国政府名义所提出的一切要求,完全无条件依允,才能停止军事行动。"

武力征服——这是英国这位海上霸主的底牌。

璞鼎查磨刀霍霍准备大动干戈了。

六

璞鼎查决定先取厦门。

号称"八闽门户"的厦门是中国东南重镇,倚陆向海,山环水绕,形势十分险要,历来是兵家瞩目之地。

依据"阿美士德"号船长胡夏米的报告,璞鼎查早就对它了如指掌,不仅知道它是一个天然的不冻港,水深流缓,远洋巨轮可直泊港内;而且海上航线四通八达,往北可达宁波、上海、天津、青岛和大连,东渡台湾海峡可达中国的台湾,往西南到香港只有五百多千米,并可直通新加坡、菲律宾以及南洋各地。胡夏米曾经形容,气候宜人的厦门,风光像爱尔兰的巴伦植物园一样秀美,万笏朝天的狮山号称中国的第二个"世外桃源",而那四季花开不落、亭台楼阁交错的鼓浪屿更是闻名遐迩的"海上花园"。中国人把这块"风水宝地"起了个嘎嘎欲飞的名字——鹭岛。

早在1839年,英国商人就向英国政府要求采取强硬手段占领厦门,切断台湾对福建的粮米供应。同年,英国外交大臣巴麦尊给首相的信中提出:"占领中国沿海九个岛屿,其中包括一个小岛上的厦门镇。"1840年曼彻斯特商会主席要求英国政府在中国占领一处居留地,说:"要是我们有权选择地点的话,我喜欢厦门、福州或舟山。"为此,巴麦尊给英军总司令懿律一道密函,命令他占领厦门。

巴麦尊过于信任懿律了。在璞鼎查的眼里,懿律和他的侄子义律虽不是懦夫莽汉,但充其量也只是一对穿着皇家海军将官服饰的轻量级拳击手而已。他们根本就不会打仗!

果不其然。在"东方远征军"移交的备忘录中记载着懿律的失败:

1840年5月22日,英舰"希尔拉士"号驶进厦门穿山洋,遭厦门出海巡逻的水勇出其不意的攻击,英舰仓促应战。二十多名清兵跳帮登上英舰,与英兵肉搏,打死打伤英兵几十人。后来,南风大起,"希尔拉士"号砍断船缆,急速撤退。

7月2日,懿律亲自率领"东方远征军"到达厦门海面,首先派出载炮四十四门的三桅战舰"布朗底"号,从青屿进入厦门港侦察形势。不久,即遇"厦防厅巡船"盘问。"布朗底"号舰长鲍俎命少尉弗莱得里克·尼科尔逊及翻译罗伯聃,乘小船打着白旗,借口送信意欲上岸,当靠近岸边时,立即受到清兵打击,只好缩回战舰。

7月3日中午,"布朗底"号驶近厦门炮台附近,派出的舢板正欲靠岸,被清兵发现勒令立即离开,英兵强硬威胁:"如果不让上岸,就要开炮!"厦门守军不听,放箭射中一名英兵,又投掷长矛刺死一名英兵。其余英兵逃回战舰。英舰以三十二磅炮弹向岸轰击,击毁炮台及民房,打死清兵和居民多人。

厦门守军的炮台和厦门港里的水师战船一齐开炮还击,英舰死伤多人,被迫撤离。

8月22日晚,懿律命令英舰两艘利用夜色驶入青屿口,一边向水操台开炮,一边高挂满帆直冲内港。不料,福建水师十余艘兵船早已隐蔽在此开炮堵击,猛烈的炮火击中一艘英舰的火药库,烟焰突起,迫使英舰火速突围,落荒而逃。

随后两天,英舰又数次发起进攻,不仅没有能冲进内港,而且一艘英舰被清军炮火击中,五名英兵身负重伤。

懿律啃不动厦门这块硬骨头,只好留下"伯兰汉"号军舰和一艘武装运输船封锁厦门港,率主力北犯定海……

这都是早已掀过去一年多的旧日历了。现在掌握"东方远征军"指挥棒的不是懿律也不是义律,而是号称"沙漠狂狐"的璞鼎查!

璞鼎查历来就瞧不起懿律,他觉得要让中国的皇帝真正屈服,非他莫属。他要让懿律叔侄看看,他是怎样占领厦门的!

为什么他认为厦门是可以打开的缺口?

理由有三:一是威震闽浙的主战派邓廷桢已经与林则徐一起被道光皇帝撤职查办,厦门的防卫失去了主心骨;二是驻守厦门号称"陈老虎"的福建水师提督陈化成被调往吴淞,厦门的防卫少了根顶梁柱;三是新上任的闽浙总督颜伯焘虽是个极端的排外主义者,但自恃骁勇又有点刚愎自用。据密探报告,颜伯焘一到任就请求朝廷拨银三百万两,制造水师战船五十多艘,招募新兵、水勇数千人,在厦门外的青屿、浯屿、大担、小担增设炮台,在白石头、安海、水操台等处安设大炮二百七十多门,并在白石头至沙坡尾一带沿海岸建石壁五百丈,添置大炮一百门,准备与英军大战。岂料,这位自认为通天的满族将领将计划奏禀朝廷,道光皇帝却大为恼火,说:"国库紧张,哪有银两容你浪费。既已议和,不可造次。"颜伯焘无奈,只好遵旨"撤兵省费",数千水勇遭到遣散,军事部署随之停顿,因此,厦门的防卫貌似坚固,实质上是虚掩门户。

第十一章　林则徐虎门销烟与鸦片战争爆发

璞鼎查把海军司令巴尔克和陆军司令卧乌古召来商议。他们认为，中国北方进入10月就不能顺利进行军事行动了，必须抓紧时间进攻闽浙。于是决定留下少数陆军及"鳄鱼"号、"前锋"号、"硫黄"号、"司塔林"号和"青春女神"号五艘军舰驻守香港，其余五十艘战舰由乘坐"皋华丽"号的璞鼎查统率，长驱北上。

舰队分成三队。有战舰"威里士厘"号（载炮七十四门）、"伯兰汉"号（载炮七十四门）、"布朗底"号（载炮四十四门）、"都鲁壹"号（载炮四十四门）、"宁罗德"号（载炮二十门）、"摩底士底"号（载炮二十门）、"卑拉士底"号（载炮十八门）、"巡洋"号（载炮十六门）、"哥伦拜恩"号（载炮十六门）、"阿吉林"号（载炮十门），以及汽船"西索斯梯斯"号、"弗莱吉森"号、"伯鲁多"号、"复仇神"号等共十四艘。还有"马良"号等运输船十六艘，分载英军爱尔兰第十八团、第二十六团、第五十五团、第四十九团和马德拉斯来复枪队、大炮、机械师和炮兵。另外有六艘运输船装载粮食和煤。

庞大的舰队由"班廷克"号测量船探路引导，浩浩荡荡，不可一世。

1841年8月25日，英国舰队抵达厦门附近的青屿、大担海面。守军炮台发炮警告，英舰也开炮示威。但由于距离较远，双方没有接战。

当晚，颜伯焘立即调遣金门镇总兵江继芸前来参战，命令以江继芸为左翼，中军参将陈胜元为右翼，游击张然、把总杨肇基、纪国庆等指挥水操台炮台，分兵据守。

翌日清晨，璞鼎查乘"弗莱吉森"号汽船前去窥探厦门各炮台的防御工事。厦门当局派遣一名通晓英语的商人陈某为使者，驾驶小船投书英舰，严正声明：英国舰队来到厦门，假如不是为了通商，就应当立即撤退，否则将"激起圣怒"。

璞鼎查冷冷一笑，随即修书一封让商人带回。

这不是一封普通平常的信件，实质上它是一份充满火药味的挑战书——福建水师提督麾下台鉴：鉴于大不列颠与中国两国之间所存在之某些争端迄未消除，签字人全权大臣及总司令已奉本国国王之命，除接受去年天津所提出要求并达成明确协议外，否则即诉诸战争。但我们出于怜悯，急切请求水师提督放弃城池及厦门一切堡垒，交与英军，暂由英国士兵据守。水师提督如能遵守,我方当即准许内中全体军官携带个人之武器行囊撤出,对居民不加伤害,及至此等争端解决,而大不列颠之要求全蒙许可时,即将全部缴还中国人。如蒙允准,请于堡垒上悬白旗。女王全权大臣璞鼎查、海军少将巴尔克、陆军少将卧乌古。1841年8月26日于厦门港外"威里士厘"号上。

此文本是递交福建水师提督的,提督窦振彪出海巡视未归,闽浙总督颜伯焘拆开一看禁不住火冒三丈。他立即率领兴泉永道兼金厦兵备道刘耀椿和金门总兵江继芸,指挥白石头、屿子尾、鼓浪屿守兵,水陆联手迎击英军。

下午1时,英军舰队从南太武向厦门港进发。厦门水师的兵船虽然不及英舰高大,但颜伯焘依仗在自己的家门口熟门熟路,将他的兵船在鼓浪屿外的海面一字排开,像一道堑壕似的挡住英舰。

英舰横冲直撞。颜伯焘举起千里镜,看见一片挂着"米"字旗的三桅战舰扑面而来,越来越近了,当进入射程时,他毫无畏惧地咬了咬牙:"都说洋人可怕,我倒要看看他们长几个脑袋!"说罢,传令所有兵船一齐开炮。

一阵排炮,居然击中了五艘英舰。颜伯焘扬眉吐气,所辖兵船上的清兵更是趾高气扬。一片旗开得胜的欢呼声响彻海面。

璞鼎查声色不露。他毕竟久经海战,是一个富有战略头脑的英军将领,凭经验他知道清军的炮声虽大但火药的威力不大。果然,五艘中了清兵炮火的英舰不过是桅樯摇晃了几下,最厉害也只是擦了点漆皮而已。他淡淡一笑,土法上马的中国兵船竟敢跟大英帝国的海上劲旅抗衡,岂不是以卵击石吗?

在锐气十足的英军面前,颜伯焘确实高兴得过早了。刚刚庆祝完胜利,就听见来自英舰的炮声在海面响起。炮轰之后,清军的木壳兵船被击沉多艘。

寡不敌众,颜伯焘只好委屈地退守炮台。鼓浪屿一带的炮台和白石头沿岸石壁上的炮台,数百门大炮同时开炮,顽强抵抗。

璞鼎查采取集中兵力、各个击破的战术,集中七八艘军舰的火力猛攻一座炮台,打破一座,再攻一座。他将英军分成左右两个分队。左分队,

第十一章　林则徐虎门销烟与鸦片战争爆发

"威里士厘"号率领"布朗底"号、"都鲁壹"号攻打鼓浪屿和内港入口处的炮台。右分队的战舰"伯兰汉"号及汽船"西索斯梯斯"号、"阿吉林"号和"班廷克"号攻打白石头，即全长一千二百码、架设重炮一百门的长列炮台。

26 日下午 1 时，左分队的战舰逼近鼓浪屿诸炮台，在手枪射程以内的地方以排炮轰击。

清军的大炮安置在炮台的墙门内，不能高低俯仰也不可左右转动，英军利用死角，一避开弹道，鼓浪屿的炮台便失去作用。待工事摧毁殆尽，英军水兵兵团的爱利斯上校率领水兵登陆。清军拼死抵抗。此时，"威里士厘"号立即起锚，冲入内港，几乎是七十四门重炮同时开炮，以密集的炮火掩护登陆部队抢滩登陆。下午 3 时，鼓浪屿方面的所有炮台全被英军攻占。右分队的战舰受到白石头的长列炮台的阻击，"西索斯梯斯"号和"阿吉林"号抵近海岸石壁，只见那石壁上的炮台工事十分坚固，于是英舰"威里士厘"号和"伯兰汉"号火速增援，每艘舰都发射了一万二千多枚炮弹，炮台依然故我。

璞鼎查命令英军换乘一百多艘舢板从文沨口、安海汛、南普陀附近强行登陆，石壁炮台立即腹背受敌。

英军分路上岸，清兵终于溃败。

颜伯焘举起砍刀，与敌肉搏。但血肉之躯怎抵挡得住敌人的枪林弹雨！

副将凌志血流如注，仍抡起大刀砍杀敌人。游击张然手提大刀砍死十多个英兵，大刀折断，他身负枪伤仍拔出短剑与敌搏斗，直到精疲力竭靠在树上僵立而死。金门总兵江继芸，把总纪国庆、杨肇基、李启明，游击张然、杨靖江、丘旺朱，都司王世俊等与士兵一起抗敌，直到流尽最后一滴血……

眼看着身边的总兵、副将、都司和把总一个个力战身亡，大势已去孤立无援，颜伯焘只好带领残部撤往同安县城。厦门沦陷。

英军进入厦门城后，烧杀奸淫，掳掠金条银锭两万两。厦门水师造船厂、铸炮所、火药库和所有的炮台连同六百二十门大炮统统被摧毁。狼烟遍地，烽火连天。

好端端的一个"海上花园"变成了人间地狱。

七

1841年9月5日，璞鼎查留下"都鲁壹"号、"卑拉士底"号、"阿吉林"号战舰和三艘运输船及五百名英兵驻守鼓浪屿，率其余三十一艘舰船，登陆兵三个团，约两千兵力，离开厦门。

9月25日，英国舰队来到舟山群岛。璞鼎查的第二个攻击目标是懿律叔侄曾经占领却被清兵很快收复的定海。

定海像一只巨大的簸箕，东、西、北三面均有群山环抱，只有南面濒临大海。港湾之南有大小五奎山、大小盘峙山、大小渠山等岛屿屹立海中，天然地构成了吉祥、竹山、大渠山等三个外洋入海门户，是少有的天然良港。港湾离城墙仅二三里。城南为衢头，城北大山叫青垒山，城西北有座山峰名叫晓峰岭，岭下有座小竹山。从小竹山至青垒山沿海岸筑有一千四百三十余丈的土墙，设"久安""长治"两门，昼开宵闭；竹山、东港浦和关山均筑有炮台，架设大炮九十五门。这是义律占领定海时留下的数据。

为了摸清现状，璞鼎查让海军司令巴尔克和陆军司令卧乌古分乘"复仇神"号与"弗莱吉森"号，前往侦察。

侦察的结果，发觉防御工事大大加强了。原来，英军撤走后，定海镇总兵葛云飞、寿春镇总兵王锡朋、处州镇总兵郑国鸿率清兵三千接管定海。不久，伊里布以胆怯无能被革职，江苏巡抚裕谦担任两江总督。裕谦是主战派，积极备战，定海兵力增至五千六百人。防御部署为：寿春镇总兵王锡朋率标兵八百人防守晓峰岭；处州镇总兵郑国鸿率标兵一千二百人防守竹山一带海岸；定海镇总兵葛云飞率标兵两千四百人防守衢头至东港浦海岸，其余兵力约一千二百人驻守定海县城。

此次英军再犯，自9月25日到30日，仗打了六天六夜，炮来炮往，僵持不下。

10月1日拂晓，英军运载登陆兵的舰队，在占领了大小五奎山的英军炮兵掩护下，利用大雾开进了港内。

第十一章 林则徐虎门销烟与鸦片战争爆发

英军各舰对各登陆地段前沿目标和炮台进行压制性射击,掩护英兵登陆。

近午,由皇家爱尔兰联队第十八团、第五十五团编成的左纵队一千五百人在竹山楔登陆成功,弗塞特陆军少校率领主力向晓峰岭进攻。镇守该处的总兵王锡朋带领官兵左冲右突,他手刃数名英兵,不幸被打断一腿阵亡。

英军占领晓峰岭后,以一部兵力进攻定海县城,主力在登陆英军的协同下攻占了竹山。驻守竹山的总兵郑国鸿中炮牺牲。

夺取了晓峰岭和竹山的英军左纵队,顺着竹山与青峦山的海岸土墙向东推进,配合右纵队夹击关山炮台。是时,由皇家爱尔兰联队第四十九团和水兵编成的右纵队从东港浦登陆成功。夺取竹山门后,英军第十八团沿土墙东进,至关山炮台南端,与停泊东港浦的战舰及五奎山上的炮队三面夹攻关山炮台。

关山炮台吃紧,葛云飞率兵驰援。

曾记得,1840年7月,英军以突然袭击的方式强占了定海,当时葛云飞因父亲去世正在原籍服丧。消息传至,他立即奔赴定海前线,决心收复失地。一次,一个名叫安突德的英军炮兵军官在定海附近偷绘地图,被山民抓获。有人要释放安突德以备日后向英军乞和,葛云飞则力主以安突德为交换条件,迫使英军退出定海。谈判时,英军居心叵测地提出先释放俘虏,后交城池。葛云飞义正词严地加以拒绝。他一面指挥官兵严阵以待;一面警告敌军:只限你半个时辰,如再异议,我们就将夷人就地正法,然后水陆两路向你夹击。英军见葛云飞来势勇猛,只好先撤出了定海。

定海收复后,葛云飞重建定海防务,筹划增建炮台,加强防御设施。清廷不拨经费,他提出预借自己三年俸薪来修筑定海城防,但遭拒绝。有人劝他,既然当局昏庸,你何不一走了之?他慨然回答:"大丈夫以身许国,事已至此,当竭力杀敌,以死报国。"今英军再犯定海,葛云飞临阵宣誓:"城亡亦亡,不离定海半步!"他们单凭土炮、刀箭,在孤军无援的情况下,前队阵亡,后队继进,与敌短兵相接,血战五昼夜。

10月1日,英军经过充分准备,纠合所有兵力,发动全面进攻。城西和城南的阵地相继失守,敌军向葛云飞坚守的阵地进行三面夹攻。

葛云飞头扎青巾,身穿麻袍,脚登铁齿靴,冒着敌人的炮火,一边指挥战斗,一边亲自操炮轰击敌人。最后,他带领剩下的两百余名勇士冲向敌阵,与敌人展开肉搏,吓得英兵纷纷后退。正当战斗出现转机时,葛云飞不幸头部受伤,右眼暴突,鲜血淋漓,但他仍然与敌人拼杀不止。在全身布满四十多处弹伤的情况下,敌人又凶狠地从他背后射来一颗子弹,弹头穿过了他的胸膛,宁死不屈的总兵葛云飞就这样在阵前以身殉国……

英军夺取关山炮台之后,立即进攻定海县城。

守城清兵由东门败退镇海。

定海失陷。

八

英军攻占定海后,兵员疲惫,给养不足,同时北方天气逐渐变冷,不宜到北方作战,因此必须寻找一个休整和给养补充地。

璞鼎查认为定海范围小,物产有限。1840年7月,英军第一次占领定海后,因疾病流行,一千五百余人染上痢疾,四百四十八人死亡,处境十分狼狈,这次绝不能再走懿律的那条死路。他把目标转向宁波。

宁波是浙东的门户和战略要冲,自唐宋以来就是中国的对外贸易港口,是个农产富庶、渔业丰饶的鱼米之乡。

璞鼎查决定夺取宁波,在此做好战争准备,以便来年继续北犯。但是,要夺取宁波必须先夺镇海。镇海位于甬江口北岸,南援象山、石浦,北应慈溪、余姚。甬江是舰队通向宁波唯一通道,镇海则是必经之路。于是,英军首先攻打镇海。

1841年10月10日,英舰船突破蛟门,战斗开始。

时值两江总督伊里布因收受英军厚礼被裕谦揭发,道光皇帝将伊里布调京审讯,同时任命裕谦为钦差大臣主持浙江战事。

镇海守军原有三千六百人,加上定海失守后从三镇撤回的兵力共四千余人,由裕谦指挥。

　　裕谦虽然是一位文官,但文武兼备。其防御部署是:裕谦率江西兵一千余人防守镇海城;狼山镇总兵谢朝恩和江苏候补知府黄冕率兵一千余人防守金鸡山;浙江提督余步云、游击张从龙率兵一千余人分驻东岳宫和威远城;镇海西北的拦口埠炮台直对江口,与金鸡、招宝两山互为犄角,由衢州镇总兵李廷扬率兵防守。此外,甬江口两侧海岸筑有石堤,堤上均置炮台,堤外设有木桩障碍,并暗布火舟。

　　汲取了进攻定海与清兵相持太久的教训,璞鼎查这次准备速战速决。他以海军进攻北岸的招宝山,"威里士厘"号、"伯兰汉"号、"布朗底"号和"摩底士底"号在招宝山正北就位,向招宝山炮击。以陆战队进攻南岸金鸡山,由"巡洋"号、"哥伦拜恩"号和"班廷克"号掩护登陆。英军登陆部队左纵队由陆军司令卧乌古少将直接指挥,陆军中校马利斯指挥中央纵队,荷伯特船长指挥右纵队,共计二千四百七十四人,拥有迫击炮四门、山炮四门、榴弹炮两门、野战炮两门。

　　10月10日清晨,英军中央纵队步兵、炮兵和工兵五百零五人乘汽船"复仇神"号,由炮舰"巡洋"号炮火掩护,在甬江南岸强行登陆,进攻金鸡山;英军左纵队步兵、炮兵、工兵和来复枪队一千一百七十三人,乘汽船"弗莱吉森"号由小浃港道登陆,包抄金鸡山后路,与中央纵队前后夹攻金鸡山。

　　金鸡山一战,清兵十分骁勇,多次与英兵肉搏,但在英军来复枪的镇压下,清兵死伤无数,金鸡山终被英军占领。

　　与此同时,北岸招宝山炮台亦已被英舰"威里士厘"号、"伯兰汉"号、"布朗底"号和"摩底士底"号强大的炮火所摧毁。

　　上午11时,英军突破招宝山西北海塘守军,由山后"仙人洞"上山,占据山上的威远城炮台,以迫击炮俯轰镇海城关,掩护右纵队七百九十七名英兵攻城。

　　中午,英军从东城架梯准备入城。裕谦毫不畏惧,誓死抗击英夷,绝不容许军民有丝毫的懈怠与迟疑,但负责督战的浙江提督余步云却是个银样镴枪头,暗中准备撤退宁波。

裕谦对余步云训斥道:"镇海不保,退往宁波;宁波不保,尔等退往何处?请军门悬崖勒马,速往镇海门户招宝山,死守!"

余步云见裕谦的口气如此决断,乞求道:"宪台大人,镇海失守已在意断之中,大人令卑职死守,一人身死是分内之事,但家中妻子儿女三十余口,实属可怜,况且女儿今日出阁。"

裕谦正色道:"儿女情长,英雄不免,但忠义事大,此志断不可夺!"余步云表面唯唯诺诺,骨子里却很不服气地辞去。不久,探子禀报,英兵已攻下金鸡山。裕谦登上镇海城楼,遥望余步云防守的招宝山,山头冉冉升起一面白旗。

各线兵士见招宝山高插白旗,军心顿时动摇,兵士溃散。

"大势已去矣,镇海城难保!"说时,英军已近东门。裕谦从容地解下身上的帅印,嘱副将丰伸泰将它护送到杭州面呈浙江巡抚刘韵珂大人,但将世代祖传的一件叫作"佛来尔"的蒙古兵器六角锤紧系腰间,仿佛到了地府也要搏击英夷。做完这一切,他说要去东门看看。他下了城头,并没有去东门,而是直奔学宫,在学宫前面那深池边,这位出身于蒙古镶黄旗的贵族,跪地朝北三叩首:"皇上,裕谦无能,只有以死报君!"说罢,投池自尽。

此次镇海殉国官员,除两江总督钦差大臣裕谦之外,还有狼山镇总兵谢朝恩、镇海县丞李向阳、黄岩守备王万隆、黄岩把总汪宗宾和解天培、黄岩外委林庚和吴廷江等将官及数千兵弁,唯独浙江提督余步云贪生怕死,在英军还未向招宝山发起攻击时,他就逃往宁波。

宁波岂是一个避风港?

英军占领镇海之后,一刻不停地溯甬江而上。

攻打宁波的英军,由"摩底士底"号、"哥伦拜恩"号、"巡洋"号和"班廷克"号四艘战舰以及"西索斯梯斯"号、"伯鲁多"号、"弗莱吉森"号和"复仇神"号等四艘汽船所组成。

哪知,当英舰停泊城东灵桥门下时,只见城墙高大的宁波城,早已城门洞开。原来,余步云从镇海逃到宁波后,对知府邓廷彩、鄞县知县王鼎勋说,英军神枪飞弹锐不可当,吓得他们跟上他弃城逃往上虞。于是全郡文武官员溃散一空。

英军如入无人之境。

第十八团的乐队演奏着《盖莱·欧文》的乐曲,海军司令巴尔克亲自指挥在宁波城头上升起了英国国旗。

一个拥有六十万人口的浙江第二大城市,不费一枪一弹,就如此轻松地被英军占领了。

璞鼎查犹如掀动了一副多米诺骨牌:占厦门—占定海—占镇海。占领了宁波后,英军又四处出击,连破余姚、慈溪、奉化等三城。真是一路冲杀,势如破竹。

九

北风呼号。紫禁城格外寒冷。

闽浙战事频频失利的消息,比这冰封雪盖的隆冬腊月,更令道光皇帝觉得寒从脚下生,愁从心上起。萧瑟的御花园,从当年平息林清邪教,为防歹人藏身,东西六宫内就砍得几乎不见一棵树,只有康熙帝、雍正帝和乾隆帝亲手种的几株龙柏留下,庭院空了,地面宽了,显得红墙黄瓦的宫殿更加高大恢宏,而那飞角重檐的琉璃大屋顶,像是随时都会直扑而下似的,简直要压得道光帝喘不过气来。

国土不可失,祖宗的基业不能丢啊。

面对列祖列宗,道光皇帝起誓要力挽危局,于是,手忙脚乱地调兵遣将。可是,这时皇上的箭壶中已经抽不出一支锋利的箭镞了。选来选去,在任命广东巡抚怡良为钦差大臣驰赴福州的前一天,道光帝便只好从矮子里拔将军,任命吏部尚书、协办大学士奕经为扬威将军,驰赴浙江组织反攻。

奕经是道光皇帝的亲侄儿,理应尽力作战。所以皇上任命时对他抱有很大希望:"扬我国威,歼兹丑类,朕唯卿等是望,亦唯卿等是赖也。"

在任命了侄儿之后,道光帝又任命侍郎文蔚、副都统特依顺为参赞大臣,调集江西、湖北、安徽、四川、陕西和甘肃等省兵勇五万余人,前往浙江以期收复失地。哪知,那位扬威将军无谋无勇,是只中看不中用的绣花枕头,花花公子一个,除了声色犬马之外,根本不通文韬武略。当时有人讥讽奕经:"生长深宫,不知世事,膏粱纨绔,何足与谋军机?"他不为自己正名,也应该为倚重自己的道光皇帝争上一口气啊。可是,他就是捧不上手糊不上墙的一团稀泥!

且看他,前呼后拥出了京城,长驱鼓行,第一脚就落在苏州。名为探听夷情,实际上在沧浪亭行馆一住十天。而且,这皇侄儿随行众多,"将军之外,复有参赞,参赞之外,复有钦差,钦差之外,复有小钦差",这一大帮酒囊饭袋,每天要吴县供给八十余桌满汉全席不算,还成天宿娼嫖妓,玩得不尽兴就糟蹋民女,稍不如意,侍卫、京兵便打东砸西,闹得地方鸡犬不宁,直至吴县知县吐血而死。逼出人命了,这一行乌合之众,才启程奔向杭州。

杭州素有"天堂"之称,到了杭州,奕经简直如鱼得水,他沉醉于牌九,常常酣赌至深更半夜,若无赌局,无所事事时就以寻购玉器为乐。营弁效尤,辕门外每天一大早就成了闹市。于是有人在辕门口贴了一张匿名帖,大书"出售壮胆丸",并注释了四句民谣:

> 一治大将军拥兵不进,二治各督抚束手无策,
> 三治各武员临阵退走,四治州县官弃城不守。

奕经一见,感到民怒难犯,一边向道光皇帝上书"战无长策,唯有羁縻",一边装模作样准备应战。

要应战,先拜神。大年初一,奕经在西湖关帝庙求签。签上有一句:"不遇虎头人一唤,全家谁保汝平安?"正巧三天后,所调大金川八角碉屯土司阿木穰率部至杭州,天冷,士兵皆戴虎皮帽。按十二属相,寅属虎。奕经心中窃喜,自以为这是天意,成功当在于此,便命令各路人马仿制黄虎头、白虎头、黑虎头、飞虎头等虎头帽,发给士兵。又有道人献策说法,"投虎头骨于龙潭,可激龙起,扰没夷船",奕经深信不疑,一一依从。

当正月底,奕经到达绍兴前线时,一算时日,更加坚信"虎定胜夷"了。因为道光二十二年是壬寅年,正月二十九日是壬寅月壬寅日,于是仓促制

定三路反攻计划,并将总攻时辰定在四更天,因为四更是甲寅时,这寅年寅月寅日寅时是"四寅",他声称,四虎上阵,焉能不胜!

胜了？败了！而且是全线瘫痪,惨败!

按照奕经的三路反攻计划,一路自大隐山进攻宁波;一路由大宝山进攻镇海;一路从岱山反攻定海。他本人坐镇绍兴,以泗州知州张应云为前营总理,驻扎曹娥江,调遣各路兵马。

1842年3月10日(道光二十二年正月二十九日),深夜四更天,三路清军同时进行反攻。自大隐山进攻宁波的清军是三路中主要的一路,总计兵力三千六百人。计划由余姚东南的大隐山分两路向宁波西门和南门进攻。向西门进攻的清军分为三队:大金川土司阿木穰率领的屯兵四百人为前锋,游击梁有才、守备王国英率领的四川兵五百人为策应,提督段永福率领的贵州兵八百人为总翼长。向南门进攻的清军也分为三队:游击黄泰、守备魏启明率领的甘肃兵五百人为前锋,总兵李廷扬率领的江西兵六百人为策应,从镇海逃到宁波的提督余步云率领湖北兵八百人为总翼长。当夜,两路清军分别在阿木穰和黄泰率领下,冒雨向宁波西门和南门挺进。

进攻西门的清军刚进月城,就遭英军伏击。英军在月城四周密布地雷,阿木穰和部下全部阵亡。他们的帽子是用虎皮做的,身后还挂着老虎尾巴。四川守备王国英率众火速策应,当攻入月城时,他左腿中弹,被英军俘获,不屈而死,部下随即溃散。进攻南门的清军闯入城门,英军便后撤,清兵追至紫薇街方知是计,两军对垒之中,守备徐宦一人拼杀英兵十人,并生擒一人。可是,总翼长余步云和前锋策应李廷扬消极避战,未能赶到宁波城下,黄泰孤军奋战,伤亡渐多,只好退出南门。适逢英军增援部队登岸,断了清兵的退路,游击黄泰、守备魏启明、把总顾得静、外委王保元和蒋维述等将官均阵亡。

此战清军伤亡六百余人。反攻宁波之战,彻底失败。

第二路由大宝山进攻镇海的清军,共约二千四百人,兵分两路。一路直接攻打镇海城,一路攻打招宝山威远炮台。

攻打镇海城的清军,以游击刘天保率领的河南五百名乡勇为前锋,参将凌长星率领的陕西兵五百人为策应,副将朱贵率领的固原兵五百人为翼长。

攻打招宝山威远炮台的清军，以金川瓦寺土守备哈克里率领的屯兵三百人为前锋，都司聂廷楷率领的山东、河南乡勇六百人为策应。

3月10日夜间，两路反攻同时开始。

游击刘天保进攻镇海，刚到城下，英军列队而出，来复枪与迫击炮一齐开火，清兵只有大刀长矛，无一人携带鸟枪，只好避开英军火力退至十里亭。此时凌长星的策应队赶到，合兵复进。黑暗中乱打鸟枪，可哪里抵挡得住英军的枪炮，刘天保中弹坠于马下。首领受伤，队伍立即混乱起来，英军又以火箭射击，清兵溃不成军。当时翼长朱贵因摸黑取道慈溪，路径不熟，直到次日中午才赶到骆驼桥，而前军早已打了败仗。刘天保与凌长星责怪朱贵迟延不救，双方发生冲突，朱贵一气之下，便无意再战。

攻打招宝山的金川瓦寺土守备哈克里，率领屯兵冒着枪林弹雨强攻威远炮台。正当英军要撤退时，一战舰从金鸡山溯江而至，用炮仰击。哈克里支持不住，只好退至山麓。此时聂廷楷率领策应队赶到，重新布阵，继续攻打招宝山。两军对峙半天之久，但在英军炮火的轰击下，清兵终于失败。

3月13日，英军陆军司令卧乌古带领六百人欲与余步云部决战。余步云当时可以调集的兵力达到七千人，十倍于敌，可这位"逃跑将军"却在头一天的夜里故伎重演，又率部逃跑了。

3月15日，英军陆军司令卧乌古、海军司令巴尔克率领皇家爱尔兰联队第十八团、苏格兰来复枪队第二十六团、第四十九团，马德拉斯本地步兵第三十六团来复枪连，马德拉斯炮兵、水兵及海员，共计一千二百零三人，分乘"阿吉林"号、"复仇神"号、"弗莱吉森"号以及"皋华丽"号、"布朗底"号和武装小火轮，自宁波沿姚江进犯慈溪。午前，英军四百人在大西坝登陆，由夹田桥绕城从正面进攻大宝山；另外四百名英军在彭山浦登陆，从背后进攻大宝山。腹背受敌的朱贵亲执大旗指挥部队，与英军在大宝山北麓展开激战。

英军的大炮不停地轰击，朱贵被阻，不能前进。他命令儿子朱昭南领兵先行。朱昭南奋起向前，兵弁士气鼎沸，前队用抬炮回击英军，抵近攻击，百发百中，两个时辰，毙伤英兵甚众。

英军见状,大肆增援。朱贵父子兵少将寡,只好拼死抵抗。仗整整打了一天,饥渴交加,左等右盼不见援军,万般紧急之中,朱贵振臂高呼:"与敌人拼了!"说着,他将手中的大旗往地上一插,抡起砍刀策马加鞭向敌阵冲去。遇一个,杀一个。见两个,劈一双。突然,战马受伤,他跌于马下,英兵围上用剑猛刺,他跃起身挥刀力挡,"砰"的一声枪响,饮弹身亡。

朱昭南见父亲牺牲,冲上前擎起军旗,指挥部队继续血战,后亦中炮牺牲。一门殉国。

由于余步云事先逃跑,刘天保和凌长星又有前嫌而按兵不动,文蔚则见危不上,致使朱贵所部伤亡惨重,五百名固原兵中就有四百三十六人阵亡,尸横遍野。这是第一次闽浙战役陆战中最悲壮的一幕!

3月16日夜,文蔚退回绍兴,奕经听信他虚张英夷声势的汇报,当夜下令撤兵。除文蔚留守绍兴外,其余兵力以救援尖山为名,渡钱塘江遁回杭州。

第三路清军由海州知州王用宾指挥,定海殉难总兵郑国鸿之子郑鼎臣为先锋,计划从岱山出发经水路夺回定海。

王用宾考虑到所调北方兵勇不习水战,便在崇明、川沙、海门、金山等地招募水勇七千五百七十五人,又在闽、广急雇叭喇唬船和辽东沙船二百七十六只。为保证3月10日同时举兵,事先将部队运往岱山。不料,英军早就发现了清军的意图,于3月7日就将武装轮船"复仇神"号驶往岱山拦击清军。8日夜,荷枪实弹的六十余名英兵乘四只舢板悄然登岸,尽管设伏在港湾的清兵多于英兵十倍,可在来复枪的面前,六百名水勇等于手无寸铁待宰的羔羊!

在进攻宁波与镇海两路失败后,奕经径自逃往杭州,"扬威将军"成了"跑路将军"。

郑鼎臣为父报仇心切,不肯听命,仍用火舟伺机反扑。4月14日黄昏,郑鼎臣督水师乘火船由梅山港出发,进攻定海衕头港,围攻停泊于此的三艘英舰。郑鼎臣亲督火筏,从大五奎山和小五奎山之间的水道逼近,进攻正停泊在港里进行修理的"复仇神"号。

英军的小船赶来拖曳清军火筏,由于每个火筏均由三至五只沙船组成,牢固联在一起,英军小船损失不少,人员多被焚溺。

但这时三路反攻的败局已定,这点小胜无济于事。

流传在江浙的一副对联,写尽了清军的无能:

　　红鬼、白鬼、黑鬼,俱由内鬼;
　　将军、制军、抚军,总是逃军!

道光帝懊悔不迭。为了此次反攻,他煞费苦心征兵募勇,还特地拨饷银一百六十四万两,堪称下了血本。

怪谁?

十

璞鼎查的信心倒是更足了:看来中国人不难征服。

英军在宁波休整统治了七个月,掳去足够供应英军两年的粮食,建造了数十只内河行驶的小船,又从著名藏书楼"天一阁"翻箱倒柜搜出《大清一统志》和一本手工描绘的长江水域图。

璞鼎查此间回了一趟香港,宣布香港和定海为自由贸易口岸,而且颐指气使地勒令清朝的钦差大臣奕山停止在珠江口建造炮台。他觉得他的腰杆子粗了,在中国他将一路绿灯,畅行无阻了,这才心安理得地再次北上。重返宁波的璞鼎查,见到他设立的军政府将一切准备得如此充足,得意地笑了。更开心的是,宁波士绅不仅奉献犒军白银一百二十万两,而且毕恭毕敬地列队宁波灵桥,在英军笛鼓的高鸣声中欢送英军离城。

离开宁波的那一刻,就是璞鼎查实施"扬子江战役"的开始。

巴麦尊已经呈请女王批准了东方远征军的计划,进犯长江,切断大运河,将战争推向高潮。

于是,璞鼎查指挥英军像一头养精蓄锐的下山虎,张牙舞爪扑向它新的猎物——乍浦。

乍浦城系明朝为防备倭寇建立的一个衔接江浙两省的海防重镇,"控据海岸,翼蔽金山,与江苏省互为唇齿。登高南望,宁波、绍兴诸山,隐隐在目,实为西浙之咽喉,东吴之门户"。

从地图上看,它位于杭州湾之北,距镇海不足百里。再根据掌握的情报,清朝设一副都统驻扎此地。城池不大,但围以高大的城墙和护城河,城内四分之一由一道胸墙与其他部分隔开,叫葫芦城,由满人居住,守军约有八千人,其中一千七百人是驻防旗的满洲兵,还有火药厂、铸炮所,储藏大量的军火。

1842年5月17日,英军神不知鬼不觉地出现了。"皋华丽"号、"布朗底"号、"摩底士底"号、"哥伦拜恩"号、"伯劳弗"号和"司塔林"号等七艘炮舰以及"复仇神"号、"弗莱吉森"号、"伯鲁多"号与"西索斯梯斯"号武装汽船,在西行汛、天后宫及葫芦城一带酷似绞索般首尾衔接,阵势十分森严。

但璞鼎查明白,解决乍浦的战斗主要是阵地战,于是他将这次行动分为左、中、右三个纵队。左纵队由陆军上校叔得指挥苏格兰第二十六团来复枪联队和第五十五团及工兵。右纵队由陆军中校马利斯指挥皇家爱尔兰联队第十八团和第四十九团及工兵。中路纵队由陆军中校蒙哥马利指挥皇家炮兵和马德拉斯工兵及马德拉斯本地步兵第三十六团来复枪联队。三个纵队投入的兵力是士兵二千一百零四人,军官一百零六名。

太阳初升。能见度加大之时,璞鼎查命令各舰向海塘开炮,掩护右纵队从金山湾小港登陆。陆军司令卧乌古亲自督阵,几乎没有受到什么抵抗就占领了乍浦城外的一个高地。接着左纵队和中路纵队沿高地的山麓推进。

正当英军顺利推进时,在观山天尊庙遭到清军的坚决抵抗。把守天尊庙的是佐领福隆率领的三百多名绿营旗兵。他们击退了英军数次冲锋,不管英军火力多猛,天尊庙岿然不动。激战三小时,匍匐接近天尊庙的英军用火药袋叠垒在天尊庙四周,再用火箭射击。

天尊庙被炸毁了。福隆从火中突围,砍死数名英兵后自刎。

这一仗是乍浦战役中最为壮烈的,清兵奋勇上阵,前仆后继。其顽强的情形,足令璞鼎查吃惊。英军七人死亡,四十四人受伤。军官阵亡有陆军上校汤林森,受伤的有雷诺兹陆军上尉、周德瑞尔陆军中尉和伯朗陆军中尉等。

天尊庙被毁后,英军进攻葫芦城。葫芦城失守后,英军挺进乍浦城。清兵为阻止英军入城,将东门桥毁坏。英军工兵队的陆军中尉戈登靠舢板运载掷弹兵过河,他们架梯登上城垛,占领了东门。东门大开,英军蜂拥而进,此时海军司令巴尔克率领海军陆战旅加入攻城队伍,很快,所有城门全被占领。

清兵殊死搏斗。乍浦副都统长喜投水自杀,同知韦逢甲亲率义勇防堵英军被炮弹炸死,左营八旗前锋协领英登布、左营正黄旗佐领额特赫、右营镶白旗防御贵顺、左营镶蓝旗骁骑校根顺等壮烈牺牲。左营正蓝旗骁骑校伊勒哈畚擅长射箭,伏于林中用冷箭射死许多英兵,最后矢尽被擒英勇就义。五百六十多名清兵阵亡。侥幸突围的清兵逃往余杭。

由于清兵的顽强抵抗并杀伤英军官佐,英军在占据乍浦后迁怒于城中的百姓,大肆屠杀。

城内工商士民,死亡甚众。

天尊庙的和尚达真与其徒壬林被肢解,监生曹文昭城陷自缢,生员刘懋松被逼写伪告不从而遭枪杀,木工徐元业被英兵逼令搜寻妇女不从而自杀身亡。然而一个徐元业保护不了一城妇女,妇女被英兵追逐投井跳河不计其数。据英军书记官宾汉报告:"我们这天的损失超乎寻常,九名阵亡,五十五名受伤。但中国人受到了严重损失,我们亲自就地埋葬了一千二百到一千五百人。"火药厂和铸炮所全被摧毁,五百架抬枪和十一门黄铜大炮,被英军掳夺上船。

炮声断绝,璞鼎查命令英军纵火焚城。乍浦城在地图上被璞鼎查一笔勾销了!

得胜的璞鼎查欣喜若狂,在"皋华丽"号上摆下庆功酒,宴请巴尔克和卧乌古。他举起酒杯,说:"此次乍浦一仗,我军虽有伤亡,但挫败了清兵,沉重打击了中国皇帝的气焰。我们的目的只有一个,那就是彻底取得让女王满意的受降条件。我们的要求一天不满足,仗就一天接一天地打下去,直到清廷屈服为止!愿上帝保佑我们,顺利进军吴淞口!"

卧乌古和巴尔克的战争狂热与酒精一起燃烧起来,他们和璞鼎查碰了碰杯,宣誓似的叫道:"干杯!"

十一

  吴淞口,在中国的旧式版图上——不管这张版图像一片桑叶、海棠叶,还是像一只昂首挺胸的雄鸡,它都处于中华大地东临大海的边缘腰部。

  中国漫长而蜿蜒的东海岸像一张绷紧的强弩硬弓,而长江俨如一支搭在弓上引而不发的箭。箭头,就是吴淞口。

  史学家则在史书上给它界定为:"南为上海门户,西为苏常藩篱,乃扼制东南江海第一险要。"又说:"吴淞一口,为长江下流,崇明蔽其外,实七省锁匙。提兵南向,可以援金山之急;扬帆北哨,可以扼长江之险。朝廷命宿将督重兵坐镇此间,近又练成自强一军,自金陵移驻,盖防江即以防海焉。"

  如此险要之处为什么不像广东的虎门、浙江的镇海起个显赫的威名,而语不惊人地叫作吴淞口呢?单从字面上揣摩,好像是从它的源头吴淞江因袭而来。其实不然。老人们说,实际上是先有吴淞口后有吴淞江。那江,原叫松陵江,发迹于太湖,东经笠泽,冲撞奔突七十里,水分三股,最大的一股相传为战国时楚公子春申君黄歇出资疏浚,雅号春申江,又叫黄浦江。滔滔江水流经松江、上海之后在这儿与滚滚东来的长江巨流合为一辙,汹涌的水势像一群发狂的吊睛猛虎张开血盆大口,对着东海咆哮怒吼。所以一开始时,"虎松口"就成了这儿的俗称。大概这地名过于嚣张唬人,后来,一班咬文嚼字的斯文人就顺着口音将虎松口改成吴淞口。

  检索正史,吴淞口历来为兵家必争。

  明太祖洪武十九年(1386年),朱元璋钦定长江岸畔修筑六个卫所,吴淞口是其中的千户之一。

  明成祖永乐二年(1404年),三保太监郑和准备首下西洋,曾派员到此勘探水道,只因长江、黄浦江"江浦合流"与东海汇流于此形成一股"三夹水",湍急非常,扬帆远航的船队必须降篷绕行,所以郑和将船队起程的地点改在吴淞口右首的浏河口。郑和没有经这儿出航,可东海上的捕鱼船却都喜欢来这儿停泊避风。天长日久,这里就成了一个颇为热闹的渔市集镇。

清顺治十六年(1659年),郑成功高举反清复明的大旗亲率大军进入长江,五月十九日舰队在吴淞口集结,溯江而上直逼南京城下。虽然郑成功因麻痹轻敌而功败垂成,但他的进攻使清廷受到巨大震动。因此,第二年(1660年)江南提督郎廷佐奉命在吴淞口西岸杨家嘴修筑炮台。康熙五十七年(1718年),又在杨家嘴对岸增加了一座炮台。东西两座炮台夹江对峙,使吴淞口成为远近闻名的海上雄关。到了雍正三年(1725年),雍正皇帝在奏折中朱笔御批吴淞口为吴淞要塞,而它身后那个面江临海的胡苍庄也就正式定名为吴淞镇,隶属宝山县。

大唐盛世之前,那宝山地域连同这吴淞口岸,还是一片潮汐起伏、芦荻丛生的适淹滩涂。那时,古海岸线曾一度稳定在松江以南自青浦徐泾、闵行马桥,入海至大、小金山一线。宋末明初,太湖下游的泄洪渠道不断朝这儿输送泥沙,江流海潮又经年累月不息地往这儿淤积贝壳残骸,层层叠压,便形成了一道"限沧溟而全吴人"的高于西侧湖沼平原和东侧海平面的带状贝壳沙堤。

明朝永乐十年(1412年)为郑和第三次远航,平江伯陈瑄在吴淞口东岸筑土山,点烽火,作为导航标志,明成祖朱棣御书"宝山"二字刻石立碑。到了清朝雍正二年(1724年)自嘉定县析出东境建立新县,便借用"宝山"定为县名。不过,这宝山既无山又缺宝,名声与景象最惹人心醉神摇的还是吴淞口的吴淞镇。

沿革到道光年间,镇上已有数十家船主五六百户海夫,除了铁匠铺、竹器店和连成片的渔行之外,茶馆、钱庄、客栈、药房、南货店,连同戏园子也跟内陆大镇一样应有尽有。风情万种,着实迷人。不料,一个喧腾的渔港,眼下却变得如此萧条冷清。都是因为洋鬼子、红毛子要来,惹不起还躲不起吗?这才使好端端一个鱼蹦虾跳、灯红酒绿的吴淞镇人走楼空。

吴淞镇成了一个空镇,吴淞口却是兵民簇拥。几百名提标营的士兵和从上海、崇明、宝山以及本地吴淞镇召集来的数千名民夫,正在加固海塘,

第十一章 林则徐虎门销烟与鸦片战争爆发

扩建土堡,整修东、西炮台。如雷的夯声连成一片,震天动地般响彻整个吴淞要塞。

就在这一片夯声之中,突然,传来一阵紧一阵"哒哒哒"爆豆似的马蹄声。有人带头呼喊:"军门大人到了!"

果然,大堤上一队轻骑抖鬃奋蹄,扬着烟尘呼啸着由远而近。

提标左营中军参将韦印福骑一匹黄骏马跑在前头,吴淞营中军参将周世荣骑一匹青鬃马殿后,居中是一匹人称"火龙驹"的枣红战马。这马特别高大,修剪过的鬃毛卷曲成龙鳞状的体表,红得赛如一团熊熊烈火。马上一位老将军,一手紧攥缰绳,一手按住腰刀,在西炮台口勒马驻足,海风将那锦甲上的黑色大氅吹鼓起来,打老远乍一看酷似古代石刻中的托塔天王,威风凛凛,神圣不可冒犯。他就是声名与关天培比肩的威震海疆的江南水师提督陈化成。

道光二十年(1840年),高踞于万乘之尊金銮宝殿上的道光皇帝旻宁,开始寝食不安坐卧不宁了。

这一年,曾被他的祖父乾隆帝不屑一顾地视为"蕞尔小邦,朝贡小国"的"英夷"仿佛一夜间变得凶猛强悍起来,而一个浩然上国的威武尊严竟然抵挡不住一支一时拼凑的远涉重洋的风帆舰队,道光皇帝不由得火上心头。

遵照道光皇帝的旨意,钦差大臣林则徐在广州正式宣布封港,停止中英贸易。大批英舰云集珠江口外,虎吼狮啸。就在这海事鼎沸关防告急之际,道光皇帝的一道谕旨将时任福建水师提督的陈化成召向京畿。

北京的紫禁城,陈化成一点也不陌生,他曾三次奉召进京叩见道光皇帝。这一次,道光皇帝在内苑养心殿接见他,可谓一种殊荣。陈化成听见皇上叫他,连忙甩下马蹄袖,提起朝服下摆,向前跨出一小步,诚惶诚恐地跪拜着,只见红缨花翎顶戴和琥珀朝珠垂临在毡垫上,不见脸型。

道光帝端详着眼前这顶红缨花翎顶戴。清朝的官品大小,顶戴上一清二楚。文武高官的礼帽均缀满红缨。帽顶中央为珠形帽饰,以珊瑚、蓝宝石、青金石、水晶、砗磲、金和铜制成,按品分色,一品二品为红色,三品四品为蓝色,五品六品为白色,六品以下是黄铜色。而花翎也就是孔雀翎,以翎眼多寡分等级。通常普通的都是一眼,公爵才冠以双眼。三眼一般只有贝子才有这份待遇。这是乾隆以前的规矩。从嘉庆起,因外患内乱骤起,皇上逐渐放宽赏赐,凡满族五品以上官员及汉族官员,军功卓著者均可加封晋赏。道光帝一看就知道陈化成是一品武官,心想再赏赐一眼花翎,以示恩宠。正想着,只见陈化成行过三叩九拜大礼,器宇轩昂地说:"微臣江南水师提督陈化成恭请皇上圣安。"

道光皇帝见陈化成声音洪亮,很高兴地传谕平身。

陈化成叩谢后起身伫立。此前,道光曾见奏报,说陈化成"技擅猿臂,名高虎头,踢壁则直上五寻,涉水而能游数里,朱伺铁面,状若鬼神";又说他"斗米十肉,大将皆然。陈公来,道宪(地方官)饷以点心,食包子百二十枚,酒与肉不计也"……现在展目一望,果然那身架,从外貌到气质,既有边关将帅的勇武,又有一股沉静大度的气魄。但细看之下,颧骨隆实,黝黑的脸上有太多风浪撕打烈日灼伤的痕迹,看过去好像是脱了油的皮革一样干瘪,再瞧那双手背也是皱纹阡陌,而那胡须早已花白了。

陈化成年近七旬,老啦。按大清礼法,士大夫到了七十岁,便由朝廷赐金赏荫,准许退隐家园颐养天年,以体现天子对老臣的一种体恤优待。古云:三十而室,四十而仕,五十强仕,六十而老,七十而悬车。意思是三十岁成家,四十岁入仕做官,五十岁阅历资深最有作为,六十岁逐渐衰老健忘,七十岁称"耄",尸位素餐,艰巨难胜,因此就该告老还乡了,这是从乾隆皇帝就沿袭的通例。查阅乾隆二十二年选调部员,凡五十五岁之人要慎重甄别,就是说如其因衰老不能尽职不如将其罢免。那时人才济济,候选的后生众多,国家政治兴隆简直可与盛唐媲美。可如今,真如龚自珍诗云:"九州生气恃风雷,万马齐喑究可哀。我劝天公重抖擞,不拘一格降人才!"朝廷缺才,而海氛不靖,海防更缺才啊!

从马背上走来的大清王朝,不乏骑射为本逐鹿中原的陆上将领,但像陈化成这样出生入死于波涛、扬威驰骋于海上的水师名将却屈指可数。

道光帝旻宁对这位镇守海防的老将历来就很赏识器重。早在父皇嘉庆帝二十五年(1820年),闽浙总督董教增就上奏朝廷,称陈化成自幼熟习水性,精武艺,久历闽粤水师,智勇双全,共生擒海盗四百八十余人,功不可

第十一章 林则徐虎门销烟与鸦片战争爆发

没,拟请擢升他为澎湖水师副将。鉴于大清旧制,不宜就地为官,便改任他为浙江瑞安协副将。翌年,嘉庆帝大行,道光帝登基,恰逢澎湖水师副将离任,那澎湖地处东南屏障,不可一日无将,道光帝权衡斟酌破例将此重任委于陈化成。

陈化成到任驭军有纪,约己尤严,不久晋升为金门镇总兵和台湾镇总兵,道光十年(1830年)升任福建水师提督。道光十二年(1832年),英国东印度公司受巴麦尊之命派遣"阿美士德"号窜至厦门,陈化成召见该舰头领胡夏米,严词驳斥,并令水师监押驱逐出港。道光十三年(1833年),陈化成率领水师搜索厦门、金门一带的鸦片走私巢穴,四面兜擒,人船俱获,并对陈头八乡按户抄查,窝巢尽毁。道光十五年(1835年),英舰到闽挑衅,被陈化成驱逐。道光十七年(1837年),英舰又窜至闽安五虎洋面,闽安副将周廷祥出面制止,英领事换乘小船入港投书,借口接送居住漳浦的英国"难民"回国,陈化成不予接见,并派员转谕:海面"难民"应照例翻译说明情况,由我国护送至广州回国,现难民未供系英国人,而且英领事亦未将"难民"姓名指证,难以凭信。即令水师将小船押至英舰,赶出领海。道光十九年(1839年)春,英国鸦片船在广东活动受阻便转向福建。入秋,英舰三艘停泊泉州梅林洋面,陈化成率水师驱逐,英舰不动,陈化成号令发炮。英舰一面扯帆一面用炮还击,陈化成穷追猛打,逼得英舰只好向外洋逃窜……因他屡立战功,道光皇帝曾当着朝廷众臣赞扬陈化成"身经百战,勇敌万人,熟谙水师,才识兼优",是一位"宜膺重任"不可多得的海防人才。

皇上对陈化成如此厚爱,不仅因为他对陈化成武艺高强、胆识过人早有所闻,而且因为道光帝本人就崇尚勇武。传说道光帝童稚之年就弓马娴熟,十岁时跟着祖父乾隆帝去木兰秋狩,张弓搭箭就射中一头飞奔的麋鹿,简直百步穿杨,一发即中。乾隆帝本人十二岁时曾在木兰围猎场射中一熊,而幼孙射鹿比他还小两岁,因此龙颜大悦,即刻颁赐花翎、黄马褂,喜欢做诗的乾隆帝还当场赋诗一首,以示褒奖。

道光本是嘉庆皇帝次子,名绵宁。嘉庆十八年(1813年)秋,嘉庆皇帝离京去承德,銮驾在避暑山庄还未停稳,京城皇宫里竟发生了一场几乎倾覆大清王朝的夺宫之变。

当时活动在京都、直隶、河南、山东等地的天理教（又叫八卦教）教徒，在北京坎卦首领林清和自称李自成转世的河南教徒李文成的率领下，约定这年闰八月的中秋节，同时举旗反清。他们以重金收买宫中太监，打听到嘉庆帝不在京都，便企图乘大内御林军主力随皇上远去承德之际占领皇宫而改朝换代。中秋节之夜，被林清收买的太监刘德才、杨进忠接应两百多名教徒分别从东华门、西华门杀进紫禁城。隆宗门被冲开后，教徒们又搭成人梯准备越墙杀向养心殿。王公、妃嫔、宫女和太监蜷缩在养心殿内，个个吓得魂不附体，唯独身手不凡的绵宁处变不惊，他操起鸟铳，扬手噗噗几枪，已经登上宫墙的几个教徒，便像风吹蜡烛一样齐刷刷地栽了下去。又一个脑袋从墙外蹿上来，绵宁抽出腰刀，只见他"嗖"地出手一掷，刀光闪处，人头落地。这时，神武门的护军赶到，绵宁又亲率兵丁左冲右突，激烈搏杀，将窜犯教徒全歼于宫中。嘉庆帝从热河回京，当即封他为"智亲王"，还将其射杀逆贼的鸟铳赐名"威烈"，不久又册立他为皇太子。仁宗驾崩，他即继位做了宣宗皇帝，年号道光，绵宁则改为旻宁。

陈化成对端坐在暖阁龙床上的道光皇帝由衷的臣服，并非出于这种传说。道光皇帝是在陈化成擢升为副将的那年登基的。那年陈化成四十五岁。一晃二十年过去，这二十年中，道光皇帝堪称"上遵祖训，下体民情"，兢兢守成，孜孜求治，虽不能说是宵衣旰食，但"君王从此不早朝"的事从未有过。他勤于政务，日理万机，事无巨细，亲自过问，而国家多事，奏章频繁，真所谓"蝇头细书，高可盈尺"。然而，纲纪败坏，世风日下。王公贝勒，有的躺在尼姑怀里吸食鸦片，有的狎妓嫖娼花天酒地，有的卖官鬻爵公然纳贿，有的骚扰衙署干预公务……患生于所忽，祸起于细微，以至内乱不息而外患不止。古语云：独力难支，众擎易举。在此内外交困之际，光靠道光皇帝一人是招架不住的。陈化成心想虽然自己不能成为皇帝的左膀右臂，但他志愿成为朝廷众擎之一员！

首先，他认为必须整军强兵。应该说清军的实力从数量上看并不单薄，到道光二十年已达百万之众。这百万清军，满、蒙、汉分治，界限分明且等级森严。兵分两种：八旗兵和绿旗兵。明万历四十二年（1614年），努尔哈赤将所辖各部编成八旗兵，它是清廷的嫡系部队，亦是清军的精锐。驻

第十一章 林则徐虎门销烟与鸦片战争爆发

守京都的叫京营八旗,也叫禁卫兵,其中上三旗(镶黄、正黄、正白旗)是天子的亲军,下五旗(镶白、正红、镶红、正蓝、镶蓝)属于各王公,由骁骑营、步军营和护京营组成,负责警卫京城与守卫陵寝。以上八旗计有十三万多兵力。驻扎各省水陆要冲的叫驻防八旗,计有十二万兵力。但旗兵毕竟有限,要统镇全国只有靠汉兵补充,因此,其余七十多万人马全是由汉人组成的绿旗兵也称绿营兵。绿营又分陆师和水师。在百万清军中,水师编制为六万人,分为黑龙江水师、吉林水师、奉天水师、天津水师、乍浦水师、福州水师、广州水师、荆州水师、江南水师和禁卫水师。其中,江南水师实力最强,禁卫水师等级最高。为表明朝廷对水师的恩宠,皇上在清漪园还特地创设水兵训练基地,昆明湖上最多时有赶缯船三十二艘,供一千多名八旗官兵练习水战。陈化成的部属曾奉旨在这儿担任过教习把总。

然而,大清这个曾经将大明王朝打得落花流水的马背王朝,渐渐马放南山,督抚不理兵政,武将不事营务,官兵不习操练,甚至皇帝亲临检阅,万目睽睽之下,射箭箭虚发,驰马人坠地。因此,陈化成向道光皇帝大胆进言:"启禀皇上,方今英夷以坚船利炮强行压境,鹰瞵鹗视,环绕游弋而捕捉战机。可我海疆绵长而军备守旧,一处失防则全线遭殃。此亦非本朝之过,中国三代之前文武未尝分途,汉唐犹存此意,宋明以来重文轻武,重陆轻海,自是文人不屑习武,而习武者都是粗疏之材,水师之中更多虚冒冗滥,且以常居陆上,巡防会哨几与陆兵无异。长此以往,积弱不振,外侮迭侵,皆由于此。殊不知,兵可百年不用,不可一日不备。依愚臣之见,当务之急应加速坚固海口,以炮防为主。然坚固海防切不能崇尚空谈,以炮防为主亦不能狃于近战,更不可海战。在我水师实力不足之际,自守之策有二:一为守外洋不如守海口,守海口不如守内河;二为调客兵不如练土兵,调水师不如练水勇。选将练兵以联声势,建筑炮台以扼要冲,而尤为重要者,在乎多筑海塘土垒,设阱以待虎。盖有海塘土垒则居高临下,敌必难攻,我却借以遮蔽,易于伺击。海口坚固,门户不开,则国土无虞。愚臣拙言,供皇上定夺。"

陈化成说完,抬起头来向道光皇帝投去精诚忠贞的一瞥。

道光帝也是厚爱万分地望着他,觉得他的进谏甚合朕意。

大清的海防，没有谁比道光帝更清楚的了。林则徐曾经上书："剿夷而不谋船炮水军，是自取败也。"道光帝看了深以为然。然而，要办新水师，造巨舰，全要花钱。作为皇上，他最清楚大清王朝眼下的实力了。"当家才知柴米贵"，琢磨着这句平民百姓挂在嘴边的民俗俚语，道光皇帝不由得想起那个主张"更法、改图、变功令"的龚自珍的诗来："秋气不惊堂内燕，夕阳还恋路旁鸦！"龚自珍是在旁敲侧击冷嘲热讽呀，言下之意是大清王朝经历了轰轰烈烈的"康乾盛世"，现在正走下坡路了。常言道，国家兴亡，匹夫有责。他希望少几个发牢骚的龚自珍，而多几个干实事的陈化成。

现在听陈化成一说高垒炮防之策，君臣之心不禁引起一股强烈的共鸣。

透过暖窗，所有宫殿的琉璃瓦檐上都覆盖着皑皑白雪，养心殿外的几株松柏也是银装素裹。冰凌子挂在枝干上沉甸甸的，让人担心它会随时折断。道光帝看着，深感"岁寒知松柏，军危识将才"的道理。于是，由衷地勉励陈化成，说："爱卿所言击中要害。据两广总督林则徐所奏，目前海防空虚，除浙江以外，还有江南一隅。倘若英夷乘虚而入，突破海口，切断漕运，后果不堪设想。朕久闻爱卿忠心耿耿，经历海防数十年，于福建防务，苦心经营，令敌胆寒。如今执掌江南防务，当依卿所奏各项，尽速整饬，务必使其固若金汤。想我大清国自从康熙爷开始，从没在夷人面前丢脸示弱，天威所至，四夷臣伏。现英夷居然屡犯不止，必须毫不留情，大张挞伐，定要使其头破血流，跪地求饶，方显我大清的尊威！"

"微臣遵旨！"陈化成跪拜道。

接着，道光皇帝令太监捧出玉盏一对，赐予陈化成。

陈化成叩谢过后，说道："微臣自顾才力绵薄，难堪重任。但化成身受皇上隆恩，大敌当前，亦知国家兴亡，匹夫有责。在此危难之际，化成理当倾尽全力，捍卫皇天国土，精忠报国，万死不辞！"

"跪安吧！"道光帝的声音一下子又年轻了许多。

告别京城，告别厦门，告别父老乡亲，陈化成策马赴任。

江南提督署坐落在松江城西。那本是明代少司寇徐陟的私人官邸。嘉庆初年，调来的提督名分上是位武将，实际上是个附庸风雅的文官。他

第十一章　林则徐虎门销烟与鸦片战争爆发

的精力不放在海防整治上,而在这后方衙署大兴土木,修花园,砌假山,凿荷池,再造石桥石舫四面厅。终日闲暇,无所事事,便在四面厅把酒临风纸上谈兵。此风代代相沿。到了前任提督手上,那四面厅已经演变成八角亭,每个角檐下各摆一只彩陶大缸,缸里躺着睡莲游着锦鲤。好一派缱绻缠绵的太平景象!

陈化成一见就气不打一处来,举目环顾,除了一块青砖地坪可作练拳舞剑之用,其余无一处堪与署衙军营相称。作为提督,焉能安居于此?陈化成坐不住了,上任的第三天就召集属僚巡察松江本标和上海、吴淞一带的水陆营地。

这一带,沿江傍海,历来是水师集中之地。顺治十四年(1657年),为对付郑成功水军的进攻而成立的水师,就驻防在吴淞江和崇明海口。历经康熙、雍正、乾隆和嘉庆数朝,到道光年代,这支水师幅员不断扩大。

查点花名簿,提标中营营官为参将,提标左营、右营、前营和后营营官为游击,官兵计五千余人,配有唬船、巡船、四橹哨船、桨橹快哨船八十余艘,驻守松江、上海、嘉定。除了提标之外,江南提督还节制众多城守营。川沙水师营、吴淞水师营和金山营营官为参将,靖江营营官为守备,松江营、江阴营、浏河营营官为游击,青村营、柘林营、杨舍营营官为都司,率官兵八千人,哨船、巡船、唬船、大罟船、小哨船、二橹哨船、沙船、犁船等,近一百艘。此外,崇明水师镇设总兵,直辖六个水师营,领兵三千,沙船七艘、赶缯船五艘。福山水师镇设游击,领兵八百,沙船四艘、官渡船四艘、巡船十六艘,负责巡逻浒浦、鹿苑、徐六泾和七丫口等水面。狼山水师镇设游击,领兵八百,辖管通州营、泰州营、掘港水师营、三江水师营和外海水师营。太湖水师协和松江水师协的协官为副将,各领兵一千,配有沙船、快船、大小哨船和巴唬船三十余艘。

照此,江南水师实力不俗。然而,所到之处,均见营房破陋,堤堰失修,仅有的几艘木板战船,也是"薄板旧钉,遇击即破",不少巡船哨船横陈滩头,任凭日晒风蚀,敝坏居多,或舵折桅倾,或篷烂缆断,稍为像样的,不过涂饰颜色,以彩画为工,总之帆不张篷不举没精打采,实堪驾驶者竟属无几。尤其吴淞要塞更加徒有虚名,炮台毁损,土堡凋敝,大炮陈旧而弹药库存奇缺,那几十里海塘登高望去就像根烂草绳子一扯就断。这哪里是抗敌拒寇的海防重地,简直是颓垣残壁百孔千疮,根本就无险可守。

在吴淞江口,陈化成长时间勒马伫立。

天虽宽,海虽阔,但江南的防务却如此松弛而不堪一击,顿使陈化成忧心如焚。

江风凛冽。陈化成感慨万端地对着他的属僚说:"吴淞口东临大海,西通吴郡,南接闽浙,北达长江,处于江海之间,既是进入上海的门户,又是封锁长江的咽喉,英夷胆敢长驱进犯,此关绝不可任其逾越!"

望着滚滚东流的江水,一个锁甲连环的备战方案在陈化成的胸中立马形成。摆在陈化成面前最紧迫的就是培厚蕰藻浜一带的海塘,修筑土堡,加固和扩建东、西炮台,让吴淞要塞真正成为抵抗外敌入侵的险隘雄关。

十二

依塘列阵的陈化成料定大批英舰已经逼近吴淞口。豺狼做梦也叨鸡,那就设阱以待虎!

但陈化成毕竟只是一个江南水师提督,位置重要,权力有限,他心想,皇上既然主战抗夷,选主帅为何不起用林则徐、邓廷桢呢?尽管这时林则徐贬谪浙江在镇海治水屯田颇有政绩,皇上却在虎狼当前战场用人之际,义无反顾地将林则徐和邓廷桢流放新疆伊犁,而毫不犹豫地起用了议和派的耆英、伊里布。

真是匪夷所思。他绝对不会恚恨,更不敢迁怨皇上。君臣有义,为臣之义,只能听命于君临穹宇的皇上。

然而,有一件事却让陈老将军大感不解了。两江总督裕谦在镇海不幸蒙难,万万想不到道光皇帝却把这三省齐肩的重任托给了远在河南的一介书生。

道光二十一年(1841年)九月,河南巡抚牛鉴飞黄腾达了。他奉旨接任两江总督,主管浙江、江苏、安徽三省军务。

第十一章　林则徐虎门销烟与鸦片战争爆发

回顾大清王朝，封疆大吏中的总督和巡抚，在很长的时期绝少任用汉人。顺治、康熙两朝，"督抚大臣，则多寄于满人，而汉人十无二三焉"。到乾隆末，"各省督抚凡二十有六缺，汉人仅毕沅、孙士毅、秦承恩三人耳"。牛鉴有何能耐？自然，虾有虾路，蟹有蟹道，牛鉴能有今日，绝对不是等闲之辈。他是甘肃武威人氏，父辈以上代代布衣，没出一个做官的，不曾想到了他手上，祖坟上猛冒青烟。嘉庆十九年，他上京赶考，三场下来竟高中二甲第四名进士。

清代的科举"以八股衡文，以楷法取士"。八股文格式苛细，内容囿于四书五经，貌似庄严，内实儿戏，而且抄袭成风，考官很难衡文取士。再说，每次上京赶考的考生多于上万人，考官就设了十八房。每房必须校阅八百余份试卷，往往头场试卷还未判完，第二场、第三场的又陆续送到，在那浩如烟海多如牛毛的试卷中，"定弃取于俄顷之间，判升沉于恍惚之际"，确实困难，不如以楷法取士，一眼可定。这样一来，顿使许多"拔萃真才"坐失科场，饮恨而去，连才名震世的龚自珍也屡试不中，气愤之下写诗一首："气寒西北何人剑，声满东南几处箫。斗大明星烂无数，长天一月坠林梢。"一吐胸中的怨气。开头第一句借典于荆轲献图刺秦王，而第二句则用的是伍员吹箫乞食阊闾的故事，表达了自己的急切愿望，那便是谁人出头仗义执剑？直到三十八岁，阅卷诸公惊叹其才，但又嫌他"楷法不中程"，中虽让他中了，出榜时却委屈他排在第九十五名。学富五车的龚自珍面对科举考场都自叹弗如，名不见经传的牛鉴反而金声玉振，一举金榜题名，为什么？因为他从小练就了一手正宗的柳公权小楷，而且他的小楷落墨严谨，刚劲的笔锋中饱含柔媚，堪称"颜筋柳骨"，有血有肉。有了一笔好字，加上文章做得也清真雅正有眉有眼，试卷备受考官青睐，牛鉴高中也就在情理之中了。按例，殿试前十名呈请皇上钦定名次，这可是了不得的事情，一生的荣辱成败全在这御笔一圈之中。牛鉴的试卷呈禀到嘉庆皇帝面前，那试卷犹如正版描红字帖，一笔不苟，皇上一眼便看中了，将他选为翰林院庶吉士。真是"一举首登龙虎榜，十年身到凤凰池"，从此他平步青云，由编修，再迁御史、给事中。道光十五年，外放云南粮储道，接着官运如日中天，一路亨通，升任山东按察使、顺天府尹和陕西布政使。

道光二十年，四十岁出头的牛鉴就光宗耀祖地荣登河南巡抚的宝座。

河南地处黄河流域。那黄河，无疑是苍天底下最暴戾无度最骄横任性的一匹猛兽。史书上多少回黄河泛滥，奔腾咆哮的洪水，吞噬了多少无辜的生灵。而水过之后，田园荒芜，哀鸿遍野，又有多少百姓流离失所，死于非命。然而，正是那骇人听闻的黄河水患，反倒使牛鉴让道光皇帝刮目相看。

道光二十一年六月，黄河在张家湾决堤千丈，一夜之间淹没了数不尽的村庄、城镇，洪水又汹涌而来，逼近省府开封。

东河道总督文冲奏请皇上将省会迁往河南洛阳，牛鉴坚决反对。当护城堤被冲毁，洪水直注南门，商贾士绅出逃之时，面对溢满城厢的一片浊浪，牛鉴携家小部属，焚香举案，长跪于城墙之上。他乞求苍天，保佑一方生灵，并起誓与城共存，洪水不退不下城头。

此举没有感动苍天，但却感动了全城的平头百姓。人们自动带着苇帘、秫秸和蒲包，冲向缺口奋力抢险。人定胜天，终于保住了一座危城。这事变成"万民折"传到道光皇帝手中，道光皇帝从即位起二十年间，"无一岁不虞河患"，水灾迭起，赈济、防河经费陡增，国库日益拮据，捉襟见肘，致使皇上食不甘味，寝不安席。一听说牛鉴能不费资财，止歇水患之灾，十分高兴。正值裕谦殉国，皇上便在人才紧缺之际破格提升牛鉴为两江总督。

牛鉴接到圣旨并没有受宠若惊。他想当总督，却不想当两江总督。

这两江总督不好当啊，弄不好轻则前功尽弃，重则人头落地。多年的仕途，使他对为官之道颇有心得。如果从澄清吏治、剔弊除奸的角度出发，皇上任命他为督抚，也就是封疆大臣，将一方王土交于他整治，他真想一展雄图，做出一番事业，也好青史留名；然而，如今强敌压境，政局多变，让他一个不谙军事既不熟悉绿营更不熟悉水师的文官担纲负责，确实心有余悸。

不知牛鉴是不懂防务，还是故意装糊涂，反正他到任之后，对事关重大的海口防堵却很少过问。在他的议事日程中也不沾吴淞与上海的边。上海、吴淞的防务，实际上是江苏巡抚梁章钜会同江南提督陈化成在负责经办。

第十一章 林则徐虎门销烟与鸦片战争爆发

他给自己定了座右铭：宁稳勿躁。接着，又用他那一笔"颜筋柳骨"的漂亮楷书，写下八个大字，镌刻成两块朱红衬底孔雀绿镶嵌的匾额，悬挂到东西辕门高处。那八个字是"两江保障，三省均衡"。可是两块匾额挂上不到三天，满城传出一副对子："两江呆人障，三省钓鱼行。"言下之意，这个两江总督府充其量是个鱼行，而他这个总督也是个呆人。这对子也太损了！可细一想，原来这是副拆字联，做得妙极了。保障的"保"字拆开不是"呆人"？均字改为钓，而均衡的"衡"字拆开不就是"鱼行"么？这笑话闹了不到两月，总督的太师椅还没有坐热，上海火药局突然失火，千万斤火药、铅子与器械化为灰烬，火药爆炸震坍储粮义仓一座、民房数间，压死兵民二十几人，损失惨重。

道光帝闻奏，震怒非常。

牛鉴多方疏通斡旋，才算保住花翎顶戴。就在这时，乍浦失守，道光帝紧急谕令："督率文武员弁，亲临吴淞，昼夜竭力严防，毋稍疏虞！"

牛鉴吃惊了。他再也不能"呆人"似的稳坐江宁这爿"钓鱼行"了。不想去，也得硬着头皮亲临吴淞要塞。

江宁到吴淞，若沿长江下行顺水扬帆也就是两三天路程，可牛鉴却选择陆路，一驿一站地走走停停。他说，沐浴乡风，体察民情。其实，这只是牛鉴的一种官场托词而已，事实是他要借这一难得的机会，静下心来理清自己的思路，行成于思嘛，前程与退路都想透了，才好往下走。因此一路走，一路想。

他不想走林则徐的路，主战主战，最终是丢官削职发配新疆，那赤地千里的蛮荒之地，哪是人待的地方！

他也不想走琦善的路，抚夷抚夷，还不是与林则徐殊途同归，折戟沉沙，一切荣华富贵顷刻化为乌有！

真是伴君如伴虎，一失足便成千古恨呀。前车之覆便是后车之鉴，牛鉴呀牛鉴，这左也不是，那右也不是，唯有折中才是。

而要不偏不倚地走稳每一步，必须韬光养晦，不露圭角。主战？主和？先需要看准风向，摸顺了皇上的主意而后行事，方为左右逢源的两全良策。归根结底——宦海波涛汹涌，仕途险象环生，只能击楫扬帆，千万不能翻船——他既不愿步林则徐和琦善的后尘,更不愿自己成为裕谦第二。这便是新任两江总督最初的心态,枕戈待旦的陈化成又哪能清楚呢!

十三

海塘、炮台刚刚竣工,战事说来即来。

陈化成刚在营帐内坐定,中军参将韦印福便来禀报:三艘夷船闯入吴淞口航道。

陈化成急忙取过千里镜,虎跃一般出了营帐,三步并两步登上瞭望台。只见吴淞口外一炮距离的海面,有三艘高桅阔帆的英夷兵舰在游弋。那最大的一艘三桅兵舰,两舷的大炮依稀可辨,少说也有四五十门。

海塘炮台上,兵弁炮手已经自动就位,空气中立刻弥散开一股股火药的气味。陈化成经历海战数十次,与英夷兵舰交手也有四五个回合,场面见多了,因此毫不惊慌。他观察片刻,断定这只是英夷舰队的"先头哨兵",大小两艘炮舰保护着的是一艘测量船,企图探测水道来了。

"火速禀报宪台大人!"陈化成向紧跟身后的传令兵一挥手。

传令兵骑马飞驰而去。陈化成将手上的千里镜递给韦印福:"韦将军,当年英夷犯我闽南洋面,夷舰与我炮火相击,尔等可曾淡忘?"

"末将记忆犹新!"韦印福回答着军门大人的问话,脑海中不禁波浪翻扑,当年海上驱敌的情景犹在眼前——

五虎洋面,夜海一片漆黑。英夷"阿美士德"号间谍船,悄无声息地驶进了厦门港的外海。那船长是英夷"东印度公司"的代表,为了混迹中国,特地取了个中国名字:胡夏米。

胡夏米能讲一口流利的汉语,号称"中国通"。外表一看,他手上捧个十字架,一副道貌岸然的样子,像个规规矩矩的传教士。实际上,他是个间谍。

西方人用兵,尤其是英国特别注重运用间谍。从马戛尔尼朝觐乾隆皇帝的那个时代起,他们就不惜工本,派遣熟悉地理、精于天文、通晓兵法的

第十一章 林则徐虎门销烟与鸦片战争爆发

人以商人和传教士的身份潜入中国。在陆上，观察城郭乡镇的疏密、山川形势的险要、道路旅程的远近以及军事要塞的位置等；在水路，则观测海湾港口的宽窄深浅、沙滩礁石的分布。然后一一绘制成图，再附上说明，回国献给政府，而后下发兵舰。因此，英国兵舰入侵中国各海口，犹如故地重游，长驱直入。

老奸巨猾的胡夏米在中国沿海各地频频得手。此次，他把手伸向了陈化成的防区——厦门港。

不过，这一回，他不用亲自观察、测量，也不用自己动手绘图，而是跟几个内奸相约在五虎洋面接头。胡夏米用鸦片，内奸用一份厦门要塞布防文书和几张港口水道图，按"质"按"量"等价交换。所以，选在这不见天光的黑夜。正当一艘"快蟹船"搭上英国"阿美士德"号高大的船舷，准备交接时，万万没有料到一股神兵从天而降！

率领这股神兵的就是福建水师提标营中军参将韦印福。原来，陈化成得到厦门镇标营水师哨船的禀报，五艘英夷商船聚集在五虎洋面，行踪诡秘，便命韦印福率战船十二艘跟踪追击。胡夏米毕竟久经风浪，发觉风声不对，慌忙掉转船头，向外海方向逃窜。那"阿美士德"号是英国特造的三桅帆船，俗称"飞箭船"，航速特快。

韦印福不再穷追，回转头指挥他的战船将那艘"快蟹船"逮住。火光一照，出乎意料的是，那"快蟹船"的船头居然站着闽安镇协营水师副将沈伟镇。他见韦印福率领战船将"快蟹船"团团包围，打肿脸充胖子地说："末将奉命巡哨，自家兄弟，请勿误会！"

"既是自家兄弟，容兄弟上船一会！"拱手之间，韦印福一个纵身跳帮，稳稳地落在沈伟镇的身边，不等沈伟镇转过神来，飞起一脚，只一招式就把他制伏了。主犯落网，从犯乖乖投降。

"给我统统绑了！"韦印福一声令下，都司李显生和走私惯犯三山举人，全被五花大绑，押上了水师战船。这群寡廉鲜耻丧失国格之徒，很快被严惩正法。正法了几个里通外国的内奸，对猖獗的鸦片走私来说，只不过是触动了几根毫毛。英国变本加厉，在海上的鸦片走私越发嚣张。陈化成决定借海上演练船炮，给英夷一点颜色看看。

在中国走私贩毒多年,盘踞于厦门外海趸船上的英夷头目颠地,见清军水师战船突然云集于海面,一面命令护航英舰准备战斗;一面派出快船向高挂"陈"字帅旗的水师战船投递照会文书:"只要中国水师战船对我开炮,我们就无情攻击,只要大英帝国的舰炮一响,中国水师战船就会葬身海底!"

陈化成手按腰刀威风凛凛地挺立在飘扬的帅旗之下,对英夷的挑衅一笑置之。中军参将韦印福请求演炮,陈化成大手一劈,霎时一艘艘水师战船,号令骤起,火炮齐鸣。

本来趾高气扬的颠地,见清军水师果真开炮,顿时乱了阵脚,急忙下令护航英舰放炮攻击!

面对敌舰猛烈的炮火,陈化成挥起腰刀斩钉截铁地说道:"我皇天威震慑,大清水师誓死卫国。将士们,对准英舰,开炮!"

但是,英舰毕竟船坚炮利,战不多时,陈化成警觉地判断,水师战船船小而炮火威力不大,敌我力量过于悬殊,蛮打硬拼,难以取胜。于是,授计韦印福,传令水师战船呈不规则队形,状如溃散火速后退。其实陈化成是虚晃一枪,诱敌深入。英国兵舰不知是计,乘"胜"追击。韦印福明白这是陈化成的海上"拖刀计"。望着后面紧追不舍的英国兵舰,韦印福禁不住冷冷一笑:"畜生!再往前追,你就等着送死吧!"

平心而论,福建水师的战船,木料不坚,炮火不大,若仅靠水上作战,实难与英国坚船利炮匹敌,不如扼其要害,坚固炮台,静以待之。这是陈化成升任福建水师提督之后,总结历年与英国武装走私兵船作战的经验,向道光皇帝呈奏的《海洋防敌协同作战折》中岸防与海防协同、水陆并举之策。道光皇帝大为赏识,在奏折上朱批"大张挞伐,再示军威"!于是,陈化成积极加快岸防炮台建设,先后修缮和新建了厦门港炮台、大担前炮台、大担后炮台、浯屿南炮台、黄厝炮台和高崎炮台。炮台上各配有二千斤、四千斤、六千斤和八千斤不等的前膛铁炮十至二十门。这些炮台与厦门各海防要冲的大小文汛口、武汛口和墩台,互为犄角,再与游弋海面的水师哨船相配合,形成一个山海联守、内外交织的伏击圈,像一张无形的大网布设在进出厦门的九龙江口。

第十一章　林则徐虎门销烟与鸦片战争爆发

英国兵舰一不小心就钻进了陈化成的"口袋"!

当它进入炮台的射程以内,海角崖端所有炮台上的大炮统统发威了。而貌似逃跑的水师战船忽地一个逆转,像黄蜂似的包抄围剿过来,集中火力,对准英国兵舰就是一顿排炮!

自逞快速的英国兵舰,犹如奔驰的烈马撞上了一道绊马索,顿失前蹄。连忙掉头,边拒边撤,狼狈地夺路而逃。

这就是清史留名的"九龙江炮战"。从此,英舰在海上远远望见"陈"字帅旗,便大惊失色:"陈老虎来了!"

一晃三载,倏忽而过,虽然陈化成虎威犹在,但敌我形势骤变,厦门失守,定海、镇海、宁波相继沦陷,而与吴淞要塞唇齿相依的海防重镇乍浦又在英军的炮火声中毁于一旦。毋庸置疑,摆在陈化成面前的同样是一场生死攸关的恶战。恶战在即,陈化成既不会惊慌胆怯,也不会盲目轻敌。打仗凭谋凭勇不凭吹牛,他从来不认为自己是"陈老虎",纵然是虎,猛虎难斗群狼。他觉得强敌当前,需要的是全军如虎。因此,面对觊觎吴淞口的三艘英国舰船,他接过韦印福那句"记忆犹新"的话头,看了看这位跟随自己从南到北出生入死的心腹爱将,说:"韦将军,三年前的闽南海战,之所以我胜敌败,是因为我以数船围敌一船,关门打狗,岂能不胜? 而今,英夷准备多年,进军吴淞口的肯定是一支实力雄厚的虎狼之师。因此这吴淞之战,非同小可,尔等切莫掉以轻心!"

"军门大人,所言极是。"韦印福说着抬头看了看天,天空中红云飞渡,异样的绚丽夺目。民俗云:晚霞行千里,朝霞不出门。于是献策道:"不过,末将有一小计,不知可否禀报?""请讲!""依末将观察,今夜有雨。请军门大人调集水师炮船,交末将率领,趁雨夜驶近夷舰,来一个海上奇袭。""偷营劫寨?""正是。"韦印福稳操胜券地说,"我水师炮船集中火力,哪怕打沉英夷一条兵船,便可挫伤敌人的锐气!"。

陈化成沉吟片刻,说:"如英夷兵船散泊海面且数量不多,我水师炮船乘其不备,打它个措手不及,此计尚可。万一英夷兵船实力雄厚,我水师以弱击强,岂不是委肉于饿虎之蹊,意在缚虎反被虎伤?"

韦印福深知陈化成用兵讲究奇正,因此问:"既然夜袭不可造次,军门大人可有他策?"陈化成说:"兵欲胜敌,谋贵素定。依我,先探明敌营虚实,尔后再议攻战。"

"末将愿带哨船前往!"韦印福语气十分坚定。

陈化成见韦印福求战心切,点点头又摇摇头,说:"你速去吴淞绿营,密令吴淞营参将刘国标前来座帐见我。"

刘国标本是太湖武进士出身,水上功夫很深,练就十八般武艺,尤有一手出神入化的船尾刀,一刀掷去,索断帆落,那本领确实令人叫绝。因此,他被派驻漕标,专司往京城押运无锡的大米和苏州织锦。不料去年太湖发大水,漕船翻毁甚多,他又为人倔强,不会周旋推诿,更不会行贿疏通关节,结果被革职充军到吴淞绿营。陈化成闻知前因,认为"过而能改,善莫大焉",不但不歧视他,反而对他倍加体恤,又委以重任,让他负责监造炮台。刘国标知恩图报,不辱使命,精心监理,深得兵民拥戴,于是陈化成向皇上极力保举,重新起用他做了吴淞绿营的参将。

刘国标一听说军门大人要他夜探敌营,便欣然领命。

是夜,韦印福和刘国标率领水师哨船一艘,悄然驶出吴淞口。

一个时辰之后,哨船在小戢山附近停了下来,这儿离英国兵船的海上据点鸡骨礁已经很近。透过雨帘,只见远处朦朦胧胧的有一串灯火。刘国标选了五名水性极好的军士,解下哨船上的舢板,离开哨船。为了避免声响和隐蔽自己,他们全部前后左右浸在水中,凫水推着舢板,慢慢地向灯火接近。渐渐,能听见英国兵船上洋鬼子那鸟叫蛙鸣般的说话声。刘国标判断片刻,便对军士们轻轻叮嘱:"注意英夷兵船上的灯火,高处的是桅灯,低处的是舷灯、尾灯。数清桅灯,便知兵船数目了。"一、二、三……一直数到三十九。刘国标和军士们个个吐了吐舌头,心里面都在打鼓:洋鬼子好大的阵势!

刘国标又让军士们稳住舢板,原地待命,他一人带着两个浮子只身游向其中的一艘大船。到了跟前,他仰面半躺在海面,目不转睛地对着那大船仔细观察,只见那船的右舷伸出来的炮管就有三十五六门之多,双舷一算便是七十余门大炮。这样的火力,显然船小炮少的水师战船不是它的对手。刘国标心中基本有数了,返回舢板,正准备撤退,却见海面上出现一艘

第十一章　林则徐虎门销烟与鸦片战争爆发

英夷的巡逻兵船。

那兵船蓦然发现舢板，嘟嘟嘟地响起一片刺耳的哨声。刘国标和军士们一个个鹞子翻身钻到水下。

英国的巡逻兵船驶近，却见是条空荡荡的小舢板，以为是渔民丢失在海上的，便不以为然地离开了。

等巡逻兵船走远了，刘国标立即带着军士们推着舢板，奋力划向小戢山。

韦印福亲率哨船，将夜探敌营的将士接应回营。当得知驶抵吴淞口的英夷兵船竟有近四十艘之多，不禁暗自叹服陈化成的深谋远虑，倘若今夜轻率出兵，那损失将不堪设想。

十四

再说牛鉴接到陈化成的禀报，赶忙登上宝山城头，一见海面上果真停泊着三艘英夷兵船，忙召集陈化成和上海道台、宝山知县以及督标营的都司到总督行辕议事。陈化成认为英夷不仅为勘测进攻水道，而且是为试探我炮火布防位置而来，应不予理睬。说完，因军情紧急不便久待，他便赶回要塞去了。牛鉴见陈化成如此独断，很不服气，想着自己该露一手给众将官看看。

他想到当年河南闹洪灾他恭请龙王而水退城安的往事，立即对留下未走的文武官员面授机宜，祈求神灵襄解，消灾弭祸。

总督之令，岂敢不从？

督标营的都司挑选了五百名健壮军士，上海道台和宝山知县分头督促寺庙道观和梨园戏班准备了五色面具。那面具，有的是红眉绿眼龇牙咧嘴的鬼头，有的是虎豹豺狼模样凶残的怪兽，军士戴上它一个个就像传说中的妖怪，狰狞可怖。

装神弄鬼的军士群魔乱舞般涌向海塘。

海塘上，霎时飞沙走石，犹如妖风四起。

牛鉴端坐在宝山行辕，像当年在郑州城头等候洪水退却一样，此刻正期盼着英国兵舰经不起他的鬼神驱赶，望风而逃呢。

压根儿没有想到，英夷兵舰上的敌人见了这种巫师跳大神的场面，不仅没有表现出丝毫惧怕，甚至一点点慌乱都没有，反而兴致勃勃地引颈扬首，像观看中国的古装木偶跳判官和耍猴的把戏一样，既感到稀奇古怪又觉得滑稽可笑。

陈化成正在座帐内与众将官议事，忽听马弁禀报，海塘上有人在装神弄鬼。他立即派韦印福前去打听。韦印福速去速回，禀报说，海塘上聚集的全是督标的人马，他们之所以装神弄鬼，奉的是总督之命。

陈化成哑然了。古语说："国将兴，听于人。国将亡，听于神。"所谓听于"人"者，是要靠一群人化除私欲胆怯专心国家大事；所谓听于"神"者，是一帮人尔虞我诈放弃责任，而专在他们所拜的神上用心。求神保佑能保住大清国土，以神驱邪能赶走英夷兵舰，那还费心费力费千万两白银修建海塘炮台铸造火炮抬枪，何为？

陈化成不信这一套。督标的人马装神弄鬼，陈化成无权过问，但吴淞要塞却在他水师提督的管辖之中。尽管，按督标、抚标、提标的名分，他只是提督，必须听从总督的决策，可是道光皇帝在谕旨中曾经准许他有临机处决权。他觉得不能再任其非为贻误战机了。刘国标夜探敌营已摸清英夷兵力，敌人是一支不可轻视的海上劲旅，不是凭借恫吓更不是靠烧香拜佛装神弄鬼就能令其退兵的。

固然，英兵理应责令其退。但这个退法，只能是打退。

而要打退英军，必须首先做到知彼知己。敌人肯定是强大的，集结在鸡骨礁的英舰近四十艘，每艘上的新式火炮少说有三四十门，多则六七十门。兵书云：两军相角，首资利器。据观察，英舰的火炮分大、中、小三等，有防守用的，有随行战斗用的，有专司攻坚用的。火炮不仅口径大、射程远、射速快，并且弹药质量高，因而火力强。同时，弹药都是从后膛装填，炮身可升降转动，又带有望远镜便于瞄准，所以炮弹的落点远近适合，不论围击还是猛攻都非常灵便，经久耐用而不至于炸裂。枪的规格也十分新奇，连发几十响都不会烫手。那炮弹也不是清兵火炮用的药饼，子弹也不是霰弹,有实心弹、燃烧弹甚至爆炸弹。炮弹和子弹外面包着一层铅皮,点火之后随即熔化,虽弹体比膛口大几分,但能射出而且威力不可想象,真可以称得上巧夺天工了。

清兵的枪炮与英军相比,自然不可同日而语。

炮暂不论,只说枪就自叹弗如。清兵用的是传统的抬枪,均是东南各省铁匠铺打造的,枪身内外又粗又笨,每杆需要两三人才能抬得起来,虽说它的射程不弱于洋枪,但绝对不能连放几十响,否则肯定炸裂。

再联想此前几次海战,陈化成更清醒地看到,清军水师与英军装备上的差距,早已暴露无遗。

英舰不仅吨位大,而且航速快,机动性强,装炮多达几十门,射程远达万米,进可攻,退可撤,应付裕如。

而我水师战船,多为无帆桨船或单桅帆船,少有双桅、三桅战船。且吨位不超过二百五十吨,载员不足百人,炮小而陈旧,前膛装药,后膛点燃火绳引爆,装一次发射一次,古老而笨拙……

这样说,并非长英军威风灭清兵志气。

诚然,我水师战船和海防炮台屡创英舰的战例,如同一面面招展的旗帜无时无刻不在他陈化成的胸间飘扬!

——九龙海战。英舰"窝拉疑"号、"路易莎"号、"珍珠"号首先向广东水师巡逻船队开炮,大鹏营参将赖恩爵当即指挥三艘战船开炮还击,岸上炮台同时开炮援应,集中火力打击挂有长旒的"路易莎"号旗舰,将其主帆一连击穿十九孔。后来英舰"窝拉疑"号赶来增援,一直打到夜幕降临,英舰才狼狈退回尖沙咀锚地。此次海战持续近十个小时,击毙英兵十七人,击沉英双桅飞船一艘、装载走私鸦片的舢舨船两艘和吕宋趸船一艘,而我水师兵勇只伤亡六人。我水师以弱敌强,首战告捷,打出了军威。

——矾石洋海战。都司马辰、游击王鹏年率舰船,敢于冒敌密集炮火,机智勇敢,乘上风,出其不意地逼近英舰"都鲁壹"号,避开英舰两舷火炮而攻其艏艉,连开三千斤铜炮两门,英舰官兵纷纷喊叫,滚跌落海。

——磨刀洋海战。战前,驶抵广州海面的英舰已达四艘。关天培指派副将李贤、都司马辰分率水勇四百名,乘火船十只,隐蔽埋伏于岛澳待机,并雇用通晓夷语的渔民，驾小船伪装混入英舰之间作为内应。凌晨，火船借夜幕悄然驶近磨刀洋英舰锚地，占住上风，里应外合一齐纵火，乘英舰混乱之际，又抛掷火箭、火罐……实施火攻，焚毁英舰两艘，一艘起火逃遁，斩杀番兵四名，鸦片商和走私贩淹死无数。

——台湾鸡笼（基隆）口海战。英国武装运输船，侵入鸡笼（基隆）港口，并向二沙湾炮台开炮，击毁营房一幢。水师营参将邱镇功立即指挥开炮还击，英船被炮弹击中，桅折索断，仓皇退出港口，慌乱之中触礁破裂，船舱进水，倾斜下沉。水师兵勇立即驾快船出击围堵，缴获火炮十门，斩杀拒捕者三十二人，生擒一百三十三人，其余一百余人跳海逃跑，大部分被淹死，只三十四人侥幸生还。

对台湾的防务，陈化成太熟悉了。他任福建水师提督最惦念的便是台湾。他从心底里佩服台湾兵备道姚莹和总兵达洪阿，这一文一武，旗鼓相当，辛勤练兵，寒暑无间，虽然只有六百名清兵，但将一个偌大的台湾治理得如铁桶一般。尤其那郡城防守，甚为严密。城西围木栅七百余丈，城中安设大炮三座，所有城门除派精兵守卫外，还招募壮勇一千四百人，分段协守，城内各街七十二处，皆高筑木栅隘门，责成绅士铺民，督促壮勇两千余人日夜巡防。

姚莹、达洪阿又制定了"以守为攻，诱敌入境"之策和防夷方略五条："一、塞港；二、御炮；三、破其鸟枪；四、守城；五、稽查奸民。"为防止英军登陆，沿岸各险要之处深挖壕沟，密布钉板，插旗诱敌。因为励精图治，防务在先，才取得英军"五犯台湾，不得一利，两击走，一潜遁，两破其舟，擒其众而斩之"的重大胜利。

除此之外，让英军胆战心惊的还有广州三元里的"平英团"和宁波的"黑水党"。

1841年5月30日，英军陆军司令卧乌古亲自率领爱尔兰第二十六团、马德拉斯本地步兵第三十七团、第四十九团的三个连，以及孟加拉志愿军，在皇家水兵和大炮的支援下，浩浩荡荡地从他们驻扎广州城北的四方炮台开赴三元里，发誓一定要血洗"平英团"。英军正寻找上山的通道，忽然满耳都是螺号和鼓点，眨眼间，七八千义勇兵摇旗呐喊从牛栏岗瀑布一般倾泻而下。洋鬼子傻了眼,生平没有见识过这种"人海战术"的卧乌古,猛然发觉事情不妙。这时,乡民义兵从四面八方洪水似的涌来,形成一个巨大的"旋涡"。被卷在"旋涡"里的英军四面开炮,乡民义兵不但不散,反而扑面而来,像黄蜂一样愈聚愈多,少说也有上万人。卧乌古身陷重围,急令第二十六团一个连向左翼冲击,第三十七团一个连及一些孟加拉志愿兵向右翼抵挡,掩护第四十九团和水兵及部分孟加拉志愿兵向后撤退。

想溜之大吉?谈何容易!

英军左奔右突到下午 2 时,突然乌云蔽日,雷雨大作。雨后的水田变成一片汪洋,英兵弹药尽湿,"一支毛瑟枪也打不响",只得舍命突围。无奈乡民义兵人山人海,里外三层水泄不通。英兵穿着笨重的大头皮鞋,有的陷在泥泞中狼狈不堪;有的龟缩在瓜棚豆篱下,哆嗦着像只落汤鸡。土生土长的乡民义兵逮住时机乘雨追击,挥舞大刀长矛猛砍猛刺,真是杀头如切瓜,而英兵的"刺刀之于中国人的长矛,只不过是一种可怜的防御物罢了"。乡民不断用长钩将英兵拉出四方阵砍杀,又以缴获的枪支向英兵射击。该连的旗手巴克莱的手臂被击中,旗倒阵乱。直到晚上 9 时,在海军陆战队的接应下,这群英兵才终于狼狈不堪地逃脱出"平英团"的伏击圈。乡民义兵不会打仗,但这一仗,歼敌一百多名,生俘十二名,缴获大炮两门和不少洋枪洋弹。

获胜的"平英团",根本不管什么"归师勿遏,穷寇勿追"的用兵之法,他们振臂一呼乘胜前进,将四方炮台围得密不透风。不少人从番禺、增城等地赶来,包围四方炮台的人数像潮水陡涨一下子增加到三四万人。终于,骄横不可一世的英军被迫在炮台上竖起了乞求停战的白旗。

假如不是奕山、隆文和杨芳等朝廷官员为英军解围,这帮残害中国人的洋鬼子早就上西天了!

再说"黑水党"。陈化成一到吴淞,就对"黑水党"的行踪十分关注。这是宁波一带的民间秘密组织,首领有徐保、张小火和钱大才。他们专行侠义,为民除害,水里来山里去,神出鬼没。

定海沦陷时,葛云飞、王锡朋、郑国鸿三总兵牺牲后尸体未归,"黑水党"徐保兄弟潜入定海,半夜三更至竹山门,见葛云飞的尸体还依崖挺立不倒,他们又攀上晓峰岭寻得王锡朋的尸体,一起背负出山。只是郑国鸿的尸体已被英兵抛掷大海,徐保遍寻不得,深感遗憾。

这事被浙江石浦同知舒恭受获悉,转告奕经。奕经便命徐保带六十人,分散潜伏宁波,驾驶小艇在江中伺机阻击英人,并悬赏许愿:凡斩黑鬼一首级,赏银百两,白鬼加倍。

于是"黑水党"在宁波昼伏夜出,偷袭洋人。

宁波虽然不比"金陵帝王州",但也称得上是个"江南佳丽地"。过去一到夜市,三江口、古楼街也颇有灯红酒绿的秦淮遗风。洋人来了,虽然酒肆歌榭还在,亦有"商女不知亡国恨",但顾惜脸面的妇女和胆怯的市民谁也不敢贸然出门。真是唐人绝句中写的"自从兵戈起,遂觉天地窄",大街小巷偶尔有人,不用问肯定是洋鬼子。

酒足饭饱之后只想着搞女人的洋鬼子,根本想不到人称"偷头贼"的"黑水党"就隐蔽在曲巷之中,出其不意地"偷"他们的人头,犹如探囊取物,手到擒来。有天,两个洋人大摇大摆地行走,笑语不绝。忽然后者无声,前者回头一看,只见一颗人头落地,正欲惊呼,他自己也顷刻身首异处。还有,英兵上街闲逛,见前面一人手持文明杖脚蹬皮鞋橐橐而行,以为是同类,忙大步趋前。哪知那文明杖里藏有弹簧刀,甩手过来就将英兵一刀了结。

自然刺死英兵的不是洋人,而是"黑水党"。"黑水党"想要生擒活捉洋人,就拿一只长筒大布袋从后面勒住他的头颈,使他发不出声,拖到冷僻处将他嘴里塞满棉花团,再塞进大布袋,一捆,像运一袋奉化芋艿,用绳索一吊,便吊下城头。

英兵加强警戒,城头上通宵有英兵巡逻值更。"黑水党"数人一伙,暗伏于城墙根,闻城上巡逻兵过,故作怪叫引其注意。只要英兵倚着女儿墙探头探脑,暗伏的人便像撒缆一样撒过长藤环倏地套住英兵的头,猛力将其拽下,堵住口反剪双手,像踢死狗似的一脚踢到一边,再等下一个英兵上钩。城上的英兵误以为前面的同伙失足坠城,皆伸头俯视。不客气,一个接一个如法炮制,请君入瓮。

"黑水党"频频得手,真令英军防不胜防。

1842年2月18日,英军"衣那"号小火轮正在岸边加水,负责小火轮加水的军官突然失踪。第二天在离岸不远的一个水塘里发现他没头的尸体。"摩底士底"号的一个水兵最爱帮他的舰长梳理一匹"战利品"小马。小马拴在离舰不远的一所小马厩里,水兵去了三天,第四天死了。人在头不在。

据统计,英军占领宁波的后期,被暗杀者就有四十二名之多。

陈化成收拢思绪。宝山的民团、乡勇其实也不弱,刘国标入波逐浪也是身怀绝技,关键是需要有人策动,需要万众一心。

能否抵挡住矛的进攻,取决于盾。整个吴淞要塞就是一面御敌盾牌。布设在这面盾牌上的兵力并不弱:总计大炮二百五十多门,其中铜炮四十三门,另有各式小型火炮未计在内。布设在宝山到上海沿江一线的兵力达到七千余人。

其中,陈化成亲率提标前、后、中、左、右五个营八百人,其余外调兵有总督属下徐州镇标各营,太湖协标左、右营,狼山镇标泰州营,督标扬州营,抚标安庆营、河南营,以及河标与漕标的绿营兵,共六千余人。若加上民团乡勇,兵力可达万人以上。

万众之师,一人吐一口唾沫也能把这帮鬼子溺死!陈化成想,胆大气盛者必胜。只要分兵把口,各负其责又同仇敌忾,按理这块盾牌重量不轻,一般不易攻破。关键是谁主调度,此棋谁执牛耳?

执牛耳的自然是两江总督牛鉴了。

陈化成担心的还不仅仅是不懂军事的一个总督,外来的徐州总兵王志元一直把自己当作客卿,而本地土生土长的川沙营参将崔吉瑞,又常把陈化成当作外来人。这两支人马都不是他的嫡系,要驾驭他们并非易事。较量,岂止在战场!

再说,他亲自从福建水师挑选来的将官中,屡经考验的韦印福很守信义,可吴淞营参将周世荣呢?玄!

十五

为了稳定军心,陈化成不得不大张旗鼓地作一次"辕门誓师"。

这是道光二十二年(1842年)五月初一的清晨。吴淞沿江临海的数十里海塘上,一路旌旗招展。整个要塞沐浴在一片庄严肃穆的气氛之中。"陈"字帅旗在蓝毡营帐前高高飘扬,千余名水师绿营将士组成一个巨大的方阵,整齐划一地排列在帅旗之下,排头的各营千总、把总,一个个戎装英姿威风凛凛。

千百双眼睛一齐紧盯着蓝毡营帐的帘门,等待着军门大人的出现。辕门鼙鼓,连响三声,将士们不禁在心里欢呼起来。呀,军门大人头戴一品武官的金铜头盔,身穿鳞片般叮当作响的铠甲,健步走出大帐。众将士歆羡地望着他。不要说水师绿营的新兵,就连跟随陈化成征战多年的将官也很难见到这种场面。

这就叫甲胄在身,重任在肩。从前,清朝的绿营旗兵一直到乾隆时期,还是常用甲胄的。但是嘉庆之后,就都变成仪仗的礼服了。因为没有多少鸣镝飞矢刀来箭往的征战,也就无须在披甲里面充填钢芯铁片,所谓的戎装只是一派水玉般光滑鲜亮模样,原本用于御敌的铜星和银质的护心镜也由刺绣所代替。不过,真正的甲胄每位将官都有,只是不上阵不穿,连隆重的"秋季大阅",主官也是轻装出场,沉甸甸的头盔铠甲由马弁用小轿抬着向皇天做一次巡礼而已。

对于这种华而不实流于形式的做派,陈化成深表遗憾。

他从当水勇时就为自己有朝一日能拥有一身盔甲而发奋。在与海盗蔡牵的海战中,他那顶全无装饰的头盔沉到海里,他没有一点惋惜,因为他知道凭他的努力总有一天会戴上标有更大品衔的头盔。终于他的愿望实现了,经历海上四十年,他成为一名水师提督。

提督的头盔铠甲威武极了!头盔是铜铸的,顶上竖立着雕翎,盔墙表面镀有金光灿烂的云、龙图饰,周围垂着貂尾再配有十二条缨带。较他低一级的总兵则少了雕羽,貂尾改成獭鼠尾,而云和龙也由镀金变成镀银。

第十一章　林则徐虎门销烟与鸦片战争爆发

另外，身穿的铠甲也因军制大小而有所不同，提督的护肩镶着金龙，副将以下则改成银龙。鳞片似的肩甲上，提督用金丝，副将以下用银丝镌刻着波浪、飞云和太阳。战袍是用贡缎、牛皮、麻纱、土布和提花丝绸五层相缝的，陈化成的战袍上有三条金线缀绣张牙舞爪的麒麟，副将们则是银色的暴眼圆睛虎头。等级分明的甲胄不仅是一种荣誉，而且具有振奋三军的威仪，只可惜不能够常用。

夷船来犯，穿盔甲的机会来了。身材原本纤瘦的陈化成出现在将士面前，总是昂首挺胸腰杆笔直，那秘密除了裕谦的参将颜少卿发觉过，大概只有他的贴身马弁清楚。今天要举行辕门誓师，凌晨时分，马弁就被陈化成叫起身，替他用那副依着胸廓形状修削成的前后夹板先把上身绑扎妥当，再帮他将这套重达五十来斤的铠甲穿上，当他自己端端正正戴上那一顶金铜头盔，转身之间，慈祥敦厚的老将军飒然英武倍增，真是龙骧虎步，威风不减当年！

但是贴身的马弁却带着满腹狐疑看着陈化成，觉得穿上这副盔甲，只能抵挡箭镞，根本就抵挡不住夷人的洋枪洋炮。

陈化成心满意足地一笑，脸上映现的是一种视死如归的庄严。

他对即将来临的这场战争，绝不悲观，但也不是盲目乐观。尽管，他在新任两江总督牛鉴和将士们的面前一再表示要打退英夷的进攻，人在炮台在，然而，他心里早就做好了赴死的准备。对于死，六十七岁的他颇有见地。彭祖寿长，死了。颜子寿夭，死了。石崇富有，死了。范丹清贫，死了。秦桧害人，死了。岳飞被害，死了。吴三桂为泄私愤而请清兵，死了。史可法为报国仇而抗清军，也死了。人必有一死，谁也不能长生万年。但是，人死名节在，这就用得上文天祥的名言了——"人生自古谁无死，留取丹心照汗青！"

他就带着这样一股金石之心走向高高的祭坛。透过青烟袅袅的香烛，他俯瞰那将士方阵，最前面的是他的提标营，而排在五个提标营最前面的则是他从福建水师带来的一百多名骨干亲兵。这一百多名骨干亲兵都是他的同乡，而且清一色的都是泉州府同安县人。平时，陈化成可以轻松地和他们说家乡土语方言，战时，在这场吴淞保卫战中，只怕跟着提督力战到最后的，就是这一百多名从福建来的子弟兵了。

陈化成有些黯然。放眼一看，海塘后面春来新生和去岁未刈的芦苇，枯黄嫩绿夹杂着，随风扇动的窸窣声与海浪声糅合在一道，好像牙不关风的老婆婆含混不清地诉说着岳母刺字精忠报国的故事。

陈化成略有所悟。他转身，高举起酒盏，祭拜过天地，而后朗声说道："三军将士们，灭尽天良的英夷，大肆庇护鸦片贸易，诓骗我白银，戕害我百姓。去岁以来，竟至公然挑起边衅，派遣兵舰大举进犯，侵占我大清疆土，罪恶至深，天地难容。而今又兵临吴淞，耀武扬威，欺人太甚！大敌当前，我江南水师三军将士唯有背水一战，同仇敌忾，剿灭逆贼！"

海塘上下，千余将士齐刷刷举起手中的长矛短刀，振臂高呼："同仇敌忾，剿灭逆贼！"面对群情振奋的众将士，陈化成不禁热泪盈眶。突然间，他凭地一跪！

全场肃然，鸦雀无声。

空旷的吴淞江口轰鸣着陈化成发自肺腑的誓言："化成经历海洋，凡五十年，身在炮火中出生入死，难以数计；且人莫有一死，为国而死，死亦何妨？我无畏死之心，则贼无不灭矣！"

将官士卒闻言群体下跪，皆含泪应之……

十六

1842年5月18日（道光二十二年四月初九），英国舰队攻占乍浦，璞鼎查蓄谋已久的"扬子江战役"揭开序幕。

6月13日，在领航官开莱特的引导下，由"皋华丽"号率领舰队驶向吴淞镇外锚泊待命。

至此英军参战的兵力已有舰船二十七艘、登陆兵四千五百人。其中主力舰船如下：旗舰"皋华丽"号、巡洋舰"都鲁壹"号、"布朗底"号，炮舰"北极星"号、"摩底士底"号、"哥伦拜恩"号、"阿吉林"号，汽船"西索斯梯斯"号、"复仇神"号、"弗莱吉森"号、"伯鲁多"号、"谭那萨林"号、"麦都萨"号。此外,运输船十二艘,登陆兵为步兵第二十六团、第四十九团、爱尔兰第十八团、炮兵五个连及海军陆战队。

英军书记官柏纳德特别在日记中这样写道:"摆开如此强大的阵容,其目的就是要攻下吴淞口,占领上海,打开长江大门,尔后溯江而上夺取京口(镇江),直逼南京。"虺蜴之心,凶残至极!

璞鼎查面色冷酷地站在五桅战舰"皋华丽"号高大的舷墙前。悬挂在舷墙上的是一幅宽阔的地图。这是从宁波天一阁藏书楼取来的《长江水域图》与"阿美士德"号船长胡夏米提供的情报合成复制的一幅崭新的军事地图。那用蓝色水彩描绘的长江夹在大片淡黄色的地域中间,犹如一大片落叶上蠕动着的一条非洲巨蟒。

吴淞口是这条巨蟒的头。

璞鼎查手上的长柄圆形放大镜贴着这蟒头往上游平移,移过了苏州、镇江、扬州、瓜洲——这些都是他从小就在《马可·波罗游记》里认识的中国城市——最后,他将放大镜停留在巨蟒弓起的腰上,那儿有一个醒目的地名吸引着他。

这地名叫作"南京"。

看见这个地名,璞鼎查依稀地记起他童年曾经读过的马可·波罗的描述。东印度公司搜集到的一部《明史》,让他了解了永乐皇帝和郑和。他想,等兵临南京城,他一定要去明朝的皇宫旧址看一看,还有,郑和出征辞别天子的朝天宫和凯旋的静海寺。想到这里,他取过一支红笔,在地图上画下两支带血的箭头:一支疯狂啃噬京口,一支鲸吞南京。接着,他狞笑了两声,将那只带毛的大手在地图上画了一个大大的圆圈,圈下了南京,也圈下了瓜洲、扬州、苏州、镇江和吴淞。然而,当他的手指头点着南京,再沿着长江一直抹到吴淞口,顿时,像真从蟒蛇身上抹过,那末梢神经上的确有股凉飕飕的感觉。他下意识地从地图上移开了手,稳了稳神,将他的思路又引导到他的"扬子江战役"上来。

他凝望着地图上那条又称为"扬子江"的中国第一大河——长江,再次在心头强调自己的观点,坚定自己的决策。他认为,长江深入中国的内地,而且很大的战舰和轮船都可从海上直接沿长江的主要河段上溯而行。大英帝国需要在中国海岸拥有地盘,并开辟它与世界的自由交通。他可以直言不讳地声明,长江的可航性河段是进入中国的必经之路,而长江流域的广大地区也依靠长江与外界便捷地往来。地理上,长江介于中国的南北之间,从而对商品的分配和战争的进行都颇具影响。所以。一旦在长江流域建立起势力,就在中国内地拥有了优势,并且能自由、稳定地通过长江沟通海洋;而在长江地区的商业优势又会加强其他方面的有利地位。用中国人的话说,那就是一箭双雕、一石三鸟、牵一发而动全身!

这一切合在一起,就是:谁拥有了长江流域这个中华帝国的中心地带,谁就具有了最可观的政治和军事的权威。可以形容,在长江流域丢下一粒种子,它会结出一百倍的果实,而且辐射大江南北,更有难以数计的收获!

他就以这种棱角分明而又显而易见的论点,征服了他的部下。

部下,包括陆军司令卧乌古和海军司令巴尔克开始都不明白,占领了定海又占领了镇海、宁波之后,英军有了充足的给养,寒冷的冬天也已经过去,为什么英军不一鼓作气,乘胜长驱北上,直接攻打天津、北京呢?

不错,占领了北京、天津,可以给清廷直接施加压力。但璞鼎查不想走懿律和义律的老路。天津与北京是大清帝国的京畿重地,禁卫八旗和水师实力颇为雄厚,防守严密,不易攻取。大清的总督琦善和大将军奕山之所以在《广州条约》上画押签字,那全是被英舰威武的气势吓坏了。再说,即使攻占了天津与北京,又怎么样?皇室和京城的王公、富人逃之夭夭,京都还不是一座空城!

璞鼎查决定在中国的版图上沿着长江拦腰一劈。"对于这条中国的扬子江,我军必须将其死死地攥牢!扼断!"三天前就在这儿,他指着军事地图对东方远征军的将官们毫不含糊而且斩钉截铁地说,"同时,对贯穿中国的南北大运河,必须火速实行强有力的武装封锁。各位将官应该清醒地看到,在中国,每年都有大批漕船装运大量的货物驶往京城北京。这些漕船不仅供给京城足够的粮食,而且为帝王的银库运送各地上缴的税贡。切断了漕运,就卡住了大清王朝的咽喉,一直牢牢地卡住它,大清皇帝要么跪地求饶,在我们所提的条约上乖乖签字,要么就眼睁睁地看着我们把他的帝国活活掐死!这就是我为什么坚持选择进攻长江口的原因。"

第十一章 林则徐虎门销烟与鸦片战争爆发

将官们全听明白了战略意图,璞鼎查这才宣读了维多利亚女王关于"同意英国东方远征军实施扬子江战役部署的命令"。

1842年6月16日拂晓。璞鼎查特意换上一身崭新的戎装,因为他认为在他面前即将展开的,是他在中国海战场和人生仕途上一次至关重要的战斗。

这套定制的皇家海军服佩上金色的将军肩牌比燕尾服还要得体,而腰间那柄维多利亚女王馈赠的银剑,更使他显示出一种大英帝国褫夺一切、主宰世界的威严。

他习惯地先给自己的那块怀表上满了弦。这是块金表,是伊丽莎白女王赏赐给他祖父的传家宝,前辈人谁都没有舍得使用,他穿上海军少尉的军服准备驶向远东了,祖父将它从托管银行的保险柜里取出来,郑重地传给了他。

他至今还记得祖父那天拍着他的肩胛说过的话:"记住,无论你走到地球的哪个角落,你使用的都是格林尼治时间。因为,你是一个英国人。再记住,英国人信奉上帝,但是,上帝只需要你礼拜天对他祈祷,其余时间,你就是上帝,想干什么就干什么,包括欺侮你的邻居!"

每当对表上弦,璞鼎查都会想起祖父这番带有浓烈哲学意味的话。这话,教他认识了世界,使他成了一名威震阿富汗的"沙漠狂狐",又让他统率起整个东方远征军在中国的海战场节节胜利。只要将这话再背诵几次,他,就任香港总督的日子就为期不远了!而"扬子江战役"打赢了,就等于为他铺成一条通向总督之路的"红地毯"!

昨夜,舰队驶抵吴淞口外,锚泊。此刻,曙色初露。璞鼎查走出住舱,攀上驾驶台。潮水平和,逆风,桅顶的风向标指向吴淞口。他举起望远镜,镜头摇移。这是一道足以与厦门和定海媲美的港湾。地势平坦,无崇山峻岭可作屏障,那黄绿相间中夹带着星星点点浅灰屋脊的旷野,一望无垠。不失威武雄壮的,是逶迤连绵犹如中国古老的北方长城一样的要塞。它像一道围脖护卫着这块长江三角洲最美丽的土地,而那要塞上的垛垛炮台则像围脖上的珍珠。

那"珍珠"在渐强的曙色中闪闪发光。他知道那发光的都是炮。铁炮,铜炮！呀，密密麻麻——完全是一道用炮管编织成的钢铁藩篱！

璞鼎查冷着脸想数数到底它有多少门，可举在手上的望远镜却在半空中停下。因为这已经是了如指掌的事情。根据侦察和情报分析，吴淞要塞分东西两座炮台，东炮台实力很小，主要是西炮台和连接西炮台与崇明岛隔水相望的宝山小沙背。清军总计兵力号称万人，实际顶用的只七千人，二百五十门大炮有一百三十四门安设在西炮台，其中铜炮四十三门，而更主要的是亲临西炮台负责指挥的是赫赫有名的陈化成。

璞鼎查决定兵分两路，以小部分舰船攻打东炮台，而后抢占薀藻浜，而集中优势兵力主攻西炮台和宝山小沙背。只要陈化成的西炮台失守，清军将会全线崩溃！

他看了看他那心爱的怀表。Ⅶ点。他觉得，"V"像匕首像投枪像一颗重磅炸弹，而"Ⅱ"则是他的两路纵队。

这是一个带有攻击性的时间。

璞鼎查转身，向着喷薄欲出的太阳，祈祷上帝。然后朝着"皋华丽"号主桅上的海军旗一个军礼，随即一劈手："开炮！"

轰轰轰——三发信号炮！炮声撕裂了大海的安宁。波翻，浪卷。英军舰队飞矢鸣镝般向吴淞口直冲而去！

十七

道光二十二年（1842年）五月初八。凭着多年的海上经验，陈化成料定今天一定是阳光明媚。

老将军此刻正手按腰刀威风凛然地屹立在吴淞口，脚下依然是坚实的海塘，身后依然是威武的大炮，那随风飘拂在头顶上空的，依然是镶着边、缀着"陈"字的红绫帅旗。然而，涌溢在心头的却是一片阴霾。前日，当陈化成得知两江总督牛鉴派人赴英舰求和，而求和未成，他就断定战争一触即发。所以，从昨天一早，吴淞要塞所有阵地大小官弁全部各就各位。

中军参将韦印福、周世荣和十几名千总、把总，戎装盔甲，刀不离手，聚

第十一章　林则徐虎门销烟与鸦片战争爆发

集在陈化成左右。此时,太阳还没露面,海鸟尚在眠宿,吴淞要塞淹没在一片浓雾之中。但目力不及的海上仿佛有了动静,那潮息涛声之中似乎暴风雨前的炸雷,响了三声。

江岸也在震动。一霎时,从海塘畔的苇荡里跃出一串野鸭水雁,扑啦啦的响声过后,几只海鸥腾空而起,接着是白鹭黑鸦伽蓝鸟,一只只惊慌失措,四处翻飞,眨眼便将整个吴淞要塞凝固了的空气打破了。

将官们如同劲鸟疾风奔向土堡的瞭望口,密切注视着海面。

海面上的浓雾开始变白变亮。一阵热风过来,那铺天盖地的障幔被撕开了一角。炮台上、土堡上、海塘大堤上,无数双焦灼的眼睛一眨不眨,遏制不住的烈焰在每个炮手的心底升腾,仿佛要蹿出憋仄的胸膛,引燃这令人窒息的天网。兵弁水勇,谁都清楚一场炮战即将爆发。蓦地,有人惊呼:"信炮!"

吴淞口正前方的鸡骨礁上冒出一团烟火。

火光闪过之后,又是一串炮声。

显然,这是陈化成设在鸡骨礁的信号台,发现停泊在鸡骨礁洋面上的英国舰队向吴淞口扑来,赶紧向陈化成传送的报警信号。

众将士圆睁双眼,噤声屏息。白面上撒芝麻似的,海上渐渐出现了黑点。一个,两个,密麻麻一大片!

陈化成举起千里镜。果然不出所料,英军大举进攻了!

有一艘五道桅的英舰闯入陈化成的视线,三层火炮历历在目。

陈化成平静地对身边的将官们说:"尔等速归职守,传令各营,我炮射程不远,务必待敌靠近,方可重炮猛轰。"

众将分头散开。陈化成的身边只剩下韦印福和周世荣。

这时,刘国标骑马狂奔过来。他现在是陈化成的号手,因陈化成的迎敌方案到了牛鉴手上,大笔一圈就将他刘国标的名字圈掉了。但总督牛大人革不尽也圈不掉他的御敌之志杀敌之心。他刚从陈化成这儿去总督那里。又从总督那儿回到陈化成身边,带来了总督给陈化成的一纸手谕。陈化成接过一看,八个大字:"以静制动,不可开炮!"

痴人说梦,一派胡言!

陈化成心里骂了一声，一把将那张手令扯烂了。韦、周、刘三人谁也不敢吭声。陈化成的目光利刃般的从他们脸上刮过。目光停在周世荣脸上时间颇长。往日，陈化成重用周世荣，是看中他埋头苦干，但怒其不争。本来想要与他聊聊，可惜没空。此刻正是鞭策他的关卡，因此说："世荣，你跟随我出入风波已经多年，可是真正的硬仗、恶仗，今日尚属首次。大战在即，而英夷又系虎狼之师，你畏惧么？"周世荣觉得提督明显对他不信任，于是放大嗓音，不失豪迈地说："末将紧随大人历经大小海战数十次，深知大人威名远扬，英夷头目也怕你三分。有大人指挥，末将毫无畏惧之心！"

"好！说得好！"陈化成说着便爽朗大笑起来。

众人正诧异，陈化成含笑道："我等今日福气不薄啊！"

"此话怎讲？"周世荣问。陈化成语重心长地说："此战如果得胜，皇上自有重赏。万一战死，我等声名也将永垂不朽。福薄之人，岂能有如此机遇？"

韦印福听陈化成这样一说，率先跪拜在地，语含悲声："末将追随军门大人，不成功便成仁，虽死犹生！"

"军门大人，你待我恩重如山，我只有一句话——奋勇杀敌，万死不辞！"刘国标说着也跪了下去。

陈化成立即将刘国标搀起，抚着他的肩头说："国标，今日在场，你最年轻。这一仗，逆夷如何进攻，我军又如何反击，你不仅要多加观察，而且要想方设法活下来！"

"苟且偷生，遗臭万年！"刘国标说。

"胡说！"陈化成几乎是用训斥的口吻对着刘国标说，"朝廷武将多如牛毛，但像你这样武进士出身，又有实战经验者太少。为了报效朝廷而保留将才，乃国家之大事，非你一人之私心。本军门此刻所言，你必须谨记！"

爱深责切，刘国标不禁眼角潮湿了，他无言以对。

倒是平日里少言寡语的周世荣，代刘国标开了口："军门大人所言极是！"

正说着，海面上的英国舰队结伴成行，满舵满帆，眨眼之中便像群狼一样号叫着闯入吴淞口主航道。

第十一章　林则徐虎门销烟与鸦片战争爆发

陈化成手按腰刀，沉着地对着刘国标，大声下令："传令水师战船，出击拦截夷舰！"

深沉而悠长的螺号声响起。隐蔽在吴淞蕰藻浜的清军水师战船，一艘艘拔锚启碇。炮手快速地扯去铜炮上的炮衣，桨手甩开双臂奋力摇动橹桨推动绞盘。其余的水勇，全都操起了武器。真是箭上弦，剑出鞘，刀枪林立，浓烈的硫黄气味瞬间弥漫整个军港。惊鸟一群群仓皇地飞往天空。天空中，密布起彤红的战云。顷刻间，十四艘同安霆船、八艘火攻唬船和四艘明轮呼啦啦地冲出芦苇荡，呼啸着驶向吴淞口，像一道崛起的堑壕堵住英国舰队前进的水道。

两军对垒，近在咫尺。尽管那英军舰队一艘艘炮舰都是来势汹汹的庞然大物，清军水师的兵弁们却没有被敌人的淫威所吓倒。只见，打头的一艘同安霆船的船头上岸然挺立着一员战将，他亮开喉咙顺着风向英军喊话："英夷舰船首领，老实听着——凡未经我大清帝国核准之外邦夷船，一律不允入港。我奉江南水师提督陈化成军门大人之命在此拦截，特令尔等立即返航！"

这话，句句酷似铁拳。哪知，中国式的铁拳砸在英国式的海绵上，毫无反响。英兵听不懂汉语。

鸥鸟无声，波涛也死寂了。清军水师船上喊话的人，将喊话改成手势。那手势一看就明白——滚开！

依舷而立的英兵明白了，但依然不明白这位铁塔般的清兵是清廷多大的官？谁赋予他如此权威，竟敢在英军总司令面前带着打架的姿势大声训话！

殊不知，刚才喊话的人在江南水师名震一方。他叫刘长德，是陈化成的前营参将，人称"豹头将军"。本来，他率领霆船唬船驻守崇明鸭窝沙，陈化成的迎敌方案实施之后，他就移兵吴淞，一直在蕰藻浜的芦苇荡中隐蔽待机，好不容易才等到这出击的机会，哪知遇上的是这班装聋作哑不通礼仪的恶夷，岂能不惹他冒火？

他豹眼圆瞪，大脚一跺，扯着嗓门将他的喊话重复了一遍。

此时，璞鼎查站在旗舰"皋华丽"号的敞篷操舵台上，一边用望远镜观察拦截他的清军水师船,一边耐心谛听身旁的通事那略嫌生硬的汉语翻译。

其实璞鼎查用不着通事翻译,早已听懂了对方喊话的大意,脸上不露表情,心里却是狡诈一笑:中国军事家的口头禅是"兵不厌诈",他采用的则叫"Cunning Scheme"——诡计!

"用汉语通知他们——我们是普通的英国商船队,因江雾太大,迷失了方向,误入贵方领地,请将军息怒。我们保证所有船只很快就会返航,请贵军放心!"

璞鼎查捻着嘴角的胡须,慢条斯理地命令通事。通事借助于喇叭筒,扯着嗓子用汉语复述着璞鼎查的话。

尽管逆风,但刘长德听清了夷人的意思。然而,他在心里冷笑道:鬼才信呢!普通商船带这么多大炮干吗?

"不要骗人了,你们是兵船、炮舰!"刘长德大叫着,当场戳穿了红毛子的谎言。

璞鼎查立即让所有舰船的主桅上都挂上一面白旗。

"夷船挂白旗了!洋鬼子投降了!"霆船唬船和明轮上,有不少清兵信以为真。

"千万不要上当!"刘长德震耳欲聋地吼开。

几乎是刘长德提醒清兵的同时,璞鼎查对英军下了指令:"火速炮击清军战船!"

轰——轰轰轰!英国舰队的大小舰船,以猛烈的炮火向清军战船轰击。原先犹如堑壕似的水师战船队伍,顷刻间变成了一道火墙。

水师船上的清兵一下子被打蒙了。

"赶快开炮,还击!"刘长德声嘶力竭地喊着。

清兵仓促应战。无奈,清军水师船上每艘只有不足十门铜炮,而且射程近,炮弹的威力不大,高大的英国舰船根本不把那些实心的没有穿甲力的弹丸放在眼里。

"冲上去,抵近攻击!"刘长德率领他的霆船首当其冲。冲到离英船只有一箭之路,十四艘同安霆船上的所有大炮全部发威。

一艘英船上的前桅被打中了,桅断帆落。

一发炮弹击中了一名英兵,那兵立即头破血流。而这时八艘火攻唬船又燃起明火,分数路闯入英船的间隙。英国舰队的阵脚不稳了。

"往死里打!"刘长德吼叫一声,朝后续的明轮狠狠地一劈手,"冲上来!快!"

预先说好了,这时候该轮到明轮发起冲锋,可四艘明轮却裹足不前。

率领明轮的是水师副将田浩然,生死存亡的节骨眼上,他手上的令旗却冲四艘明轮往左右一挥:"撤!"

眼睁睁地看着四艘明轮兵分两路快如脱兔地撤出战场,刘长德简直气得七窍冒烟。他挥舞着令旗,勒令明轮火速回头。突然,一发流弹尖啸着像长了眼睛似的扑向他高举的手臂。

令旗落水。"豹头将军"惨叫一声,像一棵被砍倒的大树,轰然倒下。主将阵亡,霆船唬船顿失指挥。英舰见状,立即采取"各个击破"的战术,向来不及撤退的清军水师发起猛烈炮击。顷刻间,二十六艘霆船和火攻唬船只逃出三艘,其余统统未能避免那灭顶之灾……

摧毁了清军水师用霆船唬船筑起的海上堡垒,英国舰队便按照预定作战方案分成两路,张牙舞爪地向吴淞口扑来。

璞鼎查的主攻目标是陈化成的炮台。

陈化成火了。

正当清军水师战船遭受英军毁灭性打击的时候,陈化成命令刘国标发出"准备开炮"的信号。

黄绿双色信号旗快速地升起,各营传令兵不约而同地扬起手旗。土堡里的炮手们早已校正好大炮的发射角度,每门炮的前膛里也早已装好了药饼和炮弹,点炮竿已经着了火嗞嗞地冒着黄烟,就等军门大人一声令下了。可是,陈化成手按腰刀,神情自若地伫立着,就是迟迟不下口令。

英舰越来越近,越来越近。近得可以清楚地分辨甲板上有几门大炮,每门大炮后面有几个英兵。一直等到英舰完全进入清军大炮的有效射程,海风凝神,海浪屏息,海空中的鸥鸟停飞了,陈化成这才运足丹田之气,将满腔怒火化作一声巨吼:"开炮!"

轰轰轰！西炮台的一百三十四门大炮同时引发火线,密集的炮火带着仇恨向敌舰排山倒海般扑去,黑色的硝烟弥漫海空,炮台、土堡在剧烈地晃动,整个要塞连同四十里海塘都在颤抖!

霎时,吴淞口外的海面上喷泉般涌起一排数不尽的水柱,有一艘英舰被打中了,又一艘英舰的舱面起火了!

首发命中的炮手,情不自禁地欢呼起来。然而大部分的炮弹都没有直接命中目标。陈化成将腰刀往砂土上一插,拔脚奔向身边的一门大炮。炮身上的铭文告诉他,这就是他亲自督造的"靖寇大将军"。他让刘国标亲自填药装弹,而他则要亲自发炮!

弹药装足了,陈化成算好提前量重新校正大炮的方位,调整好角度,他的目标是那艘最大的五桅巡洋舰,他认识它。

它就是英军的旗舰"皋华丽"号。

"皋华丽"号浑然不知陈化成盯住了它,依然嚣张地向前推进。进入射程了,陈化成亲执燃烧着的点炮竿点着了大炮的后膛引线。

轰隆一声巨响,一发重磅炮弹从"靖寇大将军"的炮口射出,带着尖啸的炮声穿透硝烟,直奔"皋华丽"号。

面对这准确无误的打击,行驶中的"皋华丽"号根本来不及躲避,"劈叭叭"一阵山摇地动似的,呀,左舷的挡浪板被炮弹拦腰打断了。

"皋华丽"号甲板上的英兵乱成一团。

陈化成的西炮台呼声雷动:"打中了!""陈军门将敌舰打中了! 神炮啊! 神炮!"彼伏此起的欢呼声,像烧红的风火轮沿着四十里海塘向前飞奔,三千守塘将士士气大振,吴淞要塞顷刻之间沸腾了!

然而,一听到炮声,而且是连绵不断的炮声,牛鉴顿时心惊肉跳。

按照迎战御敌方案,牛鉴率领督标前营、后营和海州营坐镇宝山县城总督全局,随时调集兵马弹药,策应各防御阵地。不料,这位总督大人却犹如九死之余,忧畏百端。他一面收拾文牍准备逃跑,一面急如星火地派人前往西炮台,传令退兵。

第一个被派出传令的是督标后营的千总李进财。此人是个只长个子不长脑子的蠢官。他拿着令箭不知天高地厚地跑到西炮台,找到陈化成正在督战的那个土堡,身子往土堡旁边一棵歪脖子榆树下一戳,像条疯狗似的狂吠道:"不要打炮!停止射击!"

陈化成一听,肺都要气炸了,大声喝道:"哪个混账奴才,胆敢在此扰乱军心?"李进财将令箭一举,牛气十足地说:"宪台大人传谕,令你火速退兵!"

陈化成从砂土上将那把插着的腰刀倏地拔起,二话没说,对准那棵歪脖子榆树,"咔嚓"就是一刀。碗口粗的歪脖子榆树弹指间齐刷刷地拦腰两断。李进财眼珠子都看直了,一吐舌头,扭身就逃。

第二个被派出传令的是督标前营的把总鲍德怀。此人外号叫"跑得快"。他打马跑到西炮台,人没离鞍,陈化成就让韦印福将他拦住,告诉他赶快回禀督宪大人,官兵在此誓死杀敌,有进无退!

"跑得快"只好快来快去,跑回去交差。牛鉴见两道令箭都被陈化成挡回,气得不可开交。窗外,炮火连天,硝烟漫卷。审时度势,敌强我弱之际,三十六计走为上,走则未败;未败者,胜之转机也。于是,他打定主意退却。可要退,必须拉着陈化成一道退,万一退错了,他也有个"同谋"。

哪知陈化成不听招呼。他六神无主地转了一圈,赶紧又把督标参军张良生找来。

这张良生有"赛张良"之称,能言善辩又惯于见机行事。张良生奉牛鉴之令,来到西炮台,见到陈化成,他并没有先亮令箭。

陈化成平日对张良生颇有好感,知他虽是牛鉴的谋士,但此人心术不坏。因此,张良生一到,尽管明明又是一位"说客",陈化成却没有下"逐客令"。张良生见陈化成如此善待自己,便深情地一跪:"军门大人,大敌当前,三军将士全力以赴,奋勇抗敌,在此你死我活之中,下官本不该妄自骚扰。无奈宪台大人有令箭一支。大人权且收下,一笑置之!"

"这样说,化成倒要看看宪台的令箭,颁布何令?"陈化成接过令箭,只见上面写着:"火速退兵,违令者本部院定按军法处置。"

陈化成淡然一笑道:"我等奉旨在此为朝廷拼死奋战,抗击英夷,何罪之有?宪台大人理该总督水陆三军,却如此贪生怕死,有何面目与我说话?"

陈化成便将那支令箭一撅两截,往身后一掼。张良生临来之时,就料到这一着。此刻,果见军门大人一身浩然正气,不禁在心里赞叹。他想说什么,可什么言语此刻也是多余。

而陈化成更顾不得与张良生说话了,他见"靖寇大将军"炮又装好了一膛弹药,手又痒了,立即奔上前去,规正,瞄准。

这一回,他发狠要打就打出点样子给总督大人的"特使"看看!

他正瞄准那高头洋马式的"皋华丽"号,打算点火发炮,转念一想不对。半个时辰以来,西炮台百余门重炮不停地开火,少说也打出近千发炮弹,然而,这种"天女散花"式的散打,只使英国舰队暂时受阻,并没有造成英舰致命的重创,不行!

有道是,伤其十指,不如断其一指!陈化成想着便朝韦印福等人一挥手,率先奔出土堡,登高鸟瞰。英国舰队像一条巨型的百足蜈蚣,令人望而生畏地横卧于吴淞江口。

它的最前头是载炮七十四门的"皋华丽"号、载炮四十四门的"布朗底"号和载炮四十四门的"都鲁壹"号,三艘重型巨舰的火炮其先进且不要说,单它的数量就远远超过了吴淞西炮台大炮的总和。显然陈化成不是它们的对手。再看它的尾巴,那"摩底士底"号、"哥伦拜恩"号和"克里欧"号,也是火舌频蹿,威力不容轻视。

一头一尾,都找不到可以将其切断的"一指"。情急之中,陈化成却看出英国舰队的破绽来了。它不仅火力布置头重尾轻,而且衔接头尾的"腰眼"是一些只具备自卫能力的运输船。不用问,它装运的不是弹药,就肯定是乘载着准备登陆的步兵。其中有一艘,被韦印福和刘国标认出来了,就是在鸡骨礁江面停泊的运输船,它叫"白龙特"号。

就打它!陈化成当机立断改变战术,将宝山炮台、西炮台和新月堰炮台自然分割成三路的火力,集中成一股,合力打击。

刘国标跃身上马紧急传令。

韦印福和周世荣分头行动。

江面上和海口子里早先布设下的水雷、火桶、"混江龙"和"水底龙王炮",已经急不可耐了,而那门"靖寇大将军"炮更是怒火中烧。

第十一章　林则徐虎门销烟与鸦片战争爆发

陈化成用手抚慰了一下身边的"靖寇大将军",又亲自指挥分布在他前后左右的十门八千斤重的大炮,填药、装弹。

一声令下,百余门大炮吐出一条条火龙,一齐劈头盖脸地扑向英国舰队的"腰眼"。与此同时,"水底龙王炮"们也一齐发威。

整个吴淞要塞震颤了。如雨如织的炮弹带着震天撼地的杀声,以摧枯拉朽之势突然间向敌舰猛烈覆盖。霎时,敌舰前后腾起了十几丈厚、几十丈高的烟幕火墙。

被烟火包围的"白龙特"号左冲右突,防不胜防,连中几十发炮弹,前桅和后樯都被击穿,海水汹涌地卷进船舱。船舱里不是步兵而是一支小型炮队! 炮手,迫击炮,还有满满一舱的弹药。

"白龙特"号上乱成一团,水手们顾不得自卫还击,赶紧抢救弹药。不料,又是数十发连珠炮弹在"白龙特"号的前后甲板倾泻而下,船舱的弹药被引发爆炸。这一炸,炸坏了"白龙特"号的绞盘车。失去操纵装置又经海水灌饱的"白龙特"号,上帝也救不了它。它像一只断了线的锤陀,咪溜溜地往海里直钻。

"鬼子兵船打沉了! 洋鬼子翘辫子了!"

雷鸣般的欢呼声在西炮台的上空起伏激荡。吴淞口,仿佛是有史以来第一次出了太阳!

十八

刺目的阳光,射得璞鼎查一阵眩晕,而炮战失利,又让他心跳骤然加快。他在"皋华丽"号的敞篷操舵台再也站立不住了。"白龙特"号就在他眼皮底下徐徐下沉,弹药箱、煤油桶、破碎的舢板和漂浮的篷帆旁边集聚着落水的英兵,撕缠扭打,像一群毫无人性的凶鲸恶鲨。又是一阵排炮从岸上射来,可怜的幸存者随着猛烈的炮火顷刻间又都葬身海底。这可以说是英军进攻中国以来最大的惨败,惨败!

"仁慈的主啊,让他们的灵魂升入天堂吧! 阿门。"璞鼎查一边祈祷,一边在胸前画着十字。那十字犹如一柄利剑直刺他的心脏,他胆怯了,本能地想到了他的前任——陆海联军总司令查理·义律被撤职时的那张死灰色的脸。为了排遣对失败的恐惧和掩饰他举止的失措,他掏出金表。看着祖父给他的这个传家宝,他这才定了定心。表针,毫不慌张、始终如一安静地走着,这给他很大的鞭策。自己不是个普通的士兵,也不是平常的一个舰长,而是一个执掌指挥权杖维系全军两万人生死存亡和国家荣誉与命运的总司令。士兵凭体力角斗,总司令应该靠理智作战。他沉着了。针指八点。战斗进行了整整一小时,舰队仍然被阻遏在距离西炮台两百米左右的海面,而且,损失了一艘"白龙特"号和一船数十吨的弹药装备。显然必须改变战术。他歪了歪脑袋,略加思考,便下达了暂停攻击的命令。

"皋华丽"号抢先升起蓝色信号旗,一个倒俥,迅速退出了清军大炮的射程之外。

这时,璞鼎查脸色苍白起来。他让海军司令巴尔克接替指挥,患有轻微美尼尔氏综合征的他需要安静下来,稍事休息。他下了舱,斜靠在躺椅上,命令副官报告编队各舰战斗情况。

副官的手上是一份《战况简报》,照本宣科:"自从我东方远征军与中国军队作战以来,这是我方遇到的最为激烈的抵抗。前一小时的炮战中,我方已有十三艘兵船和运输船遭受到不同程度的炮击。其中,'麦都萨'号连中十炮,船头被打坏。'布朗底'号被击中七次,后桅和主桅都被炮弹击伤,正在抢修。进攻东炮台的'西索斯梯斯'号和'伯鲁多'号也被击中十多处。我旗舰'皋华丽'号——"璞鼎查呼出一口恶气,挥手打断副官的话。作为总司令,他就站在"皋华丽"号的敞篷操舵台,情况一目了然,它的左舷板已经被击穿了,若不是火速堵漏,半小时前就会有"白龙特"号同样的下场。他急切地说:"快报告兵员伤亡情况!"

"兵员伤亡情况也很严重。"副官说,"被炮弹击中要害当场阵亡的官兵共有三十五人。其中,有马拉特海军中尉和特乌赫伊海军少校。这数字还不包括刚被击沉的'白龙特'号。除了阵亡人员之外,士官生夏利浦腿被打飞了,一起被送往医院船的重伤员有五十二人,轻伤……"

"别说了!"璞鼎查语气一沉,站了起来。踱步。这吴淞之战好比一盘国际象棋呀。兵棋推演,黑方以"飞象式开局",欲将白方"将死",却被白方"王车易位",一阵"长将"损马丢象,直逼王后。观"棋"至此,璞鼎查顿有所悟。

　　善于下棋的人一定要审时度势,知道什么情况下要正面出击,什么情况下要出奇制胜,什么情况下要运用声东击西的战术,处处先有准备,一切成竹在胸,方能不被对方乘机偷袭而一鼓作气击败对手。面对扑朔迷离的作战态势,他只能使用推理和大胆的估计,除此,就是中国人善用的"投石问路"与"敲山震虎"。首先,吴淞要塞的陈化成久经海战,勇猛顽强,这是他早就了解到的;英军进攻西炮台,必定会遭到守军的坚决抵抗,这仗比定海、乍浦之战都难打,也早在他的预见之中。他之所以部署最强的重型炮舰驶在最前头,就是想先让陈化成暴露目标,再用优势火力压倒对方,不仅将吴淞炮台所有土堡的大炮全部炸烂,甚至连城楼和海塘也连根摧毁。但是,他压根儿没有想到,对方的抵抗力如此之大,而且火力如此之猛,大清造的土炮在陈化成的将士手上,竟然能打得如此之准,真让他这位"沙漠狂狐"倒立地看!

　　正纠结,华生舰长不请自来。华生舰长是璞鼎查祖父的得意门生。年轻时曾经是个出色的拳击手,参了军,他在海上打过不少漂亮仗,战功卓著。这次加入东方远征军,在厦门、定海、镇海和乍浦之战中,他都因出奇制胜而受到维多利亚女王的多次通令嘉奖。平时他像兄长一样关心照顾璞鼎查,战时则是璞鼎查的"好高参"。刚才,他见"白龙特"号沉没,总司令下舱休息,他便心灵感应似的,知道璞鼎查在这关键时刻会需要他。他一进来就开门见山,说刚才的炮战战术不对:"吴淞要塞的抵抗虽然激烈,但炮火主要集中在西炮台,东炮台方向炮火单薄,而北边,那地图上标明的'小沙背',却根本见不到炮火听不到炮声。对方将火力集中攥成一个拳头,我方却把拳头散开,成为互不策应的五根指头。对方老谋深算专找我方薄弱环节,冷不丁来一顿老拳,我方却把舰队排成一路横队,而且是直线平移,妄图全线突破。这不明摆着是失策之举!"

　　璞鼎查解开那将军服缀满金黄麦穗的领口,他的美尼尔氏综合征立刻消失了。他的精神又抖擞起来,快速地走向那舷墙上的军用地图,一个蟹钳式的作战方案立即在他的脑海中形成。于是，在"皋华丽"号上召开紧急军事会议。

到会的各舰舰长和陆军联队的长官们一个个憋着一肚子火气。这仗，打得太窝囊了！最难受的是海军司令巴尔克，"白龙特"号白白地葬送了，巴尔克作为海军司令脸上是红一阵白一阵火辣辣的。但他不能对总司令发火，因为是他向璞鼎查首先提出以海军为主进攻吴淞口。再说，出身英国贵族的他，跟璞鼎查一样十二岁就参加海军，二十一岁就担任舰长，四十三岁当上希腊方面军的英国海军司令，后来进入唐宁街，那把海军部大臣的转椅一坐便是整整八年。"8"是个没有尽头的阿拉伯数字，他屁股上都起老茧了，如果不是璞鼎查极力推荐，给了他这个重返海洋的机会，他那屁股上肯定要生褥疮！

最窝火的是陆军司令卧乌古。这位是从炮队起步，跟随威灵顿公爵在葡萄牙、西班牙参加过对拿破仑战役的功勋爵士。此前，陷定海，攻镇海，打乍浦，哪一次不是他的陆军联队冲锋陷阵，胜了，因为他卧乌古身先士卒靠前指挥。眼下进攻吴淞口，以海军为主导的攻坚战，战绩如何？一艘船被击沉了！他不心疼那艘船，他心疼的只是那支虽属小型但很有战斗力的炮队，炮队队长是他的亲戚，还有那些迫击炮，其中一门跟随他打过不少激烈的阻击战啊。

等巴尔克和卧乌古稍事安定之后，璞鼎查说："一磅的牢骚，也换不来一盎司的胜利！因此，请各位头脑冷静下来，作为舰队首席指挥官，我，负有不可推卸的责任！如果，在未来的时间里，舰队不能攻下吴淞口，我亨利·璞鼎查将向巴麦尊首相引咎辞职，毫无疑问地接受大英帝国军事法庭的审判！"

一枚冷弹在人们心空上炸开，大家确实冷静了。

璞鼎查大步走近舷樯，对着那幅军事地图挥了一下手，说："根据吴淞守军暴露的火力，我们的战术将作大幅度的调整。简单扼要地说，是从以海军为主导的攻坚战，变为海陆协同联合作战的破袭战。"

卧乌古与巴尔克的目光碰撞了一下。

璞鼎查挺直腰身，信心十足地说："为了大英帝国的神圣事业，我以舰队司令的名义命令——欧姆斯贝舰长率'西索斯梯斯'号随旗舰'皋华丽'号正面牵制西炮台的火力。鲍爼舰长率巡洋舰'布朗底'号与贺莫爵士率领的'北极星'号炮舰一起进攻东炮台。东西炮台控制住了,我们则把大部队兵力投向清军的薄弱防区——吴淞口北面的小沙背。托洛勃奇舰长、马他伦海军少校、希威特海军少校、都德海军少校各自率领'克里欧'号和'阿吉林'号炮舰与'麦都萨'号、'伯鲁多'号武装汽船一起,在摧毁敌方炮台的同时立即强行登陆。"说到这里,璞鼎查停顿下来,将他那带有绒毛的右手,五指笔直地并拢,像一把铲刀似的沿海口向吴淞江上的一条汊道一插,接着说:"这是一条从海口通向内河蕰藻浜的航道,据侦察测量情报,它水位较低,然而轻型舰仍能通过。我决定派'复仇神'号和'谭那萨林'号,携带野战炮车和来复枪联队,待东炮台被我摧毁后,沿着黄浦江以东航线,以最高航速直插吴淞江的蕰藻浜。此举虽属危险,但这道航线不在西炮台的大炮射程以内,我陆军联队只要绕过西炮台便可抢占蕰藻浜,在那里建立炮兵阵地。这样,西炮台的守军再顽强,堡垒再坚固,它也处于腹背夹击的困境之中。有我陆军联队从后方牵制住西炮台的火力,那么,海军炮舰的正面进攻就易如反掌了。到那时,胜利就是我们的了!"

这席话,简直无懈可击。巴尔克满意地一喷嘴,卧乌古自然而然"炮口归零"。

见大家没有异议,璞鼎查突然话锋一转:"既然在座各位口径一致,那就请记住我们的英国民谣——丢失一颗钉子,坏了一只蹄铁;坏了一只蹄铁,折了一匹战马;折了一匹战马,伤了一位骑士;伤了一位骑士,输了一场战斗;输了一场战斗,亡了一个帝国——那将是多么可怕的事情。所以,我警告你们,任何环节,任何人,都不允许发生任何差错。否则,等待你们的也同样是军法处置!"

十九

首战告捷,旗开得胜。

尤其是一艘英夷兵船竟然被陈化成重炮击沉,这可不是平凡易举的小事呀!据《战事阅抄》所报,自中英两国开战以来,穿鼻、官涌、虎门、厦门、定海、镇海、宁波、乍浦等历次战役,中国的水师战船和海岸炮台都曾击伤和重创过许多英夷兵船、炮舰,但像今日陈化成这样直接将英夷兵船击沉,尚属首次。

身为两江总督的牛鉴动开了心思:如此空前大捷,一旦上奏朝廷,皇上必定龙心大悦,重赏无疑!孙武子说,毕其功于一役;平头百姓则说,过了这一村就没这一店。成功与否,在此一举。他难道能让陈化成将来在皇上面前奏他一本,说他牛鉴无功受禄坐享其成?不成!俗话说,路上捡馅饼,见面分一半。想到这里,他便急不可待地将督标营的参将、千总和亲随心腹召集在一起,大堂议事。有道是,同在华盖下,荣辱均沾边。这事不须多议,众人达成共识,两江总督牛鉴身为宪台大人,节制水陆各师,临阵督战,乃天经地义之责,谁也无可非议。说干就干。牛鉴立即传令:各营官兵立即整装出发,随本督赶赴西炮台痛击英军!

须臾,宝山县城,南门洞开。前往督战的队伍,出南门经教场向西炮台方向进发。好威武、好雄壮、好气派的一支队伍!

鸣锣开道的是总督衙门的亲兵,摇旗呐喊,耀武扬威。那一面"牛"字的牙边红绫大纛,此时越发牛气冲天。紧随着的是一整套执事、伞盖、仪仗、衔牌、旗幡、顶马、戈什、巡捕、差官,人吼马叫一字排开足有里把路长。居中,花团锦簇的是牛鉴乘坐的绿呢八抬大轿。像跟屁虫叮在轿后的是骑马的亲随,再后面才是督标各营各哨扛枪抬炮的将弁兵勇,虽是长龙尾巴,倒也闪鳞耀甲,浩浩荡荡。

整支队伍风樯阵马一般直奔吴淞西炮台。这排场,真去上阵御敌?鬼知道,天晓得。只有牛鉴自己心里明白,他本来的目的就是"造势"。

相比如此排场,初战告捷的西炮台却渐渐从热火朝天的气氛中冷却下来。当英国兵船后撤之后,陈化成利用这难得的战斗间隙,跨上他那匹枣红色的战马,走马海塘,巡视各营。他激励将士,顺便叮嘱各营营官,务必将刚才炮战中的有功将士,记入功劳簿,以备战后奏请嘉奖。

巡视中,陈化成痛心地发现,从浙江等地调来的弹药,夹杂着碎砖瓦

第十一章　林则徐虎门销烟与鸦片战争爆发

砾。而新铸的大炮,也有不少门经不起射击,只七八发炮弹一放,炮口便龟裂了。对此,他愤愤不平,要怪,还是怪那些监制大炮的官员疏于督查,玩忽职守,让"蛀虫"钻了空子,以致大炮有好有坏,质量不均。他咬咬牙一跺脚,等仗打完了,非要叫那些鸟过拔毛、雁过扯翎的贪官污吏,也在他陈化成面前脱一层皮不可!

让他感奋的是,西炮台各营将士,士气旺盛,面对敌人排山倒海的炮火,几乎没有一个人畏首畏尾。所到之处,兵弁将勇个个扬眉吐气,那眉宇间洋溢着的是一股情不自禁的胜利喜悦。此情固然可嘉,但骄军必败。他告诫将士们:"适才与夷敌交战,只能算作小挫其锋。夷船虽被我击伤多艘,但绝大多数未能击沉。打沉的一艘,一是多亏我火力集中;二是多亏它装运火药,引火自爆。现英夷舰队突然后撤,必有他图,并非休战罢兵,畏我而逃跑。对付此等狡诈之敌,我等切切不可有丝毫的轻敌松懈!"

正说着,土堡顶上的瞭望兵急吼吼地喊道:"军门大人,洋鬼子的兵船又开过来了!"

陈化成一个冲刺,奔上土堡,从瞭望兵手上接过千里镜,一看,果然是英夷舰队又压过来了。再一看,陈化成不禁浑身一个激灵,他惊讶了一声,红毛子,换花样了!海面上的英国舰队不再是一字长蛇阵了,而是形如一只凶神恶煞的"九头鸟",分头扑向东炮台、西炮台和小沙背三个方向。

咬住西炮台的,只剩下一艘武装汽船和那艘重炮层层但让陈化成击中过左舷板的英军旗舰。

陈化成一边让刘国标火速奔赴小沙背传令,注意阵守;一边号令西炮台的炮火,向迎面扑来的两艘敌舰以迎头痛击。可是,不要小看进攻西炮台的英舰只有两艘,其火力却不比第一次进攻时有所减弱。相反,由于西炮台的炮位和所有的大小火力点已经从隐蔽走向公开,暗火变成明火,英舰的炮火其准确性加大了,一炮偏左,二炮偏右,第三炮说打哪就打哪。眨眼间,不少土堡被炸毁了。陈化成钢牙咬得嘎嘣响,一声大吼:"开炮!"

一刹那炮声隆隆,弹雨纷飞。江面上烈烟腾空,一片火海。

陈化成再次奔到那"靖寇大将军"炮的旁边,校正了一下方位角度,向韦印福一挥手,韦印福立即装填弹药。点炮手操起点炮竿,正准备点火,突然，一发流弹从海面上呼啸而来，土堡炸塌了半边。一块飞溅的断石哗卟一声不偏不倚地砸到点炮手扬起的手臂上，那手立刻被炸飞了。点炮手惨叫一声，昏死过去。韦印福撕下一块衣衫，赶紧替点炮手包扎，又招呼两名士兵将点炮手送下去抢救。陈化成浑身青筋暴突，他用脚尖一挑，地上那依然燃烧着的点炮竿就顺势地到了手上，对准大炮的引线口，迅速点火。

"嗤——！"紧接着轰然一声巨响，一发炮弹带着万钧的仇恨向敌舰飞去！

这发炮弹犹如长了眼睛，不偏不倚地击中了英舰上的一个英兵。那英兵刹那间脑袋被削平了！

一个英兵的牺牲，引不起璞鼎查的注意，他的望远镜镜头中，出现了一支状如长龙却又望不见头尾的队伍。这一支队伍少说也有两千人马，正沿着无遮无盖的通衢大道，从宝山县城的南门向着正被炮火映红了的西炮台挺进过来。扛枪抬炮的队伍干吗又扛旗打伞？仿佛还有吹吹打打的锣声和鼓点。是援军还是迎亲团？送丧队？

璞鼎查赶紧询问身边的中国通事。这位通事是个典型的中华活字典，接过璞鼎查递来的望远镜，远远一看，马上就用肯定的语式明明白白地说，这是中国的高官出巡，至少是个一品大员，说不定还是一位钦差大臣。前头是旗幡、伞盖和仪仗牌，中间是一顶八抬大轿，后面是近卫亲随。中国的大官，尤其是钦差大臣出巡，总是这样鸣锣开道，前呼后拥，十分讲究排场。

"好极了！所有火炮装上开花弹，对准仪仗队，开炮！"

璞鼎查一声令下，"皋华丽"号上右舷三层三十七门火炮全部炮口大张。

炮弹在牛鉴仪仗队的上空爆炸了。有好几发开花弹就炸开在牛鉴那八抬大轿的前后左右，气浪将轿门掀开，滚滚浓烟扑面而来。科场发迹的两江总督犹如一脚踏进了阴曹地府，顿时吓得肝胆俱裂，魂魄出窍。他何尝见过如此真枪真炮的实战？哭爹喊娘，血肉横飞，好端端的通衢大道成了一个屠宰场。抬轿的兵弁早已扔下轿子抱头逃窜，可怜宪台大人的裤子全尿湿了。

督标参军张良生奔了过来，搀出瘫倒在轿子里的牛鉴。

第十一章　林则徐虎门销烟与鸦片战争爆发

牛鉴一出轿门,神志尚不清楚,但他却本能地将身上的官帽朝服三下五除二地脱得精光,只留下贴身的小褂和那尿湿的裤头。他怕被洋鬼子抓住,认出他是个大官。体面与排场对性命而言分文不值,性命攸关啊!正手足无措,身边听到喊声:"总督大人,我来救你!"

来人是河南参将陈平川,牛鉴有恩于他。他跃身下马,替牛鉴穿好衣衫,将提拔他的恩人装扮成一个普通的兵弁,又命令紧随他的六百藤牌兵,护送总督大人经宝山、嘉定、太仓,向昆山逃遁。

守在吴淞口小沙背炮台的总兵王志元也随后放弃炮台逃走。

二十

陈化成满脸硝烟地站在土堡前面。

敌人的炮火几乎一直压得他抬不起头来。但是,任凭将士怎样呼唤,他却岿然不动。身后原本招展着的那面牙边红绫的"陈"字大纛,已经像草标似的几乎成了一根秃杆,杆子虽没倒,旗布早被炮火烧光了。他觉得他往这最大的土堡高处一站,全海塘将士都会看见他。他就是面旗子!

只是他这面旗子,太疲惫了。

太阳已经横在头顶准备午休,可他从早上到现在,只顾指挥发炮射击,却没顾喝上一口水吃一口饭。

整个西炮台今天不动烟火统统发点心。

陈化成的一份跟亲兵陈小全合在一道。陈小全瞅准机会给他送来一竹筒水,又给他一摞点心。他接过水,咕噜噜喝了大半竹筒。抹了把嘴,再伸手接过点心。

他闭着眼都知道这点心是块圆圆的干蒸饼,中间有个圆洞,像只粗大的手镯,可以套在手腕上,打仗时手上套几圈,饿了咬一口,装弹瞄准均不碍事。这是他陈化成让炊事这样做的,所以士兵们叫它"陈饼"。他说,这不是他的发明。这叫"光饼",是当年戚继光沿海打倭寇,见士兵们山里来浪里去没法做饭,就让大厨发明了这种带圆洞的干蒸饼,行军打仗时用绳子一穿往脖子上一挂，随行随吃十分方便。后来，这"光饼"从戚家军流传到福建民间，家家户户都会做，他就是从小吃"光饼"长大的。不过，江南水师做的"光饼"比较粗壮，吃一块能耐半天饥。此刻，他习惯地将"光饼"往手腕上一套，蓦然，脑海里回旋起抗倭名将戚继光和戚家军的威名，他心里说，今日我吴淞要塞，如有戚家军在此，拒敌当不在话下！

两百多年前的戚家军不可能驰援今日的吴淞，但戚继光的神勇却在陈化成的血管里奔突。一块"光饼"被他狼吞虎咽地消灭了，又将剩下的小半竹筒水往嘴里咕咚一倒，搁下竹筒，举起千里镜。

英军又发起进攻。三艘舰船呈锥形战术群向前进击，一艘小型炮舰领先，两艘武装汽船殿后，已经驶入炮台的射程。那先头炮舰上射出的炮弹不断坠落在陈化成站着的土堡周围，震得碎石迸溅，尘土飞扬。

敌人的意图陈化成全明白了。敌人这次不是主攻西炮台，而是以一艘炮舰为掩护，两艘武装汽船向蕰藻浜进发，怪不道后面那两艘英船打不还手。再一想，方才转向的两艘英船上必定载有登陆部队。如果他们在蕰藻浜南岸登陆成功，势必会建立炮兵阵地，以切断我西炮台和宝山县城的联系，再从背后包抄西炮台，那样西炮台就将腹背受敌。陈化成一分析，身边几位将官立即感觉到态势的严重。韦印福马上请缨："军门大人，本营尚有唬船两艘，末将愿带敢死队拦在江心阻击夷船，打不沉它，就撞，撞不沉它，我敢死队就焚火烧船冲上去与敌同归于尽！"

"韦将军迫切尽忠，本军门心领。"陈化成想了一想，以水师幸存唬船拦江阻击，只能是杯水车薪，以卵击石。贼之将至，唯有锁门闭户。于是随即发令："现拨给你骑兵百名，令你抄近路火速奔赴蕰藻浜，会同衣周塘提标游击张惠，阻截英军登陆！"

衣周塘，吴淞西炮台向西蕰藻浜以南的一段海塘。顾名思义，它就像披在吴淞海塘周围的一件蓑衣。

驻守在这里的是江南水师提标游击张惠率领的一个营，备有小唬船五艘，铜炮十尊。唬船参加首轮海上攻击全部被英舰击毁，而营中发炮技术高的炮手又抽调到西炮台，剩下的虽不是老弱病残，也略显实力不足。

西炮台的炮声从早上一直响到晌午，张惠的心一直提在喉咙口，不知

第十一章　林则徐虎门销烟与鸦片战争爆发

道这仗打得如何,他真担心陈军门顶不住,像前出的水师战船一样功亏一篑,那他这衣周塘也就岌岌可危了。突然,西炮台蔚为壮观又激动人心的炮声渐次减弱。奔上哨楼一看,有两艘洋鬼子的武装汽船飞一般朝蕰藻浜驶来。

正感到势单力薄难以御敌,"哒哒哒"的马蹄声就像是狂风暴雨中的一道雷鸣霹雳。

马蹄声近。来人是韦印福参将,跟在后面的是一支彪悍的马队。

韦印福是整修这段海塘时的总管,对这里的地形特别熟悉。东边是西炮台,北面是蕰藻浜,往西是一片望不见尽头的芦苇荡。他与张惠合计了一下,想了一个"口袋计":将十尊铜炮全部密布在通向西炮台的道口,将骑兵隐蔽在西边芦苇荡深处,从芦苇荡开始一直沿蕰藻浜浅滩,埋设一排水雷和水底龙王炮。留下南边水道口让鬼子进来。他料定,敌人显然先攻衣周塘,那干脆先给它尝点甜头。

一切安排妥当,拉开队伍,张惠守住西炮台道口,韦印福率骑兵到芦苇荡埋伏。须臾,偃旗息鼓。衣周塘死一般寂静。

日头渐渐西斜,英国武装汽船"谭那萨林"号和"复仇神"号终于露头了。

率领这两艘汽船的就是颇有胆识的华生舰长,佯攻吴淞炮台和小炮舰施放烟幕都是他的主意。后来小炮舰撤退时遇到陈化成的猛烈炮击,他为了执行蕰藻浜偷渡任务而见死不救,有人批评他,他毫不心软。战争就是一场赌博,而且是一场流血的赌博,为了胜利必须不惜付出一切代价。用中国人的话说,舍不得孩子套不住狼。

其实,华生本人就是一头饿狼,而狼具备人的思考就更凶残了!

华生一面指挥第五陆战炮队先行涉水登岸,一面用他的高倍望远镜,像荒原上的野狼寻找羊群一样搜索着这片陌生的旷野。

他生怕踩中什么地下杀人机关似的蹑住手脚,一直走到衣周塘的营门口,也没遇上任何阻拦,连条看门狗也没有。

"坏了!一定是中计了!"华生这个英国洋鬼子实在是鬼,他揆度了一下前后左右,右边是远远的炮台,左边是一望无边的芦苇荡,正前方一片烂泥海滩,三面连成一道弧线,像一只巨大的口袋,而他们刚刚占据的脚下这块土地,就是袋口呀!

"口袋计!"中国人最会关门打狗了。他想,不能轻易上当。四面不见人影,显然清兵要跟他打"影子拳"。那好吧,我就回你一通"组合拳",来个左刺拳与右直拳组合、上勾拳与侧勾拳组合,让你也防不胜防。而眼下,必须将计就计!

好一个老拳击手,老奸巨猾!很快,这位老拳击手酷如重返拳击场,旋风般对他的部队做了简单而明了的布置:第五十五团华伦陆军少校率领三个连,从右翼封锁通往西炮台的道口。第六马德拉斯土著步兵团卓佛尔陆军中尉带一个连,封锁对面蕰藻浜开阔地。马德拉斯炮队贾拜特陆军中尉率领炮兵尽快将炮车拉上塘岸,就地呈多棱散状布局分批次架设。所有人必须听从他的号令。而他则亲率第三十六马德拉斯土著步兵来复枪队扫平芦苇荡。他判断这神出鬼没的芦苇荡里埋伏有数量可观的清兵。

"不,"他斩钉截铁地说,"是骑兵!"

随同他上岸的荷尔海军少校不解地看着老舰长华生,问:"凭什么说不是步兵,而是骑兵?"

老华生板着脸,像装上了拳击护齿一样只动手不动口,指了指芦苇荡的天空又向脚下一指。纷乱的蹄花像盛开的矢车菊,从脚下这块场地一直沿芦苇荡边的小道铺向远处,而芦苇荡的天空中正盘旋着一群苍鹰。荷尔信服了,问:"爵士阁下,下一步我们怎么行动?"

"各队按命令散开!"

队伍散开了,身为"复仇神"号舰长但不懂陆战的荷尔又问:"下一步呢?"

"引蛇出洞!"说着,老华生就从腰间拔出短枪,对准芦苇荡开了一枪。无数的水鸟惊飞起来。他的用意是惊吓战马,那马群听到枪声肯定会对空嘶鸣。然而,马儿没叫。原来,韦印福的战术是诱敌深入,而要让敌人深入清兵的伏击圈,就不能抢先暴露自己。人可以做到,马一受惊岂不嘶鸣?因为预先估计到了,他便让骑兵进荡时按辔徐行,而到达埋伏点,他又让马队排成一路纵队,并将所有的马口全套上了嚼子。

第十一章　林则徐虎门销烟与鸦片战争爆发

这就叫魔高一尺,道高一丈。但老华生是只变种的豺狼,长着狐狸的脑袋。他相信自己的判断绝对正确。为了保险起见,他在大胆之中存了一点小心,先派出一个排进入芦苇荡实施侦察。

这一排二十四个英兵就这样不知深浅地一步步走进了他们的墓地。当老华生看不见他的"侦察兵"时,这帮"敢死队"就"赶死"来了。清兵的水雷、火桶和水底龙王炮犹如在这群洋鬼子的手掌边、脚踝旁爆炸开来,洋鬼子正惊慌得鬼叫狼嚎,芦苇丛中突然又冲出一队手执大刀长矛和火绳枪的骑兵,天神似的,旋风般吼叫着,从天而降。

在冷兵器时代,战场上的每一个士兵心里都知道,让步兵对抗骑兵是不可能的事,谁也没有这个勇气敢面对奔腾而来的骑兵队。

虽然此刻的英兵已经走出冷兵器时代,双手端着来复枪,那枪厉害得很。然而清兵靠的是神勇的突然袭击,打他们一个措手不及。在这群英兵准备扣动扳机之前,大刀长矛不是从他们头颈间削过就是把他们的胸腔来个"串糖葫芦"。进入芦苇荡的一排英兵,就这样全被韦印福的"口袋"包了饺子!

老华生失算了。但是,他不怕交不了差。他与他的上司璞鼎查的心息息相通,为了夺取胜利,损失几艘炮舰都在所不惜,在英军的花名册上消失一排士兵,而且是土著黑人,有什么值得心疼?

他镇静了一下,下令:"第三十六马德拉斯来复枪队全体集合!"

训练有素的土著步兵,很快在老华生的眼前组合成一个黑压压的方阵。老华生走到排头的辛普森上尉面前,教他将方阵改成三路横队,一排横队一排横队地上,对着芦苇荡立姿、蹲姿、卧姿,层层射击。

这一着,老华生又失算了。韦印福比洋鬼子还鬼。他早已料到英兵会拉网似围剿,枪子儿不长眼,但人有心,将骑兵列成纵队只占一枪位置,因此,敌人十枪有九枪击空。

然而,敌人的火力太猛了,密集的枪弹形成一张火网,打得让一路纵队的骑兵不敢贸然抬头。韦印福觉得老这样窝着,引不来敌人,人不被乱枪打死,马也会被硝烟憋死。他想起陈军门的教诲:悬师深入,难以持久;解围之法,攻其必救。而先发制人,后发制于人。想到这里,他便决定豁出去杀它一个满场开花!

　　马口的嚼子全都摘了。马通人性。一百匹战马引颈长嘶,那声音壮烈而高昂,一声声直冲天宇。老华生毕竟老奸巨猾,他刚从璞鼎查那儿学来两句中国话:"擒贼先擒王,射人先射马。"于是让辛普森一个传一个通知到每个士兵:"先打清兵的战马!"

　　而这时贾拜特陆军中尉又来报告,炮兵阵地已经建立。老华生立即命令炮队先用榴弹炮轰击芦苇荡的深处,再用迫击炮打它的近处。前后一夹,再顽固的长蛇也要出洞!

　　就在炮声响起的时候,韦印福率先领着他的马队冲出来了。预先准备就绪的英军来复枪队,一排排枪弹向着韦印福的马队横扫过来。不少骑兵中弹从马背上摔下,而更多中弹的是战马。没有中弹的又跑了回去,可这时的芦苇荡早被榴弹炮和迫击炮轰成一片火海。

　　跑回去的人马又踅转回头。

　　回头便是人马被击倒一片。

　　韦印福双脚紧踏马镫,骑着战马左冲右突,两把大砍刀在他身前身后不停地挥舞,只要闯上一个英兵,刀光一闪肯定是一颗人头落地。

　　他的战果令活着的骑兵振奋。然而,他的目标也实在太大。

　　老华生大声命令:"集中火力,对准高头黄马!"

　　突然,韦印福的身后响起一阵猛烈的排枪,挥舞的砍刀被飞溅的弹片撞击得当当直响。

　　好一个毫不惧死的韦印福!

　　又是一阵排枪从前面射来。

　　跟随韦印福多年的黄骏马情知韦印福这一回躲闪不过了,为了保护它的主人,它腾地前蹄凌空,用它那比人类宽阔的胸脯挡住了那密集如麻的枪弹。

　　韦印福大叫一声:"我的马!"

　　他的马,他的这匹比人还通灵的战马永远在他眼前倒下了!

　　敌人的来复枪一齐垂了下来。

　　韦印福蹲下身子,将他的脸贴在马的腮帮,马嘴翕动着,汩汩地溢着鲜血。他撩起战袍替他心爱的战马,不,朝夕相处的战友,擦着血。擦着,擦着,它那原本圆瞪的一对马眼,流下了与人类同等的又苦又涩的眼泪,渐渐地,它在主人的抚慰下安详地将那眼皮闭上了。

韦印福噙着泪水,将双刀一撑,直挺挺地站了起来。他要替他的战马看清杀害它的凶手是一群什么样的恶魔!他看清了,一群红毛蓝眼睛浑身苍白得没有一点血色的夷人,正冲着失去坐骑的他挤眉弄眼地狞笑。

他不由得怒火中烧!

冷不丁地,一把砍刀从韦印福的手上飞了出去,不偏不倚,那刀,对准了那笑得最得意一个英兵的前胸,从正中直插了进去。

英兵一头扎地。死了。

狼一样的老华生不犹豫了。他可以对异类产生一丝同情,却不可放过一个企图反击的敌人。当他将手上白色的手套脱下往身后一甩,无数支来复枪同时举起,对准韦印福,对准这个清兵的将领就是一阵毫不留情的射击。

血,从韦印福的面部、胸部、腹部涌溢出来。另一块弹片穿透了他的头盔,嵌入了他的头部,如注的血流从头盔被击穿的枪眼喷射出来。他一个趔趄,向前冲了满满的一步。他站住了,没有让自己倒下。

这一回,韦印福不愿再面对这群恶魔了,他咬住牙关,转动着自己的身子,找到了正前方那个自己曾经战斗过的西炮台。咚的一声,跪了下去,声泪俱下地留下了他在这个世界上的最后一句话:"军门大人,末将先走了!不灭英夷,死不闭眼!"

二十一

英军占领了东炮台、蕰藻浜、小沙背,陈化成的西炮台已经完全孤立了。此时,英军旗舰"皋华丽"号像一只养精蓄锐的非洲雄狮开始了它的真正发威。舰舷三层不同口径的大炮一齐喷吐着曳光的炮弹,射向西炮台。肉眼都能看清那海塘上的土堡接二连三地被夷平了好几座。"摩底士底"

号、"哥伦拜恩"号和"北极星"号开始从正面强行登陆。陆军联队在炮火掩护下,已经利用舢板犹如在陈化成的鼻尖底下搭起一排排长长的浮桥。显而易见,西炮台上那些固定式的清军火炮无法近距离俯角攻击,而清兵装备极为有限又笨拙的火绳抬枪其射程只有四五丈之远,根本就够不着英军的登陆点。

璞鼎查放心地举起望远镜,眼帘里很快出现了一串不失壮观的镜头:几百名身穿红色上衣、蓝条短裙的苏格兰来复枪联队的士兵,平端着枪刺,威武雄壮地登上吴淞海塘,他们的后面是年轻的衣冠笔挺迈着正步的英国军官,戴着白手套的手举着出鞘的指挥刀护卫着鲜艳的"米"字旗,飘扬的旗帜后面是风笛手和洋鼓手。激越的洋鼓声和悠扬的风笛声在隆隆的炮声之中,顺着海风正源源不断地叩击着璞鼎查的耳膜。尤其那笛声很悦耳,他能辨别出它不是礼仪场合使用的《盖莱·欧文》的乐曲,而是一支苏格兰的牧羊曲。太阳也听入迷了,踩着英国人的鼓点朝西方走去,把橘红的云彩镶嵌到那湖蓝色的天幕上。这是一个美丽的黄昏。他心里不禁有一股日不落帝国的自豪感随着那云彩飘逸。

璞鼎查胜券在握地看了看他的怀表,针指在"V"上。

下午5点。证明第二次的作战方案正确。虽然英军损失很大,但战果不凡。他喜欢表上的这个罗马数字"V",觉得比早晨的那个"Ⅶ"更形象更能表达他的心情。V,将是高祭在陈化成头顶上的"达摩克利斯之剑"。

"陈化成,你的死期不远了!"璞鼎查诅咒着。

因为这个"陈老虎"已经击沉了他两艘兵船,打死打伤了他两百多名士兵,他不能不对陈化成恨之入骨,咬着牙龈在心里发狠:"等陆军联队冲上西炮台,一定要活捉陈化成,看他是怎样的三头六臂,而后按中国最古老的方法处以酷刑。只要降服了陈化成,就会无形中降服中国人的一大片。"

而现在,他要先拿一个人开刀。这个人是华生舰长让卓佛尔陆军中尉从蕰藻浜押送来的十五名清兵俘虏中最死硬的一个,看样子是个头目。一个清军鸟枪队的头目。他一个人少说就打死了二十名英兵。璞鼎查也要让这个厉害的中国人知道英国人的厉害。他被押了上来。

璞鼎查走近一步,打量了一下这位相貌平常的清兵头目,用生硬的汉语厉声地问:"什么姓名?"

"清兵?"

璞鼎查接过话茬:"西炮台的清兵有多少?"

清兵头目不说。璞鼎查说:"你去喊话,叫你们司令官陈化成停止行动,马上投降,我保证你们守军包括你的人身安全,大英帝国将愿与中国永久友好!"

"呸!"那清兵头目狠狠地吐了一口唾沫,开口怒吼道,"谁跟你们这群野兽、走私贩毒、杀人越货的洋鬼子友好?告诉你,我与你洋鬼子不共戴天,要砍要杀赶快动手,想叫我投降,瞎了你们的狗眼!"

"孺子不可教也!"一句似通非通的古汉语从璞鼎查嘴里脱口而出,接着,他恼羞成怒地一挥手:"杀!"

十五名清兵俘虏全部被璞鼎查下令处死。这位宁折不弯的清兵头目更是被处以极刑——英军刽子手惨无人道地将他拿铁丝捆绑起来,再用长长的船钉将他的头部和四肢活活地钉在一块舱板上,抛入了浪涛翻卷的吴淞口。

这位被英军处以极刑的清兵头目是吴淞营的把总龚增龄。他奉陈化成之命与千总钱金玉组成一支鸟枪队。敌人强行登陆时,他冲锋在先,鸟枪打红了,又与洋鬼子展开白刃战。一连用长矛搠死二十几个鬼子,终因寡不敌众,受伤被俘。他死了,死不闭眼!载着他尸体的舱板随波漂流到海塘脚下,他,死了也要回自己的家园,也要再来看军门大人一眼呀!

清兵们发现了,不顾敌人的炮火奔到海边,将龚增龄的尸体捞了上来。但谁也不敢声张,不敢让军门大人看见,甚至不敢把这噩耗传到陈化成耳中。然而,临风屹立在土堡之上的陈化成,却是火眼金睛,方圆几十里的海口、江面都在他的视野之中,他能不看见?他看见了,只是看不清是谁,只知道那是他的一个部下,像跟随他转战南北多年战功卓著的参将韦印福一样,为国捐躯了!他默默地低头致哀,心头涌溢着无言的悲愤。

此时,英军三艘炮舰驶近海塘,英军的陆军联队潮水般涌上滩头,而西炮台没有被敌人击毁的大炮却都不能俯角射击,抬枪的火力又达不到,陈化成气得双眼冒血,万箭穿心。

他知道东炮台失守之后,衣周塘也失守了,而西炮台已经是英军眼中最后一根钉子。根基松动了,要拔掉这根钉子并不费事。真是兵败如山倒啊!

他早就估计到,这场吴淞保卫战是场恶战,但没有估计到败得这么惨、这么快。只要敌人突破了炮台的防线,占领了海塘,手无利器的清兵只能用血肉之躯去抵挡逆夷的子弹。但是,他自信江南水师的官兵是不怕死的。哪怕只剩下一门炮、一把刀、一个人,死也要死在阵地上!

此时吴淞营的兵弁已经不多,把总、都司以上将官也已经没有几个了。一眼望得见的只剩下徐大华、钱金玉、许攀桂、张惠守在几个隘口,咦,周世荣在哪?

陈化成扫视一周,仍然不见周世荣。他问身边的刘国标见过周世荣没有,刘国标也摇头。不管他了。

陈化成先将一把砍刀在炮台上的拴马石上噌噌地磨了两下,用手抹了一下刀口,将刀往腰上的鞘里一插。又将腰间插着的鸟铳拔出来,装上一发火药弹子,检查了一下击发机,重新将它归位。腾出手来,理了理早已被炮火熏黑烤焦的战袍箭衣,再正了正自己为之奋斗一生的头盔,朝着北方,在心里向皇上跪了下去。"皇上圣明:微臣久历海上,承蒙皇上隆恩,命臣守此吴淞要塞,自知任重如山。英夷猖獗多年,今我江南水师五千官兵奋勇拒敌,击沉夷舰两艘、重创数艘,击毙数百名夷兵于我炮火之中,吴淞保卫战,堪称壮哉!不料弹尽援绝,微臣有心杀贼,无力回天,致使功败垂成。微臣自知有辱使命,无颜面见圣上……"

陈化成昂起头,仰天一声长叹。转身四顾,前后十几门炮的炮手几乎全都阵亡了,倒塌的土堡冒着余烟,炮管东倒西歪,不忍侧目。目光收回身边,身边除了刘国标,只有一个亲兵陈小全,还有,还有那门在今日的炮战中立下大功的八千斤重的"靖寇大将军"炮。他问还有弹药吗?刘国标说已所剩不多。

"给我装炮!"也许,这将是他陈化成一生中最后一炮了。他恨不得一炮便将所有的夷舰击沉!

弹药装好了,点炮竿已经点着了,陈化成随口往手掌心里吐了点唾沫,瞭望海面,"皋华丽"号正在抛锚。

"好!就打它!"陈化成说着立即奔向大炮后座,校正方位调整角度,瞄准英军最大的这艘炮舰的主桅,点火发炮。

只见一声巨响,正中敌舰前舷。孰料,来不及高兴更来不及躲闪,意想不到的灾难降临了。就在炮弹击中敌舰的同时,陈化成的身边也是轰隆一声巨响,这门西炮台上火力最强功劳最大的八千斤大炮,因发炮太多,炮膛超热,突然炸裂了。巨大的气浪将陈化成、刘国标和亲兵陈小全拱倒在地。

刘国标和陈小全安然无恙,只是陈化成的左脚被土堡震塌的砖石砸伤了。陈小全赶紧上去替陈化成包扎。这时,数不尽的英兵已经顺着海塘大堤蜂拥着向主炮台冲来。陈化成一跃而起,振臂高呼:"将士们,杀贼!"

惊蛰一动,蚯蚓出洞。

陈化成的喊声刚止,周世荣便突然从土堡后面冒冒失失地爬了上来,手上提一杆钩镰枪。枪杆上沾满了污泥。众人正纳闷,周世荣却鬼鬼祟祟地奔到陈化成身边,以心腹的口吻,悄悄说:"军门大人,末将有事相告。"

陈化成问何事相告?周世荣看了看陈化成身边的刘国标和陈小全,欲言又止。陈化成"嘿"了一声说:"明人不说暗话,快说!"

周世荣未语先叹气,接着一跺脚说道:"末将认为,这仗已经打到头了,得赶快收兵。"

陈化成无动于衷,问往哪儿收?周世荣一指刚才上来的方向,说土堡后面有条幽道,曲曲弯弯直通江边芦苇荡。陈化成打量着周世荣手上那杆沾满污泥的钩镰枪,全明白了:"你是说,让我从这里下去,躲进芦苇荡,从那儿逃跑?"

周世荣说不是逃跑,是撤退。

陈化成反问皇上有旨吗?周世荣摇头,讷讷地说:"可,可牛大人不是早就走了?"

"牛大人走了,还有位比牛大人,比我陈化成,要大得多的大人还在,你,怎么不请他一起走?"

周世荣不解地寻找一眼。陈化成身边虽然还有不少官兵,但战将寥寥,而且没有一人比陈化成官大。于是疑问道:"还有哪位大人?"

陈化成放开喉咙,大义凛然地说:"文天祥!"

石破天惊。只要听到这声"文天祥"的人,没有一人心头不是一个战栗。中国人,谁人不识文天祥?谁人不知"人生自古谁无死,留取丹心照汗青"!

周世荣埋下头。陈化成早就对周世荣的懦弱有所感觉,恨铁不成钢,因此每每想与这位从厦门跟他一起调来吴淞的同乡聊聊,一直忙,今天正是时候。

他循循善诱地说:"周参将,你可记得裕谦大人殉难之时,我当着众将士说过,良将不惜死苟免,烈士不毁节求生?在此危难之际,你不向我进言,要我也像韦印福参将一样杀敌捐躯,反而让我跟你私逃。莫非你要陷我陈化成于不忠不义,做一个临阵脱逃的卑鄙小人不成?"

泥人也有三分土性,平时不哼不哈的周世荣气愤地将钩镰枪往地上一戳,扭头就走。陈化成一个箭步挡住周世荣的去路。他不能容忍自己的亲随部下,不能容忍他从福建带来的一百名将士中有一人当逃兵而坏了他陈化成,毁了整个江南水师的名节。

在他们发生这场冲突的同时,整个西炮台的战斗早已进入白热化了,爆豆样的来复枪声、轰隆隆的迫击炮和榴弹炮声,一直就没有中断过。数十倍于徐大华的英兵团团包围住徐大华守卫的那个隘口,他身边的清兵全在鬼子的来复枪面前饮弹阵亡。徐大华将雪亮的大刀挥舞得密不透风,像哪吒踩着风火轮似的冲向敌群,一连砍杀了十几个鬼子。一个鬼子冲着他的左臂开了一枪,他的左臂被枪打飞了。与此同时,他用大刀取走了那个鬼子的整条性命。敌人的排枪响了,他终于中弹倒了下去。这一切全映在陈化成眼中。他冲周世荣直呼其名,咆哮道:"周世荣,你若不是孬种,就转头往前冲,像徐千总一样杀鬼子!不然,休过我陈化成这一关。"

周世荣见陈化成抽出砍刀,情急中也将他的钩镰枪平举在手,那带着污泥的枪头正紧对着陈化成的前胸。

"反了?你!"陈化成见周世荣去意坚定,棒喝道。

"军门大人,你不放我走,甭怪末将绝情!"周世荣动了真格。

"懦夫!恨我当初看错了你!容你负我,不容你负国!"

第十一章　林则徐虎门销烟与鸦片战争爆发

陈化成说着，手下便不再留情了，他完全忘记了自己脚上的伤痛，一个虎步冲上前去，嚓的一声将刀对准周世荣，当头劈下。

周世荣一闪身，将手上的钩镰枪一横，迎着刀光运足力气往上一挑。吭！

砍刀在陈化成手上一断两截。他惭愧地摇着头，其实他哪里知道自己鏖战一天，腿脚又受了伤，更何况六十七岁高龄呀。

周世荣慌了。他将钩镰枪一甩，单腿一屈，算还了陈化成的提携之情，然后趁陈化成尴尬之际，纵身跳过了胸墙。

陈化成随手攥起地上的钩镰枪，像在战船上跳帮一样用枪杆一撑上了胸墙。而就在这半步相差之间，周世荣已经下了幽道，转瞬就不见人影。

"丢人！"这时陈化成才在心里抱怨自己，刚才怎么不拿鸟铳打这孬种，白白地让他逃了。

陈化成倚在胸墙上，喘着气。

枪声炮声渐渐稀落了下来。浓烈的火药味在枪炮声止息时才能真正感受到它的存在。一团团混混沌沌的硝烟，在吴淞口的上空翻卷，填满了海塘下的深谷，罩住了陈化成坚守的主炮台。

他终于尝到了近五十年军旅生涯未曾尝过的人生滋味：失败。

西炮台上到处都是清兵的尸体。每一个隘口都垒了一堆。海塘大堤布满的血色在夕阳下闪烁着一种只有魔鬼世界才有的斑斓。

亲兵陈小全早已中弹倒在被敌人的炮火摧毁的土堡旁，那土堡的圆顶被掀飞了，只剩下一圈羊圈似的石壁。周世荣逃走之后，张惠那儿杀声震天，枪炮声不绝，他让刘国标骑马驰援去了。整个主炮台上只剩下陈化成一人。

炮殇！海殇！国殇！

不！生为炮台人，死为炮台鬼。他决心与炮台共存亡。有了这种赴死之心，他便蹲下身，将自己那只砸伤的脚重新绑扎一下，拄着钩镰枪一步步走向土堡。

站在羊圈似的土堡前，他忽然苦苦一笑，觉得自己的这条命是周世荣给的。假若不去追杀那个孬种，他和陈小全肯定寸步不离土堡。现在身边海权！中华海权！

一个帮手也没有了，他必须自己拾掇自己。他饿了。于是，用钩镰枪一撑，跳进土堡。一箩筐的"光饼"还在。他赶紧抓上一块，扑打了一下，咬了一口，咽下。咽下一口就全饱了。他将那只"光饼"往箭衣胸襟里一掖，再取了一块塞进去。他的胸脯又厚实起来。回过头再一看，一眼就瞟见角落里有两只铁桶。这是两只火桶，居然没有被炮火引爆。他运足力气将一只火桶搬出土堡，搁到左边斜坡的道口。再去搬第二只时，他几乎使尽了全身的力气。不管怎样，他成功了。第二只火桶搁在右边斜坡的道口。他又将两只火桶的引线全理了出来，平摊在桶端，再用碎火药将那引线埋起来。做完这一切，他欣赏着自己的杰作。左右两个"门神"，配在一起就是"哼哈二将"。有它们在，他什么也不怕了。敌人上来，他将与敌同归于尽。敌人不来，他将在月亮还未升起的时候，趁着黄昏夕阳抱住火桶自爆。他绝对不当俘虏。绝对！

忙完这一切，他觉得好生纳闷。仗，似乎彻底结束了。不然，怎么没有一点响动？

没有响动正好，他已经三天不知床板的味道，而今天整日都是站着。他倚着胸墙慢慢地坐下，将钩镰枪搁在脚边，将鸟铳握在手上。他微微闭上了他的眼皮。其实他只是想稍息一会儿，为了自己的名节，他不敢让自己真正睡着。

过了并没有多长时间，他忽然隐隐约约听到了一种稀奇古怪的声音。不是鸟叫，也不是蛙鸣。蓦然回首，一群洋鬼子，少说也有二十个，蹑手蹑脚地顺着左首的斜坡摸上来，正一步步向他靠拢，那交头接耳打着的手势告诉他，刚才听到是夷语，十有八九是——捉活的！

陈化成也好活捉？他在心里笑这群洋鬼子有眼不识泰山，嘿，老子是在这儿坐着恭候你们光临呢！他向洋鬼子们招招手，希望他们离他的火桶再近一些。

洋鬼子很听话，一步步上来了。

陈化成手拿钩镰枪一撑，腾地站起身，抄起鸟铳用不着瞄准对着那火桶的顶端，"噗"地就是一枪。

枪子儿准确地击中火药，火药起火，瞬间烧着了引线，整个火桶发出嗞嗷的怪叫。洋鬼子们被镇住了,不知道拦住道口的这只火桶是一种什么新式武器,一个个向后没命地撤退。陈化成抢前一步,举起钩镰枪,趁着那火桶还没爆炸,用枪尖一钩用力一推,那火桶骨碌碌地沿着斜坡朝敌群滚去。

敌人的排枪先响了。罪恶的子弹无情地击中了陈化成的胸脯,刹那间,血如泉涌,由不得他再顶天立地了,一个趔趄便栽倒在地。然而,在他倒下的同时,他换来的代价是轰然一声巨响,火桶爆炸了,原来准备活捉他的洋鬼子全部血肉横飞!

这也算是同归于尽吧。陈化成终于闭上了眼睛。

又不知过了多少时间,已经站在地狱大门口的陈化成却被一个人伸手拽住。

谁?刘国标。

刘国标也受伤了。他的一条腿中了许多霰弹,像麻布包一样,庆幸的是没有伤着血管,只是一时不能站立行走。他几乎是爬着回到军门大人这儿来的。快到的时候,他目睹了刚才惊心动魄的一幕。

为了救活陈化成,刘国标早已不听使唤的腿脚突然神奇地充满了力量,他站起来了,他奔向陈化成,不停地摇晃着军门大人的双肩,希望陈化成能够醒来。

陈化成一时还醒不来。

刘国标趴到陈化成身边,用耳朵贴着军门大人的胸脯一听,咚咚咚,大人的心在顽强地跳着,他还活着!

一定要把军门大人救走,这是刘国标的誓言。

可从哪儿走?四面八方都像布满梅花桩似的到处都是英兵,从这主炮台向左向右都走不通了。他奔向胸墙,立即想到周世荣说的那个幽道。其实这幽道刘国标最清楚不过。他毫不犹豫地背起陈化成,可刚背起又放下了。他看到了另外那只火桶。

他奔过去,将火桶移到胸墙边,又使劲举起它搁到胸墙上,人再跳过去将火桶搬到幽道的入口处,安置在紧贴土崖的地方,手脚麻利地拉出了原本很长的火桶引线。这才跨过胸墙把军门大人背了过来。

待他背着军门大人走进幽道估计丈把远了,他用军门大人的鸟铳击火将那引线点着了,等他走到幽道深处,随着身后一声闷声闷气的响声,幽道里顿时伸手不见五指。他放心了。封了入口,敌人就发现不了他们的行踪。军门大人有救了!

他的腿一点也不觉得疼了。他加快了脚步。很快,他们就到达了芦苇荡。这是刘国标最熟悉的地方。他大步流星地奔向芦苇荡深处。

他看准一块干净的草地,先轻轻地将陈化成放下,让军门大人平躺着,转身尽量不发声地用腰刀割了许许多多的苇叶,将它扎成一个松软的枕头,替陈化成把头枕好。除下头盔,舀了一盔水,再扯下自己内衣一只清爽的袖管,沾水替军门大人揩了一把脸。

陈化成大概一生中都没有如此放松过,他长长地吐出一口憋在胸廓里的浊气,眼皮翕动两下,居然醒了。

头顶上绿叶摇曳,四周不见硝烟,身边又有心腹爱将刘国标护着自己,而且像有一股仙乐在耳畔缭绕似的,陈化成以为这不是人间阳世,急欲坐起。

刘国标见军门大人苏醒了,万分惊喜,忙按住军门大人的肩头,说:"大人,你醒过来啦,醒来就好啊。"

陈化成问此是何方土地?

刘国标说是西炮台海塘下的芦苇荡。

"西炮台,海塘……"陈化成那没有一点血色的脸上灿然飞红,"如此说来,我还活着?"

"活着,活着!"刘国标轻声地激动地说。

陈化成一下子有了精神,说:"我饿了。"

刘国标手足无措起来,自从炮声一响,这芦苇荡连鸟毛都飞得不见一片,到哪找吃的?陈化成不为难他,自己伸手从箭衣的前襟里掏出他藏着的那块缺角的"光饼"。

一块血饼!刘国标接上手,手指都僵直了。陈化成不满意地再掏,可是,箭衣里的另一块"光饼"早已粉碎了,他只掏出了一把凝固了的血渣。刘国标倒吸一口冷气。陈化成若无其事地说:"我中了鬼子几颗枪子。"刘国标急忙伸手要解军门大人的箭衣。陈化成压住箭衣不让解,说:"你先替我把饼上的血洗掉,我吃一口。"

刘国标颔首遵命,重新用头盔舀了一盔江水,洗着那块沾满血痂的"光饼"。陈化成的目光从"光饼"移到头盔。说:"这顶头盔是我一生所获,我如有三长两短,这头盔就留你做个纪念。"

刘国标见陈化成说话如此清楚,心想军门大人肯定没大危险了,哪里会有三长两短?他摇摇头,将洗好的"光饼"撅下一小角,递到陈化成的嘴边。

陈化成张口吞下这角"光饼"。

这"光饼"神得很,吃一口就不饿了,陈化成说:"刘将军,吴淞一战所以致败,皆因我江南水师实力不足,缺少一支御敌于外洋的真正水军,而吴淞炮台虽有重炮百门,但只是自铸土造,威力不敌夷炮。加上军心不稳,主帅临阵出走,徐州兵又作壁上观,见危不助,见死不救,以致全军覆没。"

说到此处,陈化成语气一变,说:"其根归咎皇上!"

"皇上?"刘国标接口道。

"是怪皇上,主张不一。老臣曾向皇上禀奏,我海疆绵长而军备守旧,一处失防则全线遭殃,建议皇上加速坚固海口,以闽浙战事经验,不宜长驱调集内陆客军。我曾力陈,调客军不如练土兵,调水师不如练水勇,选将练兵以造声势,可皇上听而不纳,枉费老臣一片苦心啊!"

陈化成见刘国标点头,知道已经领会了他的意思,便叹了口气,又接着说开。他说,倘若皇上早就采纳魏源的主张,"师夷长技以制夷",再按照林则徐的建议,真正建立一支强大的船炮水军,吴淞之战,绝不会如此一败涂地。他又说,军事之败,非傲即惰,而国力凋敝,民不聊生,建立强大的水军,只是梦想。就这样,滔滔不绝,他心里似有千言万语要对刘国标说。

可是,刘国标哪里懂得陈化成精神这么好,话又这么多,完全是一种即将离开人世的回光返照。听着,听着,刘国标便觉得不对劲了,因为陈化成的那只手渐渐在他手上变软变凉了,而军门大人也渐渐语焉不详。他紧张地盯住陈化成。

陈化成的眼睑合上了!

刘国标摇撼着陈化成的手臂,呼唤着:"军门大人,大人!"

陈化成又醒过来了,但这一回精神大不如前。也许意识到自己即将远去,他看着刘国标,像是请求似的说:"刘将军,我死之后,请把我的首级割下,将我的尸体扔进江里,以免遭受逆贼凌辱。"

刘国标噙着泪水,低下头不敢应允。

陈化成伸手抚摩着刘国标的头。刘国标觉得军门大人的掌心里有一股爆发的舐犊之情,他感受到了。他从小没有父母,十岁就投身军营当差,好不容易中了进士,哪知又犯罪充军。自从到了江南水师,军门大人不仅不嫌弃他,甚至把他当儿子看待,只是自己觉得位卑人贱,虽常存报效之心,却无非分之想。可此时此刻,军门大人显然不行了,他两个儿子,长子陈廷瑛为厦门水师后营千总,次子陈廷华原为黄岩镇标右营守备援调乍浦,兄弟俩都在前线捐躯,身边没有一个后人尽孝,他刘国标想着想着泪水止不住就滚滚地流下来了。这时,陈化成用一种只有父辈才有的口气,说:"孩子,我知你的心思。唉,苦的是我两个儿子先走我一步,我,已无子嗣,早想收你为义子,一直未向你表白。如你愿意,就对我一拜吧!"刘国标一听此言,郑重地站起身,拍打了一下身上的尘土,虔诚地跪下,对着军门大人磕了三个响头,向着陈化成生平第一次地叫了一声:"爹!"

陈化成心里美滋滋地一笑。可这一激动,却马上引起一阵难以克制的胸闷,整个心窝都像被砂石堵塞满了,他迫切地需要透口气。

他强打起精神,说:"标儿,我憋得慌,你替我把箭衣解开。"

刘国标急忙解开了陈化成的箭衣。箭衣里缠着胸部的是一道道血布。陈化成的手一动,冲刘国标做了个割开的手势。

刘国标拿腰刀一挑,当血布尽除之时,刘国标"哇"地惊讶一声。

他发现军门大人的胸膛上原来束着一块木板,而被血染得紫红的木板上早已弹孔密布!

陈化成解掉血布,还嫌憋得慌。连这么一块跟随他肌肤相亲舍生入死,帮助他在士兵面前建立起昂首挺胸形象的木板也嫌重了。他自己动手将它一掀。

这一掀,犹如储满了沼气随时准备爆炸的窨井掀掉了盖头,他那被子弹打烂的胸肌一下子爆裂开来。

第十一章　林则徐虎门销烟与鸦片战争爆发

乳白色的人肺袒露在刘国标的眼前,差点把他吓晕过去。

陈化成却真正喘了口气,简直是神人一般,低下头,盯着他那裂开的胸膛看了一眼,一颗鲜红的心脏还在扑簌扑簌地跳动,呀,赤心!

刘国标正急得手忙脚乱又无从下手,却蓦地听见陈化成大叫起来:"天哪,天不灭贼,死不瞑目!"

说着,他张开大口,喷出一块血饼子。紧接着头一歪,浑身便像一张断了弦的强弩硬弓,松弛在绿色的草地上。

刘国标不顾一切地扑到陈化成的身上,失声恸哭:"军门大人,大人——爹!"

好半晌,刘国标才从悲痛中抬起头来。军门大人把一切全托付给他,他必须忍痛节哀,先替军门大人把后事料理妥帖才是。他解开陈化成的战袍箭衣,用头盔舀着江水洗净了军门大人的身子,毫不畏怯地用手捂平了他那开裂的胸肌,再脱下自己的内衣替军门大人穿好,仍按他生前的装束在胸上扎好木板戴好头盔穿上箭衣和战袍。

陈化成的这个义子没有收错。刘国标不愧太湖武进士出身,从小钻惯了芦苇荡,很有心计又有经验。只见他砍下一大堆芦苇,又将苇叶和苇秆分开。苇叶当布,苇秆是绳。先用苇叶将军门大人的头手四肢包牢,一层又一层。最后用揉扁的很有韧性的苇秆将军门大人的全身扎得严严实实。

苇荡深处,再深处,有一根带缆柱一样的石头,刘国标知道那是秋天割了苇子之后,放牛用的拴牛桩。他扛起陈化成的尸体一脚深一脚浅地涉水走向柱石。他将尸体掩埋在柱石旁边,仔细地将它们捆成一体。

仰头看天空,天空收尽了最后一抹余霞。低首望江水,满目的江水成了一片血海。

刘国标这时候才真正体会到什么叫作"血海深仇"。他摸了摸贴着心口的那块被陈化成的鲜血染红过的"光饼",决定今夜不走了。

他要为军门大人,不,为他的义父陈化成,守灵!

二十二

守卫宝山的知县周恭寿见吴淞失守,立马弃城。

守卫宝山城东门的提标游击王凤翔、守卫城西北的江阴游击董占元也树倒猢狲散般跟着一走了之。

英军没有遇到丝毫的抵抗,顺利占领了宝山县。1842年6月19日,英军分水陆两路进犯上海。

苏松太道巫宜禊和上海知县刘光斗,早在16日吴淞失守的当夜便弃城逃跑。数以千计的守军官兵紧跟着丢下完整的守城工事,退逃昆山、苏州。英军不开一枪就占领了上海县城。一百七十一门铁炮被英军缴获。须臾,三十万两白银也作为赎城金装进了英国人的腰包。至于民众在这场家园破碎的动荡中的精神摧毁,时人笔记有这样一段记载:"洋人既退,居民渐复,然风声鹤唳一日数惊。最可笑者,辰刻,一火轮船自外口入,阖境闻之复各逃命。妇女晏起者或披发露体,号泣狂走。守城兵勇一如前者。甚者一男子倒抱一婴儿,一手提破灯笼一盏;一妇以裙披于肩,两手持衣下掩……"而兵不血刃占据上海同时也扣留江湾数百艘货船的英国人,则"将屋里许多精巧的装饰品拆下来当柴火烧饭。……兵士们围着火,身上披着各种镶着高贵毛皮的绸子和缎子的外衣,手里拿着绣花的扇子在煽火……"

呜呼!哀哉!不屈的陈化成,死了。死后第七天,他的义子、太湖武进士刘国标将他的遗体护送到嘉定。县令练廷璜亲自给陈化成擦拭遗体,陈化成虽死犹生似的,那遗体如此完好真让他暗自惊奇。他细心地从陈化成身上取出了数十块弹片。遗体在嘉定武庙入殓,尔后举行了隆重的丧礼。

与不久前的关天培比起来,死节吴淞的第二位中国提督陈化成,注定不朽的形象更加高大。道光皇帝闻讯,赐祭葬,谥忠愍,赏银千两,命同安、宝山两地建祀祠。人民则以自己的方式纪念他们的英雄。殡葬时,嘉定宝山一带,"数万人罢市哭奠,杀牛以祭。绅耆、士庶、妇女,乃至挑夫、贩运,莫不奔走哭送,家家设香案于路,人人痛哭失声"。很快,一幅神像——身

第十一章 林则徐虎门销烟与鸦片战争爆发

穿盔甲、左手持军书、右手握大刀、巍然昂立的一位武将绘像就流行于民间。"江浙两省,几于家置一幅。"人们说,那是陈老佛。

一代武将殉职,万千百姓凭吊。自然,硝烟过后文人们也不甘寂寞。

吴淞要塞行辕的两侧山墙一时贴满了凭吊的诗文:

> 报国捐身日,遥天黯将星。
> 山河留壮气,风雨泣阴灵。
>
> 泪洒三军血,名流万载馨。
> 茫茫烟水阔,凭吊问沧溟。
>
> 势急慷慨誓捐躯,荧荧碧血靴刀溅。
> 千人痛哭为公死,万古忠贞气不磨。
>
> 击碎重溟万斛舻,炮云卷血洒平芜。
> 谁将战迹征新诔,一幅吴淞殉节图。

嗟乎!父老龙钟仰天哭,何时还我旧长城?人们崇拜英雄,更寄托着四海安宁一方平安的朴素愿望,于是,陈化成的神位被百姓迎进上海城隍庙,成为上海人心目中的新一任城隍!

然而,成为神祇的陈化成,终究是洒尽热血战死在沙场。死的已死了,人死不得复生;活着的还活着,谁也阻止不了他行走或是招摇于世间。在人们凭吊陈化成时,不明底细的人私下里问两江总督到哪去了?知情的人大声地说:"牛鉴早跑了!"

从吴淞一跑,牛鉴就剩下"华山自古一条道"了,只能主和而不能主战。他从宝山逃到嘉定,小憩两天,而后便直奔太仓、昆山,从昆山又躲到了苏州。一路上,就听到有人编了童谣讥讽他:"一战甬江口,督臣死,提臣走。再战吴淞口,提臣死,督臣走……"

既然走到这一步,也只有一条道儿走到底了!

于是，牛鉴孤注一掷地向长江沿岸的守军下达军令，一律不许开炮，设法谋求一条向英军妥协的捷径。听说英国舰队经崇明、福山，顺利通过江阴天险鹅鼻嘴，牛鉴一面"顿足捶胸，仰天号哭"，一面立即从苏州赶到常州，命常镇道周顼筹款十二万元犒赏英军。

这一来，百年后的人们就发现了历史上的"奇观"：璞鼎查的进军南京，变成了外国佬的沿江旅游。歇帆缓行的英军陆海官兵，轻松陶然地欣赏这条世界大河的盛夏景色，"呵，扬子江流域的风景甚为优美。江水流经江阴的时候，江面突然狭窄，但一过江阴，江面的宽度又和下游差不多了。江阴镇有一座使人注意的宝塔，我们好不容易说服一位相貌庄严的和尚，请他带我们到宝塔那边去……舰队向上游开行，越走陆上山岭越多，风景也越优美"。

这就是英国兵当时的日记。这日记是英国兵写的，是中国的大官牛鉴给了英国兵这个抒心畅怀的机会。失去安宁的江岸民众恨死了牛鉴。牛鉴却抱定"识时务者为俊杰"的歪理，明令暗示，继续软化清军将领。但是，也有人不听从这个从前线吴淞溃逃的两江总督指挥的。

谁？那就是京口副都统海龄。他决心坚守镇江。

镇江，原名京口，从这一名字看来，就知它地理位置十分重要。

璞鼎查进军南京，实际上是要夺占京口，掐住南北大运河的咽喉。这里将是英军"扬子江战役"的最后一战。为达此目的，璞鼎查投入的兵力比以往作战中任何一次都大得多，几乎是倾巢而动。东方远征军的大小炮舰，除留下载炮二十六门的"北极星"号封锁长江口外，其余舰船于7月6日自吴淞起航，风卷残云般向镇江进犯。让他高兴的是沿途不断收到伊里布的求和信和牛大人的犒劳品，所以，璞鼎查认为在镇江不会遇到多大的抵抗。

不料，英军遭遇到青州旗兵的坚决抵抗。镇江城犹如铁桶一般，虽被炮火团团包围，但守城清兵毫无畏惧地把守住各个城门。那堞垛箭楼是清兵隐蔽的盾牌，不停地有炮弹、火雷、利箭和砖头石块倾泻而下。英军伤亡惨重，攻城相持了两天，三十七人阵亡，一百二十八人受伤。

璞鼎查明白，这是碰上陈化成一类的硬汉子了。卧乌古攻不下镇江城,璞鼎查正好一展身手。他决定改变战术。他让卧乌古先在城北门佯攻,然后将陆军第一旅、第二旅、第三旅三股合一股集中攻打西门,故意放开东门和南门让清兵逃跑。清兵愣是不逃。他便在城西南角到处竖立云梯,蚂蚁啃骨头般群体攀城。

城池终于被攻破了。

巷战。短兵相接。手舞砍刀甚至是手无寸铁的清兵,靠血肉之躯,哪里抵挡得住英兵来复枪的射击?可是,镇江城的清兵跟吴淞西炮台的清兵一样的血性,他们不能容许这群野蛮的洋鬼子践踏他们的土地,亵渎他们的家园,他们与荷枪实弹的英兵肉搏,临死也要咬洋鬼子一口!

乌云笼罩着原本车舟辐辏的镇江城。巷战后的长街上,尸横一片;烧焦的房屋里,余烟不绝。

负责指挥镇江保卫战的清军副都统海龄,先焚烧了自己的家人,而后自缢殉节。街河交织的镇江城随即被英兵洗劫一空。

英军攻陷了镇江,也就封锁了运河,璞鼎查的"扬子江战役"大功告成了,而璞鼎查这个洋鬼子的威名也震撼着中国的大江南北。

他本来还想光顾一下"夜桥灯火连星汉,水郭帆樯近斗牛"的扬州,想不到扬州的两淮盐运使但明伦请出扬州的大盐商、大烟鬼颜崇礼和江寿民,早在英军舰队抵达京口焦山码头时,就上船接洽。镇江被攻陷的那一天,颜、江两人携带现款五十万银圆,合纹银三十五万五千两作为赎城费,乖乖地交给了英军。

这一切,统统是他璞鼎查日后向他的子孙炫耀的一份辉煌。然而,这些并不是璞鼎查的目的。他梦寐以求的是进军南京。

为迫使清廷无条件投降,璞鼎查挥戈西进,将战争的火舌窜向江南腹地——江宁。江宁地位之重要,自不待言。它背负钟山,襟带秦淮,俯瞰大江,确有一股龙盘虎踞之势。明朝时,它是朱元璋建立的南都,大清入关后在此驻有两江总督及江宁将军,人口百万。然而,这个"才士云集,珍宝荟萃",象征着千年文明骄矜而自傲的故都古城,防务的薄弱却令人吃惊:一个幅员六十里的中国第二大城,守军一共才七千人,其中还包括从宝山仓皇逃来的徐州镇总兵王志元和从镇江临阵撤退的湖北提督刘允孝手下一千七百名残兵败将。

1842年8月9日,英国舰队以四十艘舰船的浩荡之师直逼江宁城下,草鞋峡江面上"樯列如林,樯间烟气腾腾",早在吴淞吃了苦头的牛鉴,彻底吓坏了。他身为总督,有守土之责。江宁一旦失陷,他如果没有海龄那样的殉节之心,逃脱了战火,也逃脱不了死罪。为使英军不攻江宁以保全身家性命,惶惶不可终日的牛鉴擅自越权,直接与英军接洽议和事宜。他先派千总陈伯龄、武举张攀龙向璞鼎查递交照会,赌咒发誓清廷已有投降之意,恳求英军止步勿进。

这纸照会,马上碰了一鼻子灰。牛鉴不死心,又脸老皮厚地两次向璞鼎查求情,"皇帝已明降谕旨,(议和事宜)交与钦差大臣广州将军耆、乍浦副都统前大学士伊,妥为筹办"。他一心一意"赎省会以免战祸",表示"兹已凑足三十万之数,即日专弁送交",如英军"将兵船退出数十里之外,即当召集富户,再凑银三十万两,续行致送,决不食言"。

如此卑躬屈膝,却没有换来一丝怜悯。

璞鼎查一面将赎城费抬高到三百万元之巨,一面积极准备攻城。

巴尔克和马礼逊周密侦察江宁地势和设防布局之后,以占领钟山为突破口的攻城方案便在璞鼎查脑海中形成了,很快,它又成为英军白纸黑字的"蓝皮书"。

江宁朝不保夕,牛鉴连篇累牍地上奏告急。

伊里布和耆英,风尘仆仆从丹阳赶到江宁。

三个"臭皮匠"凑成一道:和!赶快求和!

他们联名给璞鼎查写了一封新的照会,在冠冕堂皇的"天朝"言词虚掩搪塞之下,全是低声下气唯唯诺诺可怜巴巴的哀求:

> 久慕芳形,只缘中国相隔,未畅晤芝宇,殊深怅然。
>
> 实年来庸臣误事,以至如此,夫复何说?唯此中委曲,非我皇上不洞悉下情也,但全权公使将我沿海蹂躏,其天下为公共天下,有德者居之,今如此涂毒生民,天潢不忍坐视,敬此倭阵。若公使畏天命,敦仁义,两国照常通好,上天监察,定有以垂佑。

公使年高有德，还望熟思，是所切嘱。手书数字，出于至诚。倘有欺诈，天地诛之。

璞鼎查不领人情。他根本就没有把这三位钦差大臣放在眼里！

一贯以居高临下的姿势看待西方贡使的东方天朝大臣，一旦被人视如草芥，像一只木屐被丢在一边，他们就没辙了。山穷水尽之中，他们什么也顾不得了，但唯一剩下的是还想顾及体面。体面是天朝之魂。他们不能体面地把夷人赶走，但必须体面地将夷人请来，共商体面的通好通商的"国策大事"。

中英《南京条约》非官方预备会谈由此开始。

第一轮会谈的地点选在江边的静海寺。这是明朝的永乐皇帝为纪念郑和下西洋平安回京所建的一座古庙。这儿离英舰停泊处不远。

英方提出的订约条款有八大项：

第一，中国赔偿鸦片烟价六百万元、商欠款三百万元、英军战费一千二百万元。并规定支付日期，逾期加息。

第二，两国官员移文平行。

第三，将香港永远割让给英国。

第四，开放广州、福州、厦门、宁波、上海通商，并设立英国领事。

第五，废除行商垄断，英商纳税由本国领事直接与海关办理。

第六，英国货物在一处口岸纳税后，可遍运天下，不得再征重税。

第七，释放英俘。

第八，俟赔款付清和各口开放，英军由镇海的招宝山、定海的舟山、厦门的鼓浪屿撤出。

同时，英国人以书面语言告诉中国人说，将在1842年8月13日开始攻打南京。

1842年8月9日，"皋华丽"号已经开到距城墙、陆地的射程之内。为了加强威胁，璞鼎查派出一艘凶猛的新船"女王"号，朝南京城墙射击。他还在河滩上放置了八英寸的榴弹炮,炮口指向城里。城里人犹如惊弓之鸟,惶惶不可终日。两天之后,伊里布做出回应,给出三百万两白银的甜头,耆英将它亲自送到"女王"号上。这份厚礼让英国人稍稍缓和了一下,推迟了对南京的进攻。第二天,耆英、伊里布和牛鉴放下架子,最终亲自出现在"女王"号上。他们答应只要取消进攻计划,将作为全权大臣开始认真的谈判。英国人同意了。四天之中,使节们往来于船与陆地之间,终于使条约基本定型。

8月20日,英国人邀请耆英、伊里布和牛鉴以及随行同僚到"皋华丽"号上做客,并用茶和樱桃白兰地招待他们。在双方的礼貌背后,璞鼎查还是对客人持有戒心——过去这些人的欺诈和拖延曾让义律失去理智,最后含羞回国,这一次绝对不能再半途而废。对比于璞鼎查冷冰冰的怀疑态度,伊里布和耆英表现出极富涵养的天朝大员所具有的礼节。他们看到船舱里挂着维多利亚女王的画像,深深鞠了一躬。

璞鼎查见状在心里说:马戛尔尼、律劳卑、安赫斯特伯爵应该含笑九泉了。

而对于大清王朝,对于这个已经经历了多次军事失败的国家来讲,这完全是一次外交上的惨败。

大清王朝的颜面已经丢尽。耆英登上"皋华丽"号时,强颜欢笑,骨子里早被英军的坚船利炮吓破了胆,他向道光皇帝奏报时声称"该夷船坚炮猛,初尚得之传闻,今既亲上其船,目睹其炮,益知非兵力所能制服"。再登夷船就是战战兢兢了。

1842年8月29日上午11时,耆英、伊里布、牛鉴等大清王朝的钦差大臣们穿着汗水浸透的厚重官服,又一次登上了高昂着乌黑锃亮的巨型火炮锚泊于南京下关江面的英舰"皋华丽"号,与璞鼎查、巴尔克、卧乌克一起签署条约——这份条约非常详细,足足四卷纸,用金黄色丝绸包裹捆扎,以显示其绝对的庄严。

"皋华丽"号的桅杆上,英国的"米"字旗和大清国的"龙"旗高高飘扬。场面也是绝对的隆重。当三位钦差大臣的朝靴一踏上英舰的甲板,"皋华丽"号上突然连发礼炮。咣、咣、咣……一共十八响。三位钦差闻炮色变。

第十一章　林则徐虎门销烟与鸦片战争爆发

卖国只能偷偷摸摸,岂可大轰大鸣地公开?被炮声一吓,皇上的钦差大臣们全然没了底气,在接下来的仪式中居然看都没看一下那些屈辱的条款,就用颤抖的手草草签了字。

不管怎么解释,这场战争以大清王朝的失败而告终。做梦也笑醒了的是英国人。虽然,中国御宝和英国国玺都还没有正式盖在《南京条约》的文本上,但璞鼎查流畅得像龙胆花似的英文签名和大清王朝三位钦差大臣鲜红的朱砂关防,已经将它装点得赫然醒目。璞鼎查终于颔首微笑。英国的铜管乐队快活地演奏起《盖莱·欧文》的乐曲。

中国近代史上第一个"国耻时刻"便不以四亿中国人的愿望为转移地降临了。

二十三

北京,紫禁城,养心殿。道光皇帝手捏一叠耆英的奏报和那份《南京条约》的文本,在御座前气急败坏又无可奈何地来回踱步。

丹墀下,满蒙王公、军机大臣和一班文官武将跪满一地,个个匍匐垂袖,偷窥着皇上有点蹒跚的步履。

在惧怕英军武力这一点上,道光皇帝与耆英、伊里布和牛鉴等人并无两样。英军进犯长江前,他战和不决举棋不定,那是因为他极不情愿失掉大清的体面,同时对于在天津挡住英军以争取较有利的议和条件抱一线希望。英军打开天朝的东大门,继而闯入长江、封锁运河、攻陷漕运枢纽镇江,又兵临南京威逼京都,这一步棋完全出乎他的意料。诚惶诚恐的他,生怕重蹈明朝灭亡的覆辙。道光皇帝长叹一声,简直是五内俱焚。他此时能对群臣再说什么?而群臣中又有谁比他高明?

退朝!

朝廷上的退朝,不啻中国在鸦片战争中的整体退却!

夜凉如水,星光摇曳。一轮枯黄的月亮照着一片重檐翘角的方殿,沥粉金漆的盘龙柱和富丽堂皇的蟠龙藻井依然安在,但他彻夜未眠,独自一人,反剪着双手在殿阶上踱来踱去。回顾登极二十年来的所经所历、所作所为,他自信勤政不懈,却不料闹出割地赔款的奇耻大辱,如何不令他顿足捶胸,痛心疾首?想当年,午门降贼,何等的英雄盖世,眼下却被区区劣夷逼立城下之盟,叫他怎能甘心驯服?那赔款尚属小事,丢失祖宗土地可是头等大事,自己何以面对臣民,又将有何面目去见地下的列祖列宗?道光皇帝思前想后,真不愿画押签约。但是,不用御宝,不盖这个大印,又有何解救良策?

自鸣钟敲响六点,天终于亮了。在这个空中祥云缭绕而心头阴霾密布的道光二十二年(1842年)九月十五日的早晨,曾被乾隆帝嘉勉过的绵宁,当了皇帝也确实励精图治的旻宁,终于,愧对先祖含辱地批准了《南京条约》。

三个月后,《南京条约》也在伦敦受到英国女王的批准。

1843年(道光二十三年)6月26日,耆英来到香港与璞鼎查举行了《南京条约》的换文仪式。然而,璞鼎查手中的《南京条约》英文本,多了一段强加于人的措辞。

这段文字的中文直译——"中国皇帝陛下同意,英国国民及家人和仆从,从今以后获准居住于广州、厦门、福州府、宁波和上海的城市和镇,以进行通商贸易,不受干扰和限制,统治大不列颠及各处的女王陛下,将指派监督或领事官员,驻扎上述城市和镇。"

璞鼎查当天宣布香港为大不列颠女王维多利亚陛下的属地。

也就在同一天,璞鼎查在总督府宣誓就任香港第一任总督。

璞鼎查笑了。

他开山拓土、办邮局、办银行、办马礼逊学堂,又组织行政局与立法局,成立香港法庭,自己兼任裁判法官。真是志得意满。

可是,他得意得太早了!

女王派特使莅临香港,刚刚当上港督不久的璞鼎查,居然利令智昏地与女王特使在会晤中大谈治"国"方略。这种太过明显的"功高震主"的做法,很快就让白金汉宫的维多利亚女王对璞鼎查提高了警觉。

本来以为替大英帝国争得了香港这块"风水宝地",代表女王签订了永载大不列颠史册的《南京条约》，同时事实上已经成为香港首任总督的他，从此将步入坦途，前程一片辉煌。然而，上任伊始，实行第一个宵禁的那一天，钳制香港舆论的英国商人们就大胆预测，说他只是"昙花一现"，其任期不会超过秋天。果然不出所料，当第一片黄叶从树上落下，这一预言就成了事实。

英国的宦海同样无情。璞鼎查还没来得及洗净从海上视察带回总督府的征尘，他就被女王解职了，像女王甩下的一只不想再穿的旧袜子，丢弃到了垃圾桶里。

璞鼎查犹如一颗流星，划过英伦三岛政坛和军界诡谲的天空，很快就从香港消失得无影无踪，其威名也在大不列颠1843年以后的历史中渐渐淡化得像一张白纸。

第十二章 泱泱中华有海无防 任凭列强宰割

一

国门既破,虎狼蜂拥而来。

1844年7月,美国只以三艘军舰相威胁,就强迫清政府签订了中美《望厦条约》。三个月后,法国人又开来八条兵船,强迫清政府签订了中法《黄埔条约》。紧接着,葡萄牙、比利时、西班牙等大大小小的殖民主义者像饿狼扑食一样纷纷从海上窜来,在"利益均沾"的名义下,瓜分着我们这个古老文明的东方大国。

1857年爆发的英法联军侵华战争,史称第二次鸦片战争。战争的起因是,英法等西方列强对于在第一次鸦片战争中所攫取的利益和特权,已经远不能满足其贪婪的胃口,于是再一次发动了侵华战争。

先是1856年,英国侵略军在广州向中国挑衅。继而,1857年10月,法国以法籍神甫马赖偷入广西西林县作恶被杀为借口加入侵华行列,与英国共同组织了联合舰队,从集结地香港出发,封锁珠江口,继而占领广州。美、俄两国闻腥而来。

1858年2月,英、法、美、俄四国公使照会清政府,要求派出全权代表到上海谈判,遭到清政府拒绝。4月20日,四国公使带领军舰在天津大沽口外会合。24日,再次照会清政府,要求在北京或天津谈判。与此同时,进至大沽口外的英法联军舰艇频繁地派船侦察地形,窥探炮台,测量航道,在海上立标打靶,并向出海巡逻的清军水师射击。

当时,驻守大沽口地区的清军约八千人,由直隶总督谭廷襄统领。在海口北岸设置炮台一座,南岸设置炮台三座,炮兵三千人,火炮二百余门,但这些火炮都很陈旧。

5月19日,停泊在白河口的有英军军舰十五艘(其中蒸汽舰艇十三艘),载炮一百九十二门,官兵二千人;法国军舰十一艘(其中蒸汽舰艇九艘),载炮一百六十四门,官兵六百人。此外,还有美国军舰三艘,俄国军舰一艘。当夜,英法联军十六艘舰艇及二十余艘满载陆战队的舢板侵入拦江沙内,美、俄军舰各一艘跟进助威。

20日8时,英、法公使发出最后通牒,要求清政府同意四国公使前往天津,并限令两个小时内交出炮台,否则以武力解决。两个小时一到,清政府锅不动瓢不响。10时,英法联军的六艘炮艇分成两队驶进大沽口内不宣而战,炮击南、北炮台。接着,四百五十七名联军陆战队员向北岸炮台进攻,七百二十一名陆战队员攻打南炮台。

各炮台守军奋力抗击,击沉敌运兵舢板四艘,毙伤近百人。法军炮艇"霰弹"号遭重创,艇长被击毙,十一人受伤。清军水师向海口顺流漂下五十只火船、火筏,以攻击敌舰艇,被敌一一拨开,未能奏效。海口外边的联军军舰用大口径火炮轰击各炮台。北岸炮台的顶盖被掀掉,南岸炮台的围墙被击塌。11时许,英法联军两支陆战队强行登陆,逼近炮台。守兵冲出与敌兵白刃格斗,但血肉之躯终究抵挡不住敌人排枪的子弹。防守北岸炮台的游击沙春元和防守南岸炮台的游击陈毅先后战死。在此危急关头,直隶总督谭廷襄乘轿逃走。后路清军溃散,各炮台相继失陷。

5月26日,英法联军舰艇直抵天津城下,扬言进犯北京。清政府慌忙派大学士桂良、吏部尚书花沙纳为钦差大臣奔赴天津,于6月13—27日,先后与英、法、美、俄四国签订了《天津条约》。7月,英法联军撤出天津。

为了防止英法联军卷土重来,清政府亡羊补牢,在大沽口加强防御,直隶总督换成恒福,并命僧格林沁会同礼部尚书瑞麟前往天津主持军务。僧格林沁是蒙古族科尔沁旗人,道光皇帝姐姐的过继儿子,正宗的皇亲国戚,彪悍的"鹰獒之士",咸丰五年(1855年),击溃太平天国北伐军,晋封博多勒噶台亲王,历经数百战役毫发无损,人称"铁帽子王"。

僧格林沁到任之后便积极筹建大沽口和双港的防务,立马恢复了直隶海口水师二千人的编制。在南、北岸各建三座炮台,添置万斤以上的大铜炮十一门,五千斤大铜炮两门,西洋铁炮二十三门,加上其他火炮共有六十门。同时,加固炮台防护,台外筑墙,墙外挖壕,在海口设置三道拦截铁链,安设木栅铁戗。另在双港驻兵,并修建炮台十三座,安设火炮八十一门,又在北塘驻兵一千六百人。整个大沽防区招募团练、乡勇五万余众。

1859年6月17日,英法联军舰队以"换约"为借口再次驶至天津大沽口外。当看见海面上浩浩荡荡飘动着英国、法国、美国国旗的军舰,僧格林沁就明白了英国佬、法国佬和美国佬的狼子野心:借换约之由,行侵略之实。如果不是打仗,只是换约,用得了这么多的军舰吗?

这支换约舰队,由新任英国侵华海军司令贺布少将指挥,共有舰船二十一艘。其中英国军舰十七艘、运输船二艘、陆战队一千二百人,法国军舰二艘、陆战队一百人。此外,三艘美国军舰跟随其后。

僧格林沁代表清政府通知英、法、美三国公使从北塘上岸进京换约,三国公使强硬表示非走大沽口不可,要求守军撤除海口的一切障碍,未果,便强行闯关。见此情景,僧格林沁并没有急于开战,而是让南北炮台偃旗息鼓,佯装无人防守。换约舰队连日在海口侦察,并开炮挑衅,炮台清军在直隶提督史荣椿和大沽协副将龙汝元指挥下,声色不露,静观敌人动向。

嚣张的英法联军放松了警惕,自恃船坚炮利,对清军的防线满不在乎。6月25日拂晓,贺布率领十三艘舰船向海口开来,派兵拆除铁链和木棚,开辟通道,陆战队换乘抢劫来的中国帆船待命。下午3时,海口第一道障碍终于被清除,英法联军舰队组织逼关。英舰"负鼠"号为前导,贺布的旗舰

"鸧鸟"号等军舰、炮艇随后跟进,开炮轰击两岸炮台。等英法联军的火炮打疲劳了,炮弹渐渐稀疏了,僧格林沁这才传令全线炮台扯掉伪装,数十门大炮居高临下一齐开火。

英法联军的舰队只要是进了清军火炮射程内的舰船,全都陷入火海之中。旗舰舰长拉桑被击毙,贺布也负了伤,改乘大汽艇"鸬鹚"号指挥反击。可是,英舰的弹药来不及补充,而清军火炮的弹药源源不断,激战两小时,旗舰"鸧鸟"号被击毁,"破风"号和"呼潮鸟"号二艘炮船被击沉。"鸬鹚"号搁浅,贺布又换乘到法舰上,刚脱险,身后的"鸬鹚"号就被清军的炮火击毁了。这时,加入战斗的美军旗舰"托依旺"号副长被击伤。守军越战越勇,史荣椿和龙汝元等将军奋不顾身,靠前指挥,相继阵亡。将军捐躯,激起士兵一片复仇的怒火,火炮更加猛烈。

僧格林沁传令停火。

下午5时,英法联军陆战队一千余人,分乘二十余只舢板、帆船在舰炮的掩护下,冲向南岸。登陆后,面向炮台,岂料脚下是一片泥泞的滩涂,只能匍匐爬行。等爬到第一道壕沟,一个个就成了清兵弓箭手的活靶。

贺布垂头丧气,拖着一条伤腿,下令撤退。一昼夜的激战,不但没有一人能够平安上岸,而且,英军伤亡五百七十八人,法军伤亡十四人,四艘舰艇被击毁,六艘舰艇受重创,损失惨重。

清军只伤亡三十二人,少数炮台遭到轻度破坏。

这是自第一次鸦片战争以来中国军队针对外国侵略军抗击登陆作战的首次重大胜利。

但是,英、法等国殖民主义者并不甘心失败,蓄谋扩大侵华战争。

1859年11月,英、法两国分别任命陆军中将格兰特和孟托班为英、法远征军总司令,重建英法联军。其中,英军一万八千人,法军七千人。第二年3月22日,英、法舰船十八艘侵入舟山。5月27日,英军占领大连湾。6月8日,法军进占烟台,完成了对渤海湾的封锁。此后,英法联军就以大连、烟台为进攻大沽口的前进基地。7月26日,英法联军舰船在渤海会师后,向大沽口开进。这时的阵势扩大了,英军出动舰船一百七十三艘,兵力一万零五百人;法军动用舰船三十三艘,兵力六千三百人。

29日,英法联军抵达大沽至北塘之间的沙垒田岛附近,在距海岸十三千米的海面待机,并进行侦察和海道测量。

清政府因第二次大沽口之战大举获胜,正躺在摇篮里悠然自得。百战百胜的僧格林沁盲目乐观起来,认为远道而来的英法联军不堪一击。将军骄傲,就会轻敌,竟把两万清兵主力全部放在大沽口,而在北塘一线却不设防。

8月1日,英法联军出动舰船三十余艘,护送陆军五千人进攻北塘,因该地守备空虚而顺利登陆,迅速占领北塘镇,后续部队也相继上岸。想不到将重兵云集大沽的僧格林沁没有及时调整部署,仅派一支马队"遥为屯扎",并下令"不得先行还击",以致坐失了对敌抗击登陆的良机。

8月7日,清政府醒了过来,要求谈判。英、法公使腰杆子硬了,予以拒绝,并强令清军交出大沽口各个炮台。8月12日拂晓,英法联军万余人从北塘出发,途中分成左、右两路纵队,分别攻击新河和军粮城。

北塘一线是开阔的海浜,叱咤草原的蒙古骑兵是僧格林沁的撒手锏。9时许,新河清军马队二千人对敌右路部队进行反击。不料,马队遭遇敌人炮火轰击后,又被其步兵包围。

蒙古骑兵在近代排枪火炮面前全无优势,但仍然用自杀式冲锋上演了旧式骑兵的落幕之战。交战不久,马队伤亡四百人,只得突围。英法联军的炮弹比清军马蹄的速度更快,清军马队大部被歼,新河失陷。

8月14日晨,英法联军由新河向塘沽进逼。

塘沽是大沽口北岸炮台的侧后屏障,筑有高七米、长近二千米的海塘围墙。墙上开设火炮射口,俨如一道小型长城。清军守兵加上新河的退兵,共有三千人。6时,英法联军到达塘沽附近,白河中的清军水师战船立即开炮拒敌。双方炮战半小时,清军水师不支而退。7时30分,英法联军炮轰塘沽,随即步兵发起总攻,清军守军拼死抵抗。二小时后,联军一部泅水从苇塘迂回到塘沽侧后,守军腹背受敌,退至大沽口北岸炮台。塘沽陷落。

这时,英法联军舰船在大沽口外集结,准备配合陆军夹击大沽炮台。清政府已丧失守卫海口的信心,再次求和,仍遭拒绝。

第十二章　泱泱中华有海无防任凭列强宰割

8月21日5时,英法联军集中所有舰炮和野战炮一起向北岸炮台猛烈轰击,炮火雷霆,飞弹盖地。守军虽然开炮还击,但炮位上的固定射击口都是朝向前方海面,无法对侧后的联军形成威胁。当各炮台的弹药库相继中弹爆炸,守军的大炮也就真正偃旗息鼓。8时之后,炮战告停。万余联军步兵分两路冲锋,英军为左路,法军为右路,首先进攻石头缝炮台。直隶提督乐善督促炮手操起抬枪和弓箭杀敌,旧式的抬枪和冷兵器时代的弓箭岂是新式排枪的对手,乐善和守兵大部阵亡。主炮台被敌夺占。左右两座副炮台也在激烈争夺后失守。

僧格林沁见北岸炮台尽失,认为南岸也"万难守御",当晚带兵退往天津。直隶总督恒福便把南岸炮台拱手交给英法联军。

大沽口失陷后,上次吃了败仗的贺布还魂了,亲率五艘炮船和八十余名野战炮和陆战队官兵,溯白河长驱直入。这时,僧格林沁带领双港、天津一带清军一万七千人退到通州。8月24日,贺布的炮船驶至天津近郊,未经战斗英法联军就占领了天津。

9月18日至21日,英法联军在通州附近的张家湾和八里桥与僧格林沁展开决战。清军数万骑兵在英法联军的野战炮面前,毫无惧死之意,一队骑兵倒下,又一队骑兵呼啸而上。

炮弹和子弹无法彻底消灭他们,骑兵们似乎是从灰烬中重生。一位神勇的清军骑兵挥舞着一杆长斧,斧光闪闪,嗖的一声,砍倒了十几个英军步兵。

贺布见状怒不可遏,掏出毛瑟枪就要点射。僧格林沁忽然动作,唰地犹如一阵狂风席卷而来。贺布根本来不及扣下手枪的扳机!

一声嚎叫,贺布举枪的手臂多了一道血口,眼睛里出现的是僧格林沁咬牙切齿的冷笑。

面对提刀上马的大清王爷,贺布重新扬起手中的枪械。僧格林沁没有恋战,绝尘而去。

二

击溃了僧格林沁的数万骑兵,英法联军长驱直入北京。此时正是咸丰年间,咸丰帝仓皇出逃热河承德,遗留恭亲王奕䜣媾和。

1860年(咸丰十年)10月,英法联军闯入圆明园,将这座"万园之园"劫掠一空后付之一炬,使之变成残垣断壁,一片焦土。

中国人义愤填膺,有良心的外国人也看不下去了。以长篇小说《巴黎圣母院》《悲惨世界》《海上劳工》《笑面人》闻名于世的法国作家,被马克思称之为"路易·菲力浦时代的老知名之士"的维克多·雨果,于1861年愤怒提笔写下《就英法联军远征中国给巴特勒上尉的信》,信中写道:

在世界的某个角落,有一个世界奇迹。这个奇迹叫圆明园。艺术有两个来源,一是理想,理想产生欧洲艺术;一是幻想,幻想产生东方艺术。圆明园在幻想艺术中的地位就如同巴特农神庙在理想艺术中的地位。一个几乎是超人的民族的想象力所能产生的成就尽在于此。和巴特农神庙不一样,这不是一件稀有的、独一无二的作品;这是幻想的某种规模巨大的典范,如果幻想能有典范的话。请您想象有一座言语无法形容的建筑,某种恍若月宫的建筑,这就是圆明园。请您用大理石,用玉石,用青铜,用瓷器建造一个梦,用雪松做它的屋架,给它上上下下缀满宝石,披上绸缎,这儿盖神殿,那儿建后宫,造城楼,里面放上神像,放上异兽,饰以琉璃,饰以珐琅,饰以黄金,施以脂粉,请同是诗人的建筑师建造一千零一夜的一千零一个梦,再添上一座座花园,一方方水池,一眼眼喷泉,加上成群的天鹅、朱鹭和孔雀,总而言之,请假设人类幻想的某种令人眼花缭乱的洞府,其外貌是神庙,是宫殿,那就是这座名园。

为了创建圆明园,曾经耗费了两代人的长期劳动。这座大得犹如一座城市的建筑物是世世代代的结晶,为谁而建?为了各国人民。因为,岁月创造的一切都是属于人类的。过去的艺术家、诗人、哲学家都知道圆明园,伏尔泰就谈起过圆明园。人们常说:希腊有巴特农神庙,埃及有金字塔,罗马有斗兽场,巴黎有圣母院,而东方有圆明园。要是说,大家没有看见过它,但大家梦见过它。这是某种令人惊骇而不知名的杰作,在不可名状的晨曦中依稀可见,宛如在欧洲文明的地平线上瞥见的亚洲文明的剪影。

这个奇迹已经消失了。

有一天,两个来自欧洲的强盗闯进了圆明园。一个强盗洗劫财物,另一个强盗在放火。似乎得胜之后,便可以动手行窃了。他们对圆明园进行了大规模的劫掠,赃物由两个胜利者均分。我们看到,这整个事件还与额尔金的名字有关,这名字又使人不能不忆起巴特农神庙。从前他们对巴特农神庙怎么干,现在对圆明园也怎么干,不同的只是干得更彻底、更漂亮,以至于荡然无存。我们把欧洲所有大教堂的财宝加在一起,也许还抵不上东方这座了不起的富丽堂皇的博物馆。那儿不仅仅有艺术珍品,还有大堆的金银制品。丰功伟绩!收获巨大!两个胜利者,一个塞满了腰包,这是看得见的,另一个装满了箱箧。他们手挽手,笑嘻嘻地回到欧洲。这就是两个强盗的故事。

我们欧洲人是文明人,中国人在我们眼中是野蛮人。这就是文明对野蛮所干的事情。

将受到历史制裁的这两个强盗,一个叫法兰西,一个叫英吉利。

真是人神共愤!雨果信中提到的额尔金,是英国全权公使,一个双手沾满中国人鲜血的战争贩子,就是他一手毁掉了圆明园!

圆明园的消失,象征着东方天朝大国整个骨骼的崩塌!

在军事失利、京城沦陷的形势下,清政府除满足侵略者的贪欲外别无选择。就在英法联军烧毁圆明园的当月,清政府又格外分别与英、法签订了《北京条约》,沙俄乘机强迫清政府签订中俄《瑷珲条约》,割去中国黑龙江以北、外兴安岭以南大片领土。帝国主义的蛮横侵略与清政府的妥协投降,使中国继鸦片战争之后,又一次大量丧失了陆上领土和海上主权。从此,中国进一步陷入半殖民地的深渊。

三

鸦片战争,割地赔款,这种屈辱的结局使朝野上下受到前所未有的强烈震动。从生存安全的角度来看,中国站在一个虎狼环伺的十字路口,风声鹤唳,四面楚歌。没有强大的军力,只是一群待宰的羔羊。严峻的对外形势,促使中国封建统治阶级中一些敢于正视现实的进步思想家,如林则徐、魏源、姚莹、梁廷楠、包世臣、徐继畬、夏燮、林福祥等,开始睁开双眼,用冷静的目光,审视周围的世界。

世界已经不是想象中的世界。如果把世界看成一个丛林,那么中国就是一个被世界冷落受人欺凌的丛林弃子。

之所以遭到遗弃,因为落后。而落后就要挨打,这已经是朝野的共识。马背上走来的王朝,开始下马徒步,摸索前行。首先,恶劣的生存环境使中国对军事力量的发展有着迫切的需求。但是军事力量的发展,不是说想发展就能发展起来。发展军事成本高昂。国力弱,就玩不起,玩不起就没实力,没实力就挨打,挨打的国家就发展不起来,发展不起来国力就更弱——这是一个没有休止符的"连环套"。而所谓的国力,说白了,就是银子。

早在鸦片战争爆发前,林则徐已经深感建设海上武装力量的重要性和改进海军武器装备的紧迫性。定海失陷,引起林则徐的警觉,关于建设一支"船炮水军"和"出洋剿办"的海防思想很快形成。在第一次鸦片战争中,林则徐最先倡导"造船铸炮"和"师敌之长技以制敌"。他在广东主持抗英斗争时,曾从美商手中购买一艘千余吨的西式商船,然后配备英制火炮,将其改装成战船"截杀"号。此外,他还广求各种船图,派人研究仿制,先后制成一批"坚强长大"的新船。道光二十年八月(1840年9月),获悉英国舰队到达天津的消息后,这位厉行禁烟已被撤职查办的强硬派,不顾个人荣辱利害,仍然一根筋似的向道光上奏,郑重陈述"船炮乃不可不造之件"的坚定主张。他指出,"制炮必求极利,造船必求极坚"。

然而,道光一反常态,与禁烟前的求贤若渴判若两人。林则徐制炮造船的正确主张遭到道光的朱批"一片胡言",那奏折也就像一叠废纸被皇帝随手丢到了脑后!

道光生性悭吝,他就是大清帝国的一个"账房先生",一个守财奴。何况,国库空虚,手中没有多少银子。再说,即使有银子,道光也不会花在仿效西洋制造坚船利炮上。归根到底,他缺乏大国思维,也不可能具有前瞻意识。

前瞻意识,常常与现实是对立的。林则徐失望了,但在带枷充军新疆之前,给家人口占一诗,其中两句——"苟利国家生死以,岂因祸福避趋之。"可见他只要还有一口气,就要鼓与呼。于是,临行之前,将他编译、撰写的《四洲志》托人转交他的好友魏源。

魏源,湖南邵阳人,曾任江苏东台、兴化知县和高邮知州。他不仅一生著作等身,有《孔子年表》《曾子发微》《孙子集注》《老子本义》《元史新编》等奇书存世,而且与林则徐并称"林魏",在中国近代史上被誉为"开眼看世界的第一人"。

早年,魏源结识林则徐、龚自珍,三人同是"宣南诗社"的扛鼎之才,他们竭力倡导"经世致用"的务实学风,主张革新社会政治。作为两江总督裕谦的幕僚,魏源亲身经历了抗英作战行动。林则徐坚决抗英而被治罪遣戍新疆,朝廷软弱屡屡接受屈辱和约,魏源悲愤作诗"城上旌旗城下盟,怒潮已作落潮声",弃官著书。他接受已遭贬谪的好友林则徐的深情嘱托,以林则徐的《四洲志》为基础,历时整整十年,增补编纂了堪称划时代的世界性百科全书《海国图志》一百卷。该书具有明确的资产阶级进步思想倾向,介绍了世界各国历史、地理、政治、经济、军事、科学技术、宗教和文化等诸多情况,分析了鸦片战争失败的经验教训,提出了富国强兵以御外侮的一系列主张和措施,成为当时中国非常难得的一部思想启蒙著作,对近代中国社会的诸多领域产生了极其深刻和久远的积极影响。

早在清政府与英国侵略者签订《南京条约》之际,魏源就愤而写下《圣武记》一书,最先提出"以彼长技,御彼长技"的主张;在其所撰专门记述鸦片战争始末的《道光洋艘征抚记》一书中,提出"尽收外国之羽翼为中国之羽翼,尽转外国之长技为中国之长技"。而在《海国图志》一书中,魏源则明确提出了一个革新中国武备以御外侮的著名方略——"师夷长技以制夷"。

准确地说,"师夷长技以制夷"这一命题,是由林则徐提出,由魏源完整概括出来的。他们在抗英斗争中,看到了英军"船坚炮利"的"长技"是其制胜的重要法宝。从《圣武记》到《海国图志》第五十卷本,魏源"师夷"和"制夷"的思想逐步完善。他认为,这不仅是海防长久之图,而且是"富国强兵"之举。同时进一步提出"始则师而法之,继则比而齐之,终则驾而上之,自强之道,实在乎是"。

为了"师夷",必须首先破除传统的保守观念,摈弃"非我族类,必为夷狄"的狭隘民族心理。魏源指出,今之"外夷"已同过去的"蛮夷"不同:"蛮夷"是落后的部落,而"外夷"则是相当进步和文明的国家,两者不可同日而语。"蛮夷"窥伺中原,无非是抢掠民女和财物,而"外夷"的侵略,则是企图灭我中华。他还针对抵制西方先进科技所谓"奇技淫巧"的陈词滥调,批驳道:"有用之物,即奇技而非淫巧。"

而要实施"师夷",林则徐、魏源都强调必先了解西洋各国情况,因为"欲制外夷者,必先悉夷情始;欲悉夷情者,必先立译馆,翻夷书始"。这些积极的思想,具有启蒙和救亡的双重文化视角与价值判断。一人呐喊,万人唱和,最终催生了后来的洋务派。

作为后来洋务派的先驱,魏源一再论述"师夷"的重要性,"师夷"实为"制夷"的前提。他大声疾呼:"善师四夷,能制四海;不善师外夷者,外夷制之。"他具体指出:"夷之长技三:一战舰,二火器,三养兵、练兵之法。"不仅将重点放在人所共识的武器装备方面,并特别提出"养兵、练兵之法"。对此,他满怀信心,只要"励精淬志",将西方长技学到手,国家定会富强,中国必将出现"风气日开,智慧日出,方见东海之民,犹西海之民"的昌盛局面。

魏源展望建立一支"百艘战舰、十艘轮船、三万水兵、号令简明、统一指挥"的近代海军舰队。这支舰队将"可以驶楼船于海外,可以战洋夷于海中"。全国沿海各省舰队,"合新修之火轮、战舰,与新练水犀之士","以创中国千年水师未有之盛"。

同时,魏源敏锐地指出,英国之所以强盛,在于"兵贾相资,遂雄",也就是以商养军,富国强兵。

林则徐和魏源对中国海防思想的贡献,在于开始从世界广阔的视角,将立足点由对内转向对外,触及了海防战略思想的核心,明确提出"师夷长技以制夷"的军事变革方针,前所未有地初步设计了建设中国近代海军的远景规划,其影响不仅是广泛的,而且是深远的。

四

然而,两次鸦片战争的惨痛结局,虽然激起统治阶级中的有识之士奋力探索海军海防问题,但并没有促成清政府立即着手兴办海军。

1851年,中华大地爆发了声势浩大的太平天国农民起义。太平军组建的水军在长江中下游屡建战功。湘军统帅曾国藩组建了五千人的湘军水师,作战却不甚得力,迫使清政府自1856年多次出钱雇用外国轮船协助对太平军的水上作战,但受雇的外国轮船有时不听调遣。这一情形逼迫清政府下决心组建一支精干的水师,而"购买外洋船炮,则为今日救时之第一要务"。

英法联军从海上入侵,长驱直入,再一次显示出海军舰队海上机动作战的优势,清朝统治阶级中更多的成员看到了这一点。然而,中国没有大机器的工业,没有造舰制炮的技术和人才,要想急功近利,唯一的办法就是向外国买舰。1861年,咸丰皇帝拍板决定,向外国购买一支舰队。

这是中国近代海军的第一次"引装"。

可叹可悲的是,这一引装活动却是狡黠险恶的洋人给清政府设的一个"局":英国总税务司李泰国无视中国主权,不但为在英国购买的七艘军舰和一艘运输船,选定了舰队司令官阿思本和全部水手,而且擅自代表清政府与阿思本签订合同十三条,轮船水师章程二十七总目,以及雇用官兵水手合同八条。按照这些合同,清政府必须任命阿思本统领这支舰队,阿思本掌握指挥这支舰队的全权,只遵行李泰国转达的中国皇帝的意旨,并有权拒绝服从命令。舰队悬挂外国旗号,用外国水手,中国官员一律不得过问。这岂不是拿中国的银子养一支外国的舰队?

清廷猛醒了！中国的舰队必须由中国人指挥,这是主权问题。"与虎谋皮,必为所害。"朝野纷议,不能再上当受骗!

阿思本舰队夭折了,洋人控制中国第一支近代海军舰队的阴谋没有得逞。中国用钱买回一支近代化舰队的尝试寿终正寝。但巨额的银子也没有白花,拿钱买了一个天大的教训,那就是,中国人领教了海权在握的洋人始终贼心不死,这迫使清政府下决心自设船厂,自制军舰,筹建自己的近代海军舰队。

时不我待,事在人为。一场长达三十年的以"师夷长技"为中心的"自强求富"运动——洋务运动掀起了!

恭亲王奕䜣和曾国藩、左宗棠、李鸿章等人作为洋务运动的倡导者、决策人和建设近代海军的参与者,做了大量的开拓性工作。他们依靠自己的职位和声望,提拔和保荐了一批以办理洋务、筹建近代海军而著称的人物,如沈葆桢、丁日昌等;聘用和扶持容闳、徐寿、华蘅芳、李善兰等杰出的科学家、教育家,从事造船制炮、科学研究和翻译工作,为中国近代海军的诞生创造了有利条件。

一时间,以自强御侮为指导思想,掀起了一场兴办军事工业的热潮,开始在国内设局建厂,造船制炮。

早在咸丰十年冬(1860年12月),在湘军统帅曾国藩主持下,安庆内军械所仿制的轮船"黄鹄"号下水,虽然性能上比西方落后,可是设计制造"全用汉人,未雇洋匠",是中国靠自己力量建造的第一艘轮船。

同治元年(1862年),两江总督李鸿章在上海参观了英、法军舰,"见其大炮之精纯,子药之细巧,器械之鲜明,队伍之雄整,实非中国所能及",触动之余,他感叹道:"若驻上海而不能资取洋人之长技,咎悔多矣。"于是将苏州各炮局迁到南京、上海,增添机器,并急调丁日昌来沪筹办江南机器制造总局(简称江南制造总局)和金陵机器局。后者重点制造武器、弹药,前者重点造船。同治六年(1867年),江南制造总局从上海虹口迁至高昌庙,率先建成第一艘可以航行于外洋的六百吨兵船"恬吉"号,开中国建造近代舰船之先河。

此前一年,即同治五年(1866年),闽浙总督左宗棠创建福建船政局,购机器、募洋人，在马尾择地设厂，自制火轮兵船，并开设学校，以造船育才揭开近代中国海军建设的帷幕，这是"中国海军萌芽之始"。

从此，福建船政、江南制造总局成为近代中国海军舰船建造的两大基地，与同一时期创建的天津机器局和金陵制造局及稍后建立的广东机器局，构成近代中国第一批军事工业的主体。这些军事工业的建立，为近代中国海军建设提供了国产舰艇和军火装备。

中国创办近代海军，走的是一条向西方学习的道路，即"师夷长技"。学习西方有两个途径，一是"请进来"，二是"走出去"。

左宗棠创办福建船政学堂，聘用外籍人士日意格、德克碑等担任教师。招收民间十三至十六岁能通官话、少年精明者入学。学习的目标就是为了精通法国的造船技术和英国的驾驶技术，因此在招生时分别录取法学艺童和英学艺童，并分班授课。同治六年八月（1867年9月），沈葆桢奏报马尾工程情况时，将两处新校舍分别称作"法国学堂"和"英国学堂"。而相对于整个船政院落的方位，制造专业的校舍在前，驾驶专业的校舍在后，因此通俗称之为"前学堂"和"后学堂"。

船政前学堂，只设制造专业，学生先学法语，再学数学、物理和机械学。从几何、三角、微积分，到船体构造、蒸汽动力、绘图设计，一学就是五年。外籍师匠聘用合同期满后，改由已毕业的学堂学生、艺徒接掌各课、各厂的工作。光绪元年（1875年）夏，学堂毕业生拿出自己设计绘制的两百匹马力船图和轮机图，禀请试造，得到沈葆桢的大力支持。该船"轮机水缸图系艺生汪乔年所测算，船图则艺生吴德章、罗臻禄、游学诗所测算，并无蓝本，独出心裁"。光绪二年五月十九日（1876年6月10日），这艘被沈葆桢命名为"艺新"号的轮船下水试航。作为船政自行设计的第一艘兵船，它的制造成功，标志着中国近代第一批受过专门培训的造船人才已经崭露头角。

但是，严格地说，船政后学堂才是一所真正的海军学校，因为它培养的是海军军官。后学堂最初只设驾驶专业，由英国人嘉乐尔主持并兼任教师。此外还有教师仕记和德勒塞、航海长阿务德、水手长儒昂索在学堂任教。教师以英语授课，教材采用英文原版，开设课程主要有数学、物理、航海理论和航海天文。接着，后学堂又增设了管轮（轮机）专业，由外籍教师阿兰执教,学生除学习英语、数学外,还学习发动机绘制、蒸汽机结构与安装,以及海上操纵轮机规则等。

同治九年(1870年)年底,沈葆桢购置一艘德国运输船"马得多"号,按军舰样式改装,更名为"建威"号,正式作为船政学堂的练习舰。

同治十年五月(1871年6月),后学堂第一届学生结业后不久,即开始了他们渴望已久的海上实习。他们登上"建威"练习舰,在实习教师德勒塞、阿务德、儒昂索的指导下,练习驾驶和演炮。上舰实习的当年,即开始出海训练,航程由近及远,先国内后海外。同治十二年(1873年),实习学生在德勒塞的带领下,进行远航训练。航路南经厦门、香港至新加坡、槟榔屿,历时四个月。据训练评语:"其驾驶心细胆大者,则粤童张成、吕翰为之冠。其精于算法、量天尺之学者,则闽童刘步蟾、林泰曾、蒋超英为之冠。"总之,学生们不仅掌握了近海航行技术,而且能够胜任远洋航行。学生以优异成绩毕业后,很快被委以重任。如张成和吕翰远航结束,沈葆桢即派其分别管驾"海东云"号和"长胜"号轮船,使其独当一面。不久,又调张成管驾"靖远"号轮船,叶富接替管驾"海东云"号。同治十三年二月(1874年3月),任命林国祥管驾"琛航"号轮船,邓世昌为该船大副。派林泰曾赴台湾后山测量港道,旋即委任"安澜"舰枪械教习,年底调任"建威"练习舰大副。派黄建勋任"扬武"舰正教习,方伯谦任"伏波"舰正教习。同治十三年秋,"建威"练习舰损坏,日意格建议将船政制造的"扬武"号军舰改为练习舰,沈葆桢上奏朝廷得到批准。光绪元年四月(1875年5月),学堂正式接收"扬武",延聘英人德勒塞为总教习。九月初二(9月30日),改造后的"扬武"舰出海试航。随后,将"建威"舰原有实习学生移入"扬武",复添第二届驾驶班的萨镇冰、林颖启、吴开泰、江懋祉、叶琛和第三届驾驶班的林履中、蓝建枢、戴伯康、许济川、陈英、林森林、韦振声、史建中等上舰实习,先北向津沽,再向日本,最后游历了南洋诸岛。上述许多学生,日后都成为北洋海军的中坚!

与此同时,"走出去"。第一批出国潮波影摇曳,曾国藩推波助澜给朝廷呈上《挑选聪颖少年赴西方各国留学折》。这是曾国藩精心策划条分缕析的一份重要奏折。之所以重要,盖因这是中国长期闭关之后的第一次开

第十二章　泱泱中华有海无防任凭列强宰割

启门户,并以国家名义公派学子出洋,而且选择的是幼童,从中可见曾国藩的高瞻远瞩和深谋远虑。

曾国藩在清朝甚为皇帝倚重,同治帝褒扬他是"老成硕望,实为股肱心膂之臣"。他那"带兵之道,要在选将;治军之道,勇毅严明;掌握兵机,善于用气"的军事理念和"修身养性,和衷共济"的处世哲学,确实在同僚之中高人一筹。因此,他病逝后,皇上震悼,辍朝三日。清廷谕旨:"大学士、两江总督曾国藩,学问纯粹,器识宏深,秉性忠诚,持躬清正。"如此高的评价,在旗人统管的大清王朝,可谓绝无先例。然而,曾氏一生所做的几桩大事,在中国近代史上究竟起着何种作用,百余年来一直聚讼纷纷,莫衷一是。唯有一件事的后世评价,给予高分,那便是这道折子中所说的公派留学生之事。

从奏折看来,这件事情的创意者为丁日昌。丁为广东丰顺人,贡生出身。咸丰九年出任江西万安知县,不久即入曾氏幕府,被派往广东办厘金。同治二年,被李鸿章调到上海专办军工。同治四年,任江苏苏松太道兼江南制造局总办,很快升两淮盐运使。同治六年升江苏布政使,同治七年升江苏巡抚。从这个简历中,可知出身并不过硬的丁日昌,短短九年功夫,便从七品县令升到二品大员,这在当时的官场中极为少见。这说明他得到曾、李的特别器重。曾氏的奏折中说,丁日昌在天津会办教案时,多次与他商讨公派留学生的事,并提出了一套较为完整的计划。丁的这个设想是怎么来的呢?是他自己脑子里冒出来的吗?不是,这个设想来自另外一个人。这个人在近代中国外交史上地位十分重要,很值得我们尊敬。此人名叫容闳。

容闳也是广东人,七岁时随父亲到澳门,并进入英国人所办的小学读书。十二岁时再入澳门教会学堂。十八岁随校长美国人勃朗赴美求学。二十六岁毕业于美国耶鲁大学,获学士学位。容闳于是成为第一个在美国获得学位的中国人。就在那时,他就萌生让更多中国人到美国接受西方教育的心愿。

容闳的教育计划,后来得到江苏巡抚丁日昌的大力赞许。丁要容写一个关于国是意见的书面材料,代为呈递。据容闳著的《西学东渐记》一书所载,其第二款说的便是公派留学生事,且其设想与此折所说的几乎完全一样:"政府宜选派颖秀青年,送之出洋留学,以为国家储蓄人才。派遣之法,初次可先定一百二十名学额以试行之。此一百二十人中,又分为四批,按年递派,每年派送三十人。留学年限定为十五年。学生年龄,须以十二岁至十四岁为度。视第一、第二批学生出洋留学卓有成效,则以后即永定为例,每年派出此数。派出时并须以汉文教习同往,庶幼年学生在美仍可兼习汉文。至于学生在外国膳宿入学等,当另设留学生监察二人以管理之。此项留学生经费,可于上海关税项下提拨数成以充之。"

如此看来,公派留学生一事的最初创意者应是容闳。是他,最先提出了这个在中国教育史上具有划时代意义的伟大设想。当然,容闳无位无权,这个伟大的设想又只有通过丁日昌,再经过曾国藩与李鸿章会衔奏准皇太后、皇上才能成为事实。从这个层面来说,没有曾国藩此事肯定胎死腹中。所以说,公派留学生走出国门,仍可算得上是曾氏晚年对民族振兴所做出的一项重大贡献。

同治十一年(1872年)七月,第一批三十名赴美幼童,由陈兰彬、容闳率领,自上海起航。同治十二年五月,第二批三十名幼童,由出洋局委员黄平甫率领赴美。同治十三年八月、光绪元年九月,第三批、第四批各三十名幼童从上海出发赴美。四批一百二十名幼童虽然按期派出,但此事并没有达到当初预计的目标。由于一些人担心这批幼童完全被美国文明所同化,而不能做驯服的大清子民,光绪七年经朝廷批准,所有留学生无条件地一律回国。而那时他们中只有两人大学毕业,六十余人还在大学里读书,其他的不过是中学生而已。回国后,他们的境遇大多不好,辛辛苦苦在国外多年所学得的西学,几乎没有施展的机会。但即便如此,这一百多名留学生中仍出现了一些杰出人士,如在中法马尾海战中浴血奋战后来成为铁路建筑专家的詹天佑、北洋大学校长蔡绍基、清末外务部尚书梁敦彦、民国第一任总理唐绍仪等。

令史学家不惜笔墨的还有,福建船政学堂制造、驾驶两专业学生二十八人远赴英法等国学习。这是一批血气方刚的年轻学子,"深知自强之计,舍此无可他求,各怀奋发有为,期于穷求洋人秘奥,冀备国家将来驱策。虽万里长途,均皆踊跃就道"。这次选派留学是成功的,不但造就出刘步蟾、林泰曾、何心川、蒋超英、方伯谦、叶祖珪、林永升、萨镇冰、黄建勋、林颖启、江懋祉等中国近代海军的著名将领,在其他方面也涌现出不少杰出的人才。如翻译《天演论》的严复,不仅在中国近代海军建设中贡献卓著,而且最先系统地向中国介绍和传播了西方资本主义的思想文化,成为近代中国著名的启蒙主义思想家;在法国学习造船的魏瀚,是中国近代造船工业的开拓者之一,他亲自设计、督造了中国第一艘新式军舰"开济"号,以及"横海""镜清"等大批军舰兵船;又如作为随员出国的马建忠,精通英、法、希腊、拉丁语,回国后成为洋务运动活跃人物李鸿章的重要幕僚,他的《马氏文通》亦是中国第一部较全面系统的语法著作;再如精通外语的罗丰禄,日后曾出使英、法、德、意、比等国;而陈季同,公务之余爱写小说,不仅用法文创作了《支那童话》《黄衫客悲剧》,还最先把中国文学的瑰宝《红楼梦》《聊斋志异》译成法文⋯⋯这一切都不能不让人惊叹。

令人叹息的是,中国与世界的沟通太晚。卢梭说,以世界为唯一的书本,以事实为唯一的教训。对封闭又封建的中国而言,"缴学费"实在必要;而对急于求成又临渴掘井的中国而论,"走弯路"也就在所难免了。这是题外话。

话分两头。当海军人才和舰艇的来源有了解决办法之后,筹建近代海军舰队的计划也就应运而生了。

1867 年 12 月 31 日,《湖广总督李鸿章附呈藩司丁日昌创建轮船水师条款》奏折,向清政府提出建立近代海军的方案。当时,虽然还未使用"海军"一词,而叫"轮船水师",但它却是中国近代海军的雏形。

李鸿章认为,中国历史上防御外敌入侵,一是西北边防,以长城为藩篱;一是东南沿海,自明朝以来,设立炮台以为经,设立师船以为纬,自鸦片战争以后,中国水师无能御敌。其原因是战船和炮台皆陈旧不堪,战斗力很差。而西方侵略者却有近代海军舰队,可以集中兵力,攻击我沿海任何一个地方。中国海岸线绵长,必须处处设防,正犯兵家备多兵少之忌,所以难以取胜。但外国的海军舰队,在海面上可以自由机动,到了岸边则受潮汐、水位、地形种种限制,因而失去机动自由,故巨型舰船不敢深入。我国如采取近海防御方针,专守内港,这样既有好的地形可以固守,又有陆军的接应,才能防御和战胜海上入侵的敌人。

组建海军的编成和任务区分:将整个中国海岸划分为三个战略地区,由三支海军舰队各负责一个地区。一是北洋海军,驻扎大沽口,直隶、盛京、山东沿岸属其管辖;二是中南海军,驻扎吴淞口,江苏、浙江各海口属其管辖;三是南洋海军,驻扎厦门,福建、广东沿海属其管辖。三支舰队,各由一名提督负责指挥。其任务"无事则出洋逡巡,以习劳苦,以娴港汊,以捕海盗;有事(战事)则一路为正兵,两路为奇兵,飞驰援应,如常山之蛇,首尾交至,则藩篱之事成,主客之形异,而海氛(外国侵略)不能纵横驰突矣"。李鸿章的计划,先制造三十艘炮舰,分为三队,每队负责一个战略区域,平时各自维护辖区治安,战时互相协同作战,就能有效防御从海上来的武装入侵。

以上就是清政府初创近代海军的蓝图。

从同治六年到十三年,清政府虽然同意李鸿章提出创建近代海军的主张,但雷声大,雨点小。根源在于"歧于意见,致多阻格者有之;绌于经费,未能扩充者有之;初基已立,而无以继起久持者有之"。可见中国自造军舰发展海军的道路并不平坦。

1872年,大学士宋晋奏请停止造船,理由一条——"糜费太重"。从而引起一场争论。

在李鸿章、左宗棠的力争下,宋晋的意见没被朝廷接受,但"糜费太重"却是事实。福建船政局初建时,按照左宗棠的"五年计划",用三百万两银造十六艘舰船,但五年仅造了六艘,耗银已达三百四十万两。为解决经费之难和财源之缺,1872年,李鸿章首先倡办轮船招商局,他说"西洋富强之策,商务与船政互相表里,以兵船之力卫商船,必先以商船之税养兵船",因而"今倡办华轮(招商局),实为国体、商情、财政、兵力展拓之基局"。但他这种"以商养军"的办法,实行起来并不顺达,首先朝廷上下思想不统一。根子是生产力落后,使"中国造船之银,倍于购船之价"。

就在这左右为难、上下求索之际,1874年,日本寻找借口出兵侵犯台湾。

第十二章 泱泱中华有海无防任凭列强宰割

1871年，琉球渔船遇风漂流至台湾，与当地人发生冲突。1874年4月，日本在美国支持下，以琉球船民在台湾遭难为借口，派陆军中将西乡从道率兵三千人，突然在台湾南部（今恒春半岛）登陆入侵，遇到台湾人民的坚决抵抗。6月14日，沈葆桢亲率三艘兵轮赴台湾布防。同时，沈葆桢派"扬武""飞云""安澜""靖远""振威""伏波"等舰驻澎湖，派"福星"驻台北，派"万年青"驻厦门，派"安济"驻福州，又以"永保""琛航""大雅"三舰负责军运。这是中国自造军舰首次参加反侵略作战行动，大大振奋了国人，遏制了日本侵略者的嚣张气焰。但清政府怕事态扩大，接受英、美、法等国的调停，派恭亲王奕䜣与日本全权办理大臣大久保利通于同年10月31日在北京签订《中日北京专条》。为息事宁人，中国赔款五十万银两，日本退出台湾。

此事虽以和谈而告终，并未开启中日战端，但它却在中国朝野引起强烈震动，并在客观上加速了近代中国海军和海防建设的步伐。清政府原本视西方为大敌，万万没料到日本这个区区弹丸岛国竟然也敢欺辱大清天朝，成为眼皮底下的隐患。

朝野议论沸腾："夫日本东洋一小国耳，新习西洋兵法，仅购铁甲船二只，竟敢借端发难，而沈葆桢及沿海疆臣等，佥以铁甲船尚未购妥，不便与之决裂。是此次之迁就了事，实以制备未齐之故，若再因循泄沓，而不亟求整顿，一旦变生，更形棘手。""日本兵扰台湾，正恃铁甲船为自雄之具。""彼其志岂须臾忘台湾哉？即已断我手足，必将犯我心腹……"

基于上述舆论，清政府上层就海上防务问题展开了一场大规模的探讨，史称"海防大讨论"。

在这场轰轰烈烈的海防大讨论中，李鸿章成为带动舆情的首席，他这时的身份是直隶总督兼北洋大臣，举足轻重。上呈的《筹议海防折》最为令人瞩目。在这篇洋洋万言的奏折中，他首先分析了形势："历代备边多在西北，其强弱之势、客主之形皆适相埒，且犹有中外界限。今则东南海疆万余里，各国通商传教，来往自如，麇集京师及各省腹地，阳托和好之名，阴怀吞噬之计，一国生事，数国构煽，实为数千年未有之变局。轮船电报之速，瞬间千里；军器机事之精，工力百倍。炮弹所到，无坚不摧。水陆关隘，不足限制,又为数千年来未有之强敌。"

在阐述严酷对外形势的同时,李鸿章还特别强调了处理国际关系的根本在于实力:"洋人论势不论理,彼以兵势相压,我等欲以笔舌胜之,此必不得之数也。"

当这一海防大筹议加深了清廷对海军海防的重视之后,李鸿章竭力建议朝廷向西方购买领导海军装备潮流的铁甲巨舰,以进一步增强海上防务能力,并指出历史时机的紧迫感:"正值海防吃紧之际,倘仍议而未成,历年空言竟成画饼,不特为外人所窃笑,且机会一失,中国永无购铁甲之日,即永无自强日!"

然而李鸿章的直言力陈并没有彻底促成清政府的决策。

就在清廷以自身力量刚刚建成福建、北洋、南洋和广东等四支小规模海军而沾沾自喜时,法国海军远东舰队于1884年8月突然炮击福建马尾军港。中法海战爆发。

五

世界还是一个丛林。丛林的法则,是弱肉强食。很多时候,你无杀虎意,虎有伤人心。

中国的身边卧伏着一群老虎,伺机吞噬中国这一块肥肉。英法联军侵华才过去不到三十年,法国殖民主义者这只恶虎就又来了。它是甲申中法战争的挑动者和元凶。

历史上,法国和英国既有勾结又有撕咬,而矛盾与利益往往居于主要地位。英国在1756—1763年的七年战争中击败法国,独占殖民之鳌头。法国失去了它在亚洲最大殖民地印度的大部分领地和北美的领地,非常懊丧。为了弥补损失,为了和英国继续争夺,更为了奴役越南和侵略中国,法国殖民主义者将它的魔爪公开地伸向了越南。

越南位于印度支那半岛,东海岸拥有优良的港湾,控制着通过马六甲海峡北上中国、日本的航路;其北部则为进入中国大陆的跳板,战略上具有极为重要的地位。当法国殖民主义者征服了整个越南,取得了进攻中国的前进基地之后,侵略中国的战争已是不可避免的了。

1884年7月,法国侵华海军兵分两路:一路进犯台湾;另一路沿海北上,进犯福州。

法国远东舰队的战略意图和部署是,派出海军少将利士比为首的分舰队夺取基隆,作为燃料供应地和后勤转运站,法国远东舰队总司令海军少将孤拔率主力舰队进驻三都澳,相机进入福建水师的大本营马尾军港,聚歼福建水师泊港军舰,夺取闽、粤海区的制海权,顺利进行海上策应,支援法军从越南北部向我滇、粤地区的陆上进攻,形成海陆战略夹击,继而推进到长江流域,夺取南中国。

福州是福建省会,距台湾较近,北上可达江浙、山东、直隶一带,南下可直航厦门、广州,以及琼海。从海口到福州,沿闽江而上,"层峦复嶂,暗礁跑沙,有山皆石,天险著名",福州以下数十里的林浦为省会至马尾间的要冲,林浦以下即为马尾。闽江至此宽达十余里,港幽水深,又名马尾湖。此系闽江的一段,故又称为马江。马江可泊大型军舰,确为良港。再下为十余里高山峡谷,沿江炮台林立。东北而下,即为闽江钥匙的北岸长门炮台和南岸的金牌炮台,两炮台"遥相对峙,宽不及里,为入港第一要口"。

马江海战前,清政府沉湎于和谈,竟允许交战的敌对国舰队停泊于马江,与福建水师对峙达四十天之久。更为荒唐的是,部分法舰此前出航奔袭台湾之后,又大摇大摆返回马江。可是,清政府坚持"不可衅自我开"的方针,听任法舰自由进出我国军港,甚至还予以"友好的接待"。

当时主持福建军政事务的官员为钦差会办福建海疆事宜大臣张佩纶、闽浙总督何璟、船政大臣何如璋、福建巡抚张兆栋和福州将军穆图善。这班军政大员,严格遵从"前由北洋寄奉电旨,有彼若不动,我亦不发"的规定,眼睁睁看着法国军舰一艘艘驶过长门炮台,进抵马尾,与福建水师舰船同泊一处。实际上清军水师已处于被监视和被控制的地位。

按照国际法规定,进入港口的外国军舰不得超过两艘,停泊时间不应超过两周,否则即可开战。何璟、何如璋奉行"战必败、和为上"的妥协方针,"严令水师不准先行开炮,违者虽胜必斩",且"必让敌炮先开,我方还击"。在此情况下,各舰管驾(舰长)当面向舰队指挥官、闽安副将兼旗舰"扬武"号管驾张成提出建议:"我船与法舰并在一处,倘法舰先开炮,恐致全陷,须与趸船疏密相间,首尾数里,以便救应,万一前船有失,后船亦可接战。"张成不听,钦差会办大臣张佩纶模棱两可,莫衷一是。

张佩纶,直隶丰润(今河北唐山市丰润区)人。从翰林院侍讲学士,升迁军机处员,旋调福建会办海疆,自诩"清流健将"。所谓"清流",是指标榜风节,遇事敢言,评议时政,弹劾奸邪,不与权贵同流合污,清高独行的士大夫。针对法国侵略越南和觊觎中国边疆事,张佩纶连上奏章十数篇,力陈抗法。实际上,他不习军事,没有带过兵,更未打过仗,只会纸上谈兵。战端未开,他主战,头头是道;临战关头,却黔驴技穷,毫无章法。

在开战前一天,这个牵动马尾军民心弦的日子,一开始即发生了一连串令人难以想象的事。

1884年8月22日,法国政府电令远东舰队司令孤拔进攻福建海军和福建船政局。当晚,孤拔召集各舰舰长布置作战任务并通知英美两国的军舰以及商船,实际上次日开战的消息已不胫而走,连在外国船上打工的当地人都听到风声连夜上岸,张佩纶未必被人蒙在鼓里。按常理,他应该闻警而动。真佩服,那一夜他这位钦差还能安然入眠!

8月23日上午8时,法驻福州副领事白藻泰将作战通知送交各国驻福州领事馆。10时,白藻泰给闽浙总督何璟下战书,限于当日下午2时前福建海军撤出马尾,否则开战。

何璟与船政大臣何如璋商量,为稳定军心,对舰队官兵"秘而不发"。封锁消息,岂不是让官兵们在毫无准备的情况下,成为盲人瞎马,坐以待毙?

更让人大跌眼镜的是,战书呈给张佩纶,他的高明决策竟是——速派福州船政局工程长魏瀚前往法舰,向法方申明中方准备不足,不能开战,要求延期到第二天。

请问,这是打仗吗?简直视同儿戏!殊不知,福建海军面对的是一支"虎狼之师"!

魏瀚乘艇火速赶往法舰。

第十二章　泱泱中华有海无防任凭列强宰割

孤拔远远看见一艘清军快艇驶来，顿时刺激了他的嗜血神经，犹如饿虎扑羊，胃口大开，立即提前下达开火的命令。

1884年8月23日13时56分，马江海战爆发。

此前，孤拔以"游历"为名率舰驶入马江已经一个多月。抵达马尾港的第二天，孤拔就到了闽江之滨的罗星山，登上罗星塔。这座中国宋代修建的宝塔，在他们外国人的眼中，被叫作"China Tower!"（中国塔）。塔上有一副中国楹联"朝朝朝朝朝朝汐，长长长长长长消"，翻译告诉孤拔，该联可以解读成"朝朝潮，朝潮朝汐；常常涨，常涨常消"。他觉得很有意思，尤其是最后一个"消"字，他琢磨了许久：消，就是消失，就是消灭呀。他不可以让罗星塔消失，因为罗星塔还有给他导航的作用，但他可以让马江的一切武装力量从他的眼皮底下消失、消灭！为了消灭福建水师，他再一次登上罗星塔的七层高台，凭栏俯瞰。

经过几番实地勘察，孤拔对闽江的清军防务了如指掌，对马尾军港的地形地貌、海况潮流，也研究得十分透彻。

尤其轻车熟路的是，福建水师聘用的顾问和马尾船厂的部分工匠皆为法国人，其中一位叫易格的顾问还是孤拔的同学。孤拔搜集情报简直轻而易举不费吹灰之力：中国海军"扬武"号巡洋舰，是福建船政局第七艘军舰，属船政局第一批所造十五艘舰船中最大者，1872年下水，长一百九十英尺，宽三十六英尺，吃水十六英尺，排水量一千五百六十吨，马力二百五十匹，航速十二节，由法国工程师安乐陶全程监制。福建水师的军舰都是木质结构，无装甲，所配火炮均已落后于时代，其射速和威力与法军相比根本不可同日而语。

请问，这仗还怎么打？

做了充分准备和战术部署的法国舰队，利用退潮之际开始袭击福建海军舰艇。因当时都以舰艉系泊，法舰位于我舰下游，退潮时，法舰舰艏正对着我舰舰艉，便于发挥舰艏主炮的威力。所以，一开战，法舰就处于极为有利的攻击位置。

法国远东舰队的舰船共十三艘。进入马江的有十艘，总排水量为一万四千五百吨，包括：排水量达四千多吨的远东舰队旗舰"窝尔达"号，大炮口径达二十四厘米的铁甲舰"凯旋"号,巡洋舰"杜居士路因"号、"维拉"号、"德斯丹"号,炮舰"益士弼"号、"蝮蛇"号、"野猫"号,以及"拉都"号和"都庄"号鱼雷艇。共有火炮七十七门,且多是大口径的线膛炮,并有速射(每分钟六十发)的哈切开斯机关炮。法舰火力强,航速快,装甲厚,名副其实的坚船利炮。另有巡洋舰"雷诺堡"号及情报兼运输舰"梭尼"号在闽江口监视航道,以防清军堵口。在闽江口外,还有铁甲舰"拉加利桑尼亚"号随时予以接应。

泊于马江的中国海军舰船共十一艘,总排水量为一万零二百吨,包括:木壳巡洋舰"扬武"号(福建海军舰旗舰)、炮舰"伏波"号、"济安"号、"飞云"号、"振威"号、"福星"号、"艺新"号,运输舰"永保"号和"琛航"号,铁壳炮艇"福胜"号和"建胜"号。共装备火炮四十七门,多是旧式小口径滑膛炮,大口径的很少。此外,还有旧式兵船八艘、炮船十艘、汽船七艘和二十只武装渔船,分别编成两支船队,泊于罗星塔南侧。中国舰船虽不算少,但较陈旧,武器装备也居于明显劣势。开战前,中法两国舰队停泊点相距不过数百米,彼此都位于对方的炮火有效射程之内。故先发者制人,后发者挨打。可是,清政府有令在前,"戒先启衅,必将敌炮来攻,方许还出"。不准我舰抢先开火,又不采纳有关舰船战备疏散的建议,将福建海军置于被动挨打的地位,失败已成定局。

战斗打响后,法舰集中炮火向我舰猛烈射击,并发射鱼雷,福建海军各舰还未起锚,就被击中多艘。

烟云翻卷,恐怖空前。面对突如其来的炮火,仓促应战的中国水兵临危不惧,迅速启动机器,转动炮口,沉着还击,在没有统一号令的情况下,各自为战,打出了中国军人的骨气。

在罗星塔上游,"扬武"号和"福星"号是孤拔攻击的主要目标。敌舰前主炮的第一发炮弹就击中了"扬武"号的塔台。紧接着,一发鱼雷洞穿舰舷,舱室进水,"扬武"号渐渐下沉。从塔台冲出的驾驶官詹天佑,大声疾呼,召集艉炮炮手装填发炮,一发炮弹击中"窝尔达"号舰桥,法舰队引水员和五名信号瞭望兵当场毙命。

差一点就被炸死的孤拔,火冒三丈,下令加大火力。"拉都"号鱼雷艇发射一发鱼雷又击中"扬武"号的左舷,"扬武"号旋即沉没。

最令人动容的是,一位已经身负重伤的水兵,当"扬武"号渐渐沉没时,他艰难地爬上"扬武"号的桅顶,将一面清军黄龙旗,费尽九牛二虎之力,挂到桅顶最高处,表示"舰虽亡,旗还在"。而后,他全力守护黄龙旗与"扬武"号一同沉入江底。

"福星"号见"扬武"号沉没,官兵落水,遂不顾自己受伤,迅速砍断锚链驰援。法军在上游的军舰,集中火力攻击"福星"号,"枪炮弹如骤雨"。"福星"号管驾陈英屹立望台,命令开炮还击。勤务官见战情险恶,请陈英急驶上游避炮,陈英瞋目叱道:"欲我遁耶?"他命令官兵:"男儿食禄,当以死报,今日之事,有进无退!"铿锵之声,响彻望台。话音一落,陈英指挥战舰冲向敌阵,实施抵近攻击。官兵们以轻武器和手榴弹阻击"拉都"号鱼雷艇,子弹击中"拉都"号鱼雷艇艇长的眼睛。"拉都"号鱼雷艇撤出战斗,被清军岸炮击中,锅炉爆炸,重创搁浅。

陈英乘势转舵,单舰直冲法旗舰"窝尔达"号,怒发左右舷炮,连续命中。此时,重伤的"福星"号身后,"福胜"号和"建胜"号两艘炮艇赶来,无奈两艘炮艇速度太慢,只能远距离发炮支援。"福星"号孤军奋战,受到八艘法舰围堵轰击,陈英不幸壮烈牺牲于望台。三副王涟接替指挥。敌"都庄"号鱼雷艇一发鱼雷炸毁"福星"号的轮机舱,使其失去动力。王涟中弹殉难。紧接着,火药舱爆炸,舰即沉没。"福星"号是一艘仅五百多吨的小型军舰,它竟在法国舰群中来回拼杀,表现出中国海军将士宁死不屈的英雄气概。

宁死不屈就是旗帜,勇往直前就是号角。"福胜"号和"建胜"号两艘炮艇开足马力,向敌舰冲击。"建胜"号的一发炮弹击中法旗舰"窝尔达"号的舰艏,立即遭到法舰炮火的疯狂报复。管驾林森林和负责指挥两艘炮艇的统带吕翰先后阵亡。此前,吕翰写下遗书"见危授命,绝不苟且",中弹牺牲时年仅三十二岁。

"建胜"号沉没,"福胜"号艇舯中弹起火,但仍顽强抵抗。炮手翁守正沉着地瞄准后发炮,击毙两名法军,但自己也被敌舰射来的流弹击穿前胸英勇牺牲。管驾叶琛面部重伤,倒下后重新站起,继续指挥装弹击敌,后腰部中弹身亡。"福胜"号也沉入江中。

交战中,"永保"和"琛航"两艘运输船,试图撞击敌舰,终因速度过慢而被击沉,舰上官兵无一生还。

"伏波"号和"艺新"号两艘炮舰负伤后,边战边退,驶到上游。为了阻止敌舰溯江进犯福州,两舰在林浦附近自沉,以堵塞航道。

在罗星塔东北方马江下游,"振威"号炮舰被法铁甲舰"凯旋"号的炮火击穿,艉舭起火,操纵失灵随波漂流。但管驾许寿山坚持指挥火炮反击,在被鱼雷击中即将下沉时,"振威"号发出最后一发炮弹,炸伤法舰一名舰长和两名水兵。"飞云"号和"济安"号两艘炮舰刚砍断锚链,就中弹起火。"飞云"号上的督带高腾云冒着炮火亲自发炮击中敌舰,腿被炸断,仍不下火线,直到"飞云"号和"济安"号陷入火海,随舰一起沉入江中……

江水呜咽,星光惨淡,高耸的罗星塔魂飞天外。

整个马江螺号骤响,马尾港附近的很多渔民——中国最淳朴的老百姓们,面对穷凶极恶的敌人,自发组织起来,驾驶渔船、盐船、货船,飞蛾扑火般冲向战火沸腾的江面。

江面上落水的清军官兵是他们的子弟,救人于水火天经地义,然而他们的义无反顾无疑是一种自杀式的毁灭。但是,他们豁出去了!那是怎样一幕气壮山河的景象,声嘶力竭,前仆后继!是的,声嘶力竭,前仆后继!

"窝尔达"号上的孤拔,露出了魔鬼狰狞的苦笑。马江之战,法舰三艘重创、两艘受损,官兵伤亡五十多人,这是孤拔极不情愿看到的事实。他黯然神伤地转身,对着不远处的罗星塔默默地在自己的胸前画了一个十字。

24日上午,法军炮舰乘涨潮上驶,用大炮轰击福建造船厂,使其变成一堆瓦砾。25日,法军陆战队一部在罗星塔附近登陆,未经抵抗就占领了清军炮台,夺走三门克虏伯大炮。此后几天,法舰驶向下游,逐次轰击闽江两岸炮台,炸毁无数民房,然后鱼贯而出,退到马祖澳。

这是中国近代海军组建后的第一次作战,一开始就注定了失败的结局。然而,在这注定要失败的作战中,福建海军官兵仍然打得勇敢顽强。

在这场代价高昂的战斗中,福建海军遭到重创,停泊在军港的十一艘军舰,九艘被击沉,二艘重伤报废,海军官兵伤亡达七百人。此外,福建造船厂成了废墟,精心修筑的沿江岸防炮台和其他防务设施遭到严重破坏,被炮火击毁的各类旧式战船、渔船也有数十艘之多。

福建海军消失了。

福建海军十一艘军舰的残骸和七百余名官兵的鲜血,换来清政府下令对法宣战,同时将主持福建军政事务的官员予以罢职严处。当时,福州流传一首童谣:

> 大清气运未曾倾,闽省缘何出佞臣?
> 船政有心私法国,制台素性爱夷人!
> 贪心巡抚图自己,舍命将军感鬼神,
> 可笑钦差无用辈,空悬圣诏误朝廷。

还有一首,更为幽默:"福州原无福,法人本无法;两何没奈何,两张没主张。"

所幸,人民在嘲讽庸官的时候,没有忘记英雄。建在福建马尾的中法马江之战阵亡烈士纪念碑亭中,造型酷似砍刀的高大石碑上镌刻着烈士不朽的英名!

英雄的血不会白流,因为他们保卫海疆时视死如归的气概,正是中华民族面对逆境、遭遇危难时,岿然不动的底气、重新崛起的基石!

六

马江一战,竟然全歼了组建最早的整个福建海军,鲜血染红的闽江水很快漫过了京城金水桥。清政府意识到,即使有了近代化的海军,但若力量不强,则依然不足以胜任海上战事和海上防务。

中法战争一结束,光绪皇帝这才郑重颁布了大举扩建海军的谕令,"惩前毖后,自以大治水师为主"。随即,海军衙门宣告成立,海军成为清朝军队中一个重要的正式军种,近代中国海军海防事业的发展,进入了一个黄金时期。随着向英国等海军强国订购的军舰陆续到华并被编入现役,海军衙门上奏慈禧太后并获准颁行《北洋海军章程》,标志着北洋海军正式成军,这是中国近代海军海防事业发展的顶点。

借鉴英国海军的《北洋海军章程》,是中国有史以来第一部海军建设的正式法规文献,是清政府在"师夷长技"曲折过程中大胆学习引进世界先进海军军事技术与海军建设经验的宝贵产物。

组建成军后的北洋舰队选定在旅顺和威海卫两地建设海军基地,共拥有铁甲巨舰二艘、巡洋舰八艘和炮舰十余艘,总吨位超过四万。加上此时南洋舰队、福建舰队和广东舰队拥有的近百艘舰船,清政府经营的海军舰船总吨位超过八万,一度跃居世界海军大国的行列,比肩列强,甚至被美国军事杂志评为"世界第八、亚洲第一"。

尤其值得骄傲的是,作为一支大型的近代化海军,北洋舰队的军官都经过了正规的海军教育,中高级军官基本上都是福建船政学堂等海军学校的毕业生,主战军舰的管带(舰长)几乎清一色是西欧海军留学生。刘步蟾、林泰曾、邓世昌、叶祖珪、林永升、邱宝仁、方伯谦、黄建勋、萨镇冰、林颖启等都是从英国留学回国或在赴欧接舰过程中见习受训过,年龄大多三十岁左右,血气方刚,风华正茂,是当时中国一流的海军军官。

普通水兵也有严格的招兵要求,除身体条件合格外,还要经过文化考查,上舰之后还必须学习英语。因此,北洋舰队的官兵素质,在中国军队建设史上是史无前例的。

殊不知,中国有句古话:失意休馁,得势莫狂。这是为人处世防患慎行的格言,其实于国于军亦然。果真,在北洋水师风生水起之际,遇到了中国的宿敌日本。

19世纪80年代,朝鲜半岛出现了非常复杂的国际纠纷,日本、英国、俄国都有占领或控制朝鲜的企图。1884年12月,日本策动所谓的"甲申事变",试图推翻当时亲清的朝鲜政府,替代清政府而成为朝鲜的保护国。英国为了防止俄国南下威胁其在华利益,于1885年4月占领了朝鲜南端的巨文岛,结果遭到日本和俄国的反对而作罢。1886年7月,李鸿章接到清政府驻朝鲜总理通商的袁世凯的报告,说朝鲜有人谋划联俄防英,而俄国正在觊觎朝鲜元山口外的永兴湾。

面对如此错综复杂的国际形势,清政府深知一旦朝鲜落入他国之手,必将危及自身安全,于是命令北洋水师提督丁汝昌和南洋外海兵船统领吴安康分别率领北洋、南洋舰队前往朝鲜的永兴湾一带巡防,借以展示清政府强大的海军实力,制止敌国可能的侵略企图。

丁汝昌与海军提督琅威接到命令后立即率"定远""镇远""济远""威远""超勇""扬威"六艘军舰前往朝鲜东海岸海面操演。由于铁甲舰在海上长途航行需要加油加水、维修保养,"定远""镇远""济远""威远"四艘军舰奉李鸿章之命在丁汝昌率领下前往日本长崎进行维修补给,并完成中国海军的第一次出访任务。

七

1886年8月1日,北洋舰队抵达长崎港。

长崎之行,维修为辅,访问为主。实际上,是要警告日本在朝鲜半岛问题上不要轻举妄动。

北洋舰队虽然初建,但所有铁甲舰皆从当时顶尖列强英德手中重金定制,"镇远"号甚至有"东亚第一坚舰"之称。

长崎人对欧美军舰早已司空见惯,但来自中国的铁甲巨舰却还是首次目睹,因此码头上挤满了看热闹的人群。望着龙旗高扬、威风凛凛的中国巨舰,日本人心里五味杂陈、惊叹、羡慕、嫉妒,甚至由排斥而生愤懑。而天朝上国的海军官兵在铁舰大炮的加持下,更是没有把蕞尔岛夷的日本人放在眼里。这些情绪的反差,伴随着日本朝野长期宣传的军国主义思想最终酿成一场骚乱。

8月10日,中国水兵上岸购物,个别水兵竟跑到妓院嫖娼,并在醉酒后跟当地的日本人发生纠纷,妓院报警。赶来办案的警察拘捕了两名闹事的中国水兵,但口头警告后予以释放。

被释放的中国水兵认为自己天朝海军的尊严受到侮辱,于是返回军舰煽动三百多名水兵上岸,强行闯入当地警察局并袭击警员。冲突中,导致一名日本警察受重伤,一名中国水兵受轻伤。

大清水兵在日本嫖娼、闹事、袭警的事件曝光后,日本举国愤慨,纷纷声讨来访的中国舰队。

此时的李鸿章对自己一手组建的这支舰队采取姑息态度,认为嫖娼引起的冲突只能算是小事,"不可当之重咎",说白了就是和个稀泥,反正我们的人也被关被打了,你们的警察受伤就认栽吧。

日本人看着停在港口的北洋铁甲舰,就算愤慨,也只能认栽。毕竟在大炮射程之内,拳头不讲道理。

8月15日,舰队放假。数百名中国水兵上街观光,丁汝昌鉴于前日的冲突,严令水兵不许带械滋事。岂料,在新地唐人街附近中国水兵遭到日本警察有预谋的袭击,发生大规模冲突,结果双方死伤八十余人,其中中方水兵死亡人数多于日本。当时,数百名日本警察将各街道两头堵塞,围住手无寸铁的中国水兵挥刀砍杀,当地居民在歹徒煽动下从楼上往下浇沸水、掷垃圾,甚至有人手拿刀棍参与混战。中国水兵猝不及防,又散布各街,结果吃了大亏。

事后,中日双方通过外交和司法的途径进行了长达数月的谈判,在英、德公使的调停下彼此让步才算达成协议,称这次冲突是语言不通,彼此误会,没有追究责任和是非,对死伤者各给抚恤。日方共付抚恤款五万二千五百元,中方共付抚恤款一万五千五百元,此外长崎医院的医疗救护费二千七百元由日方支付。在交涉中,李鸿章深信此事错在日本,便据理力争总算为中国人挽回了一点面子。

日本民众则感到丢了面子。市民被打了,警察被杀了,赔款还比中国多出数倍,这亏吃大了。心里不平,备受刺激。

事件虽小,动静太大,很快引起日本睦仁天皇的重视。

睦仁天皇,1867年即位,次年改年号为"明治",所以又称明治天皇。"明治"取自中国《易经》中"圣人面南而听天命,向明而治"。明治天皇"向明而治"的第一举措是走强兵富国之路。即位当年他就发布一封御笔信,声称要"开拓万里波涛,布国威于四方",并亲自制定了以侵略朝鲜、中国为中心的"大陆政策"。是时,有两个人对他影响最大。一个是中国的魏源,一个是美国的马汉。先说中国魏源。日本维新志士佐久间象山读到中国魏源的《海国图志》,对"师夷制夷"的主张拍案叫绝:"我与魏源可谓海外同志矣!"另一位日本维新志士横井小楠读了《海国图志》也深受启发,于是与佐久间象山共同提出了日本"开国论"的思想,并上奏明治天皇。明治天皇大喜过望,立即在日本掀起"自强复兴"运动,史称"明治维新"。"维新"二字出自中国《诗经》中的"周虽旧邦,其命维新"。"维新"成了日本朝野的座右铭、进军号,从而使日本由一个落后的封建国家一跃而成为先进的帝国主义国家。而稍晚在太平洋彼岸,被誉为美国"海军之父"的马汉发表了著名的《海权论》(《海权对历史的影响》),其中"强权即公理"和"海军制胜"的观点,像黑暗中的一盏航灯照亮了明治天皇的脑海,也就在这个时候,日本人最先用"海权"这一汉字名词来代表美国人马汉的战略理论。在海权战略的指引下,针对中国北洋海军的不断扩大,明治天皇率先向海军捐款,大力购船造舰,扩建海军。因此日本军国主义势力尊崇明治天皇为"旷代圣王"。

中国北洋舰队返航后的1887年,明治天皇颁布诏令,强调加强海防建设,并从私人内库中拨款三十万元以做军费,"望诸大臣深明朕意"。随后,日本国内掀起了"海防献金运动",日本全民捐款买军舰,日本天皇为此一天只吃一顿饭。国库空缺,天皇竟然从牙缝里省钱!

日本国民闻此消息,痛哭流涕,群起响应,捐款买舰。官员富豪个个解囊,平头百姓几乎是"砸锅卖铁",不到三个月,海防捐款的总额达到一千零三十三万元之多!

北洋海军正式成军之前,日本海军对中国尚构不成威胁。清政府从1885年开始"大治水师",目的不是为了"东征"日本,而是为了防御日本。但是,日本的野心不泯,为了侵略中国而极力扩充海军。中日之间展开了一场海军军备竞赛。当中国北洋舰队阵容日渐强大,日本政府急眼了,开始了与中国海军竞赛的冲刺。

有道是,逆水行舟,不进则退。北洋海军成军前后的几年,是世界海军装备日新月异的一个窗口时期,眼看着西方的英、美,东方的日本都在奔跑，而中国却裹足不前。根据海军机动进攻特点，人们对航速的重视超过了装甲厚度，舰炮射速也占了口径的上风。就在这样一个重要时期，中国海军的发展却在1888年陷于停滞，在1891年进入了"冬眠"。

八

　　1893年10月15日，李鸿章复函出使日本的大臣汪凤藻，称"东洋蕞尔小邦而能岁增铁舰，闻所制造专与华局比较。我舰行十五海里，彼则行十六海里。'定（远）''镇（远）'大炮口径30.5厘米，彼'松岛'等四舰则配34厘米特大炮并放快炮，处处俱胜我一筹。现在英订购之头等铁甲船，又是何等新式。盖以全国之力专注于海军，故能如此，其国未可量也"。

　　让李鸿章担心的不仅于此。海军装备会老化，海军官兵的军事素质和尚武精神也会老化。当一个新的军种被纳入旧的体制以后，再处于表面风平浪静的年代，所谓管理、训练等，一切都会变成有名无实的形式。更可怕的是，当人们习以为常时，就会对这些衰败现象熟视无睹和麻木不仁。

　　北洋舰队每况愈下，终于风光不再。李鸿章急得如热锅上的蚂蚁。中国遇到的宿敌是日本。日本海军频繁举行的海上演习，假想敌就是中国，就是中国的北洋舰队。而李鸿章遇到的宿敌却是朝廷一群反对派，反对的也是北洋舰队。

　　从身居要位的历届海军大臣到北洋舰队普通的一员，大家首先考虑的不是民族、国家和军队的利益，而是个人利害与恩怨。再强大的军队，也难以抵御这种腐败的侵蚀。

　　在相当一部分大清权贵们看来，北洋舰队就是李鸿章的个人资本。因此，朝臣们为了削弱李鸿章，不惜削弱北洋海军。限制北洋海军就是限制李鸿章，打击北洋海军就是打击李鸿章。

　　反对李鸿章最厉害的是吏部尚书、太子太保（光绪的师傅）李鸿藻。李鸿藻，李鸿章，一字之差，但没有血缘关系。李鸿藻祖籍河北，李鸿章出生安徽，两人都是晚清重臣，不是兄弟，却是死对头。李鸿章是洋务派的中坚,李鸿藻是清流派的领袖。西学东渐,办洋务,买洋人的军舰,就要与洋人打交道,所以李鸿章主张对外开放,立场趋向"主和"。李鸿藻却是铁杆"主战",因是清流派领袖,动不动就弹劾李鸿章。光绪四年(1878年),清政府因与沙俄领土争议派钦差大臣崇厚出使俄国。崇厚竟于次年在克里米亚半岛与沙俄代理外交大臣吉尔斯签订了《里瓦几亚条约》。李鸿藻坚决反对该条约的签订,他慷慨陈词,据理力争,发动清流派弹劾李鸿章用人不当,奏请光绪帝治李鸿章和崇厚擅订之罪。后改派曾纪泽(曾国藩之子)赴俄,与吉尔斯和俄驻华公使布策重新谈判,历经艰辛,于光绪七年(1881年)在俄国圣彼得堡签订《中俄伊犁条约》,终于争回了《里瓦几亚条约》失去的伊犁南境的大片领土以及诸军事要塞和关口,更正了许多有关分界及通商的不平等条款。这事,李鸿藻是正确的,但是,他反对组建北洋舰队却未必正确。

而对李鸿章下手最狠的,就是以军机大臣兼总理大臣、光绪皇帝另一个师傅、主管户部的翁同龢。户部就是国家财政部,他的腰里别着大清政府的钱柜钥匙。

翁同龢太恨这个"功劳卓著""笔锋犀利"的李鸿章了。他与李鸿章有一段"深仇大恨"的私怨。

翁同龢祖籍江苏常熟,父亲翁心存是同治皇帝的师傅,哥哥翁同书为安徽巡抚。咸丰年翁同龢考中状元,后成为光绪皇帝的师傅。怨恨是结在太平天国运动的晚期。身为安徽巡抚的翁同书在安徽定远被围时,竟然弃城逃跑,犯了渎职罪。时任钦差大臣,管辖苏、浙、皖、赣四省军务的曾国藩,看其父为同治皇帝师傅的分上,令其戴罪立功。然而,翁同书不但不思悔过,反而又因失职激起内部兵变,彼此间残杀,终于导致安徽寿州再次失守,曾国藩被激怒了,他决定上奏劾疏。但怎样上奏?试想要参倒皇帝师傅的儿子,谈何容易,搞不好就会引来杀身之祸。他思虑再三,将这个棘手任务交给当时在帐下的李鸿章。

安徽合肥人、进士出身的李鸿章,因在京做官的父亲与曾国藩过从甚密,便拜曾为师,在曾左右听令。是时,李鸿章正是少年得志,他绝不会轻易放走任何一个可以展示才华的机会,何况是恩师曾国藩的重托和信任。于是,在怎样书写奏折内容上,李鸿章的确下了一番苦功。

折子摆在了皇帝的案头,皇帝看着看着眉头就皱了起来,倒不是因翁同书的罪过令皇帝气愤,而是那措辞严峻、锋芒内敛、暗藏杀机的劲疏,实在无法替翁家曲予宽宥。只见折子中写道:"臣职分所在,例应纠参,不敢因翁同书之门第鼎盛,瞻顾迁就。"皇帝没办法,只好判了翁同书"斩刑"。皇帝师傅、翁同书的父亲翁心存听到这一消息后,一口气没上来,活活给气死了。皇帝一看师傅给气死了,这才借口"眷念师傅",将翁同书从轻发落。但死罪是免了,活罪却难逃。最终翁同书被充军发配到新疆。

父亲被气死,哥哥被充军发配,这口气如何能咽下?这笔账,又如何不记下来?只是慈禧垂帘听政,李鸿章得宠,而翁同龢仅为光绪之师,还没有伺机报仇的机会。后来,光绪亲政,翁同龢才像吃了豹子胆,置国家与民族利益于不顾,开始慢慢地与李鸿章讨要血债了。

翁同龢的"一箭双雕"是先拿太后修园做足手脚,再在与日本主战、主和上大做文章。

1889年3月4日,慈禧太后正式把政权交给了光绪。为感谢太后,也为了让太后颐养天年,光绪上任第一件事便是听从师傅的指点决定把颐和园大修一番。这一下,便是三千万两银子。银子怎么出?当然是从中央到十八行省尽行摊派,顺理成章清政府每年给北洋水师预算开支款四百万两,无论如何也无法例外。

其实到了后来,整个三千万两银子,都是从北洋水师预算中支出。有了银子,什么事都能办。修建颐和园的工程由醇亲王奕譞、庆郡王奕劻主持,具体上许多事要从海军衙门过一下手,甚至直接操办。既然是关系到海军的银两,那修建颐和园的名义就不能说是为慈禧颐养天年,因此为掩人耳目,便打着恢复昆明湖水操旧制,在园内设置水操学堂。这样一来,所有景点都名正言顺地成了配套工程。

水操学堂的标志建筑,是按西洋船楼格局仿照被英法联军在圆明园烧毁的一艘乾隆年代的石舫修建的,取"河清海晏"之义,冠名为"清晏舫"。这石舫不仅名字起得好,而且修缮得中西合璧,富丽堂皇。可悲的是,它却成为西方列强耻笑的话柄,讽刺中国是一艘永远开不动的石头船。

谁都知道,水操学堂徒有虚名只是一个摆设,昆明湖再大也容不下一艘铁甲军舰。明眼人感到可悲,李鸿章更是感到心头肉疼。

据1889年7月8日海军衙门会办、庆郡王奕劻奏折言:"以今岁而论即可每年挪银三十万两,拨交工程处应用。"由此断定,即使海军每年都如期挪款,至1894年甲午海战爆发,五年时间,最多也只是一百五十万两银子,而北洋水师根据预算可实得经费二千万两,减去一百五十万两,还剩一千八百五十万两,如果用这笔钱购置军舰,可以再建两个北洋水师。

可是,没有!不是李鸿章不去购买军舰,而是李鸿章手里根本没有拿到应该属于北洋水师的一千八百五十万两银子。

为了使银子到位,几年时间,李鸿章上呈奏折不下十次。直到中日开战时还在疾书:"此购船经费一款收支不敷,亟待请拨之。"光绪谕:"知道了,可以拨款。"

翁同龢还是不给钱。他的尚方宝剑是"修园乃当务之急"。

以至于发展到1894年大阅海军时,北洋舰队"定远""镇远"两艘铁甲舰主炮的战时用弹仅存三枚(定远一枚,镇远两枚)。直到中日即将开战,才慌忙补充弹药,而一些弹药中竟然被奸诈的军火商充填了黄沙……

如此内耗的阵营,怎么去迎接外敌发出的强悍挑战!

在这种钩心斗角的官场体制下的军队,纵有铜墙铁壁,最终也会被摧毁;纵有匹夫之勇,终究无力回天!

九

在清政府忙于慈禧太后六旬圣寿节之际,日本发动对华战争的时机却臻于成熟。日本明治天皇特地召开御前会议,讨论对华作战问题。

为预谋发动海上突然袭击,日本海军进行了周密的准备。战争已经箭在弦上,只是引而不发。

1894年2月,朝鲜爆发"东学党"农民起义,这是日本发动侵华战争的天赐良机。按照清政府与日本政府签订的《天津条约》,中国向朝鲜派兵,日本也可以此为出兵的借口。6月3日,朝鲜政府正式照会请求中国派兵代戡。清政府拟定派兵,李鸿章命直隶提督叶志超率同太原镇总兵聂士成统兵二千名,取海道赴朝。

日军随即也大举入朝。

李鸿章不仅不作增援部署,反而将在朝的数艘军舰悉数调回,造成重大的战略失误。日本海军在朝鲜西海岸占据地利,完全改变了与中国海军争夺黄海、渤海制海权而无基地依托的不利态势,而且使中国的海上运输受到严重威胁。牙山清军陷入孤立无援、寡不敌众的危境。战争一触即发。

丰岛海战是中日甲午战争序幕。

1894年7月25日,日本海军第一游击队在丰岛海面偷袭了清军的运兵船队,清军被迫自卫,中日战争由此爆发。担任护航的"济远"和"广乙"两舰同来犯的日舰相比,处于绝对劣势。

丰岛海战中,中日双方参战的实力对比为,军舰数量2∶3,平均航速14.4∶19.8,舰炮总数32∶84。在主要火器方面,日舰拥有120毫米以上口径炮三十门,其中速射炮二十二门;而中国军舰120毫米以上口径炮仅有五门。由此可见日舰在实力上占有绝对优势。

我国水兵不畏强敌,奋力回击。然而,终因敌我力量过于悬殊,"济远"舰管带方伯谦临阵撤退。清军损失惨重,"济远"舰负伤,"广乙"舰被毁,"操江"号运兵船被俘,雇用运兵的英国轮船"高升"号中雷沉没。

丰岛海战后,日本海军基本控制了朝鲜以西海域,对驻朝清军的海上补给线构成极大的威胁。同时,日本为了与中国争夺黄海和渤海的制海权,伺机同北洋舰队决战,以期消灭北洋舰队。

1894年9月17日,中日海军主力在黄海进行了大决战。

北洋舰队的十艘主力军舰在完成护送运兵船增援驻朝清军的任务后,返航途中与蓄意同北洋舰队决战的日本海军联合舰队十二艘军舰遭遇。

北洋舰队紧急应战,黄海海面炮声震天,硝烟弥漫。

曾经称雄于亚洲的中国北洋舰队,至这场大战之前,装备实力已经滞后,加上战前准备不足又临阵排兵失误,一开战,北洋水师即处于不利地位。最早受到日舰攻击的"超勇""扬威"是两艘旧式巡洋舰,"超勇"舰首先被击沉。"扬威"舰受重伤,驶离战场后搁浅,管带林履中愤然蹈海。旗舰"定远"号也在放炮时震断飞桥,正在指挥作战的北洋水师提督丁汝昌被摔下指挥台,身负重伤,但他拒绝入舱,裹伤后始终坐在甲板上督战。

主力舰"致远"号在管带(舰长)邓世昌的指挥下勇猛穿插。他命令炮手发射炮弹百余发,重创日军"比睿""赤城"两舰,迫使它们逃出战区,下午2时30分,日本"吉野""松岛"等舰企图夹击北洋舰队的旗舰"定远"号。邓世昌当机立断,即令"致远"舰开足马力,抢到"定远"舰前迎敌。午后3时左右,"致远"舰遭日舰围攻,中弹累累,炮塔多半损坏,炮弹也快用完,而这时"吉野"又乘势逼近。邓世昌怒火满腔,决心与"吉野"同归于尽。他对大副陈金揆说:"倭寇专靠'吉野'逞凶,如能把它击沉,我舰队仍可有所作为。"他向舰上官兵大声呼喊:"我们参军卫国,早已把生死置之度外,现在情况危急,只有全舰同仇敌忾,视死如归,以死报国。"说着,邓世昌亲自登上驾驶台,两手紧握舵轮开足马力,直向"吉野"冲去,展现了中华儿女惊天地、泣鬼神的壮烈气概。这时,"吉野"号上的日本侵略军被中国军人的这种英勇行为吓呆了,惊恐万分。有的发出狂叫,有的跳水逃命。当"致远"舰正要撞上敌舰"吉野"时,碰上了日本军舰发射的鱼雷,锅炉轰然爆炸,舰体眨眼下沉。

邓世昌落海后,仍大喊杀敌。随从刘相忠持救生圈来救,他毅然拒绝,"义不独生"。这时,他的爱犬游来,"衔其臂不令溺,公斥之去,重衔其发",邓世昌誓与全舰官兵共存亡,毅然用力按爱犬入水,自己也随之没入波涛之中,与"致远"舰两百多名官兵一起英勇捐躯。

另一主力"经远"舰也遭到日本第一游击队围攻,在管带林永升指挥下,紧紧咬住一受伤敌舰,穷追猛打,激战中林永升"突中敌弹,脑裂阵亡","经远"号也随之被击沉,舰上两百七十人无一生还。所幸,"镇远"号用重炮击中敌旗舰"松岛"号,致使其弹药库爆炸,死伤一百多人。"来远"号中炮起火后,仍坚持配合左翼各舰向日舰"赤城"号突击,四次击中该舰,毙其舰长以下多人。

对于这场血泪奔涌的海战,曾担任"镇远"舰帮办管带、参加过黄海海战的美国人马吉芬不无感慨地评论说:"震撼东亚之中国舰队,今已成过去。彼等将士忠勇,遭际不遇,一误于腐败政府,再误于陆上官僚,与其所爱之舰,同撒殉国之花。"

北洋舰队的官兵无愧于中国人的称呼。然而,爱国不能单凭忠诚。战场上只有由硬件和软件联合构成的实力,没有半点侥幸!

争夺制海权的基本依据说到底就是海军实力。北洋水师的定远、镇远两艘铁甲舰,堪称当时亚洲最令人生畏的城堡式铁甲军舰,在世界上也处于领先水平。清政府正是基于这种力量对比,才毅然对日宣战。确实,日本也一直认为北洋舰队的实力雄厚,尤其"畏定、镇二船于虎豹"。然而,日本人精于赶超,清政府的脚步却放慢了。到甲午战争前夕,日本已拥有军舰三十一艘、鱼雷艇二十四艘,与中国海军相比,日本虽没有如"定远""镇远"那样的铁甲巨舰,但却拥有当时以高航速、快射速为先进标志的新式巡洋舰数艘,总体实力超过了主要对手北洋舰队。

这是一场开战便注定失败的战争。首先,战略上消极保守,指挥上严重失误,作战方针不明确,布阵步调不统一。第二,军事素质低。第三,装备质量差。舰炮陈旧落后,攻击力弱。当时,舰炮制造日新月异,日本紧跟发展趋势,军舰普遍装备大量的先进速射炮,参战军舰共装有各种口径速射炮九十三门,而北洋水师的舰炮仍停留在十年前的水平上,一门速射炮都没有。

黄海海战中,日舰火炮的命中率高出北洋舰队九倍之上!终于,北洋舰队不敌日舰,"致远""经远""扬威""超勇""广甲"五舰沉毁,其他参战军舰也遍体鳞伤,"定远""镇远""来远"等舰伤势尤重;此外,牺牲官兵六百余名,致使北洋舰队整体作战能力受到极大削弱,官兵士气受到严重打击。

北洋舰队倾其全部主力投入黄海海战犹遭重创,而整体实力遭此沉重打击后再与日本海军争夺制海权,显然已经力不从心。诚然,如能集中全国的海军力量统一指挥,尚堪与日军一战。但清廷虽多次电令南洋海军"北来助剿",南洋大臣却托词不就。结果只能是"以北洋一隅之力,搏倭人全国之师",正是从这个意义上说,黄海海战的结果,铸成了大清帝国在整个甲午战争中的败局。

第十二章　泱泱中华有海无防任凭列强宰割

十

　　黄海海战后,北洋舰队避居旅顺港内整整一个月,在清廷的催令下,虽勉强出海,也仅在近岸象征性地巡弋,遂使日本完全获得了黄海的制海权。从此,北洋水师不敢再与日本海军角逐,中国本土开始受到日本来自海、陆两面进攻的巨大压力。

　　日本大本营认为,日本海军已完全获得了黄海制海权。于是,决定按预想的战略方案,攻击中国本土。

　　日军进攻分为两路。1894年(光绪二十年)10月24日,陆军大将山县有朋指挥集结在朝鲜义州的第一军三万人,强渡鸭绿江,侵入辽东。同一天,在日本海军联合舰队掩护下,大山岩的第二军也在花园口登陆。

　　11月7日,慈禧太后的六十岁生日庆典,在战争的紧要关头照旧隆重举行。正是这一天,日军兵不血刃轻取大连湾,旅顺口后路防御俱失。

　　日军在辽东半岛登陆,清廷直到第二天才获悉准确情报。当时,只有驻守大连湾的正定镇总兵徐邦道率部赴金州御敌,其余清军却坐视不问,致使日军在攻陷金州后得以从后路进逼旅顺,形势十分险恶。负责旅顺船坞工程兼前敌营务处总办龚照玙闻警逃往烟台,船坞工匠逃散殆尽。丁汝昌担心"旅顺后路紧急,各舰在口内水道狭隘,不能展动为力",只好率舰队返防威海。

　　11月21日,日本海军乘势夺取了我国最大的海军基地——旅顺。

　　旅顺大屠杀,两万名中国平民惨死在日本侵略军的刀下,全城仅幸存三十六人。

　　日军占领旅顺后,日本大本营采纳大山岩和伊东佑亨等人的建议,暂时放弃原定登陆渤海湾、与清军决战直隶平原的作战计划,决定先行进攻山东半岛,海陆军协同攻占威海卫,全歼北洋海军。

　　威海卫位于山东半岛的东北端,与辽东半岛的旅顺口互为犄角,共扼渤海门户。威海港以刘公岛为屏障,自然形成两个出海口。这里作为北洋海军的一个重要基地,已经经营近十年。

1895年(光绪二十一年)1月30日,日本联合舰队从海上对刘公岛实施炮击。李鸿章电示丁汝昌:"万一刘公岛不保,能挟数舰冲出,或烟台,或吴淞,勿被倭全灭,稍赎前愆。否则,事急时,将船凿沉,亦不贻后患,务相机办理。"

1月31日,风雪大作,日军舰队撤到荣城湾避风。丁汝昌本可率队突围,却寄希望于陆上援军解救,坐失了良机。是丁汝昌不敢突围吗?不是!在尚未被围之前,他已派员将海军的有关文件送往烟台,以此表明他和他的北洋海军将与刘公岛共存亡的决心。

2月3日,天气转晴,日本联合舰队对刘公岛、日岛实施攻击。激战竟日,清军伤亡甚众。同日,清廷电谕李鸿章:"若株守口内,待水陆合攻,必致全船资敌而后已,后患何堪设想!着李鸿章督饬海军将士,力筹保全海舰之法。如威海不守,各舰何处收泊,一并迅筹复奏。"当时,清廷虽已谕调外省援军以解威海卫之围,但外省援军行动迟缓,已无济于事。李鸿章又与丁汝昌失去了电信联系。丁汝昌派人潜往烟台给李鸿章的嫡系将领刘含芳送去向朝廷的告急文书,内称:"昌等现唯力筹死守,粮食虽可敷衍一月,唯子药未充,断难持久。求速将以上情形飞电各帅,切恳速饬各路援兵,星夜前来解此危困,以救水陆百姓千万人生命。"由于战前清廷对敌主攻方向判断有误,兵力部署专注京津方向,山东防务兵力薄弱,临危调援已缓不济急。

3日夜晚,日军以鱼雷艇两艘驶到威海港南口,切断了铁索,将栏障扩开一个空隙。5日凌晨,日军鱼雷艇十艘悄然驶抵南口栏障缺口处,其中八艘突入港内。北洋军舰发现后,立即反击。"定远"舰发炮击中日军一艘鱼雷艇,但自己也被日军的鱼雷击中,舰身侧倾,丁汝昌急令砍断锚链,驶至刘公岛搁浅。丁汝昌从"定远"舰移驻"镇远"舰。只是,日军鱼雷艇能够冲破障碍进港偷袭北洋舰队,北洋舰队的鱼雷艇却龟缩在港内不敢越雷池一步!

6日凌晨,日军鱼雷艇五艘再次突入港内偷袭。北洋舰队"来远"巡洋舰、"威远"练习舰及"宝筏"布雷船中雷沉没。下午,日本联合舰队又对刘公岛发动进攻。丁汝昌一面命"靖远""济远""平远""广丙"四舰与黄岛炮台配合,向北岸回击;一面命其余各舰与刘公岛、日岛各炮台协同,以封锁威海港南、北两口。丁汝昌组织指挥北洋四舰和黄岛炮台反击,阻止了日军的进攻。这时,东口又被日舰撕开了一个缺口,清军伤亡增多,处境十分危急。

7日清晨,日联合舰队司令伊东佑亨认为决战时刻已到,遂决定对威海卫发起总攻。伊东佑亨亲率八艘军舰攻击刘公岛东口炮台,西海舰队司令相浦纪道率十五艘军舰攻击日岛炮台,企图一举占领刘公岛并歼灭北洋舰队。7时30分,两支日舰队驶至距刘公岛五千八百米时,清军守兵开始炮击。双方炮战一小时,日舰"松岛""桥立""吉野""浪速""秋津洲"先后中弹。

正在激战之际,北洋海军鱼雷艇左队管带王登瀛和"福龙"号管带蔡廷干却背着丁汝昌乘机率领十三艘鱼雷艇和"飞霆""利顺"两艘汽船,从西口冲出。伊东佑亨以为是北洋舰队派出鱼雷艇冲击日舰队形,再看不对,清军鱼雷艇并未袭击日舰,而是向西逃逸。日第一游击队立即尾随追击。结果,这十三艘鱼雷艇或被击沉,或被日舰俘获,或搁浅,仅有王平、穆晋书等人侥幸逃生。

同日7时37分,日岛炮台也与日本第一、第二、第四游击队展开激烈炮战。战至9时,日舰"扶桑""筑紫"先后中弹,但日岛地阱炮及弹药库、营房均被日军击毁。丁汝昌传令守台"康济"舰管带萨镇冰率水手撤回刘公岛。是日激战,北洋海军和刘公岛护军以殊死一搏的顽强战斗顶住了日军攻击,伤亡三百余人,战斗力进一步受到很大削弱。这一天,清廷发出急谕,着李鸿章电知刘含芳设法送信给丁汝昌,令其"相机力战,冲击敌船,乘势连樯结队,出险就夷,则水师尚不至尽为所毁"。李鸿章立即将朝廷旨意电告烟台的刘含芳,指出,"如能通密信,令丁同马格禄等带船乘黑夜冲出,向南往吴淞,但可保铁舰,余船或毁或沉,不至赍盗,正合上意,必不至于咎,望速图之"。刘含芳遂将此谕令改为密码,雇人送出。可就在当天,王平等人已逃抵烟台,诡称系奉命突围冲出,日岛、刘公岛尚在,北洋海军舰艇已经尽失。

谎言让刘含芳瞠目结舌,李鸿章听了更是顿足捶胸。

其实战斗仍在继续。8日,日本联合舰队驶至威海港口以外警戒,防止北洋舰队突围。白天,日军占据南岸炮台用清军的火炮向刘公岛及港内舰艇轰击;夜间,日军汽艇潜至南口破坏栏障,将缺口扩宽至四五百米,刘公岛已无防御可言。此时,刘公岛上守军士气开始崩溃,洋员泰莱、克尔定、瑞乃尔等劝丁汝昌投降,被丁汝昌严词拒绝。9日,日本联合舰队再次发动强攻。丁汝昌率"靖远""平远"等舰驶至日岛附近,以炮火还击。

连日来,丁汝昌总是挺身于炮火中指挥作战,以示战死报国的决心。当他正在"靖远"督战时,日据鹿角嘴炮台发炮击中"靖远",船头立即下沉。丁汝昌和"靖远"舰管带叶祖珪誓与军舰共存,但被水兵拥上汽艇转移至刘公岛。

丁汝昌出身淮军,经过不断的体察,加上赴西欧接舰和率舰出访,成为北洋海军不可或缺的将领。但是,作为舰队统帅,在这次的作战指挥上确实有一些重大失误。黄海海战前,疏于侦察;海战开始后,又缺乏应变措施;布阵时,对于速度不同的舰只,也未能紧紧把握。无论是黄海海战还是威海卫海战,鱼雷艇队这支打击力量不仅没有出力,而且最终出丑。然而,丁汝昌不愧为杰出的爱国将领,在黄海海战中,"炮弹雨下,不少却顾",负伤不退,顽固奋战。威海卫海战中,身先士卒,屹立舰桥,一直坚持一线指挥。

10日,日军继续加强海陆夹攻,北洋舰队岌岌可危,刘公岛守军已无回天之力。下午,丁汝昌下令将已经搁浅的"定远""靖远"两舰用鱼雷自行轰沉,以免资敌。是日晚,黄海海战战功卓著的刘步蟾见大势已去,服鸦片自尽。

丁汝昌再也控制不了内部的混乱,那些心怀叵测的洋员和个别贪生怕死的将领策动的投降活动,已达到肆无忌惮的地步。他们竟然煽动士兵,将丁汝昌围困于"镇远"舰,阴谋胁迫丁汝昌投降。丁汝昌决然拒绝投降并毅然地表示:"彼当自杀,以全众人之生命。"

11日,丁汝昌收到刘含芳派人潜送的以密码写成的突围命令,始知援兵无望。而日军已在山东荣城登陆,北洋舰队面对日军的南北夹击,虽然孤军奋战,击沉击伤数艘日本舰艇,但弹药告罄,援兵不至,败局已定。丁汝昌召来牛昶昞,嘱其速将提督印截角作废,随即在提督衙门服下鸦片膏,翌日凌晨气绝身亡。接着,"镇远"舰管带杨用霖、北洋护军统领张文宣亦相继自杀。

丁汝昌死后,洋员马格禄、瑞乃尔及部分清军官员商议向日军投降。由浩威假借丁汝昌名义用英文起草投降书,再译作中文,由牛昶昞加盖北洋海军提督印。12日8时,派"广丙"舰管带程璧光乘坐挂着白旗的"镇北"号炮舰出港,至日本联合舰队阴山锚地,将投降书送至日本旗舰"松岛"号。伊东祐亨与幕僚开会商议后复书接受投降。这是北洋海军最屈辱的一刻!

历史不会遗忘这一页。威海卫的悲壮篇章留给后人的是无限的叹惋和沉思,时时触痛着中国人的心。

17日10时,日本联合舰队鱼贯驶入威海港,宣布俘获北洋海军"镇远""济远""平远""广丙""镇东""镇西""镇南""镇北""镇中""镇边"等十艘军舰。被卸去舰炮的"康济"号练习舰,载着丁汝昌、刘步蟾、杨用霖、戴宗骞、沈寿昌、黄祖莲等的灵柩及海陆官兵和洋员千余人,迎着寒风冷雨,凄然离开陷落的威海卫港,驶向烟台。

清朝海军主力——北洋舰队,凡战舰、练船、鱼雷艇、海岸炮,或沉,或毁,或伤,或俘,全军覆没。

日军占据刘公岛,辖制威海卫。鲁辽海面大小兵轮,只有日军膏药旗招摇,再不见龙旗飘扬……

甲午大海战后,日本为了炫耀侵华战绩,羞辱中国海军,竟将掳获的"镇远""靖远"两舰的铁锚和"定远"号舵盘作为"战利品"陈列在东京上野公园,锚外竖立"镇远"舰主炮弹九十枚,并围以锚链数匝。数十年中,中国旅日华侨及留学生,特别是海军人员经过此地,莫不掩面痛哭。

这是令中国人民永远不能忘却的历史伤痛!

十一

北洋海军最终以其在威海卫港的全军覆没给自己的历史画上了句号,

中日甲午战争也以中国战败而结束,清政府耗费巨资苦心经营十五年的北洋舰队从此灰飞烟灭。

两个月后,李鸿章代表清政府在日本马关被迫签订了丧权辱国的《马关条约》。

根据《马关条约》,日本得到中国两亿三千万两白银的战争赔款,并得到一亿多日元的舰艇等战利品。

两亿三千万两白银、一亿多日元的战利品是什么概念?当时日本政府的年度财政收入也只不过八千万日元!两亿两白银、一亿日元的战利品,相当于日本十年的财政收入!

打人的日本成了亚洲最大的暴发户,挨打的中国反要给战争赔款,这种歪理,怎能让中国老百姓咽得下这口气?

更让中国人接受不了的是,割让台湾和澎湖列岛!

既要赔款,又丢领土,这不是丧权辱国,是什么?

条约是李鸿章签的,这气就该出到李鸿章身上!

在人们的记忆中,李鸿章是主和派、崇洋派、投降派。但到底有多少人知道李鸿章这位晚清"裱糊匠"的难处?

李鸿章在日本签订《马关条约》后,脸上带着在马关被刺留下的枪弹伤疤回到国内,成为万民唾弃的罪人。趁火打劫,翁同龢就联手李鸿藻上奏一本,抓住条约中将台湾割让给日本,力主杀掉李鸿章谢罪天下。

李鸿章签订《马关条约》是预先禀报过慈禧太后的,而且在《马关条约》签订之前,日军就强占了澎湖列岛,加上张佩纶从中斡旋,李鸿藻就放了李鸿章一马。

张佩纶既是李鸿藻的同乡,又是李鸿藻的得意门生,并且是清流派的骨干,张佩纶的话在李鸿藻的心里总能起到关键作用。只是,张佩纶为何要帮李鸿章?

因为张佩纶是李鸿章的女婿。张佩纶的父亲张印塘,曾任安徽按察使,镇压太平军时与李鸿章并肩作战,结下了深厚友谊。张佩纶在中法马江海战后被撤职,但因有才,又有恩师李鸿藻力保,终于东山再起。可这时张佩纶的妻子死了,李鸿章就把他的小女儿李菊藕嫁给了张佩纶。李菊藕与张佩纶相差二十岁，但她对父亲的安排很满意，她心仪张佩纶，婚后非常恩爱。可惜，张佩纶五十八岁就去世了，留下李菊藕守寡，当时李菊藕年仅三十八岁，李菊藕虽然名不见经传，但她的孙女可是鼎鼎大名，她就是民国才女、写《倾城之恋》《红玫瑰与白玫瑰》而红极一时的小说家张爱玲。这是后话。

回过头，再说翁同龢。光绪皇帝在致力维新时，曾特意就翁同龢的为人，专门去征询已生命垂危的恭亲王。恭亲王奕䜣给了翁同龢八个字的评价："居心叵测，怙势弄权。"此时光绪有点悔悟。是年，光绪以"渐露揽权狂悖情状，断难胜枢机之任"，将他"开缺回籍"，罢掉了这位"师傅"。

尘埃落定，翁同龢与李鸿章之间的角斗也终于销声匿迹。然而，他们之间的这场角斗却葬送了中国近代一支气象峥嵘、规模庞大的海军！悲哉！

十二

甲午一战，堂堂大清竟然被一个蕞尔小国打得落花流水，而《马关条约》的签订，清政府软弱无能的本质更加暴露无遗，这极大地刺激了帝国主义列强的扩张欲望。在列强的眼中，中国再不是东亚"睡狮"，而是可以任人宰割的猎物。于是，列强纷纷操刀而起，掀起了瓜分中国的狂潮。

1896年，俄国通过所谓的《中俄密约》，以与中国合办"东清铁路"的名义，轻而易举地摄取了铁路沿线开采煤矿、兴办企业甚至任命警察的权力，把铁路沿线变成了俄国的势力范围。

1879年，德国利用山东巨野发生德国传教士被杀事件，德皇威廉二世命其弟海因里希亲王为第二舰队司令率舰队强占胶州湾。威廉二世在基尔港为海因里希亲王送行的宴会上发表演说称："德意志军旗保护下的德意志的贸易、商人、船舶，要享有与其他列强在中国的同等权利。德意志的贸易因受到德意志国权的安全保障才能发展起来。国权即是海权，海权与国权犹如车之双轮、鸟之双翼，两两相辅而促进国运之发展。无论何人，若有欲试牵累或妨碍我正当权利者,即应挥动'武装的铁拳'征讨之。"于是,大兵压向胶州湾,迫使中国签订《胶澳租界条约》,规定德国租借胶州湾,为期九十九年,取得在山东建造胶济铁路及开采煤矿的权力。

1897年底,沙俄跟在德国后面,派舰队开入旅顺口,要求租借不冻港。次年3月,中俄签订《旅大租地条约》,将旅顺口、大连湾附近水面连同大连湾以北一段陆地给予俄国,租地内军事、行政均由俄国管理,租期二十五年。俄国还在满洲里驻扎军队两万五千人,把整个东北变成俄国的势力范围,并向长城以南扩张。

英、法、日、意纷至沓来,紧步德、俄的后尘。法国把滇、桂、粤三省变成了自己的势力范围。英国则以南拒法、北拒俄为理由,提出租占广州湾和威海卫的要求。1898年6月,英国驻华公使窦纳乐以法国租占广州湾威胁香港安全为借口,强迫清政府签订中英《展拓香港界址专条》,租期九十九年;同年7月1日,英国强迫清政府签订中英《订租威海卫专条》,租占威海卫、刘公岛,租期二十五年。1896年10月,日本已取得在天津、汉口、厦门、福州、杭州、沙市、重庆设立租界的特权,1898年4月,又迫使清政府承认福建为日本的势力范围。只有意大利提出租借三门湾,未能如愿。

美国在列强瓜分中国的狂潮中,正忙于和西班牙争夺菲律宾而姗姗来迟。1899年9月和11月,美国国务卿海约翰分别向英、俄、德、日、意、法等国提出所谓"门户开放"的通牒,企图通过"机会均等"的手段分一杯羹,保持中国市场对美国商品自由开放。尽管,西方列强之间并不是铁板一块,为了各自的利益常常狗咬狗,但一听到瓜分中国,便狼狈为奸沆瀣一气。于是,各国先后接受美国"门户开放"的政策,采取了大体一致的侵略行动。

中国毫无主权,权力都在帝国主义列强手里,锦绣河山,任凭分割,都成了列强的势力范围。高鼻子、蓝眼睛、白皮肤、红头发,到哪儿都有洋人招摇过市,中华大地成了洋人的天下。

是时,1898年6月,光绪帝在康有为等人的影响下宣布变法,进行一系列自上而下的改革。9月,慈禧太后为首的后党发动政变,光绪被囚,"戊戌六君子"被杀,慈禧宣布第三次"垂帘听政"。"百日维新"的失败,日益深重的民族危机,引起中国民众强烈的排外情绪,各地不断发生针对外来势力的教案,从山东兴起,继而引发了声势浩大的义和团运动,斗争矛头直指西方列强。

起因是,西方列强牛气哄哄地在中国沿海地区开矿设厂的同时,涌来一大批自命为"上帝使者"的传教士,传教之外也兴医办学,破除缠足、纳妾等陋习,传播宪政思想,与维新运动一样引起守旧势力的仇恨。尤其是,洋人总是自恃文明,到处显示高人一等,不可一世,把所有中国人都叫作"东亚病夫"。中国人见到洋人就十分反感。加上谣言四起,如说洋人医院挖小孩眼睛制迷药,神父用特制针筒吸男童阳精,等等,从而人人自危,对洋人以及中国教友"假洋鬼子"恨之入骨。1897年11月,山东发生"曹州教案",两位德国传教士被冲入教堂的村民打死。德国立即做出反应,乘机出兵占据胶州湾和胶澳(青岛)。德皇更对其舰队下令:"如中国阻挠我事,以老拳挥之。"接下来的一个月,俄国进驻旅顺,英国和法国派兵占领威海和广州湾。

中国掀起义和团运动,驱逐洋人,运动愈演愈烈。

1900年,英、法、德、俄、日、美、意、奥匈八个帝国主义国家,借口镇压义和团运动,保护本国侨民,联合对中国发动了有史以来最大规模的入侵。

1900年6月10日,八国联军在英国海军中将西摩尔率领下,由天津向北京进犯,一路遭到义和团和清军爱国官兵的英勇抗击。

6月16日,八国联军舰船集中大沽口,蛮横地要求我国守军交出炮台,被守将罗荣光严词拒绝。敌军见威吓不成,就对炮台发起猛攻。清军官兵坚守阵地,回击敌舰。终因势单力薄,战斗失利,岸炮被毁,守军大部伤亡。敌陆战队乘机迂回侧后,夺取了大沽各炮台,停泊在大沽口内的六艘清军军舰未作机动就成了俘虏。

八国联军攻陷大沽口后,向天津进犯。

面对八国联军的武装入侵,清朝统治集团内部对战与和问题存在意见分歧。慈禧太后不顾光绪皇帝等人的反对,强行决定对列强宣战,而主要力量居然是义和团。

义和团是长期流行在山东、直隶(今河北)一带的民间秘密社会,以设立神坛、画符请神等方法聚众练拳,拳师演绎"金钟罩",水火不近,刀枪不入,始称"义和拳",最早兴起于山东。清政府山东巡抚开始采取安抚政策,提出"民可用,团应抚,匪必剿",将其招安纳入民团,于是义和拳成了义和团。1898年10月,赵三多、阎书勤、高元祥等人在山东竖起"扶清灭洋"的旗帜,揭开义和团运动的序幕。义和团焚烧外国教堂,引起列强的恐慌和仇视。1899年12月,清政府迫于压力,任命袁世凯为山东巡抚,对义和团严加镇压,清廷一方面害怕义和团的发展惹火烧身,一方面又想利用义和团的力量对抗洋人的欺凌,所以对义和团的态度是时剿时抚,动摇不定。

而现在,慈禧太后要把义和团推到第一线,挡住八国联军的进攻。

既然宣战,天津驻军和义和团就对天津租界发起攻击,与集结在租界内的联军发生激战。1900年7月8日,联军向租界西南发起反击,直隶提督聂士成在八里台督战阵亡。联军乘势攻占天津。8月,德军总参谋长瓦德西出任联军新统帅,从德国率增援部队来华,接连占领了张家湾和通州,于13日抵达北京城下。

慈禧太后后悔了。宣战后局势的风云变幻,使慈禧越来越感到宣战的失策。

在慈禧看来,失策之一是,义和团并不能"刀枪不入",在东交民巷,在天津战场,洋鬼子的大炮、机关枪照样能将他们打成筛子,她感到她依靠的反洋力量,一点都靠不住。

失策之二是,借宣战之名,并不能有效地控制义和团。本来,慈禧的意图是,指引义和团枪口对外,避免祸起肘腋之虞。然而,义和团枪口固然对外了,但义和团并不为慈禧所派统帅大臣的辖制,目无组织,杀戮自如,有的甚至蹬鼻子上脸闯进了紫禁城。她慈禧的宝座,仍有随时被掀翻的危险。

失策之三是,判断有误。原以为,敌之所凭是武力,我之所凭是人心。然而,她错估了义和团的力量,大沽口没有收复,洋兵源源而来。这时,她日渐感到主和派反对开战确实言之有理。

于是,慈禧思前想后,转战为和。为了与列强媾和,慈禧讨好献媚的举措接连不断,她以清政府的名义向列强保证:"照前保护使馆,唯力是视。此种乱民,设法相机自行惩办。"她幻想以此换得洋人罢兵。但是,慈禧又失算了。兵事毕竟不是过家家，不是你不想玩儿就不玩儿的。列强既已出兵，千里迢迢来战，岂能就此罢休？

8月13日深夜，雾蒙蒙的阴云遮住残月，守护北京城的清军由于连日精神紧绷，各自抱着火绳大枪沉睡在阴湿的城墙脚下。就在这时，俄军数千名弯身弓腰偷偷向离英国公使馆最近的东便门摸来。几分钟内，这些熟睡的清兵就都死在俄军的刺刀下。随后，俄军架起两门大炮，在城门上轰开了一个洞口。俄军尖刀队穿过洞口进入瓮城，在这里遭遇阻击，双方伤亡惨重。但天亮之前，留在城门之外的那部分俄军设法从边门强攻进来，终于占据了整个城楼。

俄军提前打响战斗之后，联军协同作战的计划被打乱。其余各国部队仓促上阵。日本借兵力雄厚的优势集中所有四十四门大炮，先后向齐化门发射了一千多发炮弹，使整个城门箭楼都变成了灰烬。

作为前锋的美国第十四步兵团的士兵另外寻找攻击目标，发现东便门与沙窝门之间的一段城墙有裂缝，便沿着裂缝攀缘而上，占领了这段城墙的顶部，并向北推进。美军的这一行动在一定程度上减轻了清军对俄军的压力。

英军是从沙窝门的下水道进的城。城头上的美军信号兵发现英军的通道最便捷最安全，就用蓝白相间的手旗向后续部队打出了以莫尔斯电码表示的一句话：从下水道进来！

8月14日下午2时，浑身恶臭、脚上沾满污泥的德国兵、法国兵、意大利兵，就一一出现在英国公使馆的网球场上……

当八国联军逼近紫禁城，隆隆的炮声震撼太和殿时，慈禧恍如大梦初醒。她做梦都想不到联军会来得这么迅速，而她的几万禁卫军又会如此脆弱。她想召见群僚，满朝文武大多溜之大吉，甚至负责北京城防的荣禄，此时也"强兵压境全无术，开府骑猪作鼠跑"了。

15日凌晨，慈禧穿一身厨娘的衣裳，让李莲英给她梳了一个汉族妇女的发髻，带着光绪等人仓促出宫，经德胜门向西出逃，一路颠沛流离，逃至太原，又逃到西安。到了西安，心才稍稍安定。

西安古称长安，曾是大唐"贞观之治"时的首都，慈禧的崇拜偶像武则天就是从长安起步。她不能与武则天相提并论,但她也不是寻常女人。这位满族出身的叶赫那拉氏,以秀女入宫,进位为"储秀宫懿贵妃",咸丰皇帝病死,发动宫廷政变,改元"同治",长期"垂帘听政"。一个女人把持朝政,成为一国之主,恩威并用,把一群老成持重的汉子吆喝得团团转,不管是曾国藩、李鸿章,还是翁同龢,满腹经纶,本事再大,也要看她的眼色行事,连同精明得号称"鬼子六"的恭亲王奕訢也唯她马首是瞻,俯首听命。

然而,毫无疑问地说,慈禧心机再缜密,也有不知深浅的时候,是她将义和团引到北京,是她向列强宣战。局势变得一团糟,她是始作俑者。于是,在逃经山西前往西安的路上,凉风习习,头脑冷静了,她一面发布命令要官府对义和团"严行查办,务净根株";一面任命李鸿章和庆亲王奕劻为议和大臣,尽快与列强商议和谈。

和谈,谈何容易?!这群架着大炮、举着钢枪的强盗比当年火烧圆明园的强盗还要野蛮强硬。

1900年7月27日,德皇威廉二世对远赴中国参战的德国军队训话:"你们如果遇到敌人,就把他杀死,不要留情,不要留活口。谁落到你们手里,就由你们处置。就像数千年前埃策尔国王麾下的匈奴人在流传至今的传说中依然声威赫赫一样,德国的声威也应当广布中国,以至于再不会有哪一个中国人敢于对德国人侧目相视!"

带着这样的杀人使命而来的联军进了北京城,公开抢劫三日,洗劫皇家之宝,再洗劫在京的王公府第,肆意屠戮,血流成河。攻克北京之初,八国联军即包围各坛口搜捕义和团,仅在庄王府一处即杀掉"团民"一千七百多名。甚至凡遇见中国人就放枪射击。法军将一群中国人逼到一条死胡同里扫射十五分钟,直到没有一个活人为止。

接着,沙俄鲸吞东北,江东六十四屯居民被赶尽杀绝,海兰泡五千华民惨遭俄军屠戮,接着,俄军血洗黑河、瑷珲……

在帝国主义的侵略面前,清政府卑躬屈膝,接受了八国联军的苛刻条件,于1901年9月7日与英、俄、法、美、日、德、意、西、奥匈、比、荷十一国在北京签订了堪称奇耻大辱的《辛丑条约》。

按《辛丑条约》第六款,清政府赔偿俄、德、法、英、美、日、意、奥八国及比、荷、西、葡、瑞典和挪威六个"受害国"的军费、损失费四亿五千万两白银,赔款的期限为1902至1940年,年息四厘,本息合计为九亿八千万两,史称"庚子赔款"。

中国当时的人口大约四万五千多万人,庚子赔款每个中国人都被摊派大约一两银子。

通史上这样定义:《辛丑条约》是一个历史的转折点,它标志着从1840年开始,经过六十年的腥风血雨,中国完全变成了半封建半殖民地社会。

那是一个什么样的景象?人人破衣烂衫,城市也是灰头土脸。一幅当年北京的黑白照片下有一段苦涩的文字——夕阳下拖长了孤单身影、朝着破败的城墙缓缓而来的骆驼队,早已没了往年从关外驮来进献给皇室供品时的喜庆了。漫漫沙尘,悠悠驼铃,瑟瑟秋风,危危城墙。城墙外满目萧条的原野和城墙内的老北京,凄凉如同一个臃肿的老人,低头微微喘息着,噙着泪守着膝下一群无辜的孩子……

这便是半封建半殖民地社会苦难深渊中,中国的真实写照!

十三

列强都是野兽。

野兽同盟是临时的,野兽争食却是本性。

甲午战争后,日本从中国割取辽东半岛、台湾和澎湖列岛。俄国为实现独吞中国东北的计划,联合法、德进行干预,迫使日本让步,由中国"赎回"辽东半岛。日本决意扩军备战,用武力同俄国争夺远东霸权。

1904年2月8日,日本不宣而战,用鱼雷偷袭了停泊在旅顺港的俄国舰队,使俄军遭遇重大损失。

1904年2月10日,日、俄两国宣战,日俄战争正式爆发。令所有中国人感到愤慨的是,战争是在中国国土上进行的,清政府却无耻地宣布"局外中立"。

当俄国太平洋第一分舰队部分被歼,其余舰艇被封闭在旅顺港口内时,俄国调波罗的海舰队主力三十八艘舰艇编成第二、第三分舰队,一路经苏伊士运河;另一路经非洲好望角,驶来远东增援。不料在对马海峡遭到日本九十九艘舰艇的截击。日本舰队以多对少,以逸待劳,发挥舰队的火力、速度优势,机动作战,结果俄国舰队十九艘军舰被击沉,五艘被俘,死亡五千人。日本舰队只损失水雷艇三艘,死亡七百人。此战决定了俄国在日俄战争中的彻底败局。

1905年9月5日,俄国被迫同日本签订了《朴次茅斯条约》,将旅顺、大连地区和中东铁路长春以南支线的租借权转让给日本,把朝鲜和中国东北南部划为日本势力范围。俄国势力从此退到中国东北北部。

俄国的失败,引起俄国各族人民的愤怒,加速了俄国第一次资产阶级民主革命的爆发,最终导致沙皇专制制度土崩瓦解。日本则成为世界帝国主义强国。

撵走了俄国,日本又盯上了德国。

1897年(光绪二十三年)11月1日,巨野教案发生。11月14日,德军以巨野教案为借口在胶州湾登陆。1898年,中德签订《胶澳租借条约》,德国强租胶州湾九十九年并宣布青岛为自由港。

1914年夏季,日军联合英军与德军为争夺租借权,在青岛湾进行了一场攻防战。在整个青岛战役中,日军(包括海军)共有一千四百五十五人战死,四千二百人负伤,海军损失了老式巡洋舰"高千穗"、三等驱逐舰"白庙"和一艘鱼雷艇;英军死亡十四人,伤六十一人;青岛的德国守军阵亡一百九十九人,四百九十三人受伤,三千三百人投降,青岛港内的军舰和奥匈巡洋舰全部自行凿沉。日军以相对微小的代价夺取了青岛这座远东优良的军港和中国第四大商港,夺取了胶济铁路,将德国势力驱逐出山东,并将黄海变成了"日本湖"。

十四

一部晚清史,都是辛酸史。

第十二章　泱泱中华有海无防任凭列强宰割

但枯黄的史料中还有一抹脆弱的绿色——晚清时期围绕中国海军的重建又涌现了一些进步的思想家,如薛福成、郑观应等。要重建,就先要考察。针对海军的出洋考察,郑观应在《盛世危言》中专门撰写了一段精辟入微的文字：

> 自设海军以来,所备大、小兵轮不下数十余艘,平日除会操载送官员外一无事事。何如派往各国游历,借以保华民,张国势,周知外洋海港之曲折、岛屿之萦回、沙线之浅深、潮汐之涨落、地势之要害、咽喉防务之布置疏密。并定以游历限期,或半年而瓜代,或一年而瓜代。既回国后,由当道面询外洋情形,并观其日记,实有心得,即照军营立功例奏奖。果如此讲求研练,十年之后,中国内外文武人才皆当辈出,决不致有乏才之患,亦何庸楚材晋用,雇募洋师,岁掷百万金钱,且为远人所窃笑也哉！

郑观应的这一"盛世危言"确实是洞彻之言、拨冗之策！然而令今人匪夷所思的是,郑观应在这篇文章的开头部分竟然提出一个"糊涂"建议,让那些尸位素餐的"王公大臣"们喜出望外——"洋务之兴垂六十载矣,求其知己知彼,不随不激,能为国家立一可大可久之策者有几人哉？夫民心不一,则国势日衰。而交涉之难调,由于意向之不定；意向之不定,由于主议之无人。欲求主议得人,非王公大臣游历外洋不可。"

王公大臣们应该感激郑观应。很快,这样的出洋考察计划便有了下文。

"下文"的出现是有历史大背景的。这个大背景就是中国社会仍然面临的危机——西方列强虎视眈眈,中华民族要在世界上继续生存下去,必须寻找新的出路。我们找到的第一条出路即前面提到的"师夷长技以制夷",也就是学习人家的技术——你有枪,我也有；你有炮,我也有；你有军舰,我也有。这一步我们学的是人家的技术层面,产生了洋务运动。但是,我们虽有了相同的舰队,在甲午战争中却惨败于东瀛岛国日本。在此情况下,中国有识之士开始在技术之外寻找新的资源,这就产生了"戊戌变法"。这个"戊戌变法"仅维持了一百零三天,路还是没有走通。接着又蒙受了八国联军占领北京这样的民族耻辱。《辛丑条约》的签订,让慈禧痛定思痛,她决心接过光绪帝在1898年变法的衣钵,开启"晚清新政"。

在教育方面,她推行了包括废除科举制度、设立新式学堂等一些新政。今天我们的学校,就是在慈禧那个时候开始的。这些新式学堂奠定了近代中国教育向西方学习的模式,奠定了基本的学制——小学、初中、高中。她还实行了一系列的政治改革,特别是1906年搞了一个"预备立宪"。

慈禧当时试行宪政诚然有各种原因,比如迫于压力,为了挽救清王朝摇摇欲坠的命运,可能带有欺骗性,但无论她有什么样的动机,从客观上,她实施的"晚清新政"推动了中国从一个古老的专制国家开始向近代国家转型。在这个转型期,新一轮的出洋考察活动开始了。

1905年,清廷派载泽、戴鸿慈、端方、李盛铎、尚其亨五位大臣出洋考察。经过考察,中国向德国订购了穹甲巡洋舰"海容""海筹""海琛"号,在英国订购了"海天""海圻"号。

历史的脚步走到1911年,由爱新觉罗·努尔哈赤从马背上奠基,延续近三百年的大清王朝,走到了生命的尽头。正是在这一年,中国海军在蓝色的星球上却留下了一道难忘的航迹。

4月21日,上海黄浦江杨树浦码头锚地。一艘排水量四千三百吨的现代巡洋舰拔碇起航了。油漆一新的舰艏舷壁上,两个铜铸的汉字舰名"海圻"在阳光下十分耀眼。它是"晚清新政"时清廷从英国购买的两艘大型巡洋舰之一,被誉为中国海军第一舰,亦称"穹甲快船",由英国阿姆斯特朗船厂建造。舰名中的"圻"字在今人眼里,颇为生僻,经查阅《康熙字典》和《辞海》,"圻"系多音字。其意一为"界""岸";二通"畿",释文作"圻";三谓京城四周方圆千里之地;四与"垠"通,含有"边际"之意。综上可见,海圻舰之命名,既象征我国管辖海域广袤无边之意,又蕴含此舰航海巡洋护卫海防无所不往之威,并与其姐妹舰"海天"号巡洋舰命名浑然一体。

此次出航,它将执行一项刷新历史的重大外交使命。

1911年6月,英皇乔治五世继承皇位,要举行隆重的加冕典礼并进行海上阅兵,邀请各国海军军舰前往庆贺。中国海军当局觉得这是借亲善展示中国重振海军雄风的良机。1911年4月11日,海军大臣载洵上奏宣统皇帝,"英皇加冕,大阅兵舰,拟派巡洋舰队统领程璧光率领'海圻'巡洋舰前往,以将敬意而敦睦谊"。随即进行了紧张的远航准备。十三天后,在统领程璧光、管带(舰长)汤廷光的率领下,高挂黄色青龙旗的"海圻"号巡洋舰载着四百五十名官兵,在悠扬的汽笛声中驶出黄浦江,开始了中国近代海军史上的第一次出访欧美之旅。

"海圻"号巡洋舰出长江口进入东海,穿越台湾海峡,直下南海驶出国门,经马六甲海峡横渡印度洋,通过亚丁湾进入红海,又经苏伊士运河进入地中海,再经直布罗陀海峡进入大西洋。在连跨三大洋逾万海里的漫漫长航中,"海圻"号巡洋舰先后顺路访问新加坡、科伦坡、亚丁、塞得港和直布罗陀五大海港,作一至三天短暂停靠补给。进入大西洋后,"海圻"舰沿大西洋东岸北上,进入英吉利海峡,于1911年6月19日驶抵朴次茅斯军港。

6月21日,"海圻"号巡洋舰与各国前来参加受阅庆典的军舰以及英国皇家海军的舰队,按预定计划全部在斯匹赫德水域集结完毕。是日,各国率舰将军及舰长均接到英方请柬,获邀出席英王加冕典礼。程璧光统领、汤廷光管带及随员同车前往伦敦。

22日,虽然天公不作美,阵雨,天空散布云层,但整个伦敦城张灯结彩。上午10时30分,英王乔治五世和玛丽王后同乘由八匹乳酪色高头大马牵引的四轮大彩车,离开白金汉宫,前往位于坎特伯雷教区的西敏寺接受加冕。数十万群众一起涌上街头,夹道欢呼,争睹新王与王后之风采。

两日后,6月24日,乔治五世国王偕王后在斯匹赫德水域校阅多国舰艇编队。上午11时许,乔治五世国王与玛丽王后在海军第一大臣的陪同下,与各国所遣专使及本国阁员并皇家贵族,乘着大型豪华游艇三艘,自朴次茅斯港徐徐驶出。中国专使载振和程璧光统领应邀乘英王所在的第一艘校阅艇观看海上校阅。这是傲视群雄的大英帝国给中国使者最高的礼遇,证明中国人在国际交往中毫不逊色,在展现个人的行止学养中,渗透着泱泱中华的文明风范。

完成庆典任务后,"海圻"号巡洋舰去比利时加煤,并游弋波罗的海沿岸一周。军舰沿英吉利海峡东行,穿过多佛尔海峡进入北海,驶抵纽卡斯尔港,停泊维修近一个月后,起航向美利坚合众国东海岸进发。这是中国军舰首次横跨大西洋。

8月10日左右,"海圻"号巡洋舰抵达纽约。中国军舰首次出访美国本土,在全美上下引起强烈反响。已故美国总统格兰特之子、驻纽约区陆军最高司令官小格兰特将军热情接见了程璧光统领一行,并派夫人陪同海圻舰官兵拜谒了格兰特总统墓,参观了格兰特纪念馆。在波士顿访问时,程璧光、汤廷光等晋见了正在避暑别墅休假的塔夫脱总统,还应邀观看了在美国轰动一时、连演三百场不衰的著名话剧《红寡妇》。

8月中旬,"海圻"号巡洋舰由纽约起航,沿美国东海岸南下,穿过佛罗里达海峡,驶抵古巴首都哈瓦那。古巴华侨总商会闻讯,组织数百人到港口迎接。旋即侨领联名邀请舰上见习生以上官兵,至中华总商会参加隆重的欢迎宴会,为远道而来的祖国亲人接风洗尘。在古巴第三天,古巴总统接见了程璧光统领和汤廷光管带。

在古巴停泊十天后,"海圻"号巡洋舰完成了所有外交使命,就要返航回国了。然而一场翻天覆地的空前大革命——辛亥革命在中华大地爆发,大清帝国被推翻了。

1912年5月初,当"海圻"号返回上海杨树浦母港时,舰桅上的黄色青龙旗,已被响应革命的全舰官兵换成中华民国的"红黄蓝白黑"五色旗。

第十三章 孙中山叩问海权与日寇大肆入侵

一

孙中山是中国民主革命的先驱。

就在清王朝走向没落的最后时期,孙中山从西方列强以海洋兴国的史实中,开始对海洋的地位和作用、对帝国主义国家侵犯中国海洋主权,有了理性的认识,并由此产生了海权思想。

孙中山指出:"自世界大势变迁,国力之盛衰强弱,常在海而不在陆,其海上权力优胜者,其国力常占优势。"进而提出:"一个国家要掌握海权,必须有控制海洋的军事手段,必须建立强大的海军作后盾。"他强调,兴办造船业,扩大海军,使中国海军成为世界上强大的海军之一,使中国成为一等强国。

1912年1月1日,作为中华民国临时大总统,孙中山在中华民国成立的第一天就宣布成立海军,并在国民政府设立了海军部。

孙中山不仅认识到海军的作用,对海洋经济的发展和国家实力的增强也同样予以高度重视。他认为,水运是世界上运输最便宜的方法,并在他亲自撰写的《实业计划》中,拟定了一个海洋发展战略,准备构筑北方、东方、南方三个大港。

1912年12月,孙中山亲自任命的第一位民国海军总长黄钟瑛逝世,孙中山写下挽联:

> 尽力民国最多,缔造艰难,回首思南都侪侣;
> 屈指将才有几,老成凋谢,伤心问东亚海权。

孙中山对于海权、海军建设和发展海洋经济的认识,是中国海洋文化之光,从"四百年的海禁"到"伤心问东亚海权",中华民族的血泪与屈辱催生了孙中山等近代革命先贤的海权思想,他们的海洋观是对"重陆轻海"观念的否定,是中华民族走出狭隘的封闭意识,开发海洋迈向世界的新开端。

但是,历史没有给孙中山提供振兴中国海军的机会。为了继续革命,他借助于旧海军,却也如同利用军阀武装一样,得到的只是教训。

史学家说,孙中山和他的同志们要以革命来救中国,国没救成,却把魔瓶打开了。结果,在革命的阵痛中降生的不是民主共和制度,而是北洋军阀的黑暗统治。饱经磨难的中国,注定还要在新的磨难中走很长的路。当国家形成军阀割据的局面时,海军不可能是国家的海军,而只能是军阀内战的工具。

二

多灾多难的中国!
多灾多难的中国海军!

造船难,买船更难。一恍过去了十几年。1928年8月16日,蒋介石参加江南造船所制造的"咸宁"号炮舰下水典礼,他登上军舰,慷慨激昂地讲演道:"今天'咸宁'下水,是民国十七年来海军第一次建设。从今天起,我们的海军要有长足的进步。我们的海军吨数,至少须达到六十万吨以上。"随后,蒋介石又以国民革命军总司令的身份训示道:"我们要挽回国家的权力,必须建设很大的海军。建设中华民国,成为世界上一等海军国,全在诸位将士身上。我们预计十五年后就有六十万吨的海军,做了世界上一等海军国家。"

这话是何等鼓舞人心,而心情最激动的是陈绍宽!

陈绍宽,出生在福建闽县(今属福州市仓山区)城门镇胪雷村,毕业于江南水师学堂。1915年,年仅二十六岁就被北洋海军破格提升为"肇和"舰代理舰长;1916年2月,奉派到美国学习飞机和潜水艇操作技术。十月归国。正值第一次世界大战爆发,北洋政府海军部派陈绍宽和郑礼庆赴欧洲观战,目的是从现代战争中汲取经验教训。

1916年12月,两人踏上了前往欧洲的征程。他们先到英国、法国、意大利考察海军,然后登上英国皇家海军的舰艇,体验欧洲海战场的火药味和新装备。

当时,英国在完成"竞技神"号的改装后,又将"恩加丹"号、"女皇"号、"坎帕尼亚"号、"勇敢"号、"光荣"号、"暴怒"号等大型舰艇改装成水上飞机母舰。到"一战"结束时,英国共改建了十五艘水上飞机母舰。这支海上新军为海战增加了新的看点。

就在战争即将结束之际,英国对"暴怒"号巡洋舰实施进一步改装,加装了飞行甲板,使其成为世界上第一艘真正意义上的航空母舰。1918年7月,从这艘航母上起飞的七架舰载机,轰炸了德国的空军基地,显示了航母的巨大作战能力。

陈绍宽耳濡目染,将海战的新变化看在眼里,记在心中。特别是1917年中国对德、奥宣战后,陈绍宽奉命直接参加英国的潜艇部队,与敌激战于大洋深处。他连续参加了三场海战,感触颇深。从那时起他就下决心要让中国海军拥有航母和潜艇。

"一战"结束后,陈绍宽在英国担任了两年海军武官,1920年,他带着英国女王颁发的欧战纪念勋章回国。

陈绍宽回国时,正值军阀混战时期,根本不具备建设新海军的条件。

1928年,张学良在东北易帜,蒋介石实现了形式上的全国统一,陈绍宽担任海军第二舰队司令兼海军署署长。他感到形势好转,尤其是听了蒋介石建造六十万吨军舰的宏伟计划,满怀信心地于当年年底给国民政府上了一个呈文,要求扩充海军。在呈文中,他首次提出要花二千万元建造一艘航空母舰。

蒋介石一见陈绍宽的报告,有条有理,但看到狮子大开口,二千万元建造航空母舰,惊讶的舌尖咂了一下马上缩了进去。他只是画了一张大饼,谁让你陈绍宽,真的拿画饼充饥?

陈绍宽的提议像一本旧聊斋,被蒋介石束之高阁。自然,在1929年1月的全国编遣会议上,陈绍宽的再次提议与其他提议一起被否决。这使陈绍宽实在难以接受,于是与海军部次长、第一舰队司令陈季良双双愤然辞职。

蒋介石怕海军群龙无首,赶忙出来安抚陈绍宽,重新信誓旦旦地做出建设海军的承诺:"我们曾讲要在十五年内,有建设六十万吨的希望,照此看来,我们在五年以内,或者即可完成,与世界上列强的海军相抗,巩固我们的国防。"蒋介石又对六十万吨的规划作了大概的分析,认为其中包括航母,"不是一艘,而是三艘"!

陈绍宽终于被蒋介石这番话打动了,于是打消了辞职的念头,随后担任了海军部长。

担任海军部长后,陈绍宽在所有的海军建设规划中,都将航母的建造作为海军建设的一个重要组成部分,就连停泊航母的海军基地他也按三艘的要求想好了,在胶州湾、象山港和大鹏湾。

接着,陈绍宽让在英国学习的海军留学生将英国各舰队的情况写成报告,呈送海军部,以资借鉴。他还在海军内部掀起了一场关于海空军配合作战的大讨论。

1934年,陈绍宽根据参加欧洲海战的经验,写成《海战》一文,对"海战中的飞机"进行专门研究。他写道:"现代海军在海战时,欲取攻击手段,必有赖于舰上所载的飞机。"

然而,蒋介石夸下造舰六十万吨的海口,是安抚陈绍宽的权宜之计,根本没有当成实事来办。他的注意力主要集中在发展投入少、见效快的空军上。因此,他始终没有在海军建设上投入足够的经费。

除蒋介石以外,国民党内部还有少数别有用心之人,出于派系斗争的需要,也反对建设强大的海军。国民政府监察委员高友唐荒唐地提出,不但不需要建造航空母舰,现有的军舰也不需要,应将它们卖给商家做商船,将卖军舰的钱拿来买二百艘小艇,守海口足够了。

这些来自国民党内部的阻力,注定让陈绍宽的航母梦难以成真。

到抗日战争爆发前,"航空母舰"也仅仅是挂在人们口头上的一个新鲜名词而已。

三

1937年7月7日,"卢沟桥事变"爆发。自此,日本帝国主义对华侵略战争全面展开。

此前,国民政府海军部长陈绍宽作为参加英皇爱德华八世加冕大典的中国政府副特使,在参加过加冕仪式后,正在英国考察。"卢沟桥事变"一爆发,陈绍宽经蒋介石同意,立即中断考察,回国指挥海军作战。

1937年7月29日,日本驻华使馆副武官本田忠维会见陈绍宽和国民政府代理军政部部长曹浩森,蛮横无理地要求中国政府对日本侵略中国的军事行动放弃抵抗,如果中国海军不按要求执行,就要用武力予以歼灭。

口气之大,咄咄逼人!

而日本东京的海军决策者更是视中国海军为"零",裕仁天皇在皇宫广场检阅部队,狂妄叫嚣"速战速决,三个月灭亡中国"!

战争狂人,之所以能狂妄,是因为它的海军实力强大。中日甲午战争后,日本海军不断发展。第一次世界大战中,日本海军迅速膨胀,成为世界第三海军强国。1922年华盛顿限制海军军备会召开,对日本加以限制,日本则公开退出《华盛顿条约》,放手扩充海军军备,其实力已经接近美英海军。据日本防卫厅披露,日本全面侵华战争爆发时,日本海军军舰总吨位为一百一十五万多吨,还不包括炮艇和辅助船只以及正在建造的舰艇。海军航空兵配有舰载飞机一百八十二架、陆基飞机六百二十九架,日本海军官兵总人数为十二万六千人。这就是战争狂人狂妄的资本。

与日本海军相比,中国海军简直穷得可怜。总吨位六万八千余吨,人数两万五千人,只是日本海军的一个零头。舰艇老旧不堪,其中吨位最大的巡洋舰"海圻"号近四十年的舰龄,像一个人已经是风烛残年。

中日海军力量差距太大,不利于海上作战,这是明摆着的现实。因此,国民政府下令海军退入港口。第一、第二舰队退入长江;第三舰队退至青岛、刘公岛;广东省江防司令部舰艇退入虎门。除派一部分舰艇协防闽江、珠江外,其余四十九艘均陆续开进长江以内,集中力量,拱卫京畿(南京)。

四

1937年8月上旬,日本海军舰队在吴淞口外马鞍群岛一带海面集结。国民政府遂令海军连夜执行封锁长江、保卫南京的任务,将日本海军在长江中下游的数十艘大小舰船、三百多名日本海军陆战队员等,封锁在这一段水域。这一"关门打狗"行动,如能成功,对准备入侵淞沪的日军将是当头一棒。不料,封锁长江的计划,被充当日军奸细的国民政府行政院秘书黄濬父子报给日本特务机关,致使重庆以下各口岸的日本舰船提前逃脱,集中到长江口和黄浦江的水道上,对上海造成了更大的压力。

很快,淞沪会战打响,日本不断增兵。1937年10月20日,日本在常驻中国华中、华南第三舰队之外,编成第四舰队。同一天,由第三、第四舰队联合编成中国方面舰队。11月5日,日陆军第十军在日本中国方面舰队的掩护下,在杭州湾登陆,从侧翼包抄中国守军,整个战局骤变。11月11日,日军向高昌庙进犯,中国海军上海虬江警卫营奉命死守。由于寡不敌众,被日军包围,牺牲惨重,仅少数官兵突围。11日夜,上海沦陷。

为防止日军经黄浦江深入内地,从后路包抄中国地面部队,中国海军首先阻塞了上海港汊。将"普安"号运输舰沉塞于董家渡航道,将扣押的日本"洛阳丸"等六艘商船沉塞于江南造船所附近航道，又征用十六艘货船沉塞于十六铺航道。由此在黄浦江内构成了三道阻塞线。

但是，敌人的阵势十分强大。黄浦江上，日舰林立，耀武扬威的日本膏药旗令美国、英国的舰旗甘拜下风。以"出云"号装甲巡洋舰为首的"遣支舰队"大小军舰百余艘，不但轻易控制了黄浦江上下水域，而且不断以其装备的重炮轰击中国守军，支援日军的陆上进攻，对我造成极大威胁。

为了解除威胁，中国方面以空军奋勇出击，连日轰炸"出云"号。无奈"出云"号巡洋舰虽是一艘日俄战争时代的老舰，但加装了大量防空火炮，装甲坚固，是排水量近万吨的巨舰。所以，尽管中国空军作战英勇，包括蒋介石后来的座机驾驶员衣复恩都亲自上阵，多次命中"出云"号依然不能将其炸沉。

国民政府决定动用海军电雷学校的鱼雷艇，奇袭日舰。

早在1932年，蒋介石任命他的把兄弟欧阳格为校长组建海军电雷学校，另立门户，不受陈绍宽等闽系海军将领的辖制。这支被称为"海上黄埔军校"的电雷学校，先后从英国、德国进口CMB型和S型鱼雷快艇十二艘，分成四个中队。每个中队以中国民族英雄的名字命名为"文天祥中队""史可法中队""颜杲卿中队"和"岳飞中队"。每艇装备两枚450毫米鱼雷，两挺机枪。虽然吨位小，但其四十节的高速，是地地道道的"长江轻骑"。

8月14日，江阴江防司令部决定派电雷学校快艇大队副大队长安其邦率领"史102"和"文171"两艘鱼雷快艇，伪装成渔船，由江阴经内河潜驶上海。8月16日晚，先单艇出击，安其邦率"史102"艇从龙华出发，曲折绕过十六铺江面沉船阻塞线，又悄悄地驶出董家渡封锁线一段距离之后，开动两部主机，高速越过日军驱逐舰和英、法、意等外国军舰，直接冲到南京路外滩，距"出云"号巡洋舰三百米左右，以顶角50度向其瞄准，连续发射两枚鱼雷。随即，快速转舵回驶。此时，日舰已发现"史102"艇，用机关炮向其猛烈射击。艇上油柜、舱底均中弹，机停进水，沉没于九江路外滩浦江码头附近。日军派小船前往搜索，艇员们泅水脱险。由于"出云"号巡洋舰周围布设了防护设备，鱼雷未能直接命中目标，但雷体爆炸使"出云"号的左舷受损。日本海军为之震惊，认为"这是中国海军唯一的一次积极攻击手段"。第三舰队司令长官长谷川清下令在黄浦江上的日本海军舰艇要"哨戒各地附近,尤其对中国高速鱼雷艇用机雷奇袭,更要严格警戒"。

国民政府军政部长何应钦致电祝贺:"虽未成功,但已减敌舰骄横之气焰。尚望再接再厉,整饬部署,以竟全功。"

8月20日起,日本海军飞机轰炸中国海军驻沪各机关,海军舰队司令部、江南造船所、海军军械处、海军制造飞机处、海岸巡防处、海军无线电台、海军上海医院、海军警卫营等,先后被炸毁。正在江南造船所修理的"永健"舰在遭日机袭击时以舰炮猛烈还击,多次击退日机,终因力量单薄,被日机炸沉。

然而,当侵华日军企图水陆并进威逼南京时,不但在陆上遇到了顽强的抵抗,长江上也远没有他们想象的那么一帆风顺。尤其是江阴,像一块卡在日本海军喉管中的硬骨,遏止住日本海军第三舰队声势强大的进攻。

1937年8月11日,海军部接到蒋介石封锁江阴水道的命令。第一舰队主力"平海""宁海""海容""应瑞""逸仙"等舰驰赴江阴,组成警戒封锁线。与此同时,江阴下游的江面上,炮声隆隆,烈焰升腾,"绥宁""咸宁"号炮舰奉命西上,将身后的水道航标逐一销毁。中国海军既然无力与日军决战,还不如索性让长江航线从作战图上消失。

沉船封江。"源长"轮等二十艘被征用的商船以及"通济""大同"等八艘老式军舰,在拆除舰炮后,纷纷沉入江阴水道。之后,海军当局又责成沿江的江苏、浙江、安徽、湖北等地,征集民船一百八十多艘,运载巨石三千多立方,碎石六千五百多担,以充填沉船空隙。

民工们眼睁睁地望着相依为命的船只连同石头一起沉入江底,无不捶胸顿足,呼天号地。

整个战场似乎都回荡着悲壮的吼声!

五

江阴阻塞线,破坏了日本海军原定溯江西上进攻中国首都的计划,因

第十三章　孙中山叩问海权与日寇大肆入侵

此日军对江阴中国守军的攻击同时展开。守卫在封锁线的中国海军第一舰队司令陈季良率"平海""宁海""应瑞""逸仙""建康"等舰与日军进行了一场血战。

陈季良和陈绍宽是同乡，都是福州人，也都是从南京江南水师学堂毕业。陈季良是驾驶班出身，1920年以前他名叫陈世英，改名那年他三十一岁，已是民国海军"江亨"号炮舰舰长，功成名就的他为啥改名？

原来，这与一个当时影响巨大的事件有关，那就是震惊中外的"庙街事件"。

1917年，第一次世界大战打得正激烈时，俄国爆发了十月革命。夺取政权后，苏维埃政府与德国签订停战协定，英美日法却坚决反对，十四个协约国一碰头，决定出兵干涉。日本出兵最多，中国作为当时的协约国之一，也派出了海军一艘舰、陆军一个团。

陆军第九师一个团在团长宋焕章的率领下，分六批共二千多人从北京乘火车抵达海参崴。接着，由林建章率领的海军"海容"号巡洋舰也迅速北上与驻扎于伯力、庙街的中国陆军会合。当时有舆论对集结在海参崴的十四国兵力作过评论：给养最好的是美国，军纪最差的是日本，军容最整齐和战绩最好的是中国。"战绩最好"不是打出来的，而是因为不打。当时苏俄国内形势复杂，还无暇顾及西伯利亚这一头，只有一些红军游击队在这一带活动。红军游击队经常与日本兵遭遇，因为讨厌日本人，于是灭掉不少日本小分队。而他们与中国军队却关系不错，即使碰上了，最多朝天放几枪就算了事。以"干涉"为目的而北上的中国军队，在那里其实只是做了些保护华侨、维护社会秩序之类的事，所以与俄方没有过多冲突。

1919年夏天，乌克兰、白俄罗斯等都相继成立了苏维埃社会主义共和国，苏俄发展的势头大好，所以，别国再"干涉"下去，既不明智，也没有意义。各协约国开始撤军，包括"海容"号在内的中国军队先后离开海参崴。只有日本军队不但不撤，反而新增五千兵力。为什么？日本的理由是："日本处境与美国不同。就俄国过激派形势观察，实足危及日本安全。"跑到别人家里保卫自家安全？逻辑很荒谬。又说："西伯利亚的政局，影响波及'满洲'、朝鲜，危及日本侨民，所以不便撤兵。"话似乎说得很周全，朝鲜那时与日本是"合邦国",但东三省是中国领土,怎么也被日本人收入囊中视为己有?其野心昭然若揭,他们窥视的不仅是西伯利亚,还觊觎着富饶的黑龙江流域。依清咸丰八年,即1858年签订的中俄《瑷珲条约》规定,中俄的船只均可在黑龙江、乌苏里江上行驶,但航权却一直被沙俄独占,四十二家中国轮船公司的一百零六艘船只在自己的江面上航行都不得安宁,常常受白俄的侵扰。既然沙皇倒台了,日本人又虎视眈眈,此时不把航行权拿回来,更待何时?

提出这个建议的是福州人王崇文,时任北京政府(北洋军阀统治时期)海军部少将参事。而海军总长萨镇冰也是福州人,他当即赞同。于是委任王崇文为吉黑江防筹办处处长,然后又派出海军第二舰队的"江亨""利捷""利绥""利川"等四艘军舰北上,驻防松花江、黑龙江。这支统称吉黑江防舰队的领队就是陈世英,"江亨"号海防炮舰的舰长。

舰队从上海高昌庙起航,须经黄海、渤海,取道海参崴,再经鞑靼岛、庙街和伯力,才能抵达黑龙江。而且,"利捷""利川"两舰是浅水炮舰,耐波力比较弱,只能将两艘炮舰加固,再由运输舰"靖安"号拖带行驶。可想而知,耗时甚多。

军舰驶至鞑靼岛,又遇新问题:航线不熟。9月,气温骤降,舰队上下几乎是清一色的福州人,畏寒惧冷。但为防冰雪封江,陈世英下令冒险前进。第二天,舰队到达庙街。

庙街位于黑龙江入海口附近,原先也是中国领土,1850年被沙俄强占后,以沙皇的名字改称"尼古拉耶夫斯克"。地处交通要道,经济相当发达,在此经商的华侨就有二千多人。见到中国舰只,华侨十分激动,纷纷登舰参观、慰问。陈世英借机向他们咨询,获知江面很快封冻,航行事不宜迟。一个熟悉航道的华侨,甚至愿当领航员,帮助舰队驶往黑龙江。陈世英一边让完成拖带任务的"靖安"号返回上海,一边决定当天拔锚开碇。但事与愿违,没有走成。日军在庙街驻扎近千名士兵和四艘驱逐舰、一艘巡洋舰,还有受他们支持的白俄军队。那天,当陈世英率领舰队驶近一座铁路桥时,突然遭遇一阵炮击。原来是日军开的炮。不仅炮击,他们还在水下布设水雷。明摆着,他们以武力威胁,目的是阻拦中国军舰。怕出意外,陈世英决定舰队返回庙街驻泊。接着,江面封冻,想走也走不掉了。

十月下旬,苏联红军来了,他们一是要驱赶日本人,二是要剿灭白俄军队。仗打起来了,武装冲突不断发生。几天后,红军骑兵沿着冰硬如铁的江面疾驰而下,攻进庙街。白俄军队向东溃逃,而日军则龟缩于日本领事馆,负隅顽抗。

陈世英观察到,苏联红军虽然装备简陋,军纪却非常严明。街上除日本商店关门闭户,其余都正常营业,居民生活未受影响。一天,一男一女两个红军找上门来,男人中年,没有左臂,女人年轻,相当美貌。原来是苏联红军一支游击队的正副司令。高鼻子蓝眼睛的男司令叫乌里昂诺夫,金发碧眼的女副司令自称有一半中国血统,中文名叫王若兰。他们得知中国舰队滞留庙街,特地前来拜访。虽然语言不通,但经翻译加手势,双方交流甚欢,彼此都留下很好的印象。几天后,他们的部下又来了,居然开口借炮。事出有因:当地居民与日侨发生摩擦,接着引发日军与苏联红军的激烈交战。日军夜间偷袭,红军奋力反击,将日军打回领事馆。红军游击队打算趁热打铁消灭日军,却缺乏重型武器,而日本领事馆的工事非常坚固,围困数日,没有其他办法,最后想到了中国军舰。

陈世英没有回绝,打日本兵他是一百个愿意。1894年的甲午海战,是多少中国海军官兵埋在心底永难消弭的伤痛,这是旧恨;而新仇就发生在眼前:如果不是日军开炮、布雷,他的舰队不可能被困在这冰天雪地的庙街!

他把"利捷""利绥""利川"的舰长叫到"江亨"号上,征求意见。没有异议,打日本兵,借!

边炮一尊,格林炮一尊,外加炮弹二十一发。

苏联红军如虎添翼,很快攻破日本领事馆,击毙日军数十人,俘虏一百三十余人。

红军撤退之前,把大炮悉数归还,并嘱陈世英小心日军的报复。陈世英绝不掉以轻心,而是严阵以待。他大张声势地指挥各舰热火朝天地进行战斗部署的操演,天寒地冻,那一个个生长于温暖福州的官兵,却居然每天都虎虎生威地在甲板上擦炮搬弹,一门门高昂的炮口毫不示弱地与日军对峙。军风军威,令日军心怵胆怯,望而却步。

日本人不敢来硬的,却用软刀子杀人。很快,日本政府向中国北京政府提出交涉,强烈要求赔款并严惩对此事负有责任的中国人。那时,中国国内军阀混战,政府要员们哪还有心思再为"国际衅端"分神?于是委曲求全,包括答应将陈世英撤职除名,"永不叙用"。

这就是轰动一时的"庙街事件"。

陈世英最终并未撤职。他在日本人面前临危不惧的勇气,让海军同仁击掌叫好。中国太缺这样铁骨铮铮的男儿,海军太需要这样智勇双全的将士了。北京政府对陈世英的撤职决定,到海军部这里就戛然而止。惜才用人的萨镇冰力保陈世英。变通的办法是,陈世英不叫"世英",改成"季良"——原先这是他的号。

陈季良——中国海军将领中平添了一个崭新的名字!

日本人根本没有想到,这个让他们恨之入骨的中国人,后来又擢升为海军部次长兼第一舰队司令,授海军中将衔。

江阴封锁区建成后,负责指挥防守的陈季良走马上任。他给部队战前训话:"陆战场,人人要有马革裹尸的雄心;海战场,人人要有鱼腹葬身的壮志。连我在内,大家都做好献身报国的准备!"

陈季良说到做到。

1937年8月16日,日军出动包括当时独霸全球的"95式水上侦察机"在内的精锐空军部队,对江阴封锁区狂轰滥炸。19日,数架日机又飞临江阴,炸弹如雨倾泻。面对敌人的进攻,陈季良总是屹立于"平海"号旗舰的指挥台上,任凭弹火纷飞、浪柱崩塌,左右的官兵中弹伤亡血溅到他的身上,他皆岿然不动,指挥若定。

江阴守军的浴血奋战,使日军第三舰队大为震惊。日本人狂热的头脑倏地冷静下来:要突破江阴封锁区,必须首先摧毁中国防守舰队。

随后,日本海军增派舰艇七十多艘、飞机三百多架和战斗人员十多万人,洪水猛兽般扑向沪宁一线。

9月22日上午,日本海军出动十二架攻击机和战斗机,携带重型炸弹窜入江阴。当敌机出现在防守区上空时,中国海军各舰和电雷学校阵地按预定的火力部署,沉着应战,以高射炮、高射机枪迎头痛击。为首一架敌机当即被击中,曳着一股浓烟栽入江中。这是中国海军在防空作战中击落的第一架日本飞机,其余飞机逃走。

日本海军连忙抽调岸基航空兵第二联合航空队(有各类飞机六十六架)和舰载航空兵第二航空战队("加贺"号航空母舰载各类飞机四十二架)协同作战,企图一举消灭中国海军主力,打通江阴航道。

9月22日下午,日本海军两支航空部队轮番出击,进攻江阴的中国海军舰艇及岸防阵地,共出动三批三十四架。中国海军官兵奋力抵抗,前后苦战六小时。

战时,陈季良就在"平海"号上,舰上高挂着司令旗。没有空军可以作掩护,中国海军完全裸露在日军的炮火之下,陈季良只能指挥部队用高射炮和高射机枪进行猛烈反击。

敌机将主要目标锁定高挂第一舰队司令旗的旗舰"平海"号。

这是中国海军唯一配备水上飞机的巡洋舰,是海军部长陈绍宽"振兴海军"的标志,1935年9月下水,由江南造船所根据日本方面提供的图纸制造。排水量两千五百二十六吨,舰桥和主炮有64毫米装甲,四部烧煤锅炉,一部烧油锅炉,最高航速二十三节,配140毫米双联装主炮三座,76毫米高炮六门,57毫米机关炮十门,鱼雷发射管四具,设深水炸弹投放装置,载水上飞机两架。

日本人对它非常了解,它那独特的塔式大型舰桥和烟囱后的水上飞机机库很容易分辨。日本飞机先从三面环攻,但因"平海"号高射炮火力威胁,敌高空投弹难以命中,遂改用集中一侧进攻的战法,向左舷投下大量炸弹,击中舰身中后部,舱面建筑遭到破坏。舰长高宪申冒着弹雨指挥作战,不幸腰部中弹,身负重伤。指挥高射炮的见习高昌衢、孟汉霖亲自操炮,先后牺牲。尤其是"一等炮兵周兆发,虽被弹片击穿右肋,横贯左臂,仍复死守炮位,忍痛力战,直待补充兵加入后,始行倒地,旋经疗治无效,卒至殉难"。

这一天进攻"平海"号的敌机先后四批,八十架次以上。该舰消耗高射炮弹二百六十多发,高射机枪子弹四千余发,与兄弟军舰一起使敌机五架受创,一架被"平海"号击落。

次日下午2时,日军机群再度扑向中国军舰。首先飞来的是日本海军第二航空战队的战斗机,共出动三十四架次。随后是第二航空战队的轰炸机,共出动五十六架次。"平海"号仍是第一目标。

因舰长伤重,副舰长叶可钰接替指挥。官兵们奋勇抗敌,毫无畏惧。高射炮的爆破弹打完了,连练习弹也取出来发射。高射机枪结成一道弹网,日机多次俯冲,均被击退。不久,高射机枪枪管打红了,稍停之间,日机乘隙攻击,一挺机枪的枪架被炸断,机枪指挥官刘馥"手执无架之赤热机枪,向敌扫射,灼伤双手,竟不自觉"。终因火力减弱,日机凶猛俯冲,舰艉中弹,弹舱大量进水,军舰开始倾斜。

叶可钰抬头望向指挥台,司令旗已经像一束火把在炮火中熊熊燃烧,而陈季良依然挺立在司令旗下。叶可钰知道只要司令旗在,舰还在,陈司令绝不言退!

叶可钰振臂一呼,号召舰员冲进弹舱抢出所剩弹药,继续向敌机射击,直到把炮弹全部打光。

军舰倾斜达二十度时,陈季良跃身而下,下到甲板。见全舰阵亡十一人,二十多人负伤,于是下令叶可钰带领幸存官兵先撤。

叶可钰不顾危险卸下舰上的炮械,这才随陈司令撤离。

军舰搁浅,遭敌机连续轰炸,直至完全倾覆。

"平海"号的姐妹舰"宁海"号也是敌机的重点轰炸目标。

姐妹舰性能大体相同,但"宁海"号不装备水上飞机,且高射炮为德制,因为在日本建造快完工时,中日关系已经极为紧张,日方拒绝出售高射炮给中国海军。

为此事,海军部长陈绍宽曾经懊悔不迭。在中日矛盾横生之际,向日本订购巡洋舰的原因,主要是当时招标的日本播磨船厂价格最便宜。然而,这却给日后带来极为不利的影响。以致此次战斗,日军对中国海军最先进的战舰布局和装备均已了如指掌。

所以,进攻的四批敌机,至少有七十架次以上,几乎都能准确锁定目标。舰体多处中弹,锚链舱、帆缆舰、弹药舰同时进水,舰员们一边堵漏,一面对空射击。舰长陈宏泰腿膝受重伤,仍坚守在指挥台。航海员林人骥头部中弹,当场身亡。"枪炮上士陈永相发射机枪,受伤后面部血肉模糊,犹大呼杀敌不已",后来因伤势过重,随军舰沉入江中。该舰官兵阵亡十五人,四十九人负伤。

战况惨烈,但却留下了"我国抗战上重大价值之光荣历史"。这一天,陈季良的舰队一共击落五架敌机。22日和23日,"平海""宁海"两舰共射出高射炮弹一千三百多发,高射机枪弹一万多发,而敌机扔下的炸弹更是不知其数。据参战的老兵回忆,当时"江面上腾起的水柱像树林一般"。

"平海"号被炸毁搁浅后,陈季良移驻"逸仙"号军舰,仍然在舰桅高悬司令旗继续指挥抵抗。

"逸仙"号是以革命先驱孙中山的字号命名的一艘轻型巡洋舰,1930年由江南造船所建成。舰长八十二米,排水量一千五百五十吨,时速二十节,装配150毫米前主炮一门,140毫米后主炮一门,高射炮、高射机枪十余座。

9月23日,海军部长陈绍宽率"咸宁"舰抵达江阴,重新部署防务。25日,为加强沉船封锁线,陈绍宽和陈季良用旗语商量,决定把"海圻""海琛""海容""海筹"等四艘清末老式巡洋舰,沉在江阴封锁线。

"逸仙"号正在封锁线附近巡逻,十六架敌机蜂拥而来,接连向"逸仙"号投弹二十多枚。"逸仙"号舵舱进水,舰体倾斜,炮手伤亡惨重,战斗力锐减。陈季良也被弹片击中腰部,血流如注。

军医给陈季良紧急包扎,顺手扶陈司令下舱,陈季良推开军医,吼道:"轻伤不下火线!"

军医哭了,他知道陈司令是重伤,危险……但他望着咬着钢牙的陈司令,欲说又止。

敌机见"逸仙"号舰炮哑火,放肆地超低空飞行,实施轰炸。迎面而来的敌机连飞行员的脸都看得很清楚,气得陈季良拔出手枪向敌机射击。舰上官兵受其感染,也用手枪步枪朝空射击,直到打光所有子弹。

血战,史无前例的血战!

陈季良将伤口包扎后,再次移驻"定安"号军舰,命令挂上司令旗。挂旗意味着暴露目标,但陈季良视死如归:"司令旗在,中国的舰队就在,对敌是蔑视,对己是鼓舞!"

整整一个月,江阴上空硝烟弥漫。至10月23日,中国海军第一舰队主力战舰无一幸存。

陈绍宽派往江阴增援的"建康"号驶到龙梢港江面时,遭十一架敌机攻击,中弹沉没。舰长齐粹英等三十人负伤,阵亡九人。

因第一舰队实力锐减,陈绍宽派第二舰队司令曾以鼎少将乘"楚同"舰驰援江阴并接替陈季良指挥作战。28日和29日,大批日机袭击江阴,围攻"楚同"舰。舰上官兵虽竭尽全力浴血奋战,但终因寡不敌众,在10月2日被炸沉。

在此之后,日机更加猖狂,分批出动,沿江搜索中国海军舰艇。10月3日,"湖鹏"号鱼雷艇在目鱼沙被炸沉,"青天"号测量舰在龙梢港被炸沉。10月5日,"江宁"号炮艇在炮子洲被炸沉。10月8日,"湖鹗"号鱼雷艇在六圩港被炸沉。10月23日,从江阴退到采石矶拆卸炮械的"应瑞"号遭日机袭击,由于该舰多次与日机激战,人员伤亡严重。上尉枪炮官赵秉献、代理鱼雷官许仁镐等二十人牺牲……

一具具中国官兵尸体与一艘艘破碎的舰艇横陈江面,横陈在1937年那个彻骨哀恸的秋天。

这是一段不堪回首的血腥历史!

身负重伤的陈季良被送往重庆万县治疗,1945年春因旧伤复发去世。

陈季良死了,死后被追认为海军上将。

临死前,陈季良交代妻子:"不要让我入土,我要看到日本人被打败。等打败了日本人,你就往我棺材上倒几杯酒,我也要好好庆贺一番。"

陈季良的棺材用水泥做成,入殓后,放置于万县山坡上的稻田里。仰面朝天,冤魂不泯,他终于守望到胜利的时刻。

那一天,几乎所有的人都涌上街头欢呼雀跃,陈季良的夫人却独自跑到丈夫的棺材前,摆下酒杯,斟满酒,泪已流干,长跪不起。

之后,陈季良的灵柩被运回福州。是"昆仑"号运输舰把这位铁骨铮铮、毕生光荣的海军将领运回老家的。

军舰驶进闽江口时,福州江防司令李世甲携同陈季良的侄子陈元铦、侄孙陈建威一起坐快艇到长门炮台迎接，然后从马尾到台江海关埕码头上岸，一路接连不断举行公祭，无数人簇拥岸畔路口，遥祝将军魂兮归来。

大悲无泪，大爱无言。但，历史不会失忆！

六

江阴失陷时，江阴阻塞线形成的坚固壁垒，一度仍然屹立在长江下游汹涌激流中，阻碍着日本海军向上游推进。日军占领江阴后，当即派飞机在沉船区域进行轰炸，同时在水下实行爆破，再经过潜水员清理障碍物，终于疏通出一条仅供单只舰船通过的航道。

1937年12月12日，日军四艘驱逐舰通过了江阴水下封锁线，驶抵南京江面。在距离长江封锁线一千五百米时，我乌龙山要塞开炮，进行阻击，当即一艘日舰中弹起火，其余日舰立即转舵回驶到封锁线外。是日，日军从陆路进攻，相继占领了紫金山、幕府山、老虎山，乌龙山要塞的后路被切断。日舰也再度驶近幕府山江面，向要塞进行猛烈炮轰。要塞大部分火炮被其摧毁，无法组织有效还击。

12月13日，在火光和浓烟中，中国国民党守军溃败，南京沦陷。大批日本侵略军像一群凶残的野兽，闯进南京这座中国的六朝文明古都，开始了一场人类史上罕见的血腥大屠杀，使其一时宛如人间地狱。

当时，南京百万市民，除二十万左右疏散至外地，二十五万左右躲进国际难民区外，余者及从前线溃退下来的伤残散兵和难民，皆成为日军疯狂宰杀的对象。由"杀人魔王"谷寿夫率领的日军第六师团，是这场大屠杀的先期刽子手。他们从中华门入城，行至中央路、中山北路一带，逢人便杀，遇房就烧，但见一路鲜血，一片火海；兽军过后，到处断壁残垣，尸积如山。不久，大批日军涌入南京，争相展开杀人竞赛。他们不仅零散杀人，而且集体屠杀。在紫金山一次活埋达三千人；在西汉门外，一次烧死七千人；在沿江难民村，一次射杀五千七百人。日军不仅随心所欲地杀人，而且杀人手段无所不用其极，砍头、劈脑、切腹、剖心、挖眼、割鼻、割乳、割生殖器……

残暴至极,令人发指。就连法西斯德国驻华代表也说:"犯罪的不是这个日本人或那个日本人,而是整个日本皇军……它是一部正在开动的野兽机器。"据国民党方面统计:"已得可靠数目,即为敌人惨杀者共计已有三十九万余人。"

南京大屠杀是日军在现代史上的残暴记录,在人类文明史上留下的极其丑恶的一页,罪行累累,罄竹难书!

七

1938年3月,日军排除江阴封锁线的清障工作完全结束,其海军舰艇集中于长江下游,准备溯江而上。

中国海军随国民政府退至长江中游。海军部撤销,改设战时海军总司令部,陈绍宽任总司令。整编后,陈绍宽亲率海军总司令部部分人员驻节"咸宁"舰,往返于长江中游指挥作战。其间,海军先后在马当、湖口、田家镇、葛店等地建立阻塞线,顽强地抗击日本陆、海军的猛烈进攻。

中国海军在长江中游的第一道防线建立在江西省彭泽下游的马当。从1937年12月中旬起,海军将九江至荻港之间江段的航标拆除,并在东流、马当江中布雷,以沉船三十余艘、水雷八百余具,建立了马当阻塞线。马当海军炮队共有官兵二百二十三人,在马当附近的牛山、娘山、鸡公嘴构筑阵地,配备从军舰上拆下的舰炮八门,对江面形成交叉火力。海军陆战队第一团配合守备。此外,还有数艘"胜"字和"宁"字号炮艇轮流驶往马当江面巡逻。

1938年3月27日,日本海军飞机三架飞至马当,对江面巡逻的中国海军"义胜"号炮艇发动攻击。炮艇一边还击,一边规避。不久,瞭望台中弹,副长马世炳负伤,艇上起火,经扑灭后,"崇宁"号炮艇赶来,将其拖带到武汉修理。4月起,日舰在安徽大通江段频繁活动,中国海军派出布雷人员在香口、牌石矶、凌家嘴以及大通的羊山矶、土桥等处加布定雷,并试制成一种轻坠水雷在羊山矶顺流下漂,4月14日,两艘上驶的日舰在大通附近触雷爆炸。6月15日,日本海军攻占安庆。中国海军在马当、东流增布水雷七百余具,准备迎战。6月22日,十多艘日军汽艇在军舰火力掩护下,驶向马当封锁线企图进行破坏,中国海军炮队突然开炮,击沉其三艘,余艇纷纷撤逃。6月25日,日军舰艇多艘再次驶向马当,以密集的炮火攻击中国海军炮台。中国海军炮队官兵沉着应战,日军一艘军舰被击中着火,被另两艘驱逐舰夹拖逃遁。

日本海军因舰艇受阻,6月26日便派陆战队在香口强行登陆,并迂回逼近至马当,中国海军各炮台附近均出现日军。要塞司令王锡涛命令毁炮后撤。江防守备第二总队同登陆日军进行了殊死搏斗,毙伤日军二百余人。日军不顾国际公法,竟使用毒气,使中国官兵造成不少伤亡。次日晨,第二总队官兵在张公矶再次与日军展开肉搏,伤亡很大。第二总队指挥部被日军包围,总部幸存官兵冲出包围后,所剩无几。奉命前来增援的第三总队长康肇祥率领第一、三大队与日军苦战三昼夜,弹尽粮绝,伤亡惨重,第三大队长、大队副和正副中队长各二人殉职,被迫于6月28日撤退。江防要塞各部队阵亡官兵达七百人以上。6月30日,坚守半年的马当始告失陷。

八

湖口和九江为长江中游要地,亦为江西省门户,地理位置十分重要,中国海军在此建立了第二道防线。中国海军组建的湖口炮队共有官兵一百四十人,舰炮六门,分别在太平山、竹鸡山两处构筑阵地。海军陆战队一个炮兵连协同防守。此外,海军布雷队先后在湖口雷区布放水雷九百余具,在九江雷区布放水雷七百六十具。在湖口,中国海军派有快艇加强巡逻;在鄱阳湖内派有"宁"字号各炮艇和武装小火轮加强巡逻。第二道防线各部队的作战由第二舰队司令曾以鼎在湖口坐镇指挥。

1938年6月25日,"威宁"号炮艇在湖口遭到九架日机的攻击。日机共投弹四十余枚,"威宁"号炮艇多处中弹进水,经抢救后由"仁胜"号炮艇拖往汉口,艇长李孟元等十六人负伤,三名水兵阵亡。同一天,在鄱阳湖内巡逻的"义宁""长宁"号炮艇也遭到日机袭击,两艘炮艇奋力抵抗。九架日机对着"义宁"号炮艇轮番轰炸,投弹三十枚,艇体后部中弹,艇长严传经、轮机副军士长江景瀚等七人殉职。6月29日,"崇宁"号炮艇也在鄱阳湖被日机击伤。

6月30日,中国海军布雷队赶往湖口的兔子山、鲇鱼山、姑塘等处布雷,封锁水面。7月1日,侵占马当的日军向湖口推进,在九江北港布完水雷返航的"咸宁"号炮舰行至武穴火焰山附近江面时,遭到七架日机攻击。日机俯冲投弹四十余枚,"咸宁"号炮舰弹药舱、锅炉舱均中弹。官兵用高射炮击落敌机两架后,驶至武穴靠上码头搬运伤员和灭火抢修,十余架日机再次来袭。官兵们奋起再战,发射三百余发炮弹,但日机投弹六十枚,击中炮舰要害,舰体被毁,沉入江中。舰长薛家声、副舰长陈嘉桴等五十四人负伤,电讯官庄亮采等八人牺牲。当天从田家镇开往九江的"长宁"号炮艇,在武穴投入对空作战,也被日机炸沉,阵亡两人,负伤八人。

7月4日,日军从陆上进攻湖口。担任岸防的中国陆军部队作战失利,先后撤退。海军炮台所装舰炮只能对江面敌舰射击,无法机动截击陆上来犯之敌。海军陆战队炮兵连和特务队官兵据守山头,抵抗日军多次进攻,伤亡很大。日机对各炮台分批次轰炸,火炮多被炸毁。当晚,海军炮队乘夜色突围,湖口失守。

7月9日,日军中型舰出现在湖口江面。7月14日,"文93"号快艇奉命出击,冒着日舰密集的炮火向前穿越,用鱼雷击伤一艘日舰。同一日,日海军改派飞机袭击"海宁"号炮艇。第一批日机被打退后不久,第二批日机又飞来投弹,战斗十分激烈。最后,"海宁"号炮艇被击中起火,沉入湖中。艇上三名水兵阵亡,其余官兵在艇长何乃诚率领下,组成布雷队,留在鄱阳湖内继续战斗。

7月21日,日机轰炸湖北蕲春快艇基地。"文42""文88"号快艇被炸伤。8月1日,数艘日军舰艇越过九江,进逼武穴雷区。海军总司令部命令"岳22"号和"颜161"号快艇双艇出动,袭击敌舰。正当两艇做准备时,日机临空,"岳22"号被炸沉,"颜161"号受伤,遂中止行动。7月23日,日军在姑塘登陆。26日,九江陷落。

九

国民政府退到武汉后,为保卫武汉,以田家镇为武汉之前卫,葛店作为最后防线,各以舰炮构成要塞阵地。

与此同时,海军派人拆除九江至汉口的航行标志,并在田家镇至半壁山、蕲春至岚头矶、黄石港至石灰窑、黄冈至鄂城四处分设主要雷区,先后布雷一千余具;在葛店设立沉雷区,作为补充。在雷区附近江岸上,构筑掩体派人驻守,防止敌人破坏雷区。在长江南岸的富池口由江防守备第一总队长唐静海指挥,总台长为张凤仁,李和春、关继周分任两个炮台台长,共装备舰炮八门。该部的前身是东北海军的"海圻"号和"海琛"号巡洋舰,两舰在江阴自沉后,舰上官兵卸下枪炮组成第一总队。

日军占据九江之后,派遣舰艇在二套口、新洲一带江面活动,企图进犯田家镇。为了保护雷区安全,海军制雷厂试制了一种漂流水雷。这种水雷能顺流下漂,具有顺水攻击威力。1938年9月初,中国海军组建了第一支漂雷队,郑天杰任队长。该队官兵换成便装,携雷越过封锁线,逼近敌舰泊地,在鲤鱼山江岸埋伏待机。9月8日夜,日舰出动,驶至武穴至龙坪之间,炮击码头镇。漂雷队由鲤鱼山出发,灭灯航行,向日舰迎面前进,进至日舰上游数公里江面,漂放八十具漂雷,屏息静候。此时,日舰只注意炮击岸上目标,发炮正兴,对江面漂雷队作业毫无察觉。漂流队完成漂放任务,迅速于拂晓前返回。刚回到鲤鱼山不久,下游就传来巨大的爆炸声。据侦察员报告,两艘日舰在武穴附近被水雷炸沉。

由于中国方面江防严密,日军舰艇无法突破。于是,日军从陆上进军,企图由田家镇后方攻击江防要塞,进而破坏雷区。9月15日,中国陆军退出马头镇,武穴雷区失去掩护。9月18日,日舰两艘驶至晒山附近,田家镇炮台开炮阻击,日舰负伤退却。9月20日,雨雾蒙蒙,六艘日舰掩护十一艘汽艇向田家镇炮台进攻,炮台集中火力将其击退。9月21日,日军十四艘汽艇溯江而上扫雷,田家镇炮台守军等日军汽艇驶近后,突然发炮,击沉八艘日军汽艇,其余六艘仓皇逃向下游。鉴于日军企图扫雷,中国海军布雷队当天立即在半壁山水面加布定雷一百余具,并派出漂雷队携带大批漂雷赶往敌前布放。9月22日,日本海军浅水炮舰掩护十余艘汽艇再犯田家镇,突击雷区和炮台。炮台官兵奋勇抗击,沉着应战,炮弹准确坠落日军汽艇群,炸翻了四艘,其余日军汽艇狼狈溃逃。9月23日,日军改变正面进攻方式,派汽艇绕至上巢湖企图偷渡,又被田家镇炮台发现,开炮击沉两艘。

日军舰艇进犯田家镇要塞却屡屡不能得逞,遂转移目标于南岸的富池口。9月24至25日,中日海军在田家镇一带终日炮战。日军用汽艇运送部队在富池口登陆,被中国炮火击沉数艘。日军见富池口登陆受阻,派主力迂回至崔家山。26日,马口湖失守,田家镇炮台形势孤立,但守台官兵仍坚持战斗,阻敌偷袭。27日晨,田家镇炮台已陷入日军包围之中,但仍击沉两艘窜至黄莲洲的日军汽艇。当晚,日军在富池口登陆,用大炮掩护十艘汽艇袭击田家镇,海军官兵架起机枪向日军汽艇扫射,阻止了日军的进犯。28日,日军汽艇二十余艘在飞机、大炮掩护下,疯狂猛攻,攻占冯家山,离炮台仅数百米,中国海军官兵仍坚守战壕作最后的抵抗。

自9月17日起,日军对田家镇平均每天发射炮弹五百发,日机投弹在一千枚以上,田家镇要塞各炮位、指挥所、观察所均受轰炸,陈耀先等海军官兵战死。9月28日晚,炮台官兵奉命后撤,田家镇沦陷。

田家镇炮台以弹丸之地与敌鏖战十二天,战况空前,中国海军官兵不畏强敌殊死搏斗的不屈精神,青史留名!

十

黑云压城。武汉前哨田家镇要塞在日本海陆空军联合攻击下陷落,武汉岌岌可危。中国海军"中山""楚谦""楚同"等八艘军舰溯江而行,执行海军总司令部的命令,移泊武汉与城陵矶之间的金口,以掩护沿江撤退西上的部队和运输物资的船只。遥望江面，波涛滚滚，这八艘军舰是中国海军剩下的最后家底，不禁令人黯然神伤。

"中山"舰，原名"永丰"舰，是一艘功勋卓著的历史名舰。舰长萨师俊，出身于海军世家，与海军元老萨镇冰是叔侄关系。1935年，萨师俊就职"中山"舰，成为该舰第十三任舰长。抗战爆发后，"中山"舰随第一舰队防守江阴和拱卫南京。南京失守后，该舰又担负保卫马当要塞和保卫武汉的任务。此次移泊金口，萨师俊知道更大的恶战即将到来，他召集"中山"舰全体官兵，慷慨激昂地说："兄弟们，我们的军舰名号'中山'，是先总理孙中山曾经驻节的军舰。大敌当前，我们绝不能给光荣战舰带来丝毫耻辱，必抱以死殉国之决心！希望全体舰员同仇敌忾，英勇杀敌！"

1938年10月24日，萨师俊一大早便醒了，随即命令全舰进入一级战备。他登上敞篷瞭望台，天色依稀，江水迷蒙，不远处的"楚谦""楚同""勇胜"等舰鸣笛升火，严阵以待。太阳很快升起，西上的运输船队缓缓而行，不断传来船工和纤夫的号子。驻泊金口的军舰是运输船队的守护神，萨师俊百倍警惕。天边有几点黑影，疑似飞鸟。他举起望远镜，镜头中出现的却是日本"九四"式轰炸机编队，十五架敌机呼啸着向金口方向扑来。

战斗警报响起。水兵们迅速奔上各自岗位。高射炮手和机枪手飞快地转动高炮和机枪，将临空的敌机紧紧锁定在瞄准环之中。

敌机像一头头饿狼嗥叫着向下俯冲，顷刻之间，炸弹在江中爆炸，激起一排冲天的水柱。军舰猛烈地摇摆，水兵们一个个前倒后伏。"中山"舰舰长萨师俊挺立在敞篷瞭望台大声命令官兵："前后甲板高炮、高射机枪，瞄准敌机，狠狠地打！"

高炮愤怒了，一串串火舌直冲天空。高射机枪的枪管打红了，甲板上落下一层厚厚的空弹壳。敌机受到打击，有的中弹后掉头转向飞走，有的匆匆将炸弹倾泻而出，金口两岸烟尘蔽日。

第一轮攻击过去了，萨师俊命令抢救伤员，准备再战。

下午3时，敌机六架成鱼贯队形，高速向"中山"舰俯冲攻击。一架敌机几乎擦着"中山"舰的舰舷飞过。原来，敌机的目的是侦察舰艏的"中山"二字。果然，敌机飞行员用蹩脚的中国话狂叫着"中山！中山！"，其余敌机闻讯,纷纷冲向"中山"舰的舰桅上空。舰上的炮火与敌机的炮火对射,天空中形成巨大的弹幕。江面烟雾弥漫,战斗迅速白热化。舰上官兵不断有人负伤,牺牲。炮手死在炮位上,前后甲板一片鲜红。大副张天宏冲上瞭望台,高喊:"舰座,你快隐蔽,我来指挥!"萨师俊大手一挥,说:"我是舰长,指挥战斗是我的职责!"

话音刚落,六架敌机超低空压向"中山"舰,轮番轰炸。舰体左舷首先中弹,舵机损坏,舰体倾斜40度。敌机连续投弹,舱面燃起大火。

"灭火!"萨师俊狮吼一般大喊。

敌机发现了"中山"舰的指挥官,机关枪贴着舰桅哒哒哒朝着萨师俊扫射,紧接着一颗炸弹尖叫着落在瞭望台上。火光一闪,舰桅炸塌,信号兵被炸飞了,萨师俊倒在烟火中,左臂中弹,右腿被炸断,浑身血肉模糊。卫生兵冒着炮火冲上瞭望台,为舰长紧急包扎。凶残的敌机愈加狂轰滥炸。锅炉舱中弹,舰上的警报响了。萨师俊神志顿然清醒,命令身边的副长张天宏:"不要管我,抢救军舰要紧!"

江水涌入,官兵火速堵漏。但因洞口太大,堵漏失败。

齐腰身的江水,眨眼就蹿到头顶,官兵攀上甲板,舱面早已是一片火海。

萨师俊忍着伤痛问轮机长黄孝春:"能否设法搁浅以保全舰体?"不料,三分钟后,水已淹灭炉火。锅炉无汽,军舰失去动力。黄孝春难过地说:"舰座,弃舰吧!"

萨师俊火了:"一派胡言!这是'中山'舰!我是舰长,必与军舰共存亡!今天即我死守尽义之时,你们走吧,我必留舰,不可陷我于不义……"说着,昏厥过去。

敌机仍不罢休,对"中山"舰实施最后的攻击。三副下令:"立即弃舰!"说着,背上舰长上了舢板。水兵们奋力向岸边划去。萨师俊睁开眼睛,眼睁睁看着"中山"舰最后沉没的一幕——舰艏高昂成90度,似作最后的拼搏,也像在向官兵作最后的诀别。

下午3点50分,"中山"舰沉没于金口龙床矶。舢板上的官兵个个泪流满面。

丧心病狂的日本侵略者,仍不放过水面逃生的中国海军官兵。敌机悬停,机枪扫射,舢板倾覆,血浪滔天……

英雄喋血长江,与"中山"舰舰长萨师俊一起为国殉难的烈士有:大副张天宏,二副魏行健,航海见习生陈智海、周福增,轮机三副黄孝春,枪炮上士王祥柏,中士陈行善,下士刘则茂、吴仙水,列兵江剑官、李麒、李有富、李炳麟、严文焕、陈永孝、陈有中、陈有利、陈利惠、林寿祺、林逸资、张培臣、张育金、洪幼官、郭奇珊、黄珠官。

英雄千古,浩气长存!不屈的海军官兵用挺立在"中山"舰上的血肉之躯,告诉每一个中国人——

泪可以流,血可以洒,头却不能低下!

第十四章 抗战胜利台湾南海诸岛恢复主权

一

1938年5月26日—6月3日,毛泽东在延安针对抗日战争作了《论持久战》精彩而鞭辟入里的讲演。他说:"中国会亡吗?答复:不会亡,最后胜利是中国的。中国能够速胜吗?答复:不能速胜。抗日战争是持久战。"在《论持久战》中,毛泽东以中国必胜的信念,一扫"亡国论"带来的漫天阴霾,又指出中国抗战必须经历"战略防御、战略相持、战略反攻"等三个阶段,断言日本的进攻能在中国横行一时,但它最终会走向灭亡,而中国的抗战不可避免地要走一段艰难的路程。

毛泽东的《论持久战》在国民党内引起强烈反响。白崇禧把《论持久战》的精神概括为"积小胜为大胜,以空间换时间",并向蒋介石推荐,同时征得周恩来同意,以国民党军事委员会的名义通令全国,将《论持久战》作为全面抗战的指导思想。

事实证明,毛泽东的《论持久战》是对抗日战争发展趋势的科学预见!

第十四章　抗战胜利台湾南海诸岛恢复主权

1945年8月15日正午,日本裕仁天皇发表对日广播,接受《波茨坦公告》,宣布无条件投降。中国人民伟大的抗日战争胜利结束。

1945年9月2日,在停泊于日本东京湾的美国战列舰"密苏里"号上举行了日本投降签字仪式。

日本发动的侵略战争彻底失败!盟军总部决定将日本三军装备就地摧毁。日本海军残存的大型作战舰只,如航空母舰、战列舰、巡洋舰等被拖往原子弹试爆场作为靶舰。剩下驱逐舰、护航舰、巡防舰、扫雷舰和运输舰共一百四十二艘由对日参战的中、美、英、苏四国均分。中国抽签分得第二份军舰,含驱逐舰七艘、护航舰四艘、巡防舰十二艘、扫雷舰七艘及各型运输舰四艘,合计三十四艘,总吨位三万五千吨。这便是中国人民十四年浴血抗战胜利后,从日本得到的象征性赔偿。

二

1945年9月9日,中国战区受降签字仪式在南京举行。中国陆军总司令何应钦率陆海空三军将领,接受侵华日军总司令冈村宁次和侵华日本海军司令官福田良三的投降。陈绍宽代表海军参加。紧接着,陈绍宽东渡日本,将象征"北洋舰队覆灭"的物证,被日本掳获并陈列在东京上野公园的"镇远"号铁锚、"定远"号舵盘取回中国,一雪"甲午之耻"。

日本投降后,根据《开罗宣言》和《波茨坦公告》的有关条款,日本将台湾、澎湖列岛和南海诸岛归还中国。

中国海军立即组织了上海、台湾、广州等地的受降行动,并恢复了曾被日军占领的沿海诸岛的领海主权,紧接着收复了台湾、澎湖列岛。

台湾是中国第一大岛,自古以来就是中国的领土,清末即建为台湾省,包括澎湖列岛和钓鱼岛等大小八十多个附属岛屿,总面积三万六千平方千米,资源丰富,位置重要,是中国的东南门户和屏障,又是中国与亚洲各国及太平洋国家的交通枢纽。1895年中日甲午战争后,台湾被日本强行霸占达五十年之久,第二次世界大战日本战败,中国恢复了在台湾的主权。国民政府任命陈仪为台湾省行政长官，委派中国海军第二舰队司令李世甲为接收台湾日本海军专员，统一领导接收日军投降事宜。

李世甲受命后，在福州以海军第二舰队司令部名义，在报上转登海军总司令陈绍宽的命令，通知在抗战期间被精简的海军人员限期报到，数日录用二百余人，用作充实赴台接收力量，又调海军陆战队第四团和一个海军布雷中队，连同归建的海军官兵共一千五百人，雇用大帆船二十艘，从马江出发，于1945年10月28日到达基隆。李世甲和陈仪在18日率参谋人员和特务排，乘"海平"号炮艇于19日到达基隆，第二天早晨进入台北，设海军第二舰队司令部于教育公会堂，立即命令日本海军驻台湾司令长官福岛中将，造具投降官兵花名册和舰艇、炮械、弹药、财产物资以及档案文件等清单，听候点收。

1945年10月25日上午，陈仪在台北教育公会堂主持了中国战区台湾省受降仪式。坐在主席台正中的是陈仪和李世甲等中国受降官员和陆海空三军将领，台上两边坐着盟军来宾和中国方面高级官员。代表日军投降的是以日本驻台湾总督安藤利吉大将为首的五名日本陆海空将领。

受降之后，李世甲令海军第二舰队参谋长彭瀛驻台北，为台北地区接收日本海军负责人，并设海军基隆港口办事处，负责接收基隆的日本海军。李世甲率海军陆战队第四团等进驻高雄左营，令该港日军司令悉数交出武器、物资，所有日本海军官兵均送入战俘营等待遣返。11月初，李世甲又率部队渡海至澎湖列岛接收马公港，设海军马公办事处。经过近两个月，总共接收日本海军俘虏一万九千余人，分别就地集中，逐步遣返。

至此，台湾和澎湖列岛回归祖国。与此同时，收复南海诸岛。

南海诸岛是中国南海中二百多个岛礁的总称，散布在海南岛以东和以南的广阔海面上，依海域位置分为东沙、西沙、中沙、南沙等四个群岛。南沙群岛南端曾母暗沙，是中国领土的最南端。

东沙群岛主要由东沙岛、东沙礁、南卫礁和北卫礁组成，岛陆面积为一点八平方千米。其中东沙岛状如月牙，俗称"月牙岛"，又称"大东沙"。在我国历史上，最早记载源于晋代，裴渊《广州记》："珊瑚洲在（东莞）县南五百里。昔有人于海中捕鱼，得珊瑚。"文献中所说的"珊瑚洲"，即指东沙群岛,也就是说在一千多年前的晋代,就有渔民到东沙群岛捕鱼和采集珊瑚。到了明代,东沙群岛被中国人开发和经营。明代茅元仪的《武备志》引用《郑和航海图》标绘的"石星石塘",地理方位就是东沙群岛。

清康熙四十九年至五十一年(1710至1712年),清廷派水师副将吴升巡视东沙群岛。清初《指南正法》《海国闻见录》称东沙群岛为"南澳气"。

清雍正十一年(1730年),东沙群岛正式被纳入中国版图,属广东省惠州府陆丰县管辖。乾隆以后的地图如《大清万年一统天下全图》《清绘府州县厅总图》《大清万年一统地理全图》以及《古今地舆全图》等文献均绘制了东沙群岛。

中国南方渔民经常往来于东沙群岛捕鱼,但东沙群岛上淡水资源稀少,渔民不能长住。1899年,"广安祥"渔船老板为晾晒海产品,在东沙岛建起一个木棚,造价四千多银圆。

甲午战争后,1907年,日本商人西泽吉次带领一百多人乘坐"四国丸"号轮船在东沙岛非法登陆,当看到岛上无人,便起了歹心,先是毁掉中国渔民留在岛上的木棚等建筑,伪装成史无前人的样子,悬挂起日本膏药旗,将东沙岛命名为"西泽岛",并在岛上铺设仓储设施,意思是东沙群岛是无主岛屿,谁先占领就算谁的。

广东水师提督李准于1909年率领一百七十余官兵乘坐三艘战船前往东沙、西沙群岛巡视,发现日本人占领东沙群岛后,立即上奏朝廷。清政府派两广总督张人骏前往调查,证实后,就向日本领事提出抗议。日本人强硬声称,中国拿不出证据,东沙群岛就是日本人先发现而属于日本的。张人骏是有备而来,带着众多历史文献,包括欧洲人绘制的地图,日本领事理屈词穷。清政府同时派出"飞鹰""广海"号两艘水师战船开到东沙群岛附近,驱逐岛上的日本人。最后,日本迫不得已将东沙群岛还给中国,不过需要赔偿十六万银圆。清政府选择息事宁人,将赔偿费给了日本,收复了东沙群岛,并在大东沙岛悬挂起黄色青龙旗。虽然晚清一向软弱,但是此次的确是扬眉吐气!

中华民国成立后,开始由海军和海关在东沙岛建造观象台和灯塔,并由海军驻防。

19世纪中叶以来,南海诸岛不断受到帝国主义国家的觊觎和侵犯。1932年,法国悍然宣布占领西沙群岛的武德岛(即林岛、多树岛);1933年7月又强占南沙群岛中的黄山、马峙等九个岛屿,即"法国占领九小岛事件"。经南京国民政府外交部严正抗议后,法国被迫退出西沙,又于第二次世界大战爆发后再退出南沙,并承认西沙、南沙主权属于中国。

1939年日本侵略军占领中国海南岛后,又进占西沙,兼并南沙,并把南沙群岛改名为"新南群岛",划归它所谓的"日台总督府高雄州"管辖,试图以南海诸岛作为其"南进政策"的基地。

日本投降后,中国海军首先接收了离大陆较近的东沙群岛,其余诸岛当然也应该重归中国。但是这时,法国军舰在南海海域活动频繁,企图趁日本投降之机,重新占据西沙和南沙群岛。因此,收复这些岛屿刻不容缓。

1946年8月,国民政府行政院决定将南海诸岛划归广东省管辖,命令海军司令部协助广东省政府接收,并由海军派兵进驻各岛。

1946年10月,国民政府在上海成立"前进舰队",急调护航驱逐舰"太平"号、驱潜舰"永兴"号、坦克登陆舰"中建"号和"中业"号等四艘军舰,执行接收和进驻西沙、南沙使命,任命海军上校林遵为指挥官。

林遵,福建福州人,林则徐的侄孙,毕业于英国格林尼治皇家海军学院。抗日战争后期,美国向中国赠送八艘军舰,林遵以中国驻美国副武官的身份改任"八舰"指挥官,率领舰队开赴古巴关塔那摩美海军基地,与美海军进行混合作战演练。

关塔那摩海区令人望而生畏,仿佛每一寸生存空间都散发着一种死鱼味。这是美国建在自己本土之外历史最久的海军基地。诚然,美国人自己都说没有多少历史可言,但1898年那场打败老牌海上强国西班牙的美西战争却让年轻的美国人引以为豪。西班牙人从美洲大陆的最后一块殖民地撤退,带走了四百年前埋葬在古巴的哥伦布的遗骸,从那一刻起星条旗就在关塔那摩海湾上空高高飘扬。所以,美国的教官不是凶神恶煞,就是颐指气使。

演练比实战还要残酷。无论太阳多么贼毒,也不管墨西哥湾的海浪怎么无情,操演都按严格的训练计划进行。受训接近尾声,便像刚会站立的

第十四章　抗战胜利台湾南海诸岛恢复主权

幼儿马上要跟大人一起跑步似的与美军进行了一场超强度的实兵作战演练。演练一结束,从中国来到美国接舰的官兵,平时壮实得如同公牛,收兵哨音吹响,六百个官兵趴倒了五百多个!

经历过英国海军学院磨炼的林遵挺住了,但他接下来的任务同样艰巨,舰队启程回国。这是中国海军自清末"海圻"号穿甲巡洋舰出访英国之后的又一次跨洋航行,而且他率领的是一个舰队,不是一艘军舰,是八艘!

绕地球近似一圈的航行,无处不是风急浪高。已经记不清经历了多少险情,只觉得航海日志不断增厚。珍珠港,中途岛,横须贺,一页接一页掀过,辽阔的太平洋仿佛一夜之间就跨过了。八个月后,舰队安抵上海吴淞。

几乎是脱下汗渍渍的军装,才洗了一个热水澡,林遵就接到了率舰收复西沙、南沙的命令。

命令是陈绍宽下的。之所以在林遵刚刚率舰回国就下达这样看似不通情理的命令,是因为抗战中,所有舰艇在江阴防空战中被日军飞机死死追杀,疯狂轰炸,或沉或毁,到了武汉保卫战,中国海军唯一一艘较大的军舰"中山"号在同敌机血战后,也被炸沉于武汉金口的长江航道上,连最年轻的舰长萨师俊都英勇献身……中国海军本来就不厚实的家底全部拼光了,陈绍宽手上早已没有一艘完好的军舰,而所接收的日本"赔舰"都在待修。要完成西沙、南沙的接收任务,只能动用才从美国接回的"赠舰"。林遵是这支舰队的指挥官,他了解他的每一艘军舰乃至每一个官兵,官兵又经历了远航风浪的考验,不派他派谁?

军令如山。何况,林遵明白自己是一个恪守家训"苟利国家生死以,岂因祸福避趋之"的林则徐的后人!

三

林遵雷厉风行,紧急备航。除了动员官兵保养军舰,做到万无一失之外,又考虑到南海诸岛远离大陆,补给不便,所以一切生活、战备用品,从鱼钩、渔网、针线、猎刀、火种到主副食品、种子、禽畜、营房器材、发电机组、运载机械、材料配件和工具等,均准备妥当。

1946年10月29日晚,四舰官兵在林遵和舰队副指挥官海军上校姚汝钰的率领下从吴淞口起航。舰上除载有守岛的陆战官兵外,还有中央各部会代表、内政部代表,并携带两块预制的水泥石碑,准备竖立在岛上,作为收复西沙、南沙的凭志。

11月1日,舰队进珠江口,泊虎门炮台。翌日,林遵和姚汝钰率舰队参谋和各舰舰长拜会广东军、政长官,会见广东省接收各岛的负责人,补充修订行动方案。广东省派政府委员肖次尹为接收西沙群岛专员,省府顾问麦蕴瑜为接收南沙群岛专员。两个接收组都有省机关代表,连同专业考察、测量人员及各行技工,分别登上"中建""中业"号登陆舰。

11月6日,舰队驶离虎门,8日抵海南岛榆林港。在补充了给养和淡水,并向渔民了解了有关南海各群岛的情况后,为保险起见,兵分两路。由林遵率"太平""中业"两舰进驻南沙群岛,姚汝钰率"永兴""中建"两舰进驻西沙群岛。

11月12日,林遵率"太平""中业"两舰出航。

时值南海海域东北季风强劲的时期,海上风力通常都在八级左右。林遵的两艘军舰才出海口往南行驶一小时不到,水色渐次变幻,气温骤然下降。当大海的颜色从黛绿走向深蓝的时候,远处,军舰的正前方,已经变成一片火海。

霎时,天空变得狰狞恐怖起来。无数个死灰色的旋涡像兵败的战车互相倾轧。雷声,犹如千百万吨黑色炸药同时引爆,整个海面都被炸得四分五裂。翻滚的恶浪,在火烧云的映照下犹如烈焰冲天。

林遵站在"太平"号的敞篷驾驶台上,将手上的望远镜递给身边的舰长。舰长一看远方的天空,天空上乱云飞渡,像海面上滚动异常的波涛一样,云层上万头攒动,这是强台风的先兆。于是紧张地说:"司令,是台风!"

"转舵,返航!"林遵代舰长下达了停止前进的口令。

两舰回到榆林港,刚靠码头,姚汝钰就奔了过来,通报两小时之前,一艘商船遇到风暴倾伏沉没。

林遵和"太平"号舰长四目相视,双双心头一紧。

11月18日，风轻云淡，林遵再次率两舰出航。

这次换了一个方位。哪知，天公还是作对，就在两舰的信号兵挥舞手旗打出继续前进的旗语时，整个南海倾斜了！

狂浪如同穷凶极恶的饿狼追撵着军舰，用那喷射着血沫的头颅撞击着舷墙。舰旗战栗，鞭状天线抖抖发颤。桅顶那轮午间的太阳早已吓得脸色苍白躲闪到乌云后面。乌云像一块巨大的裹尸布霹雳一声撕开一道血口。刹那间，仿佛东方的凶神恶怪和西方的魔鬼撒旦统统倾巢出动，茫茫天空回荡着令人毛骨悚然的嘶鸣。林遵大手一劈："返航！"

两次返航，说明了风浪之大。曾经闯过太平洋的军舰，难道如此惧怕风浪？那么太平洋是怎么走过来的？否！像"太平"号、"中业"号这样的军舰，抗风力都在十级以上，今天的风速不会超过十级，军舰无碍，但南沙群岛都是低矮的适淹礁，不少还是水下礁盘，风浪太大不利于登岛，何况还有那么多物资，绝不能打了水漂。果然，返航途中，海面上不时漂过一片片断樯残帆……

两次出航都因狂风巨浪而半途而废，林遵的运气真是差透了！

姚汝钰却是运气上佳！11月23日，一直按兵不动的"永兴""中建"两舰抢在风浪稍减的间隙出航，24日凌晨顺风顺水到达西沙海拔最高的石岛，在离礁环一海里外抛锚。舰队参谋张君然率陆战分队乘小艇登陆搜索，发现岛上空空如也，没有一人，只见岛上原有轻便铁轨和库房建筑都已被破坏。于是在一座废弃的气象台上竖立竹竿，升起国旗。"永兴""中建"两舰官兵在舰上注视着岛上的动静，看到中国国旗飘扬在西沙群岛的上空，不约而同大声地欢呼，激动之情难以言表。舰队随即按既定部署组织人员登陆，抢运物资，搭建活动营房，构筑工事，修建炮位。这时海上仍有七级大风，各项工作及运输都遇到很大困难，经过五昼夜苦斗，驻岛官兵生活设施安排就绪，电台也架通了，考察测量任务和进驻工作次第完成。

29日上午，舰队派出仪仗队，随同中央各部会代表、广东省接收专员和驻岛陆战队员，为收复西沙群岛纪念碑举行揭幕仪式，鸣炮升旗，并以海军"永兴"号驱潜舰的舰名命名西沙群岛的第一大岛为"永兴岛"。

纪念碑正面镌刻着"卫我南疆"四个红色大字，背面刻"海军收复西沙群岛纪念碑",旁署"中华民国三十五年十一月二十四日立"(碑上的日期,是舰队带来的石匠在立碑前加刻上的)。至此,海军进驻西沙群岛"永兴岛"的任务圆满完成。广东省留下一名省府官员驻岛作为第一任西沙群岛行政负责人。

中午,舰队告别永兴岛,两舰鸣炮,向西沙群岛和留在岛上捍卫海疆的官兵致敬!

下午,"永兴"号驱潜舰驶过琛航岛和广金岛,在海上巡视了珊瑚岛。两舰于11月30日下午返抵榆林港。

圆满收复西沙,给进驻南沙的官兵巨大的激励。12月9日凌晨,林遵率"太平""中业"两舰第三次出航赴南沙群岛。

向南,向南,一路破浪前进。

海风从脸面悄悄掠过,有一种惬意的感觉飘上心头。官兵们都一扫前两次返航的戾气,望着无边无际的大海,人人心旷神怡。清晨的海面缭绕着一层轻纱般的朝雾,墨幽幽的海水神秘莫测。林遵心里知道,舰队来到一个人迹罕至的深海动物王国。只见闪着蓝脊背的鲨鱼不时跳出水面,剪刀形的大尾巴将海水扇得噗噗作响,远处,一条条遨游着的杀人鲸,像一艘艘上浮的潜艇,虎视眈眈地守护着它们统治的领地,呼啸声中,喷泉样的水柱直冲天际。

舱面上的官兵们纵情欢呼。此起彼伏的欢呼声打破了累积经年的宁静。数不清的象鲛、鼬鲨和太平洋鼠鲨,将舰队团团包围住了。成群的大翅鲸和露脊鲸横亘成一道山梁,挡住了舰队的去路,而首当其冲的是那杀人鲸。波翻浪涌,军舰打起摆子,趔趄不止。

舰长建议用机枪扫射,打开一条血路。林遵一摆手,说:"快通知帆缆兵投掷肉食!"

很快,两舰的帆缆兵们掀起一场比赛,将一块块生牛肉撒向远处的海面。凶鲛、恶鲨、杀人鲸簇拥着向肉饵窜去。这本是一群弱肉强食的动物,在天赐的盛筵面前,凶残的咆哮声淹没了整个海面。舰队义无反顾地转舵向南。喧嚣的场面渐渐被舰队甩远了……

向南,向南,过了史称"千里长沙"而今称作"西沙"的宣德群岛和永乐群岛,再向南。愈往南愈加领悟什么叫泱泱中华,马不停蹄地走了三天两夜,还没见到南沙群岛。

一路上,学养深厚又在出航前做足功课的林遵在敞篷驾驶台上随意即席开起"讲座"。他告诉官兵,是中国人首先发现了南海诸岛。有文字记载的可以上溯到公元前3世纪初,汉武帝派遣使臣从合浦乘船出发,驶过南海,直达印度南部的黄支国。从此,汉朝使臣不断经此往来。三国时,孙权派康泰出使扶南,也就是柬埔寨,留下一本《扶南传》距今已有千年历史。贞观六年,唐太宗在海南设崖州都督府,正式把南海各岛列入中国疆域。到了宋代,战船巡海直至中国与越南的分界线。元朝征爪哇,过七洲洋,一直兵临交趾城下。明朝,为纪念郑和下西洋,在宣德群岛和永乐群岛向南号称"万里石塘"的居中位置,将一道绵亘延伸的出水礁盘命名为"郑和群礁"。

此刻,"太平"舰从郑和群礁旁边驶过,看着那翘首水面又俯卧于水下的一溜长礁,太像一支浩浩荡荡的船队了,谁见了都叹服先人的眼力与大自然造物神的功夫。而那景宏岛、费信岛、尹庆群礁……一个个岛礁均是以郑和助手名字命名的,这就是历史的见证。纵情怀古,秦橹汉桨唐舟宋舸,都曾在这一片浩瀚的水域大展雄姿,怎不令后来者心潮澎湃!

追星撵月,昼夜兼程。经过四天三夜的连续航行,南沙群岛终于展现在官兵们的眼前。

这是一片怎样才能形容的海洋国土呵,太平洋母亲博大的胸怀轻轻拥抱着它,送给它蔚蓝的天空、灿烂的阳光、碧绿的海水、雪白的浪花、赤红的礁石、金黄的珊瑚沙、无冬的气候和优质的空气。没有人顾及,它曾经孑然遗世,自上古以来缓缓衍变,风尘扑面;也曾被外族践踏,以致伤痕累累。然而,今天迎来的是它的新生!

这是林遵心中的诗!

12日中午,林遵率两舰抵达南沙群岛最大的一片岛屿。在它的西南方抛锚,派兵登陆搜索,空寂无人。但是,岛上残留着许多法国人和日本人占据时的痕迹。有压扁了的法式罐头盒,还有一块日本人竖的石碑。但有七口水井让人欣慰,这是南沙群岛中唯一有淡水的岛屿。

随即,林遵组织登陆,先把那日本人的石碑给砸了,接着抢运物资,进行考察和修建工作。一切妥善之后,竖立纪念碑。

纪念碑的碑身为方锥形,四面刻字。正面刻"太平岛"三个大字,背面为"中华民国三十五年十二月十二日立",碑左刻"太平舰到此",碑右刻"中业舰到此"。

立碑竣工后,由麦蕴瑜主持,隆重举行接收南沙群岛仪式。海军官兵升旗鸣炮,振臂高呼庆祝国土收复,并摄影留念。

15日上午,林遵率两舰告别太平岛。当时岛上留下的人员有海军陆战队一个排以及气象员、无线电员、修理人员、医务人员等共六十余人。临别时,林遵从随身的军挎包中掏出一把折叠刀,往首批留守的陆战队队长掌心一拍。

这是一把美国萨夫·特·凯斯公司出品的"丛林之王"生存刀。这刀的刃部都是由坚硬的特种钢制成,冷生生是一把锋利的匕首。刀背可作锯子、切削刀和开瓶器,刀鞘除了装刀,还装有指南针、求援反光镜、钓具、鱼叉头、打火石、磨刀石、别针、橡皮膏、缝补用具、螺丝刀、铅笔、止血带等。刀鞘底部另有一个折叠扣环,连接橡皮筋可作猎鸟的弹弓。林遵介绍完生存刀,对陆战队长说:"这是我在美国任外交副武官时,用半个月津贴买的。我现在把它送给你。"

陆战队长"叭"的一声,双脚并拢,向林遵敬了一个标准的军礼。

林遵握了握陆战队长的手,郑重地说道:"不过,这不是送给你个人的。半年之后,新队长接替你,你要给我传下去!"

陆战队长攥紧了生存刀,随即响亮地回答:"是——!"

林遵这才依依惜别,沿途又巡视了南沙群岛北半部分的南钥、中业、双子等岛屿后,于12月20日返回榆林。稍事修整后,四舰结伴返航广州。

12月26日,"太平""永兴"两舰驶入白鹅潭,广州各界人士热烈欢迎,并纷纷登舰参观。

31日,在辞旧迎新的欢乐气氛中,林遵在"太平"号军舰召开记者招待会,向全世界宣告中国已胜利收复了西沙和南沙群岛。

1947年元旦,海军总司令部电令嘉奖参加接收南海诸岛的海军官兵。

全面完成南海诸岛的接收任务后，1947年4月14日，国民政府内政部召开专门会议，根据南海诸岛的实地考察测量，绘制了官方南海地图，确定了南海诸岛的最新命名，并在南海地图上划定了"十一段线"又称"传统疆界线""U形线"，圈定了中国的南海主权范围。1947年12月1日，国民政府内政部重新审定南海诸岛地名一百七十二个，内政部方域司正式印制了《南海诸岛位置图》，作为中国南海地图的主要蓝本，其疆界最南端标在北纬4°左右。同时，印制《西沙群岛图》《中沙群岛图》《东沙群岛图》《南沙群岛图》《永兴岛—石岛图》等以及《南海诸岛新旧名称对照表》，公开发行。

"前进舰队"接收和进驻任务圆满结束。从此西沙、南沙等南海诸岛重新回归祖国。

第十五章 弃暗投明中国近代海军再获新生

一

中国近代海军的最后一幕——

1946年6月,国民政府为了取得美国的军事、物资援助,不惜出卖主权,公开宣布准许外国轮船驶泊南京、芜湖、九江、汉口。同年11月,与美国签订了《中美友好通商航海条约》,宣称"全中国领土都向美国商人开放"。1947年12月又与美国签订《中美海军协定》,美国将一百四十艘舰船交给国民党军队,帮助国民党政府建立海军机构,包括建立舰队、军港、基地和学校,并明确规定了美国对国民党海军的监督权。在美国的指使和支持下,国民党海军配合国民党陆军、空军疯狂进攻解放区。然而,多行不义必自毙,国民党在大陆的统治面临全线崩溃,国民党海军也从内部开始分崩离析。

在这样的时局下,国民党海军中不少将领头脑是清醒的,其中首推陈绍宽。

陈绍宽执掌民国海军长达十七年,在海军经费极其困难的情况下,为中国海军力量的发展呕心沥血。他具有现代海

第十五章 弃暗投明中国近代海军再获新生

军统帅的远见卓识,不遗余力地告诫政府乃至广大民众,海洋主权同民族命运生死攸关,大声疾呼要加强中国海军力量,维护中国海权。他是一个真正懂海军、心贴海防,具有民族大义的人。

抗战胜利了,陈绍宽成了大忙人。尤其是1945年下半年,《中央日报》《民报》《申报》上,几乎每日的头版头条均被海军总司令陈绍宽占据了。联合国中国代表团的顾问、"密苏里"战列舰上的中国海军受降代表、南京受降仪式上雄姿英发的海军上将——"陈绍宽"的名字完全成了中国军界的代表和中国海军崛起的象征。他召开记者招待会,宴请各国来华的舰队官员,部署海军接受美国和英国赠舰,筹备重建海军各类学校,视察验收江南造船所的各型舰艇……哪一天没有陈绍宽的新闻?

其实,陈绍宽本人打心眼里最反感的就是这些浮皮潦草不着边际的报道,他是个务实的人。他说,文章要做在实际上。凡是以"陈绍宽"署名的文章从不假手于人,《海军年报》有他亲撰的总结,《海军杂志》有他长期连载的专栏。在《世界上有不要海军的国家吗?》一文中他写道:"怎样才能算是独立的国家呢? 就是有土地,有人民,有主权——三者缺一,算不得国家。"又写道:"土地完整系包括领海领土而言,因为海是国的境界,不是单限于陆地的。""海既是国境的边界,海权被人侵占,比陆地被人侵削更为厉害。""海算是国家的门户……没有海军,简直是门户无人把守。别的国家尽可以乘其不备来侵略它了,如入无人之境,再也没有什么关阑。所以国家要是没有海军,简直不能立国。"他指出:"国家的强弱,全看领海权为比例,领海完全与否,全看海军……海权伸张,国家自然日臻富强了。我们要知道,英日各国工商业所以发达,都由于海军的强盛。什么一等国、二等国、三等国,皆不在陆地的大小,而在于海军军备的多少,这更是一个国际上划分明显的证据。"因此,他连篇累牍地呼吁遵循孙中山"使民国海军与列强齐驱并驾,在世界上称为一等强国"的遗训,催促蒋介石"赶紧扩充海军的军实,赶紧把海军积极建设起来。收回海权,紧守国家门户,保护外侨商民,抵制外力侵略,都是海军的责任。我们务要把我们中国跻于国际平等地位,成个独立自由的国家才好"。

可是,蒋介石置若罔闻,压根儿听不进去。蒋介石操心的是与共产党争夺天下。建设海军事小,巩固政权事大,但陈绍宽总是让蒋介石头疼。

1945年年底,大批国民党军队向北平运送,而共产党军队也在山东莱州湾集结,准备北渡辽东进军东北。由于日本人的多年经营,东北已成为中国的重工业基地,这是块肥肉,蒋介石绝对不会让它落到共产党手里。假使共产党抢了先,岂不是如虎添翼,后果不堪设想。陈诚遵照蒋介石的旨意电令陈绍宽派"长治"号军舰前往渤海,截击由烟台正向辽东渡海的共军,将共军的木船和数以万计的八路军击毙于海上,以粉碎共产党的战略企图。哪知陈绍宽在上海却复电无一舰可派,不但推托军舰需要修理拒不奉命北上,反而亲率"长治"舰巡视台湾。

临行前,陈绍宽给蒋介石呈上一信:"抗战后海军元气尚未恢复,且绍宽在抗日期间报效无多,已愧对国人,若再参加内战,内疚殊大。"

蒋介石见信,拍案大骂:"岂有此理!"

陈诚与陈绍宽历来心存芥蒂,对陈绍宽执掌海军早就心怀不甘,只是陈绍宽为人坦荡,无隙可乘。这次陈绍宽居然抗命,真正天赐良机,于是陈诚瞅准火候在蒋介石面前添油加醋,欲置陈绍宽于死地。

蒋介石一气之下,下令裁撤海军司令部,改设海军署。这样一来,四星上将当署长,岂不是大材小用变相革职。

陈绍宽从台湾返航,根本就没有跨进所谓的海军署一步。

蒋介石觉得处理欠妥,考虑到陈绍宽的声望,准备任命他为战略顾问委员会委员,支他一份干薪。陈绍宽认为此事已经触碰到自己做人的底线,他无意保官求贵,安能为五斗米而折腰?于是辞去一切职务,两袖清风离开南京,隐居故里福州仓山胪雷村。

蒋介石撤往台湾之时,想裹挟陈绍宽去台湾,派福州绥靖公署主任朱绍良登门造访。朱绍良连吃两次"闭门羹",第三次陈绍宽躲避不及,只好见客。朱绍良单刀直入对他说:"委座来电,要老前辈离闽赴台,共襄国是。"

陈绍宽想起往事历历在目,海军强国画饼充饥,内战不断祸国殃民。这些全是国家大事,如果可以商量,早就商量了,何必等到今天!于是,陈绍宽断然拒绝:"我年逾花甲,月是故乡圆,水是家乡甜,还去台湾做什么?

蒋委员长如一定要我飞往台湾,我只好从飞机上跳下,葬身闽海波涛之中!"

可见蒋介石已经众叛亲离,蒋家王朝气数已尽。

二

陈绍宽不愿跟着蒋介石一条道走到黑,国民党海军官兵也纷纷弃暗投明。

从1949年2至12月,先后有十四起舰艇起义事件,起义投诚的舰艇九十八艘、官兵三千八百余人。其中,抗日战争结束,英国赠予的轻巡洋舰"曙光女神"(AURORA)号,由蒋介石亲自题写舰名"重庆",装备最新,火力最强,被蒋介石视如至宝。可是,"重庆"舰官兵不满国民党的统治,成立"士兵解放委员会",在舰长邓兆祥的支持下于1949年2月在吴淞口宣布起义。

1949年4月23日,任国民党海防第二舰队司令的林遵率海防第二舰队所属二十五艘舰艇、一千二百七十一名官兵在南京芭斗山江面起义(最后核实,起义舰艇为三十艘,初始统计第五巡防艇队五艘炮艇遗漏)。

蒋介石暴跳如雷。4月28日,海军代司令桂永清火速派出美制轰炸机六架,对起义舰艇各驻泊点进行猛烈轰炸。"惠安""楚同""永绥"三舰被炸沉。六人中弹牺牲,十六人受伤。

人民解放军第三十五军当即通知起义部队"舍舰保人"!

4月30日,国民党飞机又多次前来轰炸,"吉安""太原""安东"三舰先后被炸沉,但无人伤亡,幸存十九艘大小舰艇。

国民党飞机的轰炸,不但没有使起义官兵屈服,反而激起官兵们的满腔义愤。30日,就在"吉安"舰被炸沉的当天,林遵带头给毛泽东主席、朱德总司令发出一封致敬电。

历史,总是让喜事邂逅。就在林遵率海防第二舰队起义的同一天,人民海军的第一支部队华东军区海军宣告成立。

第二天，两封电报一起摆到了毛泽东、朱德等中央首长的面前。毛泽东、朱德异口同声地说："我们有自己的军舰、自己的海军了！"

5月11日，新华社发出了关于海防第二舰队在南京起义的电稿。13日，报纸、电台同时公开报道毛主席、朱总司令向林遵并起义官兵发出的慰问电。

林遵将军、邵仑舰长、李宝英舰长、吴建安舰长、张家宝舰长、宋继宏舰长、易元方舰长、郭秉衡舰长、韩廷枫舰长、陈务笃舰长、杜澂琛队长、张汝樾队长和第二舰队全体员兵们：

庆祝你们在南京江面上的壮举。你们率领二十五艘舰艇，毅然脱离反动阵营，参加到中国人民解放军的大家庭来，这是值得全国人民热烈欢迎的行动。在巡洋舰重庆号于二月间起义并被国民党反动派于三月间炸毁以后，四月间又有你们的大规模起义，可见中国爱国人民建设自己的海军和海防的伟大意义，不是任何反动残余所能阻止的。希望你们团结一致，学习人民解放军的建军思想和工作制度，并继续学习海军技术，为中国人民海军的光明前途而奋斗！

毛泽东
朱　德
一九四九年五月十八日

国民党海军的起义，加速了解放战争的胜利进程。而国民党海军作为风雨飘摇的中国近代海军黯然落幕的最后场景，却发人深省。

得道多助，失道寡助！

孤帆远影碧空尽，唯见长江天际流……

第十六章 人民海军建设脚步从"零"开始

一

不舍昼夜的长江，川流不息数千年，目睹多少更替兴衰。大江东去，每一叠浪潮，仿佛都是一页噙泪书写的历史。而今，一支支悲怆的歌，终于被西起九江、东至江阴的千里江面上高昂激越的进军号声淹没了！

1949年4月23日，人民解放军百万雄师横渡天堑，挺进南京，"总统府"高大门楼上的"青天白日旗"黯然飘落。而历史之手在同一天又做了格外的遴选、匠心独运的安排：中国人民解放军第一支海上武装——华东军区海军在江苏泰州白马庙成立。这一天便成为中国人民解放军海军的建军节。

"帝国主义只要在中国的海岸上架起几尊大炮就可以为所欲为的年代，已经一去不复返了！"

这是时任第三野战军司令员陈毅斩钉截铁的宣言。

当时的形势是，解放战争进入战略决胜后期，英勇的人民解放军取得了辽沈、平津、淮海三大战役的胜利，百万雄师以排山倒海之势进军长江北岸，直逼蒋家王朝的老巢南京。

另外一方面,由于我军缺乏海、空武装,致使国民党陆军残部在国民党和美国的海、空军掩护下从海上逃跑,撤到台湾,并占据了东南沿海许多岛屿。历史的经验和现实斗争的需要,使中国共产党认识到建立海军的重要性。1949年1月8日,中共中央政治局会议通过的《目前形势和党在一九四九年的任务》提出:"我们应当争取组成一支能够使用的空军,及一支保卫沿海沿江的海军。"

万事开头难。选谁来负责组建工作?被誉为"常胜将军"的粟裕向中央推荐了张爱萍。

张爱萍是军中有名的儒将,此前是华中军区副司令员。

1949年3月下旬,张爱萍参加在蚌埠召开的渡江作战会议后,三野陈毅司令员找张爱萍谈话,向他传达了党中央和中央军委的决定:由第三野战军组建海军,委任张爱萍担任司令员兼政治委员。

张爱萍一听说要组建海军,感到非常兴奋。但是,由他负责组建,思想上毫无准备,面对任命不免压力很大。因为海军是技术性很强、陆海空诸兵种特点俱有的现代化军种,一时还感到难以接手。

所以,张爱萍向陈毅司令员建议另行物色人选,理由是"搞海军,我连游泳都勉强,难以胜任"。

陈毅却对张爱萍强调:"这是历史逼着我们去干的,而且非干好不可;要你去干,是党中央对你的信任,你是最合适的人选。"

有道是,常怀彪炳英雄志,更有忠诚赤子心。就这样,张爱萍毅然受命,把全副精力投入组建海军的调查研究和策划之中。

编制人员,主要以两部分组成。一部分是从人民解放军陆军调来的。选调来的陆军部队都具有骄人的陆上战斗经历,有的参加过著名的三大战役,从东北松花江畔打到海南岛,还有一些是经过二万五千里长征的红军部队和抗日战争时期成立的"老部队"。另一部分就是起义的国民党海军军官和士兵,总人数达四千多人。

这"老部队"是渡江战役的生力军,人人都是行船升帆、跳帮拼杀的"硬把式"。早在抗日战争时期,"皖南事变"后重建起来的新四军为了扩大和巩固江苏北部的根据地,利用背靠黄海的有利条件,沟通与上海、杭州的物资运输线,于1941年在苏北弶港(今江苏东台市境内)组建了一支海防大队,以后扩建为新四军苏中军区海防团。抗日战争后,与浙东海防大队等合并成立苏北海防纵队,新四军闻名的猛将陶勇兼任海防纵队司令员。其中一部经常在日寇和伪军的眼皮底下,将从上海等地秘密采购的军需物资,如制造枪械的无缝钢管、紧缺的药品等,设法运送到新四军驻地。

参加渡江战役后,这支部队改编为华东军区海军第一纵队时,不少战士仍保存着灰土布制作的水兵服,以自己当过人民的"土海军"而自豪。更让他们骄傲的是,海防团中的传奇英雄孙二虎。

孙二虎,本名孙仲明,海夫出身,家境贫苦,打鱼是个好把式,十七岁就当船老大,因水上功夫了得,拉起一支船队,劫富济贫,成了名震东海的"海上小霸王"。1941年,在陶勇的感召下,毅然参加新四军。他身怀绝技,拿手的本事是,只要在海上看到一条"二黄"(伪军)的货船,烟屁股往下一扔,操起那把从鬼子手里夺来的王八盒子炮,用不着瞄,甩手三枪,对面船上的大桅、二桅、三桅的葫芦头,全部粉碎,帆篷直落。这功夫确实很牛。在海防团他谁都不服,唯一见了陶勇一百个听招呼。陶勇对他是既喜欢又不时地敲打,好铁淬火才能成钢。孙二虎在苏北弶港一带名气越来越大,鬼子扫荡,打听到孙二虎在弶港,都不敢闯进一步。

一次,头戴破毡帽的孙二虎被一排带枪的二黄盯上了,身后是一片芦苇滩,孤身无援的孙二虎在脚下掏了一捧土,搓成一个结实的泥团,劈手甩进芦苇深处。一霎时,野鸭、水雁嘎嘎乱叫,扑棱棱的响声过后,几只海鸥腾空而起,接着是鸬鹚、鱼鹰、白鹭、黑鸦、伽蓝鸟,种种飞禽,数也数不清,一个个展翅翻扑,眨眼便把这恬静的芦苇滩搅浑了。二鬼子们见孙二虎用泥巴打水鸟,以为他没子弹了,齐声狂叫:"抓活的!抓活的!"听到叫声的孙二虎霍地拔出驳壳枪,扬起手朝天就是一梭子。顿时,天空中的飞鸟噼里啪啦扑簌簌往下直掉。

一出手就是弹无虚发!无疑是给那帮二鬼子一个强硬的警告:我孙二虎的子弹多得很!瞧,百发百中,有种的就请过来!二鬼子一个个呆若木鸡,谁也不敢再往前挪动一步。孙二虎发出一阵震动全身也震动整个芦苇滩的大笑,旋即昂首挺胸地走进了芦苇丛中。

从海防团来的战士常以这样的故事津津乐道,但原国民党海军官兵却对这些"土海军"不屑一瞥。他们不少人是喝过"洋墨水"的。

一半土,一半洋,两拨人怎样拢在一起,又怎样形成战斗力?

后来的事实证明,张爱萍不负众望。尤其是,在海军初创时期,他就做出了正确的抉择。他说,我们人民海军的两部分人都是跛腿:经过革命战争的锻炼,具有很高的政治觉悟的人民解放军陆军人员,即使是海防团来的战士多是渔民出身,都不懂海军舰艇的知识和技术;懂得专业技术的原国民党旧海军人员,又不懂人民军队的优良传统,所以必须结合起来方成一个完美的人。于是,"在中国共产党的绝对领导下,以工农为骨干,以解放军为基础,吸收大量革命的青年知识分子和科学技术人员,争取团结和改造原海军人员,建设人民海军"的组织路线确立了,为人民海军的创建奠定了基础。

根据毛泽东主席的指示,对原国民党海军人员采取了"争取、团结、教育、改造"的政策,在共产党的政策感召下,绝大多数原国民党海军人员焕发出高度的革命热情,在人民海军的作战、训练和教学等各个方面做出了积极贡献。

真是,奔万里征程自此开始,创千秋伟业从今做起。

"土海军"过去都是河生海长的"弄潮手",哪知上了军舰却成了"睁眼瞎"。学一个弹道原理,"土海军"不懂,"洋墨水"就用水龙头带射水形成抛物线把弹道原理说得形象生动;讲炮弹飞行的定向旋转,就用儿童玩的陀螺做示范。那些惯于摸爬滚打冲锋陷阵的陆军战士,初学海军船艺的第一门功课,就是打绳结。既要牢靠安全,又要易于解脱,而且要求美观耐看。什么平结、花结、丁香结、渔人结、水桶结、双圈结……五花八门。白天学了晚上练,在自己的吊铺上拴两根帆缆细绳,熄灯后摸黑打上几遍。

而在驾舰航行、操炮训练中,林遵则是"总教头"。张爱萍十分尊敬林遵,他认为林遵是建设人民海军不可多得的将才。

这样的评价毫不为过。随后不久,林遵被任命为华东军区海军副司令员。

1949年8月28日,北京中南海,正是菊花飘香时节。毛泽东、朱德、周恩来等接见华东军区海军张爱萍司令员一行。毛泽东在中南海怀仁堂前亲自迎接林遵等原海军将领,当张爱萍向毛泽东介绍林遵时,毛泽东紧紧地握着林遵的手,高兴地说:"你是林则徐的侄孙,久闻大名啊!你的先人林则徐是抗英英雄、民族英雄,全国敬仰啊!你毅然脱离国民党军队,率部起义,同样是英雄壮举,可钦可佩可喜可贺呀!"

率众起义的林遵,不愧人民的功臣!而受到毛泽东的赞扬,并且将他与林则徐联系在一起,实在是林遵一生的殊荣!

为民族而生,为民族而战。同在民族大义之下,大家就有了共同语言。所有的谈话,都是围绕着一个主题——建设人民海军。

这是毛泽东最为关心的大事。

二

初创的人民海军,装备以木船、帆船为主,形同古代舟师。国民党海军起义、投诚的舰艇,据统计有一百八十三艘,四万三千二百六十八吨,成为人民海军从旧政权继承的主要遗产。

这些舰艇陈旧不堪。其中最老的是清朝购自日本的"楚"字号、民国初年下水的"永绩"号,还有来自美、英、法、德等国第二次世界大战期间的旧舰艇。型号很杂,主辅机型号多达三百多种,舰艇的火炮也是五花八门。

就是这些落后的舰船,依然成为龟缩东南一隅的国民党残余势力的眼中钉,频频出动飞机狂轰滥炸。

起义的"重庆"舰抵达烟台港,国民党连续派飞机侦察追击,驶至葫芦岛码头,国民党的美制重型轰炸机便跟踪而至,炸得码头成了一片火海。为保存实力,"重庆"舰奉命自沉……

大海不是长江。当人民解放军乘着渡江作战的神勇打到海边上,胜利之师遇到无情的挑战。1949年10月下旬,第十兵团在攻打金门的战役中,由于输送船队全部被敌摧毁,损失达九千余人。

一支没有海军支援的陆上劲旅,饮恨于大海!

然而，没有哪一支胜利之师，在它的光荣战史上没有付出过血的代价。毛泽东的战争观，推崇的是从战争中学习战争。未来的战争，将是海、陆、空一体的战争。要有一支强大的陆军，也要有一支强大的空军和强大的海军。人民海军既已在炮火中诞生，它就一定会在炮火中成长。而要最终歼灭敌人，就要在歼灭敌人的过程中发展壮大自己。

毛泽东的思维触角，延伸很远。华东军区海军，只是万里长征的第一步。将来，祖国的四海，都要有一支海军。这才叫初具规模。

1949年12月3日，中南军区海军在广州成立。

为了不久的将来统一管理各地的人民海军，1949年12月，中央军委调第四野战军第十二兵团兼湖南省军区司令员萧劲光组建海军领导机关。毛泽东主席签署命令，任命萧劲光为中国人民解放军海军司令员。

萧劲光接到北京，他已经好多年没有见过毛主席了。1930年，萧劲光从苏联留学回国，任闽赣军区司令。1933年，蒋介石对红色苏区发动第五次"围剿"，此时，在红军担任军事顾问的共产国际代表李德（奥托·布莱恩）推行错误的"左"倾作战方针，面对国民党三个师的进攻，李德认为黎川有坚固的城墙，可以"御敌于国门之外"，坚持不撤。毛泽东提出不能死守黎川，却遭到李德的斥责，认为毛泽东仍是"诱敌深入"的老一套。在博古的支持下，坚持"堡垒对堡垒"的打法，结果黎川会战异常惨烈，黎川失守。中央军委决定枪毙萧劲光，因他是闽赣军区司令，黎川失守他要担责。毛泽东据理力争，从枪口下救出萧劲光。所以，萧劲光对毛泽东无比忠诚，从抗日战争到解放战争，萧劲光都立下赫赫战功。毛泽东曾这样说："三国有一个赵子龙，今朝有一个萧劲光。"正因如此，毛泽东才会将新中国的海军司令这样的要职委任给萧劲光。

萧劲光惶恐地对毛泽东说："我怎么能当海军司令，我全部海上经历，只有二十年代留学苏联在伏罗希洛夫海军学院观看海上演习，就那么几个小时，船晕得不轻！"

毛泽东伸出一个指头，点着萧劲光胸前的纽扣，风趣地说："我就是看中了你这只旱鸭子！你在苏联学习过，你是最佳人选！"

萧劲光走马上任。海军司令部暂时设在北京的麻线胡同，麻线麻线，又细又长。萧劲光就是从这根"麻线"着手，拉起了中国的一支支钢铁舰队。

当然，这时的钢铁舰队还是蓝图。为了画好这幅蓝图，萧劲光走遍了大大小小的港口，巡视海防。

视察当年北洋海军驻地刘公岛时，哪知，竟找不到一艘可以开动的舰艇送他渡海，最后是坐渔民的船上岛的。船老大满腹疑团："你真是海军司令呀？怎么还借我这个渔民的船啊？"

萧劲光脸色如铁，扭头对随行参谋说："记下，海军司令员萧劲光，一九五〇年三月十七日，乘渔船视察刘公岛！"

残酷的现实告诉人们，年轻的人民海军建设的脚步必须从"零"开始。

第十七章 解放军炮击入侵英舰『紫石英』

一

建设的脚步从"零"开始,主权意识却已超前。

自鸦片战争以来,外国列强频繁地从海上入侵,有记载的就达四百七十次之多。远的不说,抗战胜利了,西方列强的军舰仍然在中国的海域甚至内水,横冲直撞。从上海黄浦江外白渡桥下,到南京挹江门外,千里长江上,只是恣意飞舞的星条旗、米字旗,替换了当初不可一世的膏药旗而已。

1949年4月,美国第七舰队和英国皇家海军远东舰队耀武扬威地驶进长江水道,几次侵入长江北岸我解放军的战备防区,招摇过市,显示实力,企图阻吓我大军渡江。是时,国共两党正在"和平谈判"。共产党代表团已经在拟定的和平协议上签字,国民党方面却虚与委蛇拖延时间。像一盘磨损的老唱片,唱针在上面打滑,转了一圈又一圈就是发不出正常声音。不能再等了,中共中央发出指令,限定4月20日,国民党方面必须签字。否则,打过长江去!

形势剑拔弩张。国民党军队在长江南岸加快设防,人民

第十七章　解放军炮击入侵英舰"紫石英"

解放军百万大军也在长江北岸枕戈待旦。国民党虽然到了强弩之末,但它依赖长江天险,更仗势于"国际力量"给中共施压。一时,美、英军舰横陈长江江面。

4月20日,最后的限期到了,狡猾的美国第七舰队先作"壁上观",坐山观虎斗。英国皇家海军远东舰队,还是一副老牌海上霸主的作风,大炮开路,先发制人。

人民解放军第二十三军作为东线集团的先头部队,在军长陶勇率领下,按渡江指挥部的部署推进到沿江第一线。几乎是阵地刚刚建立,还没有喘过气来,江面上就传来轰隆隆的炮声。方向是泰兴江岸,我六十八师炮团的阵地。

陶勇正准备询问,电话就来了:英国军舰向我六十八师二〇二炮团的阵地悍然开炮,团长邓若波当场牺牲,团政委以及四十多名战士和船工负伤,与六十八师毗邻的六十九师主攻团的阵地也遭炮击,造成伤亡。陶勇对准江面举起望远镜,镜头中清晰出现英国四艘军舰,依次是:"紫石英"号、"黑天鹅"号、"伴侣"号、"伦敦"号。领头的"紫石英"号那大张的炮口还吐着缕缕白烟。

陶勇命令前沿观察所发出驱离信号。

英舰尽管意识到它们处于我军炮火控制范围,但英国士兵居然在甲板上信步,优哉游哉。我前沿观察所又点燃起三堆篝火,英舰的回答竟是一阵排炮!

人不犯我,我不犯人。人若犯我,我必犯人。陶勇怒火中烧:长江已经不是任由外国兵舰随意出入的长江,中国也不再是帝国主义的殖民地。既然你"米字旗"公开挑衅,干涉我人民解放军渡江,我人民解放军也不是吃素的,当年抗战打小日本,我陶勇就从不手软!

"听我命令,坚决还击!"来不及请示上级了,陶勇当机立断做出果敢决定。

有人提醒,会不会引起国际纠纷?陶勇脸色一沉,正色道:"国际国际,是它不讲道理,我就伸张正义!"说着,大手一劈,"对准英舰——开炮!"

炮兵以猛烈的火力对准英国军舰,成串的炮弹挟着火光呼啸而去。烟锁长江,水柱冲天。顷刻之间,两艘英舰陷入火网之中。"紫石英"号前后甲板多处中弹,高傲的"米字旗"也被炸飞了。

我前沿炮兵阵地上,指战员一片欢呼。陶勇刚毅的脸上,正气凛然。英国皇家海军远东舰队非但没能阻拦我人民解放军横渡长江,反而遭到痛打,亲临旗舰"伦敦"号上的远东舰队副司令梅登中将害怕我军再次炮击,只好丢下"紫石英"号,率领其他三舰,狼狈撤退。

"紫石英"号驱逐舰失去动力,漂移至镇江附近江面,被我渡江部队俘获。

当晚8时,三野的电报送到北京香山双清别墅。毛泽东说:"阻碍我渡江的外国军舰,不管是谁的,都可以炮击!"说着,扬起手上的电报,心里已经牢牢记住陶勇的名字。

二

人民解放军还击"紫石英"号,壮我军威,也震动了世界。

国际舆论大哗。路透社4月24日报道,共军在扬子江炮击四艘英国军舰,在英国引起轰动。而英国当局偏信梅登的战况报告,明明是英国舰队犯我在先,向我开炮,却反诬我军故意挑衅。

4月26日,英国前首相保守党党魁丘吉尔在下院发言,诬赖我人民解放军反击英舰的正义行为是所谓"暴行",并且要求英国政府"派一两艘航空母舰到中国去,实行武力报复"。同一天,英国首相艾德礼在议会宣称:"英国军舰有合法权利在长江行驶,执行和平使命,因为他们得到国民党政府的许可。"

贼喊捉贼,一派强盗逻辑!

就在英国当局一片鼓噪之时,4月30日,毛泽东亲拟《中国人民解放军总部发言人为英国军舰暴行发表的声明》:

我们斥责战争贩子丘吉尔的狂妄声明。四月二十六日,丘吉尔在英国下院,要求英国政府派两艘航空母舰去远东,"实行武力的报复"。丘吉尔先生,你"报复"什么?英国的军舰和国民党的军舰一道闯入中国人民解放军的防区,并向人民解放军开炮,致使人民解放军的忠勇战士伤亡二百五十二人之多。英国人跑进中国境内做出这样大的犯罪行为,中国人民解放军有理由要求英国政府承认错误,并执行道歉和赔偿。难道你们今后应当做的不是这些,反而是开动军队到中国来向中国人民解放军进行"报复"吗?艾德礼首相的话也是错误的。他说英国有权开动军舰进入中国的长江。长江是中国的内河,你们英国人有什么权利将军舰开进来?没有这种权利。中国的领土主权,中国人民必须保卫,绝对不允许外国政府来侵犯。艾德礼说:人民解放军"准备让英舰紫石英号开往南京,但要有一个条件,就是该舰要协助人民解放军渡江"。艾德礼是在撒谎,人民解放军并没有允许紫石英号开往南京。人民解放军不希望任何外国武装力量帮助渡江,或做任何别的什么事情。相反,人民解放军要求英国、美国、法国在长江黄浦江和在中国其他各处的军舰、军用飞机、陆战队等项武装力量,迅速撤离中国的领水、领海、领土、领空,不要帮助中国人民的敌人打内战。中国人民革命军事委员会和人民政府直到现在还没有同任何外国政府建立外交关系。中国人民革命军事委员会和人民政府愿意保护从事正常业务的在华外国侨民。中国人民革命军事委员会和人民政府愿意考虑同各外国建立外交关系,这种关系必须建立在平等、互利、互相尊重主权和领土完整的基础上,首先是不能帮助国民党反动派。中国人民革命军事委员会和人民政府不愿意接受任何外国政府所给予的任何带威胁性的行动。外国政府如果愿意考虑同我们建立外交关系,它就必须断绝同国民党残余力量的关系,并且把它在中国的武装力量撤回去。艾德礼埋怨中国共产党因为没有同外国建立外交关系而不愿意同外国政府的旧外交人员(国民党承认的领事)发生关系,这种埋怨是没有理由的。过去数年内,美国、英国、加拿大等国政府是帮助国民党反对我们的,难道艾德礼先生也忘记了?被击沉不久的重庆号重巡洋舰是什么国家赠给国民党的,艾德礼先生难道也不知道吗?

有礼有节，义正词严！

毛泽东以中国人民解放军总部发言人的名义发表的声明，表明了中国人民不怕任何威胁、坚决反对帝国主义侵略的严正立场，并且表明了即将成立的新中国的对外政策，把丘吉尔和艾德礼驳得哑口无言，英国当局再也不敢放肆了。

三

"紫石英"号窝在长江，动弹不得。

英国政府绝对不能让"紫石英"号困在中国的长江，变成人民解放军的"战利品"。于是，双管齐下，一边暗中开始救助活动，一边派远东舰队总司令布朗特上将与我方谈判。布朗特将"紫石英"号舰长克仁斯推到前台，作为谈判代表，向我三野第八兵团递交了信函。5月18日，我三野特纵榴炮第三团政委康矛召与克仁斯会晤。我方代表明确表态，只要英方承认错误，就可以讨论"紫石英"号的驶离问题。可是，英方代表拒不承认侵略暴行。从5月中旬一直谈到7月底，六十天过去了，还在谈判。其实，谈判是门面上的幌子。原因是"紫石英"号的主机和许多仪器受损，修理比较麻烦，快不得。等7月29日桌面上的谈判还没有结果，"紫石英"号的修理却到了尾声，不仅主机恢复正常，还秘密补充了六十吨的机油。

我方为了看管"紫石英"号，派了一个步兵排站岗。步兵们都不是侦察兵，任务只是看管，"紫石英"号像一座小山横在江中，根本跑不了。哪想到，军舰是死的，人是活的，每天上舰送蔬菜食品的大鼻子员工，真实的身份都是英国的修理技师，那些食用油的大铁桶许多都装满了机油。

7月29日晚，克仁斯突然袭击了看管英舰的步兵排。等步兵排反应过来，悄悄起锚的"紫石英"号已经往下游逃去。

陶勇得知"紫石英"号逃离，立即向沿江部队下达"坚决打击，迫其驶回原地停泊"的命令。

就在这时,一艘满载旅客的"江陵解放"号客轮,驶经"紫石英"号附近,克仁斯像遇到救星,狡猾地指挥"紫石英"号尾随其后。21时50分,陶勇命令驻大港炮兵阵地向"紫石英"号发炮警告,炮弹再次命中英舰。克仁斯不仅不停伴,反而加速向"江陵解放"号客轮贴近。英舰与客轮如影随形,我炮兵担心误伤旅客,不得不停止炮击。

"紫石英"号就这样从陶勇的眼前逃了,一直逃出长江口,逃进了香港的英国船坞……

这是大英帝国的军舰第一次在中国人民面前威风扫地,夹着尾巴逃跑。嘲讽之声,不绝于耳!

陶勇却懊悔不迭,心里说,如果他的部队有一艘武装快艇,绝对不会让侵犯我主权的"紫石英"号从眼皮底下溜走!

第十八章 毛泽东高瞻远瞩 创立海权新思想

一

朝鲜战场上的失败,让美国人哀叹:"把战争延伸到中国,是在一个错误的时间、错误的地点,同错误的对手进行的一次错误的战争。"

陶勇不这样想。他觉得,中国军队在朝鲜战场上是在与世界上最强大的军队过招。一支没有制空权、制海权的志愿军,为什么能打赢一场在高手眼里根本不能打赢的战争,取得了新中国同帝国主义列强作战史上的第一次胜利?因为,中国军队具有血战到底的气概!

1952年,陶勇带着一身朝鲜战争的硝烟,归国后由第九兵团代司令员调任华东军区海军司令员。

有人说,是因为陶勇当年炮击英舰"紫石英"号,毛主席记住了陶勇。对这种说法,陶勇自己也觉得很有这种可能。他心想,哪一天能真正见到毛主席,这谜底也许就会揭开。

真是天遂人愿,毛主席说来就来了。

二

1953年2月19日。

武汉,初醒的江汉关,天空中鸣响着飞鸽的哨声,声音悠悠扬扬由远而近。雪花在飘,一群瓦蓝色的鸽子落在引桥赭黄色的栏杆上,目不转睛地看着踏雪无痕的码头。"长江"号和"洛阳"号军舰,像一道起伏的山梁,虽然没有披挂满旗,但桅顶的五星红旗在飞雪中招展,显得格外庄严。

江汉关的报时钟敲响十一点。

鸽群展翅高飞,三辆军用吉普缓缓驶上沿江大道。

当一行人走过引桥,走上码头,紧急站坡的水兵们惊呼起来!

"是毛主席,毛主席来了!"

毛泽东头戴草绿色呢料解放帽,身穿草绿色军大衣,在罗瑞卿、杨尚昆和杨奇清等的陪同下,健步登上"长江"号军舰。

水兵们没有想到,全舰的领导也没有想到。四天前,海军淞沪基地巡逻艇大队王德祥大队长接到赴武汉执行任务的命令,率巡逻艇大队所属的"长江"舰和"洛阳"舰,从吴淞口紧急起航,沿长江溯江而上,途经江阴,接上华东军区海军参谋长马冠三和地方航运局的两名领航员,昨晚抵达武汉江汉关。两小时前才接到通知,说有中央首长来舰视察,并特别提醒不铺地毯,不挂满旗。

这是毛泽东的一贯作风,不事张扬,更不许劳民伤财。

毛泽东伟岸的身影出现在军舰上。过去远在天边,今天近在眼前,水兵们都争相奔跑过来。可随着一声长哨,全体舰员齐刷刷列队立正,整齐划一,一片肃静。

"长江"舰副舰长王内修上前一步向毛泽东敬礼:"报告主席,'长江'舰干部二十名,战士九十二名,全舰准备完毕,请主席视察。海军淞沪基地'长江'舰副舰长王内修。"

毛泽东非常平和地挥手,先抬头向着桅顶上的国旗行注目礼。

军舰是流动的国土,悬挂国旗代表国家的主权和尊严。毛泽东是一个既掌握大局又重视细节的人,他的主权意识特别强。照理,海军舰艇礼仪规定,党和国家领导人视察军舰,属于一级礼仪,应该挂满旗、奏国歌。可按通知要求,一切都从简了。

行完注目礼,毛泽东和副舰长王内修、参谋长马冠三、大队长王德祥、舰政委刘松等一一握手。大队长王德祥请示离码头。罗瑞卿看了看手表,11时30分,于是挥手:"起航!"

"长江"舰徐徐驶向下游,"洛阳"舰远远在侧后护航。两道白色的浪迹引来数不清的水鸟追逐着浪花。

乍暖还寒的春月,虽是江中航行,江风轻吹仍有一股凉意。杨尚昆建议主席进舱休息,但毛泽东是第一次乘坐军舰,而且是人民海军的军舰,只觉得周身充满着热情,他兴致勃勃地走到前主炮的炮塔旁,触摸着炮口归零的大炮,略有所思。接着,毛泽东从前甲板沿舰舷走向后甲板,一边走一边对舰上的装备不时地询问。

"长江"舰是一艘浅水炮舰。它的前身是国民党第二舰队的"民权"舰,1930年由江南造船所设计制造,排水量四百六十吨,两台蒸汽机,二千六百匹马力,锅炉用煤做燃料。武备装配120毫米主炮一门,88毫米高炮一门,57毫米速射炮一门,20毫米机关炮两门。该舰虽然不大,但软钢电镀白铅船壳,舰型漂亮,有"小巡洋舰"之称。后甲板有一个"司令厅",可供居住办公。

抗战期间,海军主力第一舰队坚守长江,在江阴建立封锁线,第二舰队担任战略机动。当第一舰队各舰被击沉后,第二舰队司令曾以鼎奉命向前迎敌,各舰也纷纷遭到重创,"民权"舰的姐妹舰"民生"号被迫自行凿沉。这时的"民权"舰因舵叶故障,退入洞庭湖修理,日军飞机追击轰炸,九死一生。1938年4月11日,在洞庭湖湖口防空作战中,击落从日本"神威"号水上飞机母舰上起飞的轰炸机一架,立下战功。第二舰队起义后,新生的"民权"舰更名为"长江"舰。毛泽东听完介绍,称它是一艘英雄的战舰。

询问过装备,毛泽东接着关心的是舰员。问道:"你们舰上的人员都是从哪里来的?"

"长江"舰政委刘松接口回答:"有从陆军转来的,有的是青年学生参

第十八章　毛泽东高瞻远瞩创立海权新思想

军,其余是原海军起义人员。"

毛泽东按照刘松政委报告的具体人数,心里算了算,说:"各占三分之一。大家吵不吵嘴呀?"

"不吵嘴,很团结。"

"那就好!"

毛泽东从右舷登上驾驶台,询问了人力舵的作用后,亲手转了转舵轮,出驾驶台来到上甲板,又走上军舰最高处的舰桥。

雪后放晴,空气中有一股蜡梅的清香。毛泽东舒心畅怀地放眼远眺,岸畔山坡影影绰绰的梅林,一片嫣红,一片鹅黄,而那渐行渐远的江汉关大钟在春日的阳光下依然熠熠生辉。他走到测距仪旁,摇了摇手柄,对着观察镜看了又看,回过神来,问:"这是什么仪器?"

站在毛泽东身后的航海长刘兴文回答:"这是测距仪。"

毛泽东回转身,笑道:"你是老海军了?"

"我是陆军来的。"

王内修把刘兴文的情况做了介绍,毛泽东听了问刘兴文哪里人,有没有经过海校学习,刘兴文一一回答。毛泽东点了点头,说:"听你们萧司令说,有些陆军同志不大安心干海军,你愿意干海军吗?"

刘兴文痛快地回答:"我愿意!"

毛泽东侧转身朝那座见证过西方列强的江汉关大钟又看了一眼,语重心长地说:"是呀,应该安心干海军,过去帝国主义侵略我国,大都是从海上来的。现在太平洋还不太平,所以我们一定要有一支强大的海军。帝国主义如此欺负我们,我们要争气,要认真对付。我国的海岸线这么长,只要我们有一支强大的海军,太平洋就太平了!"

江汉关的大钟敲响十二点,毛泽东走下舰桥。没有进住舱,而是让王内修领着去视察炊事房。在炊事房,毛泽东和炊事员们一个一个握手,询问平时都有几个菜?干部战士是不是吃的都一样?勉励炊事班的同志,说:"炊事工作很重要,很辛苦。要搞好伙食,保证官兵身体健康。"又向陪同的舰领导一再强调,要关心官兵生活,要发扬我军的优良传统,做到官兵一致。

当日 18 点，编队到达湖北黄石港，"长江"舰靠上码头，"洛阳"舰在江中抛锚。毛泽东上岸视察了大冶炼钢厂，两小时后回到舰上。

编队进入夜航。20 日凌晨 3 点，编队停靠江西九江码头。轮机停了，一片寂静。"长江"舰是一艘老舰，夜里锅炉需保持一定的气压才能正常通气，因此必须不断加煤。锅炉班的战士担心铁锹铲煤的噪声影响主席休息，所以战士们干脆用手一捧一捧地加煤。主席关心战士的生活，战士也关心主席的健康。

当日上午，毛泽东在舰上召见两位当地负责人谈话。其间，"洛阳"舰副政委胡玉成代表全舰官兵向毛主席随行人员提出请求，请毛主席也乘坐他们的军舰。毛泽东有意尽可能多地接触海军官兵，立即答应了。午饭后，"洛阳"舰靠上"长江"舰右舷，全舰官兵站坡迎接主席上舰。

毛泽东从"长江"舰走上"洛阳"舰。"洛阳"舰舰长丛树生大步上前向毛泽东敬礼："报告主席，'洛阳'舰干部二十三名，战士一百四十五名。全舰准备完毕，请主席检阅。'洛阳'舰舰长丛树生。"

毛泽东还礼之后，编队起航。这次，"洛阳"舰在前，"长江"舰在后护航，继续下行。像在"长江"舰一样，毛泽东没有进舱休息，在丛树生和胡玉成的陪同下到各个战位视察，看望官兵们。

"洛阳"舰，原为澳大利亚巴瑟斯特级扫雷舰"本迪哥"号，1941 年悉尼克突船厂建造。"二战"中先后驻守澳大利亚、巴布亚新几内亚和菲律宾。1950 年拆除武器作为商船卖给香港，后被我华东军区海军购买加装两座苏式 100 毫米火炮、两座苏式 37 毫米高炮，命名为"洛阳"舰，满载排水量一千一百五十吨，比"长江"舰大多了。

视察完驾驶台后，毛泽东走进会议室，向胡玉成询问官兵们的思想政治学习情况。胡玉成汇报说，有些同志刚来到海军，要求学技术的心情很迫切，都希望很快地掌握军事技术。毛泽东沉吟一下，说："还是首先要注重政治教育，提高同志们的政治热情。要使大家懂得，过去帝国主义是从海上侵略我国的，现在太平洋不太平。我们一定要建立强大的海军，要把我国海岸线筑成'海上长城'，这样帝国主义就不敢欺负我们，太平洋就太平了。战士们的政治觉悟提高了，掌握技术就快了。"

第十八章　毛泽东高瞻远瞩创立海权新思想

毛泽东的随身"法宝"是"调查研究"。他和胡玉成交谈一会儿，便让胡玉成把一个战士手头的全部图书都拿来，给他看一看。很快，胡玉成就从隔壁报务员萧和清那儿捧来一摞书，一本本平放在毛泽东面前。有《中国革命和中国共产党》《毛泽东选集》《论共产党员的修养》《钢铁是怎样炼成的》等政治理论和文艺书籍，有军事技术书籍，还有连环画小人书。毛泽东翻检了一番，对其中一本描绘华东军区海军"414"艇击沉敌船的《头门山海战英雄艇》的连环画很感兴趣，浏览一遍，问胡玉成看没看过？胡玉成说看过。毛泽东高兴地说："这本书虽然很小，但是它的意义很大，它又适合战士们的阅读水平，大家也要好好看看。"胡玉成深有感触地点头道："一定让官兵们都看。"毛泽东喝了一口茶水，啧啧连声道："很好，看得出同志们学习得还不错哩！"

舰上的文娱活动时间到了，水兵们聚集在后甲板欢快地娱乐。有拉手风琴，有跳水兵舞。毛泽东来到水兵们中间，像一个普通一兵与大家无拘无束地交谈。

信号兵赵莱静的日记记下了这一难忘的时刻："大家正跳得起劲的时候，毛主席由会议室从后甲板的过道里走过来了。水兵们惊喜交加，停止了跳舞，每个人的脸上都是红通通的，眼睛里闪着泪花，望着自己敬爱的领袖。毛主席走过来亲切地问道：'都会跳舞吗？'本来我们有些拘束，一听领袖这样和蔼温暖的声音，就自然多了，齐声说：'都会！'毛主席笑了，同时称赞道：'好，都很活泼！'毛主席又问：'你们有些什么乐器？'大家高兴地抢着回答：'有胡琴、小提琴、笛子……'马代义从背后挤上前来说：'还有锣鼓！'毛主席望着马代义说：'是啊！扭秧歌可少不了锣鼓。'毛主席顿了一下又说：'没听你们说有钢琴，要是没有，这只是暂时的，以后可得有，开展文娱活动可少不了这东西！'接着，毛主席把身子移近我们问道：'同志们都到北京受过检阅吧？'几个参加过检阅的同志回答：'到过！'毛主席轻声地笑起来，并富有风趣地说：'那咱们早就见过面了！'这时马代义一点也不感到拘束，口快地说：'就是天安门太高，看不太清楚！'毛主席向马代义探了下身子，瞅着他的脸和蔼地说：'这回可看清了吧！'马代义的脸唰地红到脖根，回答说：'看清啦！'同志们都哈哈大笑起来……毛主席转过身来又望着大家关切地问:'舰上工农同志多少?青年学生多少?大家举手看看。'同志们都分别举了手,毛主席点头说:'一半、一半。'又问道:'同志们没有隔阂吧?'同志们互相看了一下,笑着说:'毛主席,我们团结得可好呢!'毛主席满意地说:'应当好好团结。今后就更好了,工农分子知识化,知识分子工农化,知识分子和工农分子的界限慢慢就消失了。'军舰稳稳地前进,轮机舱的轰隆声清楚地传到后甲板。毛主席要到轮机舱去看同志们。临离开前,他再次关切地问道:'同志们都习惯海上生活了吧?'我们齐声回答:'习惯了!'他点了点头,再次教导大家:'过去在陆地上,我们爱山、爱土,现在是海军,在水上了,就应该爱舰、爱岛、爱海洋!'"

20日22点,编队到达安徽省安庆市。军舰靠码头后,毛泽东重上"长江"舰。毛泽东送走前来汇报工作的安庆地、市领导同志,已过了子夜,回到住舱,见秘书早在桌面上摆开了笔墨和宣纸,毛泽东笑道:"他们交给我的任务还没有完成呢!"

原来,就在毛泽东来到"长江"舰的第一天,"洛阳"舰党支部就以全体舰员的名义给毛泽东写了一封信,信中提出三个请求:一是请主席登舰视察,二是请主席为战舰题词,三是与主席合影。毛泽东说这是大家交给他的三项"任务",都答应了。而今第一个早已兑现,其他两个自然也要完成。

毛泽东的书法龙飞凤舞,气势磅礴。无论转战到哪里,毛泽东都抽空研习书法,这也是他的一种休息方式。此刻,他在砚上润了润笔,凝思。像是自言自语又像是征求秘书和卫士的意见:"写点什么呢?"秘书和卫士含笑着,不愿打断毛泽东的思路。

毛泽东点了一支烟,看着轻烟袅袅,他说,中国在清朝以前没有真正的海军,有海无防。清朝后期,鸦片战争惨败,搞了海军,很快给洋人打垮了。甲午海战,北洋水师全军覆没。一百多年来,帝国主义列强一次次入侵,一个又一个不平等条约的签订,一部中国近代史,就是帝国主义列强的海上入侵史,就是中华民族的屈辱史。一支烟在手上燃尽了,毛泽东摁下烟蒂,郑重地提笔写下:"为了反对帝国主义的侵略,我们一定要建立强大的海军!"

第十八章 毛泽东高瞻远瞩创立海权新思想

三

南京。绵绵春雨洗涤过的下关码头，十分整洁。

江畔，一行七舰——"南昌"舰、"黄河"舰、"广州"舰、"洛阳"舰、"长江"舰、"101"和"104"鱼雷快艇，首尾相衔，犹如横空出世的一道山脉，气宇轩昂。

好雨知时节，今天是一个盛大节日。两天前，"长江"舰编队航行中，毛泽东向一路陪同的华东军区海军参谋长马冠三提出，到南京看看海军最大的军舰和海军的新装备。马冠三报告了华东军区海军，经请示军委海军机关批准，决定将"南昌"舰等五艘舰艇调来南京，接受主席检阅。

2月24日，毛泽东在华东军区司令员陈毅、参谋长张爱萍等陪同下，视察新来报到的"南昌"舰、"广州"舰、"101"和"104"号鱼雷快艇。

码头上，陶勇快步上前立正敬礼："报告主席，我率领舰队来南京，接受您的检阅。华东军区海军司令员陶勇。"

"你就是陶勇同志，我久仰你的大名，你仗打得好啊！"毛泽东握着陶勇的手，高兴地说。陶勇坦荡率直的性格和有勇有谋的指挥才能，毛泽东早有所闻，尤其欣赏他那敢于和帝国主义的挑衅行为奋起抗争的大无畏精神。接着，毛泽东又与华东军区海军政委袁也烈、副政委康志强、参谋长马冠三、淞沪海军基地司令员饶守坤、第六舰队政委刘中华等一一握手，并亲切询问了他们的情况。

下午3时，毛泽东登上旗舰"南昌"舰。

"南昌"舰为前导，"广州""洛阳""长江""黄河"舰依次离开码头，组成单纵队，向燕子矶江面驶去。两艘鱼雷快艇从"南昌"舰前高速通过，接受毛泽东的检阅。而后，"广州""洛阳""长江""黄河"舰又形成单纵队，一艘艘从"南昌"舰旁驶过，接受毛泽东的检阅。

"单列式"检阅完成后，"101"和"104"号鱼雷快艇在中队长高东亚的指挥下，从纵队变成横队，继而变成梯队，用三种双艇编队方式，以三十六节的航速在江面上跑了三个来回。望着快艇飞驶江面犁起的层层浪涛和迸发的浪花，毛泽东很是激动："快艇不错，速度快，能放鱼雷，价格又比较便宜,发展这个好!"这就是,毛泽东支持萧劲光发展"空、潜、快"具有攻防能力近海轻型海上战斗力量的初心。

检阅结束后,毛泽东分别到各舰满足官兵的心愿,与大家合影留念。又将"为了反对帝国主义的侵略,我们一定要建立强大的海军!"的题词,为"长江""南昌""广州""黄河"四舰,各写了一幅。

毛泽东把同样的内容题词五遍,在他一生中绝无仅有。

究其原因,毛泽东有了一股危机感。这次检阅,虽说很成功,但并不是绝对满意,除了快艇让毛泽东眼前一亮,其余军舰表面看像一道山梁一道山脉,实质上老态龙钟。"长江"舰充其量是艘游船,根本没有战斗力。毛泽东一上舰,走到舰艏高炮旁,枪炮班长贾荣轩跑到前面,毛泽东问他这是什么炮?贾荣轩说是日本造八八式高射炮。毛泽东问:"性能如何?"贾荣轩:"这门炮的平衡钢丝断了,不能用。"毛泽东说:"不能用,摆在这里干什么?"贾荣轩腼腆地说:"缺零件,修不好,放在这里摆样子的。"

"原来是摆样子的!"毛泽东重复了一句,苦苦一笑。所以,他让马冠三去调最大的军舰来看看。

"南昌"舰来了,原先它是国民党海防第一舰队的旗舰"长治"号,是国民党除"重庆"号以外航速最高、火力最强的一艘战舰。1949年9月19日,在长江口起义,驶往南京途中,被国民党飞机跟踪轰炸。根据华东军区海军"弃舰全人"的指示,自沉于燕子矶以东江面。1950年2月打捞修复,命名为"南昌"舰。这种军舰,看上去高大巍峨,骨子里却是百病缠身。"南昌""广州""洛阳""长江""黄河"五舰,都不算强大,所以,毛泽东借题词连写——强大!强大!强大!强大!强大!

五写强大,说明毛泽东建设强大人民海军的信念之坚,决心之大!

四

太平洋的波涛亘古不息地叩击着我们这块东方海岸,每一叠浪花都仿佛是一页史书,记载着阵痛与新生。毛泽东的目光变得深邃了,回到北京

第十八章　毛泽东高瞻远瞩创立海权新思想

就要找萧劲光。

萧劲光说来就来。人民海军成立之初是名副其实的"一穷二白"。1950年4月14日,海军机关成立大会,只能借用协和医院的礼堂召开,九百个机关工作人员分散在北京市三个地点办公。

1950年8月,海军提出在近期内以建立一支轻型海上战斗力量和空(海军航空兵)、潜(潜艇部队)、快(鱼雷快艇部队)为主,相应发展其他兵种部队的建设方针。以舰种来说,不仅要有驱逐舰、护卫舰、潜艇、扫雷舰、登陆舰、护卫艇、鱼雷艇等战斗舰艇,还要有潜艇母舰、训练舰、修理舰、测量船、航标工作船、防险救生船、补给船、医院船等辅助舰船。落实此项计划,仅靠修复那些经过战争残存的炮舰和被打捞出水的早年沉船,以及改装商船、渔船,是远远不够的。为了建造海军舰艇,早在1950年,海军就筹建了造船部,统一管理海军舰艇的修造工作。同时,中央人民政府重工业部也在上海成立船舶工业局,落实海军要求的"装配军舰三万吨,辅助六千吨"的制造计划。然而,困难很大。当时造船工业刚刚起步,船厂只有装配能力,没有制造船用机器和钢材的技术与设备,专业人才奇缺。要自行研制生产,条件显然还不成熟。因此,海军初创时期,向国外购买,就成了武器装备的另一个主要来源。

所幸,中华人民共和国的成立,得到世界爱好和平人民的支持,也使得许多侨居海外的爱国人士为之振奋,并为新中国的建设,为人民海军装备的发展积极出力。1950年初,海军通过香港向西方有关国家购买舰艇、设备和材料,先后从香港购进美、英、日制造的超龄舰船四十八艘。但此后,形势急转直下。1950年6月,美国发动了侵朝战争,同时还派出第七舰队进驻台湾海峡,并妄图以鸭绿江为跳板将战火引入中国本土。在这种背景下,以毛泽东为首的中共中央决定抗美援朝。同年下半年,美国政府采取报复行动对中国实行全面禁运,规定"凡是一个士兵可以利用的东西都不许运往中国",又宣布将"共产党中国"在美国管辖内的一切资产置于管制之下,并禁止在美国登记的船舶驶往中国港口。为了扼杀新生的中华人民共和国,美国政府又操纵联合国机构,通过了对中国实施全面封锁禁运的非法决议。决议要求每一个国家,对中华人民共和国中央人民政府所控制的地区实行禁运武器、弹药和战争工具、原子弹材料、石油、具有战略价值的运输器材以及可以用于制造武器、弹药和战争工具的所有物资。此后，有四十三个国家接受并实施了这一决议。然而，事情的发展并不是以某些人的意志为转移的。

在苏联的帮助下，中国海军从1953至1955年向苏联采购了一批武器装备，主要有战斗舰艇、辅助船只、各型飞机、海军火炮、水中兵器、弹药等。其中，最让人瞩目的——1954年，毛泽东在中央财政异常紧张的情况下，亲笔批示拨出巨款，向苏联采购四艘驱逐舰。

驱逐舰，最早出现于19世纪90年代的英国，原本是作为对付鱼雷快艇而设计的。经过六十多年的发展，特别是经过两次世界大战的实战，驱逐舰的使命任务大大拓宽，它集中了声呐、雷达、舰炮射击指挥仪等现代科技成果。深水炸弹、鱼雷、对空火力，形成反潜、防空和对海攻击的立体作战能力。它是中国海军迫切需要的装备。

终于，如愿以偿，而且是四艘驱逐舰，中国海军官兵激动地尊称它们为"四大金刚"。"金刚"是佛教经典中的护法之神。中国海军官兵用这样的称呼形容驱逐舰，一是对它感到新奇神秘，二是希望它威力无穷。这一年，中国海军第一支驱逐舰部队宣告成立。

仅仅两年之后，在叶剑英元帅指挥的辽东半岛陆海空三军协同演习中，人民海军就熟练地操纵这些海上"金刚"，加入作战序列。

有了驱逐舰，还要有潜艇、核潜艇……从无到有的海军战略发展思想，是毛泽东最紧迫、最现实的选择。高瞻远瞩的开国领袖叱咤风云，英明的指示加快了人民海军的发展进程。

毛泽东视察舰艇部队从南京回到北京，四个月后——1953年6月4日，中苏两国政府又签订了《六四协定》。从此开始了人民海军装备的"转让制造"阶段。这是人民海军装备发展史上一次大规模的装备、技术引进，是当时中国工业基础薄弱这一特定历史条件下的必经之路和成功尝试。它不仅及时为人民海军提供了急需的装备，加强了人民海军初建时期的实力，也为日后的海军装备的仿制改造、自行研制积累了丰富的经验。根据中苏《六四协定》，中国海军从1953年开始通过转让制造潜艇。1957年2

月12日,由江南造船厂转让制造的首批两艘潜艇下水试航。在转让制造过程中,中国海军和造船厂的技术人员不仅加快了技术改造的步伐,同时开始探索采用国产材料和设备替代进口的发展模式。

1959年2月4日,中苏两国政府签订了《关于在中国海军制造舰艇方面给予中华人民共和国援助的协定》,后简称《二四协定》。根据协定,中国海军开始通过技术转让的方式准备仿制常规导弹潜艇、中型常规鱼雷潜艇和导弹快艇。与1953年的《六四协定》只提交施工图纸相比,《二四协定》扩大了技术资料的转让幅度,增加了技术设计的指导资料。但是仿制刚刚起步,中苏关系破裂,苏联撤走专家,中国海军装备建设被迫开始走向自行设计建造之路。

回首往事,不胜感慨。中华上空毛泽东那"中国人民站起来了"的余音未息,习惯于对中国发号施令的"大人先生"和"老大哥"们,便开始对中国实行封锁和经济制裁。中国的国门被迫在重新修复中关闭了。活人哪能让尿憋死?毛泽东说,别人封锁,我们就自力更生!

这是一部民族的独立史。虽然被迫关门难免失掉发展机遇,但那气吞山河的创业精神,仍然是今天不可轻视的一份宝贵的遗产!

1958年,毛泽东批准研制核潜艇。

核潜艇是海军武器装备的尖端。1954年1月20日,世界上第一艘用核动力驱动的"钢铁巨鲸"——核潜艇在美国柯罗顿市港口亮相。它的设计者是一位叫里科弗的科学家。中国也有一位被称作"中国里科弗"的科学家,他叫彭士禄,革命先驱彭湃之子,中国核潜艇工程第一任总设计师。

20世纪50年代,彭士禄在苏联留学。一天,他被正在苏联访问的国防部副部长陈赓大将召到中国驻苏联大使馆。陈赓问他:"你知道反应堆、核动力是什么吗?"彭士禄摇摇头说:"没学过。"

陈赓告诉他,美国和苏联都已经搞出了原子弹、氢弹、核潜艇。我们国家要不受别人欺负,也要有这些东西。"毛主席已决定,选一批留学生改学原子能核动力专业,你愿意改行吗?""只要祖国需要,我当然愿意。"从此,彭士禄与核动力这个神秘的事业结下了不解之缘。当时,苏联教授每给这些留学生们上一节课,中方要付八十卢布的报酬,这对经济还很贫穷的新中国来说,是一件并不容易的事情。而正是在这八十卢布一节课的课堂里,彭士禄和他的同学们打下了坚实的核动力知识基础,孕育了中国核动力事业的种子。回国后,彭士禄直接参与了核动力研究工作。核潜艇工程上马时,他担任了第一任总设计师。

中国当时已经有了常规动力潜艇,为什么还要搞核动力潜艇?所谓核动力是利用核燃料铀-235原子裂变释放的巨大能量作为能源的一种动力。铀-235原子裂变释放能量时不像柴油机燃烧时需要氧气,所以核动力装置可以让潜艇长时间在水下航行,续航力大,隐蔽性强。而常规动力潜艇在水下航行利用的能源是柴油机和蓄电池,航行一小时左右就要浮出水面或在通气管状态下充电。所以核动力的巨大优越性是常规动力所无法比拟的。

殊不料,当中国决定研制核潜艇时,1958年10月,苏联却变了脸色,拒绝中国海军代表团参观核潜艇。1959年10月,赫鲁晓夫第三次访华时直接说:"我认为你们没有能力研制核潜艇所需要的种种复杂技术。你们不必花费许多钱去开发这个项目,苏联有了核潜艇就等于你们也有了。"

毛泽东一听就不高兴了,毫不客气地将赫鲁晓夫的话给顶了回去:"核潜艇,一万年也要搞出来!"

就是因为毛泽东这样铿锵有力的一句话,有一个人,把一生都奉献给了核潜艇事业。他叫黄旭华。

1926年,黄旭华出生于广东海丰县。父母悬壶济世,黄旭华自小立志继承衣钵做个医生。可时代洪流将他的人生计划全盘打乱。小学时,"七七"事变爆发,常常要躲日本人的飞机。年少的黄旭华开始思考:为什么日本鬼子想登陆就登陆?想轰炸就轰炸?为什么我们中国老百姓不能安稳地生活在自己的土地上,却要四处逃难、妻离子散?这正是因为中国太弱了,弱国就要受人欺凌。黄旭华立志不学医了,要学造飞机,造大炮。1945年,二十一岁的黄旭华考进南京中央大学航空系,接着改学造船,以第一名的成绩考入上海交通大学造船系。1954年,他在苏联专家的指导下,设计制造出中国第一艘扫雷艇和第一艘猎潜艇。四年后,我国核潜艇工程正式列项,黄旭华被秘密召集到北京。

和黄旭华一起被通知到北京"开会"的共计二十九人，都是舰船方面的专门人才，他们加入了一个代号"19"的研究所。直到九天后，聂荣臻元帅亲自来传达毛泽东的讲话，黄旭华才明白自己的任务是什么。这次会上，设计制造核潜艇的"接力棒"传到年轻的黄旭华的手上，他被任命为核潜艇研制总工程师。

聂荣臻元帅鞭策大家："毛主席说，核潜艇，一万年也要搞出来。在这句话后面，毛主席还说，一万年太久，只争朝夕！"

毛主席的这两句话，对黄旭华等人震动太大了。

时间不等人。黄旭华等专家在东海和黄海的中国海域，分别选择了一个小岛。小岛没有名字，地图上也找不到。为了保密，黄旭华的妻子被调到北京。从此，为了国家的大事，黄旭华走上征程。而这一去，就是海阔水深，高天苍凉。自从告别双亲，便隐姓埋名，远无归期……

黄旭华常年生活在荒岛上，条件异常艰苦。而比环境艰苦的是核潜艇的研发举步维艰。

史书上说，东晋的一位叫王嘉的方士在他的《拾遗记》里，曾生动形象地描写了一种可以"沉行海底，而水不浸入"的船只，名之为"沧波舟"，又因舟形似螺，也称"螺舟"。此书虽带有浓厚的神话色彩，但也不能不承认，他是世界上提出水下潜航设想的第一人。他生在中国的东晋（公元317—420年）时代。一千三百多年之后，法国科幻作家凡尔纳才写出《海底两万里》（1870年），讲述了"鹦鹉螺"号潜水艇艇长尼摩周游海底的故事。

科幻故事可以天马行空，真正制造潜艇，尤其是核潜艇却难于登天。直到有人从国外带回两只儿童核潜艇玩具模型，黄旭华的科研团队才总算有了实物参数。让人难以置信的是，正是靠着拆解这两个核潜艇模型，科研团队才坐实了资料内容。而研制的每一个环节，都是一次挑战。当时没有电脑，只能靠算盘和计算尺。中国第一代核潜艇的关键数据，就是用算盘打出来的！

核潜艇是一座深水潜航的武器库和战斗堡垒，一个三千多吨的钢铁圆筒，要像鲸鱼一样在几百米深的海底活动，必须集航海、导弹、核反应堆等几十个专业学科的专家，才能将它研制出来。其中，单发电量，就可以满足一座中等城市的照明需求。艇内的控制阀门一万多个,各种仪器几千个,制造工艺的复杂程度可想而知,克服的困难根本不是能用文字形容得出来的!

中国有句土语:办法总比困难多。

设计图纸出来了,但只是"概念设计方案",若把计算纸堆起来竟有三层楼高,而且一点都不夸张。怎样把这一张一张平面的图纸变成立体的呢?黄旭华从买来的两只儿童玩具上找到灵感——先制作一个一比一的仿真模型。这个想法一诞生,整个研发团队云开雾散,人人都看到了希望。很快,总部批准了这个大胆的计划。只用了一年的时间研究所和核潜艇制造厂就造出了一个世界第一大的"核潜艇模型",远看就像个水滴形的大玩具,近看,尤其是从升降口进去,就像进了一座迷宫,五光十色,争奇斗艳,铺设的管道电缆长达九十多千米。

有了这个大模型,就可以现场调整、更改、优化。拆了装,装了拆,"诸葛亮会"开了数百场,只要是合理化建议,马上推倒重来。终于形成了安全、顶用、美观,符合实战需要的可行性建造方案,保证了总体施工的一次性成功!

中国人的土办法,让洋人目瞪口呆!

中国第一艘核潜艇的外形是水滴形。美国为定型核动力水滴形经历了数年求证,称"三部曲";苏联经历了"六部曲";中国人一步到位。

中国人不仅设计出了核潜艇,而且核潜艇上的所有的材料和设备,全都是中国人自己制造!

1971年8月23日,中国首制核潜艇完成系泊试验后,开始进行航行试验,设计与系统工作情况均达到了预期要求。1974年1月,首制核潜艇进行检验性试航。同年8月1日,中央军委发布命令,将中国制造的第一艘核潜艇命名为"长征一号",正式编入人民海军序列。从此宣告人民海军进入拥有核潜艇的新阶段。

这是中国海军发展史上一件扬眉吐气的大事,毛泽东的预言实现了!

五

毛泽东既然用他的如椽之笔写下"为了反对帝国主义的侵略,我们一定要建立强大的海军",听毛主席话的中国人民,就一定能"上九天揽月,下五洋捉鳖"!

而对于中国的领土、领海主权,毛泽东也是寸土不让,寸土必收!

1897年,沙皇俄国悍然把军舰开进旅顺口,抢占了大连。接着逼迫清政府签订了中俄《旅大租地条约》和《续订旅大租地条约》,从此,旅顺沦为沙皇俄国的殖民地。1904年2月8日夜,日本海军向停泊在旅顺港内的俄国舰队发起突然袭击,一场争夺旅顺口占领权的帝国主义战争全面爆发。1905年1月,日军攻陷旅顺口。同月,日俄两国背着清政府在英国朴次茅斯签署《朴次茅斯和约》,彼此划分了中国东北的势力范围。日本以战胜国的强硬姿态逼迫沙俄交出旅大地区的租借权:"俄国在旅顺口、大连一带的租借权以及长春至旅顺口间的铁路及其所属权益在清政府承认的条件下让于日本。"从此,旅顺口易手日本。日本军国主义开始了对旅顺地区长达四十年的法西斯统治。

1945年,世界反法西斯的战争进入最后阶段。中国战场上的日本侵略军节节败退。2月10日,苏、美、英三国首脑斯大林、罗斯福、丘吉尔,在苏联克里米亚半岛的雅尔塔签署了《关于远东问题的协定》,背着中国国民党政府私下商定:"大连商港须国际化,苏联在该港的优惠权益须予保证,苏联之租用旅顺港为海军基地予以恢复。"以此为条件,苏联于同年8月8日对日宣战。日本宣布投降后,苏联海军太平洋舰队遂进驻旅顺港,接管了原由日军占领的海军根据地。

在长达半个多世纪的时间里,"旅顺"两个字像巨石一样压在中华民族志士仁人的心头。

1939年12月,毛泽东在延安的窑洞里写下《中国革命和中国共产党》一文,在历数帝国主义近百年来侵略中国的战争后,沉重地写道:"帝国主义列强不但占领了中国周围的许多原由中国保护的国家,而且抢去了或

'租借'去了中国的一部分领土。例如日本占领了台湾和澎湖列岛,'租借'了旅顺,英国占领了香港,法国'租借'了广州湾。割地之外,又索去了巨大的赔款。"毛泽东严正指出,为了把帝国主义驱逐出中国,使中国得到完全的解放,全国人民,首先是中国共产党,必须"担负起坚决奋斗的责任"。

1949年10月1日,中华人民共和国开国大典在北京天安门广场举行。毛泽东庄严宣告:"中华人民共和国中央人民政府今天成立了。"

12月,毛泽东亲率中国政府代表团登上北去的列车,开始了访问苏联的行程。毛泽东在莫斯科逗留了两个多月,直到翌年2月底才返程回国。为什么?一是签协议,二是要收回土地。

经过反复磋商,中苏双方终于达成一致意见。

1950年2月14日,周恩来与苏联外交部部长维辛斯基分别代表本国政府在克里姆林宫签署《中苏友好同盟互助条约》和《关于中国长春铁路、旅顺及大连的协定》两个重要历史性文件。

《关于中国长春铁路、旅顺及大连的协定》规定:"缔约国双方同意一俟对日和约缔结后,但不迟于1952年末,苏联军队即自共同使用的旅顺口海军根据地撤退,并将该地区的设备移交中华人民共和国政府,而由中华人民共和国政府偿付苏联自1945年起对上述设备之恢复与建设的费用。至于大连的行政,则完全属于中华人民共和国政府管辖。现时大连所有财产,凡为苏联方面临时代管和苏联方面租用者,应由中华人民共和国政府接收。"

消息传到国内,举国上下一片欢腾。

这一协定,是半个多世纪以来关于旅顺问题的若干条约中,唯一一个收回土地、收回主权的正式文件,也是上溯百余年里,中国与外国政府签订的第一个收回土地、收回主权的正式文件。

毛泽东非常高兴,满载而归。

然而,风云骤变。1950年夏,朝鲜战争爆发。中国人民志愿军奔赴朝鲜战场抗美援朝。而抗美援朝战争短期内不可能结束,议定的苏联从旅顺撤军的最后期限就要到来,旅顺问题怎么办?

为了取得苏联对我抗美援朝支持,中苏双方于1952年9月14日签署了《关于延长共同使用中国旅顺口海军基地期限的换文》。换文说明,为了支持配合抗美援朝战争,制止和打击美帝国主义的侵略阴谋,中苏双方同意在1952年末的基础上延长两国共同使用旅顺口海军基地的期限。苏联军队撤离旅顺的时间,另行议定。

1953年,斯大林逝世。

1954年,中国人民在抗美援朝的凯歌声中迎来了中华人民共和国成立五周年。苏共中央第一书记赫鲁晓夫于9月底率苏联政府代表团抵达北京。在参加了国庆五周年庆祝活动后,中苏双方领导人就双边关系、国际形势及旅顺撤军问题举行了会谈。

首次会谈中,毛泽东就开门见山地说:"适值我国国庆之际,赫鲁晓夫同志率团访问我国,我们非常感谢。一般地说,我们之间的问题,都是随时提出随时解决,没有积累下什么问题。今天借这个极好的机会交换意见。现在国际形势总的来说对我们有利。这与苏联对我们的支持和帮助是分不开的。"说到这儿,毛泽东话锋悄然一转,"朝鲜战争期间,斯大林同志应我们的要求延期撤走旅顺口的苏联海军,我们非常感谢。现在他们的任务已经完成,我们将热烈欢送他们回国。"

看,话说得多婉转,滴水不漏,又绵里藏针。这就是毛泽东的外交艺术,既给了赫鲁晓夫面子,又给了赫鲁晓夫一块烫手山芋。

赫鲁晓夫是个很精明的人,但为了树立自己的国际形象,巩固苏联在社会主义阵营的地位,不得不表现出对中国相当重视和他的宽宏大度,当即表态:"毛泽东同志讲得完全对。中国作为一个主权国家不应驻有外国军队。我们的军队1952年没有依约从旅顺撤走,是应中国同志的要求。现在形势变了,要研究撤军问题。"并且表示,除新安装的海岸炮群外,愿意将旅顺、大连的一切设施全部无偿地移交给中国。不过,赫鲁晓夫说到这里,像牙疼似的吱了一声,扭扭捏捏地加了一句:"安装这些新式海岸炮群,花了我们一笔相当可观的钱。"

毛泽东轻轻地弹了一下手上的烟灰,抽了一口烟,漫不经心地拂了拂手,像驱散烟雾,又像是在说,抓大放小,上不了桌面的小事,免谈。

这种外交风度,少有!

经过具体会谈,10月12日,双方代表在中南海颐年堂签署了《关于中苏会谈公报》和《关于旅顺口海军根据地问题的联合公报》。

签字仪式极为隆重,毛泽东、刘少奇、朱德、周恩来等中国主要领导人,赫鲁晓夫率领的政府代表团成员布尔加宁、米高扬等全体成员,都出席了签字仪式。

苏联海军撤走了,中国的旅顺真正成为中国的旅顺!

六

1958年6月的一天,毛泽东在查阅近代史时,发现帝国主义列强的军舰总是在中国的海域长驱直入,把中国的沿海当成他们自家的航道,帝国主义侵华,每次都把坚船利炮开到我国家门口。毛泽东敏锐地意识到:领海有问题。尽管国民党政府曾于1931年颁布过三海里领海制,但这种领海制度形同虚设,外国军舰不仅在中国沿海通行无阻,在中国江河也横冲直撞。中华人民共和国成立后,美国还公然派遣舰队干涉我内政,阻止我解放台湾,甚至肆意侵入我主权领海炫耀武力。鉴于此,毛泽东当即拨通了周恩来的电话,让外交部请国际海洋法的专家一起来研究一下领海的问题。

6月2日,周恩来偕同外交部部长助理乔冠华和著名法学家倪征燠来到北戴河毛泽东住所。

倪征燠曾任远东国际军事法庭中国检察官首席顾问,参与审判日本甲级战犯。毛泽东开门见山:"今天把大法官请来,是想探究一下领海主权问题。"

倪征燠一听,看着毛泽东,主席谦逊的神色,给人一种不耻下问的感觉。倪征燠又转向周恩来,总理朝他挥手一扬,意思是,知无不言,言无不尽。倪征燠于是理了一下思路,详细介绍了领海的地位作用和划分方法以及世界各国采取的领海制度。

他说,在哥伦布发现新大陆、麦哲伦环球航行地理大发现之前,人们认为海洋与空气一样,是为"大家公有"的"无主物","可以自由地利用海洋"。

第十八章　毛泽东高瞻远瞩创立海权新思想

这种认识渐渐演变成,即原始状态下的海洋为人所共有,任何国家都可以利用,谁发现,谁控制,谁就利用。随着葡萄牙和西班牙两个海上强国对海洋争夺的逐步升级,荷兰人提出"海洋自由论",英国人提出"海洋闭锁论",两种貌似对立的观点,其实殊途同归,目的都是争夺海洋的控制权。群雄逐鹿于世界的海洋,非临海的国家也在设法谋求对海洋的利用,大国、小国、强国、弱国的利益混淆于一处,斗争日趋复杂。世界在呼吁一种共同的秩序,一种公平的海洋秩序。1702年,荷兰法学家宾刻舒克从防止敌人由海上入侵的角度,推出"海上主权论",他将海洋区分为"从陆地到权力所及的地方"和公海两大部分,并提出了一个著名的主张:"陆地上的控制权,终止在武器力量终止之处",即岸炮能打多远,炮弹射程内的沿海海域就受该国主权管辖。八十年后,意大利法学家加利安尼根据宾刻舒克的理论,鉴于当时大炮的平均射程,正式提议沿海国所属海域(领海)的宽度以三海里为限,同时又不妨碍各国在三海里以外的海洋自由活动。从此,世界海洋分为公海和领海两个部分,各国以划定领海的形式获得利用和控制海洋的权利成为合乎国际法规的行为,领海也便具有了海洋国土的性质。后来,大炮的射程远远超过了三海里,为此,1896年又由荷兰提议六海里。不少国家赞成,但英国竭力反对,它觉得各国的领海加宽了,它的势力范围就相应缩小了。当时英国是海上霸主,它反对,谁也阻挡不了。原本是件好事,哪知同样隐藏着日趋激化的矛盾。争论延续了近百年,这六海里也没有定下来。

周恩来在旁边插话:"当前首先要解决领海宽度问题。"

"是啊!"毛泽东点了支烟,起来走了两步站到世界地图前,转身问倪征燠:"为什么各国争议,采取的领海宽度又相差甚远呢?"

倪征燠答道:"发达国家之所以主张三海里,意在近距离侵略他国海域,掠夺他国海洋资源,而发展中国家主张大于三海里,是想保护自己的领海主权和国土安全。"说到这里,倪征燠建言,"必须限制军事大国船只在我国领海的自由活动。"

毛泽东沉思片刻,接着问:"领海宽了,对商船航行有影响吗?"

"不会。"倪征燠说,"国际海洋法规定,商船正常的商业活动是可以无害通过领海的。"

毛泽东点了点头,指着地图上的渤海问倪征燠:"如果我国定十二海里领海宽度,那渤海里面还有公海吗?"

倪征燠对着地图端详一会,回答道:"渤海中最宽的老铁山水道也不足二十四海里,要是定十二海里领海宽度,那渤海就成了中国的内海,我国享有完全主权。"

毛泽东颔首一笑:"这样看来,为了国家安全和繁荣,我们应该有个较宽的领海。"

1958年9月1日,毛泽东在北戴河就中国领海宽度召开一个专门会议。参加会议的有刘少奇、周恩来、彭德怀、黄克诚和总参作战部部长雷英夫,以及著名法学家刘泽荣、周鲠生等。毛泽东首先问雷英夫:"我们的岸炮有效射程是多远?"

"十二海里以上。"雷英夫干脆利落地回答。

毛泽东转问刘泽荣和周鲠生:"我想把我国领海宽度定在十二海里,如何?"

两位法学家对视一番,他们引经据典,先对各种国际法,特别是《海牙协议》做了说明,然后说还是沿用民国时期颁布的三海里领海宽度为宜。他们的理由是,如果我国贸然宣布领海宽度十二海里,恐怕会引起国际争端,尤其是美、英两国肯定会出来反对,弄不好就会打仗。

毛泽东将手上的烟头一掐,语调平稳,但柔中有刚地说:"《海牙协议》又不是圣旨,美、英也不是霸王,我们的领海线还是扩宽一点为好。从各方面判断,仗一时半会还打不起来。我们不愿打,帝国主义就那么想打?我看未必。真要打,我们也不怕,在朝鲜已经较量过,也不过如此嘛。"说着,毛泽东环顾左右,一锤定音:"就定十二海里。"

1958年9月4日,《人民日报》发表《中华人民共和国政府关于领海的声明》。

中华人民共和国政府宣布:

(一)中华人民共和国的领海宽度为十二海里。这项规定适用于中华人民共和国的一切领土,包括中国大陆及其沿海岛屿,和同大陆及其沿海岛屿隔有公海的台湾及其周围各岛、澎湖列岛、东沙群岛、西沙群岛、中沙群岛、南沙群岛以及其他属于中国的岛屿。

（二）中国大陆及其沿海岛屿的领海以连接大陆岸上和沿海岸外缘岛屿上各基点之间的各直线为基线，从基线向外延伸十二海里的水域是中国的领海。在基线以内的水域，包括渤海湾、琼州海峡在内，都是中国的内海。在基线以内的岛屿，包括东引岛、高登岛、马祖列岛、白犬列岛、乌丘岛、大小金门岛、大担岛、二担岛、东碇岛在内，都是中国的内海岛屿。

（三）一切外国飞机和军用船舶，未经中华人民共和国政府许可，不得进入中国的领海和领海上空。

任何外国船舶在中国领海航行，必须遵守中华人民共和国政府的有关法令。

（四）以上（二）（三）两项规定的原则同样适用于台湾及其周围各岛、澎湖列岛、东沙群岛、西沙群岛、中沙群岛、南沙群岛以及其他属于中国的岛屿。

台湾和澎湖地区现在仍然被美国武力侵占，这是侵犯中华人民共和国领土完整和主权的非法行为。台湾和澎湖等地尚待收复，中华人民共和国政府有权采取一切适当的办法，在适当的时候，收复这些地区。这是中国的内政，不容外国干涉。

一九五八年九月四日于北京

声明发表后，举世轰动。全世界发展中国家纷纷表示赞成。美、英等发达国家哑口无言，无计可施。后来在华沙大使级会议上，也不得不表示尊重中国宣布的十二海里领海线。

1982年，联合国通过了《联合国海洋法公约》，确定各国领海宽度以原先三海里的倍数扩大四倍，即十二海里。

毛泽东高瞻远瞩，创立海权新思想。一句话不仅把渤海湾和琼州海峡以及东引岛等众多岛屿名正言顺地归入我国内海，还再次确立了东沙群岛、西沙群岛、中沙群岛、南沙群岛以及台湾及其周围各岛、澎湖等地的主权。既给美国敲了警钟,更给世界定了领海的宽度标准。

毛泽东就是这样伟大!

七

1959年9月29日,赫鲁晓夫又来了。他是应邀参加我国十周年国庆的。这位长着一张满月脸的苏联领导人,喜欢戴一顶灰呢礼帽,因为他有着一个光溜溜的"智慧脑袋",见人总是笑眯眯的。但是,过了国庆节,大概从天安门城楼上下来的时候开始,脸色就不太好看,皮笑肉不笑,样子非常尴尬。等到走向他的那架从苏联飞来的"图-104"专机,准备登机返程,那脸就像霜打了的茄子。

怎么不开心啦?原来,赫鲁晓夫在毛泽东那里碰了一鼻子灰。

中苏两党会谈。赫鲁晓夫向毛泽东提出要与中国建立"联合舰队"。当时,苏联的远程潜艇已经开始服役,苏联的舰队也在太平洋活动,苏联想在中国沿海与中国共同建立"联合舰队"和长波台。

毛泽东边吸着烟,边望着赫鲁晓夫,直截了当地问:"请你告诉我,什么叫'联合舰队'?"

赫鲁晓夫说:"我们出钱、出技术给你们建这个电台。这个电台属于谁无关紧要,我们不过是用它同我们的潜水艇保持无线电联络。我们的主要基地……"

不等赫鲁晓夫把话说完,毛泽东就火了,拍了一下桌子站了起来,对着赫鲁晓夫:"你讲的这一大堆毫不切题,我问你,什么叫'联合舰队'?"

赫鲁晓夫红着脸抱怨:"北大西洋公约组织国家在相互合作和保障方面没有麻烦,可我们竟这样一件事情都不能达成协议。"

"不能!"毛泽东斩钉截铁地说,"英国人、日本人,还有许多外国人已经在我们国土上待了很久,被我们赶走了。赫鲁晓夫同志,最后再说一遍:我们再也不想让任何人利用我们的国土来达到他们自己的目的!"

会谈不欢而散。

第十八章　毛泽东高瞻远瞩创立海权新思想

第二天，毛泽东与赫鲁晓夫在中南海游泳池继续会谈。

边游边谈。赫鲁晓夫不太擅长游泳，只能套上救生圈在浅水区划拉，而毛泽东却在深水区游得非常从容。最让赫鲁晓夫不可思议的是，毛泽东竟然踩着水站立起来。赫鲁晓夫难掩自己惊讶的表情，但为了自尊，他尽量不去注视毛泽东。

毛泽东游得尽兴后，出水更衣。而后，随意而又意味深长地对赫鲁晓夫说："中国人是最难同化的。"

见赫鲁晓夫不说话，毛泽东又说："过去有多少国家想打进中国，到我们中国来，结果呢？那么多打进中国的人，最后还是都站不住。"

赫鲁晓夫好大喜功，一贯以"老大哥"自居，美其名曰当中国的保护伞。实际上"长波台"由苏联控制，"联合舰队"由苏联指挥，中国就是苏联新的殖民地。顶天立地的毛泽东绝不会仰人鼻息，他冷冷地看着赫鲁晓夫，毫不客气地说："你最好全部接管中国的海洋！"

毛泽东讲话总是单刀直入，一语中的！

赫鲁晓夫瞠目结舌，但心里十分清楚毛泽东的立场，那就是无隙可乘，不留余地。他咽下一口气，再也没提"联合舰队"的事。

回望历史，同为湖南人的魏源让中国睁眼看世界，而毛泽东是让世界看中国。中国的主权，无论陆地，还是海洋，今后都要掌握在自己手里！

为此，毛泽东高瞻远瞩——为了反对帝国主义的侵略，我们一定要建立强大的海军！而为了建立强大的人民海军，他谆谆教导我们要爱舰、爱岛、爱海洋。反复提醒我们，太平洋并不太平！豪迈地激励我们："核潜艇，一万年也要搞出来。一万年太久，只争朝夕！"

毛泽东创立的海权新思想，就是中华民族海权意识勃兴的象征，它必然引导中国人民的海洋观念和海权意识产生新的理性的飞跃！

第十九章 西沙和南沙自卫反击战勇护海权

一

从战争年代开始,毛泽东就养成了夜间办公的习惯。晨昏颠倒,生物钟全打乱了,对常人来说是件可怕的事情。但毛泽东却认为夜深人静,没有任何干扰,正是他开动脑筋,脑细胞最为活跃的时候。所以延安窑洞的灯火总是从日落亮到黎明。进了中南海还是这样。

1974年1月16日凌晨,毛泽东正准备就寝,一份特急报告就送到了他的案头。这是一份由国务院总理周恩来和中央军委副主席叶剑英共同签送的急件。

西沙告急!

西沙群岛古称"七洲洋",距海南岛东南约一百五十海里,自古以来就是中国的神圣领土。经考察、勘测,西沙群岛由四十个岛礁组成,分为东、西两群。东部是宣德群岛,包括永兴岛、石岛、东岛、赵述岛、北岛、南岛等;西部为永乐群岛,包括珊瑚、甘泉、金银、琛航、晋卿、广金、中建等岛屿。

明代郑和率船队航经七洲洋,在此锚泊休整,宣德、永乐

第十九章　西沙和南沙自卫反击战勇护海权

群岛均为纪念郑和航海而命名。清宣统元年四月（1909年5月），水师提督李准率"伏波""琛航""广金"等战船巡航西沙，永乐群岛中的琛航、广金岛即以水师战船船名命名。

西沙群岛地理位置重要，物产丰富，并蕴藏着石油资源，一直为帝国主义所垂涎。1932至1933年，法国企图攫取西沙群岛主权；1939年，日本侵占西沙群岛。1945年，抗战胜利后，林遵率领四舰，收复南海诸岛。其中"永兴""中建"两舰收复西沙群岛。永兴岛和中建岛即以"永兴""中建"的舰名命名。

1947年，法国军舰"F43"号再次企图派兵登陆西沙群岛，在守军的抗击下未能得逞。同年12月1日，国民政府内政部重新审定了东沙、西沙、中沙、南沙群岛及其所属各岛、礁、沙、滩名称，正式公布了《南海诸岛新旧名称对照表》，再次宣布将东沙、西沙、中沙、南沙群岛划归广东省政府管辖。1949年，中华人民共和国成立后，中国政府继续对东沙、西沙、中沙、南沙群岛及其海域行使主权。1950年5月13日，中国人民解放军进驻西沙永兴岛。

中华人民共和国政府多次声明："西沙群岛，向为中国领土。"但是，1956年，南越西贡当局擅自侵吞我西沙群岛珊瑚岛。1958年8月21日又侵占我甘泉岛和琛航岛。1958年9月4日，中国政府发表关于领海的声明，明确指出，中华人民共和国的领土包括……东沙群岛、西沙群岛、中沙群岛和南沙群岛，以及一切属于中国的岛屿。在世界公众舆论的压力下，南越西贡当局被迫从甘泉、琛航、金银等岛撤出军队，但在珊瑚岛上仍有一个排强行驻守。1959年2月22日，南越西贡当局海军军舰又到西沙群岛挑衅，劫走我渔船和渔民，并侵占我琛航、晋卿等岛。中国外交部于1959年2月27日、4月5日严正声明，强调"西沙群岛是中国的领土，中国渔民历来就在自己的领土西沙群岛各岛屿从事和平生产，这是中国人民的神圣权利，决不容许任何人加以侵犯"。

当时越南还处于南北分治状态，被美国扶持的南越当局自恃得到美国装备援助，野心急剧膨胀。1973年9月，攫取了南越领导权的阮文绍集团公然宣布中国南沙群岛中的南威、太平等十个岛屿为他们的领土，并悍然侵占了南沙、西沙群岛中的六个岛礁。1974年1月11日,中国外交部发表声明:"中华人民共和国重申,南沙群岛、西沙群岛、中沙群岛和东沙群岛,都是中国领土的一部分,中华人民共和国对这些岛屿具有无可争辩的主权。这些岛屿附近海域的资源也属于中国所有。"

尽管中国的声明理直气壮,义正词严,无赖的南越西贡当局就像一团烂棉花,任凭铁拳猛砸,它却无动于衷。

1974年1月15日,南越西贡当局海军竟然派出驱逐舰"李常杰"号(舷号"16")闯到永乐群岛海域,向悬挂中国国旗的甘泉岛开炮,对我"402"号、"407"号渔船横冲直撞,狂妄威胁中国渔船离开这一海区。同时,"李常杰"号遣送两栖分队登陆占据我金银岛,并取下中国国旗。

维护主权刻不容缓!

毛泽东急速看完报告。报告提出,海军南海舰队加强西沙群岛海域的巡逻警戒,保护渔民的正常海上作业,同时开展海上说理斗争,制止南越海军的非法入侵行动。如南越海军继续武力挑衅,则随机予以坚决还击。要准备打仗!

对涉及国家领土、民族权益的问题,毛泽东极为敏感。他对南海、西沙的历史沿革非常清晰。多年来,由于技术条件限制,未能更多地开发利用,但从1959年起,已命南海舰队有计划地组织巡逻,护渔护航,组织科研部门开展科学调查考察活动。但是,树欲静而风不止,南越西贡当局近年来一直在西沙滋事,而今,居然向我开炮,看来这一仗不打不行了。

毛泽东沉思片刻拿起笔,在周恩来、叶剑英呈送的报告文头重重地写下:"同意!"

二

一声令下,四海震动。

此前,周恩来、叶剑英曾就西沙形势与毛泽东交流过看法,主权在我,正义在先,所以,一见毛泽东批复"同意",就清楚这两字的分量。周恩来当

第十九章　西沙和南沙自卫反击战勇护海权

即将电话打到总参作战部详细询问西沙群岛的设防情况,亲笔修改了军委批复广州军区关于调动使用兵力的方案,部署收复珊瑚、甘泉、金银三岛的军事行动。叶剑英马上命作战部直接通知海军南海舰队:正在备航前往西沙执行巡逻任务的舰艇编队,即由榆林基地"271""274"猎潜艇组成的"271"编队,迅速出发,赴西沙永兴岛海域,准备打仗。

由于南越海军频繁挑衅,我执行巡逻任务的"271"编队早已做好海上突发事件的应急准备。接到总参准备打仗的指示,海军榆林基地当即组成海上指挥部,由基地副司令员魏鸣森任海上指挥员随艇出海,明确了对敌斗争方针:不主动惹事,不示弱,不打第一枪。

尽管我方着眼于政治斗争,不打算诉诸武力,但南越西贡当局的侵略野心不仅没有收敛,反而逐步升级。

1月17日,南越西贡当局海军增派"陈庆瑜"号(舷号"4")驱逐舰,会同"李常杰"号驱逐舰,遣送武装人员二十七名强占我甘泉岛,公然取下中国国旗。1月18日,南越"陈平重"号(舷号"5")驱逐舰和"怒涛"号(舷号"10")护航炮舰赶到永乐群岛。此时,闯到永乐群岛的南越西贡当局海军舰艇已达四艘,气焰十分嚣张。

1月17日18时,南越海军"陈庆瑜"号、"李常杰"号驱逐舰向我"402""407"号渔船挑衅。我"271"编队("271"号、"274"号猎潜艇载一个民兵排)到达永乐群岛海区当即发出警告,令其立刻离开中国领海。南海舰队航空兵双机飞临永乐群岛上空。敌舰在我发出警告后,向甘泉岛方向移动。

我"271"编队在"402""407"号渔船的协助下,将民兵排输送到晋卿岛。翌日上午9时,我"705"号渔船输送一个民兵排登上琛航岛和广金岛。12时,我"281"编队("281"号、"282"号猎潜艇)从榆林驶至永兴岛机动。

18日22时,我"396"编队("396"号、"389"号扫雷舰)由榆林驶抵琛航岛,与"271"编队会合。

这时,我海上共有三个编队,四艘猎潜艇、两艘扫雷舰。

敌我双方兵力的差距是明显的。南越最大的陈庆瑜"号(舷号"4")驱逐舰,排水量达二千八百吨,最小的"怒涛"号(舷号"10")护航炮舰也有六百五十吨,而中国猎潜艇只有二百七十吨,最大的扫雷舰也不过五百七十吨,并且"389"号扫雷舰刚刚修理出厂才三天,接受任务时许多仪器设备还没有来得及安装。敌我武力配置,南越四艘舰仅127毫米的重炮就有五十门,而中国舰艇上80毫米的中型炮总共只有十六门。

敌在装备上居于上风。面对这种敌强我弱的局面,我海上指挥员魏鸣森清醒地意识到,这是一场实力悬殊的海上对决,单凭硬拼无论如何不行,只能是智取,与敌比速度,打一场海上游击战。

敌舰咄咄逼近,首先向我舰艇开炮,我忍无可忍被迫还击。

当敌舰炮声一响,魏鸣森果断命令猎潜艇全速冲进敌阵,首先把敌舰群分割、冲散,而后乘势逼近到敌舰火炮盲区,轰击敌舰。

南越各舰见中国舰艇冒着炮火直冲过来,纷纷掉头撤逃,妄图拉开与中国舰艇的距离,发挥他们火力上的优势,但大军舰终不如小舰艇灵活,中国舰艇边追边打,越打越近,越战越勇。从距敌二千米,一直打到几十米。

作为第二梯队的两艘扫雷舰抵近攻击。"389"舰长肖德万果断地下令全速冲刺,直插敌阵。倏地,扫雷舰主炮怒吼,一连发射四炮,准确命中敌"怒涛"号炮舰指挥台。接着对准"怒涛"号炮舰右舷,各种武器朝敌舰喷吐着火舌,一直打到十米左右,出现了接舷拼杀的场面。我舰指战员个个奋勇当先,不但用枪炮猛烈射击,还向敌舰甩出一排排手榴弹。是时,"396"扫雷舰也迅速占领有利阵位,咬住敌"怒涛"号炮舰狠狠地揍。

两舰夹击,越打越猛,只见那敌舰上的敌人抱头逃窜,直往舱里钻。

就在此激战之际,我"281""282"两艘猎潜艇又风驰电掣般赶到战区,高速接敌。敌"怒涛"号炮舰已经遍体鳞伤,正歪歪扭扭地向前逃跑,我两艇一鼓作气,冲进敌舰火炮的死角,几分钟内,连续向敌舰发起三次攻击。炮弹暴雨似的扑向敌舰,直打得它油舱起火、弹药库爆炸。这艘排水量为六百五十吨、名为"怒涛"号的护航炮舰,终于被我南海名副其实的怒涛片甲不留地淹没了!

当时,我参战部队在兵力上处于明显劣势,敌一艘驱逐舰的排水量就超过我四艘舰艇的总和。但是,为捍卫我国主权而战,指战员们士气如虹,势不可当。

第十九章　西沙和南沙自卫反击战勇护海权

战斗中，我"389"舰中弹起火，海水从直径十多厘米的弹孔喷射而入，又从后弹药舱涌向主机舱。正在弹药舱运弹的给养员郭玉东见状奋身扑向弹孔，用自己的呢军装裹在堵漏塞上，拼命堵住了弹孔。当时郭玉东已身负重伤，他用身体顶住堵漏塞要承受难以想象的剧痛，但是，直至战斗结束，他仍挺立在那里。当战友们上去搀扶他时，才发现他已壮烈牺牲。

激战中，"389"舰有一发炮弹不过火，滞留在炮膛里随时可能爆炸。炮长刘占云将炮弹退出往海里扔，不料炮弹碰到横杆又掉在甲板上。在这千钧一发之际，副政委董厚田一步抢上去，冒着牺牲的危险把炮弹扔进了大海。火炮连续射击，炮管打红了，不能自动退壳，董厚田用手扒弹壳，保证火炮射击不停。

海战中，南海舰队航空兵出动飞机八架在战区上空活动，"402"号、"409"号渔轮始终未离战区，与人民海军指战员协力对敌。当我"389"舰中弹后带着大火向琛航岛抢滩时，船长要求用他们的两艘渔轮把军舰架住，避免倾覆。而此刻，弹药库随时都有爆炸的危险，舰长肖德万忙用喇叭几乎咆哮般喊道："军舰随时要爆炸，请你们马上离开！"

话音一落，肖德万对准礁盘全力加速，"389"舰终于坐在琛航岛的浅滩上。渔轮连忙放下舢板，二十几个船员攀上军舰甲板，和水兵们一起灭火，抢救伤员……

这次海战，我参战部队以少胜多，以劣胜强，击沉敌护航炮舰一艘，击伤敌驱逐舰三艘，毙伤敌一百多人，协同陆军登岛部队俘敌四十九人。这是我舰艇部队第一次同外国海军作战，壮大了军威。

三

海战的胜利，为收复被南越军队侵占的三个岛屿创造了极其重要的条件。人民海军乘胜前进，输送陆军和武装民兵进行海上登陆作战。

甘泉、金银、珊瑚，是永乐群岛中隔水相望的三个岛屿，像项链上的三颗宝石，所以名字都起得高贵华美。北面那长弧形的是珊瑚岛，西边那条索状的是甘泉岛；再向西，那影影绰绰浮现在水面的是金银岛；而横陈在正前方的便是琛航岛。琛航岛俗称三角岛，又名灯擎岛，与广金岛同居一个礁盘，无论风浪多大多凶，两岛紧紧相钳，形成一个天然的港湾，渔民们热爱它，强盗则垂涎它。

1月20日4点30分，前往西沙增援的部队先后抵达永乐群岛海区。它们是：钟万有率领的"137"快艇编队，鱼雷快艇五艘；江海、刘风和率领的"653"护卫艇编队，炮艇四艘；郑林波率领的"639"护卫艇编队，炮艇四艘，以及"232"号护卫艇、"275"号猎潜艇等，共计十五艘舰艇，并载运陆军部队的四个步兵连。

基于后续部队陆续抵达，海上指挥部当即决定将原定的围岛打援的方案改为攻岛打援。

魏鸣森经与海南军区副司令江海研究决定：令"281"编队西出至金银岛以西二至三海里，巡逻待机；"396"号扫雷舰去广金岛、羚羊礁之间，保障攻岛部队的安全；魏鸣森亲率"271"号艇出晋卿航道，引导后续部队进岛。后续部队除"137"编队待命执行迎击敌人大型舰艇海上报复行动外，其余舰艇及几艘武装渔轮均进入指定防区，分三个梯队输送陆军部队登陆，夺取南越强占的岛屿。

20日9点35分，输送船队第一梯队"639"编队各艇掩护"402"号、"407"号渔轮载陆军一个步兵连抵甘泉岛。岛上越军未及反抗，"639"编队各艇已发起攻击。火炮打出的曳光弹既给自身提供炮瞄修正弹着点，又给陆军登陆部队通报敌阵地位置。换乘橡皮舟和舢板的陆军登陆部队，在海军火力的支援、掩护下，像蛟龙出水一般迅猛地边打边冲，向岛岸冲去。只半个小时，南越守军即悉数全歼，甘泉岛上升起五星红旗。

海上指挥部即将收复甘泉岛的捷报通报各编队，同时令第二梯队，即"653"编队并陆军第十团第五连，即刻向珊瑚岛守敌发起进攻。海上指挥部也转移到"653"编队右后靠近珊瑚岛位置，实施战场指挥。

珊瑚岛被南越部队经营多年，修有固定工事。岛上南越守军发现中国登陆部队到来，当即开炮开枪反抗。

海上指挥部遂命令"653"编队各艇一齐开炮射击，压制敌人火力。由于登陆部队使用的是强渡江河的小舟,顶着逆风大浪和落潮流压,行进非常困难。为争取时间攻下珊瑚岛,以利集中兵力对付敌人海上增援,魏鸣森与江海商定使用作为预备队的榆林要塞侦察队投入战斗。

在"396"号扫雷艇舰炮的掩护下,侦察队借着东风顺浪泅渡,很快从岛东侧的旧码头附近登上珊瑚岛,而后向教堂及其以北的树林进攻,10 点 06 分,第五连官兵全部登岛,与侦察队会合。战斗向纵深发展,再没有遇到有力的抵抗,岛上南越守军范文鸿少校及其部属乖乖地举手投降。11 点,登陆官兵扯下教堂屋顶上的南越国旗,升起五星红旗,被南越非法强占多年的珊瑚岛终于回到祖国的怀抱。

胜利收复甘泉、珊瑚两岛后,海上指挥部总结了登岛经验:一是在冲击航渡中要充分利用风流压;二是要多用标志和火光信号,以避免参战单位战斗协同中通信联络的中断。同时决定,发扬连续作战的作风,立即发起登陆金银岛的战斗。

13 点 30 分,输送船队第三梯队"274"号猎潜艇载运一个步兵连抵近金银岛,岛上悄无声息,全不见有人反抗。13 点 45 分,步兵连迅即登岛,经搜索只发现一片狼藉的弃物。原来,经昨日海战,南越守军已成惊弓之鸟,早已撤离金银岛,逃之夭夭。

至此,收复永乐群岛中被南越强占的三个岛屿的战斗胜利结束。

彩云含笑,水波传情。

太阳出来了! 美丽的西沙群岛,像盛开的睡莲,静卧在翡翠般晶莹透明的海面之上。五星红旗在风中招展,更给人一种安宁祥和的感觉,谁也不会觉得这里刚刚发生过一场血与火的震惊世界的西沙自卫反击战。战后,南越当局的新闻发布官竟然大言不惭地宣布,不是他们无能,而是中国海军向他们发射了"冥河式导弹",一时成了国际笑料。

笑料终归会被人淡忘,庄严的宣言却永远镌刻在史书上!

在中国政府铿锵有力的声明面前,南越西贡当局不得不于 1 月 21 日做出"应当避免下一步与中国作战"的决定,偃旗息鼓,悄悄收兵。

1 月 23 日,中央军委、国务院颁发嘉奖令,嘉奖了参战的全体军民。1 月 27 日,中国外交部发表声明,向全世界公开宣布,中国政府决定将于 1

月19日、20日将西沙群岛自卫反击战中俘获的范文鸿等四十八名南越官兵和一名美国联络官,分批遣返。

4月5日,海军党委做出决定,在西沙永乐群岛修建烈士纪念碑。在当地政府和渔民的积极支持帮助下,西沙自卫反击战烈士纪念碑很快建成。纪念碑上安放了经年不灭的航标灯,纪念碑下安葬着在反击战斗中牺牲的十八名烈士。

十八名烈士是人民的英雄!

英雄虽死,精神长存,他们与祖国的西沙永远同在,与西沙自卫反击战的历史同在!

四

西沙海战,我人民海军舰艇部队官兵用鲜血和生命保卫了祖国海疆,打出了国威军威。有战斗就难免会有牺牲。为国捐躯的十八位水兵,永远依伴着这片神圣的国土。

一时间,作家和诗人奋笔讴歌——琛航岛上空的五星红旗之所以那样红,是因为染进了烈士的热血!琛航锚地的海水之所以那么蓝,是因为终年漂洗着烈士的海魂衫!

但是,中国军人自己却有自己的心声。军人因战争而存在。过去的战争教会中国军人绝不会因为牺牲而惧怕战争。我们不惧怕战争,但不盼望战争。承认战争的历史和研究战争的艺术,不等于盼望战争的到来。

有人对战争做过一番统计。卡内基国际和平基金会在《世界上的战争》这一备忘录中,回顾了人类的历史,并引用了伊凡·布洛克的著名论文《战争的未来》里的话,指出,从公元前1496年至公元1861年,一个长达三千三百五十七年的时期中,只有二百二十七年的和平,却有三千一百三十年的战争。换一句话说,每有一年的和平,就有十三年的战争。

上述的数字细思极恐。但这位布洛克先生说得还不全面,他漏掉了1861年后1894年的中日甲午战争、1900年八国联军侵华战争、1931至

第十九章　西沙和南沙自卫反击战勇护海权

1945年的日本侵华战争。

其中,日本侵华战争前后整整十四年。为什么要打十四年?日本人吹嘘三个月灭亡中国,后来灭不了,是因为中国人不屈服。可反过来看,中国人民的抗日战争为什么要打那么久?一句话,是因为中国军队不强大。

毛泽东毕生的愿望是建立一支强大的人民海军,从他为五艘军舰题词,到西沙之战,过去了二十年,中国人民海军强大了吗?

西沙自卫反击战的硝烟渐渐散去,当某些人还沉浸在"以弱胜强,以劣势装备打败优势装备"的自豪之中时,毛泽东却不这样看。联想到海军的发展问题,他很忧心。西沙海战后,他对一位外国来宾伸出小拇指说:"我们的海军只有这样大。"

同样的一句话,毛泽东说了两次。

西沙海战一年后,1975年5月2日,生命的齿轮已经转速渐缓的毛泽东亲自主持中央政治局会议。这是毛泽东最后一次主持中央政治局会议。似乎有一种预感,他同每一个到会的政治局委员握手交谈。当握着海军政委苏振华的手时,他说:"海军建设要搞好,使敌人怕!"说着,伸出大拇指,"我们的海军要这样大!"可接着,他叹息一声用小拇指比画着,不无遗憾地说:"我们的海军只有这样大!"

因为,只有强大了,敌人才不敢欺负我们。我们强大了,不会欺负别人,但要使敌人怕!

五

一种传统的思维定式,浸润了西沙海战总结的篇章:人民海军击退了来犯敌人的侵略,人民海军胜利保卫了中国的领土,特别值得颂扬的是中国人民"不打第一枪"的自卫原则和人民海军以劣势装备战胜优势装备的南越海军的勇敢精神。颂扬是值得的!但令人遗憾的是,这本来是一声警钟,中国南海,不!整个中国海危机的警钟,整个中华海权失落的警钟!

此时,在中国南海,已何止是西沙不平静,包括东沙、中沙、西沙和南沙的南海诸岛已经陷入一场巨大的主权危机。

就中华海权而言,南海诸岛自古是中国的领土本无争议。史籍,从公元前的汉代到唐、宋、元、明、清,都可以拿出板上钉钉的证据。

世界上,许多国家和国际舆论早就承认西沙群岛和南沙群岛是中国领土——

1930年4月,在香港召开的由中国、法国、菲律宾和香港当局代表参加的远东气象会议,曾经通过决议,要求中国政府在西沙群岛建立气象台。

1933年,法国人强行占领南沙九个岛礁,素有"鸟天下"的南沙岛礁覆盖千年的鸟粪,数尺厚的鸟粪层是天然的磷矿,无须加工便成了巴黎街头昂贵而抢手的美容佳品。然而,法国政府尽管觊觎这块宝岛,但也不能不承认中国已"确立自己的主权"。

1938年,法国殖民当局的安南(即越南,法属殖民地)警察入侵西沙群岛,日本外务省发言人曾说,安南警察登上的西沙群岛,"我们承认是属于中国领土"。其实,日本人对西沙同样存有野心。1939年,日本占领西沙和南沙群岛,把法国人赶走,改南沙群岛为"新南群岛",划归殖民地台湾管辖,从此,西沙和南沙岛礁便成了日本人穷掘滥伐的露天磷矿。

第二次世界大战后,根据《波茨坦公告》日本被迫放弃西沙和南沙。1946年,中国政府派舰接收了包括西沙、南沙的南海诸岛,并行使主权。

1951年,周恩来总理代表中国政府声明:"西沙群岛和南威岛正如整个南沙群岛及中沙群岛、东沙群岛一样,一向为中国领土。"此后,中国政府不断重申这一立场。

20世纪以来,世界上许多国家权威性的百科全书都承认西沙群岛和南沙群岛是中国领土。1963年,美国出版的《威尔德麦克各国百科全书》说:中华人民共和国各岛屿"还包括伸展到北纬四度的南中国海的岛屿和珊瑚礁,这些岛屿和珊瑚礁包括东沙(普拉塔斯)、西沙(帕拉塞尔)、中沙和南沙群岛"。

1973年苏联出版的《苏联大百科全书》和1979年日本共同社出版的《世界年鉴》也都明确指出西沙和南沙群岛是中国领土。

1974年以前,越南政府也一直承认西沙和南沙群岛是中国领土。1960

第十九章 西沙和南沙自卫反击战勇护海权

年越南人民军总参谋部地图处编绘的《世界地图》，按中国名称标注西沙群岛和南沙群岛，并在这两个群岛名称之后，加注属于中国。1974年越南教育出版社出版的普通学校九年级《地理》教科书，在《中华人民共和国》一课中写道："从南沙、西沙各岛到海南岛、台湾岛、澎湖列岛、舟山群岛……这些岛呈弓形状，构成了保卫中国大陆的一座'长城'。"

而1975年，越南当局非法占领中国南沙群岛部分岛礁，对中国西沙、南沙群岛提出领土要求，单方面宣布了海疆，并重新出版地图，将我国南沙群岛称为他们的"长沙群岛"。这种出尔反尔的行径，只能暴露他们地区霸权主义和侵略扩张野心。

问题是，他们为的仅仅是几平方千米的小岛吗？不！

他们为的是，环绕这几平方千米的数以万计平方千米的海域及其海底资源。他们加入了已经到来的世界范围内的蓝色"圈地"运动的大潮，加入了海洋"掘金"时代的大潮。

在相当长的一段时间内，我们对中国南海的注意力，集中在南海诸岛的领土，而对这一南北长约一千六百千米、东西宽约九百千米的广大海区及其海底资源，给予的关注尚不够。这在20世纪五六十年代无可厚非，当时世界整个对海洋的认识普遍水准都不高。而到了20世纪七八十年代，情况突变。

1967年，法国设置了国家海洋开发中心；而美国早在1961年就由总统发表了关于天然资源的特别咨文，将海洋开发列入仅次于宇宙开发的国家计划。

科学家通过数据得出结论，海洋是人类生存的第二空间，蕴藏丰富。海洋中铜的储量达五十亿吨，可供人类使用七百年；镍的储量为九十亿吨，钴的含量为五十八亿吨，锰结核储量达三百亿吨，都够人类开发数万年之久。海水淡化、潮汐发电都是取之不尽的资源。而储量巨大的海洋石油、天然气的开采更为人类生存展示了广阔的前景。

所有的濒海国家都翘首以待，海洋开发商更是脑洞大开、思维奔涌、自信心爆棚！

几乎是只过了一夜，早晨醒来，人们的目光都盯上了中国的南海。

南海不仅是"鸟天下"，把鸟粪变成化妆品的新闻早过时了；也不仅是

"鱼世界"，尽管海洋的鱼类足以满足三百亿人口的全部蛋白质需求。然而，鸟和鱼都退让其次，现在南海最热门的，一是海底石油和天然气，二是可燃冰。

南海岛礁都是珊瑚礁，露出水面的只是看得见的小岛和浅水适淹礁，大量的水下礁盘密布南海。珊瑚从古生代初期开始繁衍堆积，一直延续至今，人们总把它看成"海石花"，其实它是多金属的控矿床。南海存在大量古代珊瑚沉积带，尤其是多孔隙礁灰岩堪称油气生储层。

20世纪60年代，一位名叫埃默里的海洋学家在联合国从事了一系列的地震调查工作之后提出一个比喻：中国海域会是"另一个波斯湾"。1971年10月15日，美国《基督教科学箴言报》以"中国周围诸海是石油宝藏"为题，报道了这位科学家的预言。在普遍感到能源危机的当今世界，这一消息不亚于哥伦布发现新大陆。

"另一个波斯湾"，何等的诱惑力！

于是，一股勘探热席卷中国周围海区。美、日、英大大小小的石油公司，美、法、德独立经营的地球物理公司，东京、河内等官方经营的勘探公司蜂拥而来。科学家认定中国周边海域包括东海和南海石油储藏丰富，"是世界最宽的储油陆棚区之一"。此后，中国在渤海、黄海、东海进行石油资源勘探，果然发现蕴藏量极为丰富的新生代含油盆地。1968年在渤海湾打出第一口油井，20世纪70年代中又开始对南海大陆架进行石油勘探，据测算油气资源储量达一百至三百亿吨，发展前景极为可观。更加令人惊喜的是，我国科学家发现南海海底有巨大的"可燃冰"带。"可燃冰"是一种存在于永冻层中和陆架边缘深水沉积物上部的天然气水合物，一立方"可燃冰"释放出的能量相当于一百六十四立方米的天然气。经初步探测和估算，南海具有开采价值的可燃冰藏，能源总量达一百八十五亿吨油当量，相当于南海深水勘探已探明的油气储量的六倍、中国石油总量的一半。

军事专家一针见血地指出，这才是西沙战火的真正"战源"。现实利益开始颠覆人们的认知，让人不得不反思的是，过去为占陆地而圈海，现在是为圈海而占陆地。而人民海军保卫海洋，已不是传统意义上的护渔护航，人民海军对入侵者的痛击，对西沙群岛的捍卫，意义远远超过保卫中国陆上领土的范围,因为它是对觊觎我国海洋资源的侵略者的第一仗,是一场卫海卫水的战斗,其意义当然已非卫陆卫土的战斗所能涵盖。

我国国歌的词作者田汉说,"没有危机感的民族是无望而无救的民族"——这种危机感,就是根植于我们民族思维深层的忧患意识。而这种忧患意识,最终导致一个更深的忧患:海洋国土主权——中华海权的忧患。

1958年联合国第一次海洋法会议形成共识:由于归国家管辖范围的海域已不仅是领海,还包括大陆架、经济专属区等,国土的概念实际已进一步演化为"属于或置于一个国家主权或管辖权下的地域空间"。对沿海国家来说,其范围是领陆、领海、领空、大陆架、专属经济区的总和,可以分为陆地国土和海洋国土两部分。

1982年联合国第三次海洋法会议以后,世界各国以领海、大陆架和专属经济区划分海洋国土的意识日益强烈。至2000年止,世界上已有一百零三个国家划定了十二海里宽度的领海,对大陆架外部界限提出要求的国家有七十七个,而宣布了两百海里专属经济区或渔业区的国家已有一百零一个。根据《联合国海洋法公约》中岛屿制度的条款,具有一定条件的小岛本身能够拥有一千五百平方千米的领海区和四十三万平方千米的专属经济区,因此,对岛屿的争夺空前激烈。

西沙群岛的五星红旗高高飘扬,在以宝蓝、湖绿等清新色调渲染的海洋空间,那红旗更像火炬一般剔透耀眼。南沙群岛呢?

六

20世纪80年代以后,中国加强了海洋开发的进程。1984年起,中国科学院对南沙群岛进行了为期三年的科学考察。1987年上半年,我国"实验2号""实验3号"两艘科学考察船重点考察了曾母暗沙盆地的地质结构及含油气层结构,并对南沙东北部十个岛礁进行了登礁考察。

1987年2月,联合国教科文组织政府间海洋委员会在巴黎召开十四届年会,一百多个国家和地区的代表参加了大会。21日,与会代表一致通过

《全球海平面联测计划》及《观测网站计划》，决定在全球设立二百九十七个海洋观测站，其中，由中国政府在中国沿海和南沙中部海域承担五个。南沙群岛的海洋观测站编号为第七十四号。

这是一项和平使命！

1987年3月，中国科学院、国家海洋局分别派考察船，海军南海舰队组织驱逐舰编队随行护卫，驶近南沙群岛海区综合考察，重点对十几个无人岛礁进行勘测，最后选定永暑礁作为建站地点。

1988年，中国根据联合国教科文组织政府间海洋委员会十四届年会的要求，在南沙群岛的永暑礁上建海洋观测站。

永暑礁，地处南沙太平岛至南威岛中途。礁盘呈椭圆形，主礁盘约四平方千米，由数个暗礁、海滩组成。

1988年1月14日，中国海军派出两艘护卫艇提前到达永暑礁海域，执行巡逻保卫任务。

1月14日至2月中旬，中国海军"929"号登陆舰等十艘舰船，运载四百名海军官兵和工程技术人员进驻永暑礁，工程正式开工。

永暑礁是一片适淹礁，官兵和工人们住的是临时性高架工棚，条件异常艰苦。高温、高湿；飓风、狂涛；缺水、少菜。肩负和平使命的南沙建站官兵，就是在这样令常人难以想象的恶劣环境和极端匮乏的物质条件下，拼搏奋战。

执行和平使命，也应有和平的环境。条件艰苦不可怕，可怕的是官兵们时刻要提高警惕，脑袋后都要长一对眼睛。因为，越南当局获悉中国要在永暑礁建站，从1月15日到2月19日，派武装人员抢占了永暑礁周围的西礁、东礁、日积礁、无乜礁、大现礁等五个岛礁，稍远一点的还有柏礁、鬼喊礁。夜幕降临，那鬼哭狼嚎般的声音从老远传来，一直让人不得安宁。

其实，我海军工程船队南下时，一路上早有见识。

望远镜中的鬼喊礁，那炮楼修得像日本鬼子的小碉堡，碉堡下三个越南老兵，袒胸露背躺在抗风桐下，旁边石头上点着一炷香。据说，越南士兵上岛都舍不得带钟表，怕腐蚀坏了，所以计时间就靠点香，向上面通报情况就说第几炷香见到中国海军。

柏礁无柏,礁石赤裸裸的。一座丑陋的矮脚窝棚,像一只瘦骨伶仃的脱毛鸡蹲在礁盘上。七八个光着背的越南士兵看着中国的舰队,懒洋洋地抓起机枪朝天举着。滩涂的海水也懒洋洋地淌着,只见上面漂着塑料盒子,还有面粉袋,那袋子上有两个红色的方块大字——"中粮"……

不要看越南兵稀稀拉拉,在中越边境老山前线个个都像虎狼。有这群人虎视眈眈地盯着,直接对我建站官兵构成威胁。

为确保海洋观测站建站成功,中国政府决定派遣舰艇编队载陆战队员进驻南沙群岛。

1988年2月20日,大年除夕,南海舰队某基地参谋长陈伟文,率领"502"号、"503"号两艘护卫舰组成的"502"编队,紧急驰援南沙。

22日,"502"编队抵达永暑礁海区。此时,在附近海域还有先期到达的"162"号驱逐舰和"508"号、"553"号、"556"号护卫舰。

响鼓就该使重锤!为了和平使命,确保建站工程万无一失,中国海军做好了充分的战前准备。

为了保证永暑礁建站安全,必须在其附近一些岛礁构建防御体系。2月17日,我"162"号驱逐舰和"508"号护卫舰护送"147"号工程船,前往华阳礁勘测。

此前,越南派出两艘武装运输船,满载建造高脚屋的器材,直奔永暑礁,企图强登永暑礁。在永暑礁附近海区担任警戒的我护卫舰迅速拦截,越南运输船见势不妙,扭头就跑。

强夺永暑礁不成,越军仍不甘心,又转而抢夺永暑礁以南的华阳礁,以控制尹庆群礁,并威胁永暑礁。

冤家路窄。我"147"号工程船接近华阳礁时,发现越军一艘扫雷舰和一艘运输船正在附近准备抛锚。我船立即用越语对越南舰船广播:"这是中国领海,你们必须立即离开!"

越军充耳不闻,放下橡皮舟,企图占礁。

编队指挥员命令"147"号工程船先敌占领华阳礁。

施工队长林书明带领裴伟学、杨永仁、王学洲、杨敢林、李明河,人手一根钢钎,携带国旗和一挺轻机枪、一支冲锋枪,驾着冲锋舟,火速驶向华阳礁。

两船争先。越船离礁盘大概五百米,我船却少说一千米。林书明加速冲刺,像百米跨栏一样,最先到达终点。接着,他操起手上的钢钎如同撑竿跳高,一跃上了礁盘,扯开嗓门吼道:"同志们——前面就是主权碑!"

六个突击队员个个都像林书明,上礁朝着主权碑飞奔。

这碑是我国家海洋局考察华阳礁时立下的,它标志着这片领土的主权归属,象征着一个国家的尊严!

突击队员用钢钎当锤,硬是把另一根钢钎砸进礁盘的最高点。

林书明将怀里的五星红旗取出来,在钢钎顶端系牢。像升旗手一样,将五星红旗挥手一扬,五星红旗随风招展起来,突击队们这才觉得浑身湿透,脸上分不清汗水、海水,还是泪水……

越军见礁盘制高点被我占领,顿时灰心丧气,但为了表示他们的存在,也在浅水里打上木桩,哆哆嗦嗦地挂上越南的国旗。

我在礁上,敌在海里。双方对峙,战火一点就着。我"162"号驱逐舰的高音喇叭不停地用越语喊话,敦促越南兵马上离开我国领海。

海潮上涨,汹涌的浪头将越南兵冲得东倒西歪七零八落,想爬上礁盘,挡在他们头顶的是我六个虎虎生威的突击队员。越南兵一个个认输,为了不被淹死,只好收起他们的旗子,撤回船上。

这时,从我"162"号驱逐舰上传来指挥员的声音,向突击队员们致敬,并询问他们有什么困难?

林书明大声回答:"请首长放心,人在国旗在,人在礁石在!"

全体突击队员齐声响应:"请首长放心,人在国旗在,人在礁石在!"。

南沙的天,说变就变,狂风暴雨,说来就来。我六名登礁突击队员顶风冒雨,在礁上坚守四十多个小时,直到与后续施工人员建成高脚屋。

新春佳节到了,他们在华阳礁上留下了第一副对联:

上联:守华阳六虎何惧艰难险阻

下联:卫海疆男儿哪怕狂风恶浪

横批:虎存礁在

七

越军未能啃动永暑礁和华阳礁，便转头企图抢占尚未被我控制的其他岛礁。为遏制越军的抢礁行动，防止军事冲突进一步升级，我海军决定增加兵力。3月5日，海军舰队"531"编队赶到永暑礁海区。

3月12日，越南海军派遣"505"登陆舰和"604""605"两艘武装运输船以及一百一十七名武装人员，准备对中国南海的岛礁实施大面积非法强占。

越南方面的动作被中方侦知，13日凌晨六时，中国"502"号护卫舰前往赤瓜礁附近。

赤瓜礁在永暑礁以东，是九章群礁西南端的小环礁，长约五千米，宽约四百米，退潮时露出海面。因水下礁盘上生长一种形似丝瓜的红色海参，故名赤瓜礁。

我"502"号护卫舰于下午2点25分放下一艘小艇，组织人员登上赤瓜礁，插上中国国旗。傍晚，越南海军的三艘军舰抵达赤瓜礁附近海域，不理会中国海军要求其立即离开的喊话，三艘军舰分别在鬼喊礁、赤瓜礁、琼礁附近抛锚，企图同时抢占这三个岛礁。

此时，在这一海域，我海军只有一艘军舰，一对三，形势对我不利，但在捍卫领土主权上绝对不能落后敌人一步。陈伟文一边向上级请示兵力增援，一边组织人员登礁盘，插国旗。

21点15分，"502"舰副水雷长王正利带领六名舰员准备登礁，离舰前，他们在国旗下宣誓："我是祖国的儿子，是南海的守卫者，我向国旗宣誓：为了中华人民共和国的主权不受侵犯，我们要和敌人血战到底，做到人在阵地在，誓与礁石共存亡！"

夜海茫茫，一片漆黑。小艇没有导航设备，为了防止迷航，"502"舰将舰艏对准岛礁方向，小艇与舰桅灯、目标，保持三点一线航行。

风急浪大，小艇颠簸向前，整整三个小时，才抵达礁盘。一登礁，王正利赶紧带着大家先把国旗插上赤瓜礁的最高处。旗刚插好,大潮就一个劲猛涨,眨眼之间整个赤瓜礁全部淹到了水下。王正利招呼战友们手拉手,六个人围着国旗,一直守护到天色蒙亮。

陈伟文用望远镜一看,眼睛就濡湿了。他立即转身让舰长再组织十位舰员登礁支援,特别叮嘱:"选十个高个子!"

太阳露脸了,越南"604"武装运输船见赤瓜礁上已经有人,竖立在礁上的是中国国旗,而我"502"舰上的高音喇叭又在不停地用越语喊话,居然不顾我一再警告,派出几名特工,携带绳索,游到礁上。那绳索一头是扣在船上的,船上放下浮动的竹排,一头固定船上,一头由上礁的特工牵拉,来回将人员、武器和架设高脚屋的器材,运送上礁。并在赤瓜礁北面插上越南国旗。

就在这时,我"531""556"号护卫舰抵达赤瓜礁附近增援。陈伟文见援兵到了,即令"556"舰驶近琼礁,监视越"605"武装运输船,令"531"舰马上派人增援赤瓜礁。接着,又对"502"舰政委李楚群说:"你带几个战士下水去把越南船上的绳索砍了!"

李楚群挑选三名帆缆班的战士,带上快刀,乘舢板很快划向越船。帆缆兵田龙山双手操起水里绳索,吴海金挥动快刀几下就砍断了。绳索一断,越军的这条"运输线"也就断了。

与此同时,我"502"号护卫舰组织五批三十三人登上赤瓜礁,"531"号护卫舰组织三批二十五人登上赤瓜礁,我登礁人数达到五十八人。我方在礁上的指挥员是"502"舰政委李楚群。而在一百米远的礁盘北侧,越军登礁人员共有四十三人。由于礁上水深及胸,脚下珊瑚礁高低不平,双方又都处于高度戒备状态,所以前进十分缓慢。当相距三十米时,双方都停下脚步,形成对峙。

既要将越方登礁人员驱赶走,又要坚持不开第一枪的原则,李楚群和我登礁战士反复喊话:"这里是中国领海,你们立即离开!"

我方人员一边喊话,一边向前逼近。只剩几步了,李楚群让大家停下。这时,越方以为我软弱,竟将越南国旗插到我方跟前。面对越方的挑衅,我"531"舰反潜班长杜祥厚忍无可忍,大步跨上前去,一把将越南国旗拨了起来,扔到海里。越方护旗兵急了,挥拳朝杜祥厚打来,杜祥厚一个闪身,那越兵动作过大身子前倾几乎扑倒,杜祥厚转身一个反手擒拿,顺势将他按到水里。

站在一旁的越南兵一个个像打了鸡血,端起枪瞄向杜祥厚。

情急之中,我"502"舰副枪炮长杨志亮一个箭步向前,用左手抓住越南兵的枪管猛地往上一托,"当当",敌人狗急跳墙,开枪将杨志亮左手手臂打穿。

血流如注!杨志亮挺住身子,吼道:"狗东西,敢开枪!"

敌人打了第一枪,我礁上人员立即自卫反击。

越军"604"船见战斗打响,随即用重机枪向我礁上人员和"502"舰扫射。陈伟文发现敌"604"船的舷窗伸出火箭筒,瞄向我舰,马上命令:"快!反击,把它打沉!"

我"502"舰和"531"舰立即还击。

在我两舰火炮的猛烈轰击下,敌"604"武装运输船中弹起火,迅速沉没。

编队指挥遂令我"502"舰转向,反击敌"505"登陆舰。此时,我在鬼喊礁附近的"531"舰接到编队指挥命令,边机动边反击。越舰在我炮火轰击下,前炮被摧毁,烟囱被击中,驾驶台冒起滚滚浓烟,摇摇晃晃向鬼喊礁方向逃去。

3月14日晨,增援赤瓜礁的我"556"舰奉命驶向琼礁,监视越军"605"武装运输船,并准备登礁插旗。9时15分,发现越军"605"武装运输船已派人抢占了琼礁,我当即警告其离开。越"605"武装运输船不仅不撤离,反而向我开火。我"506"舰当即予以还击。9时37分,越"605"武装运输船中弹起火,船体倾斜,后于当晚沉没。

10时07分,越"505"登陆舰因损伤严重,不得不在鬼喊礁西北处抢滩。

10时23分,我"502""531"舰撤出战斗,并撤回上礁人员,在附近海区机动待命。

下午6时,编队返回赤瓜礁海区,搜救越军落水人员,共打捞战俘九人,当夜由我"463"号航标船押送回港。

之后,我海军加强在南沙海域的舰艇巡逻力量,支援保护建站建礁部队。

南沙赤瓜礁自卫反击战,受到中央军委通令嘉奖。身受枪伤不下火线的杨志亮荣立一等功。

南沙赤瓜礁自卫反击是我人民海军第一次在南沙群岛动用武力捍卫主权。它再一次向世界宣告:南沙群岛是中国不可侵犯的领土!

八

1988年8月2日,南沙海洋观测站在永暑礁胜利落成。

这个屹立在人造陆地上的海洋观测站,装备了先进的水文气象观测仪器,能自动观测记录南沙群岛海域的水位、波浪、温差、盐度、风速、气压等各种水文气象参数,将各种气象数据通过电子计算机处理、贮存,并及时通过卫星向联合国相关组织和世界各国分享南沙海洋气象资料,为各国来往船只提供可靠的航行保证。

多少荣辱与悲欢仿佛都深埋进礁盘,千古不朽的,唯有这脚下的坚实土地。在这块硕大宽敞的人造陆地上,直升机平台前边一幢一千多平方米的两层楼房上,大写着"守卫海洋国土,不负人民重托"!

南沙永暑礁海洋观测站的建站,守礁官兵用自己对祖国、对人民的赤胆忠心,在遥远的中国南沙群岛筑起了一座丰碑!什么力量支撑他们在如此艰苦的条件下建功立业?南沙永暑礁海洋观测站有几副对联,便是他们精神的写照:

今朝立业南沙,苦筋骨,苦心志,苦小家,苦中建成海洋站,造福人类;

千秋有功国家,乐子孙,乐后代,乐天下,乐于拓荒蓝土地,振兴中华。

还有一副更长的"礁联",最能体现守礁建礁人的英武豪气:

烙一身古铜,纳民族大业,天涯须眉潇潇洒洒,烟波浩渺中审潮涨潮落真如壮丽人生,留一朝豪气皆成千古风流;

铸一副铁骨,承祖国重任,军营男儿轰轰烈烈,云海变幻处看日出日没都是锦绣山河,送一日时光化作万载辉煌。

横批仅一个字——家。这不是一些普通的对联,这是燃烧的爱、迸射的血和汗,一曲惊天动地的歌,一卷见肝见胆的诗。

有奉献,自然就会有牺牲。华阳礁上的高脚屋像一座纪念碑。"纪念碑"上镂刻着一位烈士的英魂。他叫朱建国,浙江嘉兴人,共产党员,二十六岁,海军东海舰队海测"263"船班长。刚结婚,蜜月未满,来到南沙。在这儿建造高脚屋时,为保护战友安全英勇献身。海军南海舰队追记他为一等功臣。

建站守礁的海军官兵,在低纬度的烈日下奔波,在燥热的浪波间穿行……用自己年轻的躯体、血肉的脊梁在千万年珊瑚虫无法攀缘的高度上,筑起一道新的长城!

而环绕在永暑礁海洋观测站前后左右的,东门礁、渚碧礁、南薰礁、赤瓜礁、华阳礁上新建的营垒,俨然是海上新长城上坚不可摧的城堞。蓝天碧海阳光下,最耀眼的就是守礁官兵在礁石叠砌的墙壁上手描的红色标语——弘扬南沙精神,维护祖国海权!

第二十章 中国海军走出国门 迎接五洲宾客

一

军舰是"流动的国土"。海军是和平年代唯一可以越过领土领海进行友好访问的国际军种。国际上有一条不成文的规矩,把跨洋出国作为一国海军的"成人仪式"。从1949年4月23日诞生,人民海军的"成人仪式"整整等了三十六年。

三十六年未出远门,可谓旷日持久。而据统计,至1985年,访问我国的外国军舰就有二十二个国家五十多批共九十多艘。

中国是礼仪之邦,"来而无往非礼也"。为何屡屡婉言谢绝外国的邀请,裹足不前?又为何这一天姗姗来迟?究其原因,一是实力不足,二是能力不强。

要"直挂云帆济沧海",就不能陷于"欲济无舟楫"的窘境。就像你没有一件像样的行头不能去串门一样,中国海军也有过一段无力回访的尴尬。1956年6月20日,苏联太平洋舰队首访我国时,特邀中国海军编队访苏。无奈当时中国海军只有两类军舰,一类是从苏联购进的始建于"二战"之前的驱逐舰;另一类是国民党海军起义接收过来的旧军舰,都是一些"舶来品",没有一艘是中国自行设计、建造的军舰。而这些老旧的军舰也经不住远洋航渡狂风巨浪的折腾。因此,回访成梦。

共和国的历史进入20世纪70年代,已步入高龄身体状态不佳的毛泽东,一如既往地关心着海军建设和海军事业的发展。他在会见巴基斯坦海军参谋长时,坦诚地说,我国当时的人民海军力量还不够,不能派出舰艇去访问,海军萧劲光司令员只能乘飞机回国。

毛泽东建立一支强大的人民海军的愿望,必须实现,也一定能够实现!

三十多年后,人民海军的武器装备走过了转让制造、仿制改进、自行研制等阶段,已经完全依靠国内工业基础和先进科学技术,向国产军舰导弹化、电子化、核能化方向发展。出访的实力已不成问题。

1979年1月28日,正是中国农历大年初一,邓小平最后一次越洋访问美国,他在向世界宣告:中国已迈进一个改革开放腾飞的时代。邓小平说,太平洋再也不应该是隔开我们的障碍,而应该是联系我们的纽带。

在这广阔的大洋上,应该有中国海军的舰艇编队游弋的英姿。

1979年8月2日,复出不久的邓小平在日理万机之中,专程来到海军部队,登上我国第一艘自行设计建造的新型导弹驱逐舰——"105"舰,开始了长达六个小时的海防视察。

顶着海风,冒着细雨,邓小平伫立在舰上最高处——信号灯战位,以其政治家特有的洞察力说道:"中国要富强,必须面向世界,必须走向海洋。"而要走向海洋,就要发展海军。于是在"105"舰上,他挥笔题词:"建立一支强大的具有现代战斗能力的海军!"

十八个大字,确立了新时代人民海军建设的指导思想,为人民海军从近岸防御走向近海防御指明了发展方向。

跨过黄水,走出近岸!人民海军以前所未有的惊人速度耕波犁浪,阔步前进。

在邓小平视察"105"舰不到一年时间,1980年5月,一支飘扬着"八一"军旗的舰艇编队出现在太平洋上。这是人民海军为保障我国向太平洋预定海区发射运载火箭派出的特混编队。参加特混编队的有海军东海舰队的"131""132"两艘驱逐舰和"J302"打捞救生船。

这次远航,东西横跨五十多个经度,四个时区,南北穿越四十多个纬度,经过四个台风生成带,往返航程达八千多海里,中途不停靠任何码头,无疑是对人民海军远航能力的重大考验。

8月18日10时30分,中国研制的第一枚远程运载火箭横跨南北半球,准确地降落在预定海区。航测直升机立即发现目标,判明数据舱的位置,我海军东海舰队防救船大队的潜水员刘志友迅速下水,仅用五分二十秒就将数据舱打捞上来,给运载火箭飞行试验画上一个圆满的句号。这次远航实践,更关键的一笔是:航程中,我国自行设计制造的第一代远洋补给船和横向补给装置,成功地为驱逐舰进行了五十八次海上补给,共补给燃料十四万吨,主副食品七十多吨,淡水三百多吨。每次实施海上补给时,几乎都有外国的飞机前来航拍。

美国驻华大使约见中国海军上海部队领导时,拿出他们在太平洋上空拍摄的照片说:"你们解决了海上补给,中国海军可以访问我们国家了。"

1984年,海军派出"J121"远洋救生船和三百零三名官兵,参加我国第一次南极考察编队,驶出巴林塘海峡,从中国南海进入太平洋,闯过被称为"魔鬼三角洲"的海峡西口,首次登上神秘的第六大洲——南极洲。此次海军"J121"船远征南极,往返航程二万三千多海里,书写了我国航海史上的一个划时代壮举。

人民海军的航迹大跨度地向远洋延伸,足以证明我们具备了出国访问的能力。

经过多年的精心准备,1985年11月16日,这个历史性的时刻终于来到了。

这一天,上海吴淞军港阳光灿烂,彩旗劲舞。海军东海舰队司令员聂奎聚率"合肥"号导弹驱逐舰和"丰仓"号远洋综合补给船组成的友好访问编队,在和平鸽、七彩气球腾空之际,肩负着当代中国海军建立三十六年来首次专程出国访问的光荣使命,拉响长鸣的汽笛,踏上了奔赴巴基斯坦、斯里兰卡、孟加拉"南亚三国"的友谊之程……

这是共和国诞生三十六年之后,人民海军第一次走出国门。

1989年3月31日至5月2日,海军北海舰队司令员马辛春率海军"郑和"号训练舰,访问美国夏威夷珍珠港,这是人民海军舰艇首次对西方国家进行友好访问。

1994年5月17至20日,海军北海舰队司令员王继英率海军"淮南"号导弹护卫舰,访问俄罗斯。

1995年8月15至21日,海军南海舰队司令员王永国率"珠海"号导弹驱逐舰、"淮南"号导弹护卫舰和"丰仓"号远洋综合补给船,访问印度尼西亚。

2000年7月5日至9月7日,海军南海舰队参谋长黄江率"深圳"号导弹驱逐舰、"南仓"号远洋综合补给船,访问马来西亚、坦桑尼亚、南非。

2001年8月23日至11月16日,海军东海舰队参谋长吴福春率"深圳"号导弹驱逐舰、"丰仓"号远洋综合补给船,访问德国、英国、法国、意大利。

2002年5月15日至9月23日,海军北海舰队司令员丁一平率"青岛"号导弹驱逐舰、"太仓"号远洋综合补给船组成的环球航行访问编队,对新加坡、埃及、土耳其、乌克兰、厄瓜多尔、秘鲁、法国等五大洲的十个国家和港口进行友好访问,并成功地跨越了印度洋、大西洋和太平洋及十五个海或海湾,通过苏伊士、巴拿马运河和二十一个主要群岛。这是中国海军首次环球航行。

……

出访编队以"威武之师、文明之师"的良好形象,赢得了世界各国人民的广泛赞誉。

二

中国海军走出国门,开阔了视野。但由于国情与民俗的不同,官兵们眼里觉得一切都很新奇。

巴基斯坦人有着浓厚的石榴情结。《古兰经》中把石榴与橄榄、无花果并称"天堂三圣果",意寓"忠诚"。所以,在他们的婚礼上,石榴是告诫男人的道具。当新娘来到新郎的家门前时,人们将石榴在门槛上砸碎,再把石榴籽撒进家中,告诫新郎一生要善待妻子。至于和石榴有关的民间谚语,则更多种多样。比如说,"一手抓不住两个石榴",意即"一心不能二用";"吃石榴时要铺开衣襟,吃西瓜时要裹紧衣衫",意思是石榴籽掉到衣襟上能捡起再用,而西瓜汁滴下来,则会弄脏衣服,以此比喻"对美好的事物要尽量吸收,对不好的东西则要小心避之"。巴基斯坦人就像石榴一样,一团厚道,满腔赤子!而巴基斯坦在中国水兵心目中素有"巴铁"之称,像"铁哥们儿"一样充满兄弟之情。

斯里兰卡旧称"锡兰"。它的版图如同印度半岛的一滴晶莹的露珠,悬停在印度洋广阔的海面上。在僧伽罗语中,"斯里兰卡"有"乐土"或"光明富庶的土地"的含义。因为它地处热带,阳光明媚,拥有无数美丽的海滨和神秘的古城,被马可·波罗称为世界上最可爱的岛国。

舰艇编队驶向斯里兰卡的航道,历史可谓悠久。这条马来半岛与南亚之间的海路,自汉代就与中国大陆相连接。史载,西汉控制了由合浦(今属广西)至马来半岛的沿海地区,由东亚大陆与南亚的海路联系已基本形成。当时,还有一条取道马来海峡的航线,即自印度东海岸的黄支国,南行抵达已程不国,就是今天的斯里兰卡,并由此航行至皮宗国(苏门答腊岛),再从这里航行到中国南郡的象林。唐德宗时的《皇华四达记》《古今郡国县道四夷述》等地理著作,对"广州通海夷道",即广州至马六甲、马六甲至斯里兰卡的路线均有详细记载。

走过这条航线,如同穿越史林。二千多年前,大量中国佛教徒西行取经,以后至唐数百年间,西行求法的僧人日渐增多,最著名的是东晋的法显和唐代的玄奘、义净。法显从印度归国就搭乘航行此条海路的商船,停泊斯里兰卡时,法显患了热病,只好上岸寻医,当地居民给他送衣送药,休憩月余大病方愈,后又在信徒资助下再搭乘商船归国。这是法显在他的《佛国记》里记述的一段经历。

二千多年后,中国水兵怀着感恩之心驰骋而来了!

第二十章　中国海军走出国门迎接五洲宾客

科伦坡位于斯里兰卡岛的西南部沿岸,这里气候宜人,长夏无冬,高温而无酷暑,是一个美丽的海滨城市。编队抵达之际,正是我国内三九严寒之时,而在这里,平均气温在28℃～33℃,穿短袖衬衣依然汗流浃背。所幸,太阳不毒而又雨水充沛,有苍翠欲滴的树枝遮掩,四季常开的花卉五彩缤纷,风光确实令人迷恋。

中斯两国人民的友谊源远流长,在科伦坡国家博物馆琳琅满目的珍宝中,有一块我国明朝的郑和下西洋时在高尔城留下的布施碑,上面刻有中国的云龙图案和中、阿、泰三种文字,记述郑和于1409年来此访问的经历。几度沧桑,岁月模糊了它的图案和文字,然而,友谊之丰碑却永远耸立在中斯两国人民的心中。

当我们进入康提之后,方知此处高深莫测,远非一个"世外桃源"可以比喻。康提古都约建于公元前5世纪,与中国参照比对,公元前677年,秦德公看上陕西凤翔雍水边的一块风水宝地,便在那里大兴土木,建起集大郑宫、芷阳宫、蕲年宫、橐泉宫等宫殿为一体的雍城,建成的年代比这康提古都只略早一点。1480年康提古都重新修建,成为康提王国的首府。再与中国相比,比它略早一点的便是明朝永乐皇帝朱棣在元大都皇城的废墟上修建的北京紫禁城了。

从历史的眼光看,没有什么是永恒的。尧之都,舜之壤,禹之封,数千年文明史,在浩瀚的宇宙中又算得了什么呢?尽管如此,再达观的人面对历史文化遗迹也还是不能不动容。毕竟,人是历史的主体,人也是历史的过客。几乎所有的宗教都坚信灵魂不灭。我们面对文化遗迹,其实就是这样的潜在心理:我们是在同古往今来的灵魂对话。那些存在过又消失,创造过又寂灭,爱过、恨过、生育过、辛劳过,最终都遁形的灵魂,是值得敬畏的。哪一处历史文化遗迹的上空不盘旋着无数值得敬畏的灵魂呢?人有魂,族有魂,史有魂,国有魂,军有魂。遗迹终归会化为尘土,唯有灵魂不灭。有无数高贵的灵魂注视的土地,是一片神明之地!

康提就是这样的神明之地!

康提寺前有一棵紫薇树,是1957年周恩来总理访问斯里兰卡时亲手栽下的,1977年邓颖超访问斯里兰卡时还专程前往,为它浇了水,表现出中国政府和人民对增强中斯友谊的热情和愿望。莽莽林海,几经迂回,这棵象征着中斯友谊万古长青的紫薇树,枝叶婆娑,生机盎然,在园丁们的精心培育下正茁壮成长。

站在紫薇树下,缅怀敬爱的周总理,中国水兵心潮起伏,感慨万端。友谊,不也像这棵树一样需要培育、需要呵护吗?历史赋予我们新的重任,出访编队将给中斯两国人民友谊奏响更新更美的旋律。

暹罗湾畔,泰国梭桃邑海军基地显得整洁而壮美。迎着略带咸腥的海风,访问东南亚的中国海军舰艇编队来到出访的第一站——梭桃邑军港。泰国海军在配合政府发展海上经济计划、加强海上防御的同时,大力发展具有较高航速和较强火力的中型水面舰船——导弹护卫舰。此外,还向西班牙订购了一艘轻型直升机航空母舰,成为东南亚地区第一个拥有航母的国家。

泰国素称"微笑的国度",初来乍到的中国海军官兵在泰国海军官兵的微笑中驱车前往芭堤雅。芭堤雅是一座仅有六万人口的海滨小城,离梭桃邑约70千米,是泰国久负盛名的旅游胜地,一个童话般的世界。海滩长达四十千米,蓝天碧水,波平浪静。到达这里的那一刻,几乎是所有的中国水兵都突然有一种眩晕感,那种彻底的美瞬间穿过大脑直接击中心脏。

生性乐观的泰国人把典型的美国式轻松随意构建在法国式的框架之上,白天的芭堤雅是一座人类与自然最为亲近的临海边城,黑夜它就被酒精点燃了,整个城市像接近临界点的沸水,几乎所有建筑都在震颤。城市的两面如此的戏剧化,精力充沛又思想颓废,仿佛一群从远方来的嬉皮士席卷而来掌控一方,不到凌晨绝不归去。

据介绍,五十多年前,芭堤雅只是个令人沉醉的小渔村,因那莱王在驱逐泰国境内的缅甸军队时在此停歇而出名,但要到达此地必须从曼谷或昭披耶河河口附近的其他城镇乘船。20世纪60年代越南战争时期,芭堤雅海滩成为驻泰美军避暑的度假地。1975年,美军撤离后,人们才发现它的魅力。随着泰国旅游业的兴起,芭堤雅很快发展成享誉海外的旅游城市,有"东方夏威夷""太平洋明珠"之称。掩映在海滩上的片片椰林,独具特色的酒吧、咖啡座和充满泰国风情的各种观光娱乐场所,每天都吸引着来自世界各地的游客。

漫长的海滩沙白胜雪,天与海连成一片无边无际的蔚蓝色幕帐,像丹青高手恣情挥洒的大写意。浮云朵朵,不知是浮在天边还是落在水面,缤纷的三角帆信风漂流,远处,一个绿岛犹如一只翠羽斑斓的孔雀闪烁着迷人的金光,而那无比辉煌的太阳慷慨地照耀着这里的一切。沙滩上,横撇竖捺、随心所欲地躺着半裸的男人和女人。那踏浪嬉戏的泳装女郎,一个个火辣出镜,超薄的比基尼勾勒出她们曼妙的身姿,让人想起画报上的夏威夷的阳光、加勒比海的海滩和坦桑尼亚的热带丛林。在这里,不同语言、不同肤色的人一起依偎在大自然温存的怀抱中。松软的细沙、柔柔的海浪、蓝蓝的天空、摇曳的木麻黄和永不沉没的红树林,处处充满能将人融化的火热而浪漫的气氛。男男女女真空了上身,确实不雅,但这是日光浴,不足为怪。只是,年轻的中国水兵毕竟涉世不深,一个个都低头锁眉绕道而行。尽管,中国水兵出发前,泰方海军联络官在介绍情况时,就曾半遮半掩地提醒大家:"芭堤雅正在努力改变形象,从一个为单身汉所向往的颓废乐园逐渐转变成真正的度假胜地。"但是,中国水兵急速闪过,出访并非出国旅游。

言归正题。聂奎聚司令员曾随张爱萍部长率领的军事代表团访问过美国和法国,但那都是民航。这次率舰出访南亚三国,他由衷地感到,海军在国际交往中有着特殊的作用,这是其他军种所不能替代的。空军不能驾着战斗机出访,陆军不能拉着连队出国,只有海军舰艇可以越洋跨国进行访问学习。世界上,不少国家经常组织舰船出访,美国、英国、法国等海军先后多次来我国访问,连巴基斯坦、孟加拉国的海军舰船也都出访过不少国家。通过出访,既可以增进与世界各国的友谊和相互了解,又可以锻炼海军的远航能力,提高海军的素质,熟悉不同海域的情况,还可以通过与外国海军的交往,发现自己的不足,取长补短,增强自身建设。另外,舰船出访,可使各国了解我国的工业水平和造船能力,提高国威军威。为此,我海军今后应有计划地组织舰艇出访,具有远洋航行能力的舰船更应将远航科目列为训练内容。这次出访证明,我海军舰船不仅能够走出去,而且完全具备环球航行的能力。国产装备是可靠的,海军官兵军政素质是好的。

中国作为世界上发明指南针、有漫长的海岸线和悠久的航海历史的大国,作为太平洋区域一个主要的濒海大国,作为对帝国主义列强从海上入侵有百余年切肤之痛的国家,理所当然地要建立一支足以与本身国际地位相称的强大的海军。

要走向世界舞台,就需要与国际接轨。编队在印度洋上与印、澳军舰相遇时,对方主动向我敬礼——除鸣笛外,舰(艇)长等几名军官站在指挥台向我方行举手礼,而我们的规定只有鸣笛还礼,对方未见我军官还礼便一直敬着礼,直到我们用高频通信系统说明后才礼毕。这是因为当时我们的舰艇礼仪条令,对旗帜、礼节、礼炮、仪仗队和军乐队等未做出具体规定。

海军鸣放礼炮是一种最隆重的欢迎、致敬仪式。它源于英国。在四百年以前,惯于"先礼后兵"的英国殖民者在他们的军舰驶入别国海域之前,先把炮膛内的炮弹放光,以示对别国没有敌意。在遇到别国舰船时,也把炮内的炮弹放掉,表示同对方友好。不管这种形式带有多少虚假的成分,却能让别国当作一种礼遇而欣然接受,久而久之各国争相效仿,沿袭至今便成为海军军舰上最高规格的隆重礼节。

目前国际上多数国家海军都习惯以鸣放礼炮接待来访者。鸣放礼炮的多少,根据来访人的身份而定。过去一般性战舰的礼炮多为七门炮,鸣炮时放七响。英国最大的战舰上有二十一门炮,迎接国家元首鸣放二十一响,而军舰是代表国家出访的,故也接受和向对方鸣放二十一响。海军司令登舰时鸣放十九响,以下的将官登舰鸣放一至十七响。所以,二十一门礼炮齐放,便成为最高的礼节。

与外军交往时,不光要注重场合,更要注意文化背景和语言。我编队在航渡中与印度、澳大利亚、新加坡、瑞典等国舰艇相遇时,他们均用英语与我们通话,而我们除翻译外,会英语的寥寥无几。海军是国际军种,在外交等场合统一在英语的语境上,是国际上约定俗成的事情。我们出访的三个南亚国家,巴基斯坦的官方语为乌尔都语,孟加拉国的官方语为孟加拉语,斯里兰卡以僧伽罗语和泰米尔语为官方语,但是,巴、斯、孟三国海军规定,士官以上的军人,均要会说英语。巴海军学院一名教官在与我们交流中委婉地说:"海军是国际军种,作为一名海军指挥官,应该掌握英语,这样在未来战争中才不致成为聋子和哑巴。"

时代在飞速发展,世界各国对海洋的认识愈来愈深刻,这就要求我们的海军建设能够不断适应新的变化时空。中国海军舰艇编队出访仅是我人民海军走向世界的起点,仅仅是一个良好的开端,更遥远更壮丽的航程有待于我们去开拓、去进取……

三

太平洋,是一个旷古浩瀚充满梦幻般的神秘而又富有魅力的海域。而今,在它那瑰丽多姿的洋面上又镂刻下一道崭新的航迹。

中国海军出访欧洲四国的舰艇编队,日夜兼程,长驱向前。海水,先由陶釉色转为青灰,又由青灰色化作黛绿。夜航,夜航,又一个夜航。经过八十多个小时的海上急行军,担任指挥舰的"深圳"号导弹驱逐舰率先通过台湾海峡,进入中国南海,然后向马六甲海峡挺进。这时的海水绿得发黑。微风,细雨,茫茫的大海看不见一艘船,只有那离航线二十八海里的热浪岛隐现在朦胧的雾霭中。

编队继续前进。在轮机和波涛合奏的进行曲中,编队按计划深夜到达太平洋第一驻泊区。翌日,朝霞初露,海浪拍打着款款而至的晨曦,从喷射着金光的天边连绵涌来。那景观,一望无垠又纤尘不染,缥缈中浸透着妩媚,恬静中奔逸着灵气。而我们的军舰就像一座座"飞来峰"横亘在波涛之上,辗转环顾,不禁令人心旌飘摇。须臾,旭日撩开了雾纱,当阳光铺满甲板的时候,太平洋才真正展示出她那独特的韵律:到处都是一种颜色,那便是蓝。像一块硕大无朋的蓝宝石,蓝得出格,蓝得透明,蓝得能够渗透到人的胸臆之间。凭栏遥望洋面,长风吹拂,白浪从天边一道道一层层地舒卷过来,犹如牧草偃伏、牛羊随现的莽莽草原。

大洋风光,以它的博大而显得别开生面。然而,没有经历远航的人绝对体会不到,也想象不出在大洋上航行到底是什么滋味。连续多天,甚至一月两月,望不见陆地、岛屿,听不到鸥鸣、鹰啼,波涛接天,万物一空,唯一可以产生联想的情趣只剩下一个日出，一个日落。终于，日出日落这一对"大洋二人转"缺少了观众。天无再与，时不久留，远航出访的大好时光怎能这样白白浪掷！

编队政治工作组在组长朱永伟的带领下，使出浑身解数，想出一系列文体活动的新招。除了下棋、打牌、掰手腕仍作为保留节目外，增加了猜灯谜、赛诗会、知识抢答、甲板马拉松，甚至还有"大洋非常6+1"，在大型油水综合补给船的空中走廊举办"星光大道"，每周一次。而让官兵们记忆弥深的，就是大洋上别开生面的海洋观讲座。

1989年12月16日，《解放军报》在头版头条位置，以《拓宽海洋知识视野、增强海洋国土观念，海军东海舰队普遍开展海洋观教育，激发了广大官兵为建设一支强大海军而奋斗的历史责任感》为题报道了海军东海舰队的经验。铁打的军舰，流水的兵。舰队的官兵，十多年来换了一茬接一茬，海洋观教育依然是涓涓细流，长流不断。但在印度洋上对出访官兵进行海洋观教育，这还是绝无仅有的第一次。

请听一段，出访编队在大洋上的课堂录音——

"海洋国土是近几年在我国出现的一个新概念。它包括按照《联合国海洋法公约》的规定应划归我国管辖的内水、领海、专属经济区和大陆架，面积约三百万平方千米，相当于我国大陆国土的三分之一。

"有人会提问，这三百万平方千米是个什么由来，它又是怎样换算的？我国的传统疆域有四大海——渤海、黄海、东海和南海。按照《联合国海洋法公约》规定的计算方法，我国应拥有包括领海、大陆架、群岛水域和专属经济区在内的大约三百万平方千米的海洋国土。

"我国是一个陆、海兼容的濒海大国。而在我国由于长期的'重陆轻海''陆主海从'等狭隘守土意识的束缚，至今在全国人民心中还没有形成强烈的海洋国土观。有些人至今不知道祖国的南沙在什么地方，即使知道，也片面地认为守卫那遥远的几块"巴掌地"又有什么用呢？

"我国人民对于陆地疆土怀有深厚的感情，常以'地大物博，幅员辽阔'来形容，并长期引以为自豪和骄傲。但是，在当今世界如果忘记了海洋，那么就是一种狭隘的守土意识。我国是一个人口大国，虽地大物博，但人口众多的矛盾突出。陆地资源被占世界人口五分之一的中国人来平均，无论耕地还是其他资源的人均占有量都在世界人均占有量以下。同样，尽管我国的资源总储量排在世界的前列，但在庞大的人口数字面前也显得非常不足，从这个角度讲，我国又是一个资源贫乏的国家。我们不妨再算一笔账，若从绝对数字看，三百万平方千米的海域面积确实相当可观。然而，如果从陆地面积和海域面积的比例看，我们又是一个海洋贫国。日本、印尼、菲律宾的陆海面积为1∶10，朝鲜、越南是1∶2，我们却只有1∶0.3。若按人均海域面积推算，我们每人只有2.5平方米，等于两张乒乓球桌那么大。因而，对于拥有三百万平方千米的海洋国土，我们切忌妄自尊大；而对于人均2.5平方米海域，也不能妄自菲薄。总之，要有一种海洋战略的紧迫感，把我国三百万平方千米的海洋国土当作中华民族赖以生存和发展的蓝色盆地，从现在起珍惜、保卫好每一寸海域，开发、利用好每一点资源。"

这堂课备得很好，既有历史，又有人文，本来十分陌生又深奥的海洋法理论，经主讲人一讲，突然生动活泼起来。这节课之后，在官兵开展文体活动的间隙，主讲人又把另外几讲讲完了。很快，编队上下掀起了一股学习海洋历史文化的热潮。

其他几项活动，官兵们也很感兴趣。在知识抢答中，水兵们不仅知道有黄海，也知道了世界还有红海、黑海、白海，并弄懂了它们为什么是红的、黑的和白的；海水为什么是蓝的……

寂寞的印度洋再也不寂寞了。当新生的太阳映红了波涛，"深圳"号导弹驱逐舰上一阵短促的警铃声打破了印度洋上的沉静。

"演习战斗警报！"一场立体防御操练在航渡中展开。舰员们按照每个人的职责部署，从各个舱室跑向自己的战位。舰艇作战指挥室完全进入临战状态，各种雷达、指挥仪操作台前的操作手边检测设备，边报告各种参数。

这是规定情节的演练，虽然没有实战逼真，却是舰艇训练的重要内容。由于出访编队舰艇组成的特殊性，加之航行时间、地点的严格限制，"深圳"舰在此次出访远航中的训练，以基础训练为主，以战术训练为辅。舰艇航行本身就是一种训练。但"深圳"舰有计划、有组织地利用进出港、狭水道航行、起抛锚、海上补给等时机进行科目训练,把完成任务与练兵结合起来,可谓一举两得。对敌立体防御的演习刚结束,眼前就到了以水文复杂、航道险恶著称的曼德海峡了。

曼德海峡是阿拉伯半岛西南端和非洲大陆之间沟通红海和亚丁湾的水道。长十八千米,宽二十五至三十二千米,两岸缺少优良港口。位于峡口的丕林岛把海峡分为两个水道,靠阿拉伯半岛的称小峡,水深约三十米,宽三千二百米,是通过海峡的主要水道;靠非洲大陆的称大峡,宽二十多千米,水深三百二十三米,多暗礁和小火山岛。曼德海峡自古以来是沟通印度洋和红海的重要商路,1869年苏伊士运河通航后,成为印度洋与地中海、大西洋的水上走廊,是1986年美国海军宣布要控制的全球十六个海上咽喉之一。

海深也有好桨手,浪高岂无弄潮儿。正因为平时训练有素,远航中又注重养成,曼德海峡毫无悬念地被我出访编队顺利地通过了。

中国海军舰艇编队经印度洋进入亚丁湾,发现在阿拉伯半岛和非洲东北部之间狭窄的海域,海水竟然变成了红色,连腾空飞跃的海浪也是粉红色的。航海业务长卢爱群告诉大家,这就是著名的红海。

红海是亚洲与非洲之间一片狭长的水域,是由于地层大断裂而在两大洲之间形成的一条大缝隙,形状像雪茄烟。它的北端有苏伊士湾和亚喀巴湾,通过人工开凿的苏伊士运河与地中海相连。南部通过曼德海峡与亚丁湾、印度洋相连。红海总面积约四十五万平方千米,长约二千一百千米,两岸大致平行,平均宽度二百九十千米;北回归线附近最宽,约三百零六千米;平均深度为五百五十八米,中部最深处为二千七百四十米。红海地区气候炎热干燥,海中有很多暗礁,沿岸沙漠地区荒凉,给航海业和农牧业带来很多困难。古时候,当人们无法征服这种恶劣的自然条件时,便怨天尤人,责怪红海太刻薄,给人类提供的谋生之便太少。因此,红海被称为"吝啬之海"。实际上,红海并不"吝啬",它慷慨无私地把巨大的资源奉献给人类。最普遍而唾手可得的资源就是蓝绿藻。红海的颜色因它而红。由于海水温度和盐度高于一般海水,这样的海洋条件适宜生长蓝绿藻。其实,蓝绿藻的颜色非蓝非绿,而是一种红色,细小的蓝绿藻在暖水环境里繁殖,久而久之，其细胞里的藻红素就把辽阔的海面染红了。

按照一般的概念，人们总认为沿海地区气候舒适宜人，殊不知红海就是个例外。自古以来，红海就以酷热著称。中国舰艇编队通过红海期间，红海地区还处在热季，烈日炎炎，军舰毫无遮拦的前后甲板简直就是名副其实的巨型铁板烧。

通过了连接欧亚大陆的重要通道苏伊士运河，编队即将跨越"零度子午线"。

1884年国际经度会议，在确定地球的地理坐标基准圈时，把通过伦敦格林尼治天文台的经线称为格林经线，亦称"零度经线"或"本初子午线"。这是一条为测量地球而假设的线。叫其"子午"是因为如果把北方向的点叫作"子"，那么南方向的点就是"午"。零度子午线，通俗地说，是区分东半球与西半球的"界线"。

2001年9月18日，夜11时08分。北纬三十六度四十二分，东经零度。中国海军"深圳"舰拉响一声长笛。这不同凡响的声音，在地中海的夜空中回荡，显得格外深沉、豪壮。在激越、高昂的汽笛声中，军舰以十七节速度航行通过零度子午线。

人民海军出访舰艇编队首次越过零度子午线，从东半球来到西半球，从地球的这边来到地球的那边。"深圳"舰这瞬间的一小步，在中国人民海军的建设发展史上是一个历史性的大跨越！

天下起了淅沥小雨。编队指挥组还是决定组织"人民海军首次通过零度子午线"签名纪念活动。官兵们脱下迷彩训练服，换上了白色长袖制式衬衣，打上领带，戴着大檐帽，列队在军舰的前甲板。战士们精心准备了三条"中国海军舰艇编队首次通过零度子午线"的横幅，悬挂在舰艏三层甲板上。

上午9时，编队总指挥员讲话："自离祖国海疆后，我舰艇编队劈波斩浪，一路高歌，继顺利跨过印度洋、经过红海后，刚才又跨越零度子午线，从东半球跨入西半球。这是我人民海军舰艇编队首次跨越零度子午线，是值得纪念的一刻。这一历史事实有力地表明，中国海军有能力征服任何海峡、大洋，战胜一切困难；标志着中国海军正不断开辟新的航线，向更广更深的大洋挺进;昭示着中国海军将更加活跃在世界舞台上,为人类和平事业做出更大的贡献。

细雨为编队洗尘。在"中国海军舰艇编队首次通过零度子午线"的横幅上,官兵们签上了自己的名字。

四

1997年3月23日,中国海军舰艇编队在菲律宾一艘护卫舰的引导下,悬挂中菲两国国旗驶进马尼拉港。

菲律宾,这个中国人并不生疏的国度,用一句话概括——两个老麦一个菲佣。菲佣,就是菲律宾近年向香港等地大量输出从事家政服务的劳动力。两个老麦:麦哲伦,麦克阿瑟。

麦克阿瑟是美军将领,太平洋战争中,菲律宾是他的"逃跑之地"和后来的"成名之地"。麦哲伦,一个西班牙殖民者,同时也是率队进行了人类历史上第一次环球航行的航海家,然而,菲律宾却是他的"葬身之地"。

麦哲伦死后四十四年,即1565年,东方香料的诱惑使得西班牙再度出兵,终于将这片群岛变成了他们的殖民地。于是,西班牙人用他们国王菲利普二世的名字为它取名"菲律宾"。其总督府就设在马尼拉。

马尼拉,是我海军舰队此次出访最大的一个城市。南太平洋母亲般博大的胸怀轻轻地拥抱着她,送给她蔚蓝的天空、灿烂的阳光、碧绿的海水、雪白的浪花、金黄的沙滩、赤红的礁岩、无冬的气候和优质的空气。没有人顾,她曾经孑然遗世,自上古以来缓缓衍变,尘归于尘,土归于土;她曾经被权力彪炳,空气中充满刀光剑影;她从昔日的蛮荒之地变成今日众人趋之若鹜的阳光宝岛。历史的辉煌与黯淡从她身边经过,只有马尼拉安之若素,平静地注视着一切。

其实,马尼拉这个名字,对于中国人来说并不陌生。很久以前,旅居菲律宾的华侨称它为岷里拉或马尼剌,也有叫它马泥拉。在"二战"期间,这里大部分街道还是土路。菲律宾台风频繁,一遇滂沱大雨,马尼拉街道尽成泽国。当时汽车也少,市内交通主要靠马车。因为马在泥水里拉车,所以揶揄地叫它马泥拉。而今的马尼拉今非昔比。漂亮的现代化建筑比比皆是,市容也十分整洁,道路宽阔,而又林荫处处。各种车辆川流不息,交通秩序井然。那一座座乳白色的高楼大厦和迎风摇曳的椰子树,间隙中显露出中国闽南式朱瓦飞檐的民宅,东西方的许多文化特色水乳交融,既富有东方神韵,又有欧化的气息。难怪世界游客对这里情有独钟,都要来领略一番马尼拉风光。

在古代,马尼拉曾经是由东方通向西方的海上丝绸之路的一个重要枢纽。今天它已成为亚洲一个重要的国际贸易中心。在马尼拉新兴的马卡迪商业区,银行商店鳞次栉比,汽车往来如梭,橱窗里陈列着各种商品,日本罐头、美国音响、德国房车、西班牙水龙头、巴黎的化妆品、意大利的皮鞋服饰以及中国的瓷器古董,应有尽有。流通领域的繁荣,说明开放的马尼拉完全与国际接轨。

早在西班牙殖民者来到菲律宾的三百年之前,我国就和这个岛国建立了通商关系。元、明两个朝代,随着贸易往来的发展,我国的许多商贩、工匠和园艺人手,纷纷从沿海的福建、广东来到马尼拉的马息河一带开设商铺,建造房屋,逐渐形成一个华人聚居区。现在马尼拉的唐人街——王彬街,就是当年的遗迹。悬挂中文招牌的店面设在骑楼之下,很有点像我国广州和厦门的街景。唐人街的入口处,立有纪念中菲友谊的牌坊,坊间还有一座王彬铜像。王彬本是一个华侨印刷工人,曾与菲律宾人民一起英勇反抗过西班牙的殖民统治,因此后人一直崇敬他。在菲律宾的华商和华侨世代与菲律宾人民互相通婚,共同营生,为菲律宾的繁荣发展做出了自己的贡献。

中国海军编队官兵来到世界闻名的菲律宾国家公园参观。

公园很大。许多人文景观都散落着隐匿在热带雨林之中。满树绿叶,风一来,琅琅相击有声。猛然抬头,悬挂在眼前的便是一两百米高的珊瑚礁悬崖,瀑布流泉与湍急的溪流鸣涧随处可见。滩头狭小,但名称却相当唬人——麦哲伦海滩!

海岬边有两座高大的雕像,神圣而互不侵犯地凝望着大海。走近一看，左面塑像钩鼻卷发，形态就是西方人种；右面那座雕像，一手握着大砍刀，一手执着盾牌，不用端详便知是个土著酋长。雕像底座上的外文字母说，左边是麦哲伦，右边是拉普拉普。

菲律宾人把石斑鱼叫作拉普拉普，反过来说，拉普拉普就是石斑鱼。但菲律宾人会耐心而自豪地解释："拉普拉普是菲律宾的民族英雄，生性跟石斑鱼一样，只知前进，不知后退！"

历史上，菲律宾的土著民与麦哲伦确实打了一仗。上岸不久麦哲伦就被土王拉普拉普杀死了！四十岁风华正茂的麦哲伦惨死于一个默默无闻的土王刀下，一缕孤魂漂泊异邦，不免令人心绪苍凉。然而，在当今的菲律宾，麦哲伦作为举世闻名的航海家，人民纪念他；拉普拉普作为保卫国土的民族英雄，人民也纪念他。

献完用数百朵栀子花编织而成的花环，大家这才散开，仔细地观看着纪念碑围墙上的浮雕。这些浮雕再现了一个个为菲律宾民族解放和自由而献身的英雄形象。顶部是一肩扛犁、一肩背枪的雕像。

导游解释说，当年菲律宾人抵抗外国人入侵的战斗打得非常艰苦，常常是白天种地，晚上打仗。说着话锋一转："所以，这个公园还有个奇特的别称——'战争岛'。"

顾名思义，"战争岛"是因战争而得名。导游说，它本名柯里几多岛，以锁喉之势紧扼马尼拉湾，是菲律宾首都的天然屏障。在第二次世界大战的太平洋战场，这里曾经与马尼拉以及周围的菲律宾群岛一起，遭受过惨烈的兵燹。

那场已经离我们遥远的太平洋战争，是日本为霸占亚洲而一手挑起来的，日本的这一侵略企图与行动直接触犯了美国在太平洋地区的利益。1941年7月，美国总统下令冻结日本在美国的资产，随后又下令禁止向日本出口石油，英、荷两国也采取了同样步骤。日本对美国不宣而战，偷袭了美国珍珠港，成为太平洋战争的导火索。与珍珠港同时遭袭，而且损失也同样惨重的是菲律宾。

太平洋战争中的珍珠港之役和菲律宾之役，是日本打向美国的一套组合拳。一个发生在1941年12月7日，一个发生在1941年12月8日，仅有十几小时之差。在珍珠港,日军长途奔袭,把美国太平洋舰队彻底炸翻。而在菲律宾,美远东空军两个机场的全部 B-17 轰炸机和四分之三的歼击机被摧毁。

美远东海军、陆军相继遭遇重大失败,美、菲军队近八万人被俘。在烈日炎炎的赤道附近,这些战俘进行了一次悲惨的"死亡大充军"。抵达奥东纳尔战俘营时,长长的队伍只剩下五万多人,其余则下落不明。美军的主力遭到重创之后,日本海军与陆军协同占领了原属美军势力范围的菲律宾、关岛、香港、马来西亚、婆罗洋、荷属东印度、俾斯麦诸岛以及缅甸等地。为保存驻夏威夷的美国舰队,麦克阿瑟于 1942 年春下令从柯里基多岛上被日军围困的堡垒撤出。

1944 年,美军从守势转为攻势,一举攻占马里亚纳群岛,冲垮了日本的"太平洋防堤",太平洋战争的形势对日本越来越不利。尼米兹率领中太平洋部队占领硫磺群岛,麦克阿瑟率领西太平洋部队占领新几内亚北海岸的荷着提亚、比亚岛等地,并在摩罗泰岛登陆。于是形成两路大军矛头直指日军占领的菲律宾群岛。菲律宾群岛的战略地位十分重要。盟军如果拿下菲律宾群岛,可以切断日本掠夺东南亚资源和支援该地作战的交通线。1944 年 10 月 20 日,美军攻占菲律宾群岛,麦克阿瑟将军终于实现了誓言,卷土重来!

日本海军残余部队在最后一场较大规模的海战中全部崩溃,甚至连庞大的"武藏"号超级战列舰和偷袭珍珠港幸存下来的一艘航空母舰也一同被击沉。就吨位而言,日本的损失是美国的十倍。

1945 年 1 月,麦克阿瑟部队登陆吕宋岛,逼近马尼拉。马尼拉是东南亚最美丽的城市之一。美军进攻时,日军开始想弃城,之后又折回来血拼到底。为了背水一战,日军决定屠城。这座城市几乎被彻底焚毁,几千名无辜的菲律宾人惨遭杀戮。

美国海军陆战队终于攻占柯里基多岛,那是他们经历过的最血腥的一场恶战——存档的数据显示,小岛上每平方英尺落下二十五枚炮弹;美军不惜代价伤亡惨重,但据守的五千名日军,打扫战场时发现只有三十二人还活着。

这是一段不堪回首的血腥历史。

中国水兵登上"战争岛"。放眼望去,海上商船穿梭,渔舟点点,岛内椰林成片,鲜花不败,一派和平安乐景象。但当年那一处处被炸毁的营房、遍布弹痕的炮塔仿佛都在诉说着昔日战场的故事。这些被保留下来的战场遗迹,哪一处不是日本军国主义所犯罪行的见证呀!而日本侵略者当年发动战争,不仅残害了其他国家的人民,也祸及了他们本国人民,因为那场战争最终让日本人民挨了两颗原子弹。

五

出访英国期间,中国海军编队官兵应邀参观了英国"皇家方舟"号航空母舰。

英国是世界上最早发展航空母舰的国家。1914年,三架索普威斯807式水上侦察机在运煤船改装的英国"皇家方舟"号上起飞获得成功。很快,英国海军即将此舰改装成为水上飞机搭载舰。次年底,这艘水上飞机母舰作为英国海军第一艘正式的航空母舰加入现役,它也是世界上最早的航空母舰。

第一次世界大战的爆发,加快了航母成型的步伐。战前服役的"皇家方舟"水上飞机母舰在地中海地区参加了对土耳其人的作战行动。舰上的水上飞机为战列舰编队执行侦察、炮火校射以及通信联络等任务,但由于母舰本身和水上飞机性能的影响,这种刚出现的新型军舰并未发挥更大作用。直到1917年,英国首先将"暴怒"号巡洋舰改装成前后飞行甲板不贯通的航空母舰后,情况才有所改变。1918年7月,英国七架战斗机从"暴怒"号航空母舰上起飞,空袭了德军在丹麦的飞艇基地,击毁了德军两艘飞艇后迅速返航。航空母舰第一次参战的结果震惊了世界。然而,由于飞行甲板不贯通,桅杆和烟囱形成障碍,飞机只能从舰上起飞却不能降落。后来,当英国海军少校邓尼尝试用侧滑着陆的方式降落到航行中的"暴怒"号甲板时,飞机翻出军舰坠入海中,邓尼少校不幸遇难。这次惨祸,使英国人意识到必须改造航空母舰的飞行甲板与舱面结构。

1919年,英国海军开始建造具有划时代意义的航空母舰"竞技神"号,从而奠定了现代航空母舰的雏形。"竞技神"号是世界上第一艘完全按照航母要求设计建造的军舰,它拥有全通式飞机甲板、封闭式舰艏以及位于右舷的岛式上层建筑。这些都成为日后各国建造航空母舰的标准样式。与"竞技神"号同时建造的还有一艘"百眼巨人"号航空母舰。但两舰都在"一战"末期动工,因此没有能够在战争结束前竣工,囿于战争的结束,反而放慢了建造速度,直到1923年9月才正式服役。

1934年,英国第一艘航空母舰"皇家方舟"号改名为"柏枷索斯"号。"皇家方舟"这一舰名则授予皇家海军重新下水的航空母舰。1950年,"柏枷索斯"号——这艘劳苦功高的早期航空母舰在英国船厂解体,结束了它的蓝色旅程。

1930年,英国皇家海军制定了一项海军航空兵的发展计划,从而使英国航母建造工程走上正轨。这个计划直接的成果就是"二战"期间屡获战功的"皇家方舟"号航空母舰。该舰于1937年下水,1938年正式服役。它采用油压弹射器,可以将战斗机以六十六节的速度弹射出去。另外英国人还开发出一套复杂而有效的飞机着舰识别系统,使航空母舰的着舰技术日臻完善。

中国海军编队官兵参观的就是"二战"中的英雄航母"皇家方舟"号。从舰载机到指挥系统,从舱面到机库,一系列新的概念和陌生的技术设备令中国军人羡慕不已。说到航母的建设,英国皇家海军军官冷不丁地向我们提问:中国准备建造航空母舰吗?

这是一个热门话题。

美国总统克林顿形象地比喻:"航空母舰是国际政治的笔尖。"其潜台词是,这支用航空母舰打磨的政治笔尖,书写的是美国的海洋强权。美国海军在不到一百年的时间里,战胜或超过了世界上所有的海上对手,成为世界海洋霸主。

英国、法国在第二次世界大战后都保留了航母。

俄罗斯在苏联解体后,虽退役四艘基辅级航母,但仍有"库兹涅佐夫"

号航母在役。

日本是世界上第一个真正拥有航空母舰的国家,日本联合舰队在"二战"初期取得的战绩也主要是海军航母编队创造的。但是,当时日本海军主帅山本五十六顽固坚持已经过时的"大舰巨炮主义"。"二战"后日本人对航母奉若神明,挖空心思想再拥有航母。海上自卫队成立前后几十年间,虽然一直没有突破拥有航母这道门槛,但绝不妨碍其无限接近。为了不引起世界的警觉,日本先推出一种"大隅"级船坞登陆舰。这种大型两栖舰一经亮相,便因其外形酷似航母而引起周边国家的警惕。专家推测"大隅"级可在四十八小时内改装成轻型航母。1998年3月,日本建造的"大隅"号正式服役,满载排水量一万三千吨,尽管日本一再澄清其只是一艘"两栖运输登陆舰",却不能忽视其垂直/短距起降的功能。

综合国力并不强的印度,其海军也已经拥有核潜艇,并成为世界上少数几个航母拥有国之一。而且印度不惜代价购买俄罗斯的"戈尔什科夫海军上将"号航母,从十一亿美元到二十三亿美元,这艘二手航母的报价翻了一番,但习惯了咖喱口味的印度人还是强忍着喝下了这碗俄罗斯红汤。

韩国,一艘命名"独岛"号的轻型航母已经下水。连泰国也有航母,虽然"差克里·纳吕贝特"号作为航空母舰,在世界航母家族中是"小字辈",但不可否认的是,它使泰国海军在东南亚的地位得到长足的擢升……

军事学者们阐述:20世纪以来,资本主义要求重新瓜分世界的狂潮导致了两次世界大战。第二次世界大战后,超级大国之间的军事博弈愈演愈烈,竞相将科技用于军事,使战争机器空前完备,军事力量成为国家综合实力的前沿。然而,当高技术的武器装备以其大杀伤力的恐怖后果展示于人类的时候,战争便走向了反面,另一种理论应运而生,这就是以实战能力为基础的"威慑"。人们企图以矛作盾,以盾作矛,"不战而屈人之兵"。当今,公认的威慑力是导弹、核武器与航空母舰。

航母,航母,在中国人的脑海里,也是一个挥之不去的情结。像一团团火,不仅灼烫着每一个海军官兵的心,也炙烤着每一个中华儿女的心。

一个航母的话题,像一面镜子,折射出连锁的理性思维:利用海洋就必须控制海洋;控制海洋就必须发展海军。基于历史的教训和世界的经验,中国刻不容缓需要建设一支强大的现代化的蓝水海军。而专门用来进行领海和本土防卫的海军，只不过是海上陆战队或陆地战壕在海上的延伸，是对现代海军概念的曲解和对现代海军功能的"阉割"。中国在开放，国家利益遍布海内外，当海洋权益变得越来越重要时，中国海军更需要越来越强大。顺应世界军事发展潮流而进行的中国新军事变革，必须以世界的眼光来规划中国海军未来的发展。对于中国而言，保护自己海洋权益的使命越来越紧迫，航母或者是不得已的选择。

南沙距离中国大陆本土最近的机场超过一千千米，这个距离大大限制了中国战机对南海的控制能力。据专家测算，航母编队在二十四小时内可以有五百多海里的机动作战范围，可以控制的作战区域在三百千米左右，而且作战能力也是普通舰艇编队的十几倍以上。

要御敌于国门之外，就必须拥有航母！

从萧劲光做第一任海军司令员开始，就已经着手航母的准备工作。然而，航空母舰是一个"吞金巨兽"，研究刚刚起步，便仓促下马。用后来的海军司令员刘华清的话说："那时候国力不行。"

1973年10月25日，周恩来总理在同外宾谈到主权时说："我们的南沙、西沙被南越占领，没有航空母舰，我们不能让中国的海军再去拼刺刀。我搞了一辈子的军事、政治，至今没有看到中国的航母，看不到航空母舰，我是不甘心啊！"

毛泽东之后的年代里，中国曾经有过向英国购买或合作制造一万八千吨级的轻型航空母舰，搭载"鹞"式垂直起降战斗机的计划，但由于英方要价过高而作罢。

海军司令员刘华清在回忆录中写道："航空母舰的应用，是20世纪舰艇发展的伟大成就。可以说，正是航空母舰的出现，把海战的模式从平面推向了立体，实现了真正的超视距战斗。自它问世的八十多年间，几经波折，最终发展成今天这样的舰机结合、攻守兼备、机动灵活、坚固难损和高技术密集的多球形攻防体系。今天，它不仅是一个强有力的战术武器单元，是海上作战体系的核心，也是一个能抛核弹的战略威慑力量。在世人眼里，它被视为综合国力的象征。它的存在与发展，也是各国军事战略家关注的焦点之一。""在1980年5月访问美国时,主人安排我们一行参观了'小鹰'号航空母舰。这是中国人民解放军和科技人员首次踏上航空母舰。上舰后,其规模气势和现代作战能力,给我留下了极深印象。""以往,我只是从'外围'观察和思考航空母舰问题。1982年,我当了海军司令员,航空母舰在我心头的分量自然大不相同了。"

1984年初,刘华清在第一届海军装备技术工作会议上讲:"海军想造航母也有不短时间了,现在国力不行,看来还要等一段时间。"之后,在听取海军领导汇报工作时,刘华清又一次提出:"航母总是要造的,到2000年航母总要考虑;防御也需要航母。发展航母,可以先不上型号,而先搞预研。"

1985年,中国以"拆旧"的方式购进一艘澳大利亚退役报废的航母"墨尔本"号,在中国南海某军事基地进行结构分解,其中升降机、蒸汽弹射器、飞行主甲板予以保留,用它进行了准航空母舰舰载航空兵试验。

1986年,中国开始秘密研制航母。

1988年南沙海战后,中国空军远程作战能力不足,海军无有效空中掩护的问题彰显出来,海军建造航空母舰的呼声渐趋强烈。刘华清提出:"对航母的发展,'七五'开始论证,'八五'搞研究,对平台和飞机的关键课题进行预研,2000年视情况上型号。"

中国人民从陈绍宽开始的航母梦,终于有望了!

六

舰艇出国访问,既是展示我国海军的风采,更是为了虚心学习他国海军的长处。欧洲四国,都是老牌的海军强国,值得我们取长补短、学习仿效的东西很多。

德国濒临波罗的海和北海,并与大西洋相连。这个古老的国家在20世纪第二次世界大战后,全国没有一座完整的桥梁,整个国境几成一片焦土废墟。那是由他们发动的战争所造成的。世界各国对德国带着复杂的情绪,犹如"剪不断、理还乱"的德国历史。然而,这个国家自瓦砾中再度昂首起立,甚至在极短的时间内再度获得世人的尊敬。就在 20 世纪末,分隔了近半个世纪的联邦德国、民主德国,在柏林墙倒塌后,不消几年的时间就统一起来,甚至排除万难地还都柏林,德国的决心与意志力再度令世人刮目相看。而德国人一丝不苟、相当负责任的民族性,以及对品质讲求尽善尽美的工作态度更为世界所公认。这就是德国。

历史上,德国海军曾是一支十分强大的力量。但是,随着第二次世界大战战败,德国庞大的海军舰队灰飞烟灭。战后,由于德国工业基础设施受到严重破坏,加之有关条约的限制,德国海军的发展非常缓慢。1955 年,联邦德国加入北约组织,西方同盟国解除了对其海军兵力和装备发展的限制,海军有了较快的发展。德国海军更大的发展转机,是在冷战结束以后。1990 年,两德海军合并后,德国海军淘汰了大批老旧舰艇和飞机,1993 年又推出了压缩部队规模、以质量建军为重点的"2005 海军发展计划"。

可以说,德国海军是目前世界上最为精干的海上力量,总兵力虽然只有二万一千六百人,却拥有十四艘高性能常规动力潜艇、十四艘综合作战能力很强的驱护舰、二十五艘导弹快艇、二十五艘猎潜扫雷舰艇、五十多架多用途战斗攻击机和四十架反潜飞机,战斗力一点不弱。

德国海军的精干与精致归根结底源于德国人高效、认真的工作作风。德国海军人员都是职业军人,他们的工资并不高,据德方翻译讲,德国军人的待遇在德国属下层,军人们只是因为热爱海军才来服役的。他们的工作非常负责,每办一件事都会全力以赴地去想方设法做好,且十分细致。我们访德三天,德方并没有组成一个庞大的接待班子,而是临时抽调舰上几个人员,但却把所有的活动安排得井井有条。

德国的威廉港"二战"期间曾遭到盟军一百多次的空中轰炸,战后重建。此港规模不大,但是设计得非常科学、实用而简洁。码头设施齐全,除了有海军支援司令部、驱逐舰分队司令部和西部海军司令部等机关外,还有通信站、油库、军械库、弹药库、船厂等,看上去错落有致,毫不凌乱。除了各种建筑和道路外,就是大片绿油油的草地。

英国留给人的印象,当然不只是苏格兰方格呢的短裙和风笛。英谚云:一个英国人,一个呆子;两个英国人,一场足球;三个英国人,一个不列颠帝国。话虽调侃，但不失幽默，且颇具灼见。这个全称为"大不列颠及北爱尔兰联合王国"的国家，是面积只有二十四万平方千米的"一个小小的世界"，但就这样一个小国，在其历史的全盛时期，却统治着世界上人口超过三亿、面积超过九百万平方千米的版图，成为"日不落帝国"。

中国海军舰艇编队停泊的朴次茅斯港已有四百六十多年历史，这里就是英国海军的发祥地。走进它，犹如置身于一个庞大的博物馆和古董店。这不仅是因为码头上停着许多高耸桅杆的古舰，而且在古舰和海军博物馆附近还林立着众多真正的古董店，最大的三家便是以三艘古舰命名，分别是"胜利"店、"勇士"店和"玛丽王后"店，里面出售和展示的都是有关这些古舰和英国海军历史的书籍以及各种仿制品，诸如当时的船钟、船舵、单筒望远镜、军服、玩具舰炮以及古舰船模型等，可见其怀古情结之深。其实，这正是英国人"绅士道"和"约翰牛"的习性。

"约翰牛"是英国人集体的绰号，如同美国人的绰号叫"山姆大叔"一样。当人们叫这个绰号的时候，难免有点调侃的味道，多半是形容英国人的傲慢和固执，可是在英国人自己的言语中，"约翰牛"不乏自豪之情。然而，英国精神的实质，是一种"绅士道"，它概括了英国人所特有的价值观念和文化传统。讲礼貌，包括尊重女士和骑士风度。这种风度，体现在海军军容军姿上，就是传统一脉相承，十分注重礼节。丁是丁卯是卯，必须按部就班地执行，充分显示了这个老牌海军强国在执行礼节上的细致与严谨，并以严格的等级制度为前提。总之，英国海军陈列古董与讲究绅士风度是为了展示他们曾经有过的荣耀，也反映他们的内心深处对峥嵘岁月的留恋。

法国海军在冷战结束后坚持走独具特色的发展之路。在装备建设上，法国海军加大投入、加快速度，力争占领新世纪的制高点。首先，法国海军继续加强海上战略核力量建设。在法国"三位一体"的战略核力量中，海基战略核力量担负着百分之八十以上的作战任务。其次，法国海军十分重视发展常规力量：一是优先发展核动力攻击型航空母舰；二是重点建造隐身护卫舰；三是更新反潜巡逻机，提高海军反潜作战能力；四是研制新一代舰艇、飞机和武器系统。在世界海军中，法国海军已经成为一支独具特色的强大海上作战力量。

除了对法国海军的了解外，提起法国，就会让人联想到鹅肝酱和拿破仑。它的历史是雄壮的，也是悲怆的。所谓"彩色罗马""黑白巴黎"，其实，现实中的法国异彩纷呈。赭石色的大地，银色的橄榄树，湛蓝的天空，猩红的屋顶和黄得刺眼的向日葵……这些视觉印象并非来源19世纪末的塞尚、凡·高和毕加索的笔下，今日的法国也许独具世界上最适宜欣赏的美景。

一踏上法国的土地，看到法国的城市、港口和军民，就让中国出访官兵感受到一番别有风味的浪漫。而法国海军的浪漫不仅体现在军服上，它的军舰同样也有浪漫的风情。无论是导弹护卫舰、驱逐舰还是直升机航母，其外形和装备都别具风格，好像巴黎的贵妇人的衣着和打扮与众不同一样，透露出青春靓丽和不同凡响的气质。

法国人不仅浪漫，还显得有点傲气，这一点从他们不爱用法语以外的他国语言便可略见一斑。在我编队进港前，法国海军联络官兰诺伊上尉同样是乘小艇先登上我方军舰，他手上就只有一份法文的访问计划表，潇洒地朝空中一扬，那神情仿佛骄傲地告诉你，他就是毕加索或是凡·高的拥趸，手上托着的不是毕加索的《亚维农的少女》便是凡·高的《向日葵》。

意大利位于欧洲南部和地中海中部，领土呈长靴形深入地中海，其海岸线长达七千千米。特殊的地理环境，使意大利成为一个老牌海军国家，其海军曾一度非常强大。第二次世界大战后，意大利沦为战败国，其海军受到重创。冷战时期和冷战后，意大利海军开始重建并有了较大的发展，已成为一支由水面舰艇部队、潜艇部队、航空兵和陆战队等兵种组成的可遂行多种作战任务的海上力量，总兵力达六万人。

意大利不仅气候温和舒适，人也热情好客。当"深圳"号导弹驱逐舰和"丰仓"号综合补给船进港时，意大利海军在码头组织了热烈的欢迎仪式，整个码头站满了意大利海军官兵和我国驻意大利使馆人员及华人华侨代表，还有一批意大利年轻人穿着中国式的上红下黑练功服，在码头舞长龙欢迎，这是在欧洲四国的访问中见到的最热烈的场面。

地是异地，人不同文。然而，以"人文主义"而著称的意大利人，其人文关怀与礼貌待人的极致真令我们感受弥深。在四天的访问中,意大利海军专门组织了一个十多人的工作班子负责接待;派出导弹驱逐舰和导弹护卫舰停靠在我舰旁边的码头作为礼宾舰陪伴;许多活动都由将军级军官陪同。对我方提出的一些事有求必应,关心备至。我"丰仓"号综合补给船上,有一名同志在离开布雷斯特经过比斯开湾大风浪区时不慎摔伤,在意大利海军医院诊治时,意方全部免费。意方还邀请中国海军每一位出访官兵参观举世闻名的比萨斜塔,部分军官还参观了中世纪文艺复兴的发源地佛罗伦萨等地。再是,意大利没有多少清规戒律,比较随意,确实使人有"宾至如归"之感。

增长见识,学习借鉴外国海军建设的先进有益的东西,是我海军出访的重要目的之一。编队所访问的欧洲四国,有的曾是海军大国,有的至今仍是海军强国。他们在海军建设上确实有很多东西值得我们研究借鉴。比如在海洋和国防知识教育方面,英、法、德、意等四个国家都有保存大量资料、实物和模型的海军博物馆,这对于增强官兵和公民的海防国防意识非常有益,不可或缺。

七

军乐,礼炮,花环。无论是在访问中还是在航渡中,所到之处,中国海军官兵均受到较高的礼遇。这是互相尊重、友好相处的结果,也是祖国繁荣昌盛、人民海军日益强大的最好诠释。

海外华侨,更是让人动情。在科伦坡的华侨得悉祖国的军舰来访,都奔走相告。有的老华侨还专门把外地工作的子女召回来,要让他们亲眼看看来自祖国的军舰。七十三岁的老华侨王积贵应邀参加了编队举办的招待会。当他登上祖国的军舰这块"流动的国土"时,心情激动不已。他说:"我1938年从山东来到科伦坡,和祖国一别就是五十年。我从小没见过祖国自己建造的军舰。解放前,国民党的'重庆'号军舰从美国返回中国,路过科伦坡,我结识了邓兆祥舰长,但那军舰是英国造的。今天我能亲眼看到祖国自己制造的军舰,真幸福啊!我没有看够,明天还要带老伴、朋友来参观。"

为了欢迎来自祖国的舰艇编队,华侨们特意在中国餐馆"兰花饭店"设宴款待编队官兵。席间,老华侨方金剑激动地说:"过去我们只看到美国、苏联、法国等国的军舰来科伦坡访问或停靠,看不到祖国的军舰来访。我们华侨好像比别人矮了一截。我们盼呀,盼呀,终于盼来了这一天。你们的到来不仅给祖国争了光,也给我们海外华侨的脸上添了彩。"告别时,有的华侨紧紧握着我们的手,激动地流下了眼泪。

在科伦坡的华侨,主要来自山东、广东、福建等地,他们分四批参观了军舰。一位布店的老板娘,是个山东老太太,着大襟短袖衫,一身地道的山东打扮,一口地道的山东话。她为了后辈牢记自己是中华民族的子孙,把唯一的女儿送回北京学习四年,使她了解祖国的过去和现在,希望她为祖国做点事,以报效祖国。他们这种刻骨铭心的爱国之情,使舰队官兵深受感动。

1997年3月,中国舰艇编队载着友情、亲情,顺风顺水地抵达马来西亚著名军港——卢穆特。中国海军舰艇编队来了,卢穆特海军基地腾出了最大的码头,以停靠中国军舰。

当地《星洲日报》等五家华文报纸均在编队到达之日发表专稿,披露马来西亚海军方面组织参观中国军舰的消息。许多马来西亚人士从吉隆坡、槟城、柔佛甚至东马等城市驱车数百千米赶来。马华打巴区商会更是组团前来,该团动用了三辆大巴和六辆轿车,载着一百八十人赶来一睹中国军舰的风采,以至小镇卢穆特的"东方之星"等大宾馆和小旅馆全部爆满。

人群蜂拥如潮,盛况空前。其规模大大超出中马海军双方的预料。原定是八百人的接待规模,爆满至一万余人,开放时间也从下午2时提前至1时,结束时间从下午5时延长至6时30分。马来西亚海军卢穆特基地大门前,停车近千辆,港外车辆蜿蜒三千米之长。我"113"号导弹驱逐舰和"542"号导弹护卫舰为疏导公众,均增加为两道上下舷梯。参观后下舰的马来人、华人和披着各色纱巾的印巴人,都兴奋地相互打着招呼,连连说:"我们看到中国军舰了!"

一位祖籍中国福建省泉州市的八十二岁华裔老人李长春先生,在家人搀扶下登舰参观。抢先闯入他眼帘的是舰桅顶上飘扬着一面红旗。他揉了一下眼角,逆着阳光仔细端详,问他身边的孙女那是不是五星红旗?

孙女大声肯定:"是!五星红旗!"

老人扬手张开五指颤抖着比画了好几下,激动地对接待他的中国水兵说:"我们一直盼望你们来,今天终于把你们盼来了。站在自己国家的军舰上看到五星红旗,就是回到了自己的国家呀!"

他的孙女向人们介绍,爷爷当年从泉州去上海复旦读书,后在上海一家报馆做文案,为躲避日本鬼子逃到南洋,一直没有回国。她爷爷人虽老了,但记忆力非凡,晚年常写些望乡思亲的文章。他写道:"我对大陆的最后印象冻结在20世纪三四十年代的上海。黄浦江的汐潮将金绿色的苏州河的浊水推向岸堤,空气里弥漫着腐烂了的味道。外白渡桥那黑森森的钢架像一张绷紧的强弩横亘在人们的心头。浦东的洋栈如同一尊尊困兽,而锚泊在江心的外国兵舰则简直是一条条吐着毒信的巨蟒令人望而生畏……"

老人说,逃亡海外的这几十年对大陆的认识几乎是零,仅有的也是从西方传媒得来的信息:土,古,苦。照片上尽是衣衫褴褛一脸枯树皮的老农和光腚拖鼻涕逢人必讨的小乞丐,而他惦念中的上海仍旧是一片老城厢……他现在才知道这都是西方敌对势力的恶意宣传,如果国力凋敝到民不聊生的地步,还像20世纪三四十年代一样,祖国同胞怎么能建造这样的军舰又怎么有本事将它们开到马来西亚呢?

一位20世纪80年代从广东到马来西亚做木材生意的商人对老人家说,今天临行前,他不停地翻阅报纸,几乎所有英文和华文报纸都在头版或用整版篇幅刊登中国舰队访问马来西亚的消息和照片。

《光华日报》刊登评论:中国军舰来访,是六百多年前明朝航海家郑和率船只来访后的第一次,这次访问必将促进中马两国人民和军队友谊的进一步发展。中国军舰走出国门,开展军事外交是历史的必然。但在那"弱国无外交"的年代,中国军事外交只能是一种神话,只有在中华人民共和国成立以后,尤其是实行改革开放政策以来中国的经济建设迅速发展,综合国力显著增强，科学技术、国防工业长足进步，拥有一支现代化的海军才有可能。中国军舰此次来访，绝不是耀武扬威而来，而是虚心地增进联系和沟通而来，与六百年前郑和下西洋的性质是一脉相承的。报纸在头版刊出的巨幅标题是：六百年后再传佳话。

3月17日《星洲日报》上，以"数以万计公众涌往参观，中国舰队吸引力大"为题，整版报道了参观盛况。我驻马来西亚武官吴长仁大校也在《光华日报》上赋诗庆贺：

> 一条水域衔大洋，两只猛舰访马泰，
> 三国南盟东道主，四方水兵情谊长。

法国军港。秋天明媚的阳光洒满海面，倒映着青葱翠绿的山岗。锚地两岸迤逦延续的山丘、连绵起伏的峰峦、深幽曲折的航道，更为布雷斯特军港增添了神秘感。

军港外，布雷斯特一座活动的钢铁吊桥高耸入天，俯瞰着脚下的河流与大海相通。不远处一座带有箭堞、雕楼、锥形圆顶的古堡和它那一袭青土豆色的砖石围墙，与四周的空间建筑显得很不协调。据说，这是布雷斯特经过近四百年战争之后留下的唯一的古迹。一幢幢建筑物在战火中变成瓦砾，但古堡的城墙像布雷斯特人的意志一样，坚定地矗立在法兰西的土地上。布雷斯特人自豪地说，这座古老的城堡不仅是中世纪世界最坚固的城堡之一，也是历史遗留给几经战乱的布雷斯特市最好的建筑。如今它是法国的海军博物馆。

2001年，访问欧洲四国的中国海军官兵参观了这座以油画、雕塑和实物展示法国海军发展历史的海军博物馆，并观赏了布雷斯特市的市容，游览了法国西部海滨的灯塔、水兵纪念碑和一座已有一千二百年历史的罗马式教堂。

"中国是一头睡狮，一旦觉醒，世界将为之震动。"这是拿破仑在1816年说过的一句名言。当中国的海军官兵出现在法国的港口、海滨和街面时，法国的年轻人都带着一种特别的目光。那目光从惊讶到惊叹，经过交流,发觉法中两国人民除语言不同外,心灵却能够很快沟通。

一群年轻的学生欢笑着与中国海军出访官兵打招呼。他们用并不熟练的英语告诉客人,布雷斯特历来是兵家必争的战略要地,是一座在战火中成长起来的城市,几次被摧毁,又几次重建,因此被称为"战争之城"。现今,残留的战争遗迹保存完好。战争留给这座城市的创伤,是刻骨铭心且永远无法弥补的。一家商店的老板告诉中国官兵,在第二次世界大战中,他先后有四个亲人在战火中死亡。

在布雷斯特市政广场前,有一座用大理石砌成的纪念碑。中国官兵中虽然少有人能读懂法文撰写的碑文,但碑文的正下方那些死难者的名字,分明是对两次世界大战历史的追述。"战争之城"用最朴素、最深切的情感呼唤着和平。

一对法国老年夫妇与中国水兵素不相识,通过留学生找到"深圳"号舰,一定要请水兵到家里去坐一坐。

老人说:"我们经受过战争的摧残,但我们的国家也侵略过包括中国在内的许多国家。"他们要让自己的孩子与中国水兵成为朋友。

一位曾经在上海同济大学学习过的法国小伙子说,中国是世界上最爱好和平的民族,来访的中国军舰又为布雷斯特送来了和平的笑颜。

九岁的小姑娘罗娜和爸爸找到中国海军官兵,她想要中国水兵们的签名,因为在她心目中,中国水兵们是最友好、最忠诚的"明星"。

布雷斯特虽是一个历史闻名的重要军港,但这个城市却是一个地处法国西部的偏僻小城。城市不大,永远没有巴黎浮光掠影的奢华和冷漠的贵族风度,阿尔卑斯纵横的山脉挡住了寒风,空气中终年飘洒着阳光、海水和自由自在的气味,任何一个露天花园都是喝下午茶的绝佳之所。隐藏在海岬处的一条小街,依山而建,依海而望,百年如一地守候着不变的承诺,那就是远离尘嚣,耐得住寂寞。

被称为"和平之师""友谊之旅"的中国海军舰艇编队来到这座城市后,这里一下子变得热闹起来,特别是从法国各地,甚至比利时、荷兰等国赶来的华侨聚集在这里,一时成为布雷斯特一道特别的风景。最戏剧性的,是那一个个"他乡遇故知"的情景。

第二十章　中国海军走出国门迎接五洲宾客

巴黎中华文学社社长陈湃先生已年过六十岁，他在20世纪60年代曾先后在沈阳军区高炮一师、广州军区高炮七十师当兵，参加过援越抗美战争。尽管未曾上过军舰，但对军营的情感始终如一。退伍后他在广州一所中专任教，后又和夫人一起到法国定居。在国外，他从不回避自己在中国当兵的历史。他曾经与一个美国退伍军人偶然相遇，当这个"美国兵"炫耀自己辉煌的过去时，陈湃说，我也当过兵，我也打过仗，在越南与美国兵打仗。听到这些话，这个美国兵不再神气了。这次，中国海军舰艇编队访问法国，陈湃先生满怀激情写了一首《欢迎中国海军编队访法》以赠：

乘风破浪越洋行，中法两军固友情。
舰上官兵列队敬，岸边龙裔彩旗迎。
长程导弹神鬼泣，驱逐艨艟魍魉惊。
昔日北洋沉载恨，今朝我军振名声。

2007年3月，由"连云港"号和"三明"号导弹护卫舰组成的舰艇编队对印度尼西亚进行了为期三天的访问。

编队停泊印尼首都丹戎不碌港虽然只有短短三天，但传播的友谊却无法估量。随行记者李义保说，在访问印尼的日子里，每天都有许多感人的故事发生。

早在到达之前，中国驻印尼大使馆已经在当地的报纸上刊登消息，并确定3月25日为开放日，欢迎印尼各界群众参观。

上午9点30分到下午3点，两舰的参观人员络绎不绝。祖国的舰艇来访，最高兴的要数印尼华人了，他们说得最多的一句话就是"登上了这块流动的国土，就如同回到了祖国"。尽管当天烈日炎炎，甲板上的气温达到三十多度，但丝毫没有消减他们参观的热情。

最小的参观者要数一个名叫谭羌的小朋友了，他只有四个月大，倒是很懂得配合。在姥姥的怀里不哭不闹，前甲板的温度很高，他也一点不觉得热。小家伙的父亲谭弓，是一家中资企业的经理，他就出生在雅加达。虽说是参观舰艇，可小家伙自己却成了参观对象，不少参观者不时去逗逗他，给舰艇参观活动增添了不少温馨的情趣。参观结束，还是副导水长陈加泉中尉抱着他走下舷梯的，不知小家伙长大后看到海军叔叔抱着他的照片会有什么感想。

八十六岁高龄的古文基先生是记者采访过的几个老华侨中年龄最大的。老人家额头上方的大部分区域已经谢顶，四周硕果仅存的几缕头发很白很长，随风舞动，十分飘逸。一聊才知道，原来老人家祖籍广东梅州，移居印尼已经六十年整了，他还是印尼客家联谊会的名誉主席。说到祖国的军舰来访，老人家非常激动。他说，过去当地人蔑称华人为"支那人"，现在祖国强大了，再也没人这样称呼我们了，我们这些海外华人的地位也提高了，腰杆也硬了。

最勇敢的参观者非杨易女士莫属了。说来巧了，她就是小宝宝谭羌的妈妈。她是拄着双拐来的，前段时间右腿不慎骨折，还绑着固定的支架。舰艇通道狭窄弯曲，甲板高高低低，正常人行走都很不便，杨女士拄着双拐就更困难了。让人佩服的是，她居然谢绝了别人的帮忙，凭着两只手和一条腿，顺着竖立的扶梯攀爬上了三米多高的对空导弹平台。记者问她为什么这样子还来参观舰艇？她笑了，笑得那么灿烂，那么开心。

八

有出访就有来访。有朋自远方来，不亦乐乎！

1956年6月20日上午，上海。三艘载有重炮和鱼雷的外国大型军舰在中国的导水船引导下，徐徐驶近彩旗缤纷的扬子江码头。

南京路上万人空巷，外白渡桥畔的黄浦公园沿江护堤、外滩临江的大楼凡可攀登的地方，都挤满了人。

这个与共和国一起新生的城市，这条当年恣意横陈各国军舰的扬子江码头，已经多年不见悬挂星条旗、米字旗等外国军舰的影子了。当人们得知，这是苏联老大哥的军舰时，人人欢呼雀跃，群情高涨。

这的确是值得载入中国海军史册的一件盛事——

苏联太平洋舰队司令切库洛夫海军中将率领由"季米特里·巴热尔斯基"号巡洋舰和"智谋"号、"启蒙"号两艘驱逐舰与二千一百八十三名官兵组成的友好访华编队,由海参崴起航,前来上海,访问中国海军驻沪部队。

海军司令员萧劲光热情接待切库洛夫海军中将一行。这是中国人民海军对外交往史上第一次接待来访。

从那以后,人民海军先后接待了来自世界各大洲一百多个国家和地区军事代表团一千多批、军舰近二百批、近二百多艘次,进一步增进了中外相互间的了解,建立了彼此之间的友谊。

1986年11月,美国太平洋舰队司令莱昂斯上将率领一艘导弹驱逐舰、一艘驱潜舰和一艘导弹护卫舰组成的舰艇编队访问青岛,这是美国军舰自1949年撤离中国大陆三十七年以后的第一次访华。然而,就是在这次历史性的访问中,那友好平等的主旋律上,美国海军军人却抢先演奏出一段不和谐的音符。

按照海军国际礼仪,访问和欢迎的军舰都应该悬挂满旗,以表示敬意。但是美国军舰却只傲慢地挂了代满旗。中国海军北海舰队司令员马辛春当即决定,欢迎仪式暂停,待美舰挂出满旗再进行不迟。

美国人这才明白过来:访问,双方是平等的。

一个小时后,在两国军舰满旗辉映中,中国军人热情地接待了美国客人。

从门罗总统的"门罗宣言"到西奥多·罗斯福的"大棒政策",美国人一直自诩是这个星球上的"大哥大"。

对美国人来说,就像犹太教经典记载的"世界可以比作人的眼睛,眼白是围填世界的海洋,眼珠是住人的地方,瞳孔是耶路撒冷,瞳孔中的人脸就是圣殿"一样,美国就是世界中心,就是地球上唯一的圣地。圣人行天下,只要有阳光的地方就有美国的星条旗,只要有阳光照到的角落就有美国大兵!

被戏称为"山姆大叔"的美国大兵走到哪里都觉得高人一等。傲慢,在拥有骄人的大型现代化军舰的美国海军军人身上,就更是有过之而无不及。

美国军舰访问青岛出现一段不愉快的小插曲，无伤大雅。但是，我们记忆中那些美国人做的不光彩的事，因借文字的存证而变得并不遥远。

一部浩如烟海的中国历史，俊杰齐聚如黄河之沙，风云大事似过江之鲫——正史、信史、野史连同各种稗官杂记更是汗牛充栋。经中华人民共和国国家教育委员会核准的全日制初级中学《中国历史》课本共四册，薄薄四册教材容载的是偌大一部中国历史，可谓微言大义、字字珠玑了。囿于篇幅，多少帝王将相和显贤大儒以及惊天动地的事件不能入编，但是就在这样一套教材中却提到一个弱女子——沈崇。

"美国士兵在北平奸污北大女学生沈崇。"

以"奸污"入正史，这在中国史书中并不多见，而在给中学生读的课本中，提及这一敏感字眼，更足见这一事件影响之大。

此事发生在1946年12月24日，西方圣诞节的平安夜，然而沈崇终生再不平安。26日，《北平日报》《世界日报》等不顾国民党中央社的阻挠，都报道了沈崇事件。为进一步厘清真相，《益世报》记者刘时平查阅到沈崇的注册卡，标明：沈崇，十九岁，福建闽侯人，出身名门，其祖父是彪炳中国近代海军史的晚清名臣沈葆桢。这样一位品学兼优的女生，却在看完电影《民族至上》返家途中，被美军皮尔逊和普利查德拖进东单广场旁的小树林强暴了。美军进驻中国，兽行不断，国人早已忍无可忍。北平学生掀起抗暴运动，迅速席卷全国各大城市。

从那以后，美国大兵和美国人在中国人的心目中就与奸淫掳掠的"日本鬼子"一样被视为"美国鬼子"——"恶魔"的代名词！

其实，美国人和美国大兵也同样具有可爱的人性之美。

1945年5月8日，德国政府的代表在艾森豪威尔的盟军最高司令部签署了无条件投降书，欧洲的战争结束了。消息传回美国本土纽约，万众欢腾，人们涌上街头，用自己认为是最热烈的方式庆祝胜利。在人群摩肩接踵的大街上，一位刚从战场归来的美国水兵和一位穿蓝色连衣裙的姑娘相遇了，尽管他俩素不相识，但勇敢的小伙子还是毫不犹豫地搂住姑娘的纤腰，深深地吻了她一口。姑娘很高兴地接受了这位为国出生入死的小伙子特殊的致意，然后，他们擦肩而过。感谢敏捷的摄影师抓住了这一精妙绝伦的瞬间,没有什么比这一吻更能表达美国大兵在劫后余生欢庆胜利时的狂热和兴奋了。当这幅照片在太平洋战区的军舰上流行时,它给了那些正处于日本神风队员亡命攻击阴影下的美国水兵多少慰藉和遐想。可惜的是照片上的美国水兵只有一个背影,引人注目的是美丽少女惊鸿一瞥的神情和水兵帽上蓝色的飘带。故事到此并未结束。三十年后,人们根据照片找到了那位幸运的女当事人,她已经有了孙子。这时,美国人干事较真的傻劲又上来了,他们还要找到那位美国水兵。一个又一个美国男子声称自己就是那位冒失的大兵,但又一一被女当事人否定。当大家都快绝望的时候,真的事主出现了,两位双鬓花白的老人又接了一吻。

"感觉跟当时一样!没错,就是他!"已经是老妇人的女当事人脸上又泛起了少女的娇羞和红晕。

可以想象,这个比一千则爱情故事还要动人的故事对当今情窦初开的少男少女们会具有一种怎样的杀伤力。

——可爱的美国大兵。

——勇敢的美国大兵。

——有太多说不完故事的美国大兵。

我们必须承认,正是这些勇敢、正直、幽默、狡黠、大大咧咧、乐观自信的美国大兵在西西里、诺曼底,在瓜岛、中途岛,在吕宋,用自己的青春和信念、鲜血和生命铸就了一代美军军魂,和世界人民一起将人类从法西斯暴政的恐怖中解放出来,捍卫了人类的尊严。每一位正直、善良、有良知的人都不应该忘记这些献身人类和平与正义的美国军人。

美国人民不会忘记。

中国人民自然也不会忘记——抗日战争中,以美国陆军少将陈纳德率领的"美国陆军第十四航空队"变更为"美国驻华空中特遣队",而中国老百姓总是带着钦佩的口吻称他们为"飞虎队"。

在中国的天空中,从中缅边境到台湾海峡,从长江到喜马拉雅山脉,"飞虎队"以牺牲一千六百五十九位机组人员、失去五百架飞机的代价,共击落二千六百架敌机,击沉或重创二百二十三吨敌商船、四十四艘敌海军舰艇、一千三百艘一百吨以下的敌内河船只,击毙六万六千七百多名日军官兵，并经由"驼峰航线"为中国运送各类军需物资达七十三万六千三百七十四吨，以支援中国人民抗战。这是一个让所有佩戴"飞虎"臂章的军人都引以为自豪的记录。1945年7月8日，东方显露出胜利的曙光，陈纳德将军辞职回国。重庆的百姓在市中心搭起了一座高台并为他特制了一顶过去只有送给皇帝的"万民伞"。成千上万的市民涌上街头为这位与中国军民共同抗战八年的"飞虎将军"送行。据说当时陈纳德的汽车根本无法行驶，是被人们推到飞机场的。经历了那个场面的老人们至今还在说，他们看见"飞虎将军"流泪了。

这也是美国人！

还有一个美国人——马克·吐温，一生对华人屡施援手，值得中国人民永远纪念。

马克·吐温是美国著名的幽默讽刺大师，中国的中学生都会熟知他的《汤姆·索耶历险记》和《哈克贝里·费恩历险记》，他那简练而风趣的文笔开创了美国文学新的风格。作为一个作家，对世界的了解是职业的要求。然而，马克·吐温对中国的关注，却远远超出了写作的范畴，饱含一种执着的情感。19世纪五六十年代，华人踏上美洲大陆，成为早期美国的建设者。由中国工人参与修建的横跨美国东西部的铁路，曾被美国人称为"19世纪技术上的奇迹"。然而，这些对美国的开发和建设做出巨大贡献的华人，却经常受到不公正的待遇。在美国加州，曾经掀起一个排华的浪潮，美国资本家把经济萧条的责任推到华人身上，视华人为"黄祸"，唆使爱尔兰工人敌对中国工人，最终导致一群爱尔兰工人用石头打死一名中国工人的恶性案件。面对这种情况，马克·吐温挺身而出，顶着巨大的压力，为维护华人权利而大声疾呼。

马克·吐温第一篇反对迫害华人的文章发表于1863年，是一篇简短的速写，题目为《该诅咒的儿童》，描写一群美国孩子在街头侮辱一个中国人的场景。随后，他又写了大量的小说、随笔、特写和述评等，揭露旧金山的美国人和美国当局迫害华人的丑恶行径。1872年，马克·吐温出版了《艰苦岁月》一书，对华人的处境进行了大胆的申诉。他说："华人替白人承受一切指控罪，白人偷盗，中国人赔偿；白人抢劫，中国人坐牢；白人犯了凶杀案,中国人去死。任何一个白人都可以在法庭上以宣誓的方式剥夺一个中国人的生命,但中国人却从不被许可作证而使白人入狱。"

1898年,中国爆发了旨在反对帝国主义侵略的义和团运动,马克·吐温异常兴奋,他自称是"义和团员",并说:"义和团员是爱国者,他们比别的国家的人民更爱自己的国家。我祝他们成功。"

1872—1875年,清政府先后选拔了一百二十名幼童分四批派往美国就读。这些幼童赴美后,很快受到美国社会的熏陶,观念发生很大变化。他们剪掉辫子,脱下长袍马褂换上西装皮鞋,甚至在家书中积极传播西方思想。清朝"守旧派"对此惊恐万状,大骂留学生"大逆不道",并下令留美幼童提前回国。幼童出国留学的发起人容闳接到幼童回国的命令,非常焦急。他自知无法与朝廷争辩,只能求助于美国开明人士。于是,他写信给牧师杜吉尔,恳请他去纽约向即将访华的前总统格兰特将军陈情,烦请格兰特对李鸿章施加影响,允许幼童继续留美深造。杜吉尔与格兰特并不熟,于是又找到熟识格兰特的马克·吐温,马克·吐温十分爽快地答应,马上与杜吉尔拜见格兰特。格兰特对大文豪马克·吐温特别敬重,满口答应了他们的要求。1879年,格兰特访华时会见了李鸿章,他劝说后者撤销中国幼童返国的命令。李鸿章却用模棱两可的话搪塞了过去。格兰特回国后,马克·吐温立即求见,询问与清政府交涉的情况。格兰特将实情相告,马克·吐温不愿放弃,再次恳请格兰特继续斡旋。格兰特随后给李鸿章发去专函,力陈中国幼童完成学业的重要性,使李鸿章大为感动。1881年3月,李鸿章给容闳去信,同意暂时维持现状。马克·吐温得知后,心里一块石头才落地。

马克·吐温对华人的真诚情感,得到了中国人民的高度评价。一位中国学者曾说:"马克·吐温——人道和正义的、富有热情的人——是中国人民的真正朋友!"

美国历史学家卡尔·贝克有句简练的名言:历史是说过和做过的事情的记忆。俄国文学家列夫·托尔斯泰则进一步阐明:历史是国家和人类的传记。记忆与传记,记录着历史。史学家可能失忆,但是历史不会!

这些留在中国人脑海中的美国印象都是友好的、善意的。然而,留在美国人尤其是美国军人心目中的中国形象特别是中国军人的形象,又是怎样的呢?

中国舰艇出访官兵在美国发现一个有趣的现象:美国军人对中国军人十分尊重。美国人自视甚高,能放在眼里的人并不多,为什么对中国军人情有独钟?因为美国人尊重与他们交过手的对手,尤其是那些让他们吃过亏的对手。

美国海军分析中心统计,第二次世界大战结束后,美国对外用兵次数超过二百四十次。其中规模最大的有三次。三场战争,前两场都与遏制中国有关。朝鲜战争持续三年,用兵四十四万,美国官方认证,死亡、失踪人员达五万四千二百四十六人;越南战争持续十四年,用兵五十五万,死亡、失踪五万八千二百零九人;海湾战争用兵四十四万,死亡一百四十六人。

对这三场战争,美国军人自有比较。在为什么失败与为什么取胜这个问题上,他们甚至比中国人分析得还要客观:中国军人为了战友,什么都可以失去包括生命;美国军人为了生命,什么都可以失去包括祖国。显然,这是两种不同的价值观。但从美国军人的尊重中,我们能感受到那些长眠于战场的先烈,为今日中国军人赢得了尊重。

朝鲜战场上,美国一个军拥有坦克四百三十辆;中国人民志愿军最初入朝的六个军,一辆坦克也没有。美国一个陆军师的师属炮兵有四百三十二门榴弹炮和加农炮,还可以得到非属师炮兵同类口径和更大口径火炮的支援;志愿军一个师的师属炮兵仅有一个山炮营、十二门山炮。美军一个步兵师拥有电台一千六百部,无线电通信可以一直通到排和班;志愿军入朝时从各部队多方调集无线电通信器材,才使每个军的电台勉强装备到营。营以下通信联络仍然主要靠通信兵、军号、哨子及少量的信号弹。更令人难以置信的是,当时志愿军三十八军绝大部分的战士仍然使用日本1905年设计的三八式步枪。中美空中力量的对比悬殊更大。志愿军入朝初期不但没有飞机,连防空武器也极端缺乏,以致美国飞机从朝鲜东海岸一直轰炸到西海岸,从鸭绿江一直轰炸到汉江,连志愿军司令部都遭到狂轰滥炸,司令员彭德怀差点遇难,毛岸英牺牲于美国凝固汽油弹的熊熊烈火之中。志愿军就是在这样的条件下艰苦战斗,硬把美国军人打回谈判桌前。

在美国军人看来，中国军人有一种坚韧不拔、奋勇冲杀和不怕牺牲的精神，他们称之为"谜一样的东方精神"。

这就是美国军人对中国军人心怀敬意的原因。那些在冰天雪地的朝鲜战场上连一把炒面都吃不上却依然冲锋陷阵的战士，那些在严寒中单衣单裤作战冻死在长津湖畔的英雄，以他们不怕牺牲的精神为中国军人赢得了尊重。但是，美国军人对中国军人的尊重并不能完全取代美国的对华政策。

日历很快掀到 2002 年 12 月 16 日。冬汛中穿越着一股暖流，这是离新年不远的一个温馨祥和的日子。

美军太平洋总部司令托马斯·法戈海军上将一行十九人，应中国人民解放军总参谋部的邀请，在国防部外事办主任詹懋海少将的陪同下，乘专机抵宁波对海军东海舰队机关进行访问。

这是海军东海舰队机关首次开放接待的第一个外国军事代表团，而且是由久负盛名的法戈上将率领的美国军事代表团。

未见其人，先闻其声。2002 年 3 月 21 日，美国国防部宣布，布什总统决定任命太平洋舰队司令托马斯·法戈接替布莱尔出任美军第二十任太平洋军区总司令，执掌这一全世界最关键地区的军印。美军太平洋总部是美国九大司令部中的重中之重，从北极到南极，从美国西岸到非洲东岸，涵盖太平洋及印度洋，跨越十六个时区。全球一半以上的面积、近百分之六十的人口都在该总部的"视野"之内。该总部官方网站曾毫不掩饰地说："法戈上将是太平洋和印度洋地区最高级别的美国军官，统管着美军最大的联合司令部，指挥着一亿平方英里辖区内的美国陆海空三军和海军陆战队总共约三十万美军。"官方网站甚至用"掌控着大半个地球"来形容法戈上将所管的"地盘"！

1948 年 6 月，法戈出生于美国加州圣迭戈的一个军人世家。中学就读于美国的科罗拉多和日本的佐世堡。1970 年毕业于美国海军军官学院。他曾五度在攻击潜艇和弹道导弹潜艇上服役，包括担任核攻击潜艇"盐湖城"号艇长一职，后任第七潜艇群的指挥官，先后率部在西太平洋、印度洋、阿拉伯湾执勤。1996—1998年,法戈担任驻扎在巴林的第五舰队司令和中央战区司令部海军司令,并由少将升为中将。1999年10月8日,法戈出任第二十九任太平洋舰队司令,并升为四星上将。

法戈曾夸耀说,他家两代都与亚太地区渊源很深。其父老法戈曾驻防过日本,到过香港二十八次。而他本人自军官学校毕业后第一次随舰出航就是前往西太平洋的香港等地。从此,法戈可谓是中国的一位"常客":2000年7—8月,时任太平洋舰队司令的法戈率"钱斯洛斯卫尔"号导弹巡洋舰访问青岛;2002年12月,升任太平洋总部司令的法戈访问北京,并且与中国军方举行了会谈。随后,还到成都、南京访问,与相关军区的中国高级将领会面。在亚洲协会的演说中他指出,美国和中国有许多共同利益,包括共同反恐、防范毒品走私、朝鲜半岛和平、控制大规模杀伤性武器输出等,所以他主张两国应加强军事交流。

今天,身为美国太平洋总部司令的托马斯·法戈海军上将率团来到中国海军东海舰队,全世界的目光都集中到这里。

军乐声中,舰队司令员赵国钧海军中将与法戈海军上将踏着稳健的步伐,庄重而精神抖擞地一道检阅了舰队仪仗队。之后,宾主双方来到舰队迎宾楼会客厅。巨幅的长城壁画下,镁光灯频频闪烁,赵国钧与法戈的两只手紧紧地握在一起,就像东西方两个大陆板块突然破天荒地衔接起来一样。

这具有特别意义的握手——跨越大洋的握手,无须多余的文字渲染直截了当地让在场的每一个人都感到,中美两国海军的关系已经进入了一个微妙但前景美好的时期。

此情此景,确实美好。法戈兴趣盎然地浏览着壁画中那壮观的长城景色,又意犹未尽地移步窗前。满庭树影,一眼鲜翠,挺拔的水杉重叠着枫叶,广玉兰的枝头正缀满象征友谊和友情的白兰花。这一切在美国客人心目中都带着浓郁而和谐的中国风情。

美国人的血统继承着英国人的遗传因子,猎奇与冒险是说英语的人们所共有的天性,只是英国人略带矜持,美国人则显得豪放,而且一贯爱标新立异。其他不说,连他们的海军水兵帽也别出心裁,与世界各国海军通行的无檐飘带的水兵帽截然不同。美国海军的水兵帽是全白色、帽檐四周向上卷起,帽檐上有七十五道缝线。这种水兵帽异常经久耐用,它就像一块黏土可以随意揉捏出不同形状,倒扣在头上像只小锅,又像冰激凌纸杯,戴法也五花八门,因此它有许多千奇百怪的诨名,如"迫击炮弹盖""狗食碟子"等。今天,法戈给东海舰队带来的礼物,除了太平洋舰队的一枚盾牌,就是它。

赵国钧回赠给法戈一艘中国新型导弹驱逐舰铜制的模型,还有上等的西湖龙井茶叶。

互赠仪式结束后,法戈朝窗外一指手,笑着对赵国钧说:"司令阁下,您的军营美得像座公园。"

赵国钧接口说道:"在中国,比这美丽的公园多得很。阁下您下次再来,多走走,一定会喜爱我们中国的。"

"OK!"法戈说,"你们中国是个美丽的大花园!"这话尽管是外交辞令,却说得非常得体。

赵国钧不禁颔首一笑。虽未深谈,但初次谋面便觉得这位美军的四星上将颇有一种谦和感。

美国的巴顿将军曾说:"学者活跃在和平年代,军人牺牲在战争年代;因而我们总是通过学者的视角去理解军人,以至于军人身上也带有了学者的品行。"照此比对,法戈的神情举止真有点像名学者。学者型的军人更容易沟通。现代军人,尤其是高级将领必须能武能文。

其实,赵国钧本人也是文武兼备。在中国海军将领中赵国钧堪称一位儒将,不仅是中国人民解放军海军军事史书编审委员会的第一编委,对中国海军近代史和人民海军发展史有着深入的研究,而且具有相当深厚的文字功底,尤其对仓颉造字由图像演变而成的中国汉字有独到的解读。譬如,他名字中的"国"系简化字,他说周边的"囗"意为国家疆界,中间的"玉"即为资源宝藏;而繁体"國"字,中间是"或",戈为武器代表武装力量,或间的"口"为人口,下面是"一",意思则更加鲜明,即拥有一支军队才能保卫一国之民。他又说,他名字中的"钧"为古代重量单位,三十斤为一钧,又为敬辞,含平均、同等之意,所以有钧座、钧鉴、钧天广乐之词。而那"千钧一发"

的成语，更让他演绎应用于战争的突变与快速反应。他曾是海军航空兵的一位飞行参谋，在一次海上舰机协同训练中，所驾驶的直升机突然主机故障熄火发生不可逆转的悬停，千钧一发之际，凭着高超的技术和胆大心细的心理素质，冷静沉着地将直升机冲向浅水海区。飞机失事令所有在场的指挥员措手不及，就在参训官兵一片震惊之中，沉没海底的他奋力击碎舱门玻璃，一个深呼吸蹿出水面。古人讲，大难不死必有后福，他后来进入军事学院深造，一步步走上领导岗位，从海军副参谋长晋升为东海舰队司令员、海军中将。那架与他共过生死的直升机现被中国海军博物馆收藏，并陈列于青岛汇泉湾畔，作为爱国主义教育的文物展品对社会开放。

此刻，对着法戈"中国是个美丽的大花园"的由衷礼赞，赵国钧临机发挥道："你们美国一样美！美国全译应是'美利坚合众国'吧，不管全名还是简称，都带着一个'美'字。我们中国人习惯于望文生义，从字面上诠释，美国就应该是一个美丽的国家！"

赵国钧的这种比喻，经翻译一转达，让法戈觉得很新鲜，仿佛生平头一回有人这样形容他们美国。

美国，位于北美大陆。美国人自己都说没有多少历史可言。在1775年美国独立战争前，北美大陆只是大不列颠海洋称霸的战利品。1776年，华盛顿发表《独立宣言》，凭不足两万的民团和以掠私船队改造的海军以及两个营的海军陆战队，跟法国结盟并借助于法国海军的力量与英国海军抗衡，是天时地利促成了华盛顿的胜利。那时，美国的海上力量并不强大。直至19世纪20年代，在频频告急的海防威胁面前，第四任总统麦迪逊才认真注意到海军的发展，但是，只由一位陆军工程师拟定了一个利用炮台进行海岸防御的计划，想以海防要塞为体系，建立一个能够进行有效岸防的大陆海军。美国后来之所以不断在海上发迹，还要归功于美国人马汉"海权论"的提出。在罗斯福的领导下，美国海军跨入远洋舰队的大发展阶段，从此结束了自独立战争以来，海军发展几起几落的徘徊局面，只用了二十年时间便取得同英国相等的海军强国地位。

而今，赵国钧把美国解释为"美丽的国家"，使法弋十分开心。他笑着说："感谢司令阁下对美国国名的解读。我代表美国太平洋总部的全体官兵,带头在这里向上帝起誓,一定要让我们的美国在世界人民的心目中变得更美!"

在场的中国官兵都鼓起掌来。

早在1997年11月,中国国家主席江泽民对美国进行历史性的访问,在《中美联合声明》中就写下重要一笔:"中美两国就中美建立加强海上军事安全磋商机制达成协议。该协议将有助于双方海空力量避免发生意外事故、误解或错误判断。"

赵国钧沉思片刻,说:"驰骋大洋,是各国海军的梦想。伴随我国改革开放的大潮和我国国家利益的拓展,我海军舰艇的航迹确实已经从沿海向大洋深处延伸。因为,建设一支'蓝水海军'是遂行多样化军事任务的必然要求,也是海军在大洋中摔打的必由之路。这方面,我们只是后来者,所以需要向你们学习取经。坦率地说,我们起步晚,进步还不快。"

法戈说:"不,不!司令阁下,你们的海军军舰性能已经具备大洋航行的能力,你们早已解决了海上补给。据准确信息,中国海军海上补给的最新纪录就是您指挥下的舰队创造的,你们舰队的远航条件早已成熟,为什么不把军舰远航到我们美国?"

赵国钧笑了笑说:"上将阁下,您应该不会忘记,五个月前,我们的军舰就访问过美国,到过珍珠港,停泊在美国的圣迭戈。"

法戈说:"那是南海舰队。我想说,你们东海舰队的军舰什么时候和我们美国的军舰一起航行?"

赵国钧一本正经地说:"十几年前,我们舰队的军舰就在海上与你们并肩航行过了!"

法戈一脸茫然,诧异地说:"有吗?"

赵国钧接着一说,法戈才弄明白,原来是这么一回事——

1985年,海军东海舰队司令员聂奎聚率舰艇编队首访南亚三国的返航途中,在中国南海海域,与美国海军第七舰队的海上编队有过一次"不期而遇"。

按照国际海军礼节,小吨位的中国驱逐舰首先鸣礼炮致敬,舰员在甲板分区列队。美国军舰以同样的方式向中国驱逐舰编队致敬。聂奎聚还与美国第七舰队司令韦伯斯特少将通过话。随后,两国海军编队编成纵队,在海上同向并行,双方官兵招手致意。

这是中美两国海军军舰在公海上首次近距离的接触。

法戈几乎是叫道:"我希望是司令阁下您目前指挥的舰队,而且是邀请您!"

赵国钧温和地一笑,说:"我愿意接受将军阁下您的邀请。"

"OK!"

泱泱中华,亦拥有博大的胸怀!

2009年4月19至24日,中国人民解放军海军在青岛及附近海域成功组织庆祝人民海军成立六十周年多国海军活动,共接待二十九个国家海军代表团,十四个国家二十一艘舰艇、五千三百七十八名官兵来访,中国海军二十八艘舰艇、三十一架飞机,共四千余名官兵参加了海上阅兵。

远涉重洋前来参加庆典的俄罗斯、美国、印度、韩国、巴基斯坦、新西兰、新加坡、泰国、法国、孟加拉国、澳大利亚、巴西、加拿大、墨西哥等十四国二十一艘军舰悬挂满旗,以作战舰艇、登陆舰艇、辅助船、训练舰的先后顺序,按吨位大小,以中国海军"西宁"号导弹驱逐舰为基准锚泊成一列,在蔚蓝色的大海上构成一道壮美的风景。

此次活动是中国历史上的第一次,国际影响大,对于展示成就、深化合作、凝聚军心、提升能力都具有重大而深远的意义。

第二十一章 越过黄水绿水 中国海军驶向深蓝

国际上,把近岸防御型海军称作"黄水海军",把近海巡逻的海军称作"绿水海军",只有具备远洋作战能力的海军才称得上"蓝水海军"。

中国人民解放军海军的主色调,是黄?是绿?还是蓝?

挺进深蓝是人民海军的使命任务。我们,一定要走出黄水,越过绿水,驶向蓝水,将航迹毫无逊色地镂刻在瑰丽的远海大洋上!

这,并不是炫耀武力。

世界著名战略理论家马汉早有预见,国家的兴衰,决定因素在于是否控制了海洋。他认为,只有控制了海洋,掌握住海权,才能开发利用海洋,开展海上贸易,才能使国家兴盛繁荣。

为此,一个国家必须拥有足以在海洋上取得控制权的海上力量。这支海上力量包括庞大的商船队,有力量保障海洋通商和航运安全的海军,以及海上交通线和基地系统,而其主体是优势的海军。

为了保卫我国的蓝色国土,维护我国的海洋权益,我们必须建立一支与国家地位相称、与履行军队历史使命和实现"强国梦"相适应的人民海军。

毛泽东为建立这支人民海军，倾尽心血。

1979年8月2日，邓小平专程来到海军部队，登上我国第一艘国产导弹驱逐舰——济南舰。他语重心长地说："与人家相比，我们的指挥系统自动化程度要落后很多。打起仗来和过去一样，光靠电话行吗？这个问题非解决不可，目标是指挥系统现代化。"

党的十一届三中全会以来，为了建立一支"强大的具有现代化作战能力的海军"，人民海军在指导思想上实现战略性转变。

被誉为中国"航母之父"的海军司令员刘华清将中国海军战略规范为"近海防御"。从"近岸"到"近海"虽然仅仅一字之差，但对人民海军而言，却是经历了三十多载漫漫航路之后筑起的一座新的航标。

走出近岸！人民海军以前所未有的惊人速度追波逐浪——

1980年，海军多舰船组成编队，经巴林塘海峡到太平洋进行远航训练。同年，中国首次向南太平洋发射运载火箭，海军舰艇编队奉命为试验船队护航，这是中国海军首次穿越赤道。

1984年，海军派出"J121"远洋救生船参加我国第一次南极科学考察，首次抵达神秘的第六大洲——南极洲，成为我国航海史上的一个划时代壮举。

1987年元旦，新华社授权公开报道：我国第一代核潜艇首次远航获得圆满成功。

1987年5月，人民海军一支多舰种远航编队跨越宫古海峡赴西太平洋进行合同演练。

同年10月，又一支多舰种远航合成编队，先后穿越四大海峡，横贯二十多个经纬度，最南抵达曾母暗沙。这支合成编队在西太平洋和中国南海广阔的海洋空间，进行了一次大纵深、多波次、高强度的远程合同演练，创历年来远航训练最高水平。

同步相随，人民海军在"积极防御，近海作战"的战略方针指引下，立足于打赢高技术条件下的海上局部战争，逐步由数量规模型向质量效能型转变，由人力密集型向科技密集型转变。众所周知，装备建设是海军现代化建设的主要标志之一。人民海军坚持自力更生，依靠祖国的科学技术，相应引进必要的先进技术,形成了一套完整的科研生产体系,突击近海机动作战部队主战装备发展,在抓紧现役装备的改进提高的基础上,抓好高新技术装备的研制和预研,使海军装备技术水平上了一个台阶。

五星高照,四海欢腾!

四十多年前,人民海军舰艇装备参差不齐;四十多年后的今天,各类新型战舰纷纷入列服役。而且,这些新型战舰已从当初的"目测手操"向"信息制胜"迈进,成为人民海军水面舰艇部队的中坚。

四十多年前,远海深海上看不到人民海军的片帆只影;四十多年后的今天,人民海军战舰频频犁开万顷碧波,走出国门,驶向大洋。出访军舰,成为世界了解中国海军的"活动平台",成为世界观察中国改革开放的"流动窗口",成为加强中外合作的"和平使者"。

镜头叠加:为了维护祖国在远海大洋的权益,从 2008 年至今,人民海军共有三十多批护航编队赴亚丁湾、索马里海域执行护航任务。

"和平方舟"医院船赴海外开展医疗服务和救灾援助,十几年,足迹遍布三大洋六大洲四十多国,被誉为撒播大爱的"生命之舟"。

从 2015 年 3 月 29 日开始的撤侨行动,第十九批护航编队"临沂"舰、"潍坊"舰和"微山湖"舰,十天内转战三国四港一岛,五次赴也门安全撤离中外公民共计八百九十七人,彰显了大国海军的能力与担当。

而今,中国人民解放军海军正以全新姿态引起世界的瞩目。

以哈尔滨舰为代表的新一代国产驱护舰艇,配备了先进的燃气轮机动力、自动作战指挥系统和新型防空反舰武器,显著缩短了人民海军与世界一流海军的装备代差,被誉为"中华第一舰"。而装备了相控阵雷达和垂直发射系统有"中华神盾"之称的 052、055 大型驱逐舰陆续服役,标志着人民海军实现了武器装备与西方海军强国同代的跨越,使中国海军近海防御能力得到明显增强。

1999 年,我国购买了半成品的"瓦良格"号航空母舰;2005 年 4 月开始继续建造改进;2012 年 9 月 25 日命名为辽宁舰,舷号"16",正式编入中国人民解放军海军序列,成为我国首艘航母。从此,中国开始拥有自己的航空母舰。2019 年,我国自主建造的国产航母建成下水,命名为"中国人民解放军海军山东舰",舷号"17"。12月17日下午4时许,在海南三亚某军港交付海军。

2022年6月17日上午,我国第三艘航空母舰在上海江南造船厂隆重举行下水命名仪式。经中央军委批准,我国第三艘航空母舰命名为"中国人民解放军海军福建舰",舷号"18"。福建舰是我国完全自主设计建造的首艘弹射型航空母舰,采用平直通长飞行甲板,配置电磁弹射和阻拦装置,满载排水量八万余吨。2024年5月,当福建舰首次航行试验圆满完成的消息发布,无数国人振奋不已。这不仅仅是一艘军舰的试航,更是中国海军发展史上的一座重要里程碑。它标志着,我国在自主设计和建造大型军舰的道路上,又迈出了坚实的一步!眺望新型航空母舰巍峨的英姿,一股浩然正气扑面而来!这是我人民海军追求的梦想,也是中国人民多年的期盼!

江海不洗民族恨,天地能知爱国心。回望令人心碎的1842年6月16日,江南水师提督陈化成率军驻守上海吴淞,奋起抗击英国侵略者的坚船利炮,血透征衣,力战殉国。而在陈化成死难一百八十周年之际,我国的新型航空母舰下水了!从国门洞开,虎狼东来,苦难的中国人民不畏强暴,誓死抗争,一步步走到今天,终于扬眉吐气了,终于可以告慰民族英雄陈化成和千千万万自鸦片战争以来为了中华民族的解放和复兴而英勇献身的那些不朽的英灵了!

大海奔涌,长风激荡。国产航母、大型远洋综合补给舰、新型核潜艇、两栖攻击舰不断服役,人民海军装备建设开启了由大向强的历史新航程,奏响了挺进深蓝、走向大洋的时代最强音,为主战主力部队规模发展提供了有力支撑。

海疆万里传伟业,浩气千载壮国威。正因为这些"国之重器"的建设者们的只争朝夕、锐意进取、攻坚克难、拼搏奋斗,人民海军才一步步伴随着共和国的前进步伐在胜利的凯歌中驰骋,从无到有,从小到大,从黄水驶向绿水,从浅蓝挺进深蓝。

深蓝中大写未来,彩霞中展望明天!

结束语 中华民族需要海权

中华民族的海权意识,经历了从"自在"到"自为"的历史积累。古代的海权思想,曾给古代中国的发展强大起过积极的作用。然而,有着五千年文明历史的中华民族,从明代中后期逐步与世界潮流脱节,这与明朝自郑和之后实行"片帆不得入海"的禁海令有直接关系。明朝统治者,当时只是出于消极防卫目的禁止民船出海,未曾料到,竟会因此造成以后数世纪的战略断层,从而导致中华民族的劫难。

历史无情。我们在以往数百年间失去了许多宝贵的东西,其中之一就是海权。

海权,是国家概念,是客观存在的战略范畴。它并非是资本主义国家所专有的理论武器,早在古代海洋斗争实践中就已经存在。只是到了近代,人们才通过对历史实践的科学抽象,将它条理化、系统化,升华为观念形态的海洋战略和海军战略理论。

海权被作为一种战略理论予以概括和阐明,主要归功于美国人马汉。

马汉是美国海军军官、历史学家和海军战略理论家。他出身于西点军校战略教官家庭。在他长达二十五年的海军生涯中,先后就任过数艘战舰的舰长,参加过南北战争,走过加勒比海、南大西洋、南太平洋以及远东的中国和日本等世界的大洋远海。他所处的时代、他的经历使他只敬重父亲,却不能欣赏父亲根据瑞士人约米尼所总结的拿破仑的陆战理论而派生的陆上防御战略思想。他也崇拜约米尼,但他注重的却是将约米尼的战争艺术运用到海上,充实自己的理论——海权。1890年,马汉的《海权论》在美国出版,雄辩地提出:所有帝国的兴衰,决定的因素在于是否控制了海洋。他认为,只有控制海洋,掌握住海权,才能开发、利用海洋,开展海上贸易,才能使国家兴盛繁荣。为此,一个国家必须拥有足以在海洋上取得控制权的海上力量。这支海上力量包括庞大的商船队、有力量保障海洋通商和航运安全的海军,以及海上交通线和基地系统,而其主体是占据优势的海军。他断定商业支配着战争,海权则决定着历史的发展。1911年,晚年的马汉写成《海军战略》,使其以海权论为核心的海军战略理论形成了系统。

马汉的好朋友西·罗斯福在他后来出任美国海军副部长和第二十六届美国总统时,便把马汉的海权理论变成了美国的国策。在罗斯福的领导下,1890年美国开始建造万吨以上的战列舰,使美国海军跨入远洋舰队的大发展阶段,同时开始建设舰载航空兵,只用了二十年时间便取得同英国相等的海军强国地位。

马汉的海权论,不仅受到美国,而且受到英、法、德、俄各国海军将领、政界首脑的推崇,成为世界强国发展海上力量,尤其是发展远洋海军的理论武器。在英国,马汉的海权论甚至比在美国还更早地受到推崇。这是因为维多利亚王朝当时正在实行"两个强国标准"的海军发展战略,马汉的海权论自然成了他们求之不得的理论武器。

德国威廉二世更是马汉的狂热信徒。他命令将马汉著作《海权论》的译本放在德国海军的每一艘舰艇上,将马汉的著作列为军官的教科书,并且将只有首席陆军顾问才拥有直接晋谒皇帝的特权授予海军参谋长梯尔比茨。梯尔比茨是一位崇尚强权政治的人物,在他的策划下,德国海军很快成为一支仅次于英国海军的强大力量。

日本是亚洲诸国中最先传播马汉海权论的国家,并且最先使用"海权"这个汉字名词来代表马汉的战略理论。《海权论》一出版便被翻译成日文,

结束语　中华民族需要海权

上至天皇和皇太子，下至政府官员和军校师生，争相传阅，很快举国上下形成了统一意志，励精图治发展海军，并在马汉"制海权"理论指引下，制定了同中国清王朝决战的战略计划。随后赢得了同中国的"甲午海战"、同俄国的"对马海战"，一举成为20世纪初的世界海军强国。

俄国也有一批年轻的海军军官接受了马汉的海权论，主张建立俄国远洋舰队，力图打破"要塞舰队"战略观念的束缚。这种主张曾受到热心于发展海军的沙皇尼古拉二世的赞许。

海权论在中国则完全是另外一种情况。马汉的《海权论》著作问世之时，中国清政府正热衷建设近代海军，其北洋海军已成气候，但当局对马汉的海权论还一无所知。中国的国门虽然早已被殖民主义、帝国主义的坚船利炮所打破，清政府却依然未曾认识到海洋对生死存亡的重要性，没有醒悟丧失海权会招致外患。从中日甲午战争的海上战役实践中可以看到，清政府甚至连近海防御的海战观念都谈不上，到海洋上去争夺中国海权，对他们来说简直是天方夜谭。这就决定了近代中国的命运。诚然，中国近代史上不乏有识之士。其中，与林则徐齐名的魏源，被誉为"开眼看世界的第一人"，面对闭关锁国的朝野大声疾呼"师夷长技以制夷"，并在林则徐《四洲志》的基础上，增补编纂了堪称划时代的世界性百科全书《海国图志》一百卷，内中不乏真知灼见。而民主革命先驱孙中山，在建立中华民国之初就有志发展中国海军，振兴中华海权。但是，由于总统大权不久旁落袁世凯之手，孙中山也只能在凭吊早逝的民国第一任海军部总长、海军总司令黄钟瑛时，发出"伤心问东亚海权"的慨叹。20世纪30年代，国民政府只是企图依靠英美海军的"提携"，走"小舰主义"道路，以振作海军进行"守势作战"，抵御敌国的海上入侵。这同海权思想差之千里。抗日战争爆发，中国这支总排水量只有几万吨的海军，主要舰艇或自沉于长江江阴段水下，起一点迟滞日本舰队溯江而进的障碍作用，或成为日本飞机的猎物，葬身于滚滚江涛之中。

新中国诞生前夕创建起来的人民海军，在战斗中逐步发展壮大，已经建设成为一支多兵种的初具现代化规模的近海防御力量。但要超越一百年前曾被马汉否定过的"要塞舰队"的模式，具备足够手段和能力捍卫我国辽阔的海洋国土和海疆,仍需作不懈的努力。

当今世界,蓝色"圈地"运动仍未停止,所以海权的发展也不可能停止。现代海权的主题是争夺海洋权益,这一斗争根源于经济,体现于政治,从而也就难以抛开军事,因此,海军是现代海权主要支柱的角色也不可能改变。

众所周知,如何捍卫海洋权益,已成为21世纪摆在各国战略家面前的一道严肃而重大的课题。每一个不愿重蹈历史覆辙的中国人,在这道严肃而重大的课题面前,都必须引发认真的思考。

旧中国,轻视海洋,有海无防,曾给中华民族带来割地赔款、国土沦丧、人民遭殃的屈辱历史。从鸦片战争到中华人民共和国成立的近一百年间,帝国主义强加给中国不平等的条约和协定多达五十余种。人为刀俎,我为鱼肉。生杀大权掌握在列强手里,任其宰割。美丽富饶的海洋成了帝国主义侵略中国来往自如的通道,万里海疆洒满了中国人民的血泪。

历史的教训告诉我们:海防空虚,国土就要沦丧,人民就要遭殃。

新中国成立初期,一支新型的人民海军在党中央的亲切关怀下诞生了,标志着中国人民结束了百余年来有海无防的屈辱史。人民海军成立后,在保卫沿海安全、维护我国海上权益方面做出了重大贡献。

在新的历史时期,着眼打赢现代技术特别是高技术条件下的海上局部战争,我人民海军正进行着一系列的改革,紧紧围绕提高协同作战能力、快速反应能力、电子对抗能力、后勤保障能力和野战生存能力展开训练,部队的战斗力得到不断提高。多舰种合成编队从绿水驶向蓝水,远航训练跨越的海区和规模愈来愈大。中国友好出访编队的航迹已经镌刻在太平洋、印度洋和大西洋上。海军航空兵为配合水面舰艇部队实施训练和作战任务,频繁警惕地巡逻在东海、南海上空,牢牢掌握着祖国海疆的制空权。

1982年10月12日,茫茫的渤海湾,一枚乳白色的运载火箭从大海深处破浪而出,直飞蓝天,我国首次成功地进行了潜艇水下发射运载火箭飞行试验。1988年9月27日,蓝天碧海再响惊雷,中国自行研制的核潜艇水下发射运载火箭获得成功。它标志着中国继成功地进行了原子弹、氢弹、远程运载火箭试验和发射人造卫星以后,在国防尖端技术领域里又取得了新的重大成就。这一切,都雄辩地证明人民海军的装备水平、协同作战能力和人员素质均达到了新的水平。

目前我国的海洋权益正遭到严重侵犯,我国海洋安全还面临着严重的危机。虽然,造成这种状况的原因是多方面的,但在海洋观念、海权意识上与当前国际海洋斗争的形势不适应,与我国的海洋经济利益和我国海洋大国的地位很不相称是重要原因之一。

在新的历史时期,维护我国海洋国土的主权和管辖权,维护我国在公海上的合法权益,保卫我国海洋交通线的安全,确实需要一支强大的海军作后盾。我们建设强大的海军,是为了反对侵略。社会主义的中国永远不会侵略别的国家,但不可不具有反侵略的能力。侵略者如果来自海洋,反侵略之战就将在海洋上展开。这是保卫祖国领海主权和海洋权益,维护祖国统一和安全的神圣使命。

20世纪以来,资本主义要求重新瓜分世界的狂潮导致了两次世界大战。两次大战后,超级大国竞相将科技用于军事,使战争机器空前完备,军事力量成为国家综合国力的前沿。在第二次世界大战后一段很长的时间里,海洋基本上是在美国独家控制之下。美国凭着强大的海上力量,推行强权政治。朝鲜、越南、巴拿马以及中东地区,到处都有着他们的战争烙印。海湾战争,这场震撼人心的战争牵动了世界,一百多个国家参与了对伊拉克的经济制裁,三十多个国家派出军队,海陆空总兵力达八十万人,其中美国投入兵力就有五十二万人。从空袭到地面进攻的四十三天中,多国部队在伊科交战地区共投掷十四万一千九百二十一吨炸弹,日耗资十亿美元。高技术武器在这场战争中充分表演,吸引着全世界数十亿人围坐在电视屏幕前观看这"蔚为大观"的现代战争场面。在惊愕之余,人们不能不思忖,这场与和平发展主题相悖的战争,它说明了什么?

历史告诉我们,海权是国家的命门。

毛泽东主席说:"为了反对帝国主义的侵略,我们一定要建立强大的海军!"

这是中华海权发展的必然要求,也是现代海权理论运用的必然结果。以史为鉴,中华海权经过了从"自在"到"自为"的历史进程,而今,又正经历着从"必然"向"自由"的飞跃。

自由是对必然的认识和对客观世界的改造。以马克思主义武装起来的中国共产党人,既然已经认识到了海权的"必然",就应当获得"自由"。而一旦实现从必然王国向自由王国的飞跃,中国的飞跃发展必将是无疑的。

中华民族需要海权,因为海权决定着中华民族的兴衰。

中华民族需要海权,振兴中华,就要振兴同海洋战略相适应的海上力量,切实建设好现代化的海军。

雄关漫道真如铁,而今迈步从头越。

居安思危。我们的前面一股股凶猛的巨浪将接踵而至,背后,是国家向所有中国人发出的预警:毋忘国耻,莫失海权!只有时刻保持清醒的头脑,正舵把定,在驶往中国梦的星辰大海中,才能抵挡住西方强权掀起的惊涛骇浪。

2018年4月12日,中央军委在南海海域隆重举行海上阅兵。四十八艘舰艇、七十六架战机、万余官兵接受检阅。这是中华人民共和国历史上规模最大的海上阅兵,是新时代人民海军崭新面貌、先进装备和强大军事力量的豪迈亮相。习近平在南海海域海上阅兵时寄语海军官兵:"建设一支强大的人民海军,寄托着中华民族向海图强的世代夙愿,是实现中华民族伟大复兴的重要保障。在中国共产党坚强领导下,人民海军一路劈波斩浪,纵横万里海疆,勇闯远海大洋,大踏步赶上时代发展潮流,取得了举世瞩目的伟大成就。今天的人民海军,正以全新姿态屹立于世界的东方!党和人民为英雄而光荣的人民海军感到骄傲和自豪。"

立威的宣言,掷地有声,义薄云天!

自强!自信!中华海权的历史必将铺开崭新的一页,以它那纯净透明、充满阳光的蓝色笔触,继续书写中华民族光辉灿烂的明天!

跋

一部唤起全民族"海权"意识的书

2022年7月16日,《求是》杂志发表习近平总书记重要文章《把中国文明历史研究引向深入,增强历史自觉坚定文化自信》。文章指出,中华文明源远流长、博大精深,是中华民族独特的精神标识,是当代中国文化的根基,是维系全世界华人的精神纽带,也是中国文化创新的宝藏。

习近平强调,要深入了解中华文明五千多年发展史,推动把中国文明历史研究引向深入,推动全党全社会增强历史自觉、坚定文化自信,坚定不移走中国特色社会主义道路。

习近平的重要论述,蕴含着一系列新思想、新观念、新要求,对于我们如何在国防观、爱国主义教育中讲好中国故事,传播好中国声音,具有十分重要的指导意义。

杨德昌是我的同乡。早在十多年前,家乡的《东台日报》刊登有一篇《蓝色海疆一支笔》的长篇报道,里面这样介绍他:"杨德昌曾数次随同中国海军多舰种远航编队,驶向西太平洋和中国南海,其中巡航祖国的南沙群岛,在舰上一蹲就是一百五十多天。他说,这是取之不尽的富矿。数十年来,他创作小说,采写新闻,也为历史补缀文字,主编《图说中国古代海军》《图说中国近代海军》《图说中国人民解放军海军》,还为青少年编写了海洋、海军科普知识读本《蓝盾》……

询问他今后有何打算,他深情地说,文章往事,过眼云烟,没啥好炒作的。有道是,胸存五湖四海志,意在千山万水间。所以,他会坚守海疆,继续笔耕,争取有新的好看一点的作品带给家乡人民!"

杨德昌跟我说过这样一件事。1988年3月14日,中国海军与越南海军进行了一场规模不大但却令人瞩目的海战。它向全世界郑重宣告,中国不仅仅是用声明,而且是用果敢的行动,来捍卫自古以来就属于中国的南沙群岛——那片蓝色的海洋国土。海战的硝烟刚刚散去,《解放军报》的记者来到濒临中国南海的某繁华都市的个体户一条街,与个体经营者们交谈:"你知不知道今年3月14日在中国南海发生了什么事?"小老板回答不知道,又反问什么事?能挣钱吗?这一天记者一共询问几十个人,他们中竟无一人知道这关乎民族利益的南沙之战!

南沙之战后,海军在上海创办了一个爱国主义教育基地,宣传海军,展示海洋,以激发全民的海权意识和国防观念。杨德昌成为海军上海博览馆的首任馆长。他对五万多名大中学生做过一次"国情"知识测验,百分之九十九的人认为中国的领土面积是九百六十万平方千米,百分之八十的人认为中华民族的文明发祥地只有一个,那就是黄河的"腰"部。博览馆讲解员先后向三万多名小学生提过这样一个共同的问题:"共和国的版图像什么?""像一只公鸡!""还像什么?"参观者一片默然。这不能怪学生,因为从小到大老师都是这么讲的。但是,身为龙的传人,不知道我们还拥有三百万平方千米的海洋国土,不知道雄鸡形状的版图外边还有一个蔚蓝色的鸡巢。这是一个多么可怕的认识误区!

21世纪是人类的海洋世纪,唤起全民族的海洋意识,增强全国人民的海洋观念,已显得非常紧迫!杨德昌在海军上海博览馆当过十年馆长,有几十年从事海洋、海军历史研究的经历。当他把新写的《海权!中华海权!》摆在我面前时,我心头一亮。

对写海权的书,我读到过不少,而对写"中华海权"的书,尤其是用"史话"的形式系统地完整地写,这还是第一部。这部书把"中华海权"融于中华文明史的滚滚长河中娓娓道来。读着中华文明史,自然而然就读懂了"中华海权"的来龙去脉。

跋　一部唤起全民族"海权"意识的书

首先，明确定位，中国是一个海洋大国。在20世纪80年代的"文化热"中，不少人曾认为，与西方的"蓝色文明"相对照，中华文明囿于农耕，只能称之为"黄色文明"，缺乏海洋开拓精神，这也是近代以来中国在西方列强挑战面前，屡屡受挫的基本成因。然而，纵观、细读中华民族向海洋进取的历史，我们要对这样的论断，说"不"！

其二，阐明概念。有人说，中国人民对"海权"这个词太生疏了，或者说对它的认识太偏颇了。因为海权的诞生与资本主义同步，海权理论始服务于帝国主义，继服务于霸权主义——"出身"不好，"名声"也不佳，所以至今没有在中国的理论界落户。其实，马克思主义从来都注重对前人的理论进行扬弃，取其精华，去其糟粕。马汉的海权理论，揭示了利用海洋与控制海洋的辩证关系和海军在其中的重要作用。这一点，已成为我们今天的共识。利用海洋就必须控制海洋。这种控制与霸权并非一个概念。我们不需要别国的一寸海洋，但对属于自己管辖的海洋理所当然地需要控制和利用，禁止别国染指我们的主权。

其三，坚定信心。海权与实力相关，维护海洋权益，可以有一万条和平的方法，但决不能排除武力途径于万一。没有遏制战争的坚不可摧的国防实力，和平只是幻想。古人说，"不战而屈人之兵"，要让敌人屈服，过去是，未来也是，最根本的还是靠实力说话，没有实力，嗓门再大也没用！

显而易见，为了讲清这些道理，杨德昌占有的史料十分丰富。出浅入深，游刃有余。如果没有厚实的史学功底和理性思维，如果没有对古今中外海权史事连同古往今来海洋文化的广泛了解，是不可能写出如此大信息量的《海权！中华海权！》的。

我十分佩服杨德昌的文字功力，在他的笔下，不是简而单之的"流水席"，而是给我们铺排了一道"文化大餐"，色、香、味俱佳。带有张力、传导力的语境，无形中增添了阅读的兴趣，一点也不会让人产生"视觉疲劳"。

形式上的史诗化，是展现波澜壮阔的历史时空所必须具备的表现手法。倘若没有威武雄壮的活剧，没有贯穿其中惊天地、泣鬼神的英雄人物，那就如大白话"清汤寡水"！

中华文化是民族的血脉，是中国人民的精神家园。本书所讲述的"三皇五帝""秦皇汉武",以及文天祥、郑和、戚继光、郑成功、林则徐、陈化成、邓世昌、陈季良、萨师俊……一直到人民海军的海战英雄,无不闪耀着、洋溢着中华民族的精神、中华民族的气节。

传奇性的叙事模式,是这部海权史话的一大特色。杨德昌善于"讲故事",而故事讲得越好听,才能吸引越多的听众。不是吗?我读完这本书,有感而发——讲好中国故事必须写好中国故事,而写好中国故事不能总是板着面孔说道理,尤其是满纸大道理。故事讲清楚了,道理都在其中。事实明确了,观念也就有了。

值此,鼎力推荐《海权!中华海权!》成为国防观、海洋观和爱国主义教育的普及读本,并衷心希望广大读者喜爱!

方　敏

上海国防教育进修学院院长、教授,陆军大校

参考文献

范文澜:《中国近代史》,人民出版社1955年版。

[美]黄仁宇:《万历十五年》,中华书局1982年版。

[美]阿尔弗雷德·塞耶·马汉:《海权论》,陕西师范大学出版社2007年版。

王治来:《中亚近代史:十六—十九世纪》,兰州大学出版社1989年版。

张铁牛、高晓星:《中国古代海军史》,解放军出版社2006年版。

海军司令部《近代中国海军》编辑部编著:《近代中国海军》,海潮出版社1994年版。

张墨、程嘉禾:《中国近代海军史略》,海军出版社1989年版。

姜鸣编著:《中国近代海军史事编年(1860—1911)》,生活·读书·新知三联书店2017年版。

丁一平、李洛荣、龚连娣编著:《世界海军史》,海潮出版社2000年版。

黄传会、舟欲行:《中国海雄风》,解放军文艺出版社1999年版。

张炜、许华:《海权与兴衰》,海洋出版社1991年版。

朱斌等:《中国之路》,国防大学出版社1993年版。

施昌学:《最远的航行——中国海军巡洋舰清末民初环球行》,《中国青年报》2000年8月2日。

吴殿卿:《蓝色档案:新中国海军大事纪实》,山西人民出版社2015年版。

吴瑞虎:《走向世界的中国海军——人民海军"军舰外交"纪实》,《现代舰船》1999年第4期。
武天敏：《伸向大海的钢铁长城》，《海洋世界》1999年第4期。
马鼎盛、董嘉耀：《世界军情报告》，中国友谊出版公司2008年版。
窦为龙：《甲午海战，北洋水师全军覆灭——究竟谁之过？》，《军工报》1998年9月16日。
崔向华：《云淡天高：毛泽东和他的将帅们》，长征出版社2003年版。
李杰、苏读史编著：《蓝剑春秋——中国历代水战海战精粹》，海潮出版社2013年版。
姜国柱：《中国军事思想通史》，中国社会科学出版社2006年版。
赵振愚主编：《中外海战大全》，海潮出版社1995年版。
刘旭：《中国古代火炮史》，上海人民出版社1989年版。
王兆春：《中国火器史》，军事科学出版社1991年版。
王春瑜：《一个民族的征帆：写在郑和下西洋600年之际》，《人民日报》2005年7月11日。
郑宏志：《过台湾——从历史走来》，厦门大学出版社2019年版。
戴裔煊：《〈明史·佛朗机传〉笺正》，中国社会科学出版社1984年版。
萧致治主编：《鸦片战争史》，福建人民出版社2017年版。
鲍中行：《中国海防的反思——近代帝国主义从海上入侵史》，国防大学出版社1990年版。
麦天枢、王先明：《昨天：中英鸦片战争纪实》，人民文学出版社1992年版。
[日]陈舜臣：《鸦片战争》，海南出版社1996年版。
吴必尧：《陈化成》，百家出版社1996年版。
陈歆耕：《剑魂箫韵——龚自珍传》，作家出版社2016年版。
白马：《一代词宗：柳永传》，中国文史出版社2017年版。
郑彭年：《鸦片风云》，复旦大学出版社1997年版。
夏燮：《中西纪事》，岳麓书社1988年版。
北北：《三坊七巷》，时代文艺出版社2006年版。
任敢民：《宝岛归清记》，军事科学出版社2000年版。
王之春：《清朝柔远记》，中华书局1989年版。

梁章钜：《浪迹丛谈、续谈、三谈》，中华书局1981年版。
杨国桢编：《林则徐书简》，福建人民出版社1981年版。
姚莹：《中复堂全集》，清同治六年刊本。
郭廷以：《近代中国史纲》，格致出版社2009年版。
徐宗泽：《明清间耶稣会士译著提要》，中华书局1989年版。
张维华：《明清之际中西关系简史》，齐鲁书社1987年版。
姚薇元：《鸦片战争史实考》，人民出版社1984年版。
丁名楠等：《帝国主义侵华史》，科学出版社1958年版。
蒋孟引主编：《英国史》，中国社会科学出版社1988年版。
肖一山：《清代通史》，中华书局1986年版。
程栋主编：《与列强开战》，天津教育出版社2005年版。
肖滔滔：《超级罪恶——丑陋的美国军人》，敦煌文艺出版社1997年版。
［意］马可·波罗：《马可·波罗游记》，中国文史出版社1998年版。
金炜主编：《中华民族耻辱史》，中国广播电视出版社1995年版。